Die Elemente

der

Joachimischen Constitution

vom Jahre 1527.

Ein Beitrag

zur

Entwickelungsgeschichte

des

Deutschen Rechts

von

Dr. Ludwig Eduard Heydemann,

Königlichem Kammergerichts-Assessor und Privatdocenten an der Universität zu Berlin.

Berlin.

Verlag von Veit und Comp.

1841.

Erst in unserer zeit, nachdem das studium des römischen rechts auf seine alte reinheit und strenge zurückgeführt, das des einheimischen wieder zu vollen ehren gebracht worden ist, darf man eine langsam heranrückende reformation unserer rechtsverfassung hoffen und voraussehen. Eine hauptrolle zugedacht ist aber hierbei der geschichte des deutschen rechts in ihrem weitesten umfang.

Jac. Grimm.

Dem

Königl. Geh. Legations- und Geh. Ober-
Tribunals-Rathe 2c. 2c., Ritter 2c. 2c.

Herrn Dr. Karl Friedrich Eichhorn

ehrerbietig zugeeignet.

Hochverehrter Herr!

Sie haben es mir vergönnt, Ihren Namen an die Spitze dieses Buches setzen zu dürfen. Zu der Bitte um solche Gunst hat mich nicht eitler Wahn verleitet, als sollte es mir gelingen, die Dunkelheit meines Namens durch den Glanz des Ihrigen zu erhellen. Der Wissenschaft, welche in Ihrer Person zu verehren ich von jeher gewohnt war, ein kleines Opfer meiner Dankbarkeit darzubringen, das allein war mein Wunsch. Wenn ich aber dadurch, daß ich mich an den Mann wende, auf den Deutschland stolz ist und vor dem selbst der

Hader der Parteien schweigt, zugleich mein eigenes ernstes Streben für die Wissenschaft um ihrer selbst willen anzudeuten wage, so fühle ich wohl das ganze Gewicht der Verantwortlichkeit, welche ich auf mich und mein Werk herbeirufe. Doch habe ich lieber mich dieser Verantwortlichkeit unterziehen, als mein hohes Ziel verläugnen wollen. Und so gestatten Sie mir, Ihnen den innigsten Dank dafür auszusprechen, daß Sie es nicht verschmähet haben, meine freie Huldigung anzunehmen.

Berlin den 28. Juli 1841.

L. E. Heydemann.

Vorrede.

Lange haben es die großen Lehrer unserer Wissenschaft beklagen müssen, daß die Bearbeitung der Particularrechte weit hinter dem Aufschwunge zurückblieb, den die Ausbildung des gemeinen Deutschen Rechtes genommen. Und doch sind es gerade die Particularrechte, in denen das Deutsche Recht in wahrhaft unmittelbarer Frische und Lebendigkeit dasteht.

In unseren Tagen und besonders in unserem Vaterlande ist ein regeres Treiben erwacht, welches nicht bloß zu practischen Zwecken große Kräfte in Bewegung gesetzt, sondern auch die Einsicht in die höhere und allgemeinere Bedeutung der Particularrechte wesentlich gefördert, und zugleich einen heftigen Streit unter den verschiedenen Ansichten hervorgerufen hat. Einige wollen kein anderes Recht gelten lassen, als das unmittelbar örtliche. Andere verläugnen die Existenz des örtlichen Rechts, dem allgemeinen gegenüber. Noch Andere widerstreben nur der Codification des örtlichen Rechts, ohne dessen unmittelbares Dasein zu bedrohen.

Die Aufgabe der Wissenschaft ist über dem Geräusche der Tagesstreitigkeiten erhaben. Sie hat es mit dem ewig Lebendigen zu thun, mit dem Geiste, der das Recht beseelt, in welchen Formen dasselbe auch erscheinen möge. Sie hat zu erforschen, aus welchen Keimen und Principien das Leben des Rechts sich ent wickelt. Für sie bildet das Oertliche und das Allgemeine keinen unversöhnten Gegensatz. Den höchsten Werth der örtlichen Gestaltungen des Rechts sucht und findet sie in den großen und allgemeinen Principien, welche sie daraus abzuleiten vermag. Die großen und allgemeinen Principien aber kommen ihr in den örtlichen Gestaltungen zu frischer und lebensvoller Anschauung. Sie verketzert nicht, sondern läßt jedem Lebendigen die eigenthümlichen Bedingungen des Daseins, zu welchem es berufen ist.

Freilich folgt hieraus noch keinesweges, daß jede Willkühr und Zufälligkeit der Erscheinung auch den Anspruch machen dürfe, für eine wahrhaft lebenskräftige Existenz gehalten zu werden. Es ist nicht Alles wirklich particuläres Recht, was sich als solches geltend machen will. Vereinzelte und beliebige Auslegungen alteinheimischer Gewohnheiten, mißverstandene und verunstaltete Satzungen recipirter Rechte, unbegründete und falsche Observanzen verdienen nicht die Ehre, als Eigenthümlichkeiten des örtlichen Rechts angesehen und festgehalten zu werden. Die wahrhafte Tiefe und Bedeutung aller Particularrechte überhaupt und unserer Provinzialrechte insbesondere liegt in dem ächt Deutschen Rechte, welches den Kern und den Keim des Lebens aller jener besonderen Erscheinungen in sich schließt, deren Wurzeln tief in dem gemeinsamen Deutschen Boden liegen. Sind doch auch die Redactoren unseres Allgemeinen Landrechtes oft gerade da am Glücklichsten gewesen und zu den besten Erfolgen gelangt, wo sie aus den Provinzialrechten die lebendigen Deutschen Elemente geschöpft und unserem Gesetzbuche einverleibt haben, selbst wenn sie hier und da mehr auf unbefangene und unbewußte Weise, als auf streng wissenschaftlichem Wege zu Werke gegangen sein sollten. Haben sie doch umgekehrt mitunter nur darin gefehlt, daß sie an den Deutschen Elementen nicht hinlänglich festgehalten.

Unter den Particularrechten selbst aber erregen diejenigen das wissenschaftliche Interesse am Lebhaftesten, welche sich vorzugsweise im Kampfe mit dem Römischen Rechte entwickelt haben.

Seitdem einmal der Funke des Römischen Rechtes, der lange unter der Asche geschlummert hatte, wieder in lichte Flammen ausgebrochen war, mußten alle unsere einheimischen Rechte mehr oder weniger sein läuterndes oder verzehrendes Feuer aushalten. Doch waren einzelne Rechte besonders ausersehen, den Kampf zu eröffnen, der noch bis auf den heutigen Tag neue und immer neue Kräfte weckt. Gewiß sind wir jetzt durch die Erfahrungen und die Ergebnisse der Jahrhunderte von dem Vorurtheile geheilt, als hätte das Römische Recht im Großen und Ganzen störend und zur Unzeit in die Entwickelung unserer einheimischen Rechte eingegriffen. Nur das ist zuzugestehen, daß im Einzelnen der Geist und die Bedeutung des vaterländischen Rechts, dem siegreichen Römischen Rechte gegenüber, nicht immer die gebührende Vertretung und Vertheidigung gefunden.

Zu eigenthümlichen Erfolgen hat nun gerade in der Mark Brandenburg seit dem Anfange des sechszehnten Jahrhunderts der Kampf des Römischen Rechts mit den alteinheimischen Particularrechten geführt. Gleichzeitig mit der definitiven Aufnahme des Römischen Rechts wurden namentlich mannichfaltige locale Erbrechte zu einem in sich gerundeten Ganzen verschmolzen. Dies geschah durch die s. g. Märkische oder Joachimische Constitution vom Jahre 1527, welche das zum festen Buchstaben geschriebenen Gesetzes machte, was vorher als lebendige Gewohnheit in bunter Mannichfaltigkeit sich bewegt hatte. Und aus dieser Feststellung so beweglicher Elemente gingen im Zusammenstoße mit dem Römischen Rechte ganz neue Rechtszustände hervor, welche schon vielfach zum Gegenstande wissenschaftlicher Betrachtungen erhoben worden sind.

Wenn ich es also versuchen will, für unsere Joachimische Constitution eine erneuerte und allgemeinere Aufmerksamkeit in Anspruch zu nehmen, so glaube ich mich weniger wegen der Wahl des Stoffes rechtfertigen, als über die Tendenz und den Plan meiner Arbeit aussprechen zu müssen.

Ich bin vorzugsweise in die Zeiten zurückgegangen, deren Rechtsentwickelung der Joachimischen Constitution zu Grunde liegt. Mein Trachten war dabei nicht, todte Particularitäten aus dem verschütteten Boden der Vergangenheit auszugraben, sondern die lebendige Verbindung zwischen dem Gegenwärtigen und dem Vergangenen wieder anzuknüpfen, welche durch unsere romanisirende Praxis nur allzu lange unterbrochen gewesen. Im Dienste der Deutschen Rechtswissenschaft habe ich arbeiten, und die Märkische Scholle, der ich mit aller Liebe angehöre, nur zum Ausgangspuncte wählen wollen. Wie ich mein ganzes Leben der Bearbeitung des vaterländischen Rechtes geweihet, so habe ich mich seit langen Jahren mit den Forschungen beschäftigt, deren Resultate ich jetzt der Oeffentlichkeit übergebe. Mit gutem Gewissen darf ich behaupten, für keine Partei gearbeitet und keiner Parteimeinung gefröhnt zu haben. Die freie und unabhängige Forschung hält es allein mit der Sache. Sie sucht nicht nach im Voraus angenommenen Resultaten, sondern wartet es redlich ab, zu welchen Ergebnissen sie auf ihrem ruhigen Wege gelangen werde. Sie bleibt eben so fern von den extremen Ansichten, welche Alles mit bestimmten Phrasen und Stichwörtern abthun, wie von der kläglichen Unparteilichkeit, welche gleich einer Windfahne zwischen den Extremen schwankt. Ihre Resultate stellt sie einfach heraus, unbekümmert um den geringeren Glanz, den dieselben verbreiten.

Ueber die Anordnung meiner Arbeit wüßte ich keine bessere Rechenschaft abzulegen, als die, welche ich im Eingange des zweiten Theiles gegeben. Die Anhaltpuncte habe ich von dem Zerfallen der Joachimischen Constitution in Deutsche und Römische Elemente hergenommen.*) Mein Versuch, die historische mit der

*) Ein Vorspiel zu den Deutschen Elementen der C. J. habe ich in meiner Inauguraldissertation geliefert: De iure successionum ex statutis Marchicis antiquioribus. Berol. 1840.

dogmatischen Methode zu verbinden, wird hoffentlich nicht unangemessen befunden werden. Manche practisch nicht unwichtige Fragen, namentlich solche, welche bloß der Nachjoachimischen Zeit und einem oft willkührlichen Gerichtsgebrauche angehören, habe ich unberührt gelassen oder doch nicht näher untersucht, da mein Plan sich nicht auf Behandlung des Märkischen Erbrechts in seiner ganzen Specialität, sondern wesentlich auf die Joachimische Constitution erstreckte, deren wahre Grundlagen ich aufdecken und die ich aus ihren eigenen Elementen aufbauen wollte.

Die Quellen habe ich immer selbst sprechen lassen, theils der größeren Lebendigkeit und Anschaulichkeit wegen, theils weil dieselben zu zerstreut liegen, um auf bloße Anführungen hin leicht eingesehen werden zu können. So viel ich vermochte, habe ich aber stets an allgemeinere Deutsche Rechtsquellen angeknüpft.

Daß ich, mit Ausnahme einiger gerichtlichen Acten und einiger werthvollen Mittheilungen von Fidicin, nur gedruckte Quellen benützt, wird Manchem ein wesentlicher Mangel scheinen. Allein bei der überhand nehmenden Liebe zum Aufhäufen von Materialien, ist es wohl ein doppelt dringendes Bedürfniß, von Zeit zu Zeit einmal anzuhalten und zurückzuschauen, damit die Masse des gesammelten Stoffes nicht in einen todten Schatz verwandelt, sondern gesichtet, ausgebeutet und wissenschaftlich zusammengefaßt werde. Mitunter habe auch ich mich damit begnügen zu müssen geglaubt, zumal in den Anmerkungen das Material aus den Quellen ohne weitere Verarbeitung zusammenzutragen, wenn es sich entweder nur darum handelte, zu sonst bekannten Deutschrechtlichen Sätzen und Wendungen Märkische Beispiele und Beiträge zu liefern, oder wenn es zu weit geführt haben würde, Untersuchungen vollständig mitzutheilen, welche ich für mich schon ausgesponnen hatte.

Bei der Bestimmung der Daten unserer älteren Urkunden nach Monatstagen, bin ich dem trefflichen Calendarium chronologicum medii potissimum aevi von Pilgram (4 maj. Wien 1781) gefolgt.

Die Polemik, so weit ich solche nicht ganz vermeiden konnte, habe ich sachlich zu halten gesucht. Oft wird man erst bei genauerer Nachforschung finden, daß ich den Meinungen Anderer widerspreche. Mehr dem Aufbauen, als dem Einreißen ergeben, bin ich von der festen Ueberzeugung durchdrungen, daß wissenschaftliche Bestrebungen nur dann gedeihlichen Fortgang haben können, wenn sie unter der Herrschaft der Gesinnung stehen, welche das Persönliche vor der Sache schwinden läßt. Dilettantismus und Büchermachen drohen auch in unserem Fache heimisch zu werden. Beidem entgegen zu arbeiten, möge Jeder, der das Bessere will, nach Kräften sich bemühen.

Verzeichniß
der bei Anführung von Schriftstellern und Rechtsquellen gebrauchten Abkürzungen.

Bekmann M. Br. — Historische Beschreibung der Chur und Mark Brandenburg Bd. I. 1751. (Th. I—IV.) Bd. II. 1753. (Th. V.)

Berl. Stadtb. — Berliner Stadtbuch v. J. 1397, in Fidicin's Hist.-dipl. Beitr. Th. I., nach dessen Seitenzahlen allegirt.

Beseler Erbv. — Die Lehre von den Erbverträgen. Th. I. 1835. Th. II. Bd. I. 1837. Bd. II. 1840.

Böhme Dipl. Beitr. — Diplomatische Beiträge zur Untersuchung der Schlesischen Rechte und Geschichte. Th. I—IV. 1770—1772. Bd. II. Th. I. 1774. Th. II. 1775.

Buchholz Br. Gesch. — Versuch einer Geschichte der Churmark Brandenburg. Th. I—VI. 1765— 1775.

C. C. M. — Mylius Corpus Constitutionum Marchicarum von Friedrich dem Ersten, Kurfürsten von Brandenburg, bis zum Jahre 1736: Th. I—VI. Dazu Continuatio I—IV und ein Supplement: v. 1737—1750. — N. C. C. M.: Novum Corpus Constitutionum Prussico-Brandenburgensium praecipue Marchicarum, die s. g. Accademische Edictensammlung: Th. I—XII. v. 1751—1806.

C. J. — Constitutio Joachimica. (S. unten S. 41 u. 45.)

C. J. G. 1574. und C. J. G. 1594. — Constitutionen oder Landesordnungen des Kurfürsten Johann Georg, entworfen um das Jahr 1574 und 1594. (S. unten S. 27—31.)

Eichh. Pr. R. — Eichhorn's Einleitung in das deutsche Privatrecht. Dritte Ausgabe. 1829.

Eichh. R. G. — Eichhorn's Deutsche Staats- und Rechtsgeschichte. Vierte Ausgabe. Th. I—IV. 1834—1836.

Eisenberg u. Stengel Beitr. — Beiträge zur Kenntniß der Justizverfassung und juristischen Literatur in den Preußischen Staaten. Bd. I—XVIII. 1795—1804.

Erbsch.-Ed. oder V. v. 30. April 1765. — Allgemeine Verordnung, wie es bey Erbschafts-Anfällen u. s. w zu halten. (S. unten Anm. 1104.)

Fidicin Beitr. — Historisch-diplomatische Beiträge zur Geschichte der Stadt Berlin. Th. I—III. 1837.

Gans Erbr. — Das Erbrecht in weltgeschichtlicher Entwickelung. Bd. I—IV. 1824—1835.

Gardeleg. Stat. — Statua, Constitution vnnd wilkare der Stadt Gardelege. 160 §§. Mitgetheilt im Zweiten Jahresbericht des Altmärkischen Vereins für vaterländische Geschichte und Industrie (herausg. v. Dannell, Neuhaldensleben 1839) S. 46—70. Ueber das Alter dieser Statuten erhellt so viel, daß sie bald nach Erlaß der C. J. abgefaßt worden sind, da es im §. 53. heißt: Myth Testamenten, Erffellen vnde kindergelde schall jdt nach ordenunge vnses gnedigsten hern, des Churf. (alse am Middeweken na Francisci Anno etc. XXVII gemaket vnd geordnet) geholden werden.

Gaupp Magd. R. — Das alte Magdeburgische und Hallische Recht. Breslau 1826.

Gaupp Sächs. — Recht und Verfassung der alten Sachsen. Bresl. 1837.

Gaupp Schles. Ldr. — Das Schlesische Landrecht v. 1356. Leipzig 1828.

Gaupp Thür. — Das alte Gesetz der Thüringer. Bresl. 1834.

Gercken cod. dipl. — Codex diplomaticus Brandenburgensis. Th. I—VIII. 1769—1785.

Gercken dipl. vet. March. — Diplomataria Veteris Marchiae Brandenburgensis. Bd. I, II. 1765, 1767.

Gercken fr. March. — Fragmenta Marchica Th. I—VI. 1755—1763.

Gesetzl. Erbfolge zw. Ehel. — Die gesetzliche Erbfolge zwischen Eheleuten in der Kur- und Neumark, nach der Joachimischen Konstitution und deren Erklärungen, nebst den hierauf bezüglichen Gewohnheitsrechten und Observanzen in 54 Märkischen Städten. Berlin, bei A. W. Hayn, 1831.

Götze Entw. und Mot. — Das Provinzial-Recht der Altmark, nach seinem Standpunkte im Jahre 1835. Th. I. Abth. I. und II: Die Motive des Entwurfs. Th. II: Entwurf. Magdeburg 1836.

Grimm R. A. — Deutsche Rechtsalterthümer. 1828.

Hinschius Jurist. Wochenschr. — Juristische Wochenschrift für die Preußischen Staaten. Jahrgang 1835—1841.

Hoffmann Repert. — Repertorium der Preußisch-Brandenburgischen Landesgesetze. Th. I (mit Forts. 1—3) bis Th. IV. 1800—1814.

Homeyer Reg. — Register zur Zweiten Ausg. des Sächsischen Landrechts. Berlin 1835.

v. Hymmen Beitr. — Beiträge zu der juristischen Litteratur in den Preußischen Staaten. Sammlung I—VIII. 1775—1785. (Erste Zugabe: zur sechsten Sammlung. S. unten Anm. 457 und 460.)

v. Kamptz Jahrb. — Jahrbücher für die Preußische Gesetzgebung, Rechtswissenschaft und Rechtsverwaltung. Bd. I—LVI. 1814—1840.

v. Kamptz Pr. u. stat. R. — Die Provinzial- und statutarischen Rechte in der Preußischen Monarchie. Th. I—III. 1826—1828.

K. G. O. — Kammergerichtsordnung. V. 1516: C. C. M. Th. II. Abth. I. Nr. I. Neumärkische v. 1561, 1646 und 1700: C. C. M. a. a. O. Nr. VII, XXIV und XCIV. Neue v. 1709: ebendas. Nr. CXIX.

Klein Annal. — Annalen der Gesetzgebung und Rechtsgelehrsamkeit in den Preußischen Staaten. Bd. I—XXVI. 1788—1809.

Koeppen Qu. — Joannis Koeppenii senioris quaestionum ac decisionum illustriores u. s. w. (v. Hymmen Beitr. III. S. 251; v. Kamptz Jahrb. XIII. S. 136; Pr. u. stat. R. I. S. 63 f.)

Kohl decl. const. March. — Declaratio accurata constitutionis Marchicae sub titulo: Erbfälle zwischen Eheleuten et sub titulo: Von Kinder-Geld und Erbgeld. Ausg. I. v. J. 1650.

Kohl de pact. dotal. — Tractationes duae, prior de pactis dotalibus, altera de successione coniugum. (Zu diesen beiden Abhandlungen bildet die decl. const. March. den Anhang.)

Kraut Grundr. — Grundriß zu Vorlesungen über das Deutsche Privatrecht. Göttingen 1830.

Kulm. Recht. — Das Alte Kulmische Recht, mit einem Wörterbuche herausgegeben von C. K. Leman. Berlin 1838.

v. Kunow Entw. und Mot. — Das jetzt bestehende Provinzialrecht der Neumark. Abth. I: Entwurf. Abth. II: Rechtfertigung des Entwurfs. (Motive.) Berlin 1836.

v. Lancizolle Bild. des Pr. St. — Geschichte der Bildung des Preußischen Staates. Th. I. Abth. 1 u. 2. Berlin 1828.

v. Lancizolle Deutsch. Städtewesen. — Grundzüge der Geschichte des Deutschen Städtewesens, mit besonderer Rücksicht auf die Preuß. Staaten. Berlin 1829.

v. Led. Arch. — v. Ledebur Allgemeines Archiv für die Geschichtskunde des Preußischen Staates. Bd. I ff. 1830 ff.

Lenz Uhrk. — Marg-Gräflich-Brandenburgische u. s. w. Uhrkunden. Bd. I, II. 1753 f.

v. Ludewig rel. man. — Joann. Petr. de Ludewig Reliquiae manuscriptorum omnis aevi diplomatum ac monumentorum inedit. Tom. I—XII. Hal. 1720—1741.

Märk. Forsch. — Märkische Forschungen. Herausgegeben von dem Vereine für Geschichte der Mark Brandenburg. Erster Band. Berlin 1841.

Mathis. — Allgemeine Juristische Monatsschrift für die Preußischen Staaten. Bd. I—XI. 1805—1811.

Mittermaier Pr. R. — Grundsätze des gemeinen deutschen Privatrechts. In zwei Abtheilungen. Vierte Ausgabe. Landshut 1830.

M. R. 1235, 1261, 1295, 1304. — Weisthümer des Magdeburgischen Rechts aus diesen Jahren. (S. unten S. 49 ff.)

Mühler C. N. (Codex Numburgensis). — Deutsche Rechtshandschriften des Stadtarchivs zu Naumburg an der Saale. Berlin 1838.

Müller pract. March. — Friderici Mülleri practica Marchica. Ed. ann. 1678.

Neumann Niederlaus. Landv. — Versuch einer Geschichte der Niederlausitzischen Land-Vögte. Th. I, II. Lübben 1832.

Neum. K. G. O. — S. oben unter K. G. O.

Neum. Lehnsconst. v. 1724. — Constitution für die Ritterschafft der Neu-Marck, Sternberg und incorporirten Creyßer u. s. w. De dato Berlin, den 14. Augusti 1724: C. C. M. Th. II. Abth. V. Nr. LXXVIII.

Neum. Pol. O. 1540. und Add. Const. 1561. — Marggraffens Johanns zu Cüstrin Policey-Ordnung von 1540: C. C. M. Th. V. Abth. I. Cap. I. Nr. I. Additional Constitution über die Policey von Neu auffgerichtet. Zu Cüstrin Neu-Jahr 1561: a. a. O. Nr. IV.

Paalzow Handbuch. — Handbuch für practische Rechtsgelehrte in den Preußischen Staaten. Bd. I—V. Zweite Ausgabe. 1816—1819.

Pufendorf obs. — Observationes juris universi. Hannov. 1744 sqq. 4. Voll.

es im §. 53. heißt: Myth Testamenten, Erffellen vnde kindergelde schall jdt nach ordenunge vnses gnedigsten hern, des Churf. (alse am Middeweken na Francisci Anno etc. XXVII gemaket vnd geordnet) geholden werden.

Gaupp Magd. R. — Das alte Magdeburgische und Hallische Recht. Breslau 1826.

Gaupp Sachs. — Recht und Verfassung der alten Sachsen. Bresl. 1837.

Gaupp Schles. Ldr. — Das Schlesische Landrecht v. 1356. Leipzig 1828.

Gaupp Thür. — Das alte Gesetz der Thüringer. Bresl. 1834.

Gercken cod. dipl. — Codex diplomaticus Brandenburgensis. Th. I—VIII. 1769—1785.

Gercken dipl. vet. March. — Diplomataria Veteris Marchiae Brandenburgensis. Bd. I, II. 1765, 1767.

Gercken fr. March. — Fragmenta Marchica Th. I—VI. 1755—1763.

Gesetzl. Erbfolge zw. Ehel. — Die gesetzliche Erbfolge zwischen Eheleuten in der Kur- und Neumark, nach der Joachimischen Konstitution und deren Erklärungen, nebst den hierauf bezüglichen Gewohnheitsrechten und Observanzen in 54 Märkischen Städten. Berlin, bei A. W. Hayn, 1831.

Götze Entw. und Mot. — Das Provinzial-Recht der Altmark, nach seinem Standpunkte im Jahre 1835. Th. I. Abth. I. und II: Die Motive des Entwurfs. Th. II: Entwurf. Magdeburg 1836.

Grimm R. A. — Deutsche Rechtsalterthümer. 1828.

Hinschius Jurist. Wochenschr. — Juristische Wochenschrift für die Preußischen Staaten. Jahrgang 1835—1841.

Hoffmann Repert. — Repertorium der Preußisch-Brandenburgischen Landesgesetze. Th. I (mit Forts. 1—3) bis Th. IV. 1800—1814.

Homeyer Reg. — Register zur Zweiten Ausg. des Sächsischen Landrechts. Berlin 1835.

v. Hymmen Beitr. — Beiträge zu der juristischen Litteratur in den Preußischen Staaten. Sammlung I—VIII. 1775—1785. (Erste Zugabe: zur sechsten Sammlung. S. unten Anm. 457 und 460.)

v. Kamptz Jahrb. — Jahrbücher für die Preußische Gesetzgebung, Rechtswissenschaft und Rechtsverwaltung. Bd. I—LVI. 1814—1840.

v. Kamptz Pr. u. stat. R. — Die Provinzial- und statutarischen Rechte in der Preußischen Monarchie. Th. I—III. 1826—1828.

K. G. O. — Kammergerichtsordnung. V. 1516: C. C. M. Th. II. Abth. I. Nr. I. Neumärkische v. 1561, 1646 und 1700: C. C. M. a. a. O. Nr. VII, XXIV und XCIV. Neue v. 1709: ebendas. Nr. CXIX.

Klein Annal. — Annalen der Gesetzgebung und Rechtsgelehrsamkeit in den Preußischen Staaten. Bd. I—XXVI. 1788—1809.

Koeppen Qu. — Joannis Koeppenii senioris quaestionum ac decisionum illustriores u. s. w. (v. Hymmen Beitr. III. S. 251; v. Kamptz Jahrb. XIII. S. 136; Pr. u. stat. R. I. S. 63 f.)

Kohl decl. const. March. — Declaratio accurata constitutionis Marchicae sub titulo: Erbfälle zwischen Eheleuten et sub titulo: Von Kinder-Geld und Erbgeld. Ausg. I. v. J. 1650.

Kohl de pact. dotal. — Tractationes duae, prior de pactis dotalibus, altera de successione coniugum. (Zu diesen beiden Abhandlungen bildet die decl. const. March. den Anhang.)

Kraut Grundr. — Grundriß zu Vorlesungen über das Deutsche Privatrecht. Göttingen 1830.

Kulm. Recht. — Das Alte Kulmische Recht, mit einem Wörterbuche herausgegeben von C. K. Leman. Berlin 1838.

v. Kunow Entw. und Mot. — Das jetzt bestehende Provinzialrecht der Neumark. Abth. I: Entwurf. Abth. II: Rechtfertigung des Entwurfs. (Motive.) Berlin 1836.

v. Lancizolle Bild. des Pr. St. — Geschichte der Bildung des Preußischen Staates. Th. I. Abth. 1 u. 2. Berlin 1828.

v. Lancizolle Deutsch. Städtewesen. — Grundzüge der Geschichte des Deutschen Städtewesens, mit besonderer Rücksicht auf die Preuß. Staaten. Berlin 1829.

v. Led. Arch. — v. Ledebur Allgemeines Archiv für die Geschichtskunde des Preußischen Staates. Bd. I ff. 1830 ff.

Lentz Uhrk. — Marg-Gräflich-Brandenburgische u. s. w. Uhrkunden. Bd. I, II. 1753 f.

v. Ludewig rel. man. — Joann. Petr. de Ludewig Reliquiae manuscriptorum omnis aevi diplomatum ac monumentorum inedit. Tom. I—XII. Hal. 1720—1741.

Märk. Forsch. — Märkische Forschungen. Herausgegeben von dem Vereine für Geschichte der Mark Brandenburg. Erster Band. Berlin 1841.

Mathis. — Allgemeine Juristische Monatsschrift für die Preußischen Staaten. Bd. I—XI. 1805—1811.

Mittermaier Pr. R. — Grundsätze des gemeinen deutschen Privatrechts. In zwei Abtheilungen. Vierte Ausgabe. Landshut 1830.

M. R. 1235, 1261, 1295, 1304. — Weisthümer des Magdeburgischen Rechts aus diesen Jahren. (S. unten S. 49 ff.)

Mühler C. N. (Codex Numburgensis). — Deutsche Rechtshandschriften des Stadtarchivs zu Naumburg an der Saale. Berlin 1838.

Müller pract. March. — Friderici Mülleri practica Marchica. Ed. ann. 1678.

Neumann Niederlaus. Landv. — Versuch einer Geschichte der Niederlausitzischen Land-Vögte. Th. I, II. Lübben 1832.

Neum. K. G. O. — S. oben unter K. G. O.

Neum. Lehnsconst. v. 1724. — Constitution für die Ritterschafft der Neu-Marck, Sternberg und incorporirten Creyser u. s. w. De dato Berlin, den 14. Augusti 1724: C. C. M. Th. II. Abth. V. Nr. LXXVIII.

Neum. Pol. O. 1540. und Add. Const. 1561. — Marggraffens Johanns zu Cüstrin Policey-Ordnung von 1540: C. C. M. Th. V. Abth. I. Cap. I. Nr. I. Additional Constitution über die Policey von Neu auffgerichtet. Zu Cüstrin Neu-Jahr 1561: a. a. O. Nr. IV.

Paalzow Handbuch. — Handbuch für practische Rechtsgelehrte in den Preußischen Staaten. Bd. I—V. Zweite Ausgabe. 1816—1819.

Pufendorf obs. — Observationes juris universi. Hannov. 1744 sqq. 4. Voll.

Erster Theil.

Historische Einleitung.

Die Mark Brandenburg ist in alten Zeiten der Schauplatz merkwürdiger Kämpfe gewesen, aus welchen eine neue und eigenthümliche Gestaltung der Sitten und des Rechts höchst verschiedenartiger Volksstämme hervorging.

Ursprünglich hatten Deutsche Stämme den Boden inne gehabt. Diese wanderten um das fünfte Jahrhundert n. Chr. G. gen Süden und Westen, und Slavische Völker rückten in das von den Deutschen verlassene Land. Seit Carl dem Großen begann die Reaction der Germanischen gegen die Slavischen Stämme. Vor Allen aber waren es die Sachsen, welche Slaven und Wenden durch die Künste des Krieges und des Friedens germanisirten. Dazu hatten die Sachsen gewissermaaßen einen besonderen Beruf, da sie den heimathlichen Boden und Sinn stets treulich bewahrt; weshalb ihnen auch jene sagenhafte Autochthonie, welche Tacitus den Germanen überhaupt beilegt, [1]) vorzugsweise zugesprochen werden muß. [2])

Wurden nun in der Markgrafschaft von Nordsachsen [3]) schwere Kämpfe ausgefochten, so mischten sich doch bald die Völker und ihre Rechte dergestalt, daß sich schon in ganz frü-

1) Tac. Germ. c. 2, 4: „ipsos Germanos indigenas crediderim, . . . nullis aliarum nationum connubiis infectos, propriam et sinceram et tantum sui similem gentem."

2) Grimm Deutsche Sagen II. S. 62; Gaupp Sächs. S. 1—10.

3) Ueber die Marchia Septentrionalis (unsere Altmark), ehemals limes Saxonicus, s. Eichh. R. G. §. 135. Note kk, §. 211. b. u. §. 238.

her Zeit Unterschiede zwischen dem Altsächsischen und einem eigenthümlichen Märkischen Rechte wahrnehmen lassen. [4])

Später führte Albrecht der Bär verschiedene Colonisten in die Mark, theils Sächsische Schwaben, theils Niederländer und Rheinländer. Die Sächsischen Schwaben scheinen vorzugsweise ritterlichen, die Niederländer und Rheinländer vorzugsweise bäuerlichen und bürgerlichen Standes gewesen zu sein. Daran ist nicht zu zweifeln, daß sämmtliche Colonisten ihre eigenthümlichen Rechte auch in der Mark bewahrten. [5]) Wie also unsere Markgrafen ihre Gränzen ostwärts erweiterten [6]) und die Slaven niederwarfen, [7]) so konnte es nicht ausbleiben, daß Altdeutsche Rechte, wenngleich auf Märkische Weise modificirt, aus der Altmark über die Elbe drangen und in den Gebieten zur Herrschaft gelangten, aus welchen nach und nach die Mark Brandenburg zusammengesetzt wurde. Sächsisches Recht, zumal in der Aufzeichnung des Sachsenspiegels, verbreitete sich als gemeines subsidiarisches Recht; [8]) und auf Magdeburgischer Grundlage erwuchs das Recht der Märkischen Städte, indem Magdeburgisches Recht den Märkischen Städten entweder unmittelbar ertheilt, oder mittelbar von einer Stadt auf die andere übertragen wurde. [9])

Die Entwickelung unserer Stadtrechte fällt recht eigentlich in die Zeit vom zwölften bis zum fünfzehnten Jahrhundert. Freilich hatten schon die Slaven Ackerbau getrieben und Städte gegründet. Aber erst mit der Rückkehr unserer Gegenden unter Deutsche Herrschaft erblühete die Kraft der Städte [10]) und die

---

4) Riedel Mag. I. S. 1—4.

5) v. Raumer cod. dipl. II. S. 114; Riedel Mag. I. S. 5 f.; Eichh. R. G. §. 211. b. Note ee.

6) Riedel Mag. I. S. 7, 9 f.; Eichh. R. G. §. 240. No. VII. 2. u. §. 254.

7) Helmold läßt die Slaven ihr Geschick in folgenden Worten beweinen: Notum est omnibus vobis quantae calamitates et pressurae apprehenderint gentem nostram, propter violentam ducis potentiam, quam exercuit in nos, et tulit nobis hereditatem patrum nostrorum, et collocavit in omnibus terminis eius advenas, scilicet Flamingos et Hollandos, Saxones et Westphalos atque nationes diversas. (Eichh. R. G. §. 254. Note c.)

8) Riedel Mag. I. S. 16. f. u. 18—22.

9) S. unten Th. II. Abth. I. Cap. I.

10) v. Lancizolle Deutsch. Städtewesen. S. 19, 21, 40—47, 55, 66 f.

wahrhaft lebendige Rechtsbildung aus der Autonomie der Bürger. Noch jetzt müssen wir es bewundern, wie mehr die Richter als die Gesetzgeber das Recht fanden und bildeten. [11]) Leider fehlen unserer Mark, wie den anderen Gegenden, welche Slaven inne gehabt, gerade die schönsten und ehrwürdigsten Quellen des Rechts: die ächt Deutschen Weisthümer der Schöppen! [12])

So groß aber auch die Verehrung sein mag, welche wir für unsere einheimischen Rechte hegen, so können wir doch nicht mehr verkennen, daß es eine wahrhaft historische Nothwendigkeit war, welche das Römische Recht nach Deutschland führte. Schon früh hatten einzelne Römische Grundsätze, selbst in die Leges Barbarorum, Eingang gefunden. [13]) Doch erst seit jener wunderbaren Wiedererweckung des Studiums in Bologna verbreitete sich das Römische Recht in der That als der ganzen Christenheit gemeines Recht. [14]) Und die Deutschen Rechte, welche im dreizehnten Jahrhundert gleichsam das letzte Stadium einheimischer, von außen unberührter Entwickelung durchlaufen hatten, verwehrten seit dem vierzehnten Jahrhundert dem Römischen Recht nicht ferner Zutritt und Einwirkung. [15]) So zeigt sich denn auch in unserer Mark bereits im Anfange des vierzehnten Jahrhunderts einiger Einfluß des Römischen Rechts. [16]) Doch behielt zunächst, und namentlich noch während des ganzen fünfzehnten Jahrhunderts, das Sächsische Recht die Kraft eines gemeinen subsidiarischen Rechts. Dies läßt sich urkundlich nachweisen.

---

11) Eichh. R. G. §§. 258, 277; Gaupp Magd. R. S. 93 f.

12) Grimm R. A. S. XI.: „In allen deutschen strichen, wo Slaven sitzen, gibt es durchaus keine (Weisthümer), namentlich nicht in Obersachsen, Meisen, Brandenburg, Meklenburg, Pommern, Schlesien, Lausitz, Mähren, Steier, Cärnten.“ S. X. u. f.: „Zu den stadtrechten verhalten sie sich, wie kräftige frische volkslieder zu dem zünftigen meistergesang . . . alle zusammen würde ein mässiger quartant oder ein starker octavband fassen und für die rechtsalterthümer weit höheren gehalt haben, als zehn bände dürrer stadtrechte.“

13) Namentlich in Betreff der Ersitzung und des Erbfolgerechts: v. Savigny Geschichte des Römischen Rechts im Mittelalter. Cap. 7 ff.; Eichh. R. G. §. 59. a. Note p.; §. 148. Note d, e.; §. 156. Note a.; §. 159; §. 200.

14) Eichh. R. G. §. 269.

15) Gaupp Magd. R. S. 111 f., 204 f.; Schles. Ldr. S. 39.

16) v. Raumer in v. Led. Arch. V. S. 312; im cod. dipl. II. S. 115.; Riedel Mag. I. S. 22.

Als Kurfürst Friedrich der Erste sich im Jahre 1427 für immer aus der Mark nach Franken zurückzog, überließ er die Verwaltung der Mark seinen Söhnen, den Markgrafen Johann (dem Alchymisten) und Friedrich (dem nachmaligen Kurfürsten Friedrich dem Zweiten).[17]) Im Jahre 1434 bestätigte Markgraf Friedrich die Rechte beider Städte Salzwedel, deren Gerichte schon seit dem Jahre 1299.[18]) mit einander verbunden gewesen. Die vom Markgrafen Friedrich ausgestellte, von dem Kurfürsten und dem Markgrafen Johann ausdrücklich genehmigte Urkunde vom 7ten December 1434[19]) verweist wegen Entscheidung der Rechtsstreitigkeiten, für welche die speciellen Salzwedelschen Rechte nicht ausreichen würden, mit bestimmten Worten auf das Sächsische Recht, als ein gemeines subsidiäres Recht:

„Auch weres das sich in vnsern ... Steten Saltwedel nu furbaß mer nach Gebunge dieß Briefs Sache zu richten verfielen, die in der Statt versiegeltenn vnd confirmirten Priuilegien vnd sunderlichenn Freiheiten nicht berurt, namhaftig gemacht noch ausgedrugkt sein, die Sachen allzu Salczwedel furbaß mer gescheen, sol man nach gemeynen Sachsenrechte richten, weisen und teilen."

Eine zweite, noch bei Kurfürst Friedrich des Ersten Leben ausgestellte Urkunde, vom Jahre 1440,[20]) in welcher Markgraf Friedrich die Salzwedelschen Gerichte seinem „Rat vnd lieben getruwen Heinrichen Dorrheiden"[21]) überträgt, befiehlt zu richten

„zum Ersten vnd vor allen Dingen nach lute und Innhalde „unnser Stat Saltzwedel furstliche priuileigien; wor aber dieselben pri- „vilegia wenden" — d. i. wo das specielle Salzwedelsche Recht nicht

17) Gercken im cod. dipl. VII. S. 129—132; v. Raumer im cod. dipl. II. S. 152, 154 ff.; Fidicin II. No. CXX. (Regesten Nr. 349); I. S. 252 f. (Vgl. Regesten Nr. 362.)

18) Gercken fr. March. IV. No. VII. (S. 14.)

19) Sie findet sich schon bei Lentz (Uhrk. Nr. CCLVII.); jetzt auch, mit der alten Ueberschrift: „Beider Stette Salzwedel Confirmacion" bei Zimmermann. (Märk. Städteverf. II. S. 168—170.) Das Datum derselben: „Dinstag vnser lieben Frawen Abunde Concepcionis" gibt Zimmermann richtig an, als den 7ten December; während unsere anderen Schriftsteller die Urkunde unter dem 8ten d. M. aufzuführen pflegen.

20) Friedrich I. starb am 21sten September (Buchholtz Br. Gesch. III. S. 75.); die Urkunde ist gegeben am „Fritag nach des heiligen lichnameß tag," dem 3ten Juni 1440.

21) Denselben nennt eine Urkunde v. J. 1428. (Gercken fr. March. V. No. XXIII.): „den bescheden Hinrike Dorheiden borgern to Zoltwedel."

ausreicht oder den Richter im Stich läßt — „nach gemeinen be„stendigen sachsen und beschriben rechten.“ [22])

Im Jahre 1466 bestätigt Kurfürst Friedrich der Zweite die Gerichtsbarkeit der Schöppen von Tangermünde in Erbtheilungsangelegenheiten:

„dat die Scheppen . . . sprecken scholen nabeschrevenen rechten, „unnd wes sy vorhen von erves wegen gesproken und gericht hebben;“ [23])

d. i. nach geschriebenen Rechten und nach alter Gewohnheit. Geschriebene Rechte aber sind in diesen Stellen nicht etwa die sonst so genannten Römischen oder Kaiser-Rechte, sondern die Sächsischen gemeinen Rechte. So sagt auch eine Magdeburgische Urkunde v. J. 1347:

„als wir in den rechten finden gescreben: Wer ein Gut ym „saget zu lehne u. s. w.;“ [24])

und diese Stelle ist wörtlich aus dem Sächsischen Landrecht (B. II. Art. 43. §. 1.) entnommen.

Eine das Gericht zu Stendal betreffende Urkunde v. J. 1480 beruft sich in Ansehung des dem Landesherren zustehenden Anfalles von bäuerlichem Heergewäte und Gerade „das bynnen Stendal „gefelt“ geradezu auf den „Saxenspigel.“ [25])

Noch im Jahre 1505 bestimmt der Bischof von Havelberg, Johann von Schlabberndorff, daß das Wittstockische Particularrecht ausgelegt und angewendet werden solle

„nha meynen Sassen landrechte und nicht na Weckbelden „Rechte.“ [26])

Die in den Jahren 1471 bis 1494 nach ächt Deutschen Grundsätzen gefällten Märkischen Rechtssprüche [27]) endlich liefern

22) v. Raumer cod. dipl. I. S. 144. f. (No. CXXIII.)

23) Gercken dipl. vet. March. I. No. CCXV: „Der Schepen briff van der erffschichtung wegen to Tangermünde;“ gegeben „am fridage in pfingest hilgem dage,“ dem 30sten Mai 1466.

24) Gercken cod. dipl. IV. S. 486.

25) Gemeint ist wohl B. I. Art. 28. Die Urkunde selbst nennt v. Raumer (cod. dipl. II. S. 56. No. LIX.) eine „Verordnung wegen des Gerichts zu Stendal.“ Ich möchte sie nur für ein im Namen des Landesherren angefertigtes Verzeichniß von Beschwerdepuncten gegen die Stadt halten.

26) In der Confirmation der Wittstockischen Rechte, vom Tage Petri et Pauli Apostolorum (29. Juni) 1505: Bekmann M. Br. Th. V. B. II. Cap. VII. Sp. 277—279.

27) „Marggraf Albrechten und Marggraf Johannsen Urtell und Rechts-

den schlagendsten Beweis gegen die früher einmal von Möhsen [28]) aufgestellte Meinung, als wäre das Sachsenrecht in der Mark gar schon im vierzehnten Jahrhundert abgeschafft worden. [29])

Allerdings lag es in der innersten Eigenthümlichkeit und Bestimmung des Römischen Rechts, daß es auch bei uns mehr und mehr in alle Verhältnisse eindrang und sich gleichsam selbst seine Bahn brach. So mußte denn endlich die förmliche Aufnahme des Römischen und die ausdrückliche Verdrängung oder Beschränkung des einheimischen Rechts auch ein Gegenstand der gesetzgeberischen Thätigkeit werden. Diese Thätigkeit war damals zwischen dem Landesherren und den Landständen getheilt, welche gewissermaaßen durch gegenseitige Uebereinkunft das Recht anerkannten oder näher bestimmten. In der That war das Recht des Mittelalters aus der Gewohnheit hervorgegangen, oder bestand vielmehr wesentlich in der Gewohnheit selbst. Der Landesherr hatte mehr das bestehende Recht anzuerkennen und zu bestätigen, als neue Gesetze zu geben. [30]) Rechte und Gewohnheiten wurden von einer Generation auf die andere vererbt und von den Nachkommen mit gleicher Anhänglichkeit und mit gleichem Rechtsbewußtsein bewahrt und ausgebildet, wie von den Vorfahren. Trat dann aber einmal die Nothwendigkeit irgend einer Neuerung ein, mußte alten Rechten und Gewohnheiten förmlich entsagt, Neues dagegen zugelassen oder doch anerkannt werden, so geschah dies gleichsam auf dem Wege der Unterhandlung zwischen dem Alten und dem Neuen. Dabei vertraten dann gewöhnlich die Landstände das alte Gewohnheitsrecht, der Landesherr mehr das neue, förmlich zu bestimmende Recht. Und so bildete sich jenes vertragsmäßige Recht, dessen Natur nicht verkannt werden darf, wenn irgend eine klare Anschauung der alten Zustände gewonnen werden soll. [31])

„spruch Register Anno 1479 und etzliche volgende Ihare gehalten:" v. Raumer cod. dipl. II. S. 105, 125—198. Die Urkunden v. J. 1471. finden sich S. 135 u. 194. Vgl. v. Raumer in v. Led. Arch. V. S. 311.

28) Geschichte der Wissenschaften in der Mark Brandenburg S. 186.

29) Vgl. Götze Mot. I. S. 6. f.; Riedel Mag. I. S. 24. f.

30) Grimm R. A. S. 252 f.; Eichh. R. G. §. 263. g. E.; Tzsch. u. Stzl. Urk. S. 230. Anm. 10; S. 513. Anm. 1.

31) Götze Mot. I. S. 16—18.

Dringender aber mochte sich die Nothwendigkeit, einheimische Rechte und Gewohnheiten auf entschiedene Weise zu beseitigen, nicht leicht herausgestellt haben, als da es sich um förmliche Aufnahme oder Anerkennung des Römischen Rechts handelte. Dies zeigt sich zumal in unserer Mark. Seit Jahrhunderten hatte dieselbe ihre eigenthümlichen Rechte und Gewohnheiten festgehalten, welche von den Landesherren in der Art bestätigt wurden,[32]) daß diese die Bestätigung selbst nicht anders als eine ihnen obliegende Bedingung anzusehen vermochten.[33]) Noch Burggraf Friedrich von Nürnberg, der Erste aus dem erlauchten Hause der Hohenzollern, hatte kaum Rechte an der Mark Brandenburg erworben, als er auch schon die Märkischen Rechte und Gewohnheiten von Grund aus zu bestätigen Sorge trug. Eigentlich begann seine Herrschaft in der Mark erst im Jahre 1415.[34]) Da er aber schon im Jahre 1411, und zwar am 8ten Juli,[35]) vom Kaiser Siegmund die Mark zum Pfande bekommen hatte und zu deren oberstem Verweser und Hauptmann[36]) bestellt worden war,[37]) so bestätigte er schon am 22ten Juli[38]) alle Rechte und Gewohnheiten der Mark in seinem eigenen Namen;[39]) nachdem er bereits am 3ten desselben Monats[40]) die von dem Kaiser selbst ergangenen Confirma-

---

32) Vgl. Riedel Mag. I. S. 23.

33) Fidicin Beitr. III. S 50 f. Erst nachdem die Landesherren ihre Macht völlig consolidirt hatten, vermochten sie sich über jene conditio sine qua non hinwegzusetzen. Fid. a. a. O. S. 125. No. 1.

34) v. Raumer im cod. dipl. I. S. 151.; Eichh. R. G. §. 407. — Vgl. die Urkunden bei Buchholtz Br. Gesch. V. Anhang. S. 178—184; v. Raumer cod. dipl. I. S. 66 f. (No. XXVIII.) u. S. 76 (No. XXXVII.); Fidicin Beitr. II. No. CV.

35) Mittwoch nach St. Ulrichs Tag.

36) Supremus Capitaneus et gubernator, auch Summus Provisor genannt: v. Raumer cod. dipl. I. S. 131. (No. CIV); Gercken dipl. vet. March. II. No. CXXIX.

37) S. die Urkunden bei Gercken dipl. vet. March. II. No. CCXXXI., Buchholtz Br. Gesch. V. Anhg. S. 174—177; Gercken cod. dipl. VII. No. XXIII. u. XXIV.

38) Am Abend St. Mariä Magdalenä.

39) Urkk. in v. Raumer cod. dipl. I. S. 43 f. (No. I. u. II.)

40) Nächsten Freitags vor St. Ulrichs Tag.

tionen der Altmärkischen Rechte und Gewohnheiten unterzeichnet hatte. [41])

Allein gerade die Fülle und Mannichfaltigkeit der verschiedenartigsten Particularrechte erzeugte allmählig aus sich selbst Schwierigkeiten und Verwickelungen und vermehrte im Laufe des fünfzehnten Jahrhunderts das Bedürfniß eines in sich geschlossenen gemeinen Rechts, welches über allen particularrechtlichen Normen zu schweben und dieselben zu durchdringen vermöchte. So wuchs auch in der Mark die Empfänglichkeit für die förmliche Aufnahme des Römischen Rechts, zumal da im fünfzehnten Jahrhundert noch nicht einmal daran gedacht werden konnte, den vorhandenen bunten Stoff des Privatrechts etwa von oben her in gesetzgeberischer Weise zusammenzufassen und zu ordnen. [42]) War also in Deutschland überhaupt aus den Kämpfen des Mittelalters ein Zustand hervorgegangen, in welchem das öffentliche Recht wesentlich erstarkte und das Privatrecht sein Gebiet dem Zuflusse der überalpischen Rechtsquellen mehr und mehr öffnete; mußte es sich daher immer klarer als ein Interesse des gesammten Reiches gestalten, daß das Römische Recht nicht etwa Aufnahme — denn es war in der That schon aufgenommen [43]) —, aber doch einheitvolle und consequente Anwendung fände: so läßt sich wahrlich nicht verkennen, wie eng und innig die Bewegungen, welche in der Mark Brandenburg im Anfange des sechzehnten Jahrhunderts den Sieg des Römischen Rechts vorbereiteten, mit den allgemeinen Bewegungen der Zeit zusammenhingen.

Wie groß der unmittelbare Antheil des Fürsten an der Leitung dieser Bewegungen in unserer Mark gewesen, darüber gebricht es an urkundlichen Nachrichten. Es läßt sich aber wohl voraussetzen, daß Kurfürst Joachim der Erste auch in dieser Beziehung nicht bloß seinen Namen zu den neuen Anordnungen hergegeben, sondern, der hohen Bildung und der eigenthümlichen po-

---

41) Urkk. bei Lenz No. CCXLV.; Gercken dipl. vet. March. I. No. LXXVII. Vgl. auch Fidicin Beitr. III. S. 290. (Regesten No. 281.)

42) v. Raumer im cod. dipl. II. S. 201; Riedel Mag. I. S. 25.*

43) Die Ansicht, als wäre das Römische Recht durch die Reichskammergerichtsordnung von 1495 recht eigentlich erst gesetzlich recipirt worden, hat in unseren Tagen wohl ihre Anhänger verloren. (Eichh R. G. §. 442.)

litischen Richtung seines Geistes gemäß,[44]) selbstthätig und mit klarem Bewußtsein eingegriffen habe. Seine Verdienste um den inneren Zustand unseres Vaterlandes zu würdigen, wird es hier genügen, wenn ich an die kräftige Handhabung des Landfriedens und an die Sorge für das Wohl der Städte erinnere. Wie er den Landfrieden bewahrte, ist bekannt; wenn auch die Fabeln von der Raubritterschaft des Adels durch v. Raumer hinlänglich widerlegt sind.[45]) Freilich verdient die gewöhnliche Meinung noch immer den Tadel, welchen Grimm in so schlagenden Worten ausgesprochen hat: Des geredes über feudalismus und faustrecht wird doch kein ende, es ist, als ob die gegenwart gar kein elend und unrecht zu dulden hätte.[46]) Die Sorge für das Wohl der Städte ließ sich Kurfürst Joachim so angelegen sein, daß er selbst eine Rundreise veranstaltete, und, was jeder Stadt nöthig und nützlich war, prüfte und feststellte. Dafür legen die Einleitungsworte der den Städten im Jahre 1515 gegebenen Polizeiordnung,[47]) so wie die noch vorhandenen s. g. Reformationen der einzelnen Städte[48]) das schönste Zeugniß ab.

Daran läßt sich jedenfalls nicht zweifeln, daß Joachim der Erste dem Römischen Rechte besonders geneigt war. Er hat unsere erste Universität gegründet und das Kurfürstliche Kammergericht nach dem Vorbilde des Kaiserlichen geordnet. Schon Johann Cicero hatte den Plan zu solchen Einrichtungen gefaßt, aber erst Joachim Nestor[49]) führte die Gedanken aus, welche

---

44) Vgl. Helwing Geschichte des Preuß. Staats Bd. I. S. 586 ff.

45) v. Raumer cod. dipl. II. S. 203.; vgl. I. S. 35—42.

46) Grimm R. A. S. XV. Anm. **

47) „Nachdem wir Joachim v. G. G . . . aus gnädiger Zuneigung und „Wohlmeynung uns in Unsere Städte gefüget, uns ihres Regiments und Wesens zu erkundigen und förderlich gnädiglich zu „richten und zu helffen, damit Unsere Städte und Einwohner an ihrer „Nahrung zunehmen, sich bessern, Friede, Gericht und Recht bey ihnen erhalten werde, demnach Wir nach nothdürftiger Erfahrung aller Gelegenheit auf „folgende Articul Ordnung gemachet." (C. C. M. Th. VI. Nachlese No. I.; Fidicin Beitr. III. Regest. No. 615.)

48) Namentlich Neustadt-Eberswalde, Prenzlau, Frankfurt, Trebbin, Landsberg, Soldin, Straßburg und Treuenbriezen. S. v. Raumer cod. dipl. II. S. 202. Not. ** bis ****, S. 215—224, 286—289.

49) Die Beinamen, welche eine naïvere Zeit ihren Fürsten zu ertheilen pflegte, sind oft recht treffend und verdienen vielleicht nicht den Spott, mit

ihm gleichsam aus der väterlichen Erbschaft angefallen waren. Im Jahre 1506 weihete er die Frankfurter Universität aufs Feierlichste ein,[50]) und im Jahre 1516 reformirte er das Kammergericht, oder begründete es vielmehr von Neuem.[51]) Ist aber die hohe Bedeutung der Universitäten und des Reichskammergerichts für die Verbreitung des Römischen Rechts durch die Deutschen Lande überhaupt unbestritten,[52]) so läßt sich nicht verkennen, wie sehr die Mark einem Fürsten verpflichtet ist, dem sie die Bereicherung durch jene beiden, so hochwichtigen und zeitgemäßen Elemente des Fortschrittes verdankt. Dahin deuten auch die Worte eines gleichzeitigen Dichters:

Marchia Caesareis te legibus auspice gaudens
Sustulit e patrio barbara iura foro![53])

Die förmliche Aufnahme des Römischen Rechts geschah nun in folgender Weise.

Zuerst publicirte Kurfürst Joachim im Jahre 1511 den Beschluß des Augsburger Reichstages v. J. 1500, in Ansehung des den Enkeln nach Römischem Recht zu gestattenden s. g. Repräsentations-Rechts. Die Ausschreibung unnd Erclerung groszvetterlicher unnd mutterlich Erb belangen[54]) ist von

---

welchem sie der erhabene Verfasser der Mémoires pour servir à l'histoire de la Maison de Brandebourg (Berlin 1789. p. 19—21.) heimsucht.

50) Gegen Ende des Aprilmonats: der Tag wird verschieden angegeben. Die Vorlesungen selbst hatten schon früher begonnen. Buchholtz Br. Gesch. III. S. 281 f.; Riedel Mag. I. S. 26. Kurfürst Joachim's Worte bei Errichtung der Universität führt v. Raumer an, im cod. dipl. II. S. 199. Das der neuen Academie ertheilte Landesherrliche Privilegium ist bei Mylius (C. C. M. Th. I. Abth. II. No. I.) datirt: Montags Estomihi 1506; bei Zimmermann (Märk. Städteverf. II. S. 96 ff.): vom Sonntag Estomihi selbst. Bei Zimmermann (a. a. O. S. 101 ff.) findet sich auch das noch im J. 1506 durch den Frankfurter Magistrat der Universität gegebene Privilegium (v. Freitag nach St. Katharinen).

51) Vgl. v. Hymmen Beitr. II. S. 246 f. und unten Anm. 62.

52) Eichh. R. G. §§. 441, 442.

53) Sie werden dem Sabinus zugeschrieben. Doch sagt Steyer (diss. S. 95.): sie stünden im Epitaphium Joachims von Sabinus; v. Raumer dagegen (in v. Led. Arch. V. S. 317. Not. 17.): Sabinus habe den Fürsten mit diesen Worten angeredet.

54) Veröffentlicht durch v. Raumer in v. Led. Arch. V. S. 329 f.

Joachim noch in Gemeinschaft mit seinem Bruder Albrecht [55]) erlassen, und datirt: Colen an der Sprew am Donrstag nach Lucie (18. December) 1511. Sie ist lediglich An die Stette In der Mittelmark, Altemark, Prignitz und Newe mark gerichtet; augenscheinlich mit Bezug darauf, daß der Kurfürst mit seinen Prelaten und Reten desfalls bereits uff katherine virginis martiris kurtzlich vergangen (25. November 1511) Raths gepflogen. Uebrigens promulgirte er diese Ordenung allerdings aus eigener Machtvollkommenheit, Als kurfürst des heiligen Reichs; denn zur Promulgation von Reichsschlüssen, welche Alle banden, bedurfte es nicht erst der Genehmigung von Seiten der Landstände. Nur beruhet es auf einem Mißverständnisse, wenn Riedel [56]) annimmt, unser Kurfürst habe hier schon aus Machtvollkommenheit und „rechter wissen" alte unbillige Gewohnheiten abgethan und vernichtet. Die Worte: wann wir auch dieselbenn gewonheit, als der miltigkeit, Rechte und Billigkeit widerwertig unnd ungemeß aus volkommenheit unser macht und rechter wissen abthun und vernichtigen, gehören vielmehr noch zu der wörtlich eingerückten Kaiserlichen Ordnung; wie denn auch unsere gleich näher zu erwähnende Kammergerichtsordnung von 1516 darauf hinweist:

„unangesehn das Sächsische Recht und die Gewohnheit, ... die auch Käyserl. Majestät mit den Ständen des Reichs als der Mildigkeit, Recht und Billigkeit wiederwärtig und ungemeß abgethan und vernichtiget."

Nach dem Jahre 1511 wurden besondere Verhandlungen über die Anwendung des Römischen Rechts nach seinem ganzen Umfange, zwischen unserem Kurfürsten und den Landständen gepflogen. Die Kammergerichtsordnung vom Jahre 1516 [57]) ist

---

55) Joachim I. ist bekanntlich im J. 1499 zur Regierung gekommen und hat dieselbe Anfangs mit seinem jüngeren Bruder, dem Markgrafen Albrecht, nachher Erzbischof von Magdeburg, Kurfürst von Mainz und Cardinal, in Gemeinschaft geführt. Daher pflegen die Urkunden bis gegen das Jahr 1515 von ihnen Beiden ausgestellt zu sein. Vgl. Buchholtz Br. Gesch. III. S. 253 f., 263, 272, 285 f.; Gercken cod. dipl. VII. S. 363—370; v. Raumer cod. dipl. II. S. 243. No. XXX. —

56) Mag. I. S. 35.

57) C. C. M. Th. II. Abth. I. No. I.

aufgerichtet, wie der Kurfürst im Proömium derselben sagt: „mit Nothdürfftiger Zeitlicher Verbetrachtung, einmüthigen treff„lichen Rath Unserer Prälaten und Verwilligung Graf„fen, Herrn, Ritterschaft, Mannen und Städte „Unsers Churfürstenthums zu Brandenburg." Durch diese Kammergerichtsordnung ist nun das Römische Recht als gemeines subsidiarisches Recht für die Mark förmlich anerkannt worden, jedoch mit Ausnahme des Erbrechts, in welchem es bei den alten Gesetzen und Gewohnheiten bleiben sollte, nur unter abermaliger Bestätigung des Repräsentationsrechts der Enkel. Für die Anerkennung des Römischen Rechts im Allgemeinen sprechen die Worte:[58])

„Als wir auch in Unsern Landen und Fürstenthum der vielfal„tigen Rechtsverordnung" [zu lesen: Rechtsunordnung][59]) „und „Mangel befunden, wollen und setzen Wir daß hinführo in Un„serm Cammer-Gericht Fürstenthum Landen und gebieten gemeine „Käyserliche Recht gehalten und darnach gesprochen werden soll." d. i. das Römische Recht wird gegen den bunten und verwirrten particularrechtlichen Zustand zu Hülfe gerufen. In Ansehung des Erbrechts heißt es:[60])

„Wir wollen auch, daß alle Constitution und Gewohn„heit der Lande in den Erbfällen, außgenommen den Articul in „Käyserl. Majest. und des Reichs Ordnung ausgedruckt und publiciret," d. i. ausgenommen das Repräsentationsrecht der Enkel, in Gemäßheit der Kurfürstlichen Publication v. J. 1511 und der in dieser Kammergerichtsordnung selbst[61]) enthaltenen ausführlichen Bestätigung,

„in ihren Würden bleiben und mit dieser Unser Gerichts Ordnung nicht uffgehoben seyn soll, die Sie von alter löblicher Gewohnheit in Uebung hergebracht und gebraucht haben."

Zweifelhaft ist freilich, ob sich die Kammergerichtsordnung wirklich ins Jahr 1516, oder erst ins Jahr 1526 setzen läßt;[62])

58) A. a. O. Sp. 10.

59) Riedel hat die richtige Leseart aus dem Original der K. G. O. veröffentlicht und deren Bedeutung gewürdigt: Mag. I. S. 27 u. 34. Vgl. v. Raumer in v. Led. Arch. V. S. 316.

60) A. a. O. Sp. 19. f.

61) A. a. O. Sp. 10.: „Von Großväterlichen Erbfall."

62) Vgl. v. Hymmen am oben (Anm. 51.) angef. O.; v. Kamptz Jahrb. V. Heft 2. S. 233 f.; Simon u. v. Strampff Zeitschrift I. No. XII.

zumal da Kurfürst Joachim des Zweiten Reformation vom Jahre 1540 auf das Jahr 1526 zurückweist, in den Einleitungsworten:

„Nach dem . . Herr Joachim . . Unser . . Herr Vater, ... „im 26. Jar ungefehrlich, unserer Cammergerichtsordnung, allerley „besserung zugelegt."

Dennoch möchte ich die K. G. Ordnung nicht erst dem Jahre 1526 zuschreiben, und zwar um deswillen, weil dieselbe nur des Repräsentationsrechts der Enkel erwähnt, aber noch keine Spur von dem Repräsentationsrechte der Geschwisterkinder enthält. Jenes war, wie bereits gedacht, im Jahre 1511 durch Kurfürst Joachims Publication bestätigt; dieses dagegen ist, wie sogleich ausgeführt werden soll, erst im Jahre 1522 zur Einführung gelangt. Es ist also nicht wahrscheinlich, daß die K. G. Ordnung, wenn sie wirklich erst im Jahre 1526 ans Lichtgetreten wäre, das Repräsentationsrecht der Geschwisterkinder mit Stillschweigen übergegangen haben sollte. Bedenken erregend ist freilich die Bemerkung der Bischöfe von Brandenburg und Lebus zu unserer K. G. Ordnung: [63])

„Dieweil davon Bruder und Bruder Kind, Schwester und Schwe- „ster Kind, ihrer Väter verstorben, Bruder und Schwester Erbtheil zu „nehmen in Statt ihrer Väter nach kaiserlichem Rechte zugelassen „werden, das denn auch bisher allhier in dem Churfürstenthum Bran- „denburg, und sonderlich aus dem Adel lange Zeit so gehalten und „geübet; wollte nicht unnützlich bedacht werden, diesen Fall, neben „den oben geschriebenen" (d. i. in Ansehung des Repräsentationsrechts der Enkel) „auch zu spezificiren, und sonderlich, in An- „sehung so in dieser Ordnung hiervor angezogen, daß in diesem Cam- „mer-Gericht nach Kaiserrecht soll gerichtet werden."

Diese Bemerkung ist augenscheinlich zu einer Zeit gemacht, in der man das Repräsentationsrecht auch schon den Geschwisterkindern zugestanden.

Den Beschluß des Wormser Reichstages vom Jahre 1521, in Ansehung des den Geschwisterkindern nach Römischem Recht zu gestattenden Repräsentationsrechts, hat Kurfürst Joachim am Tage Luciä (13. December) 1522 publicirt. [64]) Ob auch dieser Erlaß blos an die Städte gerichtet, ist nicht ersichtlich. Allerdings

---

(„Stiftung des Cammergerichts"), S. 174—180; Scholtz Mot. I. S. 13. (auch in Simon u. v. Str. Zeitschr. II. S. 316 f.); Götze Mot. I. S. 7.

63) Simon u. v. Str. Zeitschr. I. S. 194 f.

64) v. Raumer cod. dipl. II. S. 289 f. (No. LXXII.)

dings wird wieder des kurz zuvor, auff Elsabeth kurtz vergangen (19. November 1522), mit den Prälaten und Räthen gepflogenen Raths Erwähnung gethan. Auch promulgirt Joachim dieses ihm durch Kaiserliches Mandat zugefertigte Reichsgesetz abermals aus eigener Macht: „So wir damals" (zu lesen: dann als) „kurfurst des heyligen Reichs solich ordinung mit allen „Stenden des Reichs beschlossen und angenommen;" weshalb denn sogar ausdrücklich der Tag der Gesetzeskraft für die Brandenburgischen Unterthanen auf den 27sten November 1521, als den Tag der Kaiserlichen Promulgation selbst, zurückgezogen wird.

Zuletzt hat das gesammte Märkische Erbrecht die Römischen Principien in sich aufgenommen, und zwar in der Weise, daß die Römischen Gesetze über das Erbrecht eine nicht bloß subsidiarische, sondern principale Geltung haben und das Gewohnheitsrecht, mit Ausnahme des in Betreff der Ehegattenerbfolge geltenden, beseitigen sollten. Dies ist durch diejenige Constitution angeordnet worden, welche seitdem den Namen der Joachimischen oder Märkischen Constitution vorzugsweise geführt hat. Und sonach möchte ich denn rücksichtlich der Streitfrage über die Art und die Zeit der Aufnahme des Römischen Rechts in unserer Mark, der Ansicht, welche Götze[65]) und Riedel[66]) vertheidigt haben und deren Hauptmomente schon von Scholtz[67]) entwickelt sind, gegen die Ansicht beitreten, welche v. Raumer[68]) aufgestellt und Hübbe[69]) gebilligt hat: daß nämlich Kurfürst Joachim I. und seine Stände Römisches Recht eigentlich nur in Ansehung des Erbrechts eingeführt, und erst die Juristen des sechszehnten Jahrhunderts die Ausdehnung des Römischen Rechts auf alle übrigen Rechtsgebiete bewirkt hätten.

Die Joachimische Constitution, betitelt: Constitution, wilkör vnd ordenung der Erbfelle, vnd anderer sachen, Wie damit durch die gantzen Marck zu Brandenburg, und darzu gehörenden landen, hinfür sol ge-

———

65) Mot. I. S. 6—11.
66) Mag. I. S. 32—35.
67) Mot. I. S. 13—18, 63 Note *.
68) In v. Led. Arch. V. S. 309—329.
69) In v. Kamptz Jahrb. XLV. S. 89, 123—126.

halten werden, ist bekanntlich im Jahre 1527, am Mittwoch nach St. Francisci — d. w. 9. October — publicirt worden. Leider fehlt uns jede nähere Nachricht über die Geschichte ihrer Redaction; die Verhandlungen des vorangegangenen Landtages sind verloren; ja auch das Urexemplar unserer Constitution ist verschwunden. [70]) Die bei Mylius zu findenden Landtagsabschiede von 1527, vom 2ten Juli (Mariä Heimsuchung) und vom 6ten October (Sonntag nach St. Francisci), berühren die Joachimische Constitution nicht mit einem Worte. [71])

Ueber die Tendenz unseres Gesetzes aber spricht sich die Vorrede desselben klar aus. Bei dem Trachten der Menschen und bei ihrer Begierde nach fremdem Gute, wodurch zumal die Verwandten unter einander in Erbstreitigkeiten verwickelt zu werden pflegen, vermag der Landesherr mit seinen Räthen — ungeachtet des ernstlichsten Bestrebens, einem Jeden zu dem Seinigen zu verhelfen — doch wegen der allzugroßen örtlichen Verschiedenheit der Gesetze, Privilegien und Gewohnheiten, welche theils dem gemeinen Rechte, theils der Billigkeit zuwiderlaufen, durchaus nicht, Allen gleiches und rechtes Gericht zu gewähren:

„So wir aber befinden, das die Erbfelle in vnsern Landen mancherley gestalt, als etwan durch sonderliche Constitution vnd ordnung, etwa durch erwunnen Privilegia, bey etlichen auch allein auß angenommener vbung vnd langem hergebrachtem gebrauch eingefüret, vnd vngleich gehalten werden. Welches . . . gemeinem geschrieben Rechten vngemes,... vnd aller billigkeit stracks entgegen, vnd von deswegen vns . . . nach eines jeglichen Orts gebrauch, Recht zu sprechen nicht müglich, dadurch manchem sein Recht entzogen, vnd des seinen aus vnschicklikeit der vielen Recht in vnsern Landen, so offtmahls gegeneinander vnd wiederwertig gespüret, verlüstig werden möchte."

Um deswillen haben die Brandenburgischen Stände, sowohl die Prälaten, als der Adel („Graven, Herrn, Ritterschafft") und die Städte in Aufhebung der bis dahin für das Erbrecht

---

70) v. Hymmen Beitr. VII. S. 213; v. Raumer cod. dipl. II. S. 201; Scholtz Mot. II. S. 164 f.

71) C. C. M. Th. VI. Abth. I. No. XIII. u. XIV.; vgl. Steyer diss. S. 14 f. No. 4.

gegoltenen Gesetze, Privilegien und Gewohnheiten („Sonderlich" — d. i. in Ansehung [72]) — „der Erbfelle") einträchtig gewilligt („gentzlich vnd gar auffgehaben vnnd abgethan"), und denselben sogar mit rückwirkender Kraft („so viel die alten Erbfelle u. s. w. belangen"), des gemeinen Besten wegen, entsagt und die neue Satzung gebilligt. Auf diesen Ursprung der Joachimischen Constitution deuten sowohl die Worte der Vorrede: „auff solcher „aller Stende . . . eintrechtige bewilligung," als auch die Worte des Epilogs: „dieser Constitution, . . . so wir mit gemei„ner verwilligung aller stende . . gemacht." Deshalb wird unser Gesetz nicht bloß Constitution, Ordnung, Satzung [73]), sondern auch Wilkör [74]) betitelt; so wie die darin erörterten Erbfälle gewilkörte [75]) benannt werden.

Das Römische Recht aber ist, wie bereits oben erwähnt, durch die Joachimica nicht bloß im Erbrecht, mit Ausschluß der Ehegattenerbfolge, zur principalen Geltung gebracht, sondern auch in seiner sonstigen allgemeinen subsidiarischen Geltung anerkannt worden. Dies beweisen die Worte des dritten Titels unserer Constitution:

„in allen gemeinen Erbfellen, Käyser Recht . . Welches . . auch „in den vnnd andern Kriegischen [76]) sachen zu behalten."

Und eben darauf geht der fünfte Titel, welcher den Brandenbur-

---

72) Riedel Mag. I. S. 31. Not. 11.

73) C. J. Tit. VII. §. 3.

74) C. J. Ueberschrift u. Tit. V. §. 2. — Vgl. Grimm R. A. S. 768: kiesen, wovon das urtheil oder gesetz kür, willkür heisst; Eichh. R. G. §. 259. Not. d.; Pr. R. §. 8. (Jus electum.)

75) C. J. Tit. VII. §. 1.

76) Kriegische sachen sind Sachen jeglicher Art, über welche Processe geführt werden. Rechtsstreit ist Krieg. (Grimm R. A. S. 854. D.) So braucht auch die Vorrede der Joach. Const. selbst das Wort Krieg; imgleichen die Neum. K. G. O. v. 1646: Rechts Krieg. (C. C. M. Th. II. Abth. I. Sp. 124.) In der K. G. O. von 1516 wird im Eingange als ratio legis angegeben: „Krieges Gefahren zu kürtzen u. s. w." Auch die Reformation v. 1540 braucht den Ausdruck: „die kriegische Partheyen." (C. C. M. a. a. O. Sp. 29.) Die Ausdrücke Kriegsbefestigung (litis contestatio) und Kriegsvormund (Eichh. Pr. R. §. 326.) sind bekannt. Vgl. noch Tzsch. u. Stzl. Urk. No. CXVIII. §. 8. (v. J. 1315): „questionibus multimodis contendunt, quod volgariter dicitur crigen;" No. CLXXXII. (v. J. 1365): „kricliche Zachin gutlich und fruntlich bericht."

gischen Schöppen vorschreibt, sowohl in Erbangelegenheiten nach der Joachimischen Constitution selbst, als auch in anderen Sachen nach Römischem Recht zu entscheiden:

„vnd sonst in allen andern sachen nach beschribenem Keiser Recht.“

Dem entspricht, daß bereits im Jahre 1540 Kurfürst Joachim der Zweite dem Brandenburger Schöppenstuhle einschärft, Kaiserrecht nicht bloß

„in Bürgerlichen Sachen und Erb-Fällen“,

sondern auch in peinlichen Sachen zur Anwendung zu bringen; [77]) wie denn auch in dem Krossenschen Privilegium v. 1551 [78]) die Fälle gesondert werden:

„pein oder bürgerlich, oder der succession.“

Endlich findet sich auch in den Landtagsabschieden des sechszehnten Jahrhunderts eine solche Auffassung des Römischen Rechts, nach welcher dasselbe überhaupt die Stelle eines gemeinen subsidiarischen Rechts einnimmt, im Erbrecht aber, nach Aufhebung der alten Gewohnheiten und namentlich der Sächsischen singulären Erbfolgearten, unmittelbar vorherrscht. Der erste dieser Abschiede ist noch von Kurfürst Joachim dem Ersten selbst gegeben und unterschrieben, am Sonnabend Johannis Baptistä (24. Juni) 1534. [79]) In demselben heißt es: [80])

„und weil die Gestände Vnser Landschafft sich eintrechtig mit Uns „vereiniget und verwilliget, daß hinfuhro in Unsern Churfurstenthumb „und Landen, Keyser Recht gehalten und gesprochen werden soll.“

Hierin finde ich eine Hindeutung auf die Reception des Römischen Rechts überhaupt durch die K. G. Ordnung von 1516; während sich die nun folgenden Worte, in Ansehung des Erbrechts, direct auf die Joachimica beziehen:

---

77) S. Churfürst Joachims II. Revers denen Städten der Churmark Brandenburg wegen ihrer auf dem Landtage übergebenen Gravaminum ertheilet: C. C. M. Th. VI. Des Ersten Registers Anhang. (S. 55. Sp. 2.) Dieser Revers ist Sontags Judica (14. März) 1540 ausgestellt. Der Landtag war am Sonntag Lätare (7. März) gehalten worden, und der Landtagsabschied (der sich bei Mylius zweimal findet: C. C. M. Th. VI. Abth. I. No. XXII. u. XXIII.) ist vom Mittwoch nach Judica (17. März) datirt. — Vgl. v. Raumer in v. Led. Arch. V. S. 324 f.; Riedel Mag. I. S. 33.

78) S. unten Anm. 100.

79) C. C. M. Th. VI. Abth. I. No. XVI.

80) A. a. O. Sp. 28.

„Derowegen sich Vnsere Prälaten, Herrn, Mann und Städte, sich aller Gebräuch und Gewohnheiten voriger Gericht und Rechtens vorziehen und abgesaget, Ordenen und wollen Wir, daß hinfurder, in Erbtheilungen keine Heergeweden, Gerade, noch Mußtheil soll genommen noch gegeben werden, besondern in dehme und allen andern Keyser Recht, dergestalt wie hiebevor in Unserer auffgerichteten Constitution und Ordnung der Erbfelle geordnet, durch jedermanniglich soll gehalten werden."

Zwar starb Kurfürst Joachim der Erste, bevor er noch diesen Abschied publicirt hatte, am 11. Juli 1535. Allein seine Söhne, Kurfürst Joachim der Zweite und Markgraf Johann, welche sich, der väterlichen Disposition gemäß, das Land in der Art theilten, daß Johann die Neumark mit Sternberg, Krossen, Kottbuß und Peitz, Joachim alles Uebrige bekam, [81]) holten die Publication, Jeder in seinen Landen, nach. In der Einleitung zum Landtagsabschiede vom Tage Laurentii Martiris (10. August) 1536 [82]) äußert sich Joachim II. in dieser Beziehung dahin:

„alß .. Vnser .. Vatter, Herr Joachim ... auff dem Landtage vor Sr. Gn. tödtlichen abgangk ... etlicher Articull vortragen, nachgegeben, vnd vergunst hatt, auch Briefe und Siegell darüber außgangen, Nachdehm in denselben Brieffe vermeldet wirdt, daß solcher Articull, allenthalben, in vnsern Landen sollen publiciret ... werden, vndt bißhero auß Uhrsachen, daß .. vnser .. Vatter .. so kurtz von diesen Jammerthal abgeschieden, daß solche publication verzogen, ... Dehmnach wollen wier .. solche Artikell, ... verkündiget haben, ... wie dos .. Vnser .. Bruder, Marggraf Johannß in seinen Landen auch verkündigen wirdt."

In den Abschied selbst ist denn auch die bereits mitgetheilte Stelle über das Römische Recht wörtlich aufgenommen. [83]) Dieselbe ist gleichfalls in Kurfürst Joachim des Zweiten Receß vom Tage Michaelis (29. September) 1538 wiederholt, [84]) und in Markgraf Johanns Receß vom Freitage nach Allerheiligentage (7. November) 1539 übergegangen: nur mit der Modification in den Worten, welche durch Johanns Rücksicht auf die Lande seines Bruders bedingt war und sich durch den ganzen Text seines Re-

81) v. Lancizolle Bild. des Pr. St. I. S. 534. f.
82) C. C. M. Th. VI. Abth. I. No. XVIII. (Sp. 33.)
83) A. a. O. Sp. 35.
84) C. C. M. Th. VI. Abth. I. No. XX. (Sp. 48.)

cesses zieht.[85]) Im Jahre 1571 starben beide Brüder, der Kurfürst am 3ten, der Markgraf am 13ten Januar. Ihnen folgte des Kurfürsten Sohn Johann Georg, der wieder die gesammten Lande unter seiner Herrschaft vereinigte. Gleich in dem Landtagsabschiede, welchen er Montags nach Viti (16. Juni) 1572 gegeben, findet sich abermals eine Wiederholung jener Stelle über das Römische Recht, jedoch unter Auslassung der von der Einwilligung und dem Verzicht der Stände handelnden Worte, welche man nach Verlauf einer so langen Zeit bereits für überflüssig halten mochte.[86]) Nach Johann Georgs im Jahre 1598 erfolgten Tode behauptete sein Sohn, Kurfürst Joachim Friedrich, dem väterlichen Testamente entgegen, den Besitz aller Märkischen Lande.[87]) Im Jahre 1602 ertheilte derselbe Donnerstages nach Oculi, war der Eilffte Monatstag Martij,[88]) den Kurmärkischen Ständen (disseit der Oder) einen Revers, in welchem sich jene Stelle über das Römische Recht zum letzten Male findet.[89]) Die Fassung derselben ist aus dem Receß von 1572 entnommen. So wenig der von Joachim Friedrich noch im Jahre 1602, Montags nach Iohannis Babtistae (28. Juni), erlassene Neumärkische Landtagsabschied,[90]) als die Abschiede des im Jahre 1608 zur Regierung gelangten Kurfürsten Johann Sigismund[91]) enthalten eine fernere Spur davon. Inzwischen war in den Landtagsabschieden eine so specielle Erklärung über die aufgehobene Erbfolge in Heergewäte, Gerade und Mustheil wohl

---

85) C. C. M. Th. VI. Abth. I. No. XXI. (Sp. 55.) Dieser Receß pflegt Markgraf Johanns Ratification des Reverses von 1538 genannt zu werden. Allein sowohl die Neum. K. G. O. von 1700. cap. 33, als die Neum. Lehnsconst. v. 1724. §. 29. bezeichnen ihn als „Landtages-Recess."

86) C. C. M. Th. VI. Abth. I. No. XXXVI. (Sp. 109.)

87) v. Lancizolle Bild. des Pr. St. I. S. 535. f.

88) Nach dem Julianischen Kalender fiel im Jahre 1602 der Sonntag Oculi auf den 7ten März, also der Donnerstag danach wirklich auf den 11ten d. M. Sonach lautet die Unterschrift des Reverses ganz richtig. Auffallend ist es also, daß dasselbe Datum im Reverse vom 14. April gedachten Jahres (C. C. M. Th. VI. Abth. I. No. LXII. Sp. 171.) als der 15te März bezeichnet wird.

89) C. C. M. Th. VI. Abth. I. No. LVIII. (Sp. 159.)

90) C. C. M. a. a. O. No. LXIII.

91) C. C. M. a. a. O. No. LXXI. ff. (v. J. 1611 ff.)

nur um deswillen gegeben worden, weil die Joachimica dieser singulären Erbfolgearten nicht besonders gedacht und so mancherlei Zweifel und Streit veranlaßt hatte; wie sich dies insonderheit aus den in der Altmark im Jahre 1531 von der Ritterschaft und den Prälaten gepflogenen Verhandlungen ergibt, wobei sich die Stände folgender Worte bedienten:

„Idt Vogifft sick In vill orderen twyspallt van weghen des hergheweddes unde frowen gherades ßo dath nicht ghelick ghenhamen warth dath ßulfeste warth in etlicke steden unde Dorperen In etlicken nicht ghenamen Desse artikell ys nicht grundiklich In der ordinantien Unßes gne^ten^ H."

— d. i. in der Joachimischen Constitution —

„uthgedrucketh unßer gne^ter^ H. wolde deßen artikell genedichliken „ßetten wes In deme to holdende edder nicht tho holdende" u. s. w.[92])

Unsere einheimischen Rechte traten im Laufe des sechszehnten Jahrhunderts mehr und mehr in den Hintergrund. Doch fehlt es auch nicht an Ausnahmefällen, in welchen dieselben ausdrücklich geschützt und bewahrt wurden. Schon wenige Wochen nach Erlaß der Joachimischen Constitution erfolgte die Bestätigung des Salzwedelschen Particularrechts durch unseres Kurfürsten Joachim des Ersten Confirmationsurkunde vom Mittwoch nach Andree Apostoli (4. December) 1527.[93]) Dann wurde einigen Neumärkischen Landestheilen der Gebrauch des bei ihnen althergebrachten Sachsenrechts vorbehalten; mit Ausnahme der von Joachim dem Ersten in den Jahren 1511 und 1522 promulgirten Reichsgesetze über das s. g. Repräsentationsrecht.[94]) Diesen Vorbehalt des Sachsenrechts für das Weichbild Kottbuß, welches schon im Jahre 1462,[95]) und für die Weich-

92) S. das von Hübbe herausgegebene Landtagsprotokoll vom Montag nach S. Johannis und Montag nach Kreuzeserhöhung 1531, in v. Kamptz Jahrb. XLV. S. 93.

93) Lentz Uhrk. CCCXXII. — Gewöhnlich wird das Datum dieser Urkunde als der 30ste November angegeben. (Lentz a. a. O. 782; v. Kamptz Pr. u. stat. R. I. S. 24. No. 12.; Riedel M. Br. II. S. 384; Scholtz Mot. II. S. 123.) Aber der 30ste November ist der Andreastag selbst, welcher im Jahre 1527 auf einen Sonnabend fiel.

94) S. oben Anm. 54 und 64.

95) v. Lancizolle Bild. des Pr. St. I. S. 321, 323, 327. Vgl. Gercken cod. dipl. VIII. S. 672 und v. Raumer cod. dipl. I. S. 204 f. (No. LXIII.)

bilder Züllichau, Sommerfeld und Krossen, welche erst im Jahre 1537 unter Brandenburgische Herrschaft gekommen, [96]) spricht der bereits erwähnte Receß Markgraf Johanns vom Jahre 1539 dahin aus [97]):

„Doch ausgenhommen die Weychbilder Crossen Cotbus Sommerfeldt vnnd Zulch, [98]) die sich des Sechsischen Rechtenn, ane die beyde Artickell die Succession vnnd Erbfelle belangende zugebrauchen vorbehalten habenn."

Uebrigens hatte sowohl Kottbuß, als Züllichau und Krossen besondere Statuten in Ansehung des Erbrechts, welche noch jetzt gelten. [99]) In dem, vom Markgrafen Johann Dienstages in Oster Feyertagen (31. März) 1551 der Stadt Krossen ertheilten Privilegium wird abermals des reichsgesetzlichen Repräsentationsrechts gedacht [100]):

„doch ausgezogen die 2 Fälle, die Succession Kindes Kind und Schwester und Bruder Kind, bey denen soll es verbleiben, bey Röm. Käyserl. Maystl. . . . gesatzeten und von des Heil. Röm. Reichs Ständen bewilligten Constitution, wie die auch Weyl. Unsers Herrn Vaters gemeine Landschafft der Mark Brandenburg und zugehörigen Landen publiciret" u. s. w.

Diese Stelle spielt recht deutlich auf die, uns erst durch v. Raumer bekannt gewordenen Publicationen Kurfürst Joachim des Ersten [101]) an, und ist nun ganz verständlich. [102]) Der Vorbehalt des Sachsenrechts aber, seit 1539 oftmals wiederholt, [103]) wurde nicht

96) v. Lancizolle a. a. O. S. 331—347; v. Raumer in v. Led. Arch. II. S. 167 ff. u. cod. dipl. II. S. 102 f., 301—312.

97) S. das Allegat Anm. 85. Aus Versehen bezieht v. Kunow (Mot. S. 16. Ad b.) den Vorbehalt schon auf den Revers von 1538.

98) Es wird auch Czulch, Czolch, Czolchew, Czullich geschrieben: Stenzel script. rer. Sil. I. S. 276, 381; v. Raumer cod. dipl. II. S. 102 f., 301—310.

99) S. unten Th. II. Abth. I. Cap. II. §. 3.

100) C. C. M. Th. VI. Abth. I. No. XXX.

101) S. Anm. 94.

102) Die Sache selbst, soviel jene 2 Fälle anlangt, hatte schon Steyer (diss. S. 22 f.) richtig erläutert.

103) Zuerst 1551, durch das Krossensche Privilegium, dann 1561, durch die Neum. K. G. O. (C. C. M. Th. II. Abth. I. No. VII. Sp. 44 g. E.); 1611, durch den Specialrevers für Krossen (C. C. M. Th. VI. Abth. I. Sp. 238.); 1646, durch die Neum. K. G. O. cap. 36; 1700, durch die Neum. K. G. O. cap. 33 u. 35; endlich 1724, durch die Neum. Lehnsconst. §. 29.

bloß auf das Erbrecht, sondern auch auf andere Rechte bezogen; so daß z. B. noch jetzt die s. g. Sächsische Verjährung von 31 Jahren 6 Wochen und 3 Tagen in Krossen, Züllichau und Kottbuß Gültigkeit hat. [104]) Es war also durchaus angemessen, daß im Jahre 1551 und 1611 denen von Krossen, Züllichau und Kottbuß gestattet wurde, sich beim Leipziger Schöppenstuhle Rechtens zu erholen. Das mehrgedachte Krossensche Privilegium von 1551 namentlich zieht in Erwägung, daß die von Krossen von Alters her [105]) zu Sachßen gewiedmet, und ihrer Erholung der Rechten .... zu Magdeburg gehabt; und gewährt der Stadt Krossen, auf ausdrückliches Ansuchen, weil der Schöppen Stuhl zu Leipzig mit mehren Rechts Gelehrten versehen, und aus denen und andern Ursachen, die Befugniß der Berufung nach Leipzig. Im Jahre 1532 hatte übrigens schon der Landvoigt der Niederlausitz die Appellation an die Magdeburger Schöppen, welche der neuen evangelischen Lehre sehr zugethan waren, untersagt. [106]) Und so verschwand in der Mark die letzte Spur der Rechtserholungen von Magdeburg. [107]) Der Zug nach Leipzig aber wurde denen in Croßnischen, Züllichschen, vndt Cotbusischen durch den Neumärkischen Landtagsabschied vom 11. Juni 1611 ausdrücklich confirmirt. [108]) Endlich haben auch die früher Niederlausitzschen Kreise Beeskow und Storkow, welche in dem Jahre 1558 oder 1565 unter Brandenburgische Herrschaft gelangten, einigen Gebrauch des Sächsischen Rechts zu bewahren vermocht. [109])

Wenn aber auch das Römische Recht überhaupt den Sieg über unsere einheimischen Rechte davontrug, so ist doch nicht zu läugnen, daß ursprünglich die particulären Rechte und Gewohn-

---

104) v. Kunow Entw. §. 19.; Mot. S. 17.

105) Daß Krossen schon vor dem Jahre 1233 Deutsches Recht erhalten, weisen nach: Tzsch. u. Stenzel Urk. S. 97. Not. 1; S. 292. Not. 1.

106) Neumann Niederlaus. Landvoigte II. S. 202 f.

107) Vgl. v. Kamptz in Mathis XI. S. 53; Gaupp Magdb. R. S. 155 f.; v. Lancizolle Deutsch. Städtewesen S. 79.

108) C. C. M. Th. VI. Abth. I. No. LXXI. (Sp. 216.)

109) Vgl. v. Lancizolle Bild. des Pr. St. I. S. 329; v. Kamptz Pr. u. stat. R. I. S. 38. No. III. 2; S. 45. No. XXVIII.; Riedel Mag. III. S. 108—112.

heiten nur, wo sie ausdrücklich abgeschafft wurden, ihrer Geltung gänzlich beraubt werden sollten und konnten. Auch ist das Römische Recht nicht etwa bloß durch das Kammergericht, die Frankfurter Facultät und den Brandenburger Schöppenstuhl, sondern mehr noch durch eine von innen her wirkende Nothwendigkeit in unseren Rechtszustand eingearbeitet worden. Gleich Kurfürst Joachims Privilegium für Salzwedel vom Jahre 1527,[110]) welches dem städtischen Particularrechte den ersten Platz einräumt, behandelt das durch die Joachimische Constitution eingeführte Römische Recht als ein allgemeines subsidiäres Recht. Es confirmirt die Salzwedelschen o b g e s c h r i e b e n e n A r t i c k e l d e r E r b s c h i c h t u n g u n d n i c h t w e y t e r, allerdings u n a n g e s e h e n die Joachimische Constitution, jedoch derselben i n d e n a n d e r n A r t i c k e l n g a n t z u n s c h e d l i c h. Eben so verweist Kurfürst Joachim der Zweite in seiner Bestätigung der Neu-Ruppinischen Rechte, vom Sonntage vocem jocunditatis (21. Mai) 1536,[111]) auf die früher dem Sächsischen und jetzt dem Römischen Rechte zukommende subsidiarische Kraft eines ius commune:

„das sie . . hinfur n i c h t S e c h s i s c h e r sondern g e m e i n e s K a i s e r R e c h t u n d R e f o r m a c i o n[112]) unangesehen Jres vorigen geprauchs in Erbfellen haben . . sollen."

So verweist denn auch noch der Neumärkische Landtagsabschied vom 11ten Juni 1611[113]) die Gerichte b e v o r a u s auf

„daßjenige, was auf Landeß gebreuchen, reversen vndt constitutionen beruhet";

läßt also die principale Geltung des Territorialrechts unangefochten bestehen. Allein es konnte nicht ausbleiben, daß das Römische Recht, bei seiner eigenthümlichen und durchdringenden Kraft und Fülle sich den Weg zu einer mehr vorherrschenden Stellung bahnte; zumal da weder die Richter noch die Privaten durch äußerliche Fesseln gehindert waren, die generellen Principien des ius commune — mochte dies nun Sächsisch oder Römisch sein — ihren speciellen Bedürfnissen und Verhältnissen anzupassen.

---

110) Oben Anm. 93.

111) Mitgetheilt durch v. R a u m e r in v. Led. Arch. V. S. 323.

112) R e f o r m a c i o n bezeichnet hier die Joachimische Constitution: v. R a u m e r a. a. O. S. 329.

113) Oben Anm. 108. (Sp. 214.)

Anfangs suchte man sich gleichsam Hülfe bei gemeinen Rechten jeder Art, bei Canonischem, Römischem und Sächsischem. So z. B. — um einer Urkunde nicht zu gedenken, in welcher Berliner Bürger schon im Jahre 1449 allen Einwendungen geistlichs vnd werntlichs rechten entsagen [114]) — werden, mehrere Jahre vor Erlaß der Joachimischen Constitution, in einer Verhandlung vor den Berliner Schöppen die einer Wittwe ausz keserlychen, gestlichen vnd Sachschen rechtpryvelegien zuständigen Rechte aufs Förmlichste zu Hülfe gerufen. [115]) Im Jahre 1540 nimmt man in Anspruch: golliche vnd beschriebne Rechte, auch den languorwerten Landlsbrauch. [116]) Ließe sich nun auch einwenden, daß dergleichen volltönende Ausdrücke nicht so streng zu nehmen seien, so fehlt es doch nicht an mancherlei Beispielen, um darzuthun, wie kurz nach Erlaß der Joachimischen Constitution Römisches Recht auch auf Dinge bezogen und angewendet wurde, die dem Erbrecht fern lagen. In einem, auf Befehl des Rathes, durch den Stadtschreiber, Magister Teymler, in der Zeit nach 1516 concipirten Stadtbuche von Frankfurt [117]) wird in einer Stelle, die nicht vor dem Ende des Jahres 1528 geschrieben sein kann, [118]) sogar rücksichtlich der Bürgermeister und Rathmannen Wahl auf Römisches Recht Bezug genommen. Diese Stelle lautet wörtlich:

„Sequitur de reuerencia proconsulum quod ipsi annualim consecutj sunt pro regimine ciuilatis.

Quamvis secundum leges diuites et non pauperes eligendj sint ad officia siue munera ciuitatis ut patet clare per leges C de decurio in lege ad subeunda munera libro decimo dicitur lex, quod ex dignissimis et meritis facultatibus curiales eligantur, ne forte tales nominentur, qui functiones publicas implere non possint et . . . vnd wie wol die Reichn vnd nicht Armen zu Borgermeistern vnd Rat-

---

114) Fidicin Beitr. II. S. 221, 222.

115) Die Urkunde ist vom Jahre 1522 und wird weiter unten im Zusammenhange mitgetheilt werden. (Th. II. Abth. I. Cap. III. §. 3.)

116) Fidicin Beitr. II. S. 342.

117) Zimmermann Märk. Städteverf. II. S. 1—158.

118) Sie findet sich bei Zimmermann a. a. O. S. 70; und schon S. 59 f. steht ein Vermerk von Teymler: „Anno Domini millesimo quingentesi-„mo vigesimo octauo hab ich . . . hirnach volgende vertzeichen, Mitwoch „nach Katherine Virginis“ — d. w. am 2ten December.

man nach Besage gemeynes Keisers Recht zukiesen seynd, so ist doch gleich nymants schuldig dem gemeynen Nutz zu dynen, vnd seyne eigen Narung vnd Nutz vorgessen vnd vbirgheen."

Offenbar ist hier auf const. 45. Cod. Just. de decurionibus (X. 31.) verwiesen:

„Ad subeunda patriae munera dignissimi meritis et facultatibus (curiales) eligantur: ne tales forte nominentur, qui functiones publicas implere non possunt."

Auch hatte der Concipient wohl im Sinne, noch andere hier einschlagende Gesetzesstellen zu allegiren; wenigstens scheinen mir die nach dem Worte „et" im Stadtbuche selbst sich findenden Puncte dahin zu deuten. Merkwürdiger aber, als diese Stelle, sind die Worte des Landtagsabschiedes von 1534, welche jene uralte Deutsche Gewohnheit, wonach eheliche Kinder von der Erbschaft ihrer unehelich geborenen Aeltern ausgeschlossen wurden, als dem Römischen Rechte zuwider eingeführt tadeln:

„Und dieweil in geschriebenen Rechten klärlig ausgedruckt, daß ein iglicher Sohn oder Tochter seines Vaters oder Mutter Erbe sey, und zu derselben nachgelassenen Guetern als Erbe vor andern soll zugelassen werden, dem entgegen in unsern etzligen Gerichten als vor einen Gebrauch eingeführet worden, daß derselben eheligen Kinder etwa darumb, daß ihr Vater und Mutter vnehelich gewesen, ihre Erbgüter entzogen worden. Wollen Wir, daß solches hinfürder nicht mehr geschehen, besondern den eheligen Kindern, ob auch ihr Vater und Mutter unehelig gebohren wehren, nichts desto weniger ihr Erbe folgen, und sie dazu als billig und recht unverhindert sollen gelassen werden." [119])

In dem Recesse von 1538 wird das seit Jahrhunderten in der Mark bestandene Gebot, der Adel solle nicht Handel treiben, lediglich auf Römisches Recht gegründet:

„Vndt obwoll in gemeinen geschriebenen Rechten vorsehen, daß kein Praelat, noch die des Adells, oder andern dergleichen vortreffliche Personen, sich Kaufmanschafft unternehmen sollen, desgleichen den Pawern von Alters nicht zugelassen, so ist Vnß doch furbracht, wie sich etliche von Praelaten, Adell vndt Paurschafft, Kauffmanschafft zutreiben, vnterstanden, ... setzen vndt wollen auch, daß in Vnsern Churfurstenthumb vndt Landen, Niemands von Praelaten,

119) Am oben (Anm. 79.) a. O. Sp. 29.

Herrn, Adell oder Pauren, sich Kauffmanschafft zutreiben anmaßen ... sollen." [120])

Bei den hier erwähnten vortrefflichen Personen lässt sich leicht an die personae illustres denken, denen es nicht erlaubt war, höhere Zinsen als trientes zu nehmen. [121]) Uebrigens hat nicht erst das Canonische Recht den Clericern, [122]) sondern schon das Römische Recht den Vornehmeren überhaupt das Handeltreiben untersagt:

„Nobiliores natalibus et honorum luce conspicuos, et patrimonio ditiores, perniciosum urbibus mercimonium exercere prohibemus, ut inter plebeios et negotiatores facilius sit emendi vendendique commercium." [123])

Hierauf also nimmt unser Receß von 1538 augenscheinlich Rücksicht, obgleich schon von Alters her in der Mark dem Adel das Handeltreiben speciell verboten war; wie denn ein den Städten Berlin und Cöln schon im Jahre 1319 ertheiltes Privilegium ausspricht:

„Nec aliquis miles aut vasallus debet vti mercimoniis emendo vel vendendo, tamquam civis, palam aut occulte." [124])

Als letztes Beispiel genüge hier anzuführen, daß die Neumärkische Policeiordnung vom Montage nach Oculi (1. März) 1540 in die Lehre von den Rechten des Vaters am Vermögen der Kinder und von den Rechten der Vormünder rein Römische Grundsätze aufgenommen. [125])

Aus der selbstständigen Verarbeitung des gemeinen Rechts ent-

---

120) Am oben (Anm. 84.) a. O. Sp. 52.

121) 26. §. 1. C. de usuris. (IV. 32.)

122) Cap. 15 sq. X. de vita et honestate clericorum. (III. 1.)

123) 3. C. de commerciis et mercatoribus (IV. 63); von Honorius und Theodosius, also Ende vierten Jahrhunderts. Vgl. Mittermaier Pr. R. §. 481.

124) Fidicin Beitr. II. S. 19.; III. Regesten Nr. 45. (Vgl. III. S. 60 g. E.); Riedel M. Br. S. 177. Not. 2.; Zimmermann Märk. Städteverf. I. S. 197. Uebrigens ist das Verbot des Recesses von 1538 auch in den Receß von 1539 übergegangen (oben Anm. 85. a. O. Sp. 59 f.) und in dem Reverse von 1540 (oben Anm. 77. a. O. S. 55. Sp. 1.) durch Androhung der Confiscation verschärft. Späterhin sind desfalls besondere Edicte erlassen worden: C. C. M. Th. V. Abth. II. Cap. I. No. IV. (J. 1572); No. V. (J. 1578); Cap. IV. No. IV. (J. 1583.); Cap. I. No. VI. (J. 1607). Vgl. Müller pract. March. resol. CV, pag. 275—277.

125) C. C. M. Th. V. Abth. I. Cap. I. No. I. (Cap. 12. Sp. 13—15.)

sprang nun eine eigenthümliche Märkische Observanz, welche weder das Sächsische Recht gänzlich verschmähete, noch auch das Römische Recht als allgemeine Basis irgend aufgab, sondern, je nach der Verschiedenheit des Bedürfnisses, Deutsche und Römische Elemente benützte und verschmolz. Die Natur und das Wesen dieser Observanz hat Götze entwickelt.[126]) Ich möchte dabei nur noch an die Worte Eichhorns erinnern, welche zwar zunächst auf die Carolingische Zeit bezogen, aber für jede Zeit des Kampfes einer geschlossenen Gesetzgebung mit der Beweglichkeit des vielgestaltigen Lebens zu beherzigen sind: „bei einem Conflict zwischen dem geschriebenen und ungeschriebenen Recht, entschied sich der Sieg . . . durch das unmittelbare Bedürfniß, welches den geschriebenen Bestimmungen ihren Sinn unterlegte.“[127])

Bis gegen das Ende des sechszehnten Jahrhunderts hielt sich bei uns die Thätigkeit der Gesetzgeber noch fern davon, in die Verschmelzung und Umarbeitung des alten und neuen Rechts unmittelbar einzugreifen. Dann aber erwachte der Gedanke, es sei zeitgemäß, ein ius certum festzustellen und dem geschriebenen Buchstaben anzuvertrauen. Und so schritt man um das Jahr 1573 und vollständiger um das Jahr 1594 zur Redaction eines Märkischen Landrechts. Um das Jahr 1573 wurde, auf Geheiß des Kurfürsten Johann Georg, und nicht ohne Mitwirkung der Stände, durch den Kanzler Lampert Distelmeyer eine Kammergerichtsordnung und eine Landesordnung entworfen.[128]) Gesetzeskraft haben beide nicht erlangt. Nur für die Doctrin des Märkischen Rechts sind sie von Werth. Die Kammergerichtsordnung handelt in 17 Titeln lediglich von processualischen Dingen.[129]) Die Landesordnung, deren 51 Titel verschiedenen civil-, lehn- und criminalrechtlichen Lehren gewidmet sind,[130]) führe ich unter dem Jahre 1574 auf, weil der 50ste Titel, der eine besondere, in sich geschlossene Verordnung, unter dem Titel: Wie die so wilprat schiessen zuestraffenn, enthält, mit folgenden Worten schließt: geben zue Coln an der Sprew, Son-

---

126) Mot. I. S. 14 ff., 43, 45 ff. Vgl. Riedel Mag. I. S. 37 f.
127) Eichh. R. G. §. 142 g. E.
128) Riedel Mag. I. S. 39 f.
129) Sie findet sich im C. C. M. Th. VI. Abth. III. No. I. (Sp. 9—20.)
130) C. C. M. a. a. O. No. II. (Sp. 19—54.)

tagks Quasimodogeniti, nach Christi ... gebuertt, im tausend, Funffhundert vnd vier vnd Siebentzigstenn Jhare [131]) Noch eine specielle Verordnung, jedoch ohne Jahreszahl, findet sich im 28sten Titel: Von Reuocation dehrer Schultthalben vorkauften Lehengueter. [132]) Beide Specialverordnungen aber werden durch die Publicationsformel eingeleitet: Wir Johanns George u. s. w. [133]) Nach Lampert Distelmeyers im Jahre 1588 erfolgten Tode ließ der Kurfürst durch dessen, gleichfalls zum Kanzler erhobenen Sohn Christian Distelmeyer, unter lebhafter Theilnahme und Mitwirkung einzelner gelehrter Männer und der Stände selbst, das einmal begonnene Werk fortsetzen. So wurde, auf Grundlage der Entwürfe von 1573, die umfangreiche Landesordnung abgefaßt, welche mit dem Jahre 1594 bezeichnet zu werden pflegt. [134]) Sie führt den authentischen Titel: Unser v. G. G. Johanns Georgen ... Verbesserung und weitere Erklärung unserer Landes-Constitution und Cammer-Gerichts-Ordnung mit andern mehr Constitutionen und Satzungen, nach welchen hinführo in unserm Lande, dißeit der Oder, wenn dergleichen Sachen fürfallen, soll verabscheidet, erkannt, und geurtheilet werden. Allein auch diese Landesordnung ist nicht zur Publication und Gesetzeskraft gelangt. [135]) Doch war sie stets in vielen Ab-

131) A. a. O. Sp. 51—53.

132) A. a. O. Sp. 37—39.

133) Jedenfalls scheint es nur auf einem Druckfehler zu beruhen, wenn in v. Kamptz Pr. u. stat. R I. S. 7. Nr. 30 und 31 auch die um 1573 redigirte K. G. Ordnung und Landesordnung ins Jahr 1594 gesetzt sind.

134) Es gibt auch Abschriften, die das Jahr 1596 angeben. Vgl. über das Rechtsgeschichtliche: Steyer diss. S. 6—8; Mylius im C. C. M. Th. II. Abth. I. S 71. Anm.; Th. VI. Abth. III. Vorbericht (S. 1—8); v. Hymmen Beitr. II. S. 253 f., VII. S. 215.; Scholtz Mot. I. S. 19—22 (S. 20 ist statt der Jahreszahl 1708 die Zahl 1598 zu lesen); Riedel Mag. I. S. 40. f. — Abgedruckt ist die Landesordnung v. 1594 im C. C. M. Th. VI. Abth. III. No. III. (Sp. 55—166); augenscheinlich mit neuerer Orthographie, als die Entwürfe von 1573.

135) Dahin deutet das Patent des großen Kurfürsten Friedrich Wilhelm vom 15. December 1687 (C. C. M. Th. II. Abth. V. No. XXXIV.): In demselben wird entschieden, daß die per subsequens matrimonium Legitimirten nicht in die Lehen succediren sollen. Zwar habe bereits Kurfürst Johann George

schriften verbreitet und bei den Märkischen Juristen in solchem Ansehen, daß auch jetzt noch die Wissenschaft des Märkischen, zumal des Gewohnheits-Rechts, aus ihr, als einer reinen und untrüglichen Quelle, zu schöpfen ist. In diesem Sinne spricht sich auch schon unser Stryk aus:[136]) Quamvis enim illae constitutiones nunquam solenni sanctione legalem auctoritatem fuerint nactae, ut adeo earum auctoritas merito in dubium vocanda; quia tamen a viris rerum Marchicarum peritissimis consignatae, et ab equestri ordine non reprobatae, omnino poterunt pro probanda consuetudine Marchiae allegari.

In der That läßt sich behaupten, daß wir aus diesen Constitutionen noch lange nicht den Nutzen gezogen haben, welchen sie für die Erforschung der eigenthümlichen Beschaffenheit unseres Märkischen Rechts zu gewähren vermögen. Man wende nicht ein, daß einer solchen Rechtssammlung, die für ein ius non scriptum zu halten, kein zu großes Ansehen eingeräumt werden dürfe. Denn hier handelt es sich nicht von dem Werke irgend eines Privatmannes, der dem Studium ein Hülfsmittel bereiten wollen; sondern der Landesherr hat Rechtsgelehrte und Stände[137]) zusammenwirken lassen, um durch eine schriftliche Auffassung des ganzen bestehenden Rechtszustandes und der etwa nöthigen Neuerungen den Gerichten eine bessere Gestalt zu geben und Gewißheit und Gleichheit des Rechts herzustellen. Hierüber läßt Johann

---

„deswegen eine Constitution ergehen lassen, man aber allzeit dargegen eingewendet, als wenn selbige nicht gehörig publiciret, und also nicht „zur Observantz gekommen wäre.“ Diese in Bezug genommene Constitution aber findet sich in C. J. G. 1574. Tit. XV. und 1594. Th. III. c. 13. Ja auch schon in einer Resolution Johann Georgs v. 22. December 1593 wird auf die der entworfenen Landesordnung mangelnde Gesetzeskraft angespielt. In dem Neumärkischen Landtags-Abschiede von Donnerstag nach Visitationis Mariae (3. Juli) 1572 hatte nämlich der Kurfürst eine „sondere Constitution“ gegen diejenigen verheißen, welche Jungfrauen von Adel zu Falle bringen würden. (C. C. M. Th. VI. Abth. I. No. XXXII. Sp. 100.) Eine solche ist auch in C. J. G. 1574. Tit. VI. u. 1594. Th. III. c. XXV. entworfen. Dennoch wird diese Verordnung in der vorgedachten Resolution von 1593 ausdrücklich wiederholt: „weil dißfals der öffentlichen Constitution halber nicht unzeitig Bedenken eingefallen seyn.“ (C. C. M. a. a. O. No. XLV. Sp. 133.)

136) In seiner Dissertation de vidua nobili Marchica.

137) Die Monita der Stände sind noch vorhanden. Götze Mot. I. S. 10. Anm. **. —

Georgs Vorwort zur Landesordnung von 1594 keinen Zweifel. Es werde, heißt es darin, zu Verhütung vieles Gezencks und unrichtiger Rechtfertigungen (d. h. gerichtlicher Disputationen [138]) nicht wenig fürträglich seyn, wenn unsere Landes-Constitutionen, nachdem Dieselbe an sich selbst kurtz, und an etlichen Orten dunckel, beßer erkläret; auch die Zweifel in den Fällen beseitigt würden, die nach den alten Landes-Gebräuchen, welche nicht jederman bekannt seyn, zu entscheiden wären, oder ihre **Decision** in den gemeinen Kayserl. Rechten nicht so klar, oder auch anders dann es bißhero in unserm Lande gehalten worden, haben möchten. Das Streben des Landesherren sei, den Unterthanen ein gewisses gleichmäßiges und unpartheyisches Recht zu verschaffen. Zu dem Behufe seien die bereits vorhandenen Entwürfe zur K. G. Ordnung und Landesconstitution revidirt, erläutert und vermehrt und, wie der Fürst sagt, durch unsere gelahrte Räthe, und dem großen Außschuß unserer Landschafft und Städte statlich berathschlagt worden, und haben wir uns letztlich mit Ihnen derselben halber vereiniget und verglichen, daß die hinführo in unserm Lande unsere Constitution und Land-Recht sein soll.

Die Eintheilung der Landesordnung von 1594, welche auch wohl unter dem Titel „Kammergerichtsordnung" allegirt wird (namentlich in der Steyerschen Dissertation), ist so eingerichtet, daß sie im Ganzen in fünf Theile und jeder Theil wieder in eine gewisse Anzahl von Titeln oder richtiger Constitutionen [139]) zerfällt. Jeder Theil und jede einzelne Constitution ist in der Ueberschrift mit einer kleinen Inhaltsanzeige versehen. So handelt denn der erste Theil (in 29 Constitutionen): „Von Persohnen, Eigenthümlichen Rechtenn, Servituten, und andern

---

138) So heißt es auch in C. J. G. 1574. Tit. XIV.: „weitleufftige Rechtfertigungen zwischen vnsern vnterthanen zuuorhueten."

139) Unseren Schriftstellern ist die Benennung „Titel" geläufig. Auch steht in der Landesordnung selbst nach der Ueberschrift eines jeden Theiles immer ein Verzeichniß der „Tittel" desselben. Wo aber einzelne Stellen der L. Ordnung auf andere Stellen derselben Rücksicht nehmen, da werden solche als „Constitutionen" allegirt. Vgl. Th. III. cc. V., XV., XIX. u. Th. I. c. XXIII.

Erblichen Gerechtigkeiten &c. &c.;" der zweite Theil (in 55 Constitutionen): „Von Contract-Handlungen und was denselben anhängigk;" der dritte Theil (38 Const.): „Von allerley Erbnehmungenn aus ordentlicher Succession oder Testamentenn und denselben anhängigen Punctenn;" der vierte Theil (29 Const.): „Von Malefitz-Sachenn und derselben straffenn;" der fünfte Theil (56 Const.): „Vom Gerichtlichenn Process." Für die Joachimische Constitution ist namentlich der dritte Theil von der äußersten Wichtigkeit.

Ueber die zu jener Zeit herrschende Auffassung des Verhältnisses zwischen den allgemeinen und particulären Rechten ertheilen unsere Entwürfe den gründlichsten Aufschluß.

Zuvörderst werden die gemeinen Kaiserlichen Rechte als das wahrhaft allgemeine und subsidiarische Recht an die Spitze gestellt und die Märkischen Gesetze und Gewohnheiten als Particularrecht behandelt. Nicht bloß das Vorwort zur Landesordnung von 1594 schließt in folgender Weise:

„Doch was für Fälle in dieser Unserer Ordnung nicht begriffen, „dieselben sollen nach Außagung gemeiner Kayserl. Rechte, geurtheilet „und justificiret werden;"

sondern auch die Stände haben wiederholentlich in Erinnerung gebracht, man möchte doch ja nicht an die Stelle des eingeführten gemeinen Rechts das abgeschaffte Sachsenrecht wieder zurückführen.[140]) Ingleichen werden in Johann Georgs Verordnung über das Wergeld die Sächsischen Rechte und Gebräuche als abgeschafft behandelt und dem Römischen Recht hintangesetzt;[141]) wie denn auch in späteren Zeiten das Römische Recht „landüblich" heißt.[142])

Die einzelnen Abschnitte in Johann Georgs Entwürfen sind sonach gewidmet: der Darlegung besonderer Vorschriften oder Grundsätze des Römischen Rechts, der Schlichtung von Controversen der Rechtslehrer, und der Billigung und Bestätigung gewisser einheimischen Gewohnheiten.

Insbesondere aber werden Römische Principien nicht allein auf das Erbrecht angewendet, sondern auch die Dotalrechte

---

140) Götze Mot. I. S. 10.

141) C. J. G. 1574. Tit. XLVIII.; 1594. Th. IV. c. 9.

142) Neum. K. G. O. v. 1700. cap. 33.

der Ehefrauen danach beurtheilt. [143]) Eben so wird der Nießbrauch des Vaters am Vermögen der Kinder, [144]) das peculium des Haussohnes, [145]) die exceptio non numeratae pecuniae, [146]) der Concurs der Gläubiger, [147]) die Insinuation der Schenkungen, [148]) die exceptio S. C. Velleiani, [149]) die Legitimation der unehelichen Kinder, [150]) das Recht des Fiscus auf erblose Verlassenschaften, [151]) die vom Nießbraucher zu bestellende Caution [152]) nach Römischem Recht behandelt. Ja selbst auf die Lehnssuccession wird der Römischrechtliche Satz bezogen, daß der Erbe den Besitz der Erbschaft nicht ipso iure erwerbe, sondern erst factisch ergreifen müsse. [153])

Bei Entscheidung der Controversen pflegt die gemeine oder doch die beliebtere Meinung der Rechtslehrer adoptirt zu werden. Darauf beziehen sich Wendungen folgender Art:

„der bewehrlichste vnnd gemeinste Wahn der Rechtslehrer; [154]) zu Rechte außdrückliche Textus, oder der Rechtslehrer einhellige Meinunge; [155]) nach mehrerm Schluß der Rechtslehrern; [156]) nach gemeinen Schluß der Rechtslehrer; [157]) Weill die Rechtslehrer mehrentheils dahin schließen; [158]) bey dem gemeinen Schluß der Rechtslehrer.“ [159])

Einmal wird auch geradezu eine Rechtsansicht des Reichskam-

143) C. J. G. 1574. Tit. I. u. XXIV.; 1594. Th. II. c. XXXII.; Th. III. c. IV. ff.

144) C. J. G. 1574. Tit. VIII.; 1594. Th. I. c. XXIII.

145) C. J. G. 1594. Th. II. c. XLVII.

146) C. J. G. 1574. Tit. XIX.; 1594. Th. II. c. XV.

147) C. J. G. 1574. Tit. XXIII.; 1594. Th. II. c. XIX.; Th. III. c. V. („Zum Vierdtenn.“)

148) C. J. G. 1594. Th. I. c. VIII.

149) C. J. G. 1594. Th. II. c. XVII.; Th. III. c. V. („Zum dritten.“)

150) C. J. G. 1594. Th. III. c. XIII.

151) C. J. G. 1594. Th. III. c. XVI.

152) C. J. G. 1594. Th. III. c. XXXV.

153) C. J. G. 1594. Th. III. c. XXVIII.: „Ob ein Lehnsvolger uff erledigung des Lehns, denn Besitz ohne wircklicher einnehmung ipso iure erlange.“

154) C. J. G. 1574. Tit. XII.

155) C. J. G. 1594. Th. I. c. IV.

156) C. J. G. 1594. Th. II. c. XXVII.

157) C. J. G. 1594. Th. II. c. XXX.

158) C. J. G. 1594. Th. III. c. XXIII.

159) C. J. G. 1594. Th. III. c. XXVII.

mergerichts approbirt und den Brandenburgischen Gerichten anempfohlen:

„Dieweil bey den Rechts Lehrernn Ob in Pfandschafft ausgesatzte „oder wiederkeufflich vorkauffte gueter konnen verjharet werdenn, wiederwertige meinungen" (damit werden die Controversen bezeichnet) „sein, Vnd am Kay. Cammergericht erkanndt wird" u. s. w.[160])

Oefters aber entscheidet der Gesetzgeber — in der Weise, wie solches auch schon in der Joachimischen Constitution geschehen[161]) — bestehende Controversen nach seiner eigenen Ansicht; oder er gibt auch wohl der einen oder der anderen Meinung den Vorzug vor den übrigen Meinungen. In solcher Hinsicht heißt es dann:

"vngeacht, was durch die Rechtsgelarttenn hinwieder mochte disputiret werdenn;[162]) Obwoll die Rechtslehrer schliessen;[163]) Wiewoll die Rechtsgelahrtenn einhelligk schliessen;[164]) so ist doch zu rechte besser gegründet;[165]) so erachten wir dem rechten und billigkeit mehr gemeß sein;[166]) Obwoll in gemeinen Rechten von den mehrern theil geschlossen wirdt, . . . So wollen wir doch forthin solchs nicht gestatten;[167]) ungeachtet zurechte disputirlich;[168]) ist zu rechte ein Zweifsel;[169]) Wiewoll bey den Rechtslehrern ein grosser Zweiffel;[170]) seinndt zu Rechte viererlei meinungenn: . . . Welche letzte Meinung wir uns gefallen lassenn, doch mit dem Bescheide" u. s. w.[171])

So wird namentlich die Frage über die von den Kindern zu conferirenden Stücke[172]) und die Controverse über die Erbfolge der unehelichen Kinder,[173]) so wie auch über die Errichtung von Testamenten[174]) genauer untersucht und entschieden.

---

160) C. J. G. 1574. Tit. XXXII.
161) Tit. VI. Abschn. III. §. 7.
162) C. J. G. 1574. Tit. XV.
163) C. J. G. 1594. Th. II. c. XXIX.
164) „ „ „ c. XXXII.
165) „ „ „ c. XLVII.
166) „ „ „ c. XLIX.
167) „ „ „ c. L.
168) „ „ Th. III. c. XV.: „Zum vierdten."
169) „ „ „ c. XV. „Zum Achzehenden."
170) „ „ „ c. XXVIII.
171) „ „ „ c. XXXV.
172) „ „ „ c. XI.
173) „ „ „ c. XII.
174) „ „ „ c. XXXVII.

Was endlich die Bestätigung einheimischer Gewohnheiten anbelangt, so werden zumal im Lehnrecht, wenngleich die subsidiarische Geltung des gemeinen Lehnrechts unbebedenklich feststand,[175]) Sächsische und Märkische Elemente bewahrt.[176]) So werden legitimirte Söhne von der Succession in Ritterlehen ausgeschlossen;[177]) in Ansehung der Erbfolge in Schulzenlehen,[178]) der Trennung des feudum vom allodium,[179]) der Succession der Ascendenten ins Lehn[180]) werden alte Gewohnheiten gegen das gemeine Recht in Schutz genommen. Aber auch Streitfragen des gemeinen Lehnrechts werden beigelegt;[181]) oder gar bestimmte Grundsätze des gemeinen Lehn-

---

175) Vgl. Receß v. 1572 (oben Anm. 86. a. O. Sp. 111.) und Revers v. 1602 (oben Anm. 89. a. O. Sp. 162): „doch weil es wieder die beschriebene Rechte, daß man aus Lehnen Schulde bezahle;" Rechtsbelehrung der Brandenburger Schöppen aus dem Jahre 1577 in einer lehnrechtlichen Frage: „nach gemeinenn beschriebenenn Kayserlichenn Rechtenn," in v. Kamptz Jahrb. XXXIV. S. 228; Receß v. 1611 (oben Anm. 108. a. O. Sp. 223): „auch in den andern Lehnssachen . . nach Käyser Rechten" u. s. w. (Götze Mot. I. S. 15. Anm. *.); Patent Fr. Wilhelm des Großen v. 1687 (oben Anm. 135. a. O.): „daß . . in diesem Fall dem Juri Feudali communi derogiret seyn solle."

176) Götze Mot. I. S. 11 f.

177) C. J. G. 1574. Tit. XV.; 1594. Th. III. c. XIII. (wo statt „Ritterlichenn" offenbar „Ritterlehen" zu lesen ist.)

178) C. J. G. 1574. Tit. XVI.; 1594. Th. III. c. XXX. — Das Nähere über die Schulzen und ihre Gerichte bei Riebel M. Br. II. S. 203 ff. 537 ff. und v. Raumer cod. dipl. II. S. 111—113. — Das Kurfürstliche Kammergericht selbst wird in einer Urkunde von 1517 als des Gewohnheitsrechts in Betreff der Succession in Lehnschulzengüter nicht hinlänglich kundig bezeichnet: „dieweil Jnen Jn dießem fall die ubungen unnd landeßgewonheitten . . . nicht gruntlich bewust." (v. Raumer cod. dipl. II. S. 211.)

179) C. J. G. 1574. Tit. XVIII.: „vngeacht was die Lehen Rechte hieuon verordnet habenn."

180) C. J. G. 1594. Th. III. c. XIV. („Zum virdtenn"): „obwoll nach verschriebenen Lehn-Rechtenn kein Lehn vererbet wirdt, als allein der Vater auf dem Sohne" u. s. w.

181) C. J. G. 1594. Th. II. c. XXVI.: „weill die beschriebenen Lehn-Rechte und Rechts-Lehrer daruber sehr weitleufftig und disputirlich. Damit aber solcher Zweiffell uff gehobenn . . . werdenn muege . ., Als ordnen wir" u. s. w.; Th. III. c. XXIV.: „Weill an örtte unsers Churfurstenthumbs und Landes grosser Zweiffell" u. s. w.

rechts noch besonders gebilligt und anerkannt. [182]) Uebrigens finden auch noch andere als lehnrechtliche Principien des Deutschen Rechts ihre Bestätigung; wie in Ansehung der väterlichen Gewalt, [183]) der Beschreitung des Ehebettes, [184]) der Geschlechtsvormundschaft, [185]) der Eheverträge. [186]) Imgleichen wird, zur Beseitigung von Zweifeln, gewissen Märkischen Gewohnheiten, wie dem Rechte des überlebenden Ehegatten auf die Hälfte der Güter, dem Abschoß von Erbgütern, und der Behandlung der Mündelgüter, genauere Berücksichtigung und Erläuterung zu Theil. [187]) Ganz besondere Sorgfalt aber wird der Joachimischen Constitution gewidmet. Diese wird zu unzähligen Malen angeführt, unter der Benennung: „Unsere Landes-Constitution." Mitunter findet sich auch eine Bezugnahme auf gewisse einzelne Stellen der Joachimischen Constitution, wenngleich diese gerade nicht immer genau nach den Titeln bezeichnet werden. So deutet C. J. G. 1574. Tit. IV. auf C. J. Tit. VI. Abschn. I. §. 4.; C. J. G. 1574. Tit. XII. auf C. J. Tit. VI. Abschn. II.; C. J. G. 1594. Th. III. c. I. auf C. J. Tit. I. §. 4.; c. II. auf Tit. I. §§. 5. u. 6.; c. III. auf Tit. I. §. 1.; c. X. g. E. auf Tit. I. §. 4.; c. XV. („Zum vierdten") auf Tit. VI. Abschn. III. §. 7. ; c. XVII. auf Tit. IV. Ja einmal wird die Joachimische Constitution geradezu als dunkel und der Erklärung bedürftig anerkannt:

„dieweill aber dieselbe Rechtsordnung etwas weitleufftigk, Jetziger Zeit auch nicht alle in Gebrauch und nicht Idermann bekandt, Als wollenn wir, dieselbe durch nachfollgende satzunge erneuert und erklehret habenn" u. s. w. [188])

182) C. J. G. 1594. Th. II. c. XXVI.: „dieweill derhalben in Lehnrechtenn verordnet . . . So lassen wir es auch dißfalß bey solcher Verordnung verbleiben;" c. XXVII.: „bey welchen aussätzungen der gemeinenn Rechte, wir es auch disfalß beruhen lassen."

183) C. J. G. 1594. Th. I. c. XXII. u. XXIII.

184) " " Th. II. c. XIII.

185) " " Th. II. c. XVII.

186) " " Th. III. c. I.: „unangesehenn . . . die gemeinen Rechte;" c. X.: „durch den allerlengesten Gebrauch . . . eingeführet."

187) C. J. G. 1594. Th. III. cc. II, XVII, XIX, XX, XXIV, XXVI.

188) C. J. G. 1594. Th. III. c. XI. — Wenn Scholtz (Mot. II. S. 169) in dieser Stelle „Reichsordnung" liest, so scheint dies lediglich auf einem Druckfehler zu beruhen.

Den Redactionsversuchen des sechszehnten Jahrhunderts folgte eine lange Zeit, in der nicht sowohl die Gesetzgebung, als vielmehr die Doctrin und die Praxis für Bearbeitung und Ausbildung des Märkischen Rechts sorgte. [188]) Im achtzehnten Jahrhundert aber unternahm man auf gesetzgeberischem Wege die Lösung und Beseitigung der mannichfaltigen Zweifel und Schwierigkeiten, welche aus der Joachimischen Constitution sowohl der Anwendung im täglichen Leben, als der gerichtlichen Praxis erwachsen waren. Neben verschiedenen anderen einzelnen Gesetzen, die sich auf unsere Constitution bezogen, war es besonders das Erbschaftsedict v. 30. April 1765, welches durch authentische Interpretation zu helfen suchte. [190])

Neue Schwierigkeiten aber sind aufgetaucht, seitdem das Allgemeine Preußische Landrecht nicht etwa schlechthin die Stelle eines gemeinen subsidiarischen Rechts erlangt, sondern, bei der fortwährenden Suspension der drei ersten Titel des zweiten Theiles, die Grundsätze und Bestimmungen des Märkisch-Römischen Rechts verschiedentlich modificirt und umgewandelt hat. [191])

In unseren Tagen, nachdem freilich gerade in der Altmark der eigenthümlichste Theil des Märkischen Rechts, das Erbrecht, seinen Untergang gefunden, [192]) dürfen wir endlich der so oft vergeblich unternommenen, jetzt aber von allen Seiten reiflichst vorbereiteten Redaction unseres Märkischen Rechts, nach seiner ganzen Eigenthümlichkeit und seinem ganzen Umfange, mit Zuversicht entgegensehen. [193])

---

189) Scholtz Mot. I. S. 23 f.; Riedel Mag. I. S. 41—48, 56—61.

190) S. unten Th. II. Abth. I. Cap. III. §. 3.

191) Vgl. v. Kamptz Pr. u. stat. R. I. S. 56. f. (§. 20.); Homeyer in v. Kamptz Jahrb. XXXV. S. 92 f., 100 f.; Scholtz Mot. I. S. 72., II. S. 3—6.; Bornemann Syst. Darst. des Preuß. Civilrechts Bd. V. S. 1 f.

192) In Folge der Herrschaft des Code Napoléon von 1808 bis 1814. Götze Mot. I. S. 30., 32 f.

193) Scholtz Mot. I. S. 24—51; Riedel Mag. I. S. 48—56, 61—80.; II. S. V—VIII.

Zweiter Theil.

Die Elemente der Joachimischen Constitution.

Bei der eigenthümlichen Verschmelzung des Deutschen und Römischen Rechts, welche das Wesen des Märkischen Rechts ausmacht, läßt sich eine gründliche Einsicht in die Bedeutung der Joachimischen Constitution wohl am Sichersten auf dem Wege erreichen, wenn dieselbe wieder in die Deutschen und Römischen Bestandtheile auseinandergelegt wird, aus denen sie zusammengesetzt worden ist. Dazu bietet auch ihre ganze Beschaffenheit gleichsam die Hand. Zwar entwickelt sie nicht alles Detail mit gleicher Genauigkeit, sondern begnügt sich zuweilen mit bloßen Hinweisungen oder Anspielungen auf das Römische Recht oder die vaterländischen Gewohnheiten. Allein im Ganzen sondert sie doch die Deutschen und die Römischen Elemente, oder gibt wenigstens die Veranlassung zur genaueren Sonderung derselben; indem sich auch diejenigen Momente, welche sie nicht weiter ausführt, am Besten aus dem eigentlichen Wesen unserer Constitution, oder doch mit steter Rücksicht auf dieselbe, erläutern und entwickeln lassen.

Ehe ich nun aber den Versuch mache, im Vertrauen auf die allein zuverlässige Leitung der Geschichte, die Joachimische Constitution in ihre Elemente zu zerlegen und aus denselben wieder zu erbauen, will ich nur noch Einiges über die Art und Weise, in welcher unsere Constitution Deutsches und Römisches Recht in sich aufgenommen, über die einzelnen Abschnitte, in welche sie getheilt ist, und über ihren Text voranschicken.

Vor allen Dingen ist beachtenswerth, daß unsere Constitution das Römische Recht nicht etwa gewissermaaßen in Pausch und Bogen aufgenommen, sondern sich auch in Einzelnheiten darüber verbreitet hat, wie dasselbe anzuwenden und auszulegen: „damit ein jeder des gebrauchs der Erbfelle nach Keiser Recht nicht gar vnwissend sey." An verschiedenen einzelnen Stellen wird des Römischen Rechts als des recipirten gemeinen Rechts gedacht; [194]) insbesondere aber enthält der sechste Titel unserer Constitution eine detaillirte Darstellung der s. g. „gemeinen Erbfelle," d. i. des Erbrechts der Blutsverwandten nach Römischen Grundsätzen. [195]) Und wo der sechste Titel einen Theil der Lehre nicht weiter ins Detail verfolgt, da wird wenigstens ausdrücklich wieder auf das Römische Recht verwiesen. [196]) Einzelne Lehren aber, wie die von dem s. g. Repräsentationsrechte der Enkel und von der Succession der Geschwisterkinder, werden in eigenthümlicher Weise selbstständig vorgetragen und festgestellt. [197]) Auch ist die Sitte der damaligen Zeit [198]) beobachtet und „Der Sypschafft [199]) Bawm" angehängt, um die Römischen Linien und Grade zu verdeutlichen; worauf die Verschen [200]) an der Spitze des sechsten Titels sich beziehen:

„Wiltu wissen Erbes fall
Sich an dis Bawmes grad vnd zall
Lerne wol den Stamm vnd este kennen
Die freund vñ sipschafft eben nennen
So findestu der linien drey
Die grad bezeichent nah darbey,
Daraus kanstu dich bald entsinnen,
Wer das Erbteil sol gewinnen."

Wie nun unsere Constitution selbst Römisches Recht lehrt, so schreibt sie auch mit besonderem Nachdruck vor, daß Alles, worü-

---

194) C. J. Vorrede: „gemeinem geschrieben Rechten;" Tit. I. §. 3: „Keyser Recht;" Tit. III. §. 1.: „Käyser Recht;" Tit. V. §. 2.: „beschribenem Keiser Recht;" Tit. VII. §. 1.: „gemeinem vnnd beschrieben Käyser recht."

195) So lautet auch die Ueberschrift des dritten Titels: „Von gemeinen Erbfellen." Vgl. Steyer diss. S. 94. Note 1.

196) C. J. Tit. VI. Abschn. III. §. 5.

197) C. J. Tit. VI. Abschn. I. §. 4. u. Abschn. III. §. 7.

198) Eichh. R. G. §. 571.

199) Daß dem Worte Sippe eigentlich die Bedeutung des Friedens, der Freundschaft, beiwohne, hat Grimm gelehrt. (R. A. S. 467, 949.) Früher pflegte man dieses Wort in der Bedeutung des Stammes aufzufassen, aus welchem die Zweige des Baumes hervorkeimten. (Steyer diss. S. 77. Nr. 8.; v. Sybow S. Sp. Note 384.)

200) Eine naivere Zeit liebte solche juristische Verschen. S. v. Hymmen Beitr. I. S. 75—87. („Von dem juristischen Werth der Dichtkunst.") Auch unser Berliner Stadtbuch von 1397 ist mit allerlei Versen geziert. (Fidicin Beitr. I. S. 5 f., 77 f.)

der sie sich verbreitet, nach ihrer eigenen Norm beurtheilt und ausgeführt werden solle. So heißt es Tit. V. §. 2.:

„nicht anders, dann nach diser satzung vnd wilkür in den ausgedrückten Artickeln;"

Tit. VII. §. 3.:

„allenthalben, wie obgeschrieben, vnd nicht anders, dann nach form, weise vnd masse diser Constitution."

Eben dafür bietet Tit. VII. §. 1. ein argumentum a contrario:

„etliche sonderliche felle .. die hierinnen nicht begriffen, sollen .. nach gemeinem vnnd beschrieben Käyser recht geörtert vnd gesprochen werden;"

d. h. umgekehrt: wenn sich die Constitution speciell ausspricht, so ist ihre Satzung zunächst und vorzugsweise, das Römische Recht aber nur subsidiarisch anzuwenden.[201]) In gleicher Weise wird auch durch die Landtagsabschiede von 1534, 1536, 1538, 1539, 1572 und 1602 die Joachimische Constitution als die specielle Norm für die Auffassung des Römischen Rechts anerkannt:

„Keyser Recht, dergestalt wie hiebevor in Unserer auffgerichteten Constitution und Ordnung der Erbfelle geordnet."[202])

Der Meinung also, daß unsere Constitution auch in den Puncten, welche sie besonders erläutert und nicht bloß durch Hinweisung auf das Römische Recht abthut, so auszulegen sei, als habe sie sich nur enunciative oder relative, wie man zu sagen pflegt, geäußert, vermag ich nicht beizutreten; vielmehr scheint mir in solchen Fällen die stricteste Auslegung allein zulässig. Verhehlen kann ich es freilich nicht, daß ich hier die gewichtigsten Autoritäten gegen mich habe; wie sich dies in der Lehre vom Repräsentationsrecht der Descendenten näher herausstellen wird.[203]) Doch möchte ich hier im Voraus derjenigen Ansicht begegnen, welche sich auf folgendes Räsonnement stützt: Sofern unsere Constitution singuläre Bestimmungen über das Römische Recht enthalte, seien solche durch die neueren Landtagsabschiede beseitigt, welche dem Kaiser-

---

201) Vgl. auch die oben (vor Anm. 140) allegirten Schlußworte des prooömii zur Landesordnung von 1594 und c. 8. Th. III. derselben L. O.: „. . . „Soll vermuge diser unserer Constitution, und was darin nicht disponi- „ret, vermuge der gemeinen Rechte fur die handt genommen werdenn."

202) Oben Anm. 79 ff.

203) Unten Abth. II. Cap. I. §. 1.

recht in Beziehung auf erbrechtliche Verhältnisse absolute Geltung ertheilten.[204]) Allein einmal beziehen sich diese Abschiede in der That auf die Joachimische Constitution selbst zurück;[205]) dann aber, wenn sie wirklich keine Rücksicht auf dieselbe genommen, sondern das Kaiserrecht schlechthin im Allgemeinen anerkannt hätten: weshalb sollten wir gerade hier der alten Regel uneingedenk sein, daß das neuere allgemeine Gesetz dem älteren speciellen Gesetze nicht derogire?

Deutsche Rechtsgrundsätze sind nicht nur unmittelbar durch unsere Constitution anerkannt und bewahrt worden; sondern es finden sich auch mancherlei Ueberbleibsel des Deutschen Rechts in unserer Mark, welche fast unbemerkt und aus eigener Kraft neben den Satzungen des Römischen Rechts, oder auch wohl denselben geradezu entgegen stehen geblieben. Oft möchte man vergeblich nach bestimmten Gesetzen oder Urkunden suchen, um nachzuweisen, wie jene Ueberbleibsel und Trümmer des alteinheimischen Rechts auszudauern vermocht. Dann muß man sich freilich mit der Thatsache begnügen, daß eben Deutsche Elemente dem Einflusse des Römischen Rechts nicht erlegen sind; wobei einiger Trost darin zu finden ist, daß ja überhaupt die Darstellung Deutscher Rechtszustände nur allzu oft des Beitrages und der Hülfsmittel entbehren muß, welche die Geschichte der Localrechte würde gewähren können, wenn sich dieselbe in alles Detail verfolgen ließe.

Bei dem solchergestalt obwaltenden Verhältnisse zwischen den Deutschen und Römischen Elementen der Joachimischen Constitution hat es mir nicht unangemessen scheinen können, in der folgenden ersten Abtheilung neben den Deutschen Elementen auch den Römischen Principien nachzuforschen, durch deren Verknüpfung oder Beimischung jene modificirt oder umgeschmolzen worden sind; in der zweiten Abtheilung aber da, wo die Römischen Elemente fast ausschließlich vorherrschen, doch die Spuren Deutschrechtlicher Ansichten zu verfolgen und die Ueberbleibsel Deutscher Rechte aufzudecken. Unsere Constitution selbst enthält

204) Diese Argumentation liegt namentlich der Resolution des Kurmärkischen Pupillen-Collegii v. 28. Januar 1817 zu Grunde: v. Kamptz Jahrb. XIV. S. 105. Der darin erwähnte Receß von 1582 ist nicht vorhanden; wahrscheinlich ist der von 1572 gemeint.

205) Oben Anm. 202.

im Wesentlichen acht Abschnitte, welche eigentlich nicht durch Zahlen, sondern nur durch Ueberschriften gesondert sind. Der bequemeren Citirart wegen habe ich aber die Steyersche Eintheilung in Titel, Sectionen und Paragraphen beibehalten; welche den Abschnitten der Constitution folgendermaaßen entsprechen:

1) Vorrede.
2) Erbfelle zwischen Ehleute: Titel I. (hat 10 Paragraphen.)
3) Von Testamenten: Titel II. (5 §§.)
4) Von gemeinen Erbfellen: Tit. III. (2 §§.)
5) Von Kindergelt vnd Erbgelt: Tit. IV. (8 §§.)
6) Von dem Brandenburgischen Rechten: Tit. V. (3 §§.)
7) Wiltu wissen Erbes fall u. s. w., d. h. die oben mitgetheilten Einleitungsverse zur Lehre von den „gemeinen erbfellen nach Keiser Recht": Tit. VI.
   a. Von der absteigenden geraden Linien: Sectio I. (5 §§.)
   b. Von der auffsteigenden Linien: Sectio II. (2 §§.)
   c. Von der seytenlinien: Sectio III. (7 §§. Der 7te §. führt wieder eine besondere Ueberschrift: „Wie des Verstorbenen Bruder oder Schwesterkinder, von voller Geburt, vngleicher zale, so sie vnter sich selbst allein, vnd nicht mit des Verstorbenen Bruder, oder Schwester, zum Erbe treten, Erbe nemen sollen.")
8) Epilog, ohne bezeichnende Ueberschrift: Tit. VII. (3 §§.) — Den siebenten Titel überschreibt Steyer: „Schluß der Constitution." Als achten Titel schließt derselbe an: die mit der Joachimischen Constitution zugleich abgedruckte Joachimische Publication des Reichsschlusses von 1529 über die Succession der Kinder von vorverstorbenen Geschwistern.

Meine folgende erste Abtheilung wird sich nun wesentlich auf die Titel I. II. u. IV. (Ehegattenerbrecht, Testamente, Mündelgüter und Erbgelder), die zweite Abtheilung auf Titel III. und VI. (Erbrecht der Verwandten) beziehen. Von der „Vorrede" ist schon oben (nach Anm. 71.) gehandelt worden; dem Titel V. (vom Brandenburgischen Schöppenstuhle) ist ein kleiner Anhang zu diesem Werke gewidmet, um nicht den Zusammenhang durch eine Episode aus der äußeren Rechtsgeschichte zu unterbrechen. So bleibt hier nur noch der Epilog (Tit. VII.) zu berücksichtigen. Dieser bildet gleichsam ein Befestigungswerk der ganzen Constitution. Denn in demselben wird nicht nur die Art und Weise der Anwendung und Auslegung sowohl des Kaiserrechts im Allgemeinen, als unserer Constitution insbesondere vorgeschrieben (§§. 1. und 3.; s. oben nach Anm. 200.), sondern auch das s. g. Retorsionsrecht festgestellt. 206) In jenen Zeiten nämlich, als die Particularrechte in voller Blüthe standen, bedurften die einzelnen Gesetze und Statuten überhaupt des Retorsionsrechts als einer Schutz- und Trutz-Waffe. 207) Schon in seinen vorgedachten Publicationen der Reichsgesetze über das Repräsentationsrecht der Enkel und Geschwisterkinder 208) bewahrte unser Kurfürst Joachim I. seinen Unterthanen das Retorsionsrecht:

„doch wo ymandt von den außlendischen euch als den Unnsern die Erbschichtung dermaßen wie angeszeigt nicht geben noch volgen lassen wolten, dem oder denselben solt ir und ander die unnsern das erbe dergestalt zu reichen auch nicht schuldig sein."

Diese Worte finden sich gleichlautend in der Publication v. 1511, wie in der von 1522, nur daß in der letzteren die Worte: „dergestalt zu reichen" noch durch eine Einschaltung erläutert sind: „dergestalt ausser lands zu reichen." Auch in der Kammergerichtsordnung von 1516 ist das Retorsionsrecht in Ansehung des den Enkeln zugestandenen Repräsentationsrechts befestigt:

„doch so die Ausländischen und Anstösser Unserer Lande Unsern Unterthanen und Verwandten solche Erbschichtung in obgemeldtem Falle nicht geben noch pflegen werden, sollen die Unsern wiederum demselben dermassen das Erb zu geben nicht schuldig seyn noch geben lassen." 209)

Diese Bestimmungen also sind es, auf welche die Joachimische Constitution ihre Bestätigung des Retorsionsrechts gründet (Tit. VII. §. 2.):

„Dieweil aber hieuor durch vns in Publication ausgangen, wie

206) Vgl. Steyer diss. S. 107—109.; Woltär Observ. ad ius civ. et Brand. obs. XV. fascic. I. S. 71—89 (besonders v. S. 83 an).

207) Vgl. Grimm R. A. S. 838. Nr. 8.; Mittermaier Pr. R. §. 101.

208) Oben Anm. 54 u. 64.

209) Oben Anm. 57 a. O. Sp. 10.

es mit den auslendischen, so Erbe fodern, sol gehalten werden, vnd sonderlich das man denselbigen gleicher mas, wie das Erbe bey ihnen in den Stedten oder Gerichten, da sie haussitzen sein, gegeben werd, vnd nicht anders, sol folgen lassen, wöllen wir nochmals hiemit solches zu halten, zu geben vnd zu nehmen vernewet, bestetiget vnd Confirmirt haben."

Der Unterschied, welcher hier in Bezug auf das Domicil der Ausländer zwischen Stedten und Gerichten gemacht wird, bezieht sich wohl auf die Verschiedenheit der städtischen und ländlichen Gerichtsbehörden; wie es auch im Tit. IV. unserer Constitution heißt:

„in Stedten ein Rath, aber in Dörffern Richter und Schöppen";

worauf in demselben Titel Rath und Gerichte wiederholentlich einander entgegengesetzt werden. [210])

Noch im Jahre 1527 ließ Joachim I. bei Bestätigung des Salzwedelschen Particularrechts auch wieder das Retorsionsrecht in Ehren. [211]) Später wurde durch die Landesordnung für Krossen und Züllichau vom Mittwoch nach Purificationis Mariä (5. Februar) 1561 [212]) und für Sternberg vom Neujahrstage 1562 [213]) die Retorsion in Erbschaftssachen gegen Böhmen zugelassen, [214]) und im Jahre 1587 das Retorsionsrecht in Bezug auf Bürgschaften gegen Pommern gebilligt. [215]) Johann Georgs Landesordnung von 1594 bestätigte das Retorsionsrecht in Ansehung der Erbschaftstheilungen, [216]) und die Landtagsabschiede von 1602 und 1611 erhielten dasselbe in Ansehung der gabella hereditaria, [217])

---

210) In ähnlicher Weise werden auch der Rath in den Städten und die Erbherrschaft auf dem Lande einander gegenübergestellt, in C. J. G. 1574. Tit. XXIV. (wo statt „Erbschafft" augenscheinlich „Erbherrschafft" zu lesen ist) und Tit. XXVI. — In der Const. v. 3. Septbr. 1718 heißt es geradezu: „Gerichts-Obrigkeiten so wohl in Städten als Dörffern."

211) Oben Anm. 93 und untern Abth. I. Cap. II. §. 1.

212) C. C. M. Th. V. Abth. I. Cap. I. No. V. (Sp. 44.)

213) A. a. O. No. VI. (Sp. 57. Nr. 13.)

214) Vgl. C. C. M. Th. VI. Abth. I. No. CXCVII. u. CXCIX. (V. 5. u. 29. December 1696.)

215) C. C. M. Th. II. Abth. I. No. XIII.

216) C. J. G. 1594. Th. III. c. 23.

217) Oben Anm. 89. a. O. Sp. 159. („Zum Achten") u. Anm. 108. a. O. Sp. 222 f. („Zum Achtzehenden.")

so wie mehrere Gesetze des achtzehnten Jahrhunderts, die K. G. Ordnung von 1709 (Tit. XXV. §. 25.), die Hyp. Ordnung von 1722 (§§. 126, 127) und das Rescript vom 8. Septbr. 1740, in verschiedenen anderen Beziehungen aufrecht.[218]) Im Jahre 1761 aber wurde bei uns das auf Verschiedenheit der Statuten gegründete Retorsionsrecht innerhalb der Königlichen Provinzen selbst für völlig antiquirt erklärt: durch die Rescripte vom 17. August und 25. October, deren letzteres in dieser Hinsicht namentlich noch der Constitutio Joachimica gedenkt.[219])

Endlich ist hier noch von dem Texte unserer Constitution zu handeln. Daß dieselbe erst im Jahre 1540, und nicht schon im Jahre 1527, wie gewöhnlich angenommen wurde,[220]) durch den Druck veröffentlicht ist, hat Friedländer nachgewiesen.[221]) Wenigstens besitzen wir keinen früheren Abdruck. Daß aber das Originalexemplar verloren gegangen, ist bereits erwähnt.[222]) In den Jahren 1549, 1583, 1588 und 1618 sind neue Ausgaben veranstaltet worden.[223]) Die Ausgabe von 1588 soll eine Lateinische Uebersetzung enthalten. Ich habe dieselbe nicht gesehen; möchte aber jedenfalls nicht glauben, daß eine solche Uebersetzung officiell veranstaltet worden sein sollte, da unser Kanzler Kohl im Jahre 1650, bei Gelegenheit der von ihm versuchten Uebertragung verschiedener Stellen unserer Constitution in die Lateinische Sprache,[224]) nicht einmal Notiz davon nimmt, als ob be-

218) C. C. M. Th. II. Abth. I. Sp. 415; Abth. II. Sp. 150; C. C. M. Cont. I. No. XLVIII.

219) N. C. C. M. Bd. III. Verordnungen von 1761. Nr. 40 u. 52. — Jetzt hat unser Allgemeines Landrecht die Lehre vom ius retorsionis überhaupt auf staats- und völkerrechtliche Principien zurückgeführt: Einl. §§. 42 f.; Th. I. Tit. XI. §. 1033.; Tit. XII. §. 40; Th. II. Tit. VIII. §. 934; Tit. XVII. §. 173.

220) Wippel Abhandlung, worin etwas von Märkischen Formschneidern und in der Mark gedruckten Briefen, in welchen sich Holzschnitte befinden. Breslau 1779. 4; v. Kamptz Jahrb. XIII. S. 185 f.; Pr. u. stat. R. I. S. 5. Nr. 3.; S. 104. Nr. 1. *.

221) Friedländer Beiträge zur Buchdruckergeschichte Berlins. Eine Gelegenheitsschrift. 1836. S. 3—7. Vgl. v. Led. Arch. IX. S. 211—214.

222) Oben Anm. 70.

223) v. Hymmen Beitr. VII. S. 212. Not. 40; v. Kamptz a. a. O.

224) Kohl decl. const. March. S. 157 f., 281, 283, 289, 309 f., 330 f.

reits irgend eine, oder gar eine officielle Uebersetzung existirte. Auf der Königlichen Bibliothek zu Berlin sind die beiden ältesten Ausgaben vorhanden. Die erste, vom Jahre 1540, gibt unsere Constitution zugleich mit Kurfürst Joachim des Ersten Publication des bekannten Reichsschlusses von 1529 über die Succession der Kinder von vorverstorbenen Geschwistern, und Kurfürst Joachim des Zweiten Reformation des Kammergerichts von 1540. Das Exemplar ist aber ziemlich defect; es fehlt das Blatt, auf welchem sich der Titel der Constitution befand, so wie die Blätter, welche den Schluß des vierten Titels, den fünften Titel und den Anfang des sechsten Titels (genau: Tit. IV. §. 4. g. E. bis Tit. VI. Sect. I. §. 4. z. A.) und den Baum der Sippschaft enthielten.[225]) Die zweite Ausgabe, vom Jahre 1549, „Gedruckt zu Franckfort an der Oder Durch Nicolaum Wolrab" gibt unsere Constitution nebst dem Baume der Sippschaft, ohne weitere Zuthat. Sie ist in manchen Beziehungen correcter, als die erste Ausgabe, und gewährt, von der Verschiedenheit der Orthographie abgesehen, einige nicht uninteressante Varianten, deren ich gehörigen Orts gedenken werde. Diese beiden ältesten Ausgaben sind es übrigens allein, nach denen ich den Text unserer Constitution allegire. Einen besonderen Abdruck des Textes in extenso beifügen zu lassen, habe ich nicht für nöthig erachtet, da eine Menge, wenngleich nicht immer correcter Abdrücke in verschiedenen Werken und Sammlungen vorhanden ist.[226]) Der Styl unserer Constitution ist im Ganzen bündig, ohne sich jedoch vor dem gewöhnlichen Style der Gesetze jener Zeit besonders auszuzeichnen; die Darstellung ist in Ansehung der Deutschrechtlichen Momente fast zu gedrängt. Dreigliedrige Formen finden sich mehrfach, zumal im Epilog. Es sind überhaupt folgende.

---

225) Auch in den Acten des Geheimen Archivs befindet sich, neben einer sehr alten Abschrift, nur der Abdruck von 1540: Scholtz Mot. II. S. 165.

226) Namentlich in Scheplitz Cons. Brand. S. 556—560; Steyer diss. S. 10 ff.; Mylius C. C. M. Th. II. Abth. I. No. III. (Sp. 19—28); Uhl Handbuch zum Gebrauch der Rechtsbeflissenen auf den Königl. Preuß. Universitäten zusammengetragen. Berlin 1774. S. 1—15; Paalzow Handbuch II. (v. J. 1816.) S. 55—65; Rabe Sammlung Pr. G. Bd. I. Abth. I. (v. J. 1820.) S. 3—11; Sammlung der Pr. u. stat. Ges. nach v. Kamptz I. (v. J. 1832.) S. 23—30.

Vorrede: Artickeln, Satzungen vnd Recht; erkandt, geurtheilt vnd gesprochen; Tit. I. §. 4.: bedingt, verbriefet vnd beschlossen; Tit. II. §. 1.: Ordnen, setzen und wöllen; Tit. III. §. 2.: rath, willen vnd volwort; Tit. V. §. 1.: Recht, vrteil vnd belerung; Tit. VI. Sect. III. §. 7.: gemacht, geordnet vnd geschlossen; Tit. VII. §. 1.: gesatzt, gewilkört vnd angezeigt; §. 2.: halten, geben vnd nehmen; vernewet, bestetiget vnd Confirmirt; §. 3.: form, weise vnd masse; Constitution, ordnung vnnd satzung; gemacht, geordnet vnd gesatzt. [227])

Erste Abtheilung.

Die Deutschen Elemente der Joachimischen Constitution.

Mehr einem Räthsel, als einem Gesetze gleicht der Theil der Joachimischen Constitution, welcher sich auf die einheimischen Elemente unseres Rechts bezieht. Gerade die wichtigste, schwierigste und eigenthümlichste Seite unseres Erbrechts, die Succession der

227) Auch in anderen Märkischen Urkunden finden sich Beiträge zu Grimm's Verzeichniß dreigliedriger Formen (R. A. S. 15 ff.): vesten, stedegen unde vulborden (Bischöfl. Bestätigung Wittstockscher Rechte v. 1374); richten, haben und halden (Urk. v. Markgraf Friedrich v. 1440); sehen, horen edder lesen (Urk. des Müncheberger Raths v. 1440); orden, setten und bestedigen (Urk. Kurf. Friedrich des Zweiten für die Tangermünder Schöppen v. 1466); hebben, besitten und sich des underthyen (Leibgedingsbrief v. 1466); bevulbordet, bewillet und togelaten; gehat, gescheyden unde gherichtet (Markgräfin Agnes Bestätigung der Gerichtsbarkeit des Klosters z. Heil. Geist bei Salzwedel, v. 1474); vereynigt, vertragen und bevolhen; bestellen, gebrauchen und genissen (Kurf. Joachim des Ersten Verträge über die Gerichtsbarkeit mit den Städten Berlin und Cöln v. 1508, Frankfurt v. 1509, Brandenburg v. 1513, Stendal v. 1517.); anmassen, antzyn edder vndersthen; molestyren, beklagen vnd vorhafften (Verhandlung vor den Berliner Schöppen v. 1522; s. oben Anm. 115); voreyniget, vermacht und begabth; Erwelth, geforen, auch nebin sich gehat; voreynung, vermechnus und begabung (Wechself. Testam. v. 1523); vortragen, nachgegeben vnd vergunst (Landt. Abschied v. 1536).

Ehegatten, wird gleichsam als bekannt vorausgesetzt, und den einzelnen Momenten derselben nur eine höchst unvollständige und beiläufige Erläuterung gewidmet. Dennoch gewährt unsere Constitution einen gewissen Anhaltpunkt zur Sonderung der einheimischen Elemente von den Römischen; indem sie das halbe Gut an liegenden Gründen und fahrender Habe dem überlebenden Ehegatten nach alter Gewohnheit, die andere Hälfte den ehelichen Leibeserben und in deren Ermangelung den Freunden nach Kaiserrecht, oder, falls auch solche nicht vorhanden, der Herrschaft zuspricht. Ueberdies berührt sie in Deutschem Sinn und Geist die Ehestiftungen, die Vergabungen unter Mann und Frau, und das Leibgedinge aus Lehngütern. Den Ursprung aber und die innere Beschaffenheit jener alten Gewohnheit lässt sie ganz im Dunkeln. Aufhellung dieses Dunkels können wir also nur davon erwarten, wenn wir selbst uns zu unserem alten Rechte, so weit irgend möglich, zurückwenden, und uns durch die spärlich fließenden Quellen von der mühevollen Nachforschung nicht zurückschrecken lassen.

Erstes Capitel.

Das alte Magdeburgische Recht.

Neben dem gemeinen Sachsenrechte als einem subsidiarischen ius commune gilt insbesondere das Magdeburgische Recht als die wahre und eigentliche Grundlage der Märkischen Stadtrechte.

Das Magdeburgische Recht hat überhaupt seinen Weg vorzugsweise nach Osten genommen und die Aufgabe erfüllt, den Slavischen Gegenden Deutsches Recht und Deutsche Gewohnheiten zuzuführen. [228]) Deshalb lesen wir denn auch im X^ten^ Artikel des s. g. Sächsischen Weichbildes:

---

228) Gaupp Magd. R. S. 190; Gans Erbrecht III. S. 65.

„Darumb sollen all die von Polen und Behmen unnd aus der Marck von Meissen und Lausitz, und die aus der Marck zu Brandenburg und aus dem Herzogthumb zu Sachsen und von der Grafffschafft zu Aschers leben und alle die aus den Städten so darinnen begriffen sind, ihr Recht zu Magdeburg holen."

Daß hier unter Polen auch Schlesien begriffen ist, müssen wir um so mehr annehmen, als ja selbst noch im fünfzehnten Jahrhundert Schlesien zu Polen gezählt zu werden pflegte.[229]) Schlesien aber scheint insbesondere zur Aufnahme und Weiterverbreitung des Magdeburgischen Rechts bestimmt gewesen zu sein.[230]) Und vor Allen war es die Stadt Breslau, welche gleichsam einen Handel mit Magdeburgischem Rechte trieb. So verkaufte sie dasselbe, als hätte sie ein Monopol daran, verschiedenen anderen Städten: der Stadt Liegnitz im Jahre 1302, Olmütz im Jahre 1352, Namslau 1359, Strelitz 1362, der oberen Stadt Glogau (Glogovia superior oder minor genannt) 1372 u. f., Teschen 1374.[231]) Ja auch das alte Culmische Recht leiten wir jetzt mit Sicherheit von Breslau ab.[232]) Doch ist allerdings einige Vorsicht in diesen Beziehungen nöthig, um nicht gelegentlich s. g. Deutsches Recht (ius Teutonicum) mit Magdeburgischem Rechte zu vermengen, da die eigentliche Bedeutung des ius Teutonicum auf öffentliches, nicht aber auf Privat-Recht geht.[233])

Directe Rechtsmittheilungen, welche Magdeburg den Märkischen Städten gemacht hätte, existiren nicht; vielmehr scheint das Magdeburgische Recht in der Mark überhaupt nicht sowohl nach geschriebenen Normen, als nach Gebrauch und Gewohnheit angewendet worden zu sein. Hatten auch unsere Städte das Magdeburgische Recht im zwölften Jahrhundert aufgenommen, so finden

---

229) Gaupp Schles. Ldr. S. 18; Tzsch. u. Stenzel Urk. S. 136. Not. 4.; S. 286. Not. 4; Stenzel scriptt. rer. Sil. I. S. 33 f. Not. 1.

230) Gaupp Magd. R. S. IX. f.; Eichh. R. G. §. 284; vgl. §. 254. Note b.

231) Gaupp Magd. R. S. 337—347; Tzsch. u. Stenzel Urk. S. 115 f. u. S. 218.

232) Gaupp Magd. R. S. 9—12, 122 f., 177, 349; Schles. Ldr. S. 9 f., 241, 250—255, 311; Tzsch. u. Stzl Urk. S. 351 Not. 1; Eichh. R. G. §. 284. Note m, n.

233) Tzsch. u. Stzl Urk. S. 9, 93 ff, 109 ff, 178 ff.

wir dieselben doch schon im dreizehnten Jahrhundert mit überaus particulären Rechten ausgestattet; und über das dreizehnte Jahrhundert hinaus hat wohl das Magdeburgische Recht auf Ausbildung und Entwickelung des Märkischen Rechts unmittelbaren Einfluß nicht ausgeübt.[234]) Wenngleich also im Ganzen festgestellt ist, welchen Weg das Magdeburgische Recht genommen hat, indem es entweder einzelnen Märkischen Städten geradezu ertheilt, oder mittelbar von einer Märkischen Stadt zur anderen gelangt ist,[235]) so müssen wir uns doch nach Schlesien wenden, wenn wir die Principien des ältesten Magdeburgischen Rechts, zumal in Bezug auf erbrechtliche Verhältnisse, in so weit ergründen wollen, um dann fernere Untersuchungen darüber anstellen zu können, in welcher Weise Magdeburgisches Recht unsere alten Märkischen Stadtrechte durchdrungen hat. Demnach kann es hier nur auf einen Versuch ankommen, aus den, so viel uns bekannt, ältesten Weisthümern des Magdeburgischen Rechts, ein kurzes System des Erbrechts zu entwickeln. Diese ältesten Weisthümer aber sind in den Rechtsmittheilungen zu suchen, welche die Hallischen Schöppen im Jahre 1235 zum Gebrauche der Stadt Neumarkt in Schlesien und die Magdeburgischen Schöppen im Jahre 1261 zum Gebrauche der Stadt Breslau gemacht haben. Der besseren Uebersicht wegen sollen die in den beiden Mittheilungen von 1235 und 1261 befindlichen Principien des Erbrechts in zwei besonderen Paragraphen zusammengestellt, an die Grundsätze aber, welche sich aus der Mittheilung von 1261 ergeben, zugleich die Resultate der von den Magdeburgischen Schöppen im Jahre 1295 nach Breslau gesendeten Artikel und des von denselben im Jahre 1304 der Stadt Görlitz mitgetheilten reichhaltigen Codex angeschlossen werden.

§. 1. Grundzüge des Erbrechts nach dem Weisthum der Hallischen Schöppen vom Jahre 1235.

Das älteste Weisthum Magdeburgischen Rechts, welches uns bekannt ist, haben die Hallischen Schöppen in Lateinischer Sprache dem Herzoge Heinrich I. von Schlesien (oder Polen; s. oben Anm. 229.) für seine Stadt Neumarkt (Novum Forum) gegeben. Die-

234) v. Kamptz in Mathis XI. S. 59; Riedel M. Br. II. S. 371 ff.

235) Die bekannten Resultate der v. Kamptz'schem Forschungen (Mathis XI. S. 38—86; Pr. u. stat. R. I. S. 22—56; vgl. Riedel M. Br. II.

ser Herzog Heinrich, der den Beinamen des Bärtigen (cum barba) führt, hat in den Jahren 1201—1238 geherrscht [236]) und scheint überhaupt für die Verbreitung Deutscher Rechte und Gewohnheiten von Wichtigkeit gewesen zu sein. [237]) Weshalb er sich aber das Magdeburgische Recht von den Hallischen, und nicht vielmehr von den Magdeburgischen Schöppen selbst erbeten, ist nicht ersichtlich; doch mag Gaupp's Vermuthung wohl begründet sein, daß er lieber mit den weniger mächtigen, als mit den stolzeren Schöppen zu thun haben wollen. [238]) Uebrigens ist an der Identität des Hallischen Rechts mit dem Magdeburgischen nicht zu zweifeln. Insbesondere aber ist unser Hallisches Weisthum von 1235 für eine eben so zuverlässige, als gewichtige Quelle des Magdeburgischen Rechts zu halten. Für die Zuverlässigkeit bürgt die Ueberschrift: Hic continentur jura aliqua de Hallis et de Meydeburc. [239]) Die Wichtigkeit aber ist um so größer, als die Zuschrift Civilrecht ankündigt, wie es schon die Vorfahren gehalten, und als dessen Inhalt mit einer in gleichzeitigen Urkunden der Art seltenen Genauigkeit und Ausführlichkeit mitgetheilt wird. [240]) Die Zuschrift lautet: Universis Christi fidelibus, presentem paginam inspecturis, scabini in Hallo salutem in vero salutari. [241]) Ad petitionem venerabilis domini Hen-

---

S. 371—389; Mag. I. S. 14 f.) sind auf der hier beigefügten Tabelle zu bequemer Uebersicht dargestellt. Hinzugesetzt habe ich nur die Namen der Städte, welche, außer den bereits früher bekannten, in der durch Fidicin (Beitr. II. No. XCVII.) veröffentlichten Urkunde v. 1399 als von Alters her mit Brandenburgischem Rechte bewidmet aufgeführt werden.

236) Stenzel scriptt. rer. Sil. I. S. 24—27, 34, 105.

237) Gaupp Magd. R. S. 86.

238) Gaupp a. a. O. S. 80, 87. Vgl. Tzsch. u. Stzl. Urk. S. 228. Note 1.

239) Vgl. Gaupp a. a. O. S. 4 f. u. 110.

240) Gaupp a. a. O. S. 89, 100.

241) Oder salvatori. Eben so heißt es in der alten Kulmischen Handveste: heil in deme waren heilere. (Leman Kulm. Recht S. 3. unten.) Auch unsere Märkischen Urkunden bieten mancherlei Formen jenes altüblichen Grußes. Urkk. v. 1270 u. 1271: salutem in vero salutari (Buchholtz Br. Gesch. IV. Anh. v. Urk. Nr. 82 u. 83, S. 97 f.); v. 1307: salutem in vero salutari Domino Jesu Christo (Buchholtz a. a. O. Nr. 141, S. 161); von 1388: in vero salvatore salutem (Buchh. a. a. O. Nr. 144, S. 164); v. 1281 u. 1299: salutem in omnium Salvatore (Buchh. a. a. O. Nr. 97 u-

Zu Anmerk. 235.

Magdeburgisches Recht ist ertheilt den Städten

Werben, Arneburg, Tangermünde, Osterburg, Havelberg, Brandenburg, Jerichow,*) Stendal, Gardelegen, Prenzlau, Kottbuß, Züllichau, Krossen.

Brandenburgisches Recht ist ertheilt den Städten (aus Brandenburg)

Berlin u. Cöln, Spandau, Neu-Brandenburg,*) Landsberg, Rathenau, Falkenburg, Straußberg, Drossen, Müncheberg, Mittenwalde, Eberswalde, Bernau, Nauen, Treuenbrietzen, Belitz.

- **Berlinisches Recht** ist ertheilt den Städten (aus Berlin u. Cöln): Frankfurt u. Müllrose.
- **Spandau'sches Recht** ist ertheilt den Ländchen (aus Spandau): Teltow, Glin, Neu-Barnim.
- **Straußbergsches Recht** ist ertheilt den Städten (aus Straußberg): Soldin, Wriezen, Berlinchen, Neu-Landsberg, Küstrin, Zellin, Bärwalde, Bernäuchen, Nienburg.

Stendalsches Recht ist ertheilt den Städten (aus Stendal)

Kyritz, Friedland,*) Wittstock, Neu-Ruppin.

Wittstocksches Recht ist ertheilt der Stadt (aus Wittstock)

Wilsnack.

*) Jerichow, Neu-Brandenburg und Friedland sind später von der Mark Brandenburg getrennt worden.

Läßt sich nun Magdeburgisches Recht als Ostfälisches, Lübisches Recht als Westfälisches auffassen (Eichhorn in v. Savigny Zeitschrift II. S. 235—237; v. Kamptz in Mathis XI. S. 43 f.), so gehört unser

Salzwedelsches Recht,

welches auch anderen Städten, namentlich der Stadt Lenzen, so wie dem Lande Wustrow ertheilt worden ist und sich mit ziemlicher Sicherheit vom Lübischen Rechte herleiten läßt, zum Westfälischen Rechtszweige. Auch ist das Seehausische Recht, welches der Stadt Pritzwalk gegeben worden, jedenfalls nicht vom Ostfälischen Rechte abzuleiten. (Vgl. unten Abth. I. Cap. II. §. 1. Nr. II.; §. 2. Nr. III.; Cap. III. §. 1. im Eingange.)

rici, ducis Polonie, et ad utilitatem burgensium suorum in Novoforo presentem compilavimus paginam et jus civile inscripsimus, a nostris senioribus observatum. Die Constitution, welche Wichmann, Erzbischof von Magdeburg von 1152—1192, der Stadt Magdeburg schon im Jahre 1188 gegeben hat und welche danach der gedachte Heinrich I. seiner Stadt Goldberg (Aurum) verliehen haben soll; [242]) imgleichen das Weisthum, welches die Magdeburger Schöppen demselben Heinrich für Goldberg im Jahre 1211 mitgetheilt haben sollen, [243]) bezieht sich lediglich auf politische, criminalrechtliche und processualische Verhältnisse. [244]) Nur unser Hallisches Weisthum von 1235, welches im Jahre 1250 von Neumarkt an die Stadt Brieg (Alta Ripa genannt, da das Wort Brzeg so viel bedeutet, wie Ufer) gelangt sein soll, [245]) gewährt Aufschluß über das alte Magdeburgische Erbrecht. In der nun folgenden Zusammenstellung lege ich den Text zu Grunde, welchen Tzschoppe und Stenzel constituirt haben. [246])

I. Den Ehegatten wird ein gegenseitiges Erbrecht nicht beigelegt. Doch geht der überlebende Ehegatte nicht leer aus. Es wird aber unterscheiden, wer den Anderen überlebe.

125, S. 114 u. 140); v. 1307: salutem in eo, qui est omnium vera salus (Buchh. a. a. O. Nr. 137 u. 138, S. 158 f.); v. 1312: in salutis autore salutem (Buchh. V. Anh. S. 4, Nr. 152); v. 1276, 1288, 1297, 1319, 1320: salutem in Domino (oder in Deo) sempiternam (Buchh. IV. Anh. Nr. 88, 104, 119, S. 104, 120, 133; V. Anh. S. 18, Nr. 167; S. 31, Nr. 178); v. 1296: „entbieten allen Christgläubigen Leuten, die diesen Brief lesen werden, ewige Seligkeit" (Buchh. IV. Anh. Nr. 117, S. 131) u. s. w.

242) Gaupp Magd. R. S. 215—218; vgl. S. 80—85 u. 88; Tzsch. u. Stzl Urk. No. I. (S. 266—269); vgl. S. 97. Not. 2.

243) Gaupp a. a. O. S. 219—223; vgl. S. 85 f. u. 89; Tzsch. u. Stzl Urk. No. I. a. (S. 270—273.)

244) Vgl. Gaupp a. a. O. S. 86 u. 98.

245) In der That scheint Brieg damals nur mit Deutschem Recht (oben Anm. 233), nach Neumarkts Vorbilde, bewidmet worden zu sein, Magdeburgisches Recht aber erst i. J. 1327 durch Breslau empfangen zu haben. Gaupp a. a. O. S. 34, 43 ff., 327—330 u. 330 f.; Tzsch. u. Stzl Urk. No. XXXII. (S. 318 f.), vgl. S. 111. ad 3; No. CXXXI. (S. 515), vgl. S. 114.

246) Es existiren vier Handschriften: eine Brieger Handschrift, der Böhme (Dipl. Beitr. II. S. 1—3) im Jahre 1771, eine Breslauer Hand-

A. Der Mann wird durch den Tod der Frau zum alleinigen Herren des beiderseitigen Vermögens, mit Ausnahme der an die Niftel fallenden Gerade: Si alicui hominum uxor sua moritur bona ipsorum, que possident, spectabunt ad

schrift, der Stöckel in demselben Jahre,*) und nach ihm v. Kamptz (Mathis XI. S. 86—90) im Jahre 1811, endlich auch Gaupp (Magd. R. S. 223—229; vgl. S. 75—80 u. Schles. Ldr. S. 279 f.) im Jahre 1826 gefolgt ist; und zwei Schweidnitzer Handschriften, deren Einer schon v. Kamptz (Pr. u. stat. R. I. [1826] S. 513, 563) u. Gaupp (Schles. Ldr. [1828] S. 215—217, 320 Nr. 5) Erwähnung gethan. Vgl. Tzsch. u. Stzl Urk. S. 294 Not. 1. u. Vorrede S. XII. f. — Die Abdrücke bei v. Kamptz, Gaupp und Tzsch. u. Stenzel weichen in der Eintheilung des Textes folgendergestalt, wie hier zur Vermeidung von Verwechslungen, mitgetheilt wird, von einander ab:

v. Kptz.	Gpp.	Tzsch. u. Stzl.
§. 1.	Pr. §. 1.	§§. 1, 2.
§. 2.	§. 2	§. 3.
§. 3.	§. 3.	§§. 4, 5.
§§. 4—8.	§§. 4—8.	§§. 6—10.
§. 9.	§§. 9—11.	§§. 11, 12.
§§. 10, 11.	§§. 12, 13.	§§. 13, 14.
§§. 12, 13.	§§. 14, 15.	§. 15.
§. 14.	§. 16.	§. 16.
§. 15.	§§. 17, 18.	§§. 17, 18.
§§. 16—25.	§§. 19—28.	§§. 19—28.
§. 26.	§§. 29, 30.	§§. 29, 30.
§§. 27—30.	§§. 31—34.	§§. 31—34.
§§. 31, 32.	§§. 35, 36.	§. 35.
§§. 33—35.	§§. 37—39.	§§. 36—38.
§. 36.	§§. 40, 41.	§§. 39, 40.
§. 37.	§§. 42, 43.	§§. 41, 42.
§. 38.	§. 44.	§. 43.
§. 39.	§§. 45, 46.	§§. 44, 45.
§. 40.	§. 47.	§. 46.

*) Christian Gottlieb Stöckel Abhandlung von einem uralten Briefe der Schöppen zu Halle von 1235, mittelst dessen auf Verlangen des Schlesischen Herzogs Heinrichs des Bärtigen der Stadt Neumarkt ihr Stadtrecht mitgetheilt, und auf welches die Stadt Brieg vom Herzog Heinrich dem Dritten ausgesetzt worden. 1771. 4. Ob diese Abhandlung in Breslau oder in Brieg herausgekommen, kann ich nicht entscheiden, weil ich sie nicht selbst gesehen habe. Bei v. Kamptz findet sich als Verlagsort einmal Breslau (Mathis XI. S. 47. Note 7; Pr. u. stat. R. I. S. 310) u. an einer anderen Stelle Brieg (Pr. u. stat. R. I. S. 513. Nr. 2. Not. *); bei Gaupp Magd. R. S. 78. Not. 6.): Breslau; bei Tzsch. u. Stzl (Urk. S. 294. Not. 1.): Brieg. —

maritum, excepto quod Rade vocatur. (§. 25.) Das beiderseitige Vermögen heißt hier bona que possident; womit freilich nicht ausgeschlossen ist, daß der Mann schon bei Lebzeiten der Frau das derselben eigenthümlich gewesene Vermögen unter seine Obhut, in sein Mundium, genommen. Als Erbe der Frau ist er aber nicht anzusehen, obgleich er (§. 46.) genannt wird: qui spectat ad hereditatem; denn hier bezeichnet hereditas nur den Gegensatz der Gerade.[247])

B. Die Frau erwirbt durch des Mannes Tod nichts, als ihre Gerade und was ihr der Mann etwa noch bei Lebzeiten vor Gericht gegeben: Item, si alicui domine maritus ejus moritur, bona ipsorum non spectabunt ad dominam, sed tantum illa, que maritus tradidit uxori coram judicio et hoc per testes si poterit, approbare. (§. 26.) Daß die überlebende Frau nichts erbt, ist also mit klaren Worten als Regel aufgestellt; und die Regel wird noch durch die in Ansehung der gerichtlichen Vergabungen gemachte Ausnahme verstärkt. Daß aber die Frau die Gerade an sich nehmen dürfe, wird hier nicht ausgesprochen. Und mit Recht: denn die Gerade erwirbt sie nicht sowohl durch Erbgang, als vielmehr um deswillen, weil die Geradestücke gewissermaaßen schon bei Lebzeiten des Mannes ihr vorzugsweise angehörten und durch des Mannes Tod nur von dem Alles umfassenden Mundium desselben befreit worden sind.[248]) Ganz anders verhält es sich mit der Gerade, welche die Frau auf ihre Niftel wirklich vererbt.

II. Diesem Verhältnisse der Ehegatten gegenüber steht das eigentliche Erbrecht der Verwandten, mit Unterscheidung der beiden Geschlechter. Erbrecht ist hier allerdings nicht im Römischen Sinne aufzufassen, als dürfte dabei an eine successio in universum ius quod defunctus habuit[249]) gedacht werden. Denn die alte Deutsche Weise war gleich entfernt von einer Personeneinheit des Erblassers und des Erben, wie von einer Universalsuccession, da sich vielmehr Alles, was der Verstorbene hinterließ, gleichsam von selbst in verschiedene singuläre Massen auf-

---

247) S. unten Anm. 261.
248) Vgl. Grimm R. A. S. 583 f.; Eichh. Pr. R. §. 297. No. I. 1.
249) 24 de V. S. u. 62 de R. J.

löste, wie Stammgut, Heergewäte, Niftelgerade u. dgl. m.[250]) Immer aber läßt sich doch von einem Erbrecht im allgemeinsten Sinne des Worts sprechen, wo das Vermögen des Einen durch dessen Tod und um seines Todes willen auf einen oder mehrere Andere übergeht, mag es nun als ein Complex aufgefaßt, oder in gesonderten Theilen übertragen werden. So sind nun

A. des Mannes wahre Erben:

a) seine ebenbürtigen Söhne: Si aliquis moriens bona dimiserit, si pueros habuerit, sibi pares in nacione, bona ipsius ad pueros spectabunt. (§. 20.) „Ebenbürtig" wird durch „pares in nacione," wie in der Lateinischen Uebersetzung des Sachsenspiegels durch „in generatione aequales" wiedergegeben.

b) In Ermangelung von Söhnen folgt der nächste Schwertmag: Si pueros vero non habuerit, proximus ex parte gladii bona ipsius possidebit. (§. 21.) Das „ex parte gladii" gleicht dem „von sverthalven" des Sachsenspiegels, nach welchem gleichfalls de neste svert mach verschiedentlich berücksichtigt wird.[251]) Uebrigens möchte man sich hier leicht an die XII Tafeln erinnern: „Si intestato moritur, cui suus heres nec sit, adgnatus proximus familiam habeto." Nach dieser Ordnung wird aber nicht nur die Erbfolge in das Vermögen im Allgemeinen (bona), sondern auch insbesondere die vorzugsweise männliche[252]) Erbfolge ins Heergewäte festgestellt: Idem judicium habetur de Herwete. (§. 22.) Welche einzelne Stücke zum Heergewäte gehören sollen, wird nicht gesagt. Bemerkenswerth erscheint, daß hier kein Versuch gemacht ist, Heergewäte durch eine Lateinische Wendung zu bezeichnen. Die Uebersetzung des Sachsenspiegels bedient sich dafür des umfassenden Ausdrucks „res expeditoriae i. e. arma bellica;" obwohl das Wort Heergewäte, nach seiner eigentlichen Etymologie (wât ist unser Gewand), nichts weiter bedeutet, als vestis bellica.[253])

---

250) Eichh. Pr. R. §. 332; Mittermaier Pr. R. §. 382. No. V. u. VI; v. Sydow S. Sp. S. 313 f.

251) S. Homeyer Reg. „Schwertmag" u. Glosse zum Sächs. Weichb. Art. LVIII.

252) Vgl. Grimm R. A. S. 479. (D.), 568 f., 583 f. (b.), 951 f.

253) Grimm R. A. S. 567.

B. Nach ähnlichen Grundsätzen, wie der Mann das Heergewäte auf den ihm nächsten Mann, vererbt die Frau die Gerade auf die ihr nächste Frau: Idem judicium habetur de Rade in feminino sexu. (§. 23.) So ist die wesentlich weibliche[252]) Erbfolge nach Personen und Sachen von der männlichen geschieden; wie es auch im Sachsenspiegel heißt: Sve so herwede vorderet, die sal al ut von sverd halven dar to geboren sin. Sve so rade vorderet, die sal al ut von wit halven dar to geboren sin.[254]) Wer die der Erblasserin nächste Frau sei, wird in unserem Weisthum von 1235 nicht näher bestimmt. Ohne Zweifel ist es die ihr von Weiberseite nächste weibliche Verwandte (Uebers. des S. Sp.: propinquior cognata, quae ei ex foemineo genere adhaerebit), welche neste nichtele[255]) oder niftele[256]) oder Gespinne[257]) oder naste sippine[257a]) genannt zu werden pflegt. Uebrigens wird es dem Manne gestattet, bei Ausantwortung der von seiner Frau hinterlassenen Gerade sich in Ansehung der Stückzahl und der Vollständigkeit durch seinen alleinigen Eid zu schützen:[258]) Si illa, que hereditatem, quod Rade dicitur, recipit, illum incusare voluerit de pluri Rade, ille, qui representat, sola manu se expurgabit. (§. 24.) Hier ist der Character des Eides als Reinigungseides klar aufgefasst.[259]) Hand wird statt des Eides gesagt, weil sie, heilige Dinge berührend, den Eid vollbringt.[260]) Von den einzelnen zur Gerade gehörigen Sachen wird ein genaues Verzeichniß mitgetheilt (§. 44.), um so genauer, als ein Ver-

---

254) S. Sp. III. 15. §. 4.

255) S. Sp. I. 27. §. 1.; vgl. Homeyer Reg. „Nichtel"

256) Magd. R. 1304. §. 40.

257) Glosse z. Sächs. Weichb. Art. XXIII.

257a) Mühler C. N. Art. 48.

258) v. Sydow S. Sp. Anm. 531.

259) Vgl. Grimm R. A. S. 859 f (b. u. Not. *.); S. 913 („Juramento se purgabit"); S. 920 („se expurget juramento"). Dahin gehört auch das „mit siner unscult untgan." (Homeyer Reg. „Eid.")

260) Grimm R. A. S. 140 f., 896 ff., 903. Vgl. Magd. R. 1295. §. 8.: „mit sin eines Hant uf den Heiligen;" 1304. §. 25: „mit sin eines Hant;" Berl. Stadtb. 1397 (S. 147): „dat wif vp den hilligen met twen vingeren an der rechter hand vp ore brust;" Leman Kulm. Recht S. 294.

zeichniß der zum Erbe zu rechnenden Sachen voransteht (§. 43). Erbe wird hier im Gegensatze der Gerade durch das Wort hereditas ausgedrückt,[261]) obgleich an einer anderen, oben erwähnten Stelle (§. 24.) auch die Niftelgerade in speciellem Sinne hereditas hieß. Gerade ist wieder nicht ins Lateinische übertragen, sondern umschrieben: jus, quod Rade dicitur.[262])

Die Niftelgerade aber unterscheidet sich von der Gerade, welche die überlebende Ehefrau an sich nimmt, nur dadurch, daß zu der letzteren noch Mustheil gerechnet wird: omnia spectantia ad cibaria, quod dicitur Musteil, tricesimo peracto, medietas ad hereditatem, medietas ad jus, quod Rade dicitur (§. 43.); wogegen aus der Niftelgerade dem überlebenden Ehemanne Bett, Tisch und Sessel zurückgegeben werden müssen: Domina, que recipit Rade, procurabit lectum et mensam et sedem illius, qui spectat ad hereditatem, secundum quod decet. (§. 46.) Mit ausdrücklichen Worten unterscheidet zwar unser Weisthum die beiden Arten der Gerade an keiner Stelle; doch ist leicht zu ersehen, wie sich die §§. 23, 24, 25 g. E. u. §. 46. lediglich auf die Niftelgerade, §. 43 g. E. lediglich auf die Gerade der überlebenden Ehefrau, und das Verzeichniß des §. 44. auf beide Arten der Gerade[263]) bezieht.

Die Verzeichnisse der zum Erbe und der zur Gerade gehörenden einzelnen Stücke sollen im §. 3. dieses Capitels, in beständiger Vergleichung mit den Verzeichnissen der Deutsch geschriebenen Weisthümer Magdeburgischen Rechts, durchgegangen werden.

C. Von dem Erbrecht der Ascendenten wird weiter nichts erwähnt, als daß die Söhne, welche sterben, nachdem sie ihren Vater beerbt haben, von ihrer Mutter beerbt werden: Item, si aliqui puerorum predictorum moriuntur bona ipsius pueri, qui moritur, spectabunt ad gremium matris. (§. 27.) Des

---

261) Vgl. oben Anm. 247.

262) Auch wird der volle Sinn des Wortes rade weder durch die utensilia der Uebersetzung des Sachsenspiegels, noch durch ornamenta muliebria allein, wiedergegeben. Vgl. Grimm R. A. S. 567.

263) Ueber die im Wesentlichen identischen Stücke beider Arten der Gerade s. auch v. Sydow S. Sp. Note 528 (816, 883) und 828.

Schoosfalles wird also nur in Beziehung auf die Mutter gedacht. Pueri „predicti" sind offenbar die Söhne, welche nach §. 20. ihren Vater bereits beerbt haben; da in den alten Urkunden mit dergleichen Bezeichnungen auf vorher erwähnte Personen oder Umstände nach dem ganzen früheren Zusammenhange zurückgewiesen zu werden pflegt.[264])

§. 2. Grundzüge des Erbrechts nach den Weisthümern der Magdeburgischen Schöppen vom Jahre 1261, 1295 und 1304.

Im Jahre 1261 gaben die Magdeburgischen Schöppen dem Herzoge Heinrich und seiner Stadt Breslau, auf Beider Ansuchen, ein in Deutscher Sprache geschriebenes Weisthum Magdeburgischen Rechts, welches Gaupp und Tzschoppe und Stenzel durch den Druck veröffentlicht haben.[265]) Die Unterschrift (§. 64.) lautet: Daz Recht habent gegeben die biderven Schephenen unde die Râtman van Magdebůrch deme edelen Vůrsten, Herzogen Heinriche unde sinen Bůrgeren von Brezlauwe, unde wollen in daz helfen halden, swar so sie is bedůrfen (d. i. sie wollen ihnen auf Erfordern Rechtsbelehrungen und Urtel ertheilen[266]), unde havent iz getan durch Bete Herzogen Heinriches unde der Bůrgere von Brezlauwe u. s. w.[267]) Es ist uns auch die Urkunde v. 16. December 1261 erhalten, in welcher Heinricus et Wlodezlaus, dei gracia duces Slesie, der Stadt Breslau dieses jus civitatis Maydeburgensis zugestehen.[268]) Diese Brüder, Heinrich der Dritte, in den Jahren 1241—1266 Herzog von Breslau, und Wladislaw,

---

264) Vgl. z. B. „pater sepe dictus" (der mehr erwähnte) im Salzwedelschen Privilegium v. 1273; „civibus ante dicte civitatis" im Salzw. Priv. v. 1278; „promemorata electione" im Fürstenbergschen Priv. von 1281; „dickenanten burgern" in der alten Kulmischen Handveste. (Leman Kulm. Recht S. 4 u. 11.)

265) Gaupp Magd. R. S. 229—258; Tzsch. u. Stzl. Urk. No. LVI. (S. 351—363.) Ich citire nach Tzsch. u. Stzl. —

266) Tzsch. u. Stzl Urk. S. 115 oben; vgl. Grimm R. A. S. 499: „das wollen sie handfestigen und helfen es halten."

267) Vgl. Gaupp Magd. R. S. 50. u. Tzsch. u. Stzl. Urk. S. 97 f.

268) Gaupp a. a. O. S. 252—255 (Nr. 6.) und S. 331—333; Tzsch. u. Stzl. a. a. O. No. LVII. (S. 364—366.)

Erzbischof von Salzburg († 1270), waren Söhne Heinrich des Zweiten, der seinem Vater, dem oben erwähnten Heinrich dem Ersten,[269]) im Jahre 1238 gefolgt, und schon im Jahre 1241 in der Schlacht gegen die Tartaren gefallen war.[270]) Unser Heinrich III. ertheilte auch der Neustadt Breslau im Jahre 1263 das gedachte Magdeburgische Recht; wie aus der von seinem Brudersohn Heinrich dem Fünften († 1296[271]) unterm 9ten August 1290 ertheilten Bestätigung zu ersehen ist.[272])

Das Weisthum von 1261 ist für uns von um so größerer Wichtigkeit, als es unter allen bis jetzt bekannten Weisthümern der Magdeburgischen Schöppen das erste in Deutscher Sprache abgefaßte ist und die wahre Grundlage der späteren Magdeburgischen Rechte bildet.[273]) Die Breslauer haben demselben, wider Wissen ihres Herren, einige Sätze (§§. 65—79) eigenmächtig hinzugefügt, welche erst Heinrich der Vierte, Heinrich des Dritten Sohn († 23. Juni 1290[274])), im Jahre 1283 bestätigt hat.[275]) Uebrigens scheinen die Breslauer in Ansehung der Anwendung und Auslegung des Magdeburgischen Rechts von 1261 bald in Zweifel und Streit gerathen zu sein und sich deshalb eine Erklärung von den Magdeburgischen Schöppen erbeten zu haben.[276]) Eine solche liegt vor in den, gleichfalls durch Gaupp und Tschoppe und Stenzel mitgetheilten[277]) Articeln des Magdeburgischen Rechts vom 8. November (deme achten Tage Allerheiligen) 1295, welche die Unterschrift (§. 23.) führen: Diz Recht haben die Schepphen van Meydeburch lazen scriven, mit der Ratmanne unde der Stat Volge unde Wilkore unde habenz, durch Libe unde Vruntschaft zu Rechte

269) Oben Anm. 236.

270) Stenzel scriptt. rer. Sil. I. S. 21 f., 27—30, 34 f., 106—110.

271) Stenzel a. a. O. S. 120.

272) Gaupp a. a. O. S. 334—336 (vgl. S. 68 f.); Tzsch. u. Stzl a. a. O. No. LXXX. (S. 405 f.); vgl. S. 98. Note 3.

273) Gaupp a. a. O. S. 119 ff.; Eichh. R. G. §. 284.

274) Stenzel a. a. O. S. 35 u. 114.

275) Gaupp a. a. O. S. 250—256 (vgl. 48—64, 207—212); Tzsch. u. Stzl a. a. O. No. LXXVI. (S. 400 f.); vgl. S. 228.

276) Gaupp a. a. O. S. 69—75.

277) Gaupp a. a. O. S. 258—268; Tzsch. u. Stzl Urk. No. XCVI. (S. 428—432.)

gegeben unde gesant iren lieben Vrunden, dem Burgern der Stat Wrezlaw unde willen en des gesten, unde mit en halden (s. oben Anm. 266) u. s. w. Dabei erscheint sehr bemerkenswerth, daß hier die Bürger unmittelbar mit den Bürgern verhandelt haben, ohne ihres Fürsten Erwähnung zu thun; während noch im Jahre 1261 das Magdeburgische Weisthum dem Fürsten und dessen Bürgern, und im Jahre 1235 das Hallische Weisthum sogar dem Fürsten allein „ad burgensium suorum utilitatem" mitgetheilt worden war.[278]) Die Stadt Breslau verbreitete die Magdeburgischen Rechte von 1261 und 1295 durch Schlesien, indem sie dieselben anderen Städten zuschickte, von diesen Städten aber wiederum einige der Mittelpunkt weiterer Mittheilung wurden. Tzschoppe und Stenzel haben eine reiche Sammlung der dahin einschlagenden Schlesischen Urkunden veröffentlicht.[279]) Doch gewähren diese Urkunden gerade für unsere Untersuchungen über das älteste Magdeburgische Erbrecht keine weiteren Aufschlüsse. Solche können wir, von den Weisthümern von 1235, 1261 und 1295 abgesehen, nur noch aus dem der Stadt Görlitz im Jahre 1304 mitgetheilten Codex Magdeburgischen Rechts schöpfen; da auch das der Stadt Schweidnitz im Jahre 1363 ertheilte Weisthum der Magdeburgischen Schöppen nichts Näheres über das Erbrecht enthält, sondern nur von Wahl und Einsetzung der Schöppen handelt.[280])

Der Stadt Görlitz hatte im Jahre 1303 Hermann, Brandenburgensis et Lusacie marchio, Magdeburgisches Recht bewilligt: jura Magdeburgensia habenda, tenenda, questionibus, contractibus, causis, in omnem modum, prout ipsis civibus et civitati melius et commodosius videbitur expedire.[281])

---

278) Gaupp a. a. O. S. 95 f.

279) Tzsch. u. Stzl a. a. O. S. 115—117.

280) Vgl. Gaupp a. a. O. S. 155 u. Tzsch. u. Stzl a. a. O. S. 97 f. u. 115. — Das Weisthum v. 1363 s. bei Tzsch. u. Stzl No. CLXXIX—CLXXXI. (S. 585—588; vgl. S. 215.)

281) Tzsch. u. Stzl Urk. No. CIII. Auch der Stadt Dresden war durch Brandenburgische Markgrafen (Waldemar und Johann, im Jahre 1300) der Gebrauch des Magdeburgischen Rechts bestätigt worden. (Gaupp Magd. R. S. 178 f. Note 20.) Die Stadt Görlitz erhielt wiederholentlich Confirmationen des Magdeburgischen Rechts: durch Waldemar, Markgrafen von Brandenburg, im Jahre 1317 (Gercken cod. dipl. VIII. No. CV.); durch Heinrich

Darauf ließen sich die Bürger von Görlitz gleich im folgenden Jahre durch die Magdeburgischem Schöppen die bekannte, überaus reichhaltige Mittheilung öffentlichen und Privat-Rechts machen, [282]) welche einem förmlichen Codex gleicht, und unterschrieben ist: Nach Gotis Geburt ubir tusent Jar unde driehundert Jar unde in dem vierden Jare, an Allerheiligen Tage (d. i. 1. November), so ist diz Megedebursche Recht gegebben von den Schepphen zu Megedeburg den Burgeren zu Gorlitz u. s. w. Auch hier wird des Landesherren nicht weiter Erwähnung gethan. [283]) Das Weisthum von 1261 ist in diesem Codex sehr stark benützt; die Articel von 1295 aber sind der Reihe nach darin aufgenommen. [284]) Abgedruckt ist derselbe ebenfalls bei Gaupp, so wie bei Tzschoppe und Stenzel. [285])

Die Grundzüge des Erbrechts nach dem Magdeburgischen Weisthum von 1261, woran ich zugleich die Ergebnisse der Articel von 1295 und des Codex von 1304 anschließe, sind folgende:

I. Daß die Ehegatten eines gegenseitigen Erbrechts nicht theilhaftig sind, tritt klar hervor.

A. Der Mann ist nicht Erbe der vor ihm verstorbenen Frau; denn er behält das beiderseitige Vermögen, mit Ausnahme der Gerade, welche er an die Niftel herausgeben muß. Das Weisthum von 1261 spricht sich hierüber nicht besonders aus; überhaupt fehlen in demselben die in dem Weisthum v. 1235 so reichlich vorkommenden Beziehungen auf die Niftelgerade. Desto anschau-

den Ersten, Herzog von Jauer, im Jahre 1319 (Tzsch. u. Stzl Urk. No. CXXIII.; vgl. Stenzel script. rer. Sil. S. 122 f.); durch Johann, König von Böhmen, im Jahre 1329. (Tzsch. u. Stzl Urk. No. CXXXVIII.) Auch in einer Urkunde Kaiser Carl des Vierten von 1357 (Tzsch. u. Stzl Urk. No. CLXXII.) heißt es: „noch dem alden, gewonlichen Magdeburgischen Rechte, dorinne dy Lewte . . zu Gorlitz sitzin unnd von Alder sint gesessin."

282) Gaupp a. a. O. S. 24—33.

283) Oben Anm. 278 u. Gaupp a. a. O. S. 97.

284) Und zwar in §§. 43—62. Vgl. Gaupp a. a. O. S. 101.; 286 Note 2; 292 Note 4; Tzsch. u. Stzl a. a. O. S. 459 Note 3 bis S. 462 Note 4.

285) Gaupp a. a. O. S. 269—324; Tzsch. u. Stzl a. a. O. No. CV. (S. 448–478.)

licher aber macht das M. R. von 1304 das Recht des Mannes. Der §. 130, welcher die Ueberschrift führt: „Daz der Man sines Gutes gewaldic ist,“ zeigt, wie der Mann über das Vermögen, welches ihm zwei Frauen zugebracht haben, die er nach einander geheirathet, als über sein freies Eigenthum schalten und walten darf: Niemet ein Man ein Wib unde wirt im mit ir Gut gegebben unde stirbet sider (d. i. seitdem, nachmals) die Vrowe, ir Man beheldet doch allez daz Gut, daz im mit ir gegebben wart, sunder (d. i. ohne, ausgenommen) de Gerade. Niemet her ouch sider ein ander Wib, her beheldet doch allez daz Gut, daz her mit der ersten unde mit der anderen hatte unde her mac mit deme Gute tun unde lazen swaz her wil unde geben, sweme her wil. Auch in dem, aus dem Sachsenspiegel (B. I. Art. 12.) entnommenen §. 84., der von den Gegenständen handelt, welche in eine Gemeinschaft fallen, offenbart sich die eigenthümliche und privative Gewalt des Mannes über das durch seine Verheirathung erworbene Gut: Swaz abir ein Man mit sime Wibe niemet, daz en teilet her mit sinen Bruderen (d. i. mit seinen Brüdern oder anderen Gemeinschaftern) nicht. An der ehelichen Errungenschaft wird dem Manne ausschließliches Eigenthum zugesprochen; er hat die unbeschränkte Befugniß darüber zu verfügen. Der §. 22. spricht zwar nur von dem, was der Mann selbst erworben: Hat her abir Gut, daz her ererbeitet hat, daz mac her geben u. s. w.; aber der §. 77. beweist, daß auch dasjenige dem Manne ausschließlich zufällt, was beide Eheleute erarbeitet haben. Der Fall des §. 77. ist folgender: Ein Mann, der einen ebenbürtigen Sohn hat, heirathet eine Wittwe, die auch schon Kinder hat. Sie besitzen beiderseits kein Vermögen, gewinnen aber solches durch Arbeit während ihrer Ehe und legen dasselbe an, in beweglichen oder unbeweglichen Sachen: unde erbeiten sie Gut unde legen daz an Eigen oder an varende Habe oder an Koufshatz. Der Mann stirbt, ohne die Frau begabt zu haben. Dann nimmt sein Sohn allein das hinterlassene Vermögen, mit Ausschluß der Kinder oder anderweitigen Verwandten der Frau: unde stirbet der Man dar nach unde en hat der Vrowen nicht gegeben bie sime Libe, des Mannes Sun ist neher daz Erbe zu nemene, den der Vrowen

Kinder sin oder irre Tochter Kindere oder irre Swester Kindere. D. h. die eheliche Errungenschaft ist dergestalt ausschließlich des Mannes Eigenthum geworden, daß sie lediglich auf seinen Sohn und Erben übergeht.[286]) Auch der §. 83. ertheilt dem Manne die unbeschränkte Befugniß, über die mit seinem Weibe erarbeitete bewegliche Habe (die her mit sineme Wibe ererbeitet hat) allein zu disponiren; und der §. 136, welcher von der Succession in das Vermögen eines mit dem Makel der unehelichen Geburt Behafteten (eines Pfaffen Sun) handelt, stellt das Vermögen zusammen, was Jener gewonnen oder mit seinem ehelichen Weibe erarbeitet hat. In Ansehung der von Seiten des überlebenden Ehemannes herauszugebenden Nistelgerade kommt das N. R. von 1304 nicht ganz mit dem alten Weisthum von 1235 überein. Der §. 40. nämlich: „Von des Mannes Rechte. Swenne deme Manne daz Wib stirbet, so ir nehste Niftele, die ire Rade nimt, die sol deme Manne berichten sin Bette, also iz stunt, do sin Wib lebete unde sinen Stul mit eime Kussene unde sine Bang mit eime Phole." ist aus dem Sachsenspiegel (B. III. Art. 38. §. 5.) aufgenommen, hat jedoch bei Aufzählung der dem Wittwer zurückzugebenden Sachen ausgelassen: sinen disch mit enem dischlakene. Das alte Weisthum von 1235 dagegen stimmt mit dem Sachsenspiegel; es zählt auf: lectum et mensam et sedem. Das Sächsische Weichbild (Art. XXIII.) fügt noch hinzu: „vnnd einem handtuch."

B. Die Rechte der überlebenden Frau werden genau ausgeführt.

a) An der Spitze steht wieder der allgemeine Grundsatz, daß die Frau nach des Mannes Tode kein Erbrecht an seinem Nachlasse hat. So sagt das Weisthum von 1261 §. 14: Oste

---

286) Denselben Fall stellt der Articel 48 des von Mühler herausgegebenen Naumburgischen Codex in größerer Klarheit und Gliederung heraus; . . . vnd stirbet der man vnd die vrowe. des mannes son is nar deme erbe zu nemene den der vrowen kindere sin. ab di vrowe vnbegabet is an deme gute. des mannes ebenburtige swertmac is nar deme erbe. den der vrowen tochter kindere eder swester kindere sin. der vrowen naste sippine (s. oben Anm. 257a) nimt aber ire gerade. In gedrängter Darstellung findet sich dieser Fall auch im Sächs. Weichb. Art. XLIX.

ein Man ein Wip nimet, stirbit die Man, daz Wip ne havet in sime Gûte nicht. Mit denselben Worten beginnt M. R. v. 1304. §. 20. Ueberdies stellt der §. 123. des M. R. v. 1304 die überlebende Ehefrau geradezu den Erben des Mannes entgegen: . . . . daz nimet die Vrowe, daz andere nement die Erben. Auch der §. 124. unterscheidet, was die Frau durch den Tod ihres Mannes, von dem, was sie durch Erbgang erwirbt: Swar ein Vrowe Gut hat, daz ir ist, iz sie ir an erstorben von irme Manne (s. unten Anm. 290) oder von iren Erben u. s. w. Unter Erben werden hier diejenigen verstanden, von welchen die Frau geerbt hat: ein Sprachgebrauch, der sich auch im §. 22. des M. R. v. 1304 findet: mit deme Gute . . ., daz en an ersturben iz von sime rechten Erben. Das Wort „ansterben" aber wird in weiterem Sinne so gebraucht, daß es nicht bloß auf den eigentlichen Erbgang, sondern auf jeden Erwerb von Todes Wegen geht.[287])

b) Der Grundsatz, daß die Wittwe kein Recht an des Mannes Nachlasse habe, wird, wie im Weisthum von 1235, durch die Ausnahme der gerichtlichen Vergabung modificirt: M.

287) Der §. 41. M. R. v. 1304 spricht von dem Heergewäte, welches zweien Männern an ersturben ist. Der Sachsenspiegel braucht in demselben Sinne das Wort irsterven: B. I. Art. 4; 5 §. 3; 25 §. 5; B. III. Art. 76. §. 3. Das Berl. Stadtbuch v. 1397 hat dafür die Form vorsteruen. Umgekehrt wird auch von der Person, welche stirbt und Vermögen hinterläßt, gesagt: Mit swelkeme gude de man bestirft (S. Sp. I. 6. §. 1.) oder erstirbet (M. R. 1304 §. 108) oder vorsteruet (Berl. Stadtb. 1397. S. 115). Ferner von dem, was der Verstorbene hinterläßt: svat under ime bestirft (S. Sp. I. 5. §. 3) oder vorsteruet (Berl. Stadtb. 1397. S. 124), und von dem, was der verstorbene Mann gleichsam unter der Obhut seiner Frau zurückläßt: dat under ire irsturven (S. Sp. I. 52. §. 4) oder vorstoruen is (Berl. Stadtb. 1397. S. 120). Vgl. unten Anm. 304. — Uebrigens haben unsere Märkischen Urkunden und Gesetze diesen Sprachgebrauch lange bewahrt. Vgl. Fidicin Beitr. I. S. 44: darthu schal he geuen schot van deme gude dat em is angestoruen u. s. w.; S. 228. (Urk. v. J. 1406): angestorffen erffe; Züllichauer Willkür v. 1425: „am solchen Guthe, daß sich also verstorben;" Kottbusser Privil. v. 1464: „verstorbener Erbgüter wegen;" „angestorbene Erbe;" „wem Erbe anstirbet;" Vermerk wegen des Stendalschen Gerichts v. 1480 (s. oben Anm. 25.): „wes sinen gnaden ansterbt;" Neum. Pol. O. v. 1540 u. Add. Const. v. 1561 Cap. 11: „Von anerstorbenen (angestorbenen) Gühtern;" C. 12: „anverstorben Guht;" C. J. G. 1594. Th. III. c. XXXVI.: „angestorbenes Erbtheill."

R. v. 1261 §. 14: her ne habiz ir gegeben in gehegeteme Dinge. Dem entspricht M. R. v. 1304 §. 20; imgleichen §§. 21, 22, 34, 76, 136. Im §. 22. findet sich noch der Zusatz: vor deme Richtere unde vor den Shepphen. Die gerichtliche Vergabung aber soll der Frau unantastbar bleiben; es wird deshalb auch für den Fall vorgesehen, daß etwa Richter und Schöppen gestorben sein sollten: M. R. v. 1261 §. 17: Of die Richtare unde die Schephenen irstůrven sint, so mach man sie wol af setzen (d. i. ersetzen) mit den Dingliuten (d. s. Dingmannen, Gerichtsleute oder adstantes [288])), zů dem allerminnesten mit zwen Schephenen unde mit vier Dingmannen, so behaldet ein Vrowe ire Gift. Denselben Satz verallgemeinert M. R. v. 1304 §. 23. dahin: so beheldit jener sine Gift; und damit stimmt wieder Sächs. Weichb. Art. LV. Gift ist nichts Anderes als „Gabe," gerichtliche Vergabung. Im §. 136. M. R. v. 1304 findet sich auch das Zeitwort: swaz her sime Wibe hat gegiftet in gehegetem Dinge. [289]) Nur nicht in fraudem creditorum soll der Mann die Frau begaben: M. R. v. 1304 §. 123: die Shult get zu vorne uz; swas da boben ist, also vil, also der Vronen (zu lesen: Vrowen) gegiftet oder gegeben ist, daz nimet die Vrowe.

c) Von der Wittwengerade wird ein sehr genaues Verzeichniß geliefert im M. R. v. 1261 §. 58. Dieses beginnt mit den Schaafen, welche eine eigene Wichtigkeit gehabt zu haben scheinen, da schon der §. 14. derselben, als zur Gerade gehörig, besondere Erwähnung thut. Ausdrücklich aber wird (wie im Sachsenspiegel I. 24.) der Gerade die eigentliche Erbschaft entgegengesetzt, im §. 59: Swaz boven dissen vůrgesageten Dingen ist, daz horet alliz zů deme Erbe. Die Magdeburgischen Articel von 1295, welche übrigens kein Verzeichniß der zur Gerade gehörenden Sachen geben, erwähnen doch der Schaafe ganz speciell im §. 18. Und das M. R. v. 1304 gedenkt an zwei verschiedenen Stellen, im §. 20. und im §. 57, der Schaafe

288) Grimm R. A. S. 768 f.

289) Noch in Kurf. Joh. Georgs Const. v. 1574. Tit. XIV. findet sich eine danach gebildete Form: „der Vbergabenn halben, wie weit sich die Eheleute mit einander begifftigenn konnen."

allein, und gibt im §. 39. abermals einen vollständigen Katalog der Geradestücke, in welchem die Schaafe gleich den zweiten Platz einnehmen. Ueberdies setzt das M. R. v. 1304 nicht bloß die Gerade der Erbschaft ausdrücklich entgegen (§. 38: „Was zu dem[e] Erbe gehoret" und §. 39: „Von der Vrowen [Ge] Rade;" §. 124: „Daz Erbe unde die Gerade [290]) getritet an die Kint"); sondern dasselbe gibt auch, wie das Weisthum von 1235, zu schärferer Hervorhebung des Gegensatzes, noch ein besonderes Verzeichniß alles dessen, was zum Erbe im strengen Sinne gehört, im §. 34. g. E. u. §. 38. Dem steht auch nicht entgegen, daß der §. 108. unter Erbe im weiteren Sinne des Wortes Alles begreift, was der Verstorbene irgend hinterlassen hat.

d) Endlich tritt die Sorge für die Wittwe in den Bestimmungen wegen des Leibgedinges oder der Leibzucht hervor, wovon sich in dem Weisthum v. 1235 keine Spur findet. Was ihr der Mann zu ihrem Leibgedinge — zu ihrem libe — gegeben, bleibt ihr so fest, wie jene gerichtliche Vergabung, sobald sie solches nur selbsiebent, d. i. mit ihrem eigenen Eide und dem Eide von 6 Zeugen, beweisen kann: M. R. v. 1261. §. 14: (daz Wip ne havet in sime Gûte nicht, her ne habiz ir gegeben in gehegeteme Dinge, oder) zû Libgedinge, zû irme Libe. [291]) Wolde iman der Vrowen ir Libgedinge brechen, sie behaldit iz wol mit Manne unde mit Wiben, die dar zû jegenwarde waren selbe sibede. Wie sehr aber dieses Leibgedinge lediglich den Character einer Versorgung der Wittwe, in Beziehung auf die geführte Ehe, hat, dies zeigt sich darin, daß ihr nicht das Eigenthum daran zugesprochen wird, sondern daß es nach ihrem Tode wieder an des Mannes Erben fällt: M. R. v. 1261 §. 28: Nichein Wip ne mach ir Libgedinge zû Eigene behalden, noch vorkoufen, swar so sie stirbet, daz Libgedinge daz gêt wider an des Mannes Erben. Bei dieser vorwaltenden Rücksicht auf die Versorgung der Wittwe entspricht diesem alten Leibgedinge mehr das Lateinisch s. g. vidu-

---

290) Das, wie oben erwähnt, der Frau von ihrem Manne Angestorbene ist hiernach eben die Gerade. Vgl. unten Anm. 300.

291) Vgl. M. R. v. 1261. §. 58: Nach deme Herewete sal daz Wip nemen ir Lipgedinge u. s. w.

alitium, als das dotalitium. Auch Eichhorn bemerkt, daß das Witthum nichts sei, als das alte Leibgedinge.[292]) Das M. R. von 1304 fügt der Leibzucht noch die Morgengabe hinzu und wendet dieselben Grundsätze darauf an, während das M. R. v. 1261 der Morgengabe nicht erwähnt. M. R. v. 1304 §. 20: (daz Wib en hat an sime Gute nicht,) her en habez ir gegeben zu Morgengabe oder in gehegetem Dinge zu irme Liebe. Niechein Wib en mac Morgengabe noch Libgezug zu Eigene behalden. Stirbet aber sie, iz get wider an des Mannes Erben. Morgengabe behelt daz Wib uffe den Heiligen mit Mannen unde mit Wiben, die dar kegenwardig waren selbe siebende. Hat aber der Mann die Frau zu begaben oder zu beleibgedingen verabsäumt, so müssen doch die Kinder für sie sorgen. Die Wittwe nämlich bleibt in dem Gute sitzen, und die Kinder sind verpflichtet, ihr den nöthigen Unterhalt (Lipnare, Notdurft) zu gewähren, so lange sie nicht zu einer neuen Ehe schreitet: M. R. v. 1261 §. 14: Ne hebet ir die Man nichein Gůt gegeben, sie besitzet in deme Gůte, unde ire Kint sulen ir geben ire Lipnare, die Wile sie ane Man wesen wil. Diesen Satz hat auch das M. R. v. 1304 §. 20. aufgenommen; nur daß statt Lipnare der Ausdruck Notdurft gebraucht wird.[293])

II. Dem Verhältnisse der Ehegatten gegenüber, tritt wieder das Erbrecht der Verwandten auf.

A. Den Mann beerben seine ebenbürtigen Kinder. Söhne und Töchter haben hier schon gleiche Rechte, während das Weisthum v. 1235 noch die Söhne ausschließlich zur Erbschaft des Vaters berief. Das M. R. v. 1261 bestimmt im §. 48: Stirbet ein Man unde hebet her Gůt unvorgeben, iz Gůt erbet uf sine Kindere, ob sie ime ebenbůrdich sint. Auch das M. R. v. 1304 knüpft die Erbfolge der Kinder an die Bedingung der Ebenbürtigkeit: §. 77. g. E.: ob der Sun deme Va-

292) Eichh. Pr. R. §. 306. g. E. Vgl. v. Sybow S. Sp. S. 253 f.

293) Vgl. auch M. R. v. 1304. §. 134: Daz die (ein) Vrowe bie den (iren) Kinden b(e)libet biz an iren Vormunden: . . . die Vrowe blibet bie den Kinderen mit irme Gute also lange, biz ir rechte Vormunde cumet u. s. w.; Eichh. Pr. R. §. 297. g. E.: vom Rechte des Beisitzes.

tere ebenburtic ist; §. 129: Hat ein Man Kindere, beide, Sune und Tochtere, die ungeradet sin, unde im ebenburtic sin, . . . daz Eigen unde daz gereite Gut (d. i. das unbewegliche, wie das bewegliche Vermögen) teilen sie gliche.

a) Im Allgemeinen taucht hier das ächt Germanische Princip auf, daß nur diejenigen Kinder zur Erbfolge in das Vermögen des Vaters gerufen werden, welche nicht bereits bei dessen Lebzeiten abgefunden oder abgesondert worden sind: M. R. v. 1261 §. 15: stirbet der Man, die Kint, die in deme Gůte sint, die nemen daz Gůt; die uz gesunderet sin, die haben dar an nicht. (Vgl. M. R. v. 1304 §. 20.) Dahin gehört auch der Fall, welcher aus dem M. R. v. 1295 §. 12. in das M. R. v. 1304 §. 51. übergegangen ist: Ein Mann hat Kinder aus zwei Ehen; sie werden nach und nach sämmtlich, sei es auch zu verschiedenen Antheilen, von dem väterlichen Gute abgesondert; der Vater stirbt und hinterläßt reines Vermögen, außer dem, was den Kindern schon früher zugetheilt worden: so nehmen alle Kinder gleichen Theil am Nachlaß.[294]) Der Mutter aber succediren überhaupt alle Kinder, sowohl die abgeschichteten, wie die nicht abgeschichteten: M. R. v. 1304 §. 124: hat die Vrowe Kindere, die ir Man geradet hat, oder die die Vrowe selbe uz gegebben hat unde ob die Vrowe noch selben Kindere hat in der Were, stirbet die Vrowe, daz Gut, daz die Vrowe lezet, daz get uffe ir aller Kindere, sie sin geradet oder ungeradet, ob sie ebenburtic sint.[295]) Uebrigens theilt der Geistliche die Erbschaft mit seinen Brüdern; nur der Mönch wird ganz davon ausgeschlossen: M. R. v. 1261 §. 60. (aus dem Sachs. Sp. I. 25. §. 1. entnommen): Die Paphe teilit mit den Brůderen unde der nicht der Můnich ist.

b) Die Specialität der Succession ins Heergewäte zeigt sich in ihrer vollen Klarheit, um so mehr, als

α) die Wittwe zwar vor allen Dingen, ehe sie noch ihren eigenen Ansprüchen Genüge thue, das Heergewäte herauszugeben angewiesen wird: Nach deme Herewete sal daz Wip nemen ir Lipgedinge unde alliz, daz zů der Rade horet: M. R. v.

294) Vgl. v. Sydow S. Sp. Note 299.

295) v. Sydow S. Sp. Note 293. — Vgl. unten Anm. 300.

1261 §. 58; vgl. S. Sp. I. 24. §§. 1. u. 3; überhaupt aber Heergewäte nur in so weit zu geben braucht, als sich im Nachlasse Sachen, die dazu gehören, factisch vorfinden. Zu diesem Behufe werden die einzelnen, zum Heergewäte zu rechnenden Stücke namentlich aufgezählt, und wird der Mißbrauch, noch allerlei ungehörige Dinge mit dahin zu ziehen, ausdrücklich verworfen; imgleichen die Wittwe dadurch sicher gestellt, daß ihr alleiniger Eid zum Erweise des Nichtvorhandenseins der einzelnen Heergewätstücke genügt (vgl. oben Anm. 258), und den Erben der Gegenbeweis — des Vorhandenseins — obliegt: M. R. v. 1261 §. 55, aus dem S. Sp. I. 22. §. 4. aufgenommen. — Das M. R. v. 1304 §. 41. zählt gleichfalls die einzelnen zum Heergewäte gehörigen Sachen auf, erwähnt aber nicht des von der Wittwe zu leistenden Eides. Jedenfalls ergibt sich das sachliche, ich möchte sagen zufällige Wesen der Succession ins Heergewäte daraus, daß der Nachlaß nicht etwa mit der Verpflichtung belastet ist, solche Sachen, welche zum Heergewäte gehören, anzuschaffen, sondern nur in so fern dafür haftet, als dergleichen Sachen beim Tode des Erblassers wirklich vorhanden sind.

β) In Ansehung der Personen, welche Anspruch auf Herausgabe des Heergewätes machen dürfen, liegen offenbar die im Weisthum v. 1235 ausgesprochenen Principien zum Grunde. Es wird zwar nicht ausdrücklich angegeben, daß die Söhne und in deren Ermangelung die nächsten Schwertmagen zur Succession ins Heergewäte berufen seien. Aber dies liegt gewissermaaßen in der Sache selbst und offenbart sich in folgenden speciellen Bestimmungen:

a) Wenn die Söhne des Erblassers noch unmündig sind, so soll ihr ältester ebenbürtiger Schwertmag das ihnen gebührende Heergewäte in seine Vormundschaft nehmen: M. R. v. 1261 §. 57: Swar die Sûne binnen iren Jaren sint, ir eldeste evenbordiche Swertmach nimet daz Herwete aleine unde ist der Kinde Vormunde dar an, wante (d. i. bis) sie zû iren Jaren chomen, so sal her iz in wider geben. Dieser Satz ist aus dem §. 1. des S. Sp. I. 23. entnommen,[296]) den die Lateinische Uebersetzung wiedergibt: Ubi filii inennes existunt, senior agnatus res expeditorias accipit, et in his eorum usque

296) Vgl. Homeyer S. Sp. S. XLI. Nr. 5. b.

ad annos pubertatis tutor erit, u. s. w. Die Kinder sind „binnen ihren Jahren" (inennes), so lange sie noch nicht „zu ihren Jahren" gekommen sind, d. i. das zwölfte Lebensjahr noch nicht vollendet haben.[297])

b) Wenn zwei oder drei Männer zur Succession in ein Heergewäte gleich nahe berechtigt sind, so soll das Schwert demjenigen unter ihnen zum Voraus zufallen, welcher an Jahren der Aelteste ist; die anderen Stücke aber sollen gleichmäßig unter Alle vertheilt werden: M. R. v. 1261 §. 56: Swar zwene Man oder drie zů eime Herewete geboren sint, die eldeste nimet daz Swert zů voren, daz ander teilen si geliche under sich. Im M. R. v. 1304 wird dieser, aus dem S. Sp. I. 22. §. 5. aufgenommene Satz nicht wiederholt, sondern dem an Jahren Aelteren das Recht, die Theile zu legen, dem Jüngeren das Recht zu wählen, das Kürrecht, beigelegt: §. 41. Sin zwene Man zu eime Hergewete geboren, daz sie an ersturben ist, der eldeste sol teilen unde der jungeste kyesen. Das Sächsische Weichbild dagegen verbindet Beides mit einander, sowohl jenes Voraus, als auch dieses Theilungs- und Kür-Recht: Art. XXVI. g. E.: „. . da mag der jüngest kiesen, der elteste nimpt aber das schwert zuuor."[298])

B. Ueber die von der Frau hinterlassene Niftelgerade wird nicht ausführlich gehandelt. (S. oben I. A. in diesem §. 2.) Doch wird dem Geistlichen das Recht gegeben, die Geradestücke mit seinen Schwestern gleichmäßig zu theilen, in Ermangelung von Schwestern aber allein an sich zu nehmen: M. R. v. 1261 §. 22, übergegangen in M. R. v. 1304 §. 26. Vorauszusetzen ist dabei freilich, daß der Pfaffe von der Mutter noch unabgeschichtet sei; was im M. R. v. 1261 a. a. O. ausgedrückt wird: mit dem Gute beseczzen, im R. v. 1304 a. a. O.: binnen der Gewere.[299]) Uebrigens gedenkt das M. R. v. 1304 im §. 124. auch des anderweitigen Vermögens, welches eine Frau hinterläßt. In dasselbe folgen ihr alle ihre Kin-

---

297) Homeyer in den Berliner Jahrbüchern für wissenschaftliche Kritik Jahrg. 1827. Sp. 317; v. Sydow S. Sp. Note 75; Grimm R. A. S. 412.

298) Vgl. unten Cap. II. §. 2. vom Brandenburgischen Rechte.

299) Vgl. v. Sydow S. Sp. Note 539.

der, sofern dieselben ebenbürtig sind, mit gleichem Rechte.[300]) Bemerkenswerth ist im §. 124. der Ausdruck, daß das Erbe an die Kinder tritt: „[ge]tritet;" ganz der ächt Germanischen Auffassungsweise gemäß, wonach die Erbschaft zum Erben kommt.[301]) Noch an zwei Stellen des M. R. v. 1304 findet sich ein ähnlicher Gebrauch dieses Wortes, im §. 113 (getrittet) und im §. 136 (getritet). Verwandt damit ist die Anschauung, daß das Erbe von vorverstorbenen Kindern zu den Eltern zurückkehrt.[302])

C. Ueber das Erbrecht der Ascendenten und der Collateralen finden sich folgende Bestimmungen:

a) Das Schoosfallsrecht der Mutter wird in derselben Weise, wie im Weisthum v. 1235, auch im M. R. v. 1261 dargestellt. Der §. 48. geht nämlich, wie bereits oben erwähnt worden, davon aus, daß das Vermögen eines Mannes auf dessen ebenbürtige Kinder vererbt werde. In Beziehung auf dieses väterliche Erbtheil wird dann fortgefahren: unde stirbet der Kint dichein, sin Teil, daz vellet uf sine Mûter. Dahin gehört auch, was das M. R. v. 1304 §. 85. aus dem S. Sp. I. 33. aufgenommen hat: Das von der Wittwe innerhalb der gesetzlichen Zeit nach des Mannes Tode lebendig geborene Kind beerbt seinen vorverstorbenen Vater; stirbt es aber selbst nach der Geburt, so vererbt oder überträgt es vielmehr wieder sein väterliches Erbtheil auf seine Mutter, vorausgesetzt, daß ihm dieselbe ebenbürtig ist.[303])

b) Von dem Erbrecht der Geschwister wird nur in einer Beziehung gehandelt. Wenn nämlich nach des Vaters Tode von mehreren unabgeschichteten Kindern das Eine oder das Andere stirbt, so überträgt dasselbe sein väterliches Erbe zu gleichen Theilen auf alle seine Geschwister, mögen diese nun ihrerseits bereits abgeschichtet sein oder nicht: M. R. v. 1261 §. 29: Swar Kint an eime Erbe bestûrben sint, stirbet ir dichein, daz Gût teilen sie geliche, beide, die binnen unde bûzen sint. An oder in dem Erbe bestorben[304]) sind die beim Tode des

300) Vgl. oben Anm. 290 u. 295.
301) Grimm R.-A. S. 479. Nr. II. 1.
302) Vgl. unten Cap. II. §. 2. vom Prignitzschen Rechte.
303) v. Sydow S. Sp. Note 332.
304) Vgl. oben Anm. 287.

Vaters noch nicht vom Erbe abgesonderten Kinder; welche das Sächsische Weichbild an der entsprechenden Stelle (Art. LVII.) ganz klar bezeichnet: „Die kinder, die in dem Erbe seind blieben (vnausgeradet).“ Draußen (bûzen) sind die abgesonderten und drinnen (binnen) die nicht abgesonderten Kinder; wie das Sächs. Weichb. a. a. O. sagt: „die ausgeradet vnd darinnen blieben seind.“ Binnen bedeutet: in der [ge]were, im Hause. Im M. R. v. 1304 findet sich dieselbe Bestimmung; nur wird derselben noch vorangeschickt, daß die abgeschichteten Kinder ausschließlich von den unabgeschichteten beerbt werden: §. 20. g. E.: Hat daz Wib (d. i. die Wittwe) Kindere, swas so der uz geradet sin, stirbet der diechein, die Kindere, die in deme Erbe besturben sin, nemen daz Gut, die uz geradet sin, nicht. (So ist hier der vorher unter A. a. mitgetheilte §. 15. des M. R. v. 1261 umgemodelt!) . . Die Kindere, die in deme Erbe biesturben sin, stirbet der einik, daz teilen sie gliche, buzen unde binnen.

c) In Ermangelung von Geschwistern werden die weiteren Verwandten ganz nach dem Sachsenspiegel zur Erbfolge berufen. Den Vorzug unter ihnen bestimmt die Sippzahl; gleich Nahe erben zu gleichen Theilen. Ebenbürtigkeit ist auch bei ihnen die wesentliche Bedingung des Erbfolgerechts; das männliche Geschlecht genießt keinen Vorzug vor dem weiblichen. M. R. v. 1261 §. 20: Of sich ein Erbe vorswesteret oder vorbrůderet, die sich geliche na da zů gezien mügen, die nemen daz Erbe geliche. Genauer, als diese Stelle, entspricht dem S. Sp. I. 17. §. 1. das M. R. v. 1304 §. 26: Vorbruderet aber ein Erbe oder vorsůsteret iz sich, alle die sich gliche na zu der Sippe gliche gestůppen mågen, die nemen daz Erbe gliche, ob sie ebenbortic sint. Verschwestern oder verbrudern wird von einer Erbschaft gesagt, die „an Entfertere als Geschwister fällt“ (Homeyer Reg. S. 390.) oder „über schwester und bruder hinausgeht,“ d. i. wenn „schwester und bruder nicht mehr leben, sondern nur ihre nachkommen“ (Grimm R. A. S. 478). Das Wort gezien (Homeyer Reg. „Tien“) gibt hier denselben Sinn wie gestuppen (Grimm R. A. S. 605. Note **: „durch tupfendes zählen“) oder gesippen. (Sächs. Weichb. Art. LVII. g. E.) Auch in der Dichtersprache heißt es: sich ze dem erbeteile ziehen (Grimm R. A. S. 479. Nr. II. 1.); und in dem M. M. v. 1304 §. 67. findet sich gleichfalls: Erbe . . daz sich niemant zu entzuhet. Die Gleichstellung des männlichen und weiblichen Geschlechts tritt in den ausführlichen Worten des M. R. v. 1304 §. 34. recht klar hervor: Stirbet die Vrowe ane Erben, daz sie niecheine Erben bie iren Manne vindet, sie erbet iren Teil uffe iren nesten Mac, her sie Wib oder Man, die ire ebenbürtic ist. Daz selbe tut der Man sinen Teil zu glicher Wis. Den Schlußsatz spinnt der von Mühler herausgegebene Naumburger Codex Art. 47. noch dahin aus: das selbe tut der man vf sinen nesten der ime ebenburdic is iz si wip eder man. Die Stelle des Sachsenspiegels, welche hier zu Grunde zu liegen scheint (I. 27. §. 1.), sagt nur: Jewelk wif erst . . . det erve an den nesten, it si wif oder man.

III. Außer dem eigentlichen Familienerbrecht wird dasjenige Rechtsverhältniß berücksichtigt, welches im Deutschen Rechte auf eine so eigenthümliche Weise die Stelle der Testamente vertritt: ich meine die Schenkungen von Todes Wegen oder die Vergabungen vor Gericht. Wie der Mann durch solche Vergabungen für seine dereinstige Wittwe zu sorgen vermöge, ist schon oben angeführt. (I. B. b. in diesem §. 2.) Die gerichtlichen Vergabungen überhaupt aber sind so wichtig und erheblich, daß selbst die Erbfolge der eigenen Kinder in des Vaters Vermögen von Hause aus an die Bedingung oder Voraussetzung geknüpft erscheint, der Vater hinterlasse unvergebenes Gut: M. R. v. 1261 §. 48: Stirbet ein Man unde hebet her Gůt unvorgeben, iz Gůt erbet uf sine Kindere. Unter derselben Bedingung ruft das M. R. v. 1304 §. 124. die Kinder zur Erbfolge in alles dasjenige, was die Mutter nachgelassen: iz en sie mit Gift (oben Anm. 289.) bewaret.

Zwei Momente sind es insbesondere, welche hier näher aufgefasst werden:

A. Auf dem Siechbette darf weder Mann noch Weib ohne der Erben Zustimmung mehr als drei Schilling Werth vergeben; die Frau aber ist dabei außerdem noch an des Mannes Zustimmung gebunden: M. R. v. 1261 §. 18: Nichein Man noch nichein Wip die nie moch an irme Suchebette nicht vorgeben boven drie Schillinge, an' ir Erben Gelop, noch die Vrouwe an ires Mannes Gelop. Diesen Satz hat das M. R. v. 1304 §. 24. „Von Sůchbette" fast wörtlich aufgenommen: Niechein Man noch Wib en mac in Suchbette sines Gutes nicht vorgebben boben drien Shillingen ane Erben Urlob, noch daz Wib ane des Mannes Urlob.[305])

B. Auch wer sich in völlig gesundem Zustande befindet (M. R. v. 1304 §§. 21, 22 g. E., 76, 83: bie sime gesundem Liebe), bedarf zu gewissen Veräußerungen des Consenses der Erben. Dies zeigt sich namentlich

a) in Ansehung des den unabgeschichteten Kindern zugefallenen väterlichen Erbtheils: M. R. v. 1261 §. 15. g. E.: ir Erbe ne můgen die Kint niet vorkoufen, an ir Erben Gelop. Dies applicirt das M. R. v. 1304 §. 20. auf das von den nachher verstorbenen abgeschichteten Kindern auf die unabgeschichteten Kinder gefallene Erbtheil (II. C. b. in diesem §. 2.): Daz Erbe en mogen sie nicht vorcousen ane der Erben Urlob. Uebrigens aber bindet das M. R. v. 1304 §. 80. die unabgeschichteten Kinder nach des Vaters Tode zum Behufe der Veräußerung von Gebäuden nur an die Zustimmung der Mutter und erklärt sie in dieser Beziehung für unabhängig von dem Consense der abgeschichteten Geschwister: Stirbet einem Wibe ir Man unde hat her Kindere uz geradet unde hat her einen Sun oder eine Tochter umbestatet ime Hus, die Kindere muzen wol ir Gebw vor kǒufen mit der Muter Willen, ane der Kinder Urlob, die uz geradet sint.

b) Auch von dem den Kindern zugefallenen väterlichen Erbtheile, welches dieselben durch ihren nachher erfolgten Tod auf ihre Mutter übertragen haben, heißt es im M. R. v. 1261 §. 48. g. E.: die Můter die ne mach nicht mit deme Gůte tůn, an der Erben Gelob.

Sehr reichhaltige Beziehungen bietet hier das M. R. v. 1304. Im Allgemeinen lehrt dasselbe, wie der Mann nicht bloß seinen Kindern oder seiner Frau, sondern auch fremden Personen mit der Erben Zustimmung Gaben vor Gericht zuzuwenden vermöge,

---

305) Im Sächsischen Weichbild wird an der entsprechenden Stelle (Art. LXV.) verboten: das Weggeben von etwas „bz vber fünff schilling werth sey."

und wie die frühere Vergabung den Vorzug vor der späteren habe: §§. 21, 76, 83. Insbesondere handelt dann der §. 22. von Gebäuden, mit denen der Mann die Frau begabt, und unterscheidet, ob solche auf einem Zinsgute oder auf einem Erbzinsgute oder auf eigenem Grund und Boden des Mannes stehen; gibt auch dem Manne eine freiere Befugniß über das selbsterworbene Gut (I. A. in diesem §. 2.), als über die für Erbgut gekauften Mobilien. Namentlich in Betreff des der Frau gegebenen, auf eigenem Grund und Boden des Mannes stehenden Gebäudes heißt es ausdrücklich: ez en mac niemant sin Eigen gegeben, wan in gehegeteme Dinge vor deme Richtere unde vor Shepphen, oder sin Erbe sprichet dar uf; imgleichen wird von dem beweglichen Vermögen, welches der Mann mit deme Gute gecouft hat, daz en an ersturben iz von sime rechten Erben (I. B. a. in diesem §. 2.), gesagt: daz en mac her sineme Wibe noch sinen Kinderen nicht gegeben, wanne in gehegetem Dinge u. s. w. Endlich werden auch die Aeltern selbst Behufs gerichtlicher Veräußerung des eigentlichen Erbe an die Zustimmung der Kinder gebunden: §. 85. g. E. (ein Satz, welcher sich in der entsprechenden Stelle des Sachsenspiegels I. 33. noch nicht findet): Unde hat der Vater Erbe unde die Muter, daz mugen sie mit des Kindes Urlobe gebben, sweme sie wollen, in gehegeteme Dinge.

Das Widerspruchsrecht der Erben aber muß innerhalb Jahr und Tag geltend gemacht werden; nach Ablauf dieser Zeit gilt es als erloschen. Dies folgt aus der allgemeinen Bestimmung des M. R. v. 1261 §. 16. und v. 1304 §. 15, wonach Jeder, welcher eine ihm vor Gericht übergebene Sache Jahr und Tag ohne Jemandes rechtmäßigen Widerspruch besessen, vollkommen sicher sein und gegen jeden Anspruch geschützt werden soll. [306])

§. 3. Zusammenstellung der einzelnen Stücke, welche die Weisthümer von 1235, 1261 und 1304 zum Erbe, zur Gerade und zum Heergewäte rechnen.

---

306) Vgl. v. Sydow S. Sp. S. 225—227; Eichh. R. G. §. 359; Pr. R. §. 157. Note 9 ff.

Unsere Weisthümer enthalten genaue Verzeichnisse der einzelnen zum Erbe, zur Gerade und zum Heergewäte gehörigen Sachen. Die Zusammenstellung dieser Sachen ist hierher verschoben worden, um sowohl überhaupt eine bessere und bequemere vergleichende Uebersicht, als auch insbesondere für die in der Mark Brandenburg vorgenommenen Veränderungen einen festen Anhaltpunct zu gewinnen.

I. Ein besonderes Verzeichniß der Sachen, welche zum Erbe, im Gegensatz der Gerade und des Heergewätes, zu rechnen, liefert das Weisthum von 1235 §. 43: Item, ista spectant ad hereditatem u. s. w., so wie das M. R. v. 1304 §. 38: Was zu dem[e] Erbe gehoret. Dit iz das zu deme Erbe horet u. s. w. (und danach Sächs. Weichb. Art. XXVI.); wogegen sich ein solches Verzeichniß weder im M. R. v. 1261, noch im Sachsenspiegel findet.

Die einzelnen Objecte, welche aufgezählt werden, sind folgende:

1. Proprietates, im Weisthum von 1235, oder allez Eigen, daz umbegabet ist, im M. R. v. 1304: d. s. die Immobilien, welche nicht etwa schon der Gegenstand einer gerichtlichen Vergabung (vgl. den vorigen §. g. E.) geworden oder von Todes Wegen veräußert sind, oder, wie es im Sächs. Weichb. heißt:

„alles eigen, das vnuergeben ist.“

2. Bona negociatoria, im Weisth. v. 1235: d. s. die zum Handel oder zur Kaufmannschaft gehörigen Güter (vgl. unten Cap. II. §. 1. vom Stendalschen Rechte), deren das M. R. v. 1304 hier nicht besonders gedenkt.

3. Equi, boves, porci non euntes ad pascua, im Weisth. v. 1235. Das M. R. v. 1304 übergeht die Pferde und Rinder (die sich im Sächs. Weichb. wieder erwähnt finden), und führt nur auf: alle Swin, die man in deme Hove zůed, d. s. dieselben Schweine, welche das Weisthum v. 1235 negativ bezeichnet, nämlich diejenigen, welche auf dem Hofe gezogen und nicht aufs Feld getrieben werden. Sie bilden den Gegensatz zu denen, welche der Sachsenspiegel I. 24. §. 1. zur Mergengabe rechnet: svin, die vor den hirde gat (Lat. Uebers.: porci . .

qui . . gregalim pascuntur). Vgl. S. Sp. I. 20. §. 1: veltgande ve (pecora pascualia).

4. Cyste plane, im Weisth. v. 1235: d. i. flache Kasten, entgegengesetzt denen mit gewölbten Deckeln, welche zur Gerade gehören. (S. unten II. 12.) Das M. R. v. 1304 gedenkt der flachen Kasten nicht besonders mit diesem Beiwort, sondern zählt im Allgemeinen Kasten zum Erbe. Das Sächs. Weichb. nennt hier wieder: „schlecht kasten."

5. Sartago, que non conducitur pro precio, im Weisth. v. 1235, oder Pfannen, die stille stan, im M. R. v. 1304. Sartago ist nämlich überhaupt ein Kochgefäß (Forcellini lex. tot. lat.: vas culinarium, in quo cibi friguntur vel aliud quippiam liquefit aut torretur), insbesondere eine Pfanne. (Du Cange s. v. Patella u. Sartago.) Stillstehende Pfannen aber (Sächs. Weichb.: „pfannen, potten, die still stehen in des Mannes erb") sind eingemauert und können nicht aus dem Hause gegeben, nicht außer dem Hause vermiethet werden. Sie gehören deshalb zum Erbe und bilden den Gegensatz gegen die zur Gerade gehörigen Pfannen, welche man ausmiethet. Die Glosse zum Sächs. Weichb. (z. Art. XXIII. Fol. LI. §. 23.) erläutert dies näher dahin:

„Hette ein Mann ein brawpfannen, die vermawret were, vnd still stünde in seinem hauß, die er nützen were (all tag zu seiner nahrung) mit alle dem Gefesse, das darzu gehöret. Were das auch ein Mann, der damit brewete, vnd er solch stehend gefeß hette, das er selber zu seiner nohtdurfft brauchet in seinem hauß, vnd das niemands vermietet, diß gehört alles zu dem erbe." [307])

(Fortsetzung unten II. 16.)

6. Doleum maximum oder, nach einer anderen Lesart, magnum, im Weisth. v. 1235. Damit ist das größte oder doch ein großes Braufaß (ächt Lateinisch ist eigentlich dolium) gemeint, im Gegensatz der übrigen, bei der Gerade bleibenden Braugefäße. [308]) (Unten II. 15.)

307) Noch eine Rechtsbelehrung der Brandenburgischen Schöppen v. J. 1577 deutet hierher: „Da die Pfanne eingemauert, so bleibt sie sambt dem „Zugehörigenn Brabgeredte dem Besitzer deß Hauseß." (v. Kamptz Jahrb. XXXIV. S. 228.)

308) Vgl. Grimm R. A. S. 579: „ein schenkbiervat blift bei der wehr."

7. Omnis lineus pannus (Leinwand) forfice non incisus, omnia fila cruda (rohe Wolle), im Weisth. v. 1235, oder allez Gewant, Linen unde Wullen, daz zu Vrowen Cleidern nicht gesniten en ist, im M. R. v. 1304. — Auch das Sächsische Weichbild nennt hier:

„gewand vngeschnitten, wüllen vnd leinen.“

Es wird damit der Gegensatz gegen die zur Gerade zu zählenden Stoffe und Kleidungen (unten II. 1.) bezeichnet; wie ja auch der Sachsenspiegel I. 24. §. 3. von der Gerade ausnimmt: Al laken ungesneden to vrowen kleidere (Lat. Uebers.: Pannus . . . non discissus vel sarciatus, licet ad mulierum vestimenta competens); oder der diese Stelle wiedergebende §. 58. des M. R. v. 1261: al Linewât ungesniten.

8. Cyphi aurei et argentei, im Weisth. v. 1235: d. s. goldene und silberne Trinkgefäße. Statt scyphus pflegte man nämlich im Mittelalter cyphus oder cyfus zu schreiben. (Du Cange s. v.) Das M. R. v. 1304 gedenkt hier der Trinkgefäße nicht; wohl aber sagt das Sächs. Weichb.:

„Alle silberne trinckgefeß, die gehören zum erb.“

9. Arma, im Weisth. v. 1235, oder Harnash unde Swert, im M. R. v. 1304. — Das Sächs. Weichb. macht den erläuternden Zusatz:

„sondern“ (d. i. ausgenommen) „was zu heergewett gehört.“

10. Omne debitum, im Weisth. v. 1235: damit sind die Activforderungen des Erblassers gemeint.

11. Allez Golt unde Silbir ungeworcht, im M. R. v. 1304: d. i. unverarbeitetes Gold und Silber, im Gegensatz des zur Gerade gehörenden Geschmeides. (S. unten II. 2.) Das Weisthum v. 1235 thut des unverarbeiteten Goldes und Silbers keine specielle Erwähnung; wohl aber schließt schon der S. Sp. I. 24. §. 3. golt unde silver ungewercht (Berl. Stadtb. v. 1397 S. 124: ungewracht) und das M. R. v. 1261 §. 58. Golt noch Silber ungevorcht von der Gerade aus; und das Sächs. Weichb. zählt zum Erbe:

„Alles gold vnd silber, das vngewirckt ist zu frawen gezierd.“

12. Botenen (Butten, Bottiche) unde Seyvaz (Gefäße zum Seihen, Durchseihen?), alle Kezzele, (sundir einen Wachskez-

zel, der horet zu der Gerade,)[309]) erme Töpphe (irdene Töpfe), Morsere, im M. R. v. 1304.

13. Des Mannes Gurtel unde sine Vingerlin, Brazen, im M. R. v. 1304. Vingerlin sind Ringe; Brazen hier Armspangen, da der Gürtel schon besonders aufgeführt ist. (Vgl. Du Cange Bracile und Brachiale.)

14. Stule unde Sidelen (Sessel) unde Thisshe unde Hantvaz, Beckene, Melekasten, im M. R. v. 1304.[310])

15. Endlich rechnet das Weisthum v. 1235 die Hälfte des Mustheils zum Erbe. (S. oben §. 2. II. B. g. E.) Das M. R. v. 1304 lässt sich darüber nicht deutlich aus. Es heißt daselbst im §. 34: alle daz Golt unde Silbir, daz nach deme drizzegesten ubir blibet, unde Korn unde Vleish unde Bier unde Gewant unde Win, daz horet allez zu des Mannes Erben unde nicht zu der Vrowen. Klarer wird die Beziehung zum Mustheil durch den entsprechenden Art. LVIII. des Sächs. Weichb.:

„alles gelt, korn, silber, gold, gewandt, bier, brot, wein, vnd fleisch, das nach dem dreissigsten vber bleibt, das gehört alles zu des mannes erbe, vnd nicht zu der frawen, Sonder das musteil nimet die fraw halb, vnd des mannes erben halb."

Auch der von Mühler i. J. 1838 herausgegebene Naumburgische Codex, dessen Articel 47. übrigens dem §. 34. des M. R. v. 1304 fast wörtlich entspricht, verdeutlicht unsere Stelle theils durch Umstellung, theils durch Hinzufügung einiger Worte: golt vnd silber vngeworcht. vnd alles corn vnd vleisch und bir vnd win vnd al gewant das nach deme drizigesten ober blibet. das horet alles zu des mannes erbe vnde nicht zu der vrowen sunder die musteile di nimet di vrowe halp vnd des mannes erben halp.

Allerdings ist im Allgemeinen zu bemerken, daß auf die Verzeichnisse der zum Erbe zu rechnenden Sachen nicht viel ankommen kann, da es sich von selbst ergibt, was zum Erbe gehöre, wenn feststeht, welche Sachen zur Gerade und zum Heergewäte

309) Sächs. Weichb.: „Alle kessel (sondern" — d. i. ausgenommen — „ein waschkessel, der gehört zu der gerade)."

310) Sächs. Weichb.: „meelkasten, tisch, stül, benck, . . . handfaß."

zu zählen seien. Deshalb ist es an sich völlig ausreichend, wenn das M. R. v. 1261 §. 59. (entnommen aus dem S. Sp. I. 24. §. 3. g. E.), nach vorgängiger Aufzählung der Heergewät- und Gerade-Stücke ganz einfach sagt: Swaz boven dissen vůrgesageten Dingen ist, daz horet alliz zů deme Erbe. Inzwischen habe ich die einzelnen, in den Weisthümern v. 1235 u. 1304 positiv aufgezählten Erb-Stücke zusammenzustellen nicht unterlassen wollen, weil dadurch der Gegensatz des Folgenden um so schärfer hervortritt.

II. Verzeichnisse der zur **Gerade** gehörenden Sachen finden sich in allen drei Weisthümern: in dem v. 1235 §. 44; in dem von 1261 §. 58; in dem v. 1304 §. 39. Das v. 1261 ist ganz aus dem S. Sp. I. 24. §. 3. entnommen; die v. 1235 u. 1304 weichen zum Theil davon ab.

Folgende Objecte werden aufgezählt:

1. Omnes vestes dominarum, im Weisth. v. 1235, oder alle wipliche Kleidere im M. R. v. 1261 u. v. 1304. Den Gegensatz gegen die zum Erbe gerechneten Stoffe (oben I. 7.) hebt hier scharf hervor Sächs. Weichb. Art. XXIII.:

„alle weibliche kleidung, vnnd geschnitten tuch, (wüllen vnd leinen) das die frawen pflegen zu tragen, vnd in jhren gewehren zu haben."

2. Omnis ornatus dominarum de auro et argento factus, ita quod sit integer, im Weisth. v. 1235, oder allez geworcht Golt unde Silber, daz zu Vrowen Cyrode gehoret, im M. R. v. 1304. Hier zeigt sich der Gegensatz der zum Erbe gerechneten unverarbeiteten edlen Metalle. (S. oben I. 11.) Das Sächs. Weichb. rechnet im Art. XXIII. gleichfalls

„alles gold vnd silber, das gewircket ist zu frawen gezierde"

zur Gerade. Das Wort integer im Weisthum v. 1235 bedeutet auch nichts Anderes, als daß das edle Metall zum Schmuck geformt, nicht etwa in ungeformter Masse vorhanden sei. Eben dahin geht auch die Interpretation des im S. Sp. I. 24. §. 3. vorkommenden Wortes ungewercht (oben I. 11.), welche sich in der Glosse findet (Augsb. Ausg. des S. Sp. v. 1516. Bl. XXX. Sp. 1.):

„Welk golt is vngewracht weret wol ein klumpt, so weret doch

gewracht. Segghe he meinet golt vngeschapen to frowen bederue vnd dar nene bildinge an gedelet sy." [311])
Das alte Wort wurchen bedeutet überhaupt thun, wirken und insbesondere auch würken und schmieden. Beispiele, welche hierher gehören, finden sich bei Grimm R. A. S. 577: geschmiedet gold und silber (Note **: sonst auch: gewercht, gebogen, gebeuget; altn. giort gull ok silver); S. 578: alle silber und golt das gebeuget (gebogen, verarbeitet) ist; ferner: alles gewürkte silber und gold zu frauenkleidern; S. 579: silber und gold, so gebogen; S. 608: gewirktes gold und silber. [312])

3. Omne quod Vedirgewant (Wedirwant) dicitur, im Weisth. v. 1235, oder Bette, Pûle, Kussene im M. R. v. 1261 (Sächs. Weichb. Art. XXIII.: „beth, pfülen, küssen"), oder Bette unde Kussene im M. R. v. 1304. Der Ausdruck Vedirgewant (vgl. bei Grimm R. A. S. 578: federwerk) bezeichnet eben dasselbe, was das Alte Kulm. Recht IV. 51. bettegewant nennt.

4. Mensalia, im Weisth. v. 1235, oder Tischlache im M. R. v. 1261 (dischlakene im S. Sp.); nicht besonders erwähnt im M. R. v. 1304. — Du Cange erklärt Mensale durch: Mappa, linteum stragulum, quo mensa insternitur; also ganz unser linnenes Tischgedecke.

5. Manuteria, im Weisth. v. 1235, oder Dwelen im M. R. v. 1261, Twehlen im M. R. v. 1304: d. s. Handtücher. Für manuterium sagt die Lat. Uebersetzung des S. Sp. richtiger manutergium (von tergere manus); doch ist eigentlich auch nicht dieses Wort, sondern mantele oder mantelium ächt Lateinisch. (Vgl. Forcellini u. Du Cange Manutergium.) Twehle entspricht dem Lateinischen velum, dem Französischen toile.

6. Lint(h)eamina, im Weisth. v. 1235, oder Lilachen(e)

---

311) Vgl. unten Cap. II. §. 1. vom Stendalschen Rechte.

312) Noch in unserer Neumärkischen K. G. Ordnung v. 1561 findet sich in Ansehung des Schmucks der Frauen der Ausdruck: „gebeuget Goldt so sie vmb den Hals zu tragen pflegen;" eine Stelle, welche in den Neum. K. G. Ordnungen v. 1646 u. 1700, nur unter Veränderung des Wortes „tragen" in „hängen," wiederholt wird.

im M. R. v. 1261 u. v. 1304 („leilach" im Sächs. Weichb.): d. s. linnene Laken. Linteamen ist gleich linteum. (Forcell. s. v.)

7. Tapecia, im Weisth. v. 1235, oder Tzeppede im M. R. v. 1261 (teppede im S. Sp.), oder Teple im M. R. v. 1304 („teppichte" im Sächs. Weichb.): d. s. Tapeten, Teppiche. (Vgl. Du Cange Tapesium: „Tapisserie.") Schon bei den alten Römischen Schriftstellern ist tapes oder tapete oder tapetum (Forcell. s. v.):

„vestis stragula, fere villosa, et variis coloribus et figuris picta, qua parietes, mensae, lecti, pavimenta, equi sternuntur."

8. Cortine, im Weisth. v. 1235, oder Vorehenge im M. R. v. 1304; nicht besonders erwähnt im M. R. v. 1261. Eigentlich ist cortina ein Gefäß; dann aber auch ein Vorhang, aulaeum, als ursprünglich aus Häuten (coria) angefertigt, wie Isidorus Orig. 19, 26. sagt. (Forcell. Cortina.) Auch Du Cange bemerkt s. v. Cortis:

„(Cortinis) altaria clauduntur apud Christianos, atque adeo lecti ipsi nostrates."

Sonach scheint mir mit dem Weisth. v. 1235: tapecia, cortine, Ummehanc (vgl. die folgende Nr. 9.) ganz übereinzukommen das M. R. v. 1304: Teple, Vorehenge, Ummehenge; während das M. R. v. 1261, dem S. Sp. entsprechend, hier nur aufführt: Tzeppede unde Ummehange (beide zusammen in der Lat. Uebers. des S. Sp. wiedergegeben durch cortinas).

9. Ummehanc, im Weisth. v. 1235, oder Ummehange im M. R. v. 1261, Ummehenge im M. R. v. 1304; wie eben erwähnt worden. Vgl. bei Grimm R. A. S. 446: „De kindelbeddischen frowen . . hebben gleide binnen umhange" . . . d. h. sicherheit, so weit der bettvorhang reicht.

10. Candelabra, im Weisth. von 1235, oder Luchtere (Leuchter) im M. R. v. 1261 u. v. 1304.

11. Pelves, im Weisth. v. 1235, oder beckene im M. R. v. 1261 u. v. 1304.

12. Cyste superius gybbose, im Weisth. v. 1235, oder Kasten mit uf gehavenen Liten im M. R. v. 1261 (mit upgehavenen leden im S. Sp.), oder Kasten mit ufgehabben Lidden im M. R. v. 1304 („mit angehangenen lyden" im

Sächs. Weichb.): d. h. Kasten mit erhabenen, gewölbten Deckeln (Homeyer in den Berl. Jahrb. f. wiss. Kritik 1827. S. 1319.[313])); im Gegensatze zu den (oben I. 4.) unter den Erbstücken aufgeführten flachen Kasten. Gibbosus oder gibberosus ist das Adjectivum zu gibba (Höcker). — Lateinisch umschrieben werden unsere cyste superius gybbose:

„cistae columnatae, i. e. cum elevatis tecturis, cum coopertoris incurvatis."

Du Cange bemerkt auch unter Cistae columnatae:

„quas vulgo Buffets dicimus."

13. Eque, im Weisth. v. 1235: d. h. die weiblichen Pferde, im Gegensatze der (oben I. 3.) zum Erbe gerechneten männlichen. Die Leseart equi in unserem §. 44. scheint mir deshalb um so mehr verwerflich, als vorzugsweise die weiblichen Thiere zur Gerade passen. (Grimm R. A. S. 584. Note *.) Uebrigens zählt weder der S. Sp., noch das M. R. v. 1261 u. das v. 1304 oder das Sächs. Weichb. Pferde zu den Geradestücken.

14. Oves, anseres et pulli, omnes sues, im Weisth. v. 1235; alle Scaph unde Gense im M. R. v. 1261; Shaph im M. R. v. 1304. Der Hühner und Schweine gedenkt also weder das M. R. v. 1261, noch das v. 1304, und die Gänse übergeht wenigstens das M. R. v. 1304. (In Ansehung der Schweine vgl. oben I. 3; und wegen der Schaafe oben §. 2. I. B. c.)

15. Omne, quod spectat ad braxandum, excepto magno doleo, im Weisth. v. 1235: d. i. Alles, was zum Brauen gehört (braxare ist brauen, braciare oder brasiare malzen,[314])), mit Ausnahme des großen Fasses, welches beim Erbe bleibt. (Oben I. 6.) Im M. R. v. 1261 u. v. 1304 wird hiervon nichts erwähnt.

16. Sartago, que conducitur pro precio, im Weisth. v. 1235, oder Phannen, die man uz mietet, im M. R. v. 1304 (unerwähnt im M. R. v. 1261): d. h. die Pfannen, welche den

---

313) Homeyer bemerkt auch Note *, daß die Variante „cysti superius gyldose" in unserem Weisthum v. 1235 keinen Sinn hat.

314) Tzsch. u. Stzl Urk. S. 373. Note 5. — In Stenzel scriptt. rer. Sil. I. S. 485 kommt vor: patella cuprea braxatoria; d. h. also eine kupferne Braupfanne.

zum Erbe gerechneten stillstehenden Pfannen (oben I. 5.) entgegengesetzt werden; im Sächs. Weichb. Art. XXIII. bezeichnet:

„pfannen, vnd alles braugefeſs, das man ausmietet;"

wie denn auch die oben angefangene Stelle der Glosse zu diesem Articel folgendermaaßen fortfährt:

„Were es aber also, das ers ausmietet vmb nutz, so gehört es zu der gerad, als pfannen vnd wannen, vnd was darzu gehört, vnd das man ausmietet, das gehöret auch alles zu der gerad."

17. Auch das halbe Mustheil wird zur Gerade gerechnet. (Oben I. 15.)

18. Nicht speciell erwähnt im Weisthum v. 1235 sind folgende, den Verzeichnissen des M. R. v. 1261 u. v. 1304 theils gemeinsame, theils bloß in einem von beiden Rechten aufgezählte Objecte.

A. Objecte, welche in beiden Rechten vorkommen:

M. R. v. 1261.	M. R. v. 1304.
a. al Gârn, Lyn,	a. allez linen Garn unde Lin,
(Lat. Uebers. des S. Sp.: omne filum nereatum, linum);	
b. Badelachenen,	b. Badelachen,
(Lat. Uebers. des S. Sp.: balneamina);	
c. Saltere (Psalter) unde alle Bůche, die zů Gotes Dienste horen,	c. alle Bucher, die Vrowen phlegen zu lesene, die zu Gotes Dienste horen,
(Grimm R. A. S. 583);	
d. Laden	d. Laden;
(d. i. Kästchen);	
e. Růggelachene,	e. Rugkelachen,
(L. Uebers. S. Sp.: perpendicula cum velaminibus; Frisch: „Vorhänge zum Auf- und Zurücken");	
f. al Gebende,	f. Gebehnde,
(L. Uebers.: velamen cum ornamentis, d. i. Kopfbänder, Kopfputz);	
g. Noch ist manigerhande Kleinote, daz dar zů horet, alleine nie benůme ich iz sunderliche nicht, alse Bůrste unde Schere unde Spiegele.	g. unde noch mencherhande Ding, alleine nenne ich iz sunderlichen nicht.

B. Objecte, welche allein im M. R. v. 1261 vorkommen:

a) Vingerlin (Ringe: Grimm R. A. S. 177);

b) Armgolt (L. Uebers. S. Sp.: brachialia s. brachiorum ornamenta, d. h. Armspangen, Armbänder);

c) Tsappiel (tzapel, serta, Kränze);

d) Sidelen (Sitze, Stühle).

C. Objecte, welche allein im M. R. v. 1304 vorkommen:

a) Kolten (kulten im Alten Kulm. Recht IV. 51): Cholter ist culcitra, gesteppte Bettdecke; vgl. Fidicin Beitr. III. S. 537. u. d. W. Colta u. II. S. 5. in einem Privil. für die Schneider Berlins v. 1288: coltas;

b) Sperelachen („sperlachen" im Sächs. Weichb. Art. XXIII; vgl. Scherz Glossar. s. v. Sperlacken: zum Ausspannen gebraucht);

c) Troge (Tröge) unde Legelin (von lagena, loegel; vgl. Scherz s. v. Legelli, Logel, kleine hölzerne Gefäße) unde Shufen (Scherz s. v. Schuffe: troegelin);

d) Soymshrine („soumschrine" im Nib. Liede 3129, d. h. Reiseschreine; Scherz s. h. v.: cistae clitellares);

e) endlich noch ein Waschkessel (oben Anm. 309).

III. Verzeichnisse der zum Heergewäte gehörenden Sachen finden sich im M. R. v. 1261 §. 55. und im M. R. v. 1304 §. 41; nicht im Weisthum v. 1235. Das v. 1261 ist aus dem S. Sp. I. 22. §. 4. entnommen; das von 1304 stimmt nicht ganz mit demselben.

Das M. R. v. 1261 gebietet der Wittwe, folgende Stücke als Heergewäte zu verabreichen: ires Mannes Swert unde sin Ors (Streitroß) oder sin beste Phert gesadelet unde daz beste Harnasch daz her habete zů eines Mannes Libe, do her starp binnen sinen Weren;... einen Herepule (Heerpfühl), daz ist ein Bedte unde Kussene unde Lilachen unde ein Tischlachen, zwie Beckene unde eine Dwalen (Handtuch: oben II. 5).

Das M. R. v. 1304 rechnet zum Heergewäte: des Mannes tegeliche Cleider unde sin beste Phert unde sin Swert unde eines Mannes Harnash, ob hez hatte, unde sinen Shilt unde noch einen Herephole unde ein Kussen unde zwei Lilachen.

So thut denn das M. R. v. 1304 zwar der täglichen

Kleider und des Schildes besondere Erwähnung, welche sich im M. R. v. 1261 nicht findet; dafür fehlen aber die Becken und das Handtuch, und statt des Lakens und Tischtuches sind indistincte zwei lilachen aufgeführt.

Im Sächsischen Weichbild (Art. XXV.) wird noch ein Mehreres zu dem Heergewäte gezählt:

„des Mannes bestes pferd (gesattelt), . . schwert, . . schilt, . . bester harnisch, . . tegliche kleider vnd ein heerpfül (das ist, ein bett vnd ein küssen, vnd zwey leilach) ein becken vnd ein zwehel, vnd ein tischlachen, vnd ein klein kessel, vnd ein kesselhack, ein spieß, ein axt, oder ein ander dergleichen waffen." [315])

Zweites Capitel.

Die alten Märkischen Stadtrechte.

Zwei Systeme des Erbrechts stehen in unseren ältesten Märkischen Rechten einander gegenüber. Das eine hat die Singularsuccessionen der Männer in das Heergewäte und der Frauen in die Gerade aufgenommen; das andere hat dieselben von Anfang an ausgeschieden. Ein drittes, gemischtes System findet sich in einigen, erst später der Mark Brandenburg einverleibten Gegenden. Hiernach ergeben sich die drei Paragraphen dieses Capitels von selbst.

§. 1. Märkische Erbrechte mit Heergewäte und Gerade.

Von hohem Alter und unbedenklich mit dem Magdeburgischen Rechte in Verbindung zu setzen ist hier:

I. Das Stendalsche Recht.

Markgraf Albrecht der Bär (1142—1168; † 1170) erhob sein Dorf Stendal durch Ertheilung des Marktrechts und verschiedener anderer Begünstigungen zur Stadt. [316]) In der

---

315) Vgl. unten Cap. II. §. 1. vom Stendalschen Rechte.

316) Ueber dergleichen Entstehung von Städten in jener Zeit vgl. Eichh. R. G. §§. 263, 243 Nr. 3, 310; Riedel M. Br. II. S. 295. Note 1.

uns erhaltenen Urkunde von 1151 [317]) sagt er namentlich: in terra dicionis mee, que dicitur Walsamer-Land [318]) forum rerum venalium institui in propria villa mea, que appellatur Stendale, cum antea competens in terra illa forum non esset. Zugleich wird den Bewohnern der neuen Stadt Magdeburgisches Recht ertheilt: Insuper eisdem per omnia justitiam Magdeburgensium civium concessimus, cujus si forte aliquando apud eos executio non valuerit, in Magdeburgensi civitate justitiam suam ipsos exsequi oportebit. Eine gewichtige Autorität ist nun freilich dafür, diese Verleihung Magdeburgischen Rechts nur auf das Marktrecht zu beziehen. [319]) Aber einerseits sind wohl die Worte unserer Ur-

---

317) Diese Urkunde, welche sonst ins Jahr 1145 gesetzt zu werden pflegte (Riedel M. Br. I. S. 117 f. hat nachgewiesen, daß sie ins Jahr 1151 gehört), findet sich in Lentz Dipl. Fortsetzung von Lucae Grafen-Saal. (Halle 1751. S. 213 f.) Buchholtz gibt dieselbe ganz nach dem Lentzschen Texte wieder. (Br. Gesch. I. S. 416. Nr. 15.) Auch bei Bekmann (M. Br. Th. V. [v. J. 1753] B. I. Cap. II. Sp. 150) finden sich Abweichungen nur in der Orthographie und Interpunction; doch theilt Bekmann noch eine alte Deutsche Uebersetzung der Urkunde mit. (Sp. 155 f.) In der Lentzschen Chronik von Stendal (v. Kamptz Pr. u. stat. R. I. S. 22. Note * und Riedel a. a. O.) wird unserer Urkunde nicht Erwähnung gethan. Diese Chronik ist in folgenden zwei Abtheilungen erschienen:

S. L.

Anweisung zu einer Chronicke der Alt-Märckischen Haupt-Stadt Stendal, so viel sich davon in gedruckten und ungedruckten Schrifften gefunden hat. Halle, bey Joh. Andr. Bauern. 1747. 8. (72 S.)

S. L.

Fortgesetzte Anweisung zu einer Stendalschen Chronick, betreffend die Kirchen- und Reformations-Historie derselben Stadt; aus M. S. L. Msctis zusammen gesuchet. Halle, bey Joh. Andr. Bauern. 1748. 8. (96 S.)

S. L. ist Samuel Lentz. Auf der 5ten Seite ist beim Jahre 1151 nur so viel angemerkt, daß Albrecht Stendal gegen die Wenden befestigt habe.

318) Balsamia (Gau oder pagus Belesem oder Belinesheim, Belsheim, Belesem, Belxen, Belxa) hieß ehemals die Umgegend von Werben, Arneburg, Stendal, Tangermünde und Gardelegen. Vgl. Riedel M. Br. I. S. 13—16; Bekmann M. Br. Th. I. Sp. 88, 97—99, 966; Lentz Uhrk. S. 65 f.; Gercken fr. March. V. S. 125—129; Buchholtz Br. Gesch. I. S. 11. Noch in einer Urkunde von 1435 (v. Raumer cod. dipl. I. S. 93) steht: „in der olden Marcke in dem balsam banne."

319) Tzsch. u. Stzl Urk. S. 95 oben.

kunde: „per omnia just. Magd." und: „in Magd. civ. justitiam. . exsequi" (d. i. Urtel und Rechtsbelehrungen von Magdeburg zu holen) in einem weiteren Sinne aufzufassen; [320]) andererseits finden wir in späteren Zeiten die Stadt Stendal, wie andere Märkische Städte, im Gebrauche Magdeburgischen Rechts überhaupt. So bestimmen unsere Markgrafen in dem gleich (unten Anm. 325) näher zu erwähnenden Stendalschen Privilegium v. 1297:

„Preterea precipimus hoc volentes, ut nostri consules Stendalienses judicium cum universitate habeant, quod Burding dicitur, et omnino sic teneant, sicuti Burgenses Magdeburgenses tenere in omnibus dinoscuntur." [321])

Und Markgraf Ludwig bestätigt in einer überaus wichtigen Urkunde für Stendal v. J. 1345 [322]) ausdrücklich:

„dat sie bi Magdeburgschen Rechte und bi Magdeburg. Ordel bliven sollen, und dar scolen sie ore Sceppen bi beholden."

In dieser Urkunde werden zugleich auch gewisse Magdeburgische Gewohnheiten noch besonders genehmigt und anerkannt. [323])

Was nun insbesondere das Erbrecht anbelangt, so ist in Stendal das Magdeburgische Heergewäte nicht nur beibehalten,

---

320) Ueberhaupt geht das Wort iustitia nicht immer gerade auf geschriebene Handvesten, sondern hat oft eine allgemeinere Bedeutung. (Eichh. R. G. §. 263; vgl. Pr. R. §. 9. Note b: „communis terrae justicia.") Auch unser Salzwedelsches Privilegium von 1278 (s. unten No. II. vom Salzw. Rechte) läßt Erbschaften theilen secundum justitiam civitatis.

321) Vom Magdeburger Burding handelt M. R. v. 1261 §§. 3, 4 u. M. R. v. 1304 §. 1; auch Sächs. Weichb. Art. XLII. Das Wort ding bedeutet causa, concilium, conventus. (Grimm R. A. S. 747. Nr. 7.) Das Wort bur wird zwar ursprünglich zur Bezeichnung von Gau- oder Mark-Genossen gebraucht (Grimm R. A. S. 770: „nachbarn, . . . nachpaurschaft;" S. 827: „burhgemôt" [vgl. S. 747 Nr. 4]); dann aber ganz besonders auch von den eigentlichen Bürgern. Eben so wird Bursprach (sprâcha ist sermo und iudicium: Grimm R. A. S. 746. Nr. 3) auf Bürger bezogen. Vgl. Eichh. R. G. §. 284. Note d; Tzsch. u. Stzl Urk. S. 224. Note 1; v. Hymmen Beitr. I. S. 185. Note 7.

322) Gercken dipl. vet. March. I. No. XXVIII.

323) A. a. O. S. 93 u. 94. — Vgl. v Hymmen Beitr. I. S. 213 f.; Riedel M. Br. I. S. 117 f., II. S. 289 f.; Mag. I. S. 7 u. 8; Zimmermann Märk. Städteverf. I. S. 31. — Verschiedene Bestätigungen der Stendalschen Rechte und Gewohnheiten finden sich, außer den von v. Kamptz

sondern auch noch um einige Stücke bereichert, die Gerade dagegen wesentlich beschränkt worden. Dies ergibt sich aus einer Vergleichung der, für Märkisches Recht überhaupt wichtigen Glosse zum Sachsenspiegel in der Augsburger Ausgabe v. 1516 mit den hiervor genauer durchgegangenen alten Magdeburgischen Verzeichnissen.

Die angeführte Glosse sagt zu S. Sp. I. 22. §. 4. „Dat is ein gemene herwede to gevene unde recht" (a. a. O. Bl. XXVI. Sp. 1.):

„Des wete dat men in etliken steden nach wonheit edder nach vryheit der herwede anders gift des nymm ein belde, wente to Stendel in der olden marke gift men to herwede des mannes kledere wullen vnd lynen vnde wat to synen lyue geschneden is. Ein bedde nicht dat beste vnd nicht dat ergeste, ein par laken, ein deken, ein houetküssen, ein badelaken, ein hantdwele, ein hantvat, ein becken, ein stůl, ein küssen vp dem stůle. ein grape dar men ein hůn inne syden moge, ein ketel dar men ein schulder vlesches inne syden moge, ein ketelhake, ein spade, ein flůr etze" (d. i. Exe, Axt) meß"[324]) (d. i. Messer) „vnd reme" (Riem, Seil oder Netz? — Grimm R. A. S. 540: „seil (rieme);" Scherz s. v. Reme: laqueus, tendicula), ein schwert, eines mannes wapen dat beste perth, steuelle vnd schů." Dieses Verzeichniß ist augenscheinlich reichhaltiger als das in dem M. R. v. 1261, in dem M. R. v. 1304 und im Sächs. Weichb. (Oben Cap. I. §. 3. No. III.) Die hinzugekommenen Objecte sind in der vorstehenden Anführung durch gesperrte Schrift bemerklich gemacht, um dieselben desto leichter von den beibehaltenen Objecten unterscheiden zu können. An Kleidern wird viel mehr gegeben, als was zum täglichen Gebrauche gehört; sogar das zugeschnittene Zeug, wahrscheinlich nach Analogie der Gerade. (Oben Cap. I. §. 3. No. II. 1.) Auch der Stiefel und Schuh wird besondere Erwähnung gethan. Zu den Bettstücken (abgesehen davon, daß das Kissen speciell als Kopfkissen, und die

---

angemerkten (Mathis XI. S. 57. Note 1.; Pr. u. stat. R. I. S. 22 f.), noch aus den Jahren 1303 u. 1305, 1324, 1366, 1388, 1411, 1416, 1441, 1486, 1499, 1571 und 1621 in den Urkundensammlungen von Lenz, Gercken und Buchholtz. Vgl. auch Bekm. am oben Anm. 317. a. O. Sp. 191—193.

324) Riedel (M. Br. II. S. 376. Note 6.) liest hier „maß." Doch scheint dies auf einem Druckfehler zu beruhen. Vielleicht gehört auch etze meß zusammen: Eßmesser, Messer zum Essen. (?)

Qualität des Bettes überhaupt als eine mittelgute bezeichnet wird) findet sich noch eine Decke hinzugefügt. Statt des Tischtuches wird ein Badelaken gegeben; und noch andere Stücke, die im Sächs. Weichb. zum Erbe gezählt werden — Art. XXVI.: „stül .... badlachen, handfaß" — sind hier ins Heergewäte hinübergenommen. Anstatt des kleinen Kessels des Sächs. Weichb. wird ein Grapen (ein metallner Topf: Fidicin Beitr. I. S. 12) und ein Kessel gegeben: Beides nach den darin zu kochenden Gegenständen näher beschrieben. (Aehnliche Beschreibungen finden sich bei Grimm R. A. S. 570—574.) Endlich sind noch einige ländliche Geräthschaften dem Heergewäte beigefügt; ganz nach der von Grimm, im Gegensatze zu der ursprünglichen Beschaffenheit des Heergewätes und der Gerade characterisirten Weise (R. A. S. 568.): später wurden zu beiden andere geräthschaften, die sich für den friedlichen bürger und landmann schickten, gerechnet.

Zum 24sten Articel des ersten Buches des S. Sp. bemerkt unsere Glosse (a. a. O. Bl. XXVIII. Sp. 1.):

„Wete auer dat men gerade nach mannichfalt der stede mennigerleye wyß nach sunderliker gesetter wonheit vnd vryheit gift des nem ein bilde to Stendel in der olden marke dar men gift to gerade

(1) vrowen geschmide dat se plegen tho dragen, oft yd ock wol loß vnd affgeschneden sy sic obtinet in cā relecte Jo. schmed.

(2) Wyflike gebende

(4) alle der vrowen kledere, de tho erem lyue geschneden sint, wullen vnd lynen,

(3) alle vmmehangeslaken

(5) halff de kussen, halff de dischlaken, halff de schlaplaken vnd halff de bedden.

Ane gastgeuer bedden de horen to erue mit den laken vnd kussen dar dy geste plegen vp to schlapen, vnd wat an kremerye is vnd an kopenschap lyt, dat schal ock to erue bliuen."

Auf den ersten Blick zeigt sich hier eine beträchtliche Reduction der Geradestücke, wenn man die alten Magdeburger Verzeichnisse (oben Cap. I. §. 3. Nr. II.) damit vergleicht. Diese Reduction aber ist nicht etwa durch die stille Macht der Gewohnheit, sondern auf eine ganz positive Weise entstanden. Es haben nämlich die Markgrafen Otto IV., genannt „mit dem Pfeil," und sein Bruder Conrad I., in der Absicht, das in Stendal geltende Recht zu verbessern, augenscheinlich auf den Wunsch der Bürger selbst, die Anzahl der zur Gerade zu rechnenden einzelnen Sachen bedeutend verringert. Dies erklären sie in einer Urkunde vom 11. August (in craslino beati Laurentii martyris) 1297; [325]) deren hierher gehöriger Theil folgendermaaßen lautet:

„jura nostrorum Burgensium dilectorum Stendaliensium ... in melius confirmamus jura de bonis, que Radhe dicuntur, de statu hactenus in nostra civitate Stendale habito omnino destituimus et deponimus in nihilum redigentes, omnibus quidem striccius hoc mandantes, ut pro jure civitatis deinceps teneantur de predictis Radhen, sicut inferius est conscriptum, ut bona hec vulgariter inscripta ad Radhe solummodo pertineant, et non plura, videlicet

(1) vrowen gesmide, dat se plegen to tragen,

(2) wiflich ghebende,

(3) Ummehanges Laken,

(4) alle Kleder, die to der Browen live gesneden sint,

(5) half de Bedde, half de Küssene, half de Slaplackene, half de Dischlaken.

Dis sal man vor den Scepenen utgeven. Desse benomede Ding hören alline to den Radhen. Doch sal dat Herwede to voren vtgan. Allet dat, want an dessen Dach Radhe gewesen sint, det sal en vortmer Kopmanschap sin, behalven dat vorbenomede Gut. Lecti autem hospitantium ceteros pro denariis debent esse Kopmanscap, in quibus hospites dormiunt, cum universis linteaminibus et cussinis.“ [326])

---

325) Sie findet sich bei Lentz (Uhrk. No. LXVII.) und bei Bekmann. (M. Br. Th. V. B. I. Cap. II. Sp. 184 f.) Ich allegire nach dem Lentzschen Text. Die Abweichungen bei Bekmann sind geringfügig; nur der Genauigkeit wegen theile ich sie in der folgenden Anm. mit. — In unserer Urkunde nennen sich die Markgrafen: Otto et Conradus Dei gracia Marchiones Brandenburgenses et de Landesberge. Sie waren nämlich ihrem im J. 1266 gestorbenen Vater Johann I. gemeinschaftlich gefolgt und hatten im J. 1288 die Mark Landsberg erworben. (Buchholtz Br. Gesch. II. S. 236 f.) Conrad starb 1304, Otto 1308.

326) Die Abweichungen bei Bekmann (s. vor. Anm.) bestehen in Folgendem. Statt destituimus hat er „destruimus;“ statt omnibus quidem striccius: „.Quibus quidem statutis;“ statt teneantur: „teneatur;“ statt ghebende: „geberde;“ statt Ummehanges Laken: „Ummehangerlakene;“ statt Desse benomede Ding: „Disse to nemede dinge;“ statt en vortmer: „nuvortmer;“ statt behalven dat: „behalben dick;“ statt ceteros: „ceteris.“ Augenscheinlich falsch ist „geberde“ und „ceteris.“

Ohne Zweifel spielt unsere vorerwähnte Glosse, welche besonderer Gewohnheiten und Privilegien als der Rechtsquellen für die städtischen Eigenthümlichkeiten gedenkt, gerade auf diese Markgräfliche Urkunde an. Die Uebereinstimmung der Glosse mit dieser Urkunde in den einzelnen zur Gerade gerechneten Stücken ist schlagend. Um dieselbe anschaulich zu machen, habe ich bei beiden die Ziffern 1 bis 5 in Parenthese vor die entsprechenden Stücke gesetzt.

1) Das Geschmeide der Frauen wird bei der Gerade belassen. Der eigenthümliche, durch Anführung eines Präjudicats bestätigte Zusatz der Glosse: „oft yd ock wol loß vnd affgeschneden sy," erinnert an das „ita quod sit integer" des alten Weisthums v. 1235 (oben Cap. I. §. 3. Nr. II. 2.); denn losgelöstes oder abgeschnittenes Geschmeide ist immer noch Geschmeide, so lange es nur nicht etwa in Metallklumpen umgeschmolzen ist.

2) Gebende und

3) Umhangslaken sind beibehalten worden. (Vgl. oben Cap. I. §. 3. Nr. II. 9. u. 18. A. f.)

4) Eben so die zu der Frauen Leibe geschnittenen Kleider. Den Zusatz der Glosse: „wullen vnd lynen" hat auch schon das Sächsische Weichbild. (Oben a. a. O. Nr. II. 1.)

5) Nur die Hälfte der Betten, Kissen, Bett- u. Tisch-Laken (vgl. oben a. a. O. Nr. II. 3. 4. 6.) bleibt noch bei der Gerade.[327]) Die andere Hälfte wird ein für allemal zum Erbe geschlagen. Von der ganzen Fülle der Altmagdeburgischen Gerade ist hier also im Wesentlichen fast nichts weiter übrig geblieben, als was sich auf Kleidung, Schmuck und Betten bezieht. Als Hauptrücksicht bei dieser Reduction erscheint: die zum Handel und Gewerbe geeigneten Vorräthe und Güter ungeschmälert zu erhalten. Der Schlußsatz der vorangeführten Stelle des Privilegii v.

327) An dieser Stelle (5) habe ich die Interpunction der Glosse verändert, um sie mit der Urkunde von 1297 in Einklang zu bringen. In der Augsb. Ausgabe nämlich stehen die drei Kommata nach „halff," so daß das erste „halff" zu „vmmehangeslaken," das zweite zu „kussen," das dritte zu „dischlaken" gehören, die Schlußworte aber „de schlaplaken vnd halff de bedden" den Sinn geben würden: „die Schlaflaken ganz und die Betten halb." Dies wäre aber eben so unangemessen, wie der Anfang: „alle vmmehangeslaken halff."

1297 spricht in dieser Beziehung namentlich von dem zu einer Gastwirthschaft gehörigen Bettwerk. Lecti hospitantium ceteros pro denariis sind die Betten derjenigen, welche Andere für Geld, d. i. gewerbsmäßig, bei sich beherbergen. (Hospitari hat hier, dem ächt Lateinischen Sprachgebrauch entgegen, transitive Bedeutung.) Mit dem ebengedachten Satze stimmt nun auch der Schlußsatz der vorher allegirten Stelle unserer Glosse genau überein. Derselbe rechnet gleichfalls die Gastgeberbetten zum Erbe, und verallgemeinert dies noch durch die Bemerkung, daß überhaupt alle Krämerei und Kaufmannsgüter zum Erbe gehören. So sagt auch die Glosse zum Sächs. Weichb. Art. XXIII.:

„All die handwerck, was die solchs geraths haben, das zu der täglichen nahrung gehört, das gehöret alles zu dem erb . . . Hett ein Gastgeben küssen, Pfülen, Leilach vnd ander Betgewand, das gemein were zu seinen gesten, das gehöret zu dem erbe . . . Hat ein Fleischhawer Schaff oder ander vieh, dauon er alle tage zu den Bencken schlegt . . . es gehöret zu dem erbe.“

Schon in dem Weisthum v. 1235 werden die bona negotiatoria zum Erbe gezählt (oben Cap. I. §. 3. Nr. I. 2.): das sind eben diejenigen Waaren oder Gegenstände, mit welchen die Bürger ihren Handel oder ihr eigenthümliches Gewerbe treiben, und welche nicht bloß den unbeweglichen, sondern auch allen anderweitigen beweglichen Sachen entgegengestellt zu werden pflegen.[328]) So im M. R. v. 1304 §. 22: Gebw . . . varende Habe oder Coufshatz (Sächs. Weichb. Art. LXI.: gebewd . . . farende hab, oder kauffmanschafft; Naumb. Codex v. Mühler herausg. Art. 24: gebuwe . . . varende habe oder koyfschaz); M. R. v. 1304. §. 73: koufshatz odere andere varende Habbe; §. 77: Eigen . . varende Habe oder... koufshatz; §. 83: Gut (d. i. ein Grundstück) . . kovshatz oder varende Habe; §. 134: Eigen . . koufshatz oder varende Habbe. Für Kauffchatz wird auch gesagt: koufen-

---

328) Allerdings wird Kopschat auch wohl gerade zur Bezeichnung des Gegensatzes gegen Immobilien gebraucht. So im Lübischen Recht: „erve oder Kopschat.“ (v. Savigny Zeitschr. IV. S. 103.; vgl. Hasse ebendas. S. 98: „Kopschatt . . d. h. alles was Geld oder Geldeswerth ist.“)

schaft;[329]) kopenscap, kopenschap, kopenschaft;[330]) Kaufmannschatz;[331]) kopenschop, kopelschap.[331a])

Wenn also das Stendalsche Recht die Gerade ganz eigentlich zu Gunsten der „Kopmanschap" beschränkt („Allet dat, wat an dessen Dach Radhe gewesen sint, dat sal nuvortmer Kopmanschap sin" u. s. w.): so läßt sich daraus wohl mit einiger Sicherheit auf den wahren Grund der vorgenommenen Veränderung schließen. Die alten Grundsätze, daß sowohl zum Heergewäte, als zur Gerade nur solche Stücke gegeben zu werden brauchen, welche factisch im Nachlaß vorhanden sind (oben S. 69.), hat das Stendalsche Recht beibehalten. An die oben mitgetheilte Stelle unserer Glosse über die zum Heergewäte gehörigen Sachen schließen sich noch die Worte an:

„Wat auer der dinge vnder dem manne nicht vorstoruen sint der darff men nicht kopen noch geuen;"

d. h. wenn solche Stücke nicht hinterlassen sind (vgl. oben Anm. 287), so brauchen sie nicht etwa besonders angeschafft zu werden. Eben so heißt es in der Glosse, nach dem oben mitgetheilten Verzeichnisse der zur Gerade zu rechnenden Gegenstände:

„Wat auer der dinge vnder der vrowen nicht verstoruen sint der ne derff men nicht to kopen noch geuen."

Auch das Princip, daß die überlebende Ehefrau vor allen Dingen das Heergewäte auszusondern habe (oben S. 68. α.), ist durch das Stendalsche Privilegium v. 1297 ausdrücklich bestätigt worden. („Doch sal dat Herwede to voren vtgan.") Die characteristische Veränderung des alten Magdeburgischen Rechts durch das Stendalsche Recht kann also — abgesehen von der an sich gleichgültigeren Vermehrung der zum Heergewäte gehörigen Objecte — im Wesentlichen nur in der eigenthümlichen Beschränkung der Gerade zu Gunsten der „Kopmanschap" gefunden werden. Zu dieser Beschränkung aber scheint die Veranlassung in denselben Verhältnissen gelegen zu haben, aus welchen überhaupt das auf Verminderung der Gerade gerichtete Streben der Städte in jener Zeit hervorgegangen ist.[332])

329) Kulm. Recht IV. 29. 30.

330) Fidicin Beitr. I. S. 13, 16, 57.

331) Fid. Beitr. III. Regesten Nr. 483.

331a) Gardeleg. Stat. §§. 31. u. 38.

332) Vgl. v. Sydow S. Sp. Note 455; Mittermaier Pr. R. §.

Die Bürger von Stendal trieben nämlich recht ausgedehnte Handelsgeschäfte; auch die Gewerbe blüheten bei ihnen. So konnte es denn nicht fehlen, daß sie beträchtliche Reichthümer sammelten, welche wesentlich in beweglichem Vermögen und zumal gerade in Handelsgütern (Kaufschatz) bestanden. Diese aber waren zum Theil der Art, daß die überaus reichliche Magdeburgische Gerade allzuviel davon absorbiren mochte. In Magdeburg war der große Umfang der Gerade nicht drückend, weil dort die der überlebenden Ehefrau gewährten anderweitigen Vortheile an sich nicht von großer Bedeutung waren. Unpassend aber mußte eine überreichliche Gerade da werden, wo schon in anderer Weise für den überlebenden Ehegatten hinlänglich gesorgt war. Und dies war in Stendal, wie in unseren Märkischen Städten überhaupt, der Fall.

Die ältesten Stendalschen Urkunden selbst erwähnen freilich nichts davon, daß der überlebende Ehegatte auch in Stendal von Alters her die Hälfte des beiderseitigen Vermögens an sich zu nehmen berechtigt gewesen. Inzwischen folgt dies aus den deutlichen Worten des Kyrizschen Rechts v. 1237 und des Wittstockschen Rechts v. 1248, welche sich auf das alte Stendalsche Recht beziehen. [333])

Jedenfalls hat in Stendal neben diesem Märkischen Halbtheilungs-Rechte jene eigenthümlich modificirte Singularsuccession in Gerade und Heergewäte fortbestanden, bis dieselbe im sechszehnten Jahrhunderte in der Mark Brandenburg überhaupt auf gesetzgeberischem Wege beseitigt worden ist. [334]) Sichere Spuren

---

336. Note 4.; Mühler C. N. S. 37. — Die Rücksicht auf die drückende Last der Wittwer in Ansehung der von ihren Frauen hinterlassenen Niftelgerade waltet vor in dem Braunschweiger Privilegium von 1329 (Eichh. R. G. §. 434. Note h.): „quod jus sive consuetudo in tollendis et percipiendis rebus, quae vulgariter Vrowenradhe dicuntur, esset adeo dilatatum, quod plures vivi eorum conburgenses post suarum uxorum obitum in bonis suis gravem jacturam perciperent.“ — Ueber die Veränderung des Magdeburgischen Gerade-Rechts in Schlesien, durch die Böhmischen Landesherren, vgl. v. Kamptz Pr. u. stat. R. I. S. 495. No. III. 1; Gaupp Schles. Ldr. S. 94 f. und 240; Tzsch. u. Stzl Urk. S. 208. —

333) S. unten §. 2. No. I. u. II.

334) Oben Anm. 80. u. 92.

davon finden sich noch in Urkunden v. J. 1480 und 1517, welche Heergewäte und Gerade in Ermangelung von geeigneten Specialerben, demjenigen zusprechen, bei dem das Gericht ist. Der Urkunde von 1480 ist schon oben gedacht worden. (Anm. 25.) Die Urkunde v. 1517 (vom Tage Conversionis Pauli, d. i. 25. Januar) enthält einen Vertrag des Kurfürsten Joachim I. mit der Stadt Stendal wegen der Gerichtsbarkeit. Darin erklärt der Kurfürst namentlich:

„wes hergewedes oder Radeleues vorsterb one erben soll dem Rate dieweil das gerichte bey sie ist zukommen." [335]).

II. Das Salzwedelsche Recht.

Schon in seiner ältesten Gestalt erscheint das Salzwedelsche Recht ganz verschieden vom Magdeburgischen Rechte, zumal in dem bestimmten Hervortreten eines wahren gegenseitigen Erbrechts der Ehegatten. Dabei aber hat es die Singularsuccessionen in Heergewäte und Gerade, wenn auch nur in beschränkter Weise, bewahrt.

Die Grundlagen des Salzwedelschen Erbrechts finden wir in den beiden Lateinisch geschriebenen Privilegien, welche die Markgrafen Otto V., der Lange, und sein Bruder Albrecht III. der Stadt Salzwedel unterm 16. März (septimo decimo Kalend. Aprilis) 1273 und unterm 5. Februar (Nonas Februarii, In die beate Agathe virginis et Martyris) 1278 ertheilt haben, [336]) um, wie sie sich selbst in den Einleitungsworten ausdrücken, alte Rechte zu bestätigen (confirmare; solidare) und zu bessern (secundum nostrorum fidelium ac civium ejusdem civitatis con-

---

335) Die Urkunde findet sich bei Gercken (dipl. vet. March. No. CIV.) und bei Beckmann (M. Br. Th. V. B. I. Cap. II. Sp. 187). Vgl. v. Hymmen Beitr. I. S. 209; v. Kamptz Pr. u. stat. R. I. S. 23. Nr. 12.

336) Die Markgrafen Otto V. († 1298) und Albrecht III. (bei Buchholtz: V; † 1300), Söhne Otto des Dritten, des Gütigen oder Gottesfürchtigen († 1267: Riedel M. Br. I. S. 452), versprechen gegen Ende der Urkunde von 1273 auch im Namen ihres jüngeren, damals noch minderjährigen Bruders Otto (d. i. Otto VI., der Kleine, † 1303), das ertheilte Privilegium unverbrüchlich zu halten.

silium in melius reformare), und neue Rechte festzusetzen (quedam etiam ipsis de novo tradere).[337])

Wie nun späterhin die Salzwedelschen Rechte und Privilegien überhaupt vielfache Confirmationen erhalten haben,[338]) so sind insbesondere die in den Privilegien von 1273 und 1278 fixirten Grundsätze des Salzwedelschen Erbrechts im Jahre 1527 durch Kurfürst Joachim I. bestätigt worden. Die in Deutscher Sprache abgefaßte Bestätigungsurkunde Joachim des Ersten, deren schon oben nähere Erwähnung geschehen ist,[339]) enthält namentlich eine vollständige Redaction des alten und eigenthümlichen Salzwedelschen Erbrechts. Und darauf eben gehen die Worte der Urkunde, durch welche den

„Burgermeistern, Rathmannen, Werck und gemeinen[340]) beider

---

337) Die Urkunde von 1273 hat Lenz (Urk. No. XXXIII. S. 66—75) im Jahre 1753, und Pufendorf (Observ. iur. univ. Tom. III. Append No. VI. p. 398—405) im J. 1756 vollständig abdrucken lassen; Bekmann führt einzelne Stellen aus derselben an. (M. Br. Th. V. B. I. Cap. III. Sp. 9, 11, 69.) Die Urkunde von 1278 habe ich nur bei Lenz (Urk. No. XXXVI. S. 78—82) gefunden; Bekmann (a. a. O. Sp. 9 f.) allegirt eine das Erbrecht betreffende Stelle, jedoch mit einem Sinn entstellenden Druckfehler im ersten Satze, indem er 7 Wörter hat ausfallen lassen. Ich allegire durchweg nach dem Lenzschen Text, und gedenke nur gelegentlich abweichender Lesearten.

338) Dergleichen finden sich, außer denjenigen, welche v. Kamptz angemerkt hat (Mathis XI. S. 78. Note 5; Pr. u. stat. R. I. S. 24. Nr. 7. Note *), auch noch aus den Jahren 1319, 1352, 1360, 1363, 1366, 1373, 1379, 1388, 1395, 1411, 1412, 1416, 1441.

339) Oben Anm. 93. — Vollständig findet sich die Urkunde nur bei Lenz (Urk No. CCCXXII., S. 778—782); dessen Text die Sammlung der Pr. u. stat. Ges. nach v. Kamptz (Th. III. Nr. 298, S. 634—636) wiedergegeben hat. Bei Steyer (diss. S. 19) und bei Bekmann (Th. V. B. I. Cap. III. Sp. 10) sind die erbrechtlichen Articel selbst, und in Kleins Annalen (III. S. 222 u. 229) ist wenigstens die erste Hälfte derselben abgedruckt. Götze (Mot. II. S. 7 f.) hat den Text dieser Articel aus den neuesten Confirmationen mitgetheilt. Ich allegire auch diese Urkunde nach dem Lenzschen Text.

340) D. h. die Gewerke oder Innungen (uniones) und die anderweitige Bürgergemeinde (universitas civium). So heißt es auch im Kottbuß'schen Privil. v. 1409: „Bürger Rathmannen und der ganzen Gemein;“ im Züllichau'schen Priv. v. 1425: „Burgermeister und Rathmanne, und die gantze Gemeine;“ im Züllich. Priv. v. 1478: „Burgermeister und Rathmanne, Eltesten, Gewerken und ganze Gemeine;“ im Prenzl. Priv. v. 1486: „Burgermeister, Rathmanne, Wercke vnd die ganntzen Gemein.“ Vgl. Urk. v. 1369: „Prudentibus et discretis vi-

.. Stett Saltwedel[341]) ... solch obgeschriebenen Artickel der Erbschichtung und nicht weyter"[342])
bestätigt werden; wie denn auch in den Einleitungsworten der Urkunde anerkannt wird, daß die althergebrachten Salzwedelschen „Statuta, Ordnung und Gerechtigkeiten" dem Kurfürsten „glaublich und beweißlich" (also wohl namentlich durch Vorlegung jener alten Privilegia von 1273 und 1278) angezeigt worden seien.

Die ferneren, der Stadt Salzwedel durch unsere Kurfürsten und Könige ertheilten Confirmationen haben den Text der Joachimischen Redaction immer wieder aufgenommen.[343])

Folgende Grundzüge des Salzwedelschen Erbrechts lassen sich aus unseren Quellen ableiten.

A. Das Heergewäte und die Gerade werden gewissermaaßen als bloße Bezeichnungen der Hauptmomente des männlichen und des weiblichen Lebens aufgefaßt. Denn zum Heergewäte gehören nur die Waffen und die besten Kleidungsstücke des Mannes: De hys, que Herwede dicuntur, talis sit processus, sicut vir cum armis suam desiderat tueri vitam, cum suis melioribus vestibus. (Priv. v. 1273.) Uebrigens entspricht gerade diese Einfachheit des Heergewätes recht eigentlich der uralten Anschauungsweise. Grimm R. A. S. 568: „Heergewäte ist die fahrende habe, welche sich auf bewaffnung und rüstung des mannes .. bezieht .. Ins heergewäte gehört ursprünglich pferd, schwert und kriegsgewand[344]) des erblassers." Sehr ausdrucksvoll ist in unserer Stelle die

---

ris consulibus, vnionum magistris et communibus ciuitatis nostre" (Gercken dipl. vet. March. I. S. 162); v. 1388: „Ratmannen, Gyldemeistern, und den gemeinen Bürgern unser Stadt" (Buchholtz Br. Gesch. V. Anh. S. 160. Nr. 20.); v. 1499: „Rhatmannen, Guldemeistern und den gemeinen bürgern" u. s. w. (Gercken a. a. O. S. 241).

341) Ueber die Altstadt und Neustadt Salzwedel s. Riedel M. Br. I. S. 48.

342) Vgl. oben Anm. 110.

343) In den Jahren 1537, 1571, 1598, 1614, 1621, 1646, 1702 (8. Decbr) und zuletzt 1713 (11. Juli): Beckmann a. a. O. Sp. 10; Lentz a. a. O. S. 782. Note; Götze a. a. O. S. 7 u. 8. Ueberdies gedenkt Götze (S. 10) einer speciellen Bestätigung des alten Statuts v. 1273, aus dem Jahre 1698 (1. Decbr).

344) Vgl. oben Anm. 253.

Beziehung des Heergewätes auf den Schutz, welchen sich der Mann mit seinen Waffen gewährt. Man denkt dabei unwillkürlich an das von Grimm angeführte, durch arma protectoria wiedergegebene Altnordische hervordir.[345]) Von der Gerade aber heißt es im Salzw. Priv. v. 1273: De hys, que vulgo Rade dicuntur, taliter procedetur, sicut femina in diebus solempnitatum incedit. Danach umfaßt also die Salzwedelsche Gerade nichts weiter, als die Feierkleider und den zubehörigen Schmuck der Frau; und zwar sind die Geradestücke recht absichtlich hierauf beschränkt, wie der Zusatz beweist: nec eum (d. i. wer die Gerade bekommt) ulle res alie subsequentur. Auch dies entspricht wieder dem einfachsten Alterthum. Selbst in Beziehung auf die Zeiten, in welchen die Frau noch wirklich erkauft wurde, sagt Grimm: „Indessen scheint es schon sitte des frühsten alterthums, die tochter nicht ungeschmückt und unbeschenkt aus dem haus zu entlassen."[346]) Und so ist denn auch die Gerade, welche der überlebenden Ehefrau zufällt, ursprünglich nichts weiter, als derjenige Theil der beweglichen Sachen, welcher sich „auf schmuck und zierrath der frauen bezieht."[347]) Wenn nun unser Salzwedelsches Recht die Gerade als den Inbegriff dessen bezeichnet, was die Frau an den Festtagen (in diebus solempnitatum) trägt, so möchte sich dies wohl mit dem Hauptfesttage, dem Hochzeitstage, in Beziehung setzen lassen, an welchem ja die Frau, festlich geschmückt, gleichsam mit der höchsten Würde ihres Lebens bekleidet wird.

Uebrigens ist die Bedeutung von Heergewäte und Gerade eine verschiedene, je nachdem es sich um den Anfall derselben an den überlebenden Ehegatten oder an die erbberechtigten Verwandten handelt:

a) Der überlebende Ehegatte nimmt Heergewäte oder Gerade nicht etwa kraft eines singulären Erbrechts, sondern nur wie ein gewisses Voraus (ein praecipuum). Das Magdeburgische Recht unterschied nur in Bezug auf die Frau, ob sie Ge-

---

345) R. A. S. 567. Note **.

346) R. A. S. 429.

347) Grimm a. a. O. S. 568; vgl. S. 567, 576.

rade nehme oder hinterlasse. Das Salzwedelsche Recht dagegen deutet an, daß auch der Mann Heergewäte hinterlasse, wenn er stirbt, und vorweg nehme, wenn er die Frau überlebt. Einen anderen Sinn möchte ich wenigstens den Worten: hec habeat, cuicumque de jure cedunt, nicht unterlegen, welche das Priv. v. 1273 einer jeden der oben angeführten Bestimmungen über den Umfang des Heergewätes und der Gerade besonders hinzufügt. In dem cuicumque scheint mir nämlich dies zu liegen: Sowohl der überlebenden Ehefrau und der nächstberechtigten weiblichen Verwandten der verstorbenen Ehefrau gebühren dieselben Geradestücke; als auch dem überlebenden Ehemanne und dem nächstberechtigten männlichen Verwandten des verstorbenen Ehemannes dieselben Heergewätstücke.[348]) (Von der merkwürdigen Modification, daß sogar ein Sohn die Gerade und eine Tochter das Heergewäte zu erben befugt sein könne, gleich ein Mehreres.) Nach Magdeburgischem Rechte hätte freilich die Frage, ob der überlebende Ehemann Heergewäte vorwegnehme, nicht einmal aufgeworfen werden können, da derselbe solche Gegenstände, welche zum Heergewäte gehörten, von selbst mit der anderweitigen beweglichen Habe zurückbehielt. Wenn aber ein Recht den Grundsatz angenommen hatte, daß das gesammte Vermögen zwischen dem überlebenden Ehegatten und den Verwandten des verstorbenen Ehegatten nach gewissen Quoten getheilt werden sollte, so ließ sich allerdings auch in Betreff des überlebenden Ehemannes die Frage erheben, ob er nicht etwa einige vorzugsweise auf ihn selbst bezügliche Gegenstände aus der Theilung vorwegzunehmen habe. Grimm (R. A. S. 575 f.) bemerkt: „Ein der witwengerade analog stehendes witwersheergewäte ist insofern undenkbar, als der ehmann vor dem tode der frau eigenthümer solcher sachen war und es nachher bleibt. Wohl aber kann, wenn die frau ein abgesondertes vermögen besass, aus ihrer verlassenschaft dem überlebenden mann ein gewisses voraus zustehen." So bilden denn die Stücke, welche nach dem Sach-

348) Uebrigens suche ich hier nur den Sinn des alten Priv. v. 1273 auszulegen. Denn es ist mir nicht entgangen, daß späterhin in der ganzen Altmark dem überlebenden Ehegatten kein Voraus gestattet worden. (Götze Mat. II. S. 6.)

senspiegel und dem alten Magdeburgischen Rechte durch die nächste Niftel an den überlebenden Ehemann herausgegeben werden müssen (oben S. 63), in der That schon ein Voraus. Aber noch ganz etwas Anderes ist es, wenn der überlebende Ehemann selbst Heergewäte vorwegnimmt. Solches vorwegzunehmende Heergewäte pflegt man lebendiges zu nennen, um es von dem gewöhnlichen, dem s. g. todten Heergewäte, zu unterscheiden. [349]) Dabei ist nicht zu übersehen, daß sogar solche Rechte, welchen das eigentliche Heergewäte fremd ist, dem überlebenden Ehemanne gewisse einzelne Sachen und namentlich seine Waffen zum Voraus ertheilen. [350])

b) Auch die Succession der Schwertmagen in das Heergewäte und der Spillmagen in die Gerade ist durch das Salzwedelsche Recht eines wesentlichen Theiles ihrer Eigenthümlichkeit und Specialität beraubt worden. Streng genommen muß nämlich Heergewäte, in Ermangelung von Schwertmagen, und Gerade, in Ermangelung von Spillmagen, die Eigenschaft erblosen Gutes annehmen. [351]) Das Salzwedelsche Recht aber verleiht in solchen Fällen das Heergewäte den unvermählten Töchtern, und die Gerade den unabgeschichteten Söhnen: Si autem filie sunt in edibus, optinent id, quod dicitur Herewede, similiter filii optinent Rade mortuis parentibus seu defunctis. (Priv. v. 1273.) Hier erscheint es zunächst auffallend, daß den Töchtern Heergewäte, den Söhnen Gerade zugesprochen wird; und deshalb ist auch wohl der Versuch gemacht worden, durch Vertauschung der Wörter filie und filii einen einfacheren Sinn herzustellen: Si filii sunt in edibus, . . . similiter filie. . . [352]) Allein unsere Stelle ist ganz richtig. Die unvermählten Töchter bekommen das Heergewäte, wenn es an Schwertmagen fehlt, die Anspruch darauf zu machen haben; die unabgeschichteten Söhne bekommen die Gerade, wenn keine Spillmagen vorhanden sind, welchen dieselbe eigentlich zusteht. [353]) Der Ausdruck: „in edi-

---

349) Mittermaier Pr. R. §. 395. Note 6.

350) Grimm R. A. S. 576; Mitterm. a. a. O. §. 391. No. III.

351) v. Sydow S. Sp. Note 915.

352) v. Kamptz Jahrb. VII. S. 217.

353) Vgl. Steyer diss. S. 47. No. VIII.; Bekmann M. Br. Th. V. B. 1. Cap. III. Sp. 11; Götze Mot. II. S. 10 f.

bus" bedeutet nichts Anderes, als das alte: „in der Were."[354]) Uebrigens findet sich schon in den Uelzenschen Statuten v. 1270, die augenscheinlich bei der Abfassung des Salzw. Priv. v. 1273 — wie sich weiter unten noch in anderen Beziehungen zeigen wird — benützt worden sind, eine ganz ähnliche Bestimmung:

„. . . quae filios habuerit sine filiabus, filii mortuae matris supellectilem rade videlicet accipiant infra domum. Idemque circa filias, si fratres non habeant in herwede patris eorum volumus observari."[355])

Dabei läßt sich jedoch keineswegs behaupten, daß in dergleichen Fällen Heergewäte und Gerade die Natur des gemeinen Vermögens — wie man nach der Billigkeit wohl vorauszusetzen geneigt sein möchte[356]) — vollständig wieder annähmen. Vielmehr fällt dann nach Salzwedelschem Recht das Heergewäte, wenn auch keine unverheirathete Tochter, so wie die Gerade, wenn auch kein unabgeschichteter Sohn vorhanden ist, nicht an die weiteren gewöhnlichen Erben, sondern als erbloses Gut an den Fiscus, oder, wie es heißt, an die Rathhäuser. Dies wird noch in König Friedrich des Ersten Confirmation v. 1702 (oben Anm. 343) anerkannt:

„Demnach uns unsere . . . Bürgemeistere und Rahtmanne der beiden Stäte Salzwedel . . . zuvernehmen gegeben, was gestallt von A. 1273 her[357]) eine unverrükte observantz alldorten beständig hergebracht, und annoch in stätigen gebrauch sei, daß bei absterben einer Mannsperson dem nähsten Agnato oder einer unverheirateten Tochter einige stükke zum Heergewette und bei tödtlichen hintrit einer Frauensperson dero nähsten anverwantinne oder einem unberahtenen sohne gleichfalls gewisse stükke zur Gerade hinausgegeben, und wann dergleichen Angehörige dorten nicht vorhanden, sothanes Heer-

354) Oben S. 68 u. 72.

355) Pufendorf Observ. iuris universi Th. I. App. S. 241. (Vgl. Obs. XCIII. §. IV. S. 235.)

356) Grimm R. A. S. 585: „Billiger hätte in solchem fall heergewäte auf die vorhandenen spillmagen, gerade auf die schwertmagen übergehen, d. h. beides die natur des gemeinen vermögens wieder annehmen sollen."

357) In der Joachimischen Redaction v. 1527 wird Heergewäte und Gerade nicht erwähnt, aber auch nicht abgeschafft.

gewette und Frauen Gerade, denen Rahthäusern[358]) alldorten entweder in natura abgefolget oder mit gelde nach billigem wehrt gelöset werden . . . Als haben wir . . . vorangeführte observantz hiemit . . . bestätiget."

Hieraus ergibt sich, daß Heergewäte und Gerade nach Salzwedelschem Rechte in gewissen Fällen erblos werden konnten, während zugleich der anderweitige gesammte Nachlaß auf Verwandte, und vielleicht recht nahe Verwandte des Erblassers überging. In so weit also ist die Specialität der Erbfolge in Heergewäte und Gerade bewahrt geblieben. Diese Specialität tritt auch noch thatsächlich in zwei besonderen Beziehungen hervor: einmal in einer speciellen Gerichtsbarkeit über Heergewäte und Gerade, und dann in dem Salzwedelschen Retorsionsrechte. In einer Urkunde vom 21. Januar (frydaghe Agnetis der hilghen Juncfrouwen) 1474 bestätigt die Markgräfin Agnes, Tochter des Pommerschen Herzogs Barnim des Achten, zur Zeit Wittwe Friedrich des Jüngeren (oder des Dicken), Markgrafen von Brandenburg, dem Probste und den anderen Herren des Capitels zum H. Geist bei Salzwedel ihre althergebrachte Gerichtsbarkeit über „Herghewede unde frouengerade."[359]) Mit dem Retorsionsrechte aber verhält es sich folgendermaaßen. Ursprünglich, als auch noch in anderen Märkischen Städten Heergewäte und Gerade gegeben wurde, scheint Salzwedel in Beziehung auf Heergewäte und Gerade nicht retorquirt zu haben. Vielmehr deuten in dem Priv.

---

358) Vgl. Altenburger Statuten bei Grimm (R. A. S. 585): „...soll heergeräthe oder gerade von wegen der stadt auf das rathhaus zu besserung des gemeinen nutzes nach altem herkommen gefordert...werden." — Auch in einer Urkunde Kurf. Joachim des Ersten v. J. 1522 wird ein gewisser Theil der erblosen Verlassenschaften dem Rathe (der Stadt Perleberg) „zu Besserung der Stadt" zugestanden. (Zimmermann Märk. Städteverf. II S. 306 f.)

359) Die Urkunde findet sich bei Lentz (Uhrk. No. CCXCV. S. 706 f.) und, genauer, bei Gercken (fr. March. IV. No. XXXVII., S. 71—73). Das Augustinerkloster zum H. Geist lag außerhalb der Mauern von Salzwedel, bei dem Dorfe Perwer, dem vicus Judaeorum; das dazu gehörige Hospital war schon um 1240 gegründet. (Lentz Uhrk. S. 36—39, S. 119 Note 2, S. 154 f; Gercken dipl. vet. March. I. No. CXV, CXVII ff. und S. 325 Note a; Riedel M. Br. I. S. 50—52.)

v. 1273 die Worte: ubicumque (etiam) sit manens, welche sich jedesmal an den oben erwähnten Satz: hec habeat, cuicumque de jure cedunt, anschließen, klar darauf hin, daß dem an sich Berechtigten Heergewäte und Gerade verabfolgt werden sollte, an welchem Orte derselbe sich auch aufhalten mochte. Mit anderen Worten: Heergewäte und Gerade gingen in Salzwedel „über die Brücke.“ [360]) Durch die Joachimische Constitution fanden die particulären Märkischen Erbrechte als solche ihren Untergang. [361]) Das Salzwedelsche Erbrecht blieb bestehen. In der Bestätigungsurkunde selbst aber knüpft Kurfürst Joachim I. die Anerkennung des Salzwedelschen Particularrechts gleichsam an die Bedingung der Reciprocität mit seinen anderen Unterthanen:

„doch das sie und Ire Nachkommen solchs iren erbleten nach, gein [362]) den unsern ingleichen fall also und nicht anders geben und nemen sollen.“ [363])

Und so hat denn seitdem auch umgekehrt Salzwedel in Ansehung von Heergewäte und Gerade das Retorsionsrecht gegen die anderen Märkischen Städte in Ausübung gebracht, welche Heergewäte und Gerade überhaupt nicht mehr verabfolgen ließen. Darauf gehen die Worte der mehrgedachten Confirmation v. 1702:

„Jedoch werden ietzo die auswärtigen nicht dazu“ (d. i. zu Heergewäte und Gerade) „gelassen jure retorsionis, weil sie reciproce nichts zugewarten haben, indem ausser Salzwedel an andern orten dieses Jus nicht stat hat.“

In dieser Weise hat sich in Salzwedel die Singularsuccession in Heergewäte und Gerade bis zum Jahre 1808 erhalten. [364]) Ja noch nach dem Jahre 1815 gab man Beides bei einigen Erb-

---

360) Grimm R. A. S. 585: „In einigen gegenden verabfolgte man heergewäte und gerade nicht an auswärts wohnende erben: gerade und heergewäte gehen nicht über die brücke . . . Einzelne landschaften und städte retorquierten widereinander.“ Vgl. Eisenhart Sprüchw. (Ausg. v. Otto. 1823.) S. 298—301; v. Sydow S. Sp. Note 478, 544 f.

361) Oben S. 17 ff.

362) D. i. „gegen;“ nicht: „gern,“ wie es in der oben Anm. 339 angeführten Sammlung der Pr. G. S. 636 heißt.

363) Vgl. oben Anm. 211.

364) Oben Anm. 192.

theilungen, — gleichsam aus einem unwillkürlichen Rückfall in die ehemalige Gewohnheit! [365])

B. Den Ehegatten gewährt schon das älteste Salzwedelsche Recht eine gegenseitige Erbfolge. Und darin liegt eine doppelte Verschiedenheit zwischen dem Magdeburgischen und dem Salzwedelschen Rechte, daß nach Salzwedelschem Rechte einerseits die überlebende Ehefrau nicht anders gestellt ist, als der überlebende Ehemann, und andererseits jeder überlebende Ehegatte des vorverstorbenen Ehegatten Erbe, im eigentlichen Sinne des Wortes, wird. So treten in den ältesten Privilegien, wie in Joachims Confirmation die Ehegatten als gegenseitig gleichberechtigte Erben auf. Im Priv. v. 1273 heißt es in Beziehung auf den Ehegatten, der den Anderen, nach gehöriger Abfindung sämmtlicher Kinder, überlebt hat: pater vel mater superstes de bonis suis (d. i. alles Vermögen, was den Eheleuten nach Abfindung der Kinder geblieben) ordinabit, et faciet que voluerit. Auch über die Folgen einer zweiten Ehe des coniux superstes spricht sich das Priv. v. 1273 dahin aus: Quicquid de patre sententi(on)atum est, de matre [366]) ratum et firmum similiter teneatur; so wie das Priv. v. 1278: Quicquid autem de viro viduo, id idem de muliere vidua vice versa statuimus observandum. Die Joachimische Redaction endlich sagt geradezu von dem Verhältnisse, welches nach dem Tode des einen Ehegatten eintritt: „vorerbet eins dem andern das Gut, so sie samptlich gehabt und besessen haben." Wenn also auch im Priv. v. 1273 an zwei verschiedenen Stellen der überlebende Ehegatte und die heredes einander entgegengestellt zu sein scheinen, [367]) so ist dies doch nicht so zu nehmen, als ob der überlebende Ehegatte nicht auch Erbe wäre, sondern heredes sind dort die leiblichen Kinder. Daran läßt sich um so weniger zweifeln,

---

365) Götze Mot. II. S. 11.

366) Pufendorf hat statt „matre" nicht gut: „jure"

367) In der Stelle: Item quicumque aliquorum hominum bona mutuo receperit u. s. w. heißt es: vidua sua et heres (bei Pfdrf: „heredes") . . . solvere tenebuntur. Und eine andere Stelle lautet: Item si de duobus legitimis viro videlicet aut muliere unum mori contigerit, et heredes hereditatemque reliquerit u. s. w.

als der überlebende Ehegatte nur mit den Kindern, und nicht mit den anderweitigen Verwandten des Vorverstorbenen die Erbschaft theilt. Ueberhaupt bedienen sich die Salzwedelschen Privilegien v. 1273 und v. 1278 des Wortes pueri zur Bezeichnung der Kinder beiderlei Geschlechts, der Wörter filii und filiae zur Unterscheidung der Geschlechter von einander, des Wortes heredes in dem Sinne von Leibeserben.

Das Erbrecht der Salzwedelschen Ehegatten aber ist aufs Innigste verwebt mit dem Erbrechte, welches die Kinder auf den Nachlaß ihrer Aeltern haben. Hier ist zuvörderst zu unterscheiden, ob überhaupt aus einer Ehe Kinder entsprossen sind oder nicht, und demnächst, ob die vorhandenen Kinder von dem Vermögen ihrer Aeltern abgeschichtet sind oder nicht.

A. Sind Kinder vorhanden, und sind

a) vom Vermögen der Aeltern abgeschichtet:

α) sämmtliche Kinder: so wird der überlebende Ehegatte Erbe des gesammten Vermögens und erlangt die Befugniß, unbeschränkt darüber zu verfügen:

Item si pater et mater omnes pueros suos legitime locaverunt, antequam moriantur, et postmodum unum ipsorum patrem vel matrem mori contigerit, pater vel mater superstes de bonis suis ordinabit, et faciet que voluerit, pueris suis nolentibus immo non valentibus prohibere.[368]) (Priv. v. 1273.)

Geht also der überlebende Ehegatte eine neue Ehe ein — und seine Befugniß dazu wird im Priv. v. 1273 mit ausdrücklichen Worten anerkannt:

Coeterum si pater superstes[369]) fuerit, et aliam uxorem legitimam ducere voluerit, hoc pueri prohibere aut defendere non valebunt; —

so wird er

a) von den aus dieser neuen Ehe hervorgehenden Kindern, mit Ausschluß seiner früheren (abgefundenen) Kinder, beerbt. So bestimmt es das Priv. v. 1273, in der Fortsetzung der eben angeführten Stelle:

---

368) D. i. ohne Widerspruchsrecht der Kinder. Ein Theil dieser Stelle (pater vel mater superstes u. s. w.) ist schon oben vorgekommen.

369) Desselbe gilt von der mater superstes: oben Anm. 366.

Posito etiam, quod pater sepe dictus[370]) pueros habeat de uxore legitima secundo ducta, hy pueri post mortem patris eorum ipsius hereditatem obtinebunt, pueris suis prioribus in ea hereditate partem non habentibus, sed exclusis.

Dagegen läßt das Priv. v. 1278 in diesem Falle die erhebliche Aenderung eintreten, daß die Kinder aus beiden Ehen zu gleichen Theilen zur Erbschaft gelangen sollen:

Quodsi vir hujusmodi, de quo dictum est, cum uxore sua, quam secundo duxit, pueros genuit, tam priores, quam posteriores pueri post mortem viri tam bona mobilia, quam stantes hereditates[371]) divident secundum justitiam[372]) civitatis.

Jedoch werden in der Joachimischen Redaction die abgeschichteten Kinder nicht ferner mit den Kindern aus der zweiten Ehe zur Erbtheilung gerufen, vielmehr ein für allemal angewiesen, sich mit ihrer Abfindung zu begnügen:

„Undt wan auch Mann oder Frawe, welche sich zum andermahl verehligt, und Leibes Erben fürder gewinnen und hetten,[373]) und darnach Vater und Mutter[374]) der abgeteilten Kinder versterben, alsdenn sollen die vorabgeteilten Kinder mit den andern Kindern der letzten Geburtt nicht zur Teilung gehen, sondern damit halten, wie solches vorberurt ist,[375]) auch welch Kind oder Kinder[376]) bey Vater und Mutter, dieweil sie bey dem Leben,[377]) elich berathen, und ausgegeben worden, die sollen[378]) mit der Mit-

370) D. i. „der mehrerwähnte.“ Vgl. oben Anm. 264.

371) S. unten Anm. 382.

372) Oben Anm. 320.

373) Steyer liest: „gewonnen hatten.“ Allein „gewinnen und hetten“ (oder: „gewönnen und hätten,“ bei Bekmann und Götze) ist ausdrucksvoller, indem dadurch bezeichnet wird, daß die Leibeserben auch am Leben geblieben.

374) „Vater und Mutter“ lesen alle Ausgaben. Doch ist offenbar „Vater oder Mutter“ gemeint; denn es handelt sich hier lediglich von dem coniux superstes, der eine zweite Ehe eingegangen.

375) Davon wird gleich unter b) die Rede sein.

376) Statt „Kinder“ liest Bekmann, ganz unangemessen: „kindeskinder.“

377) Steyer liest: „beym Leben“ (so auch die Confirmation v. 1713, bei Götze); Bekmann: „bei leben;“ die Confirmation v. 1702 (bei Götze): „beyde leben.“

378) Statt „die sollen“ hat Bekmann: „dieselbe;“ was nicht so gut in den Satz paßt.

gabe und Brautschatz, so ihnen mitgegeben, zufrieden seyn, und begnügen daran haben."

Dadurch ist also die im Priv. v. 1278 enthaltene Abänderung aufgehoben und das ursprüngliche Recht hergestellt worden; um so mehr, als die Worte der Joachimischen Confirmation: „solch obgeschriebenen Artickel der Erbschichtung und nicht weyter,"[379]) ohne Zweifel auch darauf zu beziehen sind, daß keine anderweitigen Bestimmungen des früheren Localrechts neben dieser neuen Redaction Gültigkeit haben sollen.[380])

b) Hat dagegen der überlebende Ehegatte in der neuen Ehe keine Kinder bekommen, so wird nach seinem Tode seinen früheren (abgefundenen) Kindern die Hälfte seines Nachlasses gewährt, durch das Priv. v. 1273:

Si autem heredes de secunda uxore[381]) non habuerit, primi pueri dimidietatem bonorum, que in extremis vite sue reliquerit, optinebunt.

Auch hier hat das Priv. v. 1278 wieder eine Abänderung getroffen, und zwar in der Art, daß nur von dem beweglichen Vermögen dem zweiten Gatten die eine Hälfte zu Theil werden, das unbewegliche Vermögen aber den Kindern (aus der früheren Ehe) ausschließlich anfallen solle:

Item si vir viduus, habens pueros legitimos, uxorem secundo duxerit,[381]) et apud illam sine pueris moriatur, omnium bonorum suorum mobilium medietas cedet sue uxori, reliquam vero medietatem mobilium bonorum pueri ipsius viri defuncti optinebunt, Exceptis stantibus hereditatibus, que pueris inmortue sunt. In illis enim mulier nichil penitus optinebit.

Stantes hereditates sind recht eigentlich diejenigen Immobilien, welche auf Fundamenten stehen, d. h. die Gebäude, die Häuser; dann aber auch (wie hier wegen des allgemeinen Gegensatzes von Mobilien) Immobilien überhaupt.[382]) Inmortue werden

379) Oben Anm. 342.

380) Vgl. Bekmann a. a. O. Sp. 9 f.

381) Ich erinnere nochmals daran, daß dieselben Verhältnisse eintreten, wenn die uxor superstes von Neuem heirathet. (Anm. 369.)

382) Im Treuenbriezenschen Schöppenbuche (v. Kamptz Jahrb. XLII. S. 278. §. 123, v. J. 1457) steht: „al syn gudere . . . in stande, . . . in liggenden grunde;" in den Gardeleg. Stat. §. 50: „erfgudt, dat sy acker, plogkwerk edder stande eygen;" §. 51: „Acker wische edder stanteygen;" §. 52: „stande eigen, liggende grunde;" in der Neum. Pol. Ordn.

ſie genannt, weil ſie durch den Tod des Vaters (oder der Mutter) auf die Kinder gekommen ſind; es iſt eine Ueberſetzung des Deutſchen anerſtorben[383]) ins Lateiniſche.

Allein die Joachimiſche Confirmation hat die beiden eben angeführten Satzungen, ſowohl die des Priv. v. 1273, als die des Priv. v. 1278 ſtillſchweigend verworfen. In unſerer Confirmation wird nämlich des vorliegenden Falles gar nicht gedacht, wohl aber ganz allgemein ausgeſprochen, daß der überlebende Ehegatte, bevor er zur Eingehung einer neuen Ehe ſchreiten dürfe, zuvörderſt die Kinder mit der Hälfte des geſammten Vermögens „als vor väterlich und mütterlich Erbteill“ abfinden müſſe. Daraus folgt denn von ſelbſt, daß die einmal abgeſchichteten Kinder weder mit den in der zweiten Ehe erzeugten Kindern, noch auch mit dem alleinſtehenden, kinderloſen zweiten Ehegatten, zu abermaliger Erbtheilung gelangen können. Die oben erwähnte Stelle der Confirmation, welche der unter α) angeführten vorangeht (oben Anm. 375), lautet wörtlich:

„ſo zwey Elewte vorhanden, und Erben haben, und eins untter den zweyen Elewten zue GOtt vorſturbe, muß das ander, ſo noch bey Leben iſt, ſo balde es ſich weiter[384]) verelichen will, denſelben iren beiderſeits Kindern die Helffte ſeines Guts, als vor[385]) väterlich und mütterlich Erbteill hinausgeſtatten und geben, damit daß[386]) die Kinder von allen andern Gutte abgeſondert ſein ſollen.“

β) Sind nicht ſämmtliche Kinder, ſondern iſt nur das eine oder das andere Kind vom Vermögen der Aeltern abgeſchichtet, ſo nimmt ein ſolches Kind nach dem Ableben des Vaters oder

---

v. 1540 Cap. 11: „ſtehend oder liegend Erbe oder Eigen.“ Indistincte für Immobilien überhaupt wird steinde (steende) eygen gebraucht im Alten Kulm. Recht IV. 28 u. 87; im Magd. Schöppenurth. bei Böhme VI. S. 91, 129 (v. Sydow S. Sp. Note 982); in Magd. Quäſtionen, Leipz. Ausg. des Sachſenſp. v. 1528 Buch I. Cap. VIII. Diſt. VIII. (Bl. XX. Sp. 3.) Vgl. Eichh. R. G. §. 451. Note b; Grimm R. A. S. 491 ff.

383) Oben Anm. 287.

384) Statt „weiter“ ſteht bei Steyer, Bekmann, Klein u. Götze: „wieder.“

385) Statt „vor“ ſteht bei Götze: „von.“ Doch ſcheint mir „vor“ ausdrucksvoller. Die Kinder erhalten eben jene Hälfte für ihr Erbrecht, ſie werden damit abgefunden.

386) Für „daß“ beſſer: „dann“ (bei Steyer, Bekm. u. Götze).

der Mutter nur dann Theil an der Erbfolge, wenn alle die anderen (unabgefundenen) Leibeserben inzwischen mit Tode abgegangen sein sollten:

Item si pater et mater cum sua voluntate et pueri eundem puerum in sede matrimoniali legitime locaverit, idem puer contentus esse debet in rebus, quibus desponsatur, et si pater vel mater moritur, ad heredes reliquos non redibit, exceptis bonis feodalibus, in quibus filii jus habebunt. Si vero omnes alii heredes moriuntur, in hereditatem redeat primus heres. (Priv. v. 1273.)

Diese Stelle, welche Pufendorf mit der Anmerkung versehen hat: „Ea regula juris Germanici est, vt liberi separati a liberis, qui in domo manserunt, excludantur,“[387]) verdient besonders ins Auge gefaßt zu werden.

Zuvörderst tritt darin hervor, daß die Absonderung eines Kindes, welche ja Abfindung oder Ausschließung vom Erbrecht nach sich zieht, durch die Aeltern nicht einseitig, sondern nur mit Zustimmung des Kindes (cum sua voluntate et pueri[388])) vorgenommen werden kann; wie denn auch der Sachsenspiegel diese Zustimmung fordert. (II. 19. §. 1: Die vader mach wol den sone sunderen von ime vor gerichte mit jewelkem gude, dat die sone annamen wel, svo kleine is si.) Von der Wahl aber, welche das Sächsische Landrecht den abgefundenen Kindern gestattet: ob sie, nach dem Tode ihrer Aeltern, der Erbfolge völlig entsagen, oder, unter Wiedereinwerfung des zur Abfindung erhaltenen Gutes, mit zur Erbtheilung zugelassen werden wollen,[389]) — von dieser Wahl findet sich im Salzwedelschen Rechte keine Spur.

Ferner zeigt sich in unserer Stelle die Abfindung des Kindes durch die Aeltern gerade in Verbindung mit der Errichtung einer eigenen Wirthschaft. Das Kind verheirathet sich — si pater . . . puerum in sede matrimoniali legitime locaverit — und wird bei der Gelegenheit abgefunden: desponsatur. Das Wort desponsare, eigentlich das Frequentativum von despon-

---

387) Vgl. oben S. 68.

388) Hier ist „pueri“ der Genitiv Singularis; nicht etwa der Nominativ Pluralis, wie man vielleicht durch Bekmanns Lesart locaverunt oder Pufendorfs locaverint (statt locaverit) anzunehmen versucht werden möchte.

389) v. Sydow S. Sp. S. 88—90.

dere, verloben, scheint hier absichtlich gewählt zu sein, um unser altes Wort abloben wiederzugeben. Zugleich bietet unsere Stelle den vollständigsten Belag zu dem oben erwähnten Sprachgebrauche in Hinsicht der Wörter pueri, filii und heredes. Endlich aber geht daraus hervor, daß durch Abschichtung die Kinder von der Erbfolge in das Vermögen der Aeltern nicht absolut, sondern nur ihren unabgefundenen Geschwistern gegenüber, ausgeschlossen werden. Denn sollten diese Geschwister beim Tode der Aeltern gleichfalls nicht mehr am Leben sein, so werden die abgeschichteten Kinder wieder zur Erbfolge gelassen: in hereditatem redeat primus heres. Das Wort redire entspricht hier recht eigentlich der alten Anschauung, nach welcher der berufene zu dem erbe geht (adit).[390])

b) Den nicht abgeschichteten Kindern muß der überlebende Ehegatte, wenn er eine neue Ehe eingehen will, die Hälfte des Gesammtvermögens herausgeben. Dies verordnet die Joachimische Confirmation mit klaren Worten.[391]) Die alten Salzwedelschen Privilegien enthalten zwar keine ausdrückliche Bestimmung darüber, wie der überlebende Ehegatte mit seinen eigenen nicht abgeschichteten Kindern zu theilen habe. Daß aber auch eine solche Theilung schon in den ältesten Zeiten nach Hälften zu veranstalten gewesen, läßt sich aus denjenigen Stellen der Privilegien v. 1273 und v. 1278 folgern, welche die Art und Weise der zwischen den Kindern erster Ehe und dem zweiten Ehegatten vorzunehmenden Theilung festsetzen. (Oben a. α. b.)

Durch den Tod des einen Ehegatten wird also die eine Hälfte des Gesammtvermögens auf den überlebenden Ehegatten, die andere Hälfte auf die unabgefundenen Kinder übertragen; doch bleibt der überlebende Ehegatte, so lange er nicht zu einer neuen Ehe schreitet, in ungetheiltem Besitze des Vermögens mit den Kindern. Darauf geht auch folgende Bestimmung des Priv. v. 1273:

Item si de duobus legitimis viro videlicet aut muliere unum mori contigerit, et heredes hereditatemque reliquerit, hanc here-

---

390) Grimm R. A. S. 479. — Ueber die umgekehrte, aber ganz verwandte Anschauung, daß die Erbschaft zum Erben kommt, vgl. oben Anmerk. 301, 302.

391) Oben Anm. 384 ff.

ditatem superstites vendere non valebunt, nec quicquam ordinare poterunt de eadem, nisi fuerit de communi eorum consensu et unanimi voluntate.[392])

Wenn aber danach eins von den unabgefundenen Kindern stirbt, so vererbt dasselbe den ihm angefallenen Theil des älterlichen Vermögens auf Vater oder Mutter, je nachdem Einer den Anderen überlebt hat, oder, falls inzwischen auch der Ueberlebende gestorben sein sollte, auf seine (des Kindes) nächsten Verwandten:

Item si pater vel mater habeat[393]) pueros, quos legitime non locavit, et aliquis ex his pueris moriatur, hic hereditabit in radicem et stirpem pristinam et priorem; Si autem radix et stirps mortua fuerit, puer mortuus hereditabit super proximos et primos consanguineos, qui nesten Gedelinge vulgariter nuncupantur. (Priv. v. 1273.)

Zur richtigen Auslegung dieser Stelle ist Folgendes voranzuschicken. Legitime locare geht wieder auf Abfindung der Kinder bei Gelegenheit ihrer Verheirathung. Das Wort hereditare, schon an sich barbarisch (Forcell. lex. IV. p. 522), hat hier nicht einmal die gewöhnliche Bedeutung von „erben," sondern — wie in der Lat. Uebers. des Sachsensp. — von „beerbt werden" oder „vererben;" gerade wie auch das Altdeutsche Wort erven im Gegensatz von erve nemen gebraucht wird. So lesen wir z. B. im S. Sp. I. 4: De meselseke man . . . behalt it (seine Erbschaft) unde erft it als ein ander man; I. 27. §. 1: Jewelk wif erft . . ir rade an ir nesten nichtelen; Sächs. Weichb. Art. LVIII.: „sie erbet jhr teil auff jren nechsten magen." Das Vererben „auf" Jemanden wird in unserer Stelle ausgedrückt durch die Präpositionen „in" und „super." Die Worte radix und stirps — schon in der alten Lateinischen Sprache verwandt mit einander (Forcell.: „Stirps . . . . : radix et imus truncus arboris, qua haeret radicibus") —, Wurzel und Stamm, bedeuten hier Vater und Mutter und bezeichnen das Schoosfallsrecht. Das Wort Gedeling findet sich auch im S. Sp. II. 31.

---

392) Von dieser Stelle wird unten (C. B. b.) noch in weiterem Zusammenhange gehandelt. Vgl. übrigens oben Anm. 367 und 293.

393) Der Pluralis habeant (bei Bekm.) paßt hier nicht recht, weil wesentlich von dem überlebenden Ehegatten die Rede ist.

§. 1. (Var. bei **Homeyer**: mach, vrunt, erbeling); imgleichen in verschiedenen Statuten, auch mit der Formveränderung Getelinc oder Gadeling (v. **Sydow** S. Sp. Note 109). Das Berl. Stadtbuch v. 1397 (S. 121) hat: syn negeste gedelung. Hiernach ist denn unsere Stelle folgendermaaßen frei zu übersetzen:

„Wenn Vater oder Mutter noch ungesonderte Kinder hat, und eins von diesen stirbt, so wird es von Vater oder Mutter beerbt; ist aber Vater und Mutter schon todt, so hinterläßt das Kind seine nächsten Verwandten zu Erben.“

Gerade umgekehrt wurden nach Magdeburgischem Rechte die ungesonderten Kinder von ihren Geschwistern beerbt.[394])

B. In Ermangelung von Kindern erbt der überlebende Ehegatte das gesammte beiderseitige Vermögen allein, mit Ausschluß der Verwandten des vorverstorbenen Ehegatten:

„wenn zwe Elewte sich nach Ordnung der heiligen Christlichen Kirchen verehelichen, und eins vor[395]) dem andern on Leybs Erben vorstirbett, so vorerbet eins dem andern das Gut, so sie samptlich gehabt und besessen haben; **also das die letzte Person, so bey Leben bleibtt, des vorsturbenn Freunden kein Teilung geben dorffe.**“ (Joach. Confirm. v. 1527.)

Die alten Salzwedelschen Privilegien gedenken dieses Falles nicht. Doch läßt sich aus dem Priv. v. 1273 wohl der Schluß ziehen: daß der überlebende Ehegatte, gleichwie nach Abfindung sämmtlicher Kinder (oben A. a. α.), so auch in Ermangelung von Kindern überhaupt, alleiniger Herr des Gesammtvermögens werde. Es zeigt sich hierin die alte Satzung: **Längst Leib längst Gut**, oder: **Der Letzte schleußt (thut) die Thür zu.**[396])

C. Das Recht der **Vergabungen** und **Veräußerungen** wird durch das alte Salzwedelsche Recht in besonderer Weise festgestellt.

A. Auf dem **Siechbette** darf der **Mann**, so lange er nur noch Kraft und Fähigkeit hat, eine Mark auf der Waagschaale gehörig abzuwägen, über alle seine Güter frei verfügen; die **Ehefrau** dagegen auch nicht die geringste Verfügung treffen:

---

394) Oben S. 71 f.

395) Das Wort „vor“ findet sich bei **Steyer**, **Bekmann**, **Klein** und **Götze**, und ist offenbar passender, als das **Lentz**sche „von.“

396) S. unten Anm. 422—424.

Item vir in egritudine sua dare poterit de rebus suis, quantum sibi placet, quamdiu valet manu propria unam marcam in statera portatam, juste atque rationabiliter trutinare, verumptamen mulieribus habentibus legitimos viros, de bonis suis dandis sive ordinandis in egritudine sua, nullam permittimus potestatem. (Priv. v. 1278.)

Ganz eigenthümlich, aber einem Handel treibenden Bürger überaus angemessen, ist jene Gesundheitsprobe, welche sich gleichfalls schon in den oben[397]) erwähnten Uelzenschen Statuten von 1270 findet:

Si quis degens in ipsa civitate in lecto aegritudinis constitutus habens vires se erigendi et per se marcam argenti liberandi pro anima sua vel alias ubicunque sibi placuerit omnia bona sua acquisita conferendi habet facultatem.

Zu dieser Stelle macht Pufendorf die Anmerkung: „Similiter „in denen Lübischen Vogtey-Rechten exprimitur:"

„Wenn ein Mann so redlich ist seiner Sinne und mächtig seiner Glieder, daß er ein Mark-Pfund löhtiges Gold heben und böhren kan von einer Stäte auf die andere, so mag er sein wolgewonnen Gut geben, wem er will."[398])

Uebrigens ist hier noch zu beachten, daß dem Manne auf dem Siechbette nach Lübischem und Uelzenschem Rechte die Verfügung lediglich über sein erworbenes Gut, nach Salzwedelschem Rechte aber schlechthin über sein Gut (doch wahrscheinlich nur über die bewegliche Habe) gestattet wird. Den Frauen versagt auch das Lübische Recht die Befugniß ein Testament zu machen.[399])

B. In Beziehung auf Veräußerungen gedenkt das Salzw. Priv. v. 1273 des Consenses der Erben

a) in ganz allgemeiner Weise:

Item quicunque hereditatem in Saltwedele emerit, et anno et die in ea rationabiliter manserit, et heredes illius hereditatis sint in terra, potius obtinebit possidens, quam aliquis alius conquerens, sive heres.

Diese Worte entsprechen im Wesentlichen folgender Stelle der Uelzenschen Statuten von 1270:[400])

---

397) Pufendorf oben Anm. 355. a. O. S. 240.

398) Vgl. Grimm R. A. S. 97, S. 416 Nr. 10, S. 483.

399) Eichh. Pr. R. §. 350. Nr. I.

400) Pufendorf a. a. O. S. 242.

. . quicunque Wikbelde haereditaria bona comparaverit et per annum et diem quiete possederit, vicinior erit, cum justitia obtinere, quam aliquis ab ipso exquirere ea possit.

Allerdings erinnern die Schlußworte vicinior erit u. s. w. lebhafter an die Worte des Magdeburgischen Rechts — M. R. v. 1261 §. 16. (aufgenommen in M. R. v. 1304 §. 15.) —:[401])

. . der ist her naher zû behaldene mit dem Richtere unde mit den Schephenen, dan iz ime jeman untvûren mûge.

Namentlich ist die eigenthümliche Bedeutung von untvûren (Kulm. Recht IV. 1: entvremden) in exquirere wiedergegeben.[402]) Doch stimmen unsere beiden Sätze aus dem Uelzenschen und Salzwedelschen Rechte, bei denen wir freilich hinzudenken müssen, daß von Erwerbungen vor Gericht die Rede sei, mit dem Magdeburgischen Rechte darin überein, daß das Widerspruchsrecht gegen eine Veräußerung mit Ablauf von Jahr und Tag erlischt; und beide weichen vom Magdeburgischen Rechte darin ab, daß unter der hereditas der Salzwedelschen und den bona hereditaria der Uelzenschen Stelle wesentlich Grundstücke, nicht aber Mobilien zu verstehen sind.[403]) Uebrigens gibt unsere Stelle des Salzwedelschen Rechtes selbst zu erkennen, daß sie nicht bloß auf die Erben des Veräußerers, sondern auch auf den etwa auftretenden wahren Eigenthümer der veräußerten Sache zu beziehen sei. Es wird darin dem heres gegenübergestellt: aliquis alius conquerens, d. i. irgend ein Kläger, der die Sache als sein Eigenthum beansprucht. In dem conqueri, klagen,[404]) liegt noch etwas Anderes, als in jenem exquirere.

b) Für den speciellen Fall, daß der überlebende Ehegatte mit den Kindern im Beisitz geblieben ist, verlangt das Salzwedelsche Recht den gemeinsamen Consens der Erben Behufs der Veräußerung einzelner Erbtheile, es wäre denn, daß Noth oder Mangel den Einen oder den Anderen zur Veräußerung seines Theiles zwänge:

---

401) Oben Anm. 306.

402) Vgl. Grimm R. A. S. 893; Homeyer Reg. Eid.

403) Unterholzner Verjährung I. S. 72—77 (besonders Anm. 76).

404) Grimm R. A. S. 854 f. D. 1.

verumptamen si necessitas vite ipsis incumbet, unusquisque superstitum ad hereditatem pertinentium suam partem vendere valebit ad necessitatem suam et vite inopiam sublevandam. (Forts. der oben, Anm. 392, angef. Stelle des Priv. v. 1273.)
Eine solche Bestimmung findet sich zwar weder im Sachsenspiegel, noch im Magdeburgischen Rechte, entspricht aber nicht bloß einem gewissen allgemeinen Germanischen Grundsatze,[405]) sondern auch speciellen Satzungen des ältesten Lübischen Rechtes:[406])

De Hereditate Puerorum. Cum Vir et Mulier pariter habent Pueros et illos ad Matrimonium transtulerunt, si Vir migraverit ab hoc seculo, mulier cum facultatibus Viri subsistit, quas tamen nemini potest impignorare vendere vel dare sine consensu Heredum, quin necessitatibus vite sue impendat.
Eben so wird auch dem Manne gestattet, sogar die Immobilien seiner Frau anzugreifen und zu veräußern:

legitima cogente necessitate, scilicet captivitatis, fammis u. s. w.[407])

Nach reiflicher Erwägung aller dieser einzelnen Beziehungen und Verhältnisse können wir gewiß nicht umhin, dem Salzwedelschen Rechte eine nahe Verwandtschaft mit dem Magdeburgischen Rechte abzusprechen; zumal da selbst die Erbfolge in Gerade und Heergewäte, welche das Salzwedelsche Recht nicht ganz beseitigt hat, in einer von der Magdeburgischen ganz abweichenden Weise auftritt. Aber auch von dem eigentlich Märkischen Particularrechte unterscheidet sich das Salzwedelsche Recht aufs Bestimmteste. Dies zeigt sich namentlich in der selbstständigen und abgeschlossenen Existenz, welche es auch nach Erlaß der Joachimischen Constitution fortgeführt hat.[408]) Mir scheint es nun fast unzweifelhaft, die ächt Deutsche Natur des Salzwedelschen Rechtes von Lübischen und Lüneburgischen Rechten herzuleiten. Nicht etwa, als ob ich glaubte, daß diese Rechte nach bestimmten ur-

---

405) v. Sydow S. Sp. S. 223 f; Eichh. Pr. R. §. 157. Note t.

406) Justitia Lubecensis v. J. 1243, bei Westphalen mon. ined. III. S. 624.

407) Just. Lub. v. 1243 a. a. O. S. 623.

408) Vgl. oben S. 20, 97 und 102; Götze Mot. I. S. 37. u. II. S. 4—11.

kundlichen Normen auf Salzwedel übertragen wären; vielmehr spricht Alles dafür, daß sie in Salzwedel lediglich durch Gebrauch und Gewohnheit aufgenommen und eigenthümlich modificirt worden. Auch die Einleitungsworte der Joachimischen Bestätigungsurkunde v. 1527 deuten dahin, daß unser Kurfürst selbst bei der Bewahrung der besonderen Salzwedelschen Statuten und Gewohnheiten gerade auf deren Zusammenhang und Verwandtschaft mit benachbarten Rechten Rücksicht genommen:

„Als unser lieben getreuen Burgermeister und Rathmann unser alten und newen Stadt Saltwedel uns glaublich und beweißlich angezeiget . . haben,[409]) daß sie aus beweglichen Ursachen und sonderlich, so sie an den Grentzen unser Land gelegen, Statuta, Ordnung und Gerechtigkeiten gehabt, und zum Gebrauch hergebracht haben u. s. w."

Damit steht denn wieder im vollsten Einklange, daß Kurfürst Joachim nur jene eigenthümlichen Grundsätze des Salzwedelschen Rechtes, welche in seiner Bestätigungsurkunde ausdrücklich aufgeführt werden, bewahrt wissen will:

„solch obgeschriebenen Artickel der Erbschichtung und nicht weyter;"

übrigens aber der, wenige Wochen zuvor erlassenen Märkischen Constitution die Kraft eines wahrhaft subsidiarischen Rechtes ertheilt:

„derselben in den andern Artickeln gantz unschedlich."[410])

Mit dem Eintritte dieses neuen subsidiarischen Rechtes ist dann aber auch die ehemals mehrfach bestätigte subsidiarische Macht des gemeinen Sachsenrechtes in Salzwedel[411]) als erloschen anzusehen.

Wenn wir uns nun an die vorher gegebene Uebersicht über das Salzwedelsche Recht anschließen, so lassen sich die einzelnen Elemente desselben folgendermaaßen mit den Nachbarrechten in Verbindung setzen, oder darauf zurückführen:

A. Die Erbfolge in Heergewäte und Gerade hat das Lübische Recht vollständig aufgehoben:

Herewede percipienda. HEREWEDE & RATHE sin-

---

409) Oben S. 98.
410) Oben S. 23 und Anm. 342.
411) Oben S. 4.

gulariter non exhibentur, sed si quis proximus est Heres et accipit Hereditatem, percipit simul & Herewede et Rathe. (Just. Lub. 1243.[412]))

Das Lüneburgische Recht hat diese Specialsuccessionen bewahrt.[413]) Insbesondere aber findet sich in den Uelzenschen Statuten v. 1270 jener eigenthümliche Ausnahmefall, in welchem die Töchter ins Heergewäte, die Söhne in die Gerade succediren, ganz so aufgefaßt, wie in dem Salzw. Priv. v. 1273; weshalb sich kaum an unmittelbarer Uebertragung aus dem Uelzenschen in das Salzwedelsche Privilegium zweifeln läßt.[414]) Dem überlebenden Ehegatten gibt auch das Lübische Recht einige Präcipua,[415]) dem Manne seine Waffen und Kleider, der Frau den Trauring:

De divisione substancie. Si Viro Mulier sua moritur et viro cum pueris suis partiri contingit, ipse preanticipabit arma sua et formatas vestes („schapene cleder" im ältesten Deutschen Codex Lübischen Rechts) . . . Si vero Mulierem post mortem Viri sui cum Liberis suis partiri contingit, annulum arre preanticipabit. (Just. Lub. 1243.[416]))

B. Das gegenseitige Erbrecht der Ehegatten, in seiner innigen Verbindung mit dem Erbrechte der Kinder, ist wesentlich Lübisch. Und zwar bestimmt auch schon das älteste Lübische Recht mit ausdrücklichen Worten, daß der überlebende Ehegatte, bevor er eine neue Ehe eingehe, den unabgeschichteten Kindern die Hälfte der Güter herauszugeben habe.[417])

Just. Lub. 1243:[418])

De Substantia dividenda. Si Vir et Mulier pariter habent liberos, et alter praemoriatur, substancia eque dividatur inter superstitem et liberos, si nupserit superstes. Si vero non nupserit, manebit cum pueris.

---

412) Westphalen a. a. O. S. 623.

413) Pufendorf Th. I. obs. XCIII. §. I. (S. 231); Hasse in v. Sav. Zeitschr. IV. S. 100; Riccii Entwurf von Stadtgesetzen (v. J. 1740) S. 158 f.

414) Oben S. 102.

415) Oben S. 99 f. a)

416) A. a. O. S. 623. — Vgl. Hasse a. a. O. S. 100. g. E.

417) Oben S. 111 b) — Vgl. Hasse a. a. O. S. 100. No. b.

418) A. a. O. S. 623 f.

Ferner, nachdem der Präcipua des überlebenden Ehemannes gedacht worden:

Reliqua cum Liberis suis partiri debet;

und, in Betreff der überlebenden Ehefrau, nachdem ihr der Trauring zum Voraus bewilligt worden:

reliqua omnia eque cum Liberis partietur; Sed si vult nubere vel intrare claustrum, bona cum pueris, sicut juris est, parciatur.

Lüb. Recht v. 1240:[419])

XII. Van des erves delinge. So war en Vruwe und en Man to samene hebbet Kindere, und er en vore stervet, it si de man, oder dat wif, all so gedan gut, also dar blivet, dat schal men schichtene, twischen deme de dar blivet, und den Kinderen in der were.

Darin aber weicht das Lübische Recht von dem Salzwedelschen Rechte wesentlich ab, daß, in Ermangelung von Kindern, der überlebende Ehemann den Verwandten der Frau die Hälfte des von derselben eingebrachten Vermögens herauszugeben hat; die überlebende Ehefrau dagegen ihr Eingebrachtes wieder an sich nimmt und das anderweitige Vermögen mit den Erben des Mannes nach Hälften theilt:[420])

Just. Lub. 1243:[421])

De Facultatibus post mortem Viri. Si Mulieri moritur Vir ejus et liberos pariter non habuerint, ipsa accipiat universas facultates cum quibus ad consortium viri declinavit. Dividet autem cum proximis heredibus viri, quidquid superfuerit facultatum.

De morte Mulieris. Si vero Mulier sua moritur et si pariter liberos non habuerint, vir refundere tenetur proximis Heredibus mulieris medietatem substancie quam cum muliere acceperat.

Es ist also dem Salzwedelschen Rechte, im Gegensatze zum Lübischen, eigenthümlich, daß in Ermangelung von Kindern der überlebende Ehegatte allein das Gesammtvermögen ausschließlich

---

419) Ebendas. S. 640 f.

420) Hasse a. a. O. S. 101.

421) A. a. O. S. 623.

erbt.[422]) Doch scheint auch diese Eigenthümlichkeit von anderen Nachbarrechten entlehnt zu sein. Sie findet sich namentlich in den Rechten von Hoya, Celle, Lüneburg, Calenberg, Osterode, Braunschweig;[423]) und wird durch jenes ächt Braunschweigische Sprüchwort characterisirt: Längst Leib längst Gut, oder: Der Letzte thut die Thür zu.[424]) Nur so viel stellt sich als eigenthümliches Salzwedelsches Recht heraus, daß die nicht abgeschichteten Kinder von Vater oder Mutter beerbt werden;[425]) während nach Lübischem Rechte die Aeltern durch vollbürtige Geschwister schlechthin ausgeschlossen bleiben.

Just. Lub. 1243:[426])

. . et si quis liberorum moritur, hereditabit alteri liberorum, scilicet et proportionabiliter divident, sive sint senes sive juvenes, et si singuli decesserint, hereditas spectat ad proximos heredes ipsorum.

Lüb. Recht v. 1240:[426])

. . stervet oc der Kindere en, dat ervet sin deel up de anderen Kindere de in der were sint, to licker delinge, se sin junc oder alt. Stervet ock der Kindere en, dat ut gesunderet is, ane erve, it ervet weder an de were, up de andere, also vaste de utgesunderet sin, also vaste de in der were sin. Sterven oc se algemeine, dat erve hort to den negesten erven.

Just. Lub. 1243:[427])

De percipienda Hereditate. Ubicunque Pater et Mater sunt viventes, propinquiores sunt ad percipiendam hereditatem, quam semifrater seu semisoror.

---

422) Oben S. 113. B. — Treuer ist dem Lübischen Rechte geblieben das Schlesische Landrecht v. 1356 Cap. 353. (Gaupp Schles. Ldr. S. 124—137.) Vgl. auch v. Kamptz Jahrb. XLIX. S. 386—405.

423) Pufendorf Th. I. obs. LXXXVI. §§. I, II, XII, XXII; Eichh. Pr. R. §. 300. Note g und §. 309. Note a.

424) Eisenhart Sprüchw. (Ausg. v. 1823) S. 289—292. Vgl. Knorre's Dissertation über den „Usum paroemiae iuris Germanici Der Letzte thut die Thür zu in successione coniugum;" Halle 1741.

425) Oben S. 112 f.

426) Fortsetzung der oben (Anm. 418 u. 419) mitgetheilten Stellen. — Die hier gesperrten Worte stimmen wieder mit dem Salzwedelschen Satze: hereditabit super proximos et primos consanguineos, qui nesten Gedelinge vulgariter nuncupantur.

427) A. a. O. S. 623.

C. Was die Vergabungen und Veräußerungen anbelangt, so läßt sich die Salzwedelsche Gesundheitsprobe unmittelbar aus den Uelzenschen Statutem ableiten.[428]) Und in Ansehung des zur Veräußerung von Immobilien erforderlichen Consenses der Erben scheint einerseits dem Uelzenschen und andererseits dem Salzwedelschen Rechte[429]) Lübisches Recht zum Grunde zu liegen, wenn folgende Stellen in Vergleichung gesetzt werden:

Just. Lub. 1243:[430])

De conquisitis Proprietatibus Viri. Vir liberum habet arbitrium impignorandi vendendi dandi cuicunque vult, proprietates sibi conquisitarum facultatum, sine contradictione qualibet.

De bonis Hereditariis. Hereditaria bona, id est Torfacht eghen,[431]) nemo potest impignorare, vendere vel dare praeter Heredum conniventiam vel Promissum.

De contrahendo Matrimonio. Cum Masculus et Femina matrimonium contraxerint et tam iste quam illa legittimam prolem habuerit, nec iste nec ista bona sua cuiquam poterit dare sine Liberorum suorum conniventia id est Willekore.

Noch einige andere, wenngleich nicht unmittelbar hierher gehörende, Momente der Aehnlichkeit des Salzwedelschen Rechtes mit dem Lübischen und Uelzenschen, führe ich kurz auf.

Dem Satze der Just. Lub. v. 1243:[432])

Quidquid autem Vir promittit sine muliere coram consulibus, mulier tenetur sine contradictione solvere,

entspricht Salzw. Priv. v. 1273:

Item quicumque aliquorum hominum bona mutuo receperit, vel pro aliis fidejusserit et contingat eum mori, vidua sua et heredes,[433]) ea que promiserat, dummodo notum sit consulibus, solvere tenebuntur.

Dem Satze der Just. Lub. v. 1243:[434])

De Recognitione. Quicunque homo in judicio coram ju-

---

428) Oben S. 114.
429) Oben S. 114 f. a)
430) A. a. O. S. 622 f. Vgl. Hasse a. a. O. S. 97 f.
431) Grimm R. A. S. 494 Nr. 13; Eichh. Pr. R. §. 157. Note i.
432) A. a. O. S. 624.
433) Oben Anm. 367.
434) A. a. O. S. 626.

dice recognoscit, de hoc melius potest convinci, quam se possit expurgare,

entspricht Salzw. Priv. v. 1278:

Item quicquid coram consulibus terminatum fuerit, dummodo major et sanior numerus[435]) Consulum id esse sibi notorium recognoscat, firmum et stabile permanebit.

Endlich erinnert eine ziemlich ausführliche Bestimmung des Salzw. Priv. v. 1273, über die Verhältnisse eines Todschlägers, der die Flucht ergriffen:

Item si aliquis homicida pro homicidio profugus factus fuerit, quod fecit, contra ipsum ad trinum[436]) judicium procedetur, et in tertio placito proscribi debet,[437]) nec aliquis debet mulierem legitimam, vel pueros vel justos heredes[438]) viri profugi in bonis, que reliquit profugus, impedire, sed judex de hoc certitudinem recipiet, quod mulier et pueri de suis bonis profugo, quam diu profugus est, nihil mittant, nec quicquam de bonis illis etiam alienent. Verum si profugus terram et locum recuperare voluerit, nec pueri[439]) nec heredes[438]) ipsum in bonis suis poterunt impedire. Quicumque pro aliqua supra dictarum causarum se proscribi passus fuerit, terram recuperare non poterit, nisi judici prius satisfaciat atque leso,

an folgende, gleichfalls den flüchtig gewordenen Todschläger betreffende Stelle der Uelzenschen Statuten von 1270:[440])

Si . . extra civitatem profugerit et eo manente profugo,

---

435) Die Aelteren (seniores) und Weiseren (saniores) galten noch mehr als die Mehrzahl: Riedel M. Br. II. S. 327; Zimmermann Märk. Städteverf. I. S. 112 f, 278; Grimm R. A. S. 772 ff.

436) Für trinum liest Pufendorf: tercium.

437) In Ansehung der dreimaligen Ladung und der Verfestung (d. i. proscriptio: Homeyer Reg. Verfestung, Vestinge), so wie darüber, daß des Verfesteten Gut den Erben desselben nicht entzogen wird, vgl. S. Sp. I. 67. §. 1. u. §. 2. (II. 45; I. 41); M. R. 1261 §. 74 g. E.; M. R. 1304 §§. 12, 137 g. E., 140; Sächs. Weichb. Art. XLI. g. E.; Kulm. Recht II. 83ᵃ g. E.; ferner S. Sp. III. 63. §. 3; M. R. 1261 §. 47; 1304 §. 135; Kulm. Recht IV. 98.

438) Hier sind einmal heredes als weitere Erben den Kindern, pueri, entgegengesetzt, da das Wort heredes sonst gerade die Leibeserben bezeichnet. (Oben S. 106.)

439) Die Lesart pueri habe ich aus Pufendorf statt des augenscheinlich corrupten Lentz schen potuerit aufgenommen.

440) Pufendorf a. a. O. S. 241 f.

sive satisfaciat, sive non, judex bona sua, quae reliquit, haeredibus praefati hominis fugitivi nullatenus occupabit ... Quod si noverit praefatus criminosus satisfacere actoribus et civitati, juvetur ad id cum propriis bonis, si infra vel postea morte praeventus fuerit, ac vivens satisfacere noluerit, civitas duas partes bonorum illius, judex vero tertiam sortietur. Si vero frater suus aut sibi proximus alius veniens pro eo satisfecerit, sicut successit in omne, sic in hereditate successor legitimus habeatur. Anders wird dieser Fall im Lübischen Rechte von 1240 behandelt:[441])

XCVI. Van dotslage. Sleyt en unse borgere den andern dot, unde wert he darumme vor vluchtig, unde vredelos geleget, na unser stades rechte, al sin erve, gut, und kopschat, dat binnen unseme richte is, des scholen nemen dat halve del sine negesten erven, de andere helfte schal men schichten an dre del, des nemet de stat dat dridde del, dat richte den dridden del, de sake wolde den dridden del.

Nach dieser quellenmäßigen Vergleichung des alten Salzwedelschen Rechtes mit dem Lübischen und Uelzenschen, läßt sich leicht übersehen, daß weder Steyers Gründe für die Ableitung des Salzwedelschen Rechtes vom Lübischen[442]) ausreichen, noch die Gründe des Kammergerichtlichen Erkenntnisses von 1774[443]) genügen, um dem Salzwedelschen Rechte jeglichen Zusammenhang mit dem Lübischen abzusprechen.

Zu welcher Zeit das Salzwedelsche Recht die verschiedenen Elemente der benachbarten Rechte, welche sich in demselben finden, aufgenommen habe, kann man wohl nicht mit Sicherheit feststellen. Bedenklich scheint es mir, das Salzwedelsche Recht vom Stendalschen abzuleiten und die Veränderung desselben erst nach der Mitte des dreizehnten Jahrhunderts zu setzen.[444])

Jedenfalls läßt sich in dem alten Salzwedelschen Rechte so wenig, wie in dem alten Lübischen, schon eine wahre Gütergemeinschaft unter Eheleuten suchen.[445]) Auch hat die Mär-

441) A. a. O. S. 650.

442) Steyer diss. S. 17—20; vgl. v. Raumer in v. Led. Arch. V. S. 311. Note 1.

443) v. Kamptz Jahrb. VII. S. 240—242.

444) v. Kamptz in Mathis XI. S. 77 f.

445) Eichh. Pr. R. §. 300. No. VIII; R. G. §§. 451—453, 456, 568.

kische Praxis selbst nach Erlaß der Joachimischen Constitution dem Salzwedelschen Rechte die Gütergemeinschaft nicht beigelegt. Zwar wurde im Jahre 1578 rescribirt, daß die überlebende Salzwedelsche Ehefrau den Gläubigern ihres verstorbenen Mannes „aus den gemeinen Gütern," d. i. aus dem gesammten beiderseitigen Vermögen verhaftet sei.[446]) Allein später ist auch der Salzwedelschen Ehefrau das gemeine Märkische Optionsrecht nicht mehr versagt worden.[447])

III. Das Prenzlowsche Recht.

Fünfzehn Jahre, bevor das Ukerland unter Brandenburgische Herrschaft gelangte, im Jahre 1235, erhob der Pommersche Herzog Barnim I, vorzüglich unter Mitwirkung von Altmärkern, den Burgflecken Prenzlow zu einer freien Stadt.[448]) In der darüber apud (d. i. in der Burg[449])) Seltin (Stettin) A. D. J. MCCXXXV. vi. Kal. Januarii ausgestellten Urkunde[450]) bewidmete der Herzog zugleich die neue Stadt mit Magdeburgischem Rechte, jedoch unter ausdrücklicher Abschaffung der Gerade:

> Civitas autem haec eadem debet frui libertate, quam habet civitas Magdeburgensis, et eodem jure, excepto eo, quod Rade appellatur, quod apud nos decrevimus abolendum.

Dennoch hat die Stadt Prenzlow, der die Brandenburgischen Markgrafen den Gebrauch des Magdeburgischen Rechtes wiederholentlich bestätigten,[451]) die Singularsuccessionen in Heerge-

---

446) v. Kamptz Jahrb. VII. S. 227 f.

447) Rescript v. 10. October 1701 in der Sammlung der Pr. u. stat. Ges. nach v. Kamptz Th. III. S. 637. Nr. 300; vgl. Klein Annalen III. S. 222—233. Das Responsum v. J. H. Böhmer, welches in v. Kamptz Pr. u. stat. R. I. 25. Nr. 16. allegirt wird, erläutert das Wesen des Salzw. Rechts nicht näher, sondern zeigt nur, daß dieses Recht sowohl auf die Bürger, als auf die bloßen Einwohner der Stadt anwendbar gewesen.

448) Riedel M. Br. I. S. 462 f., II. S. 297, 320, 382; Mag. I. S. 9; Buchholtz Br. Gesch. II. S. 154 f., 200; Gercken cod. dipl. I. No. CXLII; v. Lancizolle Bild. des Pr. St. I. S. 301 f.

449) Riedel M. Br. I. S. 111. Note 2.

450) Bei Buchholtz IV. Anhg. Nr. 52.

451) In den Jahren 1252, 1287, 1294, 1324: v. Kamptz in Mathis XI. S. 57 f. Note 3; Pr. u. stat. R. I. S. 48 f. — Auch aus den Jahren 1347 und 1350 finden sich Bestätigungen der Prenzl. Rechte und Gewohnheiten, bei Buchholtz V. Anhg. S. 67 (Nr. 35) u. S. 96 (Nr. 53) und Gercken cod. dipl. VII, No. XV.

wäte und Gerade, neben dem gewöhnlichen Märkischen Erbrechte, beibehalten und bewahrt. Dies tritt auf eine ganz eigenthümliche und merkwürdige Weise in der Confirmation hervor, welche Kurfürst Johannes Cicero gleich im ersten Jahre seiner Regierung, am Mondage na vndecim milium virginum (23. October) 1486, den Bürgern von Prenzlow ertheilt hat.[452]) Der Eingang dieser Urkunde lehrt, daß in der Stadt mannigfaltige Irrungen und Streitigkeiten wegen des Erbrechts geherrscht, damals aber die Bürger selbst unter einander eine Vereinbarung über die Erbtheilungen in Ansehung des Heergewätes und der Gerade getroffen hatten. Der Landesherr bestätigt dieselbe, indem er zugleich die „Artickell vnnd Stucke, der sie sich vnnter einander vereint vnd vertragen" wörtlich aufführt.

Nach diesem erkorenen und vom Landesherren bestätigten[453]) Rechte werden vor aller Erbtheilung Heergewäte, Gerade und gewisse Präcipua gegeben. Die Anzahl der einzelnen dazu gehörigen Stücke ist sorgfältig beschränkt. Der Anspruch auf solche Stücke wird nur in so weit zugelassen, als sich dergleichen factisch vorfinden.[454]) Sind etwa noch mehrere Gegenstände vorhanden, welche sonst nach strengem Rechte ins Heergewäte oder in die Gerade gehören würden, so sollen dieselben fortan zum Erbe geschlagen werden.[455]) So heißt es in Betreff der Gerade:

„Wat von dessen vorscreuen Stuckenn nicht en is, dat derff de Manne to Gerade nicht geuen. Were darnoch wes ouerich, dat vonn Rechte to Gerade gehoren mochte, dat schall neyne Rade weßenn, men Orfe" (d. i. Erbe) „weßenn."

Imgleichen in Betreff des Heergewätes:

„Wat van dissenn vorscreuen Stuckenn nicht en is, dat derff die Frowen to Herwedde nicht geuen. Wer dornoch wes ouerich, dat vonn Recht to Herwedde gehorn mochte, dat schall neyen Herwedde weßenn, men dat schall Orue bliuen."

Die einzelnen, zum Heergewäte, zur Gerade, und zum Voraus bestimmten Objecte sind folgende.

1. Heergewäte,

---

452) „Confirmacio der von Prenntzlow vber etlich Artickel des Hergewets halb:" Zimmermann Märk. Städteverf. II. S. 244 f.

453) Vgl. oben Anm. 30. u. 74.

454) Vgl. oben S. 94.

455) Vgl. oben S. 92 f.

a) sofern es der überlebende Mann nimmt, besteht aus seinem Pferde, seinem Harnisch nebst einer Wehr, allen seinen Kleidern, dem Ehebett, und der Kiste, zu welcher er selbst den Schlüssel zu tragen pflegte:

„Steruet einem Manne sine eelicke Fruwe aff, so schall de Mann vor sin Herwedde vor aller Erfdeylunge thovorn vthnemenn desse Stucke, alze sin Perde gesadelt vnnd getomet, sin Harnasch to eines Mannes Liue, eines Mannes Were, alle sine Cleydere, lynen vnnde wullen, sin Bedde, alze hie dat dagelickem beslappenn heft mit sinere Frawen, vnndem Kyste, dar he den Slottel to gedragenn hefft.“

b) Das Heergewäte, welches der nächste Schwertmag des verstorbenen Mannes erbt, besteht aus der besten Bekleidung des Verstorbenen, nächst der besten (welche die überlebende Ehefrau behält), einem Bette, einem Paar Laken, zwei Kissen, und einer Decke, nächst der besten (welche der Niftelerbin vorbehalten ist):

„(die Frowe) schall vonn sick geuenn des vorsteruen Mannes negestenn Swertmagen to Herewedde dat beste Par Cleydere negest den, de de Frowenn beholden hefft, eine Bedde, ein Par Lackene, twe Kussene, ein Deckene, negest der bestenn Deken.“

2. Gerade,

a) der überlebenden Ehefrau selbst, umfaßt deren Feierkleider und Silberschmuck, das Ehebett und die beste Kiste:

„Steruet einer Frowen ore Mann aff, so schall die Frowe vor er Gerade vor aller Erfdeylunge tovornn vthnemenn disse Stuckenn, alze all ore Cleyder, lynnen vnd wullen, so se de gedragen hefft to orer Zyrunge, alle Suluerwercke, dat se gedragenn hefft, ere Bedde, so se dat beslappenn heft mit ereme Manne, vnnder beste Kystenn.“

b) Die Gerade, welche auf die nächste Niftel der verstorbenen Frau vererbt wird, umfaßt das beste Paar Kleider der Verstorbenen, nächst dem besten (welches der überlebende Ehemann behält), das Geschmeide, welches die Verstorbene zu dieser Bekleidung zu tragen pflegte, ein Bette, ein Paar Laken, zwei Kissen, die beste Decke und eine Kiste:

„(de Mann) schall vonn sich geuen der uerstoruen Frowenn negestenn Spillmagen to Gerade dat beste Par Cleyder negest den de de Mann beholdenn hefft, mit welckem Smide se dat gedragen heft, eine Bedde, ein Par Lackenne, twe Kussene, de beste Deckene vnnd eine Kistenn.“

3. Zum Voraus nimmt

a) der überlebende Ehemann aus der von seiner Frau nachgelassenen Gerade: das beste Paar Kleider, nebst dem zubehörigen Geschmeide:

„Darto (d. i. zu seinem Heergewäte) schal he touorn uthnemenn vonn der nagelatten Gerade siner verstoruen Fruwenn dat beste Par Cleyder, Hoicke vnnd Rocke mit wathme Schmide se dat gedragenn hefft."

b) Die überlebende Ehefrau nimmt aus dem von ihrem Manne nachgelassenen Heergewäte zum Voraus: das beste Paar Kleider, welches der Verstorbene getragen:

„Darto (d. i. zu ihrer Gerade) schall sie touorn vthnemen von dem nagelattenenn Heergewedde eres Mannes dat beste Par Cleydere, Hoyke vnnd Rocke, so he[456]) de gedragenn heft."

Hoicke, Hoecke, Heucke, wird (Scherz Glossar.) wiedergegeben durch palla, calantica (richtiger calvatica: Forcell. s. v.), lacerna, Glocke. Es ist ein Stück der Bekleidung, glockenförmig vom Haupte auf die Schulter herabfallend, woher sich auch der sprüchwörtliche Ausdruck schreibt: „den Hoicken up beiden schuldern dragen," d. i. den Mantel nach dem Winde drehen. Vorzugsweise gehörte der Hoicke zum weiblichen Anzuge; doch gab es auch Mannshoicken. Nach Stettinischem Rechte war ein Stück der todten, d. i. von der Frau nachgelassenen Gerade: „ein Hoecke . . nach der Pommerschen alten Tracht."[457]) In einem Seehausenschen Testamente v. 1495 vermacht eine Frau ihren „swarten hoyken (schwarzen Staatsmantel)."[458]) In Gardelegen sollten lose und andere verdächtige Frauen kein Silberwerk und Pelzfutter unter den Kleidern oder Kragen, noch bendelde edder korte hoiken besundern eynen manss hoyken, beth vp de kuhe ahne bendel dragen, by vorlust der dracht.[459])

Fassen wir nun das System des Prenzlowschen Rechts zusammen, so scheint die Stadt das ihr durch die Brandenburgi-

456) Bei Zimmermann steht hier zwar: „se;" ich habe aber keinen Anstand genommen, dieses Wort in „he" zu verändern, da nur von solchen Kleidern die Rede sein kann, welche der verstorbene Mann getragen hat.

457) v. Hymmen Beitr. Erste Zugabe. S. 24 u. 29.

458) v. Raumer in v. Led. Arch. XIII. S. 178.

459) Gardeleg. Stat. §. 60.

schen Landesherren bestätigte Magdeburgische Recht auch in Ansehung der einst durch den Pommerschen Fürsten abgeschafften Gerade befolgt, dabei aber einen eigenthümlichen, wie ich vermuthe, von dem benachbarten Stettinischen Rechte[460]) herzuleitenden Gebrauch angenommen zu haben, und erst nach mancherlei Schwankungen zu einer festen Norm für die practische Anwendung gelangt zu sein.

Die im Jahre 1486 niedergeschriebenen Articel haben augenscheinlich die Singularsuccession in Heergewäte und Gerade, das s. g. todte Heergewäte und die s. g. todte Gerade, eingeschränkt, dagegen die Gerade und das Heergewäte, denen weniger der Character einer Singularsuccession, als vielmehr eines Voraus für den überlebenden Ehegatten beiwohnt, das s. g. lebendige Heergewäte und die s. g. lebendige Gerade, um einige Stücke bereichert, und endlich dem überlebenden Ehegatten gewisse einzelne Gegenstände, gleichsam theuere Reliquien zum Andenken an den zuerst Verstorbenen,[461]) als eigentliche Präcipua beschieden. In diesem Sinne wird denn sowohl von Heergewäte und Gerade, als von dem eigentlichen Voraus des überlebenden Ehegatten der Ausdruck gebraucht: tovorn vthnemenn. Die der Niftelerbin hinterlassene Gerade aber umfaßt beinahe dieselben Gegenstände, wie das dem nächsten Schwertmagen hinterlassene Heergewäte; und beide sind weniger reichlich ausgestattet, als die Gerade der überlebenden Ehefrau und das Heergewäte des überlebenden Ehemannes.

Uebrigens haben sich von diesem so eigenthümlichen und abgerundeten Systeme in den Zeiten nach Erlaß der Joachimischen Constitution[462]) alle Spuren verloren. In der Stadt Prenzlow selbst wird gegenwärtig dem überlebenden Ehegatten nicht das

---

460) Auch das Stettinische Recht unterscheidet Gerade und Heergewäte in der Hinsicht, ob der überlebende Ehegatte dergleichen nimmt oder hinterläßt: d. i. s. g. lebendige und todte Gerade und Heergewäte. Vgl. v. Hymmen am oben Anm. 457. a. O. S. 3—50: „Von der Stettinschen Gerade und dem Heergewette;" Statutarrecht der Städte des Herzogthums Alt-Vor- und Hinter-Pommern. Aus amtl. Quellen bearbeitet. Stettin 1836. S. 21 f, 72—78.

461) Vgl. Mittermaier Pr. R. §. 391. Note 7.

462) Vgl. oben Anm. 334.

geringste Präcipuum gewährt; während in der ganzen Ukermark noch jetzt der Ueberlebende, besonders unter den Landleuten, das Ehebett und das Feierkleid vorwegzunehmen pflegt.[463])

IV. Das Treuenbriezensche Recht.

In der Urkunde vom 9. Juni 1399 über ein Bündniß, welches die Städte Alt- und Neustadt Brandenburg, Berlin, Cöln, Frankfurt, Drossen, Müncheberg, Straußberg, Landsberg, Mittenwalde, Eberswalde, Bernau, Spandau, Nauen, Treuenbriezen und Belitz unter einander eingegangen,[464]) heißt es namentlich:

Ouch wollen wir veste halden . . . daz wir alle mitenander by eren vnd by Brandenburschen rechte wollen blyben, also wir alle dor mete begnediget syn von alder vnd von besettzunge der lande.

Sonach möchte man geneigt sein, das Treuenbriezensche Recht direct vom Brandenburgischen abzuleiten. Doch sind in Treuenbriezen die Singularsuccessionen in Heergewäte und Gerade, deren Ausscheidung dem Brandenburgischen Rechte wahrhaft eigenthümlich ist,[465]) beibehalten worden; und zwar in einer ganz besonderen Weise, welche lebhaft an das Magdeburgische Recht erinnert.

A. Daß die specielle Erbfolge in Heergewäte und Gerade bewahrt worden, dafür bietet das Treuenbriezensche Schöppenbuch, welches gerichtliche Verhandlungen, besonders Vergabungen, aus den Jahren 1324 bis 1457 enthält,[466]) eine Reihe von Belägen. Im Jahre 1324 gibt ein Vater seiner Tochter

463) Mathis III. S. 159; Scholtz Entw. S. 229. Nr. 28; v. Kamptz Jahrb. L. S. 35 f.

464) Fidicin Beitr. II. No. XCVII. Vgl. oben Anm. 235.

465) Unten §. 2. No. IV.

466) Ein Auszug aus diesem Schöppenbuche ist im Jahre 1833 abgedruckt worden, in v. Kamptz Jahrb. XLII. S. 260—278. Eigentliche Rechtssprüche finden sich zwar nicht darin; wohl aber s. g. gesta in großer Fülle. In dem Proömium thun die Schöppen der Stadt kund: omnium incolarum isti codici nomina inscripta, qui suas conjuges, et e contrario quanta hereditate nec non cetera et etiam ceteris donationibus quibuslibet nobis presentibus dotauerunt. Die Vergabungen sind zu Anfang sämmtlich in Lateinischer Sprache, vom Jahre 1363 an aber mehr und mehr (von 1379 an ausschließlich) in Deutscher Sprache aufgezeichnet worden.

die, wie es scheint, derselben von ihrer Mutter hinterlassene Gerade (a. a. O. Nr. 6):

Hennekc morzan posuit 6½ talenta super hereditatem suam de bonis dans radeleue sue filie.

Die Form radeleve bezeichnet recht eigentlich die von einer Frau hinterlassene Gerade. (Grimm R. A. S. 567.) Sie findet sich nicht nur wiederholentlich in dem Treuenbriezenschen Schöppenbuche (Nr. 29, 35, 37), sondern auch in dem Berl. Stadtb. v. 1397 (S. 123, 125, 149) und in Urkunden von Kurfürst Joachim dem Ersten.[467]) Nur durch Corruption entstanden sind Formen, wie radeleen, geradeleyn,[468]) Redlein.[469])

Im Jahre 1342 vergeben zwei Eheleute von Todes Wegen ihr ganzes Vermögen, Heergewäte und Gerade ausgenommen, an ihre beiden Söhne, welche zum Orden der Dominicaner gehören (a. a. O. Nr. 29):

Nicolaus Lemmen et uxor sua katerina ambo dotam (zu lesen: dotant) post mortem vtrorumque omnia bona sua duobus filiis suis scilicet fratribus ordinis predicatorum, exceptis hergewede vnd radeleue.

Im Jahre 1346 fällt die von der ersten Frau eines gewissen Heymo hinterlassene Gerade nicht etwa dem Wittwer, sondern dem Richter anheim; augenscheinlich in Ermangelung geeigneter Specialerben (a. a. O. Nr. 35):

Parafernalia autem et radeleue de priore uxore relicta assumpsit sibi prefectus, que quidem pensata sunt super mediam sexagenam tali condicione quod si quis infra annum et diem uenierit, qui ad dicta parafernalia meliorem iustitiam et majorem habuerit, quam prefectus, illi prefectus hanc mediam sexagenam debeat redonare.

Im Jahre 1357 findet ein Vater seine Tochter ab, wegen der ihr von ihrer Mutter hinterlassenen Gerade (a. a. O. Nr. 37):

Wolt dannenberch donauit filie sue aunen de bonis sue matris XVI sexagenas et IIII grossos pro parafernaliis que vulgariter

---

467) B. J. 1517: oben Anm. 335; v. J. 1512 u. 1515: unten Anm. 473. u. 476.

468) Leman Kulm. Recht S. 283. u d. W. gerade.

469) In der unten §. 2. No. IV. zu erwähnenden Pasewalk'schen Urkunde v. 1306.

dicuntur radeleuen suis de promcioribus bonis in die et anno per soluendo.

Diese 16 Schock und 4 Groschen sollen aus den bereitesten Gütern (d. h. die bona promciora[470])) binnen Jahr und Tag entnommen werden.

Im Jahre 1363 stellt ein Mann seinem Stiefsohne dessen väterliche Erbschaft und namentlich auch das Heergewäte sicher (a. a. O. Nr. 48):

Predictus nicolaus locauit super domum suam et omnia bona sua mandata XIIII sexagena parvorum gr. pro hereditate paternali et IIII sexag. pro hergewede ex parte privigni sui filii.

Nicht ein einziges Beispiel findet sich, daß die überlebende Ehefrau Gerade, oder der überlebende Ehemann Heergewäte genommen hätte! Jene Singularsuccessionen aber scheinen so sehr in der Gewohnheit gelegen zu haben, daß auch dann ihre Spuren noch keinesweges verschwanden, als die Gesetzgebung dagegen auftrat. Noch in den Jahren 1424 und 1436 erwähnt das Treuenbriezensche Schöppenbuch (a. a. O. Nr. 99 u. 111) des einem Knaben von dessen Vater hinterlassenen Heergewätes. Und doch hatte schon Markgraf Jobst v. Mähren (reg. 1388—1411) Heergewäte und Gerade, nach dem Vorbilde der anderen Mittelmärkischen Städte, auch in Treuenbriezen abgeschafft. Die von demselben unterm 23. November 1403 darüber ausgestellte Urkunde lautet:

Wyr Jost v. g. g. Marggraff zu Brandenburg . . . bekennen . . das wir . . geben vnd gegeben haben vnser Stad zu der Brysen . . das sy das recht habin vnd behaldin sollen ewichlichen, das man alle Radeleue vnd hergewete, dy gefallen sein vnd noch gefallen mochten in zukumpftigen zeiten nymanden sal volgen lassen noch volgen sal in keyner wys, dieselben vorgenante zwei stucke, wene sy sullen dyselbin recht behaldin vnd habin als ander vnse gemeine stete jn der newen marke vnd anders nicht, ouch so wollen wir sunderligen, das vnser richter vnd ouch vnser Schepffen keine ander Recht ober dye czwey vorgnante stücke sprechen wenne als vnser

470) S. auch Treuenbr. Schöppenbuch Nr. 8: de bonis promcioribus; Nr. 42: vt zime redesten gudet; Nr. 109 u. 119: vth den redesten gudern; Nr. 122: vth synen reisten gudern. — Vgl. unten Cap. III. §. 2. über C. J. Tit. I. §. 5.

Stete in der newen marck . . . Gebün zum Berlin nach Christs geburt 1403 an sand Clemententage.

Unterm 14. April 1512 erneuerte und bestätigte Kurfürst Joachim I., auf Ansuchen der Bürger von Treuenbriezen, diesen Brief des Markgrafen Jobst und die darin ausgesprochene Aufhebung von Gerade und Heergewäte:

V. G. G. wir Joachim . . . Churfürst vnd Albrecht Gebrüder Marggrauen zu Brandenburg[471]) . . . Bekennen . . . als vns vnser . . . Bürgemeister vnd Ratmann vnser Stat Brytzen einen alten versigelten Brive etwan[472]) des hochgebornen Fürsten hern Josten . . angezeigt haben, von Wort zu Wort also wie hienach volget lutende: Wyr Jost u. s. w.

(hier findet sich die oben in extenso mitgetheilte Urkunde v. 23. November 1403 eingerückt)

Und vns . . gebeten Inen selben Briue zuernewen zu confirmiren vnd zu bestetigen, . . . vernewen confirmiren vnd bestettigen denselben in allen seinen Puncten . . . vnd wollen vestiglich, das In gemelter vnser Stat Britzen die Radeleue vnd hergewedde nicht soll statt haben, sondern damit nach meldung obgemelts Brives zu ewigen tagen vnvorbrochentlich wie in andern vnsern Stetten der Mittelmarck gehalten werden . . . geben zu Coln an der Sprew mitwochs in ostern 1512.[473])

Obgleich nun aber auf diese Weise auch in Treuenbriezen Heerge-

---

471) Oben Anm. 55.

472) Das Wort etwan wird in der Bedeutung von olim, weiland, häufig gebraucht. Z. B. Gercken cod. dipl. II. S. 650 (Urk. v. 1370): „Bussen von Aluensleue seligen etwenne unsers lieben getrouuen;" fr March. V. S. 112 (Urk. v. 1384; auch bei Buchholtz Br. Gesch. V. Anlg. S. 156 Nr. 17): „Wir Ingeborg etwan Marggräfin zu Brandenburg, nun v. G. G. Gräfin zu Holstein;" Buchholtz Br. Gesch. V. Anhg. S. 1'0. Nr. 30 (Urk. v. 1402): „von Herrn Styborn, etwa Woywode zu Siebnbürgen;" Fidicin Beitr. I. S. 245 (Urk. v. 1444): „so alze etzwein vnse medeborger Heyne Kuns, dem god gnade, vnser Stad heyde . . . gebruket het;" II. S. 330 u. 331 (Urkk. v. 1536 u. 1537): „nach thotliclem abgang etwen des hochgebornen fursten herrn Joachims." — Die Form itzwanne dagegen bezeichnet: „zu irgend einer Zeit." Fidicin Beitr. I. S. 62 (Urk. v. 1369): „von . . Marchgreuen . . tů Brandenburgh itzwanne gewesen sin, den god genedige." — Vgl. unten Anm. 520.

473) Beide Urkunden (v. 1403 u. 1512) bilden ein Ganzes. Fidicin hat mir dieselben aus seinen noch ungedruckten Sammlungen mitgetheilt.

wäte und Gerade denselben Bestimmungen unterworfen sein sollte, welche in den übrigen Mittelmärkischen, oder, wie die Urkunde v. 1403 lautet, Neumärkischen[474]) Städten, dem alten Brandenburgischen Rechte gemäß,[475]) galten; so hat doch noch Kurfürst Joachim I. wenige Jahre später selbst Veranlassung gehabt, einen in der Stadt Treuenbriezen über Heergewäte und Gerade erhobenen Streit zu schlichten. Seine Entscheidung findet sich in folgender Urkunde vom 18. Januar 1515:[476])

Wir Joachim v. G. G. . . . bekennen . . Als zwischen vnsern lieben getrewen Joachim Cracken alß verordneten vnd gesetzten vormunden Jochim, Churt, Heine vnd Hansen Witbrizen gebrüdern Klägern einß, Bürgermeistern vnd Rethmannen vnserer Stad Trewen Brizen antwortern anders Theilß Irrung erhalten von des dritten Penniges an den Hergewedde vnd Radeleue . . das wir mit Bewilligung beider Parteyen auch als oberster Vormund den vnmündigen Kindern diese gebrechen entlich entscheiden haben, Alß

das der Rath zu Trewen Britzen hergewedde und Radeleue zu jeglicher Zeit, wie gewonlich von den obergerichtte wegen bei sich nehmen und den Witbrizen alß Schulzen und Iren nachkommen darvon allezeit den dritten Pfenningk geben und volgen laßen sollen, . . .

Zu Cöln a. d. Spr. Donnerstags nach Anthonii. Im 1515 Jhar.

Diese Urkunde ist in verschiedenen Beziehungen von Interesse. Einerseits gewährt sie ein Beispiel davon, wie auch dem Landesherren selbst die Entscheidung eines förmlichen Rechtsstreites gleichsam in vertragsmäßiger Weise („mit Bewilligung beider Par-

474) Unsere Mittelmark hieß früher, im Gegensatz der Alten Mark, die Neue Mark; wogegen unsere Neumark durch einen Zusatz bezeichnet wurde: die Neue Mark über oder jenseits der Oder. Vgl. Gercken cod. dipl. V. S. 227. Note; Urk. v. 1399 (oben Anm. 464 angef.) im Eingange; Urkk. v. 1450, 1455, 1472 in v. Raumer cod. dipl. I. S. 176. No. XXVII; S. 217. No. LXXV; II. S. 16. No. XVII. — Die Bezeichnung der Marken nach der Lage disseits und jenseits der Oder ist auch noch in den Recessen der späteren Zeit sehr gebräuchlich; wobei denn natürlich auch die Umkehrung vorkommt, daß in Urkunden, welche in der eigentlichen Neumark ausgestellt sind, die Mittel- und anderen Marken „jenseits der Oder" heißen. (C. C. M. Th. VI. Abth. I. Sp. 174, 191 f, 213, 228, 230; vgl. Buchholtz V. Anh. S. 130. Nr. 80.)

475) Oben Anm. 465.

476) Auch diese Urkunde verdanke ich Fidicins Mittheilung.

teyen") überantwortet werden konnte; und zugleich liefert sie einen Beitrag zu der Lehre von den Gerichtsgefällen.[477]) Andererseits geht daraus hervor, daß in Treuenbriezen die Singularsuccessionen in Heergewäte und Gerade, selbst nach der gesetzlich ausgesprochenen Aufhebung, wenigstens insofern noch fortgedauert haben müssen, als es sich darum handelte, nach welchen Quoten die Gerichte Heergewäte und Gerade an sich nehmen sollten, wenn dergleichen in Ermangelung geeigneter Specialerben den Character erblosen Gutes annahm.

So viel steht fest: nach Erlaß der Joachimischen Constitution ist auch in Treuenbriezen Heergewäte und Gerade verschwunden. Dagegen hat man bis auf neuere Zeiten die Gewohnheit beobachtet, dem überlebenden Ehegatten das Ehebett zum Voraus zu ertheilen.[478])

B. Die Erbfolge der Ehegatten und der Verwandten hat von Alters her nach der ächt Märkischen Halbtheilung stattgefunden. Diese Halbtheilung aber erscheint in dem Treuenbriezenschen Schöppenbuche nicht sowohl in der Weise eines eigentlichen Intestaterbrechts, als sie vielmehr durch gerichtliche, nach Magdeburgischer Art angeordnete Vergabungen bewerkstelligt wird.

So finden sich vom Jahre 1324 bis zum Jahre 1457 eine Menge von Verhandlungen, in welchen

1) der Mann seiner Frau oder beide Gatten einander gegenseitig von Todes Wegen die eine Hälfte des Vermögens zusichern, die andere Hälfte aber ihren Kindern, oder, in Ermangelung solcher, den nächsten Verwandten des zuerst Versterbenden vorbehalten. Hier nur einige Beispiele.

W. J. 1324.

1. Jo. de morzane dotauit uxori sue annen dimidictatem bonorum post obitum proximi.

8. Gunther . . . dotauit sue uxori margarete medietatem bonorum suorum, qui prius obierit absque herede, proximi succedent.

477) Riedel M. Br. II. S. 516 ff.

478) v. Kamptz Pr. u. stat. R. I. S. 47. No. XXXII; Jahrb. L. S. 16. No. V. 2.

V. J. 1357.

37 . . . Wolt dannenberch donauit vxori sue katherine post obitum dimidium bonorum suorum, quis eorum prius obierit sine herede proximi succedunt.

V. J. 1363.

42. Item Jacob mörz het zime kinde margarite XX scock smaler kroschen nach zime dode gemaket vt zime redesten gudel, steruet dat kint er erden kinden muder, zo zal dy muder nemen dy helft der güdern wen dar nimmet vnd her jacob vrunt dy ander helfft.

45. Hans gerardes dy het gemaket katherine sinem eliken wyfe dy helft synes gudes, vnd welck ore er sterue sunder erue dat sterue an den negesten.

47. Nicolaus Rostock donauit vxori sue Annen medietatem omnium bonorum suorum post mortem quis eorum prius obierit proximo hereditabit[479]) secundum nostrum vsum et ipsa sibi mutuo.

V. J. 1379.

60. Clas dy scultc von der nichil dy het gemaket siner huswrowen beten half vnd half also hir eyn wonheit vnd eyn wilkor is: welk or irst steruet dy ander helft dy vellet an or erwe.

V. J. 1389.

70. Item is komen jacob czulekendorp vnd maket siner eliken vrowen gervinde sin gud half vnd half vnd sy em weder althumale, u. s. w.[480])

In diesen Stellen heißen immer die Kinder vorzugsweise heredes oder erven, die übrigen Verwandten dagegen proximi oder negeste oder vrunt.[481])

Söhne und Töchter aber genießen gleiche Rechte an der väterlichen oder mütterlichen Erbschaft. Auch werden die Kinder beiderlei Geschlechts durch gerichtliche Vergabungen gleichsam zu Erben eingesetzt. In diesem Sinne heißt es in einer Verhand-

---

479) Das Wort hereditare hat hier wieder den Sinn von vererben. Vgl. oben S. 112.

480) Vgl. noch die Nr. 10, 23, 30, 35, 43, 71, 86, 89, 90, 91, 113, 114, 119, 124, 125.

481) Vgl. oben S. 106 u. 113.

lung v. J. 1324 (Nr. 11), nachdem sich Mann und Frau ihr Vermögen gegenseitig von Todes Wegen zugesichert (unten S. 137):

Si vero heres aliquis siue filie vel filii[481]) de hiis ambobus remanserint, extunc ipsi filii et alter conjugum dimidium bonorum suorum participabunt.

Ferner in einer Verhandlung v. J. 1344 (Nr. 31):

Johannes dotavit filie sue participem esse bonorum hereditalium cum ceteris filiis suis post obitum suum si aliquos genuerit cum muliere et uxore secunda.

Und in Verhandlungen v. J. 1406 (Nr. 81 u. 82):

Heine mortzane dy richter tur bryzen dy geuet syner elyken frouwen elyzabet vnd synen eliken kyndern alze hannes, heynen, thomas vnd mathias sin gud meteinander, vnd sal steruen[482]) von einem kinde op det ander etc.

Katherina wollunine maket al er gud na oreme dode oren beiden dochteren als margarete der ebel molnerinnen vnd katherinen der claus werbikinnen dat sy dat glike delen.

In einer Verhandlung v. J. 1370 scheint es sogar ein natürlicher Sohn zu sein, der zu gleichen Theilen mit seiner Mutter von Todes Wegen begabt wird (a. a. O. Nr. 49):

Dominus Conradus donauit sue ancille gertrudis dimidium omnium bonorum suorum quoque reliquerit in domo sua, et aliud dimidium omnium bonorum post mortem suam mychaely filio gertrudis predicte.

2) In manchen Verhandlungen gibt die Frau alle ihre Güter, etwa mit Vorbehalt der anderweitigen Verfügung über eine gewisse Summe, ihrem Manne von Todes Wegen; während der Frau nur die Hälfte des Vermögens zugesichert wird, falls der Mann eher sterben sollte. So im Jahre 1324 (Nr. 10):

Beste dotauit Joh. kulebatz viro suo post mortem ipsius Beste omnia bona sua excepto vno talento, quod in fine vite sue dabit secundum eius voluntatem. Si vero ipse Johannes prius obierit tunc predicta beste participabit dimidietatem bonorum suorum.

Im Jahre 1343 (Nr. 30):

Johannes murator dotauit sue vxori katherine medietatem bonorum suorum post obitum suum, si ipsa autem prius morte preuenta fuerit, bona omnia optinebit.

---

482) Oben Anm. 287.

Im Jahre 1389 (Fortsetzung der Verhandlung Nr. 70; oben S. 135):

ist dat he eyr steruet, so behaldet sy dat gud half, steruet auer sy eyr, so sal he dat gud behalden altumale.

Im Jahre 1448 (Nr. 119, Verhandlung zwischen einer, vordem an einen Peter Jeserik verheirathet gewesenen, Frau Agathe und ihrem zweiten Ehemanne, Peter Mortze):

(1) Dy Peter jheserikinne heit gegeuen peter mortze oren elike manne sodane gudere, alse sy van den genanten peter behalden hed, benomeliken dat Erue twer dorbritzensche hufen, seßes morgen wesen (2) als maket dy vorgenante peter mortz agathen synem elyken wyffe syn gud half na syme dode, dat he nu hed vnd vmmeyr gewinnet, nach medeborgschen rechte[483]) (3) ouck sal dy seluige agatha des genanten peter mortz eliche husfrouwe achteyn schock vth den redesten guderen mechtich syn tu kerende vnd geuende war vnd weme sy wil.[484])

3) Mitunter wenden sich auch Ehegatten indistincte alle ihre Güter gegenseitig von Todes Wegen zu. So heißt es in einer Verhandlung v. J. 1324 (Nr. 3), ohne weiteren Zusatz:

Cono de aquis et uxor eius Katerina mutuo dotauerunt omnia bona sua.

Ferner in einer Verhandlung von demselben Jahre (Nr. 11), mit dem Vorbehalte des Theilnehmungsrechtes der Leibeserben, welche dereinst vorhanden sein möchten:

Conradus Doberchowe et uxor sua katherina dotauerunt mutuo bona sua vnus alteri, ita quod quicunque eorum prius obierit absque herede vivens obtinebit totum. Si vero heres aliquis u. s. w. (Oben S. 136.)

Ein Fall aus dem Jahre 1342 (Nr. 29), in welchem zwei Eheleute über ihr gesammtes Vermögen in der Art verfügen, daß dasselbe erst nach ihrem beiderseitigen Tode ihren Söhnen zufallen solle, ist schon oben (S. 130) in anderem Zusammenhange aufgeführt worden. — In einer Verhandlung v. J. 1373 (Nr. 53) versichert sich ein Ehepaar gegenseitig das gesammte Gut von Todes Wegen, mit Ausnahme von 12 Schock, welche den nächsten Verwandten des zuerst Versterbenden, und von anderen 12 Schock, welche den Heiligen vermacht werden:

---

483) S. unten S. 140.

484) Die Zahlen 1 bis 3 in Klammern habe ich beigesetzt, um die drei Theile klarer hervortreten zu lassen, in welche diese Verhandlung zerfällt.

It. Hermannus het gegeuen syner eliken husvrowen elzebeten alle syn gut na syme dode vnd sy em weder na oren dode in sulkem twischeide, welk örer na des andern dode blyuet, du sal behalden aldat gut[485]) ane vier vnd twintich breide schock, twelfe solen hebben die nehesten vrunt des doden vnd twelfe die hiligen etc.

In einer Verhandlung v. J. 1403 (Nr. 79) heißt es wieder ohne weiteren Vorbehalt:

Dames von elsterwerda maket syner eliken vrowen katherinen al sin gud vnd syeme wedder: welk orer lengest leuet, dye behalde id altumale.[485])

Augenscheinlich anders aufzufassen ist ein Fall aus dem Jahre 1357 (Nr. 123), in welchem ein Mann seiner Frau eine reine Schenkung seines ganzen gegenwärtigen Vermögens macht:

Andreas Jacob dy hed gegeuen sinem eliken wiffe agnisse gnant al syn gudere von der hant, dye he nu hed in staude, gen, in liggenden grunde,[486]) bewogen vnd vnbewogen.

Hier ist offenbar nicht von einer donatio mortis caussa die Rede. Der Ausdruck von der hant wird im Berl. Stadtb. (S. 120) paraphrasirt: nicht hopenisse dar mer tu tu hebben gantz dar ane tu laten vnd nicht mer sich vnder tu windene.

4) Endlich finden sich auch Beispiele von Schenkungen und Vermächtnissen einzelner bestimmter Objecte oder Summen, sowohl von Seiten eines Ehegatten an den Anderen, als auch an Verwandte.

a) Ein Mann schenkt seiner Frau alle seine Rinder (Verhandl. v. J. 1325, Nr. 17):

Jo. Culebaz dotauit sue uxori besten sua pecora dicta rintve vbicunque habet ea.

Im Jahre 1389 (Nr. 71) verschreiben zwei Ehegatten demjenigen unter ihnen, welcher den Anderen überleben werde, außer dem gewöhnlichen Halbtheile aller Güter, noch eine Summe von 12 Schock zum Voraus:

. . . twelf schock, dy sal tu vor uwid nemen welk orer leuende bliuet na den andern ud den neisten (zu lesen: reisten, d. i. redesten[487]) gude in geuere.

---

485) D. i. Längst Leib längst Gut. (Oben Anm. 396.)
486) Oben Anm. 382.
487) Oben Anm. 470.

Im Jahre 1433 (Nr. 109) wird dem dereinst den Anderen überlebenden Ehegatten ein Hof zum Voraus beschieden:

Albrecht gast maket siner elichen husfrouen dorotheam eynen hoff geleghen uor dat nye dor als welk orer des andern dod leuet, dy sal den suluigen hoft thu vorne vth nemen vth den redesten[487]) gudern.

Im Jahre 1457 (Nr. 122) prälegirt ein Mann seiner Frau die Summe von 6 Schock:

Gorus Kuckugk dy maket sinem eliken wiffe Gertruden genant VI schogk thu vorne vth synen reisten[487]) gudern.

b) Ein Mann verschreibt seinem Sohne 2 Pfund (Verhandl. v. J. 1324, Nr. 8; vgl. oben S. 134 g. E.):

Gunther greuer dotavit suo filio nicolao II talenta[488]) de bonis promcioribus.[487])

Im Jahre 1363 (Nr. 42) vermacht ein Vater seiner Tochter 20 Schock. (S. oben S. 135.) Im Jahre 1373 (Nr. 53) vermacht ein Ehepaar den nächsten Verwandten des zuerst Versterbenden 12 Schock. (Oben S. 137 f.) In demselben Jahre (Nr. 56) versichert ein Mann seiner Schwestertochter 2 Schock von Todes Wegen. (Unten S. 141.)

Besondere Beachtung verdient hier der Umstand, daß in den Verhandlungen des Treuenbriezenschen Schöppenbuches die gerichtliche Vermachung des Halbtheils der Güter an den überlebenden Ehegatten, schon vom Jahre 1363 an auf das eigenthümliche Gewohnheitsrecht der Stadt Treuenbriezen selbst, seit dem Jahre 1418 aber auf Magdeburgisches Recht gegründet wird. In dieser Beziehung heißt es in Verhandlungen v. J. 1363: secundum huius civitatis vsum (Nr. 43); secundum nostrum vsum (Nr. 47); v. J. 1379: also hir ein wilkor is (Nr. 59); also hir eyn wonheit vnd eyn wilkor is (Nr. 60); alzo hir eyn wilkore vnd wonheit is (Nr. 61); alzo hir eyn recht vnd wilkor is (Nr. 62); v. J. 1389: (al)so hir der stad wilkor vnd wonheit is (Nr. 71 u. 72); v. J. 1393, 1415 und 1418: alz(e) der (oder vnser) stad wilkor vnd (ge)wonheit is (Nr. 75, 86, 90, 93). Dagegen findet sich schon im Jahre 1418 (Nr. 89, 91, 92) die Bezeichnung: nach meydelborgschen

488) Ueber den Werth des Talentes oder Pfundes s. Fidicin Beitr. III. S. 432 f.

(medeborgher) rechte, und seitdem nicht wieder die Bezugnahme auf das eigene Stadtrecht, sondern immer auf das Magdeburgische Recht, mit den Worten nach oder in medeborschen rechte. (Nr. 113, 115 v. J. 1439; Nr. 119 v. J. 1448; Nr. 124, 125 v. J. 1457.) Ja auch ein bloßes Prälegat wird im Jahre 1457 (Nr. 122: oben S. 139) durch den Zusatz verstärkt: in Medeborschen Rechte.

C. Der Consens der Erben in Veräußerung von Erbgut wird nicht vernachlässigt. Es finden sich mehrere dahin einschlagende Fälle.

Im Jahre 1337 stellen Geschwister ihre (wie es scheint, mütterliche) Erbschaft zu Händen ihres Vaters, und verpflichten sich gegenseitig, keiner Verfügung zu widersprechen, welche der Vater darüber zu treffen für gut finden sollte (Nr. 25 u. 26):

Filii et filie boldewini johannis videlicet, Conradus et boldewinus et mechtildis et katherina in presencia nostri coram plebiscito omnem hereditatem eorum tam in civitate quam in campis ad manus patris eorum sunt arbitrati quod cunctam hereditatem ipsis absentibus resignauerit eius hereditas libera permanebit.

Item predicti filii et filie arbitrati sunt apud idem plebiscitum, omnes res eorum tam hereditarias quam mobiles in potestate manuum patris aut quam vnicuique aut sanus aut aegrotus assignauerit aut dedit, hoc ipsius absque aliorum contradictione tamquam in plebiscito dotatum esset permanebit.

„Plebiscitum" bezeichnet hier das Burding (oben Anm. 321); Du Cange erklärt plebiscitum durch conventus populi oder iudicium legitimum. —„In presencia nostri" geht auf die Schöppen, deren Namen an die Spitze der Verhandlungen des Jahres geschrieben sind.

Im Jahre 1373 (Nr. 53: oben S. 137 f.) willigen die beiderseitigen nächsten Verwandten in die von einem Ehepaare gemachten Vergabungen von Todes Wegen:

Dit is geschyhn met orer twier nehesten vrunde wille vnd vulbort.

Im Jahre 1440 überträgt eine Frau das brüderliche Erbgut, mit Consens der Erben, auf ihren Mann (Nr. 105):

Claus jodekens elike vroue katherina het em geuen ores bruders angefell mit ganzer vulbort der erffen.

Leibesschwäche oder Siechthum aber hindert an und für

sich den Mann noch nicht, Verfügungen über sein Gut zu treffen; jedoch mit einer eigenthümlichen Modification, welche einer singulären Magdeburgischen Meinung ihren Ursprung verdankt. Unter den Verhandlungen v. J. 1373 haben zwei (Nr. 55 und 56) hierauf Bezug:

(55) Hans planemann van der nichilo will onde sal mechtich syn tu vorgeuen di helft al synes gudes was he it het was he wil over syn bedde in synes lyues vnkreften ane ansprake syner negesten, di ander helft, di sal vallen an den sie van rechte behöret.

(56) Michil stangenhagen sal mechtich syn VI breder schock tu borgenen war he wil ouer sin bedde bred in sines liues vnkreften vt siner helft des gudes ane weddersprake siner husvrowen: van den sex schocken sal hebben dorothea siner suester dochter hermanns schoneweldes husvrowe twei brede schock na michiles dode.

Die Abweichung von dem sonstigen durchgreifenden Verbote der Dispositionen auf dem Siechbette (oben S. 73 f.) besteht wesentlich in der Rücksicht auf die Möglichkeit, eine Gabe noch über das Bettbrett hinweg reichen zu können. Und diese Rücksicht ist es eben, welche ich vorher als singulär Magdeburgisch bezeichnet habe. Es sagt nämlich die Glosse zum Sachsenspiegel (I. 52.) in der Leipz. Ausg. v. 1528: „Doch sagen etlich, das ehr" (der Bürger, welcher Vergabungen inter vivos oder mortis caussa vornehmen will) „yn seinem siechbette vorgeben mag, was ehr vber das betbret hynwegk reychen magk;" und die Glosse zum Sächs. Weichb. Art. LXV: „Nota ex hoc textu, Dicunt Magdeburgenses, et quidam reputant illos errare, Was ein mann in seinem siechbett vber das bettbret weg geb, also, das es dieser in seine gewehr erkriegt, das sol man stet halten."

Sonach scheinen es in allen Beziehungen recht eigentlich die gerichtlichen, nach Magdeburgischer Weise vorgenommenen Vergabungen gewesen zu sein, welche in Treuenbriezen der von Alters her dort recipirten Märkischen Halbtheilung zwischen dem überlebenden Ehegatten auf der einen, und den Kindern oder den Verwandten des Vorverstorbenen auf der anderen Seite, die äußere Norm gegeben haben. Diese Altmagdeburgischen Vergabungen waren gleichsam das Mittel, durch welches in Treuenbriezen das einheimische Halbtheilungsrecht realisirt wurde. Denn dieses

Halbtheilungsrecht selbst ist ächt Märkisch und läßt sich dem Magdeburgischen Rechte, zumal dem ältesten, in keiner Weise zuschreiben.[489]) Wenn also unsere Treuenbriezenschen Verhandlungen erst vom Jahre 1418 an auf Magdeburgisches Recht Bezug zu nehmen pflegen (oben S. 139 f.), so ist dies wohl mehr Ehren halber geschehen; da ja z. B. ein und derselbe Mann das Halbtheil seiner Güter im Jahre 1415 seiner Frau Elisabeth nach Treuenbriezenschem Stadtrechte, und im Jahre 1418 seiner, wie es scheint, zweiten Frau Gertrud nach Magdeburgischem Rechte verschreibt:[490])

1415.

86. Heyne mortzane der Richter tur bryzen dy maked syner elyken frouwen Elizabeth syn gud halff vnd halff alze vnser stad wilkör vnd gewonheit is.

1418.

89. Heyne morzane Richter tur brytzen hefft gemaket gertruden sinen elichen Wife sin Erffe vnd gut halff na sime dode alze he dat nu het und vortmer gewynnet nach meydeborgschen rechte.

Uebrigens sind es recht eigentliche Beispiele ächter Deutscher Gescheffte oder Vergabungen,[491]) welche das Treuenbriezensche Schöppenbuch darbietet!

Daß aber eine wahre Gütergemeinschaft unter den Ehegatten in Treuenbriezen stattgefunden, wird Niemand behaupten wollen, der die Natur der Gütergemeinschaft nicht völlig verkennt.[492]) Denn obgleich hier die Hälfte des Vermögens dem überlebenden Ehegatten zufällt, so hat doch kein Gatte bei Lebzeiten des Anderen ein weiteres Recht, als die Aussicht auf den Anfall des ihm von Todes Wegen eingeräumten Theiles der Güter, nach erfolgtem Ableben des Anderen. In diesem Sinne möchte ich auch jene Bestimmung aufgefaßt wissen, welche dem Manne die Verfügung über eine ge-

---

489) Vgl. oben Cap. I. und v. Diez Archiv Magd. Rechte S. 288 ff.

490) Im Jahre 1406 hatte derselbe Heine mortzane dy richter tur bryzen bereits sein gesammtes Gut seiner Frau Elisabeth und seinen Kindern gemeinschaftlich von Todes Wegen zugewendet. (Nr. 31: oben S. 136.)

491) Eichh. R. G. §§. 373, 374, 455.

492) Vgl. oben Anm. 445.

wisse Summe „aus seiner Hälfte des Gutes, ohne Widerspruchsrecht der Frau" gestattet. (Nr. 56 v. J. 1373: oben S. 141.) Imgleichen stimmt es mit der reinen Märkischen Halbtheilung vollkommen überein, wenn gewisse Präcipua, auf welche der überlebende Ehegatte nach strengem Rechte keinen Anspruch haben würde, demselben durch besondere Vergabungen von Todes Wegen ausgemacht werden. (Vgl. S. 131 u. 138 f. a.)

Als Resultat läßt sich hiernach annehmen: Das Treuenbriezensche Recht wurzelt allerdings in dem Magdeburgischen Rechte, jedoch wesentlich nur, so weit es Heergewäte und Gerade beibehalten, und die Form der gerichtlichen Vergabungen nach Magdeburgischen Grundsätzen zur Anwendung gebracht hat. Dagegen ist in materieller Hinsicht der Kern des Märkischen Erbrechts, die eigenthümliche Halbtheilung zwischen dem überlebenden Ehegatten und den Kindern oder weiteren Verwandten des Vorverstorbenen, von Alters her auch in Treuenbriezen einheimisch gewesen.

§. 2. Märkische Erbrechte ohne Heergewäte und Gerade.

Das System des Erbrechts, welches die Singularsuccessionen der Männer in das Heergewäte und der Frauen in die Gerade von Anfang an ausgeschieden hat, findet sich früh und vollständig entwickelt in der Prignitz und in der Mittelmark.

I. Das Kyritzsche Recht.

Die in der Prignitz mächtigen Edlen von Plote ertheilten im Jahre 1237 dem neben ihrer Burg belegenen Orte Kyritz das Stadtrecht.[493]) In der darüber ausgestellten Urkunde[494]) gestatten sie den neuen Bürgern ausdrücklich: ut hereditates quæ mor-

493) Mögen sie auch ihre Besitzungen nur pfandweise inne gehabt haben, so vermochten sie doch unabhängig genug mit denselben zu schalten. Späterhin freilich, mindestens seit den Jahren 1287 u. f. sehen wir Kyritz unter der unmittelbaren Herrschaft unserer Markgrafen. Bekmann M. Br. Th. V. B. II. Cap. IV. §. VIII. Sp. 174 f; Buchholtz Br. Gesch. II. S. 197 u. 337; Riedel M. Br. I. S. 225—229, 303—305.

494) Diese Urkunde ist abgedruckt bei Bekmann a. a. O. Sp. 173 f; bei Gercken fr. March. II. No. VIII; bei Buchholtz IV. Anh. Nr. 48. Der Tag der Ausstellung ist nicht verzeichnet. Auch in Ansehung der Jahreszahl herrscht einige Ungewißheit. Bekmann sagt, die Urkunde sei im Jahre 1237 geschrieben und existire zur Zeit (1753) noch auf dem Rathhause zu Ky-

tis jure peruente fuerint per medium dividantur et ut jure fruantur Stendaliensium.

Diese wenigen Worte enthalten in der That den Kern und die Elemente des ganzen Märkischen Erbrechts. Denn

1) die „hereditates" sind die sämmtlichen beiderseitigen Güter der Ehegatten, welche gleichsam **Eine Erbmasse** ausmachen, weil sie

2) „mortis jure peruente fuerint:" d. i. durch den Tod des einen Ehegatten dem Ueberlebenden und den Kindern oder weiteren Verwandten des Vorverstorbenen in der Weise angefallen sind, daß sie

3) „per medium dividantur:" d. i. **dem überlebenden Ehegatten zur Hälfte, und den Kindern oder weiteren Verwandten zur anderen Hälfte ertheilt werden müssen.**

Der Zusatz: „et ut jure fruantur **Stendaliensium**" deutet an, daß in Stendal von Alters her die Märkische Halbtheilung geübt worden;[495]) ist aber keinesweges so aufzufassen, als ob nun auch zugleich die Stendalschen Singularsuccessionen in Heergewäte und Gerade auf Kyritz hätten übergehen sollen. Vielmehr hat man in Kyritz stets die Theilung des beiderseitigen Vermögens in Hälften so buchstäblich zur Ausführung gebracht, daß man **nicht einmal dem überlebenden Ehegatten jemals ein Voraus zugestanden.**[496])

---

ritz. **Gercken** (1756) entnimmt dieselbe aus der Gundlingschen Sammlung, mit dem Bemerken, daß Gundling das Kyritzsche Originalinstrument, welches im Jahre 1237 verfaßt worden, abgeschrieben habe. **Buchholtz** (1771) gibt die Urkunde zwar ebenfalls nach dem Texte der Gundlingschen Sammlung, jedoch unter dem Jahre 1230, und mit dem Hinzufügen, daß zwei Abschriften davon in der Gundlingschen Sammlung vorhanden seien, deren andere die Unterschrift des Jahres 1237 trage. — Der Annahme, daß das Kyritzsche Privilegium i. J. 1230 ertheilt und 1237 erneuert worden (v. **Kamptz** Jahrb. VII. S. 214), möchte ich nicht beipflichten, da die Urkunde in allen drei Abdrücken gleich lautet (auf die verschiedene Orthographie und auf einzelne bei **Gercken** fehlende Wörter kann nichts ankommen), und von denselben Zeugen unterzeichnet ist.

495) Oben Anm. 333.

496) Die Berichte der Localbehörden aus den Jahren 1780 f. u. 1834 f. stimmen darin überein, daß in den Städten **Kyritz**, **Pritzwalk** und **Wittstock** ein Praecipuum niemals stattgefunden: v. **Kamptz** Jahrb. L. S. 30. Nr. 2.

II. Das Wittstocksche Recht.

Der Sechszehnte in der Reihe der Bischöfe von Havelberg Heinrich I. (1245—1270), ertheilte im vierten Jahre seiner Regierung, unterm 10. September 1248, der Stadt Wittstock Stendalsches Recht. Die darüber ausgefertigte, für unser Erbrecht besonders merkwürdige Urkunde [497]) enthält mehrere Stellen, welche das Stendalsche Recht in jeder Hinsicht zur Grundlage des Wittstockschen Rechts erheben:

. . . ciuibus in Witstock oppido . . . donauimus uti eo iure ciuili in Witstock, quo utuntur incolae Stendalenses. . . . . . Praeterea sententias ignoratas et dubias quaerant Stendal, si uelint, uel ubi illi de Stendal quaerere consueuerunt. . . . . . Caetera omnia donauimus eis iuxta consuetudinem iuris ciuilis Stendalensium incolarum.

Der Nachfolger Heinrich des Ersten, Heinrich II. (1270—1290) bestätigte dies in einer Urkunde [498]) vom 24. Februar 1275 (Sexto kalend. Martii die beati Mathiae Apostoli . . . pontificatus nostri anno quinto):

ut ciues in Witstock utantur eo iure ciuili, quo utuntur incolae Stendalenses. Et si sententiam a consulibus ciuitatis Stendal petere debeant, quam consules eiusdem ciuitatis vel scabini non libenter sine nostrae ciuitatis grauamine demonstrarent illuc sententiam ſuam petant, ubi Stendalenſes ſcabini uel conſules suas sententias quaerere consueuerunt. [499])

Die Erlaubniß, sich nicht bloß in Stendal, sondern nöthigenfalls

---

497) Sie findet sich zuerst bei v. Ludewig, im achten Theile der Reliquiae Manuscriptorum (v. J. 1727) S. 269—271, in dem s. g. Cataloge der (38) Havelbergischen Bischöfe v. 946—1600 (a. a. O. S. 263—348; vgl. Praefat. S. 48 ff); danach bei Bekmann, in der Beschr. der M. Br. Th. V. Buch II. Cap. VII. Nr. VIII. Sp. 271 f. — Das unterschriebene Datum lautet bei Bekmann: „Pont. nostri Anno IIII. Quarto ydus Septembris;" bei v. Ludewig ist das eine „quarto" augenscheinlich aus Versehen weggefallen: „pontificatus nostri anno quarto, idus Sept."

498) Abgedruckt bei v. Ludewig a. a. O. S. 273—275 und bei Bekmann a. a. O. Sp. 272 f.

499) Gegen Ende der Urkunde wird noch den Wittstockschen Rathmannen dieselbe Gerichtsbarkeit infra septa civitatis bestätigt, die den Stendalschen Rathmannen zusteht. Vgl. Riedel M. Br. II. S. 536. Note 2.

auch da Recht zu holen, wo Stendal selbst Recht sucht, deutet offenbar auf Magdeburg.[500])

Von Anfang an ist aber bei der Bewidmung Wittstocks mit Stendalschem Rechte die Abweichung aufs Bestimmteste ausgesprochen worden, daß die Singularsuccessionen in Heergewäte und Gerade wegfallen sollten:

His tamen exceptis, scilicet quod tota hereditaria possessio simul et ea pars, quam uocant heerwede et rade defuncto marito uel uxore per medium diuidatur. (Urkunde von 1248.)[501])

Diese Worte geben zugleich wieder zu erkennen, daß auch in Stendal nach dem Tode des einen Ehegatten das beiderseitige Vermögen in zwei Theile getheilt wurde;[502]) aber nicht eigentlich das gesammte beiderseitige Vermögen, da ja die aus dem Magdeburgischen Rechte beibehaltene Specialerbfolge in Heergewäte und Gerade fortbestand.[503])

Das Wittstocksche Recht selbst verknüpft das Erbrecht der Ehegatten mit dem der Verwandten auf's Innigste.

A. Den Ehegatten wird ein gegenseitiges Intestaterbrecht gewährt, und zwar der Frau in gleicher Weise, wie dem Manne. Denn von allen vorhandenen Gütern nimmt der Ueberlebende die Hälfte, mögen nun Kinder oder weitere Verwandte mit ihm concurriren:

una medietas cedat vivo superstiti, alia uero medietas inter heredes filios vel filias disponatur. (Urk. v. 1248.)

Diese Stelle ist mit der zuletzt angeführten durch et verbunden, handelt also von der Theilung der Erbschaft nach dem Tode des

500) Oben S. 87 f. — Vom Jahre 1436 findet sich eine Rechtserholung der Stadt Wittstock bei den Magdeburger Schöppen. (v. Ludewig a. a. O. S. 307 f.) Aus späterer Zeit, v. J. 1600, existiren Responsa der Facultäten von Rostock und Leipzig, welche Wittstock im Streit mit der Wredenhagenschen Familie um Rath gefragt. (v. Ludewig a. a. O. S. 311—316; Bekmann a. a. O. Sp. 284.)

501) Auf diese Abweichungen vom Stendalschen Rechte bezieht sich gewiß auch die Bestätigungsurkunde v. 1275: „priuilegia praedecessorum nostrorum cum exceptionibus ibidem positis confirmamus."

502) Oben Anm. 495.

503) Oben S. 88 ff.

Mannes oder der Frau; und deshalb habe ich die Bekmannsche Leseart: Vivo superstiti, obgleich ein Pleonasmus darin liegt, der v. Ludewigschen: viro superstiti vorgezogen, weil die letztere ausschließlich auf den überlebenden Ehemann geht. Uebrigens ist in unserer Stelle nur von den eigentlichen Leibeserben die Rede. Der weiteren Verwandten wird erst in folgendem Zusammenhange gedacht:

Item si moriatur uir uxore uiua, uel e conuerso decedat uxor uiuo marito, tota substantia haereditaria in partes geminas partiatur et una pars cedat uiuo, reliqua uero medietas ad illos deueniat, qui uiciniores fuerunt consanguinitate. (Urk. v. 1248.)

In Verbindung hiermit steht, daß für den Fall, wenn beide Ehegatten gerade zu derselben Zeit sterben sollten,[504]) ohne Kinder zu hinterlassen, die eine Hälfte der Güter den nächsten Verwandten des Mannes, die andere Hälfte den nächsten Verwandten der Frau zugesprochen wird:

Item nimirum, si sine heredibus ambo forsitan moriantur, tota possessio diuidatur per medium inter eos, qui utrique parti proximi sunt linea consanguinitatis. (Urk. v. 1248.)

Wie aber nach dem Tode des einen Ehegatten, wenn weder Kinder noch weitere Verwandte hinterblieben sind, das Recht des Ueberlebenden festzustellen sei, ob der Ueberlebende allein die gesammten Güter an sich nehme, oder ob die Hälfte derselben erblos werde, darüber fehlt es an näheren Bestimmungen. Auch die Bestätigungsurkunde, welche Dietrich II, der sieben und zwanzigste Bischof von Havelberg (1370—1385), den Wittstockschen Rechten und Gewohnheiten am 21. März („in sünde Benedictus dage“) 1374 ertheilt hat,[505]) verbreitet in dieser Beziehung kein helleres Licht. Uebrigens geht daraus hervor, daß Jedem der beiden Ehegatten nach der Beschreitung des Ehebettes, unter Lebenden, wie von Todes Wegen, eine Hälfte der Güter zustehe, und daß Keiner von Beiden den Anderen durch Vergabungen zum Nachtheile der Verwandten begünstigen dürfe:

504) Es verdient bemerkt zu werden, daß sowohl in dem Wittstockschen, als auch in dem Pritzwalk-Seehausenschen Rechte (unten No. III.) auf den Fall des etwa gleichzeitig erfolgten Todes beider Gatten oder aller Kinder Rücksicht genommen wird.

505) Abgedruckt bei v. Ludewig a. a. O. S. 283—286 und bei Bekmann a. a. O. Sp. 276 f.

„Wan ock mann unde wüff echtlicken tosamen kamen an eyn bedde, so schall er erfgut halff unde halff wesen, beyde by (ereme levende unde nach) ereme dode, darumme schal (n)eyn mann siner vrowen, edder ein vröwe ereme manne gut to voren gewen by ereme lewende, dar se mede eren vründen ere rechte erve entbehren mögen na ereme dode.“

Diese überaus wichtige Stelle erscheint bei v. Ludewig wesentlich entstellt. Zur genaueren Würdigung der Abweichungen, welche sich bei Bekmann finden, habe ich hier (mit Ausnahme des klaren „tosamen kamen,“ welches ich aus Bekmann aufgenommen, statt des „tosamende,“ welches bei v. Ludewig ohne das dazu gehörige Zeitwort steht) den v. Ludewigschen Text wiedergegeben, aber die abweichenden Bekmannschen Lesearten in Parenthesen hinzugefügt. Wahrscheinlich beruht der ganze Unterschied nur auf einem Versehen, durch welches bei v. Ludewig einzelne Wörter und Schriftzeichen ausgefallen sind. Wenigstens ist der Sinn der Bekmannschen Leseart vollständiger und ausdrucksvoller. Denn einmal deutet schon das Wort „beyde“ auf eine doppelte Rücksicht, welche genommen werden soll: an einer solchen fehlt es aber, wenn darauf bei v. Ludewig bloß folgt: „by ereme dode;“ während die Bekmannsche Leseart: „by ereme levende unde nach ereme dode“ das Halb und Halb inter vivos und mortis caussa herausstellt. Dann aber gibt das v. Ludewigsche „eyn“ den schon an sich unangemessenen Sinn, daß die Eheleute sich gegenseitig zur Verkürzung ihrer rechten Erben begaben dürfen; wogegen das Bekmannsche „neyn“ um so mehr in den Zusammenhang paßt, als das Wort „darumme“ deutlich genug anzeigt, daß die vorangegangenen Worte den Grund der darauf folgenden Bestimmung enthalten; mithin aus jenem Halb und Halb der Ehegatten nur die Folgerung, daß sich Beide daran genügen lassen sollen, aber nicht die Befugniß abgeleitet werden kann, noch über das Halb und Halb hinaus sich gegenseitig zum Nachtheile der Erben zu begünstigen. Dennoch möchte ich in dem hier bezeichneten gesetzlichen Verhältnisse der Ehegatten noch keine eigentliche Gütergemeinschaft unter Lebenden suchen. Vielmehr wird die eingegangene Ehe gleichsam als der Titel aufgefaßt, kraft dessen der eine Ehegatte nach dem Tode des Anderen das ausschließliche Eigenthum an der Hälfte der Güter erwerben soll, und zwar streng an der Hälfte in dem Sinne, daß auch nicht einmal durch gerichtliche Vergabungen der Eine dem Anderen mehr als eben jene Hälfte zuzuwenden vermag. Damit trifft denn wieder der Umstand zusammen, daß man auch in Wittstock dem überlebenden Ehegatten kein Präcipuum bewilligt hat.[506])

B. Das Erbrecht der Verwandten erscheint in der eigenthümlichsten und innigsten Verschmelzung mit dem Ehegattenerbrecht. Und zwar steht ursprünglich das Erbrecht der Kinder, sowohl der Söhne, als der Töchter, dem der weiteren Verwandten in schroffer Abgeschlossenheit gegenüber; erst späterhin sind auch die Enkel begünstigt worden.

A. Das älteste Recht gewährt nach dem Tode des einen Ehegatten

a) den Kindern, welche wieder κατ' ἐξοχήν heredes, d. i. Leibeserben,[507]) genannt werden, die Hälfte aller Güter. (S. die oben S. 146. angeführte Stelle der Urk. v. 1248: alia uero medietas inter heredes filios uel filias disponatur.) Wenn nun danach

α) das eine oder das andere Kind mit Tode abgeht: so succediren in dessen Erbtheil die überlebenden Geschwister zu gleichen Rechten:

Siquidem plures sint filii uel filiae coheredes et uno mortuo uel pluribus portio mortuorum inter uiuos aequaliter diuidatur. (Urk. v. 1248.)

Die Bezeichnung der Kinder als coheredes bietet denselben Sinn dar, wie jenes: „im Erbe bestorben."[508]) Denn obgleich auf die erfolgte oder nicht erfolgte Abschichtung der Kinder nicht näher eingegangen wird, vielmehr sämmtliche Erbportionen nach bestimmten Raten angewiesen werden, so läßt sich doch nicht bezweifeln, daß hier von dem Verhältnisse der in Gemeinschaft verbliebenen Kinder die Rede ist.

β) Wenn dagegen zufällig alle Kinder gleichzeitig sterben sollten,[509]) so wird das denselben von dem vorverstorbenen Vater

---

506) Oben Anm. 496.
507) Oben S. 106.
508) Oben Anm. 304.
509) Oben Anm. 504.

oder von der vorverstorbenen Mutter angefallene Halbtheil der Güter wieder in der Art getheilt, daß die eine Hälfte jenes Halbtheils auf die noch am Leben befindliche Mutter oder auf den noch am Leben befindlichen Vater zurückfällt, die andere Hälfte jenes Halbtheils aber den nächsten Verwandten zu Gute kommt:

Si forte filii omnes uel filiae moriantur, solo patre uel sola matre superstite: illa medietas, quae attingebat heredes, scindatur per medium et una pars cedat illis, qui proximi sunt linea consanguinitatis; altera autem pars ad radicem, uidelicet patrem uel matrem reuertatur.

So erscheint hier das **Schoosfallsrecht** in eigenthümlich beschränkter Weise. Denn selbst von dem väterlichen oder mütterlichen Erbtheile der Kinder (heredes [510])) kehrt nach dem Tode derselben nur die eine Hälfte zur Mutter oder zum Vater (ad radicem [511])) zurück; [512]) während die andere Hälfte den nächsten Blutsfreunden [513]) anheimfällt. Nach welchen Grundsätzen aber die Theilung vorzunehmen, wenn etwa Kinder, die während des Lebens ihrer Aeltern versterben, anderweitig erworbenes Vermögen hinterlassen: davon wird nichts gesagt.

b) In Ermangelung von Kindern erhalten des zuerst verstorbenen Ehegatten nächste Verwandten die eine Halbscheid der Güter. (S. die oben S. 147. angeführten Stellen der Urk. v. 1248.) So ist das Erbrecht der Kinder und das der weiteren Verwandten nach Altgermanischer Strenge aus einander gehalten.[514])

B. Erst das neuere Recht beseitigt die harte Absonderung der Enkel von den Kindern, und hebt die Enkel durch Bewilligung des s. g. Repräsentationsrechtes auf eine höhere Stufe empor: [514])

a) In der oben (Anm. 505) erwähnten Urkunde vom 21. März 1374 ruft Bischof Dietrich II. die Kinder beiderlei Geschlechts an Stelle ihrer vorverstorbenen Aeltern **nach Stämmen** zur Erbtheilung:

---

510) Oben Anm. 507.

511) Oben S. 112.

512) Oben Anm. 302.

513) Sie heißen hier proximi linea consanguinitatis; wie im Salzwedelschen Rechte proximi et primi consanguinei (nesten Gedelinge): oben S. 112 f.

514) Unten Abth. II. Cap. I. §. 1.

„dat de dode hand[515]) erve schölen nehmen to Wystock; In düsser wyse, dat dat kind schöle treden in des vaders stede, edder in der möder, erve to nehmende, wor id deme vadere edder der moder möchte gehöret hebben by ereme levende, dat sy mannes name edder vrowen name,[516]) dat schölen ere kindere nemen liker wyß alse de vader unde moder bey erème levende schollen genomen hebben, na Stemme tale, unde nicht na den Hoveden; Weret oek dat eyn erfdeilinge geschehe, dar mer stemme to hörden dan eyn, dat erve schal me deilen nach dem tale der stemme und nich na talle de lüde, sünder eyn ytzlich stemme hebbe lüttich gut lüde oder vele, he en schal nicht, wan eyn del nemen."

Läßt sich nun gleich nicht behaupten, daß Bischof Dietrich in dieser Urkunde als Begründer des Repräsentationsrechts für die Enkel auftritt — denn in der That deuten die Einleitungsworte:

„vesten, stedegen unde vulborden alle der stadt brewe unde rechtigkeit, beyde an erfdelinge unde in andern saken, unde ock an wohnheit" u. s. w.[516a])

lediglich auf Bestätigung bereits bestehenden Erbrechts —;[517]) ist also auch anzunehmen, daß schon unter Dietrichs Vorfahren, den früheren Bischöfen von Havelberg, das mildere Recht zur Geltung gebracht worden: so erscheint doch Bischof Dietrich hier als besonderer Begünstiger und Ausleger des Repräsentationsrechtes der Enkel, indem er die Bedeutung der Succession in stirpes, Be-

---

515) Der Ausdruck „dode hand" bezeichnet hier nicht, wie sonst gewöhnlich, den Erblasser (s. unten Cap. III. §. 3.), sondern die Erben, welche zur Theilung gerufen werden. Vgl. Anm. 524.

516) Durch „Mannsname oder Frauenname" werden beide Geschlechter im Erbrecht einander gleich gestellt; wie es auch im Jüllichauschen Rechte v. 1425 u. v. 1478 heißt: „Mannes oder Weibes Geschlecht." Das Wort „Name" wird häufig in dieser Weise als Zusatz zu einem der beiden Geschlechter gebraucht. So im Krossenschen Rechte v. 1469: „ein Weib Nahm;" bei Grimm R. A. S. 720 (v. J. 1497): fruwesname; in der Glosse zum S. Sp. I. 23. (Augsb. Ausg. v. 1516. Bl. XXVII. Sp. 1): „mans'nam . . . vnde vrowesnam," und zu II. 66. (Bl. CXX. Sp. 3): „dessen vrede scholen ock hebbē de Vrouwenamen."

516a) Vgl. unten Anm. 521.

517) Uebrigens existirt von demselben Dietrich auch ein Lateinisch geschriebenes Privilegium, worin die Wittstockschen Rechte und Gewohnheiten im Allgemeinen bestätigt werden, vom 22. März („in crastino beati Benedicti abbatis") 1374. (Bei v. Ludewig a. a. O. S. 283; bei Bekmann a. a. O. Sp. 275 f.)

hufs besserer Unterscheidung von der in capita, fast im Lehrtone auseinandersetzt. Dazu kommt noch, daß

b) derselbe Bischof Dietrich II. sich veranlaßt gesehen, zur Beseitigung erhobener Zweifel und Streitigkeiten eine Declaration abzufassen, welche das den Enkeln vor den Geschwistern, Neffen und Nichten, Onkeln und Tanten des Erblassers vorzugsweise gebührende Erbrecht herauszustellen bestimmt ist:

„Wor ed deme Vader edder der Moder by ereme levende behoren muchte, dar schalen det Ore Kynder na erem dode in ere stede nhemen. Dar doch in verleden tyden mennigfaldige erringe, twyvel und twidracht von gekommen synt de vorbytoghande. Eft ed sick also begheve und geuelle, dat eyn Mhan effte eyn Frowe verstorve und hinder sick lete sanes= und Dochterkynder unde eynen vullen Broder und Süster: Ock eynen halvenbroder unde halve süster; Ock vaderbroder und süster. Moder=Bruder und Süster: Ock broder und süsterkinder. Vor alle desse schalen Sanes und Dochterkinder eres Grotevaders edder Grotemuder Erve in de Stede erer Olderen Erve nhemen."

Daß eine solche Declaration nothwendig werden konnte, zeugt gewiß aufs Lebhafteste für den Conflict, welcher zwischen dem älteren strengen, die Enkel von den Kindern absondernden, und dem neueren billigen, die Enkel an ihrer vorverstorbenen Aeltern Stätte rufenden Rechte obgewaltet. Ist also auch die Einführung des milderen Rechts nicht unmittelbar und ausschließlich an die Person Bischof Dietrich des Zweiten zu knüpfen, so findet sich doch jedenfalls noch keine Spur davon in der alten Urkunde v. 1248. Uebrigens fehlt es an einer genauen Bestimmung der Zeit, zu welcher Bischof Dietrich die eben angeführte Declaration erlassen. Dieselbe ist uns nämlich nur auf mittelbarem Wege zugekommen, indem sie durch Johann von Schlabberndorff, den vier und dreißigsten Bischof von Havelberg (1501—1520), einer von ihm ausgestellten Bestätigungsurkunde einverleibt worden. Bischof Johann hatte schon im Jahre 1503 die Wittstockschen Rechte im Allgemeinen confirmirt,[518]) als seine Aufmerksamkeit durch die vielfachen Irrungen erregt wurde, welche in der Stadt Wittstock wegen der Erbtheilungen herrschten. Um diese Irrungen zu beseitigen, bestätigte er insbesondere die althergebrachten Wittstockschen

518) S. v. Ludewig a. a. O. S. 333.

Erbrechte in einer, unterm 29. Juni („am Dage Petri & Pauli Apostolorum") 1505 ausgestellten Urkunde,[519]) deren Eingang sich über die obwaltenden Verhältnisse folgendermaaßen verbreitet:

„So wy . . in kuntlike vorfahrenheit gekamen synd, dat twischen Unssen Leven Getruwen und Undersaten den von Witstock vele und merlike Uppror und twyuerdicher proces halven und Affdeylynge to holdende twyschen sye upstan und entspraten synt. Und noch dagelich In tokamenden tyden upstan und entspruten muchten . . . Hyrvmme . . hebben wy . . Unse Leven getruwen to Witstogk de Stadt und dat ganze Landt begnadet und priuilegeret. Begnaden und priuilegeren sie bauen sodane Gnade und fryheide, de sye von Unse Vorfaren Hern Hern Hynerick und Hern Diderick und Heren Conrad seliger dechtnisse Wandages[520]) Bischoppen to Havelberge lange . . beseten hebben . . Beuestigen, bestedigen und vulborden Ock alle der Stadt Breve und Gerechticheit beyde an Erfdeylinge, so vor berüret ist. Und in anderen Saken und ok an Warheit (zu lesen: Wanheit),[521]) so sye dat gehat hebben by Unser Vorfaren."

Die hier in Bezug genommenen Vorfahren sind augenscheinlich die Bischöfe Heinrich I. u. II., deren Privilegien v. 1248 u. v. 1275 wir oben[522]) in nähere Erwägung gezogen haben, Dietrich II., von dessen erbrechtlichen Bestimmungen wir gerade jetzt handeln, und Conrad Lindorff (Bischof v. Havelberg 1427—1460), der die Wittstockschen Rechte im Allgemeinen i. J. 1428, und das Dietrichsche Privilegium wegen des Erbrechts insbesondere im J. 1453 bestätigt hat.[523])

Auf diesen Eingang der Urkunde Bischof Johanns v. 1505 folgt nunmehr die wörtliche Einrückung der mehrgedachten Dietrichschen Declaration, nach Voranschickung einiger einleitenden Worte:

---

519) Abgedruckt bei Bekmann a. a. O. Sp. 277—279. — Bei v. Ludewig a. a. O. S. 335 f. findet sich nur der Eingang und der Schluß dieser Urkunde.

520) „Wandages," „erdages" (wie „etwan:" oben Anm. 472) bedeutet: in alten, längst verflossenen Tagen oder Zeiten. Vgl. Gercken fr. March. VI. S. 64 (Urk. v. 1500): Ilseben wandaghes zheligen Hans . . . ehe-liken Husfrouen.

521) Oben Anm. 516a.

522) Oben S. 145 f.

523) v. Ludewig a. a. O. S. 302 u. 305.

„Allse eyn to settent to szodane Privilegio den von Witstogk unde deme gamzen Lande von eynigen Unser Vorforen seliger dachtnisse Heren Dyderick erdages[520]) Bischopp to Havelberge gnedichliken vorleyen und gegeben. Dat sye Nomen Privilegium nha doderhandt[524]) in synen Anfange Allso ludende: In Gades Namen Amen, Wy Dyderick... und in vorweginge der Artikel also anhevende und ludende: Wor ed deme Vader edder der Moder" u. s. w.

Vielleicht möchte man nun glauben, dieser „Artikel" habe ursprünglich einen integrirenden Theil der Dietrichschen Urkunde vom 21. März 1374 gebildet, und diese Urkunde sei eben selbst das hier s. g. Privilegium nha doderhandt. Allein dem würde Zweierlei entgegen stehen. Einerseits nämlich wird die Urkunde vom 21. März 1374 sowohl bei v. Ludewig als bei Bekmann in ihrem vollständigen Zusammenhange mitgetheilt, ohne eine Spur von dem Articel zu enthalten, welcher den Vorzug der Enkel vor den Collateralen anerkennt; und es läßt sich nicht wohl annehmen, daß man denselben bei Mittheilung der Urkunde vom 21. März 1374 zufällig ausgelassen haben sollte. Andererseits aber trägt dieser Articel in der That so sehr das Gepräge einer Declaration bereits vorangegangener Bestimmungen, er beseitigt die in Ansehung des Repräsentationsrechts der Enkel erwachsenen Zweifel in einer Weise, daß die Vermuthung Raum gewinnt, derselbe sei gerade zur Erläuterung der Satzungen v. 21. März 1374, also in der Zeit zwischen 1374 und 1385 (dem Todesjahre Dietrich des Zweiten) abgefaßt worden.

C. Der gerichtlichen Vergabungen thun unsere Wittstockschen Urkunden keine besondere Erwähnung, außer inwiefern sogar den Ehegatten verboten wird, sich Zuwendungen von Todes Wegen zum Voraus zu machen. (Oben S. 148.) Auch können wohl Vergabungen von Todes Wegen da keine große Rolle gespielt haben, wo alles Erbrecht der Ehegatten, wie der Verwandten, auf einem, nach festbestimmten Raten abgerundeten Theilungssysteme beruhete.

Werfen wir nun den Blick wieder auf das Magdeburgische Recht, so werden wir gewiß nicht den Versuch machen wollen, die Quelle des Wittstockschem Erbrechts im Magdeburgischen

---

524) „Privilegium nha doderhandt" ist so viel wie: das Privilegium in Ansehung des Erbrechts. Vgl. Anm. 515.

zu suchen. Ja nicht einmal eigentlich Sächsischen Ursprungs scheint das Wittstocksche Recht zu sein, obgleich noch Bischof Johann eben in seiner Confirmationsurkunde vom 29. Juni 1505 die subsidiarische Kraft des gemeinen Sachsenrechts anerkennt.[525]) Die particuläre Natur des Wittstockschen Erbrechts zeigt sich aber unter Anderem auch äußerlich darin, daß so viele Irrungen und Zweifel aus demselben hervorgingen, und daß sich in den Wittstockschen Bestätigungsurkunden die Rechte und Gewohnheiten bei Erbtheilungen allen übrigen Rechten und Gewohnheiten gegenübergestellt finden.[526]) Noch im Jahre 1513 werden bei Bewidmung Wilsnacks mit Wittstockschem Rechte, neben allen anderweitigen Rechten und Gewohnheiten insbesondere wieder die „Privilegien der Erbschichtungen, . . . wie in . . . Witstock gehalten," übertragen.[527])

Durch die Joachimische Constitution ist, mit den anderen städtischen Particularrechten, das Wittstocksche Erbrecht gleichfalls absorbirt worden.[528]) Wenn also auch noch im Jahre 1556 eine Bestätigung der Wittstockschen Privilegien ergangen ist,[529]) so hat diese doch das alte particuläre Erbrecht nicht wieder erweckt.

III. Das Pritzwalksche Recht.

Die Stadt Seehausen, zwar nicht so früh wie Stendal, aber doch schon vor dem Jahre 1196 und höchstwahrscheinlich

---

525) Oben Anm. 26.

526) Oben Anm. 516a u. 521.

527) Die Bewidmungsurkunde, von Bischof Johann „am Tage Michaelis des Ertzengels" (29. September) 1513 ausgestellt, steht bei Bekmann M. Br. Th. V. B. II. Cap. VIII. Nr. 1. (Sp. 306—308.)

528) Bekmann (a. a. O. Cap. VII. Sp. 279.) scheint die Sache so aufzufassen, als sei das alte Wittstocksche Recht nur außer Gebrauch gekommen („nicht mehr üblich"), indem man sich „jetzo des Juris Statutarii Marchici bediene." In der That aber ruht die Joachimische Constitution selbst gerade auf der Beseitigung der alten Particularrechte, deren Hauptmoment, die Theilung der Güter nach Hälften zwischen dem überlebenden Ehegatten und den Kindern oder Verwandten, sie durch den gesetzlichen Buchstaben fixirt hat. Vgl. oben S. 15 f; v. Kamptz in Mathis XI. S. 40; Eichh. R. G. §. 561. Note g.

529) v. Ludewig a. a. O. S. 541 f.

durch Holländische Colonisten gegründet,[530]) befand sich im Besitze alter eigenthümlicher Rechte, welche durch Johann I. und Otto III., Markgrafen von Brandenburg (1221—1267[531])), auf die Stadt Pritzwalk, den Bitten derselben gemäß, übertragen wurden. In dem Proömium der zu Sandow[532]) unterm 23. Juli (X. Cal. Aug.) 1256 ausgestellten Bewidmungsurkunde[533]) äußern sich unsere Markgrafen folgendergestalt:

Accedentes ad nos dilecti Cives nostri de Prizswalch nobis humiliter supplicarunt, quatenus ipsis talia indulgere Jura et concedere curaremus qualia Cives nostri de Sehusen noscuntur antiquitus habuisse. Quorum presentibus ipsorum exigentibus me-

---

530) „Sehusen . . et terminos pratenses et paludosos Hollandrini incluerunt, et vagos decursus Albiae fluvii aggeribus, prout in suis consueti erant terris, artaverunt." (Herm. Cornerus. z. J. 1151 bei Eccard. T. II. Hist. med. aev. col. 697.) Vgl. Bekmann M. Br. Th. V. B. I. Cap. V. Sp. 3 u. 31; Riedel M. Br. I. S. 110 f.

531) Johann I. † 1266; Otto III. † 1267. (Oben Anm. 336.)

532) Sandow, zu jener Zeit der Sitz der Edlen von Sandow (Sanctow), wo unsere Markgrafen oft zu verweilen pflegten, kam später unter Magdeburgische Botmäßigkeit. Buchholtz Br. Gesch. II. S. 387; Gercken dipl. vet. March. I. No. CCLII; Riedel M. Br. I. S. 39 f. u. 218 f.

533) Bekmann hat diese Urkunde zuerst (i. J. 1753) abdrucken lassen, ohne die Quelle anzugeben, aus der er geschöpft. (M. Br. Th. V. B. II. Cap. III. §. X; Sp. 130—132.) Gercken in den fr. March. III. No. V. (i. J. 1757) u. Buchholtz in der Br. Gesch. IV. Anh. Nr. 73. (i. J. 1771) haben dieselbe aus der Gundlingschen Sammlung entnommen. Allein schon Gercken (a. a. O. S. 15. Note *) klagt darüber, daß die Abschrift incorrect sei. Sonach scheint die Verschiedenheit der Lesearten, welche ich gelegentlich anmerken werde, während ich stets den Bekmannschen Text allegire, nicht sowohl verschiedenen Quellen, als den Abschreibern beizumessen. — Die Urkunde aber, welche in neueren Zeiten (i. J. 1828) Gaupp (Schles. Ldr. S. 301 f.) aus einer in der Breslauer Bibliothek befindlichen, nach seiner Ansicht (a. a. O. S. 304) in unserer Mark verfaßten Handschrift ans Licht gezogen hat, würde von großer Wichtigkeit für uns sein, wenn sie nicht gar zu apokryphisch erschiene. In derselben bewilligen die Markgrafen von Brandenburg Nicolaus und Petrus (die nicht existirt haben) das Seehausensche Recht der Stadt Osterburg (die wohl nie ein anderes, als das Magdeburgische Recht recipirt hat: Riedel Mag. I. S. 8). Das Ganze kommt mir vor, wie eine Schreibeübung, die sich Jemand gemacht hat, indem er unsere ächte Urkunde v. 1256 zu Grunde legte und falsche Namen der bewidmenden Fürsten, so wie der bewidmeten Stadt einrückte. Da übrigens auch der Text des Seehausenschen Rechtes eingerückt ist, so werde ich die Varianten gehörigen Orts berücksichtigen.

ritis cupientes annuere,[534]) animo liberali eadem Jura ipsis duximus conferenda, inserentes eadem presenti Cedule pro ut continetur inferius in hunc modum.

Unmittelbar auf dieses Proömium folgt nun eine genaue Aufzeichnung des auf Pritzwalk übertragenen Rechtes, als dessen eigenthümlichste Seite gerade das Erbrecht hervortritt. Die Erbfolge der Ehegatten erscheint auch hier in der innigsten Verschmelzung mit der Erbfolge der Verwandten, nach bestimmten Quoten geordnet, und zwar wesentlich in der Weise von Halbtheilungen. Daß keine Singularsuccessionen in Heergewäte und Gerade stattfinden, wird nicht besonders erwähnt, sondern gleichsam als sich von selbst verstehend vorausgesetzt. Auch von gerichtlichen Vergabungen ist keine Rede.

A. Nach dem Tode eines Ehegatten nimmt der überlebende Ehegatte die eine Hälfte aller Güter — auch in Pritzwalk ist niemals ein Präcipuum ertheilt worden[535]) —; die andere Hälfte fällt an die Kinder, oder, falls solche nicht vorhanden sind, an die nächsten Verwandten:

Si in dicta Civitate Prizswalch duo legitime Sociati vivunt moriente altero Ipsorum, Vivens optinebit dimidiam Partem Hereditatis, & alteram Partem Heredes.

Hier ist nun freilich das Wort Heredes zunächst von den Kindern zu verstehen, zumal da die gleich darauf folgenden Worte:

Illegitimis vero Jus Servabitur Generale undique comprobatum

sich nur auf natürliche Kinder beziehen lassen;[536]) übrigens

534) Bei Gercken steht nach quorum: „precibus ipsorum exigentibus cup. ann.;" eben so, nur noch mit einem „illico" nach exigentibus, bei Buchholtz. Dagegen bei Gaupp bloß: „quorum precibus annuentes." Der Sinn bleibt im Wesentlichen derselbe; die Fürsten bewilligen den Bürgern von Pritzwalk das erbetene Seehausensche Recht.

535) Oben Anm. 496.

536) Das „Jus Generale," auf welches in Ansehung des Erbrechts der natürlichen Kinder verwiesen wird, ist ohne Zweifel das gemeine Sachsenrecht. — Bekmann erwähnt zwar eines angeblich in Seehausen und Werben ehemals gültig gewesenen singulären Rechts der Legitimation unehelicher Kinder; fügt aber gleicht selbst hinzu: „wovon sich doch nichts zuversichtliches finden wollen." (M. Br. Th. V. B I. Cap. V. Sp. 33.) In der That möchte unsere Stelle, welche ausdrücklich auf das gemeine Recht verweist, eher für die Nichtexistenz jenes singulären Rechts zeugen!

auch an einer anderen Stelle[537]) die Kinder („parvuli") ausdrücklich „heredes" (Leibeserben)[537a]) genannt werden. Allein andererseits umfaßt in dieser Rechtsaufzeichnung das Wort heredes gelegentlich auch die weiteren Verwandten;[538]) und es läßt sich, nach reiflicher Erwägung der ganzen Art und Weise des Pritzwalk-Seehausenschen Rechts, unmöglich annehmen, daß der überlebende Ehegatte in Ermangelung von Leibeserben die gesammten Güter allein an sich genommen und die Verwandten des Vorverstorbenen ausgeschlossen haben sollte.

Jedenfalls ist das gegenseitige Erbrecht der Ehegatten an vorgängige **Beschreitung des Ehebettes gebunden.** Wenn also etwa die **Neuvermählten vor Beschreitung des Ehebettes mit** Tode abgehen,[539]) so theilen sich die beiderseitigen Verwandten in den Nachlaß nach Hälften:

Item si duo fuerint legitime sociati, & plaga mortis intervenerit prima nocte copule ipsorum, dimidia pars hereditatis cedit heredibus[540]) utrorumque.

Eine weitere Kritik dieser Stelle, im Zusammenhange mit der darauf folgenden, wird nachher vorgenommen werden.

Die Erbtheilung zwischen dem überlebenden Ehegatten und den eigentlichen Leibeserben aber ist in der Art auszuführen, daß der überlebende Ehegatte den Kindern das Erbtheil derselben **wirklich herauszugeben hat**, bevor er zu einer neuen Ehe schreitet. **Schließt er eine neue Ehe, ohne** die Kinder von dem Erbgute gehörig abgefunden zu haben, so verliert er zur Strafe die Hälfte seines ursprünglichen Halbtheils an die Kinder:

Item si aliquis Vir moriente Uxore sua, vel femina moriente Viro suo habuerit parvulos,[541]) quibus non divisit hereditatem; Si

---

537) Unten Anm. 541.

537a) Vgl. oben S. 106.

538) Namentlich in der gleich anzuführenden Stelle, welche von den „heredibus" neuvermählter Personen spricht, die vor Beschreitung des Ehebettes — folglich kinderlos — gestorben sind; und in der Stelle, welche von der erblosen Verlassenschaft eines Fremdlings handelt: „Si aliquis advena moriatur absque heredibus u. s. w." (Unten Cap. III. §. 1. g. E.)

539) Oben Anm. 504.

540) Oben Anm. 538.

541) Oben Anm. 537.

vir ducit aliam Uxorem, vel femina nubit alteri Viro, heredes[541]) tollent tres partes hereditatis, Et Vir vel femina quartam partem. Statt „non divisit" steht hier in der von Gaupp aufgefundenen Urkunde: „non dimisit." Augenscheinlich gibt nur die Leseart „non divisit" einen angemessenen Sinn. Denn es kann an dieser Stelle nicht davon die Rede sein, wie es zu halten, wenn Vater oder Mutter den Kindern nichts hinterlassen, „non dimisit hereditatem:" wie ließe sich da von drei Vierteln und einem vierten Viertel des Nachlasses sprechen, wo gar kein Nachlaß vorhanden? Wohl aber gehört in die Lehre vom Erbrecht des überlebenden Ehegatten die Rücksicht darauf, ob derselbe auch vor Eingehung einer neuen Ehe sich mit den Kindern ordentlich auseinandergesetzt, ob er dieselben von der Erbmasse abgetheilt habe.

B. Ein Kind, welches seine väterliche oder mütterliche Erbschaft in Anspruch nimmt, muß dasjenige Vermögen in die Theilungsmasse einwerfen, welches ihm, falls es etwa selbst schon verheirathet gewesen, von seinem vorverstorbenen Ehegatten angefallen: und zwar das ganze Vermögen solcher Art, wenn es sich bei gleichzeitig[542]) erfolgtem Tode der Aeltern, um den Erwerb des gesammten Nachlasses beider Aeltern handelt; die Hälfte jenes Vermögens aber, wenn, nach dem Tode des Einen der Aeltern, nur zur Theilung des väterlichen oder des mütterlichen Nachlasses geschritten werden soll. Diese allerdings höchst auffallende Satzung finde ich in folgender Stelle:

Item si aliquis Vir duxerit Uxorem, vel femina Virum, & receperit Partem Hereditatis sue, si moriente uno Parente suo velit Partem hereditatis sue tollere tum heredibus referat partem dimidiam quam accepit si uterque Parens moriatur referat totam summam aut supersedeat.

So lautet die Stelle bei Bekmann; nur das eine Wort „una" vor Parente suo — augenscheinlich bloß auf einem Druckfehler beruhend — habe ich gleich, den anderen Ausgaben gemäß, in „uno" verwandelt. Im Uebrigen finden sich einige nicht unerhebliche Varianten. So steht bei Gercken: & receperit liberos, partem hereditatis sue u. s. w. Allein das Wort liberos erscheint hier

542) Oben Anm. 504.

störend und unpassend. Denn einmal ist es im vorliegenden Falle ganz unerheblich, ob aus der Ehe des Kindes, welches seine Aeltern beerben will, wieder Kinder entsprossen seien oder nicht; und dann ist von dem Verhältnisse der Gatten zu den aus ihrer Ehe hervorgegangenen Kindern recht eigentlich erst in den auf unsere Stelle folgenden Sätzen die Rede. Bei Buchholz findet sich vor velit noch ein „non, welches gewiß verwerflich ist, da es den ganzen Sinn verkehrt. Statt des Bekmannschen tum haben die anderen Ausgaben: cum. Dies ist an sich gleichgültig, aber bemerkenswerth ist die Veränderung, welche in der von Gaupp entdeckten Urkunde das Wort referat erlitten hat. Statt referat steht nämlich in derselben beide Male conferat. Hier scheint mir nun der Schreiber das seltnere referre, Zurückbringen, durch das vulgäre conferre, Einwerfen, haben verdeutlichen zu wollen; und darin liegt zugleich ein Grund mehr für die Annahme (oben Anm. 533 g. E.), daß die angebliche Verleihungsurkunde für Osterburg bloß nach dem Muster der ächten Pritzwalkschen Urkunde v. 1256 zusammengeschrieben worden. Wie es sich aber auch mit diesen Varianten verhalten möge: jedenfalls ist unsere Stelle überaus dunkel und lückenhaft, oder wohl gar corrupt. Die von mir vorangestellte Auslegung des Sinnes derselben versuche ich durch folgende Paraphrase zu rechtfertigen. „Si aliquis vir duxerit uxorem, vel femina virum:“ Wenn ein Mann eine Frau, oder eine Frau einen Mann geheirathet hat, dann aber (so muß wohl ergänzt werden) der eine Ehegatte gestorben ist; „et receperit partem hereditatis suae:“ und der Ueberlebende sein Erbtheil, d. i. die Hälfte aller Güter, welche dem überlebenden Ehegatten als solchem zufällt, an sich genommen hat; „si moriente uno parente suo velit partem hereditatis suae tollere:“ wenn dann hiernächst Vater oder Mutter des gedachten überlebenden Ehegatten stirbt und Letzterer sein väterliches oder mütterliches Erbtheil erheben will; „tum heredibus referat partem dimidiam quam accepit:“ dann muß er den übrigen Erben seines Vaters oder seiner Mutter zurückbringen, d. i. er muß ihnen einwerfen, die Hälfte der Güter, welche durch den Tod seines früher verstorbenen Gatten auf ihn gekommen sind, d. i. die Hälfte des dem überlebenden Ehegatten angefallenen Halbtheils aller Güter. „Si uterque parens moritur, referat totam summam:" Wenn dagegen beide Aeltern des gedachten überlebenden Ehegatten gleichzeitig sterben (anders läßt sich doch der Gegensatz von moriente uno parente suo und si uterque parens moritur nicht wohl fassen), so muß er die ganze Summe, d. i. das ganze Erbtheil, welches er durch den Tod seines vorverstorbenen Gatten erlangt hat, einwerfen, „aut supersedeat:" oder von der älterlichen Erbschaft gänzlich abstehen. (In solcher Bedeutung wird supersedere sowohl im classischen als im mitteralterlichen Latein gebraucht: Forcellini und Du Cange u. d. W.)

Gegen diese Auslegung ist freilich einzuwenden, daß es ganz sonderbar und fast unerhört sei, von demjenigen, der sein älterliches Erbtheil nehmen wolle, zu verlangen: er solle die ihm von seinem vorverstorbenen Ehegatten angefallenen Güter in die älterliche Erbmasse, zu gleicher Theilung mit den übrigen Erben seiner Aeltern, einwerfen. Auch verkenne ich nicht, daß sich unserer Stelle ein scheinbar einfacherer und besserer Sinn durch vollständige Umkehrung des Falles unterlegen ließe: „es habe der überlebende Ehegatte, welcher das Halbtheil aller Güter nehmen wolle, die er und sein vorverstorbener Gatte besessen, auch dasjenige Vermögen einzuwerfen, welches von dem Einen oder dem Anderen seiner Aeltern durch Erbgang auf ihn gekommen." Allein einerseits würde es sich von selbst verstehen, daß zu den gesammten Gütern der Ehegatten auch diejenigen zu rechnen seien, welche ein jeder Ehegatte als väterliches oder mütterliches Erbtheil erhalten; andererseits würden die Worte unserer Stelle selbst, ohne ihnen Gewalt anzuthun, eine solche Auslegung kaum zulassen, zumal wenn jener Gegensatz von moriente uno parente und si uterque parens moritur, der so durchaus maaßgebend erscheint, nicht außer Acht gelassen wird. Ja vielleicht möchten die Worte weniger entgegen streben, wenn man eine Auslegung versuchen wollte, die davon ausginge, das receperit partem hereditatis suae auf die Abschichtung des Kindes, die Ausrüstung desselben zur Errichtung einer eigenen Wirthschaft, zu beziehen. Und doch würde sich auch eine solche Auffassung unserer Stelle nicht rechtfertigen lassen, ohne theils die Worte hin und her zu drehen, theils den Sinn und die Bedeutung des Ganzen zu verkehren.

Uebrigens scheint mir die Auslegung, welche ich versucht habe, mit den anderweitigen Principien des Seehausenschen Erbrechts nicht in Widerspruch zu stehen, indem dasselbe durchgehends auf einer Theilung nach bestimmten Quoten, Hälften und Viertheilen, beruhet. Das Resultat meiner Auslegung ist allerdings höchst singulär, und namentlich der Bestimmung des Sachsenspiegels (I. 12., übergegangen in M. R. 1304. §. 84: oben S. 62): Svat aver en man mit sime wive nimt, des ne delt he mit sinem brudere nicht, völlig entgegengesetzt. Doch gibt es noch ähnliche Beispiele von Rechten, welche die Einwerfung anderweitig erworbenen Vermögens in die zu theilende Erbmasse fordern. So heißt es in dem Buche der Sächs. Dist. I. Cap. XXXV. pr. (Böhme Dipl. Beitr. IV. S. 29): woldin se auch nicht inbrengin was se aussen dem lande irkrigit han se sullin auch erbeteil darben. Imgleichen gedenkt Hasse (in v. Sav. Zeitschr. IV. S. 95) einer particulären Rechtsmeinung, „daß die Wittwe, die mit den Kindern eine Zeit lang ungetheilt sitzen blieb, ein ihr inzwischen von ihren Verwandten angefallenes Gut mit zur Theilung bringen soll.“

C. Das Schoosfallsrecht der Aeltern ist in unserem Pritzwalk-Seehausenschen Rechte folgendermaaßen festgestellt.

a) Wenn der überlebende Ehegatte die Kinder von der Erbschaft gehörig abgetheilt hat (oben S. 158 f.), und danach die Kinder, bevor sie noch selbst eine Ehe geschlossen, mit Tode abgehen, so wird das ihnen herausgegebene Halbtheil dergestalt vererbt, daß die Hälfte desselben wieder an jenen Ueberlebenden zurückfällt, die andere Hälfte aber den nächsten Verwandten zukommt:

Item si Vir moriente Uxore Sua, vel femina moriente Viro suo, habuerit parvulos, quibus hereditatem divisit, & illi mortui fuerint, antequam contraxerint Matrimonium, dimidia pars hereditatis illorum revertetur ad Parentem & altera Pars cedet proximis in linea Consanguinitatis.[543])

Auch in dieser Stelle, wie in der unmittelbar vorangehenden, oben (S. 158 f.) mitgetheilten, ist die Leseart divisit passender, als dimisit. Es findet sich hier aber in der von Gaupp herausgegebenen Urkunde noch eine Abweichung von unserem Texte, welche

---

543) Auch das Wittstocksche Recht bezeichnet die nächsten Verwandten als proximi linea consanguinitatis: oben Anm. 513.

wieder dahin deutet, daß diese Urkunde nur der unsrigen v. 1256 nachgeschrieben worden. Statt revertetur ad Parentem steht nämlich dort: cedet parenti, und darauf folgt, ohne ein weiteres Zeitwort: et altera proximis in linea consanguinitatis. Offenbar beruhet diese Verschiedenheit auf einer matten Zusammenziehung der ausdrucksvolleren Wendungen: revertetur ad parentem und cedet proximis, welche den Gegensatz des bloßen Anfalls (cedere) der Erbschaft an Seitenverwandte und des Rückfalls (reverti)[544]) an die Aeltern schärfer hervorheben. Uebrigens erscheint das Schoosfallsrecht der Aeltern auch hier in derselben, etwas beschränkten Weise, wie im Wittstockschen Rechte, wo ja Vater oder Mutter gleichfalls noch mit den weiteren Verwandten theilen mußte.[545])

b) In Ansehung kinderlos gestorbener Gatten heißt es ganz kurz:

Item si duo legitime sociati moriantur absque Parvulis hereditas ipsorum redit ad utrumque Parentem.

In diesem Satze möchte man nun leicht einen Widerspruch mit der eben erwähnten Beschränktheit des Schoosfallsrechtes finden, indem es scheint, als ob hier das Recht des Schoosfalles ganz absolut und unbeschränkt ertheilt würde. Allein dagegen spricht der Zusammenhang, in welchem diese Stelle mit der unmittelbar vorangehenden steht, welche von der Dazwischenkunft des Todes vor Beschreitung des Ehebettes handelt. (Oben S. 158.) Daraus ist nämlich zu folgern, daß hier bloß soviel ausgedrückt werden soll: Wenn Ehegatten nach wirklich vollzogener Ehe, aber kinderlos, sterben, so fällt ihr Nachlaß an ihre beiderseitigen Aeltern zurück (redit[544]) ad utrumque parentem). D. h. das vorzüglichste Erbrecht haben die Descendenten; danach kommt das Erbrecht der Aeltern, das Schoosfallsrecht. Dabei bleibt es hier auf sich beruhen, ob und in wiefern mit den Aeltern noch Seitenverwandte concurriren, als wovon schon vorher in anderem Zusammenhange die Rede gewesen.

Die beiden letztgedachten Stellen, welche beginnen: Item si duo, folgen einander in der von Gaupp aufgefundenen Urkunde

---

544) Oben Anm. 302.
545) Oben S. 150.

gerade in umgekehrter Ordnung; und außerdem schließt auch die Stelle, welche von der durch plötzliche Todesfälle gehinderten Vollziehung der Ehe spricht, bei Gaupp mit den Worten: redit ad vtrumque parentem, und nicht: cedit heredibus utrorumque. Richtiger und ausdrucksvoller ist wohl: cedit heredibus utrorumque (freilich barbarisch genug statt utriusque coniugis). Denn es muß hier ganz allgemein der Erben, d. i. der Verwandten,[546]) Erwähnung geschehen sein, da ja zu jener Zeit, als der Tod das Band der Ehe in der ersten Nacht trennte, die Aeltern selbst schon längst gestorben sein konnten. Dazu kommt, daß die Leseart: redit ad vtrumque parentem, welche sich an dieser Stelle eben nur in der Urkunde bei Gaupp findet, lediglich einer Wiederholung der Schlußworte des anderen, in umgekehrter Reihefolge wiedergegebenen Satzes ihren Ursprung zu verdanken scheint. Anders ließe sich freilich das ganze Verhältniß auffassen, wenn man zu der etwas gezwungenen Annahme hinneigen möchte, auch hier sei eigentlich nur an die den Kindern zur Einrichtung einer eigenen Wirthschaft gegebenen Güter gedacht.[547])

Jedenfalls ist eine entschiedene Aehnlichkeit und Verwandtschaft zwischen unserem Pritzwalkschen oder vielmehr alten Seehausenschen und dem Wittstockschen Erbrechte gar nicht zu verkennen. Nach der von uns gewonnenen Uebersicht aber werden wir wohl nicht geneigt sein, dem Seehausenschen Rechte eine speciell Magdeburgische Grundlage unterbreiten zu wollen, noch auch dasselbe geradezu von dem Stendalschen,[548]) oder gar von dem Salzwedelschen Rechte[549]) abzuleiten. Inzwischen läßt sich unbedenklich für die ächt Märkische Weise, die Erbschaften durchweg nach Quoten, und zwar nach Hälften, zu theilen, ein gewisser gemeinsamer Ursprung suchen, nur ja nicht in Magdeburg![550]) Das alte Seehausensche Recht insbesondere glaube ich ohne gewagte Vermuthungen unmittelbar vom Holländischen herleiten zu dürfen.

---

546) Oben Anm. 538.

547) Oben S. 161 g. E.

548) v. Kamptz in Mathis XI. S. 79 f; Riedel M. Br. II. S. 382 f; Mag. I. S. 8.

549) Buchholtz Br. Gesch. II. S. 202.

550) Unten Cap. III. §. 1. im Eingange.

Denn das alte Flämische Recht, welches die Holländischen Colonisten in unserer Altmark beibehalten,[551]) hegte stets den Grundsatz, daß nach erfolgtem Ableben eines Ehegatten dem überlebenden Gatten die eine, und den Kindern, oder, falls es an solchen fehlte, den nächsten Verwandten die andere Hälfte aller Güter zu ertheilen sei. In diesem Sinne wird schon der Kulmischen Handveste v. 1232 die Bestätigung der Flämischen Erbfolge zugeschrieben.[552]) Auch finden sich Bruchstücke des Flämischen Erbrechts an verschiedenen Orten. So bei Böhme (Dipl. Beitr. IV. S. 192, aus einer Briegischen Handschrift):

Alhier No in Flemisschin gute. wenn eyn weib kombt an ires mannes bette So hat sy dy helffte in sien gut anc alle offgabe. erst noch sieme tode domite zu tun vnd zu losen (d. h. es bedarf nicht erst einer Vergabung, Aufgabe, von Todes Wegen, sondern das Halbtheilsrecht wird schon durch die Beschreitung des Ehebettes gewonnen, obwohl das privative Eigenthum an dem Halbtheile, d. i. das Recht „zu thun und zu lassen,"[553]) erst nach dem wirklich erfolgten Tode des anderen Gatten ins Leben tritt[554])) . . . ab sy ee sturbe denne ir man So mag sy des nicht erbin off ire mogin sind sy ir recht selbist nicht irlebit hat. Zunder alleyne ir gerade erbit sy off ire neste gespyne[555]) von rechts wegin.

Ferner heißt es in einem Magdeburger Schöppenurtel v. 1539:[556])

„. . . daß an einem Orth Landes, nahe bei Magdeburg gelegen, über der Elben in Flemig genand, im tödtlichen Absterben der Eheleute, mit den nachgelassenen Güthern und Erbe nach Uebunge, Gebrauch und alter verwerter Gewohnheit desselben Orths Landes dermaßen gehalten wird, nehmlich, wenn in dem Flemig ein eheliche Person Todeshalber abgegangen und verblichen ist, und

551) Vgl. oben S. 2 u. 156. — Uebrigens ist nicht bloß die Seehausensche, sondern auch die Stendalsche Gegend von Holländern colonisirt worden. Hoche hist. Untersuchung über die niederländischen Kolonien in Niederdeutschland. Halle 1791. S. 27.

552) Leman Kulm. Recht S. XVIII. und in Hinschius Jurist. Wochenschrift Jahrg. 1840. S. 41 f. Vgl. aber Tzsch. u. Stzl Urk. S. 103—105.

553) Vgl. M. R. v. 1304. §. 130: oben S. 62.

554) Vgl. oben S. 147 f.

555) D. i. die Niftelgerade. (Oben Anm. 257.)

556) v. Kamptz Pr. u. stat. R. I. S. 313 f.

sein ehelich Gemahl, Weib oder Mann, samt Leibes-Erben und Gütern nach sich hat gelassen, alsdann nimbt die Fraw oder Mann, so am Leben, die Hälffte aller gelaßenen Güter und die Kinder die andre Hälffte. An Mangel aber der Leibes-Erben, so hat die verstorbene Person des Ehestandes alle ihre Güter, die zu Erbe und Erbrecht gehören, auf seinen gelaßenen Ehegatten die Hälffte und auf seinen nächsten Erbnehmen die andere Hälffte nach obbemeldeter Flämischer Gewohnheit gebracht und gefället." [557])

Schließlich ist in Betreff unseres Pritzwalkschen Rechtes nur noch zu erwähnen, daß die Bewidmungsurkunde v. 1256 auch mancherlei nicht unmittelbar hierher gehörende, aber sehr bemerkenswerthe Seehausensche Rechtsbestimmungen enthält, [558]) **von** denen ich folgende heraushebe, weil dieselben nicht so particulär sind, wie die erbrechtlichen Satzungen, sondern vielmehr auf weiter verbreiteten Grundlagen beruhen:

Item si Servus & Ancilla intraverint Civitatem (Prizswalch) & manserint in ipsa per diem & Annum, propter Graciam, plenam in Ea obtinent libertatem.

Aehnliche Beispiele von Erwerbung der Freiheit durch Niederlassung in Städten finden sich auch in anderen Rechten. [559]) **Ferner:**

Item ſi ſerviens pro precio in ſervicio Domini ſui perdit Vitam ſuam, Dominus non tenetur de morte ipsius, nisi ut persolvat ipsi precium. **Nec ſervus aliquis per litigium vel per ludum Equum vel cetera bona Domini ſui perdere vel vendere potest.**

Dies ist gleichfalls **keine particuläre Rechtsbestimmung, sondern läßt** sich vom Sachsenspiegel ableiten. [560]) So **heißt es auch in der Glosse zum Sächs. Weichb. Art. CII:**

„were ein knecht in seines Herrn geschefft, vnd verspielt sein pferdt, der Herr ist jhm nicht pflichtig, das verspielt gut zu gelten."

In Rücksicht der Verfügung über die erblose Verlassenschaft eines Fremden ist schon oben (Anm. 538) auf Cap. III. §. 1. verwiesen.

Uebrigens **hat Pritzwalk auch nach dem Jahre 1256 noch** specielle Hinweisungen **auf Seehausensches Recht empfangen, und**

---

557) Vgl. Hoche a. a. O. S. 83 ff u. 98 f; Riedel M. Br. II. S. 370 f.

558) Vgl. Riedel M. Br. II. S. 383 Note 1.

559) Grimm R. A. S. 337 f. (Vgl. S. 327 Nr. 4 u. S. 399 Nr. 3.)

560) S. Sp. III. 6. Vgl. M. R. 1304. §. 89; Kulm. Recht III. 80.

zwar im Jahre 1335 sowohl wegen der Bürgermeisterwahl, als wegen der Verhältnisse der Fleischerzunft.[561]) Doch sind keine anderen Urkunden des alten Seehausenschen Rechts, als die von 1256, auf uns gekommen.[562]) Der Schöppenstuhl zu Seehausen hatte seine Blüthe schon vor dem Jahre 1335 überlebt; wogegen der zu Pritzwalk noch lange Zeit in großem Ansehen stand.[563]) Auch sind die Pritzwalkschen Rechte und Gewohnheiten als solche immer von Neuem durch unsere Landesherren bestätigt worden.[564]) Allein in allen Bestätigungsurkunden, welche dieselben ausgestellt, wird des Erbrechts nicht wieder besonders gedacht; und es fehlt überhaupt an weiteren Spuren eines singulären Pritzwalk-Seehausenschen Erbrechts, außer denen, welche wir eben in der Bewidmungsurkunde von 1256 gefunden haben. Insbesondere habe ich vergeblich nach Aufschluß darüber geforscht, ob das s. g. Repräsentationsrecht der Enkel, wie in Wittstock, so auch in Pritzwalk recipirt worden sei. Allerdings nehmen unsere Autoren mehrfach auf ein Privilegium Kaiser Karl des Vierten aus dem Jahre 1374 (vom Tage St. Benedict) Bezug: „daß in Pritzwalk das Repräsentationsrecht der Descendenten bei Erbschaften und der gleiche Theil an Gütern unter Eheleuten gelten solle."[565]) Doch habe ich in den zahlreichen Confirmationsbriefen des gedachten Kaisers[566]) nichts zu entdecken vermocht, was zu der An-

561) Privil. Ludwig des Baiern v. 1335 in v. Ludewig rel. manuscr. Tom. VII. Lib. I. No. XXXIII, XXXIV; Bekmann M. Br. Th. V. B. II. Cap. III. §. IX, Sp. 126 ff; Buchholtz Br. Gesch. V. Anh. S. 48 Nr. 15. (Hier steht aus Versehen 1325 statt 1335.)

562) Bekmann M. Br. Th. V. B. I. Cap. V. §. XI, Sp. 31.

563) Bekmann M. Br. Th. V. B. I. Cap. V. §. IX, Sp. 26; B. II. Cap. III. §. VIII. Sp. 125; Buchholtz Br. Gesch. II. S. 202; v. Hymmen Beitr. I. S. 215. Note 4. g. E.

564) Im Jahre 1317 (Bekmann Th. V. B. II. Cap. III. Sp. 133; Gercken cod. dipl. V. S. 86. No. LXIII); im Jahre 1325 (Bekmann a. a. O. Sp. 133 f; Gercken fr. March. IV. No. XI); im Jahre 1343 (Gercken fr. March. II. No. XXIV; Buchholtz Br. Gesch. V. Anh. S. 69 f, Nr. 37); in den Jahren 1351 bis 1688 (Bekmann a. a. O. Sp. 134 u. 135).

565) v. Kamptz Pr. u. stat. R. I. S. 28 f; v. Raumer in v. Led. Arch. V. S. 314. Note 12; Riedel Mag. I. S. 30. Note 4.

566) Dergleichen hat er ausgestellt für Stendal i. J. 1366 (Gercken dipl. vet. March. I. No. XLII.) und 1373 (Lentz Uhrk. No. CCVII; Ger-

nahme hätte Veranlassung geben können, daß er das Repräsentationsrecht der Enkel in Pritzwalk eingeführt. Ich muß deshalb vermuthen, dieser Annahme liege nur ein Versehen bei Benützung einer Stelle von Buchholtz[567]) zu Grunde, welche folgendermaaßen lautet:

„Im Stift Havelberg saß, als Kaiser Carl IV. Besitz von der Churmark nahm, noch Bischof Dietrich II. . . . auf dem Stuhl . . . Ihm u. seinem Stifte bestätigte Kaiser Carl alle Güter und Freyheiten zu Stendal Sonntags nach Mariä Geburt 1373. Er selbst bestätigte 1374 am Tage St. Benedicti der Stadt Wittstock ihre Rechte und gab ihr das Privilegium, daß bey ihr das Repräsentationsrecht der Descendenten bey Erbschaften und das gleiche Theil an Gütern unter Eheleuten gelten sollte.“

Offenbar hat Buchholtz hier bloß an Bischof Dietrich des Zweiten Bestätigungsurkunde für Wittstock gedacht, deren wir oben[568]) nähere Erwähnung gethan. Der Confirmationsbrief, welchen Kai-

---

cken dipl. vet. March. I. No. LXVII); für Salzwedel i. J. 1366 (Lentz a. a. O. No. CLXXXIV u. CLXXXVI) und 1373 (Lentz No. CCIV, CCV); für die Altmärkischen Städte insgemein i. J. 1373 (Lentz No. CCVIII; Gercken dipl. vet. March. I. No. CCLV; cod. dipl. VIII. No. XII); für Landsberg i. J. 1373 (Gercken cod. dipl. V. No. CXXV); für Rathenow i. J. 1366 (Gercken cod. dipl. V. No. CLXXXIV) u. 1373 (Gercken cod. dipl. VII. No. XX); für Soldin i. J. 1366 (Buchholtz Br. Gesch. V. Anh. S. 123 f, Nr. 75); für Frankfurt i. J. 1373 (Buchholtz a. a. O. S. 133, Nr. 2); für Berlin u. Cöln i. J. 1366 u. 1373 (Fidicin Beitr. III. Regesten Nr. 151, 171; vgl. Nr. 144 u. Anm. S. 239); für Pritzwalk selbst i. J. 1374 (Bekmann Th. V. B. II. Cap. III. Sp. 134 f). Nirgends habe ich in den Confirmationsbriefen Karls IV. eine specielle Erwähnung des Märkischen Erbrechts gefunden. Nur in einer (ungedruckten) Bestätigungsurk. Karls IV. für Königsberg, ausgestellt zu Tangermünde am 1. September („die Aegidii“) 1377, heißt es, wie mir Fidicin neuerlich mitgetheilt: Auch wollen wir das sie auf sich vnd ire mitburger pferde vnd harnisch setzen mogen, nachdem als sie das redlichen duncket sein; vnd wie dicke das geschicht, das ire mitburger, der harnisch vnd pferde hat, von todeswegen abgehet, so sol solch harnisch vnd pferde auf sein ehelich weib, die er denne hinder sich lesset, vnd auf niemand anders gefallen vnd erben, vnd gleicherweisz von dem weibe furbasz vf iren ehelichen man, ane einige widerrede. Darin ist also ausgesprochen, daß keine Singularsuccession in Heergewäte stattfinde. (Vgl. unten Cap. III. §. 1. Nr. II.)

567) Br. Gesch. II. S. 591.

568) Oben S. 147 ff.

ser Karl IV. der Stadt Pritzwalk im Jahre 1374 wirklich gegeben,[569]) enthält jedenfalls gar keine Beziehung auf erbrechtliche Verhältnisse.

IV. Das Brandenburgische Recht.

Bei der ungemeinen Wichtigkeit, welche das Brandenburgische Recht als Stammrecht für so viele Märkische Städte von jeher gehabt,[570]) war der Mangel urkundlicher Normen und die daraus entsprungene Verdunkelung dieses Rechtes überaus fühlbar. Erst unseren Tagen sollte es vorbehalten sein, die vorzüglichste Quelle desselben dem Schooße der Vergessenheit entrissen zu sehen. Nachdem v. Kamptz im Jahre 1826 die Spuren des Berliner statutarischen Rechts wiedergefunden,[571]) kehrte das Berliner Stadtbuch v. 1397 im Jahre 1836 aus langem Exil zur Heimath zurück.[572]) Der Herausgeber unseres Stadtbuches, Fidicin, hat dasselbe so genau beschrieben,[573]) daß ich hier nur wenige Worte über Inhalt und Eintheilung desselben vorauszuschicken Veranlassung habe.

Es besteht aus sieben Büchern. Das erste handelt hauptsächlich von den Einkünften der Stadt;[574]) das zweite enthält Urkunden, theils von unseren Landesherren, theils von dem Rathe der Stadt ausgestellt;[575]) das dritte umfaßt das s. g. Schöppenrecht;[576]) das vierte, Buyk der ouertredungen oder liber excessuum genannt, zählt in chronologischer Ordnung die an Missethätern vollstreckten Strafen auf;[577]) das fünfte enthält gerichtliche Verschreibungen oder s. g. Recongniciones.[578]) Das sechste, für diejenigen, dÿ or tÿnsgud vor deme rade vorsetten, so

569) Oben Anm. 566.

570) Vergl. oben S. 51 und 129 und den Anhang vom Brandenburgischen Schöppenstuhle.

571) v. Kamptz Jahrb. XXVIII. S. 339—343; XLII. S. 279 f.

572) Jahrb. XLVI. S. 3—5; Fidicin Beitr. I. S. XIV—XVII.

573) Jahrb. XLVI. S. 5—35; Fidicin Beitr. I. S. XII—XIV und S. 269—278.

574) Fidicin a. a. O. S. 10—51.

575) A. a. O. S. 52—76.

576) S. 77 —175.

577) S. 176—211.

578) S. 214—249.

wie das siebente, für diejenigen, dÿ or borgerscap vnd burscap vÿnnen, bestimmt, ist angefangen, aber nicht fortgesetzt worden.[579])

Unter allen diesen Büchern ist das dritte von hervorragender, fast ausschließlicher Wichtigkeit für unsere Zwecke. Aus anderen älteren Rechtsbüchern, zumal dem Sachsenspiegel, ausgezogen, gewährt dasselbe zugleich die merkwürdigsten Aufschlüsse über das eigenthümlich Brandenburgische Recht. Es führt die Ueberschrift: Utgelogen recht steit hir[580]), und zerfällt in fünf Capitel. Das unserem Stadtbuche selbst vorangeschickte Register spricht sich darüber folgendermaaßen aus:[581])

Dat dridde gesette des bukes (d. i. unser drittes Buch) holt schepen rechticheit, di getogen sind ůt anderen rechtbukere; vnd dat bukeken het vort dan vif gesette (d. i. fünf Abtheilungen oder Capitel).

Dat irste wiset vt umme schuld vnd schaden[582]) . . . Dat ander vmme erue vnd erbgud[583]) . . . Dat drudde vmme handteftige daet[584]) . . . Dat virde is vmme frouwen vnd ioden rechticheit[585]) . . . Dat vefte is vmme allerhande recht, dat in den vir gesetten vor nicht is geschreuen[586]); vnd man sal dat meren an rechte, als wie man dat dervragen mach.

Der Eingang des fünften Capitels erklärt die Bestimmung desselben noch näher dahin:

Hÿ begynnet sich allerhande recht dat itzunt steit geschreuen, vnd na tu schriuen sal, alse man dat von rechtriken luden mach irvragen.

Die Tendenz, dem Ganzen wesentlich den Character einer Rechtssammlung zu geben, zeigt sich auch in folgenden Worten der allgemeinen Einleitung unseres dritten Buches:[587])

vnd wes man von wisen luden mer rechtes dervragen

579) A. a. O. S. XIII u. S. 9.
580) A. a. O. S. 77.
581) A. a. O. S. 8.
582) Beginnt bei Fidicin S. 93.
583) Beginnt S. 113.
584) Ebendas. S. 126.
585) S. 142 u. 149.
586) S. 153.
587) S. 83.

kan, dat schriue man hirin, bet dit bukeken vullenkome an guden rechte.

Gegen Ende dieser Einleitung [588]) wird dann wieder der Inhalt der fünf Capitel characterisirt:

Wortmer wil nů dit bukeken geuen ordel vnd recht, alse dat vt anderen rechtbuken dat nůtleste vnd dat allerbeste is getogen vnd gekoren recht, . . . eyn na den andern.

Tu irsten vmme schuld vnd schaden; dan vmme erue vnd erfgud.

Item. Sodann vmme hantestige daet. Dat virde is vmme frouwenrecht vnd ioden.

Dat vefte gesette is vmme allerhande recht, dat in den vier gesetten vor nicht is beschreuen.

Die wahre und eigentliche Grundlage aber bildet durchgehends der Sachsenspiegel, der zum großen Theile wörtlich, wenn auch in einer selbstgeschaffenen systematischen Ordnung, wiedergegeben wird. Veränderungen und Zusätze sind, abgesehen von einzelnen, nach Art und Weise jener Zeit aufgenommenen Römischen und Canonischen Rechtsbestimmungen, hauptsächlich in dem Sinne gemacht, um die ächt Brandenburgischen, zumal städtischen Rechte in ihrer ganzen Eigenthümlichkeit herauszustellen. Das Berlinische Recht blieb stets in unmittelbarem Zusammenhange mit dem Brandenburgischen; wie es ja auch in der Formel des von den Berliner Schöppen zu leistenden Eides hieß:

Auer gebreke iuwe ordel vnd recht, so wil gi dat halen in dÿ rechtrike stad tu Brandenborch. [589])

Wenden wir uns jetzt insbesondere zur Betrachtung des Erbrechtes, wie solches in unserem Berliner Stadtbuche als eigenthümlich Brandenburgisches Recht, namentlich im Gegensatze zum Sachsenspiegel, hervortritt, so werden sich die Ergebnisse der einzelnen Untersuchungen am Anschaulichsten in folgenden vier Abschnitten zusammenfassen lassen: von der Aufhebung der Singular-

588) S. 92.

589) Fidicin Beitr. I. S. 3; III. S. 15. Note 1. — Imgleichen verweist das Berl. Stadtbuch (S. 163) in der Lehre vom Urtelschelten auf Brandenburg: Eyn isliker vromer man mach wol in der marke ordel schelden vnd derf des sich nicht tu hantz tyen vor den koningh; wen he sal sich des tẏn in der hogesten dingestad na borger vnd burrechte tu Brandenborch.

successionen, vom Ehegattenerbrechte, vom Erbrechte der Verwandten, von den gerichtlichen Vergabungen.

A. Die alten Sächsischen Singularsuccessionen in Heergewäte, Gerade und Mustheil hat das Brandenburgische Recht ausgestoßen:

Ok so is in someliken[590]) Sassenlande, dar di eruen nemen na doder hand[590 a]) hergewede, radeleue[591]), vnd musteile, dat id Brandenborgesche recht nicht en vulbordet. (Berl. Stadtb. S. 123; im Capitel vom Erbrechte.)

Der Ausdruck nicht en vulbordet ist hier sehr bedeutungsvoll. Es wird dadurch die recht absichtliche Abweichung vom Sächsischen Erbrechte bezeichnet: Das Brandenburgische Recht hat die Sächsischen Specialerbfolgen nicht aufgenommen, es hat gleichsam seine Zustimmung zur Aufnahme derselben verweigert.[592]) Diese characteristische Verschiedenheit zwischen dem Brandenburgischen und Sächsischen oder Magdeburgischen Erbrechte wird als solche auch in dem Privilegium bemerkbar gemacht, welches unsere Markgrafen der Stadt Pasewalk im Jahre 1306 ertheilt haben:

„Obwohl unsere Bürger der Stadt Pasewalk innerhalb ihrer Mauern Magdeburgisches Recht haben und sich desselben in Theilung der Erbschaften gebrauchen, nämlich der Hausgerade, so man Redlein[593]) nennt, nichts desto weniger geben wir ihnen vollkommen Macht und Gewalt, Brandenburgisches Recht zu gebrauchen . . . außerhalb ihrer Stadtmauern allenthalben auf dem Lande in Theilung der Erbschaften.“ [594])

Eine andere Stelle unseres Stadtbuches (S. 149), welche den Schluß des Capitels vom Frauenrechte bildet, bezieht sich ausdrücklich auf die aus dem Capitel vom Erbrechte mitgetheilte Stelle zurück:

---

590) Summe, summelike, som(e)like sind: etliche, einige.

590 a) Oben Anm. 515.

591) Von der Form radeleue oben S. 130.

592) Vulbort ist Zustimmung, vulborden zustimmen: Homeyer Reg. Vulbort.

593) Oben Anm. 469.

594) Stat. Recht der Städte des Herzogth. Pommern (oben Anm. 460) S. 24 f.; vergl. S. 80, 106 f., 115, 117 f.; Riedel M. Br. II. S. 382, 388 f.

Ok so nemen elliken frouwen morgengaue, radeleue vnd mustele in besunderen landen, als dat vorsteit in den teynden blade[595]) vpwart geschreuen.

Die besonderen Lande sind eben die Sächsischen, als deren Eigenthümlichkeit die Singularsuccessionen in Heergewäte, Gerade und Mustheil in der zuerst angeführten Stelle hervorgehoben, und unmittelbar darauf (Berl. Stadtb. S. 123—125) ausführlich erörtert werden. Diese Erörterung ist eigentlich eine bloße Episode, sofern sie nicht Brandenburgisches, sondern lediglich Sächsisches, in Brandenburg nicht geltendes Recht enthält (daher wiederholentlich die Hinweisung auf die Sachsenlande, S. 123: Dit het man in den landen hergewede; S. 125: Ook halden sy in dem lande vor recht, u. s. w.); allein sie ist aus verschiedenen einzelnen Stellen des Sachsenspiegels auf eine so eigene Weise zusammengesetzt, daß sie hier wohl einer näheren Erwägung gewürdigt werden mag.

Der Satz, welcher sich unmittelbar an die zuerst mitgetheilte Stelle von der durch das Brandenburgische Recht erfolgten Aufhebung jener Singularsuccessionen anschließt:

Wen eyn man vorsteruet, so sal syn vrouwe geuen ores mannes hergewede tu hantz vngeweigert na den drittigesten, vnd ok rade, mustele und erue. Dede sy des nicht, sy muste wedden den richter, vnd den eruen bute geuen,

läßt sich nicht geradezu auf eine einzelne Stelle des Sachsenspiegels zurückführen, ist aber augenscheinlich aus zwei verschiedenen Stellen des S. Sp. compilirt, unter Benützung der Glosse, welche die Deutsche Lehre vom Dreißigsten mit dem Römischen Rechte in Einklang zu bringen sucht:

S. Sp. I. 22. §. 3:

Dar na mut de vrowe jegen den erven musdelen alle hovede spise, die na dem drittegesten overblift . . .

Glosse z. S. Sp. I. 22. Augsb. Ausg. 1516. Bl. XXVI. Sp. 1:

„Dy leges seggen dat dy erve sy thuhant geweldich, . . . Dat dar steit thuhant, dat meinet na deme drüttigesten . . .“ (d. i. also: sofort nach dem Dreißigsten.)

S. Sp. III. 15. §. 2:

Sve so herwede oder rade oder erve na'me drittegesten

595) Die erste Stelle befindet sich auf quaternio LXXVIII, die zweite auf quat. LXXXVIII.

weigeret mit unrechte ut to gevene, sculdeget man in dar umme vor gerichte, he mut dar umme wedden unde bute geven.

Die nächstfolgenden vier Absätze unseres Stadtbuches handeln vom Heergewäte insbesondere. Der erste, welcher beginnt: Dit het man in den landen (d. i. in Sächsischen Landen) hergewede, ist entnommen aus S. Sp. I. 22. §. 4. Eine Abweichung findet sich nur in Ansehung der zum Heergewäte gezählten einzelnen Stücke, indem unser Stadtbuch anstatt: ein lilaken, en dischlaken, tvei beckene, aufführt: twe lynlaken, eyn becken. (Vgl. oben S. 85 f. Nr. III.) Der zweite Absatz: Wi so hergewede fordert u. s. w. entspricht der ersten Hälfte des §. 4. S. Sp. III. 15; doch mit Hinzufügung der Sächsischen Regel vom Successionsrechte bis zum siebenten Gliede.[596]) Der dritte Absatz: War twe man u. s. w. ist entlehnt aus S. Sp. I. 22. §. 5, und der vierte: War di sone u. s. w. aus S. Sp. I. 23. §. 1; nur unter Veränderung der Wörter: sin scult in: synen scaden.

Hierauf folgt ein größerer Absatz von Morgengabe, Mustheil und Gerade: Na deme hergewede u. s. w., der im Wesentlichen mit S. Sp. I. 24. übereinkommt. Neu hinzugefügt ist der Schlußsatz: Wes di man nicht en het desser ding, des en derf he nicht geuen u. s. w., bezüglich auf die vom überlebenden Ehemanne herauszugebende Niftelgerade, und nachgebildet der analogen Bestimmung des §. 4. S. Sp. I. 22. über das von der Wittwe herauszugebende Heergewäte.[597]) Auch sind in dem Verzeichnisse der zur Gerade gehörenden Objecte kleine Veränderungen mit dem Texte des §. 3. S. Sp. I. 24. vorgenommen. Statt der vingerne des S. Sp. hat nämlich unsere Stelle: vmmegegerue. Vingerne sind Ringe,[598]) vmmegegerue Gewänder.[599]) Vielleicht ist aber die Vermuthung zulässig, daß das

---

596) v. Sydow S. Sp. S. 157.

597) Nur in jenem alten Weisthum v. 1235 (§. 24) findet sich noch die ausdrückliche Verstattung des Wittwers zum Eide, bei Herausgabe der einzelnen Geradestücke: oben S. 56 (Anm. 258) u. S. 69 (α); vgl. Tzsch. u. Stzl Urk. S. 297 Note 7.

598) Homeyer Reg. Vingerne; vgl. oben S. 85 Zeile 1.

599) Fidicin Beitr. III S. 561 u. d. W. — Gerwen bedeutet: umthun,

Wort vmmegegerue hier Ringe bedeuten solle, als welche den Finger umgeben, wie Gewänder den Körper. (?) Statt des Wortes sedelen oder sidelen[600]) haben wir das gleichbedeutende: Benke. Statt rüegelakene: Rogkelen; womit nicht sowohl Vorhänge,[601]) als vielmehr Decken für die Rücklehne der Sessel bezeichnet zu sein scheinen.[602]) Das al ne nenne ik is nicht sunderliken des S. Sp. ist weislich verändert in: alle en nûmet man id nicht sunderliken, da ja unser Stadtbuch nur erzählungsweise mittheilen will, was nach Sächsischem Rechte zur Gerade gehöre. Endlich findet sich in Betreff der nicht zu Frauenkleidern zugeschnittenen Stoffe, im S. Sp. laken, oder nach anderen Lesearten tuch oder linwat genannt[603]), ein kleiner erläuternder Zusatz: Vnd alle laken, vngesneden gewant vnd lynwant tu frouwen kleider.[604])

Der nächste Absatz: Dy pape nemmet u. s. w., welcher den §. 3. S. Sp. I. 5, sammt dem, den Zusammenhang unterbrechenden Einschiebsel[605]) wiedergibt, betrifft das Erbrecht der Geistlichen,[605a]) und ist wohl nur um deswillen mit hierher gezogen worden, weil er vorzüglich von der Gerade handelt.

Daran schließt sich ein Absatz: Jowelk vif eruet twier wegen u. s. w., der dem S. Sp. I. 27, von der zwiefachen Erbfolge in den Nachlaß der Frauen und der Ritterbürtigen, genau entspricht.

Dann folgt: Steruet des mannes wif u. s. w., aufgenommen aus S. Sp. III. 38. §. 5, von dem Präcipuum des Wittwers, der Niftelerbin gegenüber.[606]) Nur die Schlußworte: vnd nicht mer, sind hier frei hinzugefügt.

Endlich der Absatz, welcher beginnt: Wat so sulkedanes

---

anlegen, ankleiden (S. Sp. I. 63. §§. 4 und 5; M. R. 1261 §. 70; 1304 §. 137); Gerwe: Gewand.

600) Oben S. 85 Zeile 5.

601) Oben S. 84 e.

602) Ueber das Wort Rucklän, welches sich in einer Berl. Urk. v. 1500 findet, vgl. Fidicin Beitr. III S. 555.

603) Homeyer S. Sp. I. 24. Note y.

604) Oben S. 78 Nr. 7.

605) Homeyer S. Sp. I. 5. Note oo.

605a) Vgl. oben v. Magdb. Rechte S. 70. B.

606) Vgl. oben S. 63.

dinges oruelos vorsteruet, enthält die erste Hälfte des Art. 28. S. Sp. I, von dem Verfahren des Richters mit erblosem Gute, sei dies nun Heergewäte oder Gerade oder Erbe. Doch ist die Rücksicht auf den Frohnboten ausgelassen, und zum Schluß wird auf eine frühere Stelle zurückverwiesen, welche dem §. 2. S. Sp. II. 31. entspricht[607]); während sich die zweite Hälfte des gedachten Art. 28. wesentlich umgearbeitet an einer anderen Stelle unseres Stadtbuches wiederfindet.[608])

Wenn nun aber auch unser Brandenburgisches Recht in der angegebenen Weise Heergewäte und Gerade beseitigt hat, so gewährt es doch dem überlebenden Ehegatten gewisse Präcipua, nämlich seine Ehren- oder Feierkleider und Geschmeide, nebst dem Ehebette:

Dy vrouwe en derf ore kleder noch gesmyde, dat ŏr ore frund oder vader oder muder ofte or man or tu woluard hebben gegeuen dorch ere tu dragen, nicht met den eruen deilen, noch di man des glikes weder an synen kleder vnd gesmyde, wen ore eyn vorsteruet. Ok sal ore en geynes bedde stan naket wen man deilet, darvp sal bliuen dat degelike bedde gewand dat sy alle dage bestigen. (Berl. Stadtb. S. 121; im Cap. vom Erbrechte.)

B. Die Ehegatten genießen eines gegenseitigen Erbrechtes, und zwar dergestalt, daß durch den Tod des einen Gatten dem Ueberlebenden das ausschließliche Recht auf die Hälfte der beiderseitigen Güter übertragen wird:

Vortmer sal alle ding half vnd half wesen, weme dat af vnd tu steruet. (Fortsetzung und Schluß der zuletzt unter A. angeführten Stelle aus dem Cap. v. Erbrechte, beide Gatten betreffend.)

In den Brandenborgschen rechte behold sy (d. i. die überlebende Ehefrau) half vnd half, alse sy dat hebben. (Berl. Stadtb. S. 142, im Cap. vom Frauenrechte.)

---

607) Die zurückweisenden Worte lauten: alse vor steit geschreuen vmme erue in deme veften blade. Das Capitel vom Erbrechte beginnt aber quat. LXXIII; das fünfte Blatt desselben ist also quat. LXXVII, und da findet sich denn auch (Berl. Stadtb. S. 121.) der Satz: Dufte oder rof u. s. w., von dem unten (Cap. III. §. I. Nr. III. B.) noch in weiterem Zusammenhange die Rede sein wird.

608) S. 118: id en sy, ofte di erue sy geuangen u. s. w. Vgl. unt. a. a. O.

Das „Ab- und Zu-Sterben“ bezeichnet recht ausdrucksvoll den Uebergang der Güter durch den Tod des Einen auf den Anderen.[609]) Und das „Halb und Halb“ ist auch hier keineswegs in dem Sinne einer eigentlichen Gütergemeinschaft aufzufassen.[610])

So finden sich denn in einigen wenigen Stellen unseres Stadtbuches, welche dadurch eine unschätzbare Wichtigkeit erlangen, die **Hauptmomente des Märkischen Erbrechtes** beisammen: Aufhebung der alten Sächsischen Singularsuccessionen, Bewilligung gewisser Präcipua für den überlebenden Ehegatten, Anfall der Hälfte aller Güter durch den Tod des einen Ehegatten an den Ueberlebenden.

Daß aber aus diesen erbrechtlichen Principien noch keinesweges auf die Existenz einer wahren Gütergemeinschaft unter den Brandenburgischen Ehegatten zurückgeschlossen werden dürfe, zeigt sich namentlich und vor Allem in der Art und Weise, wie unser Stadtbuch die Regeln und Grundsätze des **Sächsischen Rechtes** in Ansehung der **ehelichen Gesellschaft** selbst aufgenommen und wiedergegeben hat. Das Capitel vom Frauenrechte ist in dieser Hinsicht fast ganz aus einzelnen Stellen des Sachsenspiegels zusammengesetzt.[611]) Der Mann nimmt Person und

---

609) Oben Anm. 287 u. 482.

610) Vgl. oben vom Treuenbriezenschen u. Wittstockschen Rechte. (S. 142 u. 148.) Dem „Halb u. Halb“ entspricht übrigens auch die in einer Frankfurter Urkunde v. 1308 (unten Cap. III. §. 1. Nr. II. A. c.) erwähnte Theilung der Güter „equa porcione“. Frankfurt hatte ja Berlinisches Recht. (Oben S. 51.)

611) Die Combination der Lehren vom Frauen- u. Juden-Rechte im vierten Capitel (oben Anm. 585.) scheint darin ihren Grund zu haben, daß Frauen und Juden desselben **Friedens** genießen: S. Sp. II. 66. §. 1. (Berl. Stadtb. S. 151.) Die einzelnen Sätze der Lehre vom Judenrechte sind theils unserem Stadtbuche eigen, wie die Auseinandersetzung der vier Gründe wegen welcher die Juden nicht ausgerottet werden sollten (S. 149; vgl. Eichh. R. G. §. 297. Nott. d, e), und die Bestimmungen über den Wucher (S. 152; vgl. Eichh. R. G. §. 350. Not. g); theils aus dem Sachsenspiegel (S. 149—151 vgl. mit S. Sp. III. 7 u. 2; II. 66.) u. aus dem Sächsischen Weichbilde (S. 151 g. E. vgl. mit Sächs. Weichb. Art. CXXXVI.) entlehnt. Zum Schluß wird von dem Eide der Juden gehandelt. (S. 152 f.; vgl. die Glosse zum S. Sp. III. 7. g. E. und Sächs. Weichb. g. E.) Uebrigens hatten schon unsere Markgrafen Otto u. Conrad i. J. 1297 ausdrücklich verordnet: „Judeus . . . jura-

Vermögem der Frau in seine Vormundschaft; die Frau hat also weder über des Mannes, noch über ihre eigenen Güter freie Verfügung, und der Mann haftet für die von der Frau eingegangenen Verbindlichkeiten nur sofern eine Verwendung in seinen Nutzen stattgefunden: [612])

Al en sy eyn man synen wyue nicht euenbordich, he is doch ör vormunder, vnd sy is syne genotynne, vnd tret in syn recht, wen sy in syn bedde gat. Doch na godliken dingen so is sy syn gelich, vnd sal wesen vnder synen horsam, vnd sy mach ok synes gudes nicht vorgeuen ane synen wille, dat he dorch recht dulden dorue.

Wen eyn man wif nemmet, so nymt he in synen gewere al or gud tu rechter vormunderscap . . . (Berl. Stadtb. S. 142.)

. . . vnd sy en mach ane ores mannes gelof ores gudes noch eygen vorgeuen, noch liftuch vplaten, dorch dat he met or in den weren sit. (Berl. Stadtb. S. 143.)

. . . Wol is or man nicht plichtich vor or pand tu dulden; ofte sy nicht betalunge het so muste sy dat recht liden. (Berl. Stadtb. S. 145.)

Ok sal di iode eyner frouwen, die eynen vormunder het bynnen bi sich in der müre, ane ores mannes wille or gut nicht auewükeren, wen di man duldet vnbilke scaden di em also vorholen geschyt; id queme dan in syner nud vnd fromen. (Berl. Stadtb. S. 150.)

Von diesen Stellen ist die erste: Al en sy bis dulden dorue, compilirt aus dem ersten Satze des §. 1. S. Sp. I. 45. (vgl. §. 3. S. Sp. III. 45.) und dem Schlußsatze des §. 1. S. Sp. I. 31. Nur ist die Bemerkung von der Gleichheit beider Geschlechter nach göttlichem Rechte, eingeschaltet; und diese Einschaltung hat wohl auch die Veränderung der Worte ires gudes (S. Sp. I. 31. §. 1. [613])) in synes gudes veranlaßt. Denn an sich möchte es ganz überflüssig scheinen, der Frau die Befugniß zu freier und einseitiger Verfügung über das Gut des

---

mentum . . . ante scolas faciet Judeorum lingua teutonica, ita quod christiani universi suum intelligant juramentum." (Lentz Uhrk. No. LXVI, S. 150.) Die Urphede, welche die im J. 1510 aus der Mark verjagten Juden geschworen, findet sich bei Gercken. (Cod. dipl. V. No. LXXXIV, S. 129 f.)

612) Vgl. v. Sydow S. Sp. S. 245 ff. u. 333 ff.

613) v. Sydow S. Sp. Note 773.

Mannes noch besonders abzusprechen. War aber einmal die Erklärung vorangeschickt, daß nach göttlicher Anordnung die Frau dem Manne gleich und doch gehorsam sein solle, so paßte es eher in den Zusammenhang, auszusprechen, daß die Frau dem Manne auch in Ansehung der Verfügung über seine Güter untergeordnet sei. — Unsere zweite Stelle: Wen eyn man u. s. w. entspricht genau dem Anfange des §. 2. S. Sp. I. 31; so wie die dritte: vnd sy en mach u. s. w. dem ersten Satze des §. 2. S. Sp. I. 45. Die beiden letzten Stellen, welche anfangen: Wol is or man und: Ok sal di iode, sind unserem Stadtbuche eigen. Beide bezeichnen mit großer Bestimmtheit die Unabhängigkeit des Mannes von den Verpflichtungen, welche die Frau einseitig auf sich genommen. Pand dulden, Pfändung dulden,[614]) pignora sustinere (in der Lat. Uebers. des S. Sp. I. 54. §. 1.), ist so viel als: mit seinem Vermögen für die Schuld aufkommen oder gerecht werden. Vormunder bynnen in der mûre, drinnen in der Mauer, im Hause,[615]) ist eine äußerst characteristische Benennung des Ehemannes. Die Worte: id queme dan in syner nud vnd fromen, geben gewissermaaßen eine exceptio doli gegen den Mann, der die Dispositionen seiner Frau auch in dem Falle nicht anerkennen möchte, wenn er selbst daraus Nutzen gezogen hätte.

Hat aber die Frau kein Recht des Widerspruches gegen die Verfügungen des Mannes,[616]) so haftet sie ihrerseits auch nur für dasjenige Vermögen des Mannes, welches derselbe im Momente seines Todes gleichsam unter ihrer Obhut zurückläßt; welches, wie die mit dem §. 4. S. Sp. I. 52. übereinstimmende Stelle unseres Stadtbuches (S. 120: Wi bynnen syner sukede u. s. w.) sagt, „unter ihr verstorben ist.“[617])

Morgengabe und Leibzucht gönnt auch das Brandenburgische Recht den Frauen:

---

614) Homeyer Reg. Pant.

615) Es ist gleichbedeutend mit dem alten: „in der Were“. Vgl. oben S. 68 (M. R. 1304. §. 124.), S. 70 (Anm. 299.), S. 72 („buzen unde binnen“) und S. 102 (Zeile 1: „in edibus“); Allegate in Homeyer Reg. Gewere, were Nr. 3.

616) v. Sydow S. Sp. S. 246 f. Nr. 1.

617) Vgl. oben Anm. 287 u. unten Anm. 684.

. Eym islich man von ridders art gest synem wiue tu morgengaue. Des morgens, wen he met or tu dische gat vor eten, sunder erueu gelof, gest he or von synem eigen vnd von eruelehn wes he wil, vnd let or dat ligen vnd let sy dar inwisen. — Also don alle digene, di von den heren oder von synen mannen gut hebben, dat laten sy den frouwen ligen na des landes zede.

An eigen is recht lifsucht der frouwen.

Morgengaue vnd lifsucht behelt dat wif vp den hilligen met twen vingeren an der rechter hand vp ore brůst, die were auer met getuge; vnd oren inwiser, ofte he dot is, den wynnet sy met oren eden vp syn graf. (Berl. Stadtb. S. 147.) Die Abweichungen vom Sachsenspiegel sind hier nicht unerheblich. Der erste Absatz: Eyn islich man u. s. w. erinnert an den §. 1. S. Sp. I. 20, welcher auch von der Morgengabe bei Ritterbürtigen handelt. Doch ist gerade die Hauptsache, die Beschränkung der ohne Einwilligung der Erben zu verleihenden Morgengabe auf gewisse Objecte (S. Sp. a. a. O. §§. 1 u. 8.[618])), in unserer Stelle fortgefallen: dem Manne wird ausdrücklich gestattet, ohne der Erben Consens am Hochzeitsmorgen der Frau zu geben „wes he wil"; und zwar sowohl von seinem Eigen, als vom Lehn.[618a]) Auch wird in Bezug auf das Lehn noch der Einweisung und der Beleihung der Frauen nach der (Märkischen) Landessitte gedacht.[619]) Der zweite Absatz: An eigen u. s. w. gibt nur die Anfangsworte des §. I. S. Sp. III. 75. wieder, wonach der Frau an Eigen rechte Leibzucht gewährt wird. Die darauf folgenden Worte des S. Sp., welche an Lehngütern rechte Leibzucht nicht zulassen wollen und deshalb schon von der Glosse als antiquirt angesehen werden (Augsb. Ausg. v. 1516. Bl. LXXXII. Sp. 2 ff.), sind hier, ohne Zweifel in Gemäßheit eben dieser Ansicht, gänzlich weggelassen worden. Der dritte Absatz: Morgengaue vnd lifsucht u. s. w. stimmt zu Anfang mit §§. 6. u. 9. S. Sp. I. 20. überein, sofern die Frau zum Beweise, nicht bloß der Morgengabe, wie in den angeführten Paragraphen des S. Sp., sondern auch der Leibzucht, durch ihren alleinigen Eid verstattet wird; wobei noch die genaue Beschreibung der Form

618) Vgl. v. Sydow S. Sp. S. 251 ff u. 272 ff; Grimm R. A. S. 441 f.
618a) Vgl. unten Anm. 674.
619) Unten Cap. III. §. 3. g. E.

des von der Frau zu leistenden Eides bemerkenswerth erscheint, welche sich nicht im Sachsenspiegel findet, wohl aber in ähnlicher Weise im Schwabenspiegel vorkommt.[620]) Unsere Schlußworte endlich: vnd oren inwiser u. s. w. lassen sich mit Sicherheit von der Glosse ableiten, und werden durch dieselbe dahin aufgeklärt, daß die Frau das mangelnde Zeugniß ihres mit Tode abgegangenen Einweisers (d. i. desjenigen, der sie in das Lehngut zum Genuß ihrer Leibzucht eingewiesen hatte) durch ihren alleinigen, auf dem Grabe des Einweisers zu leistenden Eid solle ersetzen dürfen. Denn es heißt in der Glosse zum S. Sp. I. 21 (Augsb. Ausg. v. 1516. Bl. XXIV. Sp. 2):

„Lyfftucht kan neman den vrowen gebreken. So verne dat an eygene vor gerichte dar dath binnen lecht gegeuē is vñ man des von gerichte to tucht heft. Is de lyfftucht ouer an leine so müth men dorch recht des heren lenüge vñ inwysinge dar an bewysen. Dat erste geschut met dem heren edder synen mannen edder mit des heren briuen. Dat ander schůt mit dem inwiser muntliken edder mit synē brieue vñ mit den buren de delyffrenthe vthgeuē. Sus heist du dat sy leen vñ were hebben müth an lengude.... Itlike segger ock dat de vrowe ore lyfftucht beholth mit der bekantnisse ores inwiser deste he is des heren belende man. Edder vp den hilgen mith ores eines handt,[621]) effte de inwiser dot is vp syn grafft.“

In Ansehung des Verlustes der Leibzucht und des Einflusses der Ehescheidung auf die Vermögensverhältnisse der Frau hat unser Stadtbuch (S. 145: Liftuch en kan u. s. w. und: Wert san u. s. w.) den §. 2. S. Sp. I. 21, und (S. 146 f: Wert eyn wif u. s. w.) den Art. 74. S. Sp. III. lediglich wiedergegeben. In der letzten Stelle ist sogar unversehens die Satzung stehen geblieben, daß die geschiedene Frau Gerade und Mustheil

---

620) Im Schwabenspiegel (v. Laßbergsche Ausg. 1840. Landrecht §. 20.: „von der morgengabe“) wird der Frau vorgeschrieben, zu schwören: vf ir zeswen brvste vnd vf ir zeswem zophe, d. i. die Hand auf ihre rechte Brust u. auf ihren rechten Haarzopf gelegt. Vgl. Grimm R. A. S. 141 und 897 f. Nr. 7. — Den Unterschied in der Form der von Frauen und von Männern zu leistenden Eide beschreibt unser Berl. Stadtbuch (S. 143.) folgendermaaßen: Dy frouwe sal stande edo sweren vor gerichte, vnd dy hiligen sal or dy dedingesman vorholden; vnd di man sal knylende sweren, blotes houedes, vnd sunder bouen gewant, vnd sal wesen ane messer vnd yser.

621) Oben Anm. 260.

behalte, da doch dem Brandenburgischen Rechte sowohl Gerade als Mustheil fremd ist!

Die Trennung der Ehe durch den Tod des Mannes wird so aufgefaßt, daß die Frau, in Folge derselben aus dem Rechte des Mannes tretend, ihr angeborenes Recht wieder erlange:

Wen auer der frouwen man steruet, so is sy ledich von syme rechte, vnd behold recht na ore bord. (Berl. Stadtb. S. 142.) Diese Stelle ist zwar aus dem §. 1. S. Sp. I. 45. (vergl. S. Sp. III. 45. §. 3. g. E.) entnommen, befindet sich aber in einem eigenthümlichen Zusammenhange, welchem zu Gefallen der Art. 45. S. Sp. I. ganz zersplittert worden ist.[622] Uebrigens schließt sich an unsere Stelle in überaus passender Weise der Satz an, welcher der überlebenden Brandenburgischen Ehefrau das „Halb und Halb“ gewährt.[623]

622) Es verhält sich damit folgendergestalt. Die drei ersten Absätze des Capitels vom Frauenrechte, welche anfangen: Al en sy, Wen eyn Man, Welke frouwe (Berl. Stadtb. S. 142 f.), enthalten den ganzen Articel 45. S. Sp. I. in drei, durch eingeschobene Sätze von einander getrennten Stücken. Das erste Stück — der Anfang des §. 1. S. Sp. I. 45: Al ne si bis in sin bedde gat — bildet den Anfang des Absatzes: Al en sy u. s. w. (Oben S. 178.) Darauf folgen eingeschobene Sätze, zum Theil aus dem S. Sp. I. 31 entlehnt (oben a. a. O.), zum Theil Eigenthümlichkeiten des Brandenburgischen Stadtrechts in Ansehung der Vergabungen unter Eheleuten betreffend. (S. unten D. 1.) Danach findet sich das zweite Stück des Art. 45. S. Sp. I. — die Fortsetzung des §. 1: Svenne he aver stirft bis na irer bord — gegen Ende des Absatzes, welcher beginnt: Wen eyn man; und es schließt sich daran der eingeschobene Satz von dem „Halb und Halb“ der Brandenburgischen Wittwe, wie dies hier oben im Texte näher angeführt ist. Endlich das dritte Stück des Art. 45. S. Sp. I. — der Schluß des §. 1. und der ganze §. 2. — steckt in dem Absatze: Welke frouwe u. s. w.; doch mit einer bemerkenswerthen Veränderung des Zusammenhanges. Der Schlußsatz des §. 1. S. Sp. I. 45: dar umme mut ir vormünde sin ir neste evenbürdige svert mach, unde nicht ires mannes, gibt, in unmittelbarem Zusammenhange mit dem Satze von der Rückkehr der Wittwe zu dem ihr angeborenen Rechte, eben diese Rückkehr als Grund dafür an, daß ihr (und nicht ihres verstorbenen Mannes) nächster Schwertmag ihr Vormund werde. Dagegen lautet der entsprechende Satz unseres Stadtbuches: Welke frouwe lifgedinge het, or vormunder sal syn or negste swertmage. Hier ist also nicht bloß der Causalnexus mit dem Satze von der Rückkehr der Wittwe zu ihrem Rechte, durch den eingeschobenen Satz von ihrem „Halb und Halb“ unterbrochen, sondern auch die Vorschrift selbst auf die beleibgedingte Wittwe beschränkt worden.

623) Oben S. 176 g. E.

Gelegentlich bewilligt auch unser Stadtbuch der überlebenden Ehefrau noch die s. g. Jahreszeit. In einer, dem §. 1. S. Sp. I. 22. entsprechenden Stelle (S. 118) heißt es nämlich unter Anderem: die Wittwe solle mit dem Rathe des Erben Jaretyd don; wie sich denn in einer (Breslauer) Handschrift des Sachsenspiegels hier gleichfalls findet: jarcit dun.[624]) Das Wort jarcit bedeutet das Jahr nach des Mannes Tode, während dessen der Wittwe gewisse Vortheile vergönnt werden sollen.[625]) Eine solche singuläre Bevorzugung der Wittwe scheint nun allerdings nicht recht zu einem Systeme passen zu wollen, welches, wie das Märkische, eine exacte Theilung des Gesammtvermögens nach Hälften zu seinem Principe hat. Doch dürfte es übereilt sein, daraus den Schluß zu ziehen, daß der Schreiber unseres Stadtbuches die Worte Jaretyd don gedankenlos aufgenommen habe; denn es finden sich z. B. in Märkischen Urkunden v. J. 1310 und 1353 Spuren, daß der Wittwe vorzugsweise gestattet worden, das Gewerbe ihres verstorbenen Mannes noch ein Jahr für ihre eigene Rechnung fortzusetzen.[626])

C. Das Erbrecht der Verwandten ist zwar im Allgemeinen an die Bedingungen des Sächsischen Rechtes, Ebenbürtigkeit, Gradesnähe (Sippzahl) und körperliche Integrität, geknüpft, weicht aber in dem Hauptpuncte davon ab, daß der Vorzug des männlichen Geschlechtes vor dem weiblichen in Ansehung des Erbfolgerechtes durchaus aufgehoben ist.

A. Das Erforderniß der körperlichen Integrität ist lediglich nach S. Sp. I. 4. festgestellt. (Berl. Stadtb. S. 114 f: Av altuile bis alse eyn ander man.) Von der Ebenburt und Sippzahl handelt unser Stadtbuch gleich im Eingange

---

624) Homeyer S. Sp. I. 22. Note e; v. Sydow S. Sp. Note 989.

625) Homeyer Reg. Jarcit.

626) Urk. des Raths zu Havelberg v. J. 1310: . . . so ein Fleischer ohn rechte vnd natürliche Erben verstürbe, so soll des hinterlassenen weib nach dem tode ihres Mannes ein gantz iahr lang den Scharn haben vndt besitzen (Riedel nov. cod. dipl. I. S. 27); Urk. des Raths zu Perleberg v. J. 1353: . . . si aliquis predictorum sutorum et cerdonum carnis debitum persoluerit vniuerse, eius uxor relicta predictum officium per spatium vnius anni continui per suam familiam aut seruos conductiuos licite debet et potest exercere. (Riedel a. a. O. S. 152.)

des Capitels vom Erbrechte (S. 113 f). Vorangeschickt wird eine kurze Inhaltsanzeige:

In dessen gesette wil dit bukekin geuen vnd leren ordel von eruen vnd erfgud, wie man di met rechte scole darvmme vntscheiden von erue tu eruen, wi di negesten syn, na der sibbetal.

Unmittelbar darauf folgt der aus S. Sp. I. 17. §. 1. g. E. entlehnte Satz:

Wy den andern nicht en is euenbordich, di mach syn erue nicht nemen.

Und daran schließen sich die Worte:

Dat is tu kisen an der sibbetal, war di begynnet vnd lendet;

welche die große Stelle einleiten, die den bekannten §. 3. S. Sp. I. 3. wiedergibt. In derselben findet sich, von geringfügigen Wortveränderungen abgesehen, keine wesentliche Abweichung vom Sachsenspiegel. Nur ist der Satz, welcher die Bestimmung in sich schließt, daß zwiefache Verwandtschaft kein besseres Erbrecht begründe, aus der Mitte, die er im §. 3. S. Sp. I. 3. einnimmt (Nemet ok tvene brüdere u. s. w.), ans Ende gewiesen, und bildet dort einen neuen Absatz. (Nemen twe bruder u. s. w.) Auch verdient beachtet zu werden, daß die Verwahrung des Land- und Lehn-Rechtes gegen Päbstliche Eingriffe[627]) beibehalten und noch durch den Zusatz vermehrt ist: den leigen (Laien) tu scaden.

B. Die Erbfolge selbst ist, unter durchgängiger Gleichstellung beider Geschlechter, mit wesentlichen Abweichungen vom Sachsenspiegel, in zwei Absätzen unseres Stadtbuches (S. 114: Steruet di vader, und: Bruder vnd sustere) folgendermaaßen geordnet. Es werden zur Erbschaft berufen:

1) Die Descendenten; und zwar

a) die ehelichen Kinder:

Steruet di vader vnd or muder, di elike kinder nemen or erue vnd gud vnd beholden alle or recht, alse em angeboren is von vader vnd von muder.

Diese Stelle erinnert an S. Sp. I. 16, vom angeborenen Rechte, und III. 72, vom Erbrechte des ehelichen freien Kindes.

---

627) Homeyer S. Sp. I. 3. Note pp.

Doch ist der Pluralis (di elike kinder) wohl nicht ohne Absicht gewählt, indem dadurch das gleiche Recht von Söhnen und Töchtern deutlich bezeichnet wird. Eben deshalb ist auch der Satz des Sachsenspiegels I. 17. §. 1, welcher den Vorzug des Sohnes vor der Tochter ausspricht:

Vader unde muder, süster unde bruder erve nimt de sone unde nicht de dochter; it ne si dat dar nen sone ne si, so nimt it de dochter,

in der Lehre vom Erbrechte der Aeltern und Geschwister (unten Nr. 2 u. 3) weggelassen, und nur historisch zum Schlusse jener Episode über das Sächsische Recht (vgl. oben S. 173) aufgeführt worden:

Ook halden sy in dem lande vor recht, dat di sone nemmet des vaders, muder, suster vnd bruder erue, vnd nicht di dochter, vnd willen dat di swert side nere sy erue tu nemen eynes ledes wenne die spillen syde.[628])

b) Erst in Ermangelung ehelicher Kinder (ersten Grades) gelangen die Enkel zur Erbschaft:

Och nemt sones vnd dochter kint erue vor vader vnd muder, vor sustere vnd bruder, dat is vor ores selues older vader vnd older muder, wen sy von den lyuen sint geboren.

Diese Stelle entspricht folgendem Satze des §. 1. S. Sp. I. 17:

Doch nimt sones unde dochter kint erve vor vader unde vor muder unde vor bruder unde vor süster;

ist jedoch durch den Zusatz: dat is u. s. w. vermehrt; augenscheinlich in der Absicht, den absoluten Vorzug der Descendenten vor den Ascendenten außer Zweifel zu setzen, obgleich in der That schon nach dem Sachsenspiegel kein Zweifel darüber obwalten konnte.[629]) Daß aber die Enkel den Kindern ersten Grades unbedingt nachstehen, ist um so sicherer anzunehmen, als unser Stadtbuch nicht einmal die eine, schon so beschränkte Ausnahme

628) Hier sind obenein die letzten Worte, von dem durchgreifenden Vorzuge der Schwertseite vor der Spillseite, nicht einmal auf eine im Sachsenspiegel selbst enthaltene Satzung zurückzuführen, sondern nur auf eine neuere Theorie zu beziehen. Vgl. v. Sydow S. Sp. S. 145 u. v. Laßberg's Ausg. des Schwabenspiegels §. 275 u. Note 197.

629) Vgl. v. Sydow S. Sp. S. 72 f.

recipirt hat, welche der Sachsenspiegel (I. 5. §. 1.) zu Gunsten gewisser Enkel macht.[630])

c) Nach den Enkeln kommen die weiteren Descendenten:

Ok en geit dat erue nicht vt deme businne, di wile di euenbordige busine[631]) dar is.

Im Sachsenspiegel werden die entsprechenden Worte:

durch dat: it ne geit nicht ut dem busmen, de wile de evenburdige busme dar is,

unmittelbar und in Causalverbindung an die vorher allegirte Stelle von der erbrechtlichen Stellung des Sohnes- und Tochter-Kindes angeknüpft.

2) Dem ohne Descendenten Verstorbenen succediren seine leiblichen Aeltern zu gleichen Rechten:

Steruet di man vnd frouwe ane kint, ore vader vnd muder nemen or erue vnd gud.

3) In Ermangelung leiblicher Aeltern folgen die Geschwister:

Hebben sy nicht vader noch muder, so nement or bruder vnd suster.

In diesen beiden Stellen ist die Abweichung vom Sachsenspiegel höchst beachtenswerth. Der entsprechende Satz des §. 1. S. Sp. I. 17. lautet:

Stirft die man ane kint, sin vader nimt sin erve; ne hevet he des vader nicht, it nimt sin muder mit mereme rechte, dan sin bruder.

Und darauf folgt der Satz, welcher den Vorzug des Sohnes vor der Tochter anerkennt. Die Weglassung dieses letzten Satzes (oben 1. a.) und die Veränderung des so eben wörtlich mitgetheilten Satzes von der Erbfolge des Vaters vor der Mutter, und der Mutter vor dem Bruder, ist nun in unserem Stadtbuche augenscheinlich um deswillen vorgenommen worden, damit die durchgängige Gleichstellung beider Geschlechter, im Gegensatze zum Sachsenspiegel, klar hervortrete. Vater und Mutter sollen gleiches Erbrecht haben; eben so Bruder und Schwester.[632])

---

630) Vgl. unten Abth. II. Cap. I. §. 1.

631) Grimm R. A. S. 470: „bufem nach sächs. recht bedeutet verwandtschaft in geradabsteigender linie."

632) In diesem Sinne hat denn unser Stadtbuch auch an einer anderen Stelle (S. 116) die Worte brudern vnd susteren, wo im S. Sp. bloß steht: brüderen. S. unten Anm. 665.

Uebrigens ist das Schoosfallsrecht der Aeltern unbeschränkt. Die Geschwister concurriren durchaus nicht mit ihnen. Nur eine ganz singuläre Ausnahme zu Gunsten der Geschwister unter einander findet in dem Falle Statt, wenn mehreren Kindern ihr Vater- oder Mutter-Erbe im Schöppenbuche in einer Gesammtsumme verschrieben worden:

Maket man in der schepen buk twen kinderen, dryn oder viren, myn oder mer ores vader erue oder muder, vnd wert dat gud in eyner gesamenden summe geschreuen, so steruet[633]) dat gud tu denselben kindern von eme tu den andern; steit auer isliken kinde syn deil tugeschreuen, wes daran vorsteruet[633]) dat hebben die olderen. (Berl. Stadtb. S. 117.)

Es erinnert dies an das alte Magdeburgische Recht, wonach die ungesonderten Kinder von ihren Geschwistern beerbt wurden.[634])

4) Nach den Geschwistern folgen die Verwandten der Sippzahl gemäß, also zunächst die Kinder der Geschwister:

Wen auer sich eyn erue vorbrudert vnd vorsustert,[635]) alle di sich darna tyn[636]) in di sibbetal, gelike id syn bruderkinder, susterkinder vnd darna ander brůderkinder oder ander susterkinder vnd vort alse dy sibbetal holdet, die nemen dat erue gelike vnd nemen daran geliken deil, alse die bort eyn na den ander vor sich gat.

In dieser Stelle ist der Satz des §. 1. S. Sp. I. 17:

Sven aver en erve versüsteret unde verbruderet, alle de sik gelike na to der sibbe gestuppen mogen, de nemet gelike dele dar an, it si man oder wif,

etwas weiter ausgesponnen; die Schlußworte aber:

disse hetet de sassen gan erven,[636])

sind, als eine für das Brandenburgische Recht gleichgültige Bemerkung, fortgelassen.

Schließlich werden in unserem Stadtbuche nicht nur die Vollgeschwister den Halbgeschwistern, sondern auch die Kinder der Vollgeschwister den Kindern der Halbgeschwister mit ausdrücklichen Worten vorgezogen:

---

633) Vgl. oben Anm. 287, 428 u. 609.

634) Vgl. oben Anm. 394 u. 425 ff.

635) Oben S. 72 g. E.

636) Grimm R. A. S. 478 Note *.

Bruder vnd sustere nemen ores vngetwigeden bruder vnd suster erue vor den bruder vnd suster, die getwiget syn von vader oder von muder. Di getwiget syn, sint halue buleken, die nemen haluen deil an erue kegen den vngetwigeden, di dar rechte buleken syn. Ok vngetwigede bruderkinder sint ok glike na vor di getwigeden bruderkinder an erue tu nemen.

Der erste Satz entspricht hier genau dem ersten Satze des §. 1. S. Sp. II. 20. Der zweite Satz ist eingeschaltet, um den Unterschied zwischen Halb- und Vollbürtigkeit anschaulich zu machen. Buleken sind Geschwister.[637]) Im weiteren Sinne bezeichnet das Wort Bulen Verwandte überhaupt und selbst Gewerksgenossen.[638]) Der dritte Satz endlich hat den zweiten Satz des §. 1. S. Sp. II. 20:

Ungetveide broder kint sin ok gelike na deme getveiden brudere an dem erve to nemene,

wesentlich geändert. Denn der Sachsenspiegel läßt die Kinder der Vollbrüder mit den Halbbrüdern concurriren.[639]) Unsere Stelle aber hat gerade die entscheidenden Worte: deme getveiden brudere, verwandelt in: vor di getwigeden bruderkinder; gewiß in keiner anderen Absicht, als um anzudeuten, daß bei uns die Geschwisterkinder aller Art hinter die Halbgeschwister zu stellen, und nur unter einander wieder nach dem Range der vollen und halben Geburt zu ordnen seien.

So viel von der Ordnung, in welcher die Verwandten zur Erbfolge gelangen. Als unerläßliche Bedingung hält dabei unser Stadtbuch eheliche Geburt fest. Unehelich Geborene entbehren des Erbrechtes, sowohl activ, als passiv:[640])

Wy so eynes mannes wif openbar behuret, oder wif oder

---

637) So wird auch in dem Altmärkischen Landtagsprotokolle v. 1531 (am oben Anm. 92 angef. O. S. 95) boleken, in den Gardeleg. Stat. §. 140. boliken u. boleken, und in C. J. G. 1594 Th. III. c. XIV. („Zum virdtenn") Bülichen zur Bezeichnung der Geschwister gebraucht. Unsere Landleute nennen die Geschwisterkinder noch heut zu Tage Bülekenkinder. — Vergl. Märk. Forsch. S. 155 u. d. W. Böliken.

638) Vgl. Mittermaier Pr. R. §. 42. Note 5 u. Fidicin Beitr. III. S. 536 u. d. W. Bulen.

639) v. Sydow S. Sp. S. 106 u. 108.

640) Vgl. v. Sydow S. Sp. §. 10 (S. 46 ff.) und unten Abth. II. Cap. I. §. 2.

mayt nodeget, nymt he sy darna tu rechten echte, eechte kint en wynnet he nymmer by ere; vnd he des vor gerichhte vorwunnet wert, he is gekrenket met den wiue an eren, vnd der man bliuet rechtelos.

Id is mannich man rechtelos dle nicht is echteloos;[641]) wente eyn rechtelos man mut wol elich wif nemen vnd kindler by or gewynnen, di em euenbordich syn; di muten och wol syn erue nemen, vnd ore muder.

Echte man vnd echte wif en nemmet ok vnechtes mannes erue nicht. Man secht dat en geyn kint syner muder keueskint en sy, des en is doch nicht. Eyn wif mach wynnen echte kint, adelkint,[642]) eygenkint, keueskint. Is sy eigen, man mach sy vrie laten; is sy keues, sy mach echte man nemen, vnd mach kinder darbynnen ymmer gewynnen. (Berl. Stadtb. S. 144.) Diese Stelle ist folgendergestalt aus dem Sachsenspiegel compilirt. Der erste Absatz enthält den Articel 37. S. Sp. I, unter Hinzufügung der Worte: vnd he bis rechtelos, welche der Fassung des §. 1. S. Sp. I. 38. nachgebildet erscheinen. Der zweite nebst dem dritten Absatze umfaßt die beiden ersten §§. S. Sp. I. 51; doch sind am Schlusse des zweiten Absatzes die im S. Sp. noch folgenden Worte: also, wende sie evenburdich sin; se ne tveien von in mit egenscap, ausgelassen worden.

Noch an einer anderen Stelle verbreitet sich unser Stadtbuch über die Erbunfähigkeit der unehelich Geborenen, zumal der s. g. Pfaffenkinder, denen der schwerste Makel anklebt. Es heißt nämlich in dem, der Eintragung von allerlei verschiedenen Rechtsgrundsätzen gewidmeten fünften Capitel[643]) unter Anderem:

---

641) Der Echtlose hat keine Familienrechte; der Rechtlose dagegen ist der Erb- und Familien-Rechte fähig. Homeyer Reg. u. d. W.

642) Adel bezeichnet hier die eheliche und freie Geburt oder Abstammung. Vgl. Homeyer Reg. u. d. W. u. Berl. Stadtb. S. 160: „vormunder . . . dorch adels willen"; v. Raumer cod. dipl. II. S. 77 (No. LXXVIII, Privil. der Treuenbriezenschen Handwerker v. J. 1482): „so . . . Jrs adels und redlikeit angesprochen werden"; S. 160 (No. LXXVIIII, v. J. 1482, die Schuhmacher zu Lenzen betreffend): „die Jnholt eines adellbrives . . . oren adell . . . bewyset hett"; v. Raumer in v. Led. Arch. XIII. S. 172 (v. J. 1478): „Adellbrieff: d. i. Zeugniß der ehelichen u. Deutschen Geburt"; Fidicin Beitr. II. S. 359 (v. J. 1542): „wann einer Meister werden will, derselbe soll . . . schuldig sein, seinen lehr-, gebburtts- vnd Adelbrieff fürzulegen."

643) Oben S. 170 f.

Papenkindere vnd di vnnechte geboren syn, di nemen noch erue noch lehn wen sy elos sint geboren; dat is dat sy nicht e kinder sint, wen nicht den an e kinder erue vnd lehn vorsteruet, he benůmet besundern. Papen kindere di sint aller vnnechtigest den ander vnnechte kindere, vmme dat, wen man di papen wiget so werden sy getruwet der heligen kerken, gode tu benedigen vnd tu handelen met synen henden; welk wif he dan beslept di is synes rechten wyues dochter, die hilgen kerken, dar he syne hende vnd kusheit an bevlecket. Ydoch so sint vnnechte kindere nicht so vnnechte alse papenkindere, wen eyn vnnechte kint mach echte werden, alse dat id bi der frouwen getelet sy di synes vader echte wif mochte geweset syn.

Sequitur. Ok were dat weder deme naturliken rechte, dat papenkinder vnd vnnechte kinder solden erue vnd len nemen; dauon vorginge dan di e, di god seluen makede. (Berl. Stadtb. S. 169.)

Augenscheinlich verdanken hier die Bemerkungen über die ganz besondere Unächtheit der Pfaffenkinder ihren Ursprung der Glosse zum S. Sp. III. 45. (Augsb. Ausg. v. 1516. Bl. CLXI. Sp. 2 f.) und zum Sächs. Lehnrecht. (Augsb. Ausg. v. 1516. Cap. 68. Bl. LX. Sp. 1; Zobelsche Ausg. v. 1589. Cap. 69. Bl. CLXVI. Sp. 1. Nr. 28.)

Endlich hat unser Stadtbuch auch die Bestimmungen des Sachsenspiegels über die Unächtheit des zu früh oder zu spät geborenen Kindes, über die Aechtheit der Kinder aus einer zwar ungültigen, aber doch bona fide für gültig gehaltenen Ehe, so wie über den Beweis der unächten Geburt, fast wörtlich wiedergegeben. Vgl. S. Sp. I. 36. §§. 1, 2 und Berl. Stadtb. S. 145 (Wenne dat wif irst man nemmet u. s. w.); S. Sp. III. 27 und Berl. Stadtb. S. 146 (Wy wif tu echte nemmet vnwetene u. s. w.); S. Sp. III. 28. §. 1. Satz 1 und Berl. Stadtb. S. 146. (Swen man eynen vnnechte secht u. s. w.)

In Ansehung des erbrechtlichen Erfordernisses der Lebensfähigkeit[644]) hat unser Stadtbuch zwar den Articel 33. S. Sp. I. (oben Anm. 303.) recipirt,[645]) folgenden Satz aber noch selbstständig hinzugefügt:

644) v. Sydow S. Sp. §. 12. (S. 55 ff.)

645) Berl. Stadtb. S. 144: Nu vornemet bis geteuch syn. Nur eine,

Auer steruet eyne frouwe von der bord, vnd dat kind von or leuendich komet, dat dri erlike frouwe besyn vnd behoren, di in orme arbeide syn darbi geweset, dat id na der muder leuede id erue vallet an den vader, alse verne dat di frouwen dat willen vor rechten.

Der Sachsenspiegel gedenkt dieses, dem Vater zustehenden Erbrechtes nicht mit ausdrücklichen Worten, wohl aber der Schwabenspiegel.[646]) Dennoch bedarf es nicht der Annahme, als sei unsere Stelle dem Schwabenspiegel nachgebildet, da ja das Princip dieser Erbfolge auch im Sachsenspiegel zu finden ist.[647]) Allein ganz singulär erscheint die in unserer Stelle erforderte Dreizahl der Frauen, welche von der Existenz des Kindes Kenntniß haben sollen, zumal da das Berliner Stadtbuch an einer anderen Stelle (S. 171) das Zeugniß von vier oder mehr Frauen verlangt:

Virde tuch is dat vier erlike frouwen oder mer, die dar sint by eyner bord dar eyn kint tu der werlde komt, mogen wol tugen, ofte dat kint leuede na der muder, dat man syn stymme von eyner want tu der andern horede; dat muten sy eden.

Weniger auffallend ist das hier aufgestellte Erforderniß, daß die Stimme des Kindes von einer Wand zur anderen gehört sein müsse. Dasselbe findet sich auch noch an einer, dem Anfange des Capitel XX. Sächs. Lehnr. entsprechenden Stelle unseres Stadtbuches (S. 154):

Wenne di son na des vaders dode leuet also lange, dat man syne stymme gehoren mag in vir wenden des huses, so is he beeruet met synes vader lene, vnd het is dan vnteruet[647a]) alle den di dat gedinge daran hadden.

Ueberhaupt wird ja das Besehen oder Beschreien der vier Wände durch das neugeborene Kind von ganz verschiedenen Rechtsquellen erfordert.[648]) Auch die Glosse zum Sächs. Weichbild (Art. XCIV. Bl. XCVI. Sp. 4.) sagt:

---

allerdings auffallende Veränderung ist vorgenommen, indem die Worte des S. Sp.: „so werdit de len den herren ledich" umgewandelt sind in: „so werden di lehn den heren nicht ledich." (Vgl. v. Sydow S. Sp. Note 242.)

646) v. Sydow S. Sp. Note 320. (v. Laßberg Schwäb. Landr. §. 324.)

647) v. Sydow S. Sp. Note 322.

647a) Unten Anm. 673.

648) Vgl. v. Sydow S. Sp. Note 177, 178; Grimm R. A. S. 75 f.

„Wird das kind lebendig geboren, vnd hett die fraw des gezeugen, an den frawen, die jhr hulffen an jhrer noth, oder verlautbart es seine stim in den vier wenden" u. s. w.

Noch ist hier der Erbfolgefähigkeit der Geistlichen[649]) zu gedenken, welche unser Stadtbuch (S. 119) dem Sachsenspiegel gemäß auffaßt, indem es die Weltgeistlichen besser stellt, als die Mönche oder Nonnen:

Dy pape deilet met den bruder von syner suster vnd nicht di monk noch di kloster vrouwe; wen wi nicht erue gest na synen dode di nemmet ok nicht erue.

Dieser Stelle, welche im Wesentlichen dem §. 1. S. Sp. I. 25. entspricht,[650]) folgt dann noch eine Reihe von Sätzen, die den S. Sp. I. 25. §§. 2—5. und I. 26, mit einigen nicht uninteressanten Veränderungen, wiedergeben.[651])

Ueber die s. g. Erbeslegitimation endlich hat unser Stadtbuch (S. 117) einen eigenthümlichen Satz:

Wy syn erue vor gerichte sal wynnen, di mut dat wynnen selfdridde. Het he auer orkunde von gesworen lude an open brine, dat der di negste tu deme erue sy, id helpet em tu synen erue.[651 a])

C. Die Erbtheilung soll in der Weise vor sich gehen, daß, sobald gerade zwei Erben vorhanden seien, die Legung der Theile dem älteren, das Kürrecht dem jüngeren Erben zustehe;[652]) unter mehr als zwei Erben aber das Loos zu entscheiden habe:

War so twe man eyn erue nemen scolen, die oldeste sal

(D. 1.) u. 410 (B. 1); Eichh. Pr. R. §. 334. Note c ff.; Mittermaier Pr. R. §. 41. No. I.

649) Vgl. oben Anm. 605 f.

650) Sie ist freilich weiter ausgesponnen, als der angeführte Paragraph des S. Sp., welcher nur die hier gesperrt gedruckten Worte enthält. (Oben S. 68. a. g. E.) Die ratio legis, welche unsere Stelle hinzufügt, ist wohl der Glosse entlehnt. — Vgl. v. Sydow S. Sp. S. 20 f., 61 ff., besond. Anm. 208.

651) Die Schlußworte des §. 2: „unde lantrecht" sind in unserem Stadtbuche weggelassen. Die Worte des §. 4: „to senet rechte" sind, offenbar mit Absicht, umgewandelt in: „tu sik met rechte." Dem Worte des Art. 26: „ebbedische" (in unserem Stadtb.: „abbetisse") ist hinzugesetzt: „oder priorisse."

651 a) Vgl. v. Sydow S. Sp. Note 933 u. 1029.

652) Vgl. oben Anm. 298.

deilen vnd di iunggeste sal kisen. Is ore auer mer, so scolen si id kaucleu. (Berl. Stadtb. S. 118.)

Hier sind also die Worte des S. Sp. III. 29. §. 2:

Svar so tvene man en erve nemen solen, die eldere sal delen unde di jüngere sal kiesen,

gerade so buchstäblich aufgefaßt und ausgelegt, wie im neueren Sächsischen[653]) und im Rigischen Rechte.[654])

Besonders merkwürdig aber ist es, wie unser Stadtbuch in der Stelle, welche sich unmittelbar an die eben mitgetheilte anschließt, die Römische Lehre vom Pflichttheil auf Erbtheilungen überhaupt anwendet:

Ok so het elich erfgud eyn vnderscheid an deilunge.

Unmundige kindere di man noch sal tutyn, were ore vire oder dar beneden vor ores vader erue oder ore mudererue maket man en dri deil des gudes, dat gantze gud in achte deil vorgenomen, alse di olde rechtbuker leren: Quatuor aut infra dant natis iura trientem. Auer vif kinder vnd darbouen maket man vir deil des gudes, dat is di helft: Semissem vero dant natis quinque vel vltra. Auer buten eruen, der sy vele oder luttig, den gest man di helft des gudes: Sed reliquis quarta numero quocunque notentur.

Elich ersgud ist legitima porlio hereditaria.[655]) Diese

---

653) v. Sydow S. Sp. Note 1000 f; Eichh. Pr. R. §. 337. Note f. — Auch in unserer Neum. Lehnsconst. v. 1724 heißt es im §. 100: „. . . in dem Hertzogthum und Weichbildern Crossen, Sommerfeld u. Züllichow . . ., wann nur zwey Brüder, oder zwey Vettern, so mit einander succediren, verhanden, die Regul: major dividit & minor eligit, beybehalten."

654) Angeführt in Grimm R. A. S. 480: „dat erve schal de oldeste delen, de jungeste kesen, is er aver mer denn twe, so delen se met gelote."

655) Das Wort E bedeutet ursprünglich: Gesetz; danach: Ehe. (Grimm R. A. S. 417 f; Homeyer Reg. E.) Ebenso haben die Adjectiva echt und elik nicht bloß die Bedeutung von: ehelich, sondern auch von: gesetzlich im allgemeinen Sinne des Wortes. (Homeyer Reg. Echt und Not.) Mannichfaltige Anwendungen von diesem Sprachgebrauche finden sich auch in unseren Märkischen Rechten u. Urkunden. Das Seehausen-Pritzwalksche Recht v. 1256 nennt die Ehegatten: duo legitime sociati. Das Salzwedelsche Recht von 1273 braucht den Ausdruck: legitime locare von den Ältern, welche ihre Kinder ehelich austhun. Dasselbe nennt nicht nur die Ehefrau: uxor legitima, sondern spricht auch von duobus legitimis, als beiden Ehegatten. Das Salzw. Recht v. 1278 nennt nicht bloß ehelich erzeugte Kinder: pueros

gesetzliche Erbportion soll also ungeschmälert bleiben, aber verschieden abgemessen werden, je nachdem Kinder (Descendenten) oder weitere Verwandte (buten eruen, Außenerben, Erben, die draußen stehen[656]) zur Theilung gelangen. Als Maaß für die Theilung des Ganzen aber wird hier nicht, wie im Römischen Rechte, ein aus 12 unciae bestehendes as, sondern ein in 8 Theile zerlegtes Ganzes genommen. Sonach erhalten denn vier oder weniger Kinder ein Drittheil, fünf oder mehr Kinder vier Theile, d. i. die Hälfte dieses Ganzen. Die Verschen, welche dies anschaulich machen sollen, sind auch anderweitig bekannt.[657]) Buten eruen aber, ohne Rücksicht auf die Anzahl derselben, bekommen nur ein Viertheil des Ganzen. Der hinzugefügte Lateinische Vers (in welchem statt quarta wohl quartam zu lesen ist) scheint sich auf die querela inofficiosi testamenti zu beziehen, vermittelst deren ja auch die weiteren Verwandten, sofern sie überhaupt dazu berechtigt waren, ein Viertheil der Intestatportion erlangen konnten. Wenn dessen ungeachtet unser Deutscher Text den buten eruen di helft des gudes bewilligt, so beruhet dies entweder auf einem Irrthum in der Berechnung, oder es muß so ausgelegt werden, daß „di helft" hier nichts Anderes bedeuten solle, als: „twe deil", d. h. zwei Theile des in acht Theile zerlegten Ganzen, also gerade ein Viertheil dieses

---

legitimos, sondern auch Ehemänner: viros legitimos. Im Wittstockschen Rechte von 1374 ist die Rede von Mann u. Frau, die „echtlicken to samen kamen" (wie im S. Sp. I. 3. §. 3). Unser Berl. Stadtb. (S. 169 f.) setzt einander entgegen: vnnechte oder vnelike lude (unten Anm. 875) oder di vnnechte oder elos sint geboren, und: e kinder oder elike lude. Wie nun dasselbe in der oben angeführten Stelle gesetzliches Erbgut elich nennt, so heißt es auch in einer Berliner Urkunde v. 1431 (Fidicin Beitr. II. S. 151.) von einem gesetzlich bestellten Bevollmächtigten: eynem . . eylyken procurator. (Vgl. Grimm R. A. S. 830: „elike dink u. frigerichte"; — Urk. v. 1490.) Endlich findet sich auch noch in C. I. G. 1594. Th. III. c. XIII. folgende Bezeichnung der unehelichen, per subsequens matrimonium legitimirten Kinder: „so durch volgende der Eltern Vertrauung geehliget werden." (Vgl. Alt. Kulm. Recht V. 97: Von kynden dy do geelicht werden von dem bobiste adir von deme keyser; Grimm R. A. S. 421: die frauwe keufen u. die kinder elichen.)

656) Vgl. unten Anm. 822 und oben S. 72 (buzen unde binnen).

657) Hugo Lehrbuch des heutigen Römischen Rechts (Civil. Curs. Bd. 4.) Ausg. 7. S. 203.

Ganzen. — Uebrigens verweist auch schon die Glosse zum S. Sp. II. 30.[658]) auf die Bestimmungen des Römischen Rechts über den Pflichttheil:

„dy keyser . . . sette, dat men den kinderen by plicht latē scholde den drüddē deel des vader gudes."

Das canonische Recht nennt sogar die portio legitima oder die pars tertia, welche dem Kinde gebührt: „iure naturae debita."[659]) Und damit in Uebereinstimmung heißt es wieder an einer anderen Stelle des Berliner Stadtbuches: es sei gegen das natürliche Recht, sein Gut zu vergeben und seine Kinder nach Brod gehen zu lassen.[660])

Die Gemeinschaft, welche zwischen dem überlebenden Ehegatten und den Kindern vor der Erbtheilung Statt findet, behandelt unser Stadtbuch ganz in Gemäßheit der Lehren des Sachsenspiegels. Es hat in dieser Beziehung S. 116. (Absatz: Holdet och di vader u. s. w.) den Articel 11. S. Sp. I, und S. 147 f. (Blift auer die frouwe bis sunder di rade) den §. 3. S. Sp. I. 20. (§. 1. III. 76) und den §. 2. S. Sp. III. 76. so getreu wiedergegeben, daß bei der Aufnahme des letztgedachten §. 2. nicht einmal die Bezugnahme auf die Gerade, welche doch dem Brandenburgischen Rechte fremd ist (vgl. oben S. 181 g. E.), weggelassen worden.[661]) Ueber die anderweitige Gemeinschaft unter Miterben enthält unser Stadtbuch einige eigenthümliche Bestimmungen. Von der Gemeinschaft der Geschwister, in Betreff ihres, in einer Gesammtsumme verschriebenen Erbtheiles, ist schon oben die Rede gewesen. (S. 187.) Außerdem findet sich, in Ansehung der von mehreren Miterben insgesammt angestellten Klagen, im Gegensatze der von einzelnen Erben erhobenen, folgende Vorschrift:

Ok deit den eruen klage nod vmme or angestoruen erue, vnd klagen sy eyner klage met samender hand, sy geuen nicht wen eyn tuch geld.[662]) Wedden sy ok or gewedde tu

658) Augsb. Ausg, v. 1516. Bl. XCII. Sp. 2.

659) Capp. Raynutius und Raynaldus. (16 und 18. x. de testamentis. III. 26.)

660) Unten Anm. 675 g. E.

661) Vgl. oben Anm. 293 und v. Sydow S. Sp. S. 87, 279 f, 289 f.

662) Tuch geld bezeichnet die Gerichtskosten. (Fidicin Beitr. III. S. 560 u. d. W.) Vgl. unten Cap. III. §. 3. Nr. I. C. a.

eynen male is nicht wen eyne weddeschu'd, dy auer besunderen klaget di deit och so vele. (Berl. Stadtb. S. 117.)
Dagegen hat sich unser Stadtbuch (S. 116 f: War bruder oder ander lude bis di or gut met en gemeyne hebben) begnügt, zur Feststellung der in eine Gemeinschaft überhaupt fallenden Gegenstände den Art. 12. S. Sp. I.[663]) wörtlich aufzunehmen. Die dabei vorgenommene Veränderung des Wortes geverden oder gewerken in vedderen erscheint gleichgültig, da jedenfalls derselbe Sinn damit verbunden ist. Denn Brüder, Gefährten, Vettern sind hier nichts Anderes, als Gemeinschafter.

Die abgeschichteten Kinder werden von der Erbfolge nicht ausgeschlossen, sofern sie nur dasjenige, was sie zum Voraus empfangen haben, in die Theilungsmasse einwerfen. Auch hierin, so wie in der verwandten Lehre von den renunciativen und acquisitiven Erbverträgen, ist unser Stadtbuch dem Sachsenspiegel treu geblieben, indem es S. 114 (Absatz: Dy vader mach u. s. w.) den §. I. S. Sp. II. 19, S. 116 (Absatz: Sundert vader vnd muder u. s. w.) den Art. 13. S. Sp. I, und S. 121 (Absatz: Dy so eme erue tusecht u. s. w.) den Art. 30. S. Sp. II. recipirt hat.[664]) Nur einige unbedeutende Veränderungen sind bei Aufnahme des Art. 13. S. Sp. I. vorgefallen. Statt der Worte des §. 1: „mit irme gude" und „an ir erve deil", lesen wir: „met orme gelde" und: „an or erfgelt vnd deil"; und der Schlußsatz des §. 2. (vom Zeugniß des Bauermeisters über Erbverzichte der Bauern) ist weggelassen worden. Uebrigens hat unser Schreiber auch hier wieder das Versehen begangen, die Bezugnahme des §. 1. auf die Gerade beizubehalten. (Vgl. vor. S.) Eine beachtenswerthe Abweichung vom S. Sp. findet sich aber in der Hinsicht, daß dem Vater freiere Hand gelassen wird, dem Sohne gewisse Zuwendungen zum Voraus zu machen, welche von der Einwerfungspflicht ausgenommen bleiben:

Geft di uader synem sone kleder, perde, harnesch vnd ander gerede tu der tyd, alse he is bederf vnd he nütten mach, vnd di vader geuen mach; steruet sint syn vader, he en derf es nicht deilen mit synen brudern vnd susteren oder met

---

663) Vgl. oben S. 62.
664) Vgl. v. Sydow S. Sp. S. 88 f u. 306—310.

nymande, wen he dat em gaf von der hant; or vorrede stunden dan anders. (Berl. Stadtb. S. 116.) Der S. Sp. I. 10, welchem diese Stelle entspricht, gestattet nur die Zuwendung von Kleidern, Pferden und Waffen.[664a]) Hier dagegen zeigt der Zusatz: vnd ander gerede, daß dem Sohne auch noch anderweitige Geräthschaften vorzugsweise sollen gegeben werden können. (Vgl. unten D. 2.) Der Umwandelung des Wortes brüderen in brudern vnd susteren ist schon in anderem Zusammenhange gedacht worden.[665]) Die Hauptsache aber ist die völlige Veränderung des Schlußsatzes, welcher im S. Sp. folgendermaaßen lautet: noch sines vader herren weder geven, noch des vader erven, of he sinem vadere nicht evenburdich n'is, al si he von sinem vader ungesceden mit sime gude. Während sonach der S. Sp. einzelne Fälle vorführt, in denen der Sohn die Präcipua nicht einzuwerfen oder zurückzugeben braucht (nicht zurückzugeben namentlich an des Vaters Herren oder Erben, falls der Sohn wegen Unebenbürtigkeit von des Vaters Erbschaft ausgeschlossen sein sollte), schneidet unsere Stelle allgemein mit den Worten ab: oder met nymande; d. h. der Sohn braucht die Präcipua weder seinen Geschwistern, noch sonst irgend Jemandem zu conferiren. Von untergeordneter Wichtigkeit ist es übrigens, daß unsere Stelle die letzten Worte (al si he u. s. w.) nicht aufgenommen hat. Denn die Worte: wen he dat em gaf von der hant,[666]) legen eben so klar an den Tag, daß hier nicht von einer förmlichen Abschichtung, sondern nur von einer gewissen zum Voraus gegebenen Ausrüstung des Sohnes die Rede sei. Dazu kommt noch der Vorbehalt: or vorrede stunden dan anders, d. i. „ihre Verabredungen stünden denn anders"[667]); so wie der Umstand, daß erst die folgenden Sätze unseres Stadtbuches (Sundert vader vnd muder u. s. w.) in der That von der eigentlichen Abschichtung der Kinder handeln. (Vgl. vor. S.)

664a) v. Sydow S. Sp. S. 96.

665) Oben Anm. 632.

666) Ueber den Ausdruck von der hant vergl. oben S. 138 und unten Anm. 672.

667) Vorrede ist Verabredung, Vertrag. (Fidicin Beitr. III. S. 564. u. d. W.)

D. Das Recht der Vergabungen und Veräußerungen erscheint in unserem Stadtbuche fast von allen hemmenden Fesseln befreit.

1) Ehegatten haben die Befugniß, sich gegenseitig den vierten Theil der Güter von Todes Wegen zum Voraus zuzuwenden, sofern nur nicht Kinder vorhanden sind, welche Widerspruch dagegen erheben:

Id were dan na stadrecht, dat di man vnd frouwe di elike sint, sich vnderlank (d. i. gegenseitig) na oren dode makeden den virden penning eyne dem anderen di nicht kinder hebben. Hadde eyner vnder em kindere, der kindere wille müste dat wesen. (Berl. Stadtb. S. 142.)

So wird hier das Recht der s. g. Vermachung des vierten Pfennigs[668]) ausdrücklich als ein unseren Städtern eigenthümliches Recht, im Gegensatze zu der allgemeinen Regel aufgefaßt, daß es der Ehefrau nicht freistehe, ihre Erben durch Vergabungen zu Gunsten des Ehemannes zu beeinträchtigen. Diese allgemeine Regel aber geht dem eben angeführten Satze unmittelbar voran, indem sie sich wieder als Folgesatz an die Bestimmung anschließt, daß der Mann das Vermögen der Frau in seine Vormundschaft nehme:

(Wen eyn man wif nemmet, so nymt he in synen gewere al or gud tu rechter vormunderscap;) darvmme en mach en geyn wif oren manne gaue geuen an oren eygen, noch an ore varende haue, dar sy den rechten erue mede vntverne na orme dode or anwardunge.

Der §. 2. S. Sp. I. 31, dem diese Stelle entnommen ist,[669]) fügt noch den Grund des Rechtssatzes hinzu: wende die man ne mach an sines wives gude nene andere were gewinnen, wen alse he to dem irsten mit ire untvieng in vormuntscap. Auch ist nicht zu übersehen, daß unsere Stelle verbietet, den Erben der Frau ihre Anwartschaft (or anwardunge[670]) zu entziehen, wo der S. Sp. geradezu das Gut der Frau den Erben gesichert wissen will: nene gave . . . dar se't iren rechten erven mede verne na irme dode. Eine kleine Abweichung,

668) Unten Cap. III. §. 2. Nr. I. B.

669) Vgl. oben S. 178 f und Anm. 622; unten Anm. 815.

670) Vgl. S. Sp. III. 84. §. 3: al sine wardunge hevet he verloren.

welche in der That dem Brandenburgischen Erbrechte durchaus angemessen ist, dessen Wesen ja gerade darin besteht, daß der überlebende Ehegatte das beiderseitige Vermögen mit den Erben des Verstorbenen theilt, diesen also keineswegs das Gut des Letzteren als solches zufällt.

2) Wer bei gesundem Leibe ist, bedarf des Consenses seiner Erben nicht, um sich seiner beweglichen oder unbeweglichen Sachen vor Gericht zu entäußern. In dieser Hinsicht hat unser Stadtbuch den Sachsenspiegel wesentlich umgestaltet. Denn weder der Erben Consens wird gefordert, noch ein Unterschied zwischen Mobilien und Immobilien gemacht, sondern nur darauf Rücksicht genommen, ob der Geber bei guter Gesundheit gewesen ist und wirklich die Absicht zu veräußern gehabt hat. Die Gesundheitsproben aber sind von der Art, wie sie recht eigentlich für Bürger oder Städtebewohner passen; und beide Erfordernisse, der leiblichen Gesundheit und des wahren Entschlusses zur Veräußerung, haben die Bedeutung: es solle Niemand seine Sachen zu einer Zeit oder in einer Weise von sich geben, daß er dieselben nicht sowohl sich, als vielmehr seinen Erben entziehe.

Zuvörderst gehört hierher eine Stelle aus dem Capitel vom Erbrechte (Berl. Stadtb. S. 120):

Ane eruen gelof mach wol eyn man di wile he geit vnd steit vorgeuen syn gud vnd syn eigen vor eme echten dinge, also verne alse he dat vorgeft von der hand, nicht hopenisse dar mer tu tu hebben gantz dar ane tu laten vnd nicht mer sich vnder tu windene.

Vorgeft, vorliget vnd vorlet eyn man syn gud tu cyner tyd, so he des nicht don mochte, di eruen vnderwinden sich des weder met ordel vnd met rechte, wen he also vnmechtich was synes liues, dat he met sodaner gift nicht sy mochte vnteruen. Di man mach wol vorgeuen, vorligen vnd vorlaten syn eigen vnd allerhande varende haue, diwile he sich also vormach, dat he sich seluen begordet met eme schwerde vnd met eynem schilde vnd mach komen vp eyn perd, von eme steyne oder blocke eynes dûmes elne hoch, sunder mannes hulpe, deste man em dat perd vnd stegerep holde. Wen he das nicht don mach, so mach he nicht geuen, laten noch ligen, dar he dat gud ienen met vntuerne, de is na syme dode anwardende is.

Der Sinn, in welchem diese Stelle den ersten Theil des Art. 52. S. Sp. I. theils aufgenommen, theils verändert hat, läßt sich gar nicht verkennen. Namentlich der §. 1:

Ane erven gelof unde ane echt ding ne mut nieman sin egen noch sine lüde geven.[671]) Gift he't weder rechte sunder erven gelof (als ers nicht gebin mag), die erve underwinde's sik mit (rechten) ordelen, als of he dot si jene de't dar gaf, so he's nicht geven ne mochte,

erscheint ganz umgewandelt in unserer Stelle: Ane eruen gelof bis nicht sy mochte vnteruen. Statt des im S. Sp. ausgesprochenen Verbotes nämlich, Eigen und Leute ohne der Erben Zustimmung vor Gericht zu vergeben, enthält unsere Stelle geradezu die Erlaubniß, Gut und Eigen ohne der Erben Zustimmung vor Gericht zu vergeben, sofern nur die Vergebung ohne Vorbehalt (von der hand[672])) geschieht, d. h. eine wahre Entäußerung des Eigenthums in sich schließt, und zu einer Zeit vorgenommen wird, in welcher der Mann noch „geht und steht." Eben deshalb ist auch das Anfechtungsrecht des Erben im S. Sp. daran geknüpft, daß die Vergebung ohne seine Einwilligung stattgefunden, in unserer Stelle aber lediglich daran, daß der Erblasser zur Zeit der Vergebung aus Unkraft des Leibes nicht mehr berechtigt gewesen, dem Erben die Erbschaft zu entziehen.[673]) Und damit stimmt es denn wieder überein, daß der

---

671) Von dem hier folgenden Einschiebsel: Doch weslet die herren u. s. w. (Homeyer Note c zu d. Art. 52.) findet sich in unserem Stadtbuche nichts.

672) Oben S. 138 und Anm. 666. — Aehnliche Wendungen finden sich auch in anderen Rechten. Kraut Grundriß (Göttingen 1830) S. 285. Nr. 15 (Jura Tremon.): „. . . nisi illos in momento det de manu sua et se ab illis amplius excludat;" Nr. 17 (Salfeld. Stat.): „Daz nymant mac syne farnde habe vergeben ane der nesten willen, he uzsere sich iz denn von stund an."

673) D. i. vnteruen, enterben. So hat schon die Lex Saxonum XV. 1: heredem exheredem facere. Und so haben wir gleichfalls in einer anderen Stelle unseres Stadtbuches (oben Anm. 647[a]) vnteruet im Gegensatze von beeruet gefunden. — Auch das Wort vntuerne, entferne, am Schlusse der hier oben mitgetheilten Stelle (im S. Sp. I. 52. §. 2: geverne) hat den Sinn des Entziehens; gerade wie es im Wittstockschen Rechte v. 1374 (oben S. 148) heißt: „dar se mede eren vründen ere rechte erve entbehren mögen na ereme dode."

Anfang des übrigens vollständig aufgenommenen §. 2. Sachs. Sp. I. 52:

Alle varende have gift de man ane erven gelof in allen steden, unde let urde liet gut, (al de wile he sik so vermach u. s. w.)

sich in unserer Stelle: Di man mach wol u. s. w., gerade in der Hauptsache verändert findet. Denn ohne daß des Consenses der Erben Erwähnung geschieht, wird dem Manne die Vergebung, Verleihung und Verlassung nicht bloß seiner fahrenden Habe, sondern aller beweglichen und unbeweglichen Güter gestattet,[674]) so lange er die Gesundheitsprobe abzulegen vermag.

Die Gesundheitsprobe ist zwar hier durchaus dem S. Sp. entnommen — es ist eigentlich die Probe für einen ritterlichen Mann: dat he sich seluen begordet met eme schwerde u. s. w. —; an einer anderen Stelle unseres Stadtbuches aber, welche wir gleich in ihrem ganzen Zusammenhange untersuchen wollen, wird diese Probe auf eine eigenthümliche Weise für Bürger und Bauern festgestellt:

Des wete dat dri stůcken syn von gesatten rechte, di weder naturlich recht syn. Di irste is dat di settunge etlike lude vor eygen hebben, dat is weder der naturen; wen von naturen sint alle lude vrie. Darvmme hebben di keiser mannich recht geset, dar sÿ eigene met vrigeden. Dat ander dat weder der naturen ist, dat lude vneliken mogen syn; wen von naturen sint sy alle elich vnd darvmme sin vele recht gesettet, dat vnelike lude elike werden. Dat dridde was dat eyn islich man syn gud vorgeuen mochte ok in syme sukebedde vnd lit syne kindere vmme brod gan; vnd darvmme dat id weder der naturen was, so sint hir vele recht weder gesettet, di dat gebiden, dat man den eruen or gud mut laten. Vnd darvmme hebben di Sassen vnder sych dat recht, alse wi wat vorgeuen wil, di sal vorgeuen diwile he des gebruken mach; (wen wi syn gud vorgeft alse he des nicht mer gebruken mach,) der geft dat syne mer nicht en ist vnd vorgeft dat synen eruen gehoret; vnd is wůnder dat sy dat don, dat sy ore eruen vnder wegen laten vnd geuen dat vremden. Vmme desse saken vnd rede, so sint

---

674) Eben so steht es nach Brandenburgischem Rechte dem Manne frei, seiner Frau sůnder ervnen gelof zu Morgengabe zu geben, was ihm irgend beliebt. (Oben Anm. 618a.)

di Sassen des alle auegan vnd hebben drierleye recht an drigerleige gude. Dat irste gud is eigen, vnd dat muten sy nicht laten ane eruen gelof, alse he vor in deme erfbuch settet. Dat ander is lehn, dat mach he laten wen he wil, dat he ok dorch desses wille nicht en late dat he sich des nicht lenger gebruken mag. Dat dridde is varende haue, dat is allerleige gud. Dat gest eyn man di wile he sich mach begerden met eme swerde vnd met eme schilde, vnd mach sunder hulpe von eynen klosse oder steyn vp eyn perd komen. Dar meynt he mede allerhande gude lude vnd riddermetige lude; wen dat swert vnd schild horet tu der ritterschaft.

Auer borger vnd gebur mogen ane oren eruen gelouen vorgeuen, wes ores gudes, wen sy gan mogen sunder hulpe vnd vngeholden vor syn dore dri vůte; vnd dat sal he don vor deme richter vnd vir schepen. (Berl. Stadtb. S. 169 und 170.)

Diese Stelle, welche sich unmittelbar an den oben (S. 190) mitgetheilten Satz anschließt, daß es wider das natürliche Recht sein würde, unehelich Geborene zur Erbfolge zuzulassen, handelt von dem Conflicte des positiven Rechtes mit dem natürlichen in drei Beziehungen: 1) in Betreff der Leibeigenschaft; 2) der unehelichen Geburt; 3) der Befugniß, sich von Todes Wegen seines Gutes zum Nachtheile der wahren Erben zu entäußern. In der letzten Beziehung wird es als gutes Sachsenrecht hingestellt, daß man sich des Seinigen begeben möge, so lange man es sich selbst und nicht bloß seinen Erben entziehe, d. h. so lange man noch Gebrauch davon zu machen im Stande sei; jedoch mit Unterscheidung der drei Arten des Gutes: des Eigens, des Lehens und der fahrenden Habe. Die ganze Stelle verdankt ihren Ursprung der Glosse zum S. Sp. I. 52. (Augsb. Ausg. von 1516. Bl. XLIIII Sp. 1—3; Leipz. Ausg. v. 1528. Bl. XLIIII Sp. 4. g. E. u. Bl. XLV Sp. 1—3.) Und zwar ist der bei Weitem größte Theil unserer Stelle, vom Anfang: Des wete u. s. w. bis zu den Worten: dat he sich des nicht lenger gebruken mag, fast wörtlich der Glosse nachgeschrieben;[675]) wobei

675) Zu der Stelle: Des wete bis met vrigeden, vgl. noch S. Sp. III. 42. und Glosse zum Sächs. Weichb. Art. II. (Bl. IX.) Zu der darauf folgenden: Dat ander bis elike werden, welche eigentlich mit der früher angeführten Satzung von der natürlichen Erbunfähigkeit der unehelich Geborenen in ei-

nur etwa zu bemerken, daß die von mir eingeklammerten Worte: wen wi syn gud u. s. w. sich zwar nicht in der Augsburger, wohl aber in der Leipziger Ausgabe finden, und daß, statt unserer, auf das Capitel vom Erbrechte zurückweisenden Worte: alse he vor in deme erfbuch settet (d. i. im Berliner Stadtbuche S. 120[676])), in der Augsb. Ausg. steht: „als he hir sedt", und in der Leipz. Ausg.: „als ehr hy spricht" (d. i. der Spiegler). Ganz anders verhält es sich aber mit dem zweiten und letzten Theile unserer Stelle, von den Worten: Dat dridde is varende haue, bis zum Schluß. Hier zeigt sich gleich zu Anfang eine Abweichung von der Glosse in dem Puncte, daß von fahrender Habe überhaupt gehandelt, und der von der Glosse noch beobachtete Unterschied zwischen Leibeigenen und anderweitiger fahrender Habe:

„Dat drüdde is varende haue. Dy is twierleye. Dy erste is ein eygen man. Dy haue mogen sy wysselen tu aller tydt vp dat sick dy eygen nicht tweyen, wen so weren dy kindere erueloß ... Dy andere varende haue is allereyne gudt, dy gift ein man dy wile he sik begort met gordelē ..." (Augsb. Ausg.)

bei Seite gelassen wird. Inzwischen herrscht wenigstens noch dem Sinne nach die Uebereinstimmung, daß die auferlegte Gesundheitsprobe eine ritterliche sei. Allein unser Schlußsatz, der sich ausdrücklich auf Bürger und Bauern bezieht (Auer borger vnd gebur u. s. w.), weicht in selbstständiger Weise von der Glosse ab. Denn die Glosse hat verschiedene Proben für Bürger und Bauern:

„Eyn Bürger nach billichem rechten magk seyn eygen das yhm an erstorben ist vergeben dy weyl ehr so stark ist, das ehr ane hülff so lang stehn mag, bis ehr yn gehegtem geding dy gab gethan habe, Dy varende hab aber mag er alle vorgeben, was ehr bey gesundem leyb hynwegk antwurt aber yn dem dyng vorgibet zu volgen nach seynem tode. (Doch sagen etlich, das ehr yn seinem siechbette vorgebē mag, was ehr vber das betbret hynwegk reychen magk.)[677]) Eyn

---

nem gewissen Widerspruche steht, da sie annimmt, von Natur seien alle Menschen ehelich geboren, vgl. Glosse zum S. Sp. I. 51. (Augsb. Ausg. v. 1516. Bl. XLII Sp. 3 f.) Und zu der Stelle endlich, welche sich wieder an die zuletzt erwähnte anschließt: Dat dridde bis geuen dat vremden, vgl. oben Anm. 660 und Glosse zum Sächs. Weichb. Art. LXV. (Bl. LXXXVII.)

676) Oben S. 199.

677) Wegen der hier eingeklammerten Stelle vgl. oben S. 141.

bawer magk es vorgeben also ehr eynen vmbgang vorpflügen magk eyns morgens langk, Eyn fraw wenn sy zu der kyrchen gehen magk, also sy do von gesessen ist XX. ruten u. s. w." (Leipz. Ausg.)[678])

Es ist also eine durchaus eigenthümliche Abweichung unseres Stadtbuches, wenn dasselbe jedem Bürger und Bauern die vollkommen freie Befugniß ertheilt, sein Gut, bewegliches wie unbewegliches, ohne seiner Erben Zustimmung vor Gericht (vor dem Richter und vier Schöppen) zu vergeben, wenn er nur noch „ohne Hülfe und ungehalten drei Fuß vor seine Thür zu gehen vermag"; was im Wesentlichen mit dem oben (S. 199 f.) vorgekommenen: „dieweil er geht und steht" zusammentrifft.[679])

Nur das Recht der Frauen, abgesehen von der zuvor erörterten gegenseitigen Vermachung des vierten Pfennigs unter Eheleuten, ist den Beschränkungen des Sachsenspiegels unterworfen geblieben. Vgl. oben S. 178 f: Doch na godliken dingen u. s. w., und, in Ansehung der unverheiratheten Frauenzimmer, folgende, dem Schlußsatze des §. 2. S. Sp. I. 45. entsprechende Stelle unseres Stadtbuches (S. 143):

Megede auer vnd vngemannede wif vorkopen or eygen ane ores vormunderes gelof; he en sy dan dar erue tu, so isset nicht.

Schließlich ist noch einer merkwürdigen Stelle zu gedenken, welche sich in dem ersten Buche (von den Einkünften und Gerechtigkeiten der Stadt Berlin), mitten unter sehr verschiedenartigen Bestimmungen findet:

Wy testament in syn leste ende wil geuen, dy geue syn redegeld; hus, houen, garden, vnd alle land sal he nicht bescheiden. Vorgeue ymand des darbouen, di vorgeſt nicht mer wen alse vele alse dat erfgut gelden mach. (Berl. Stadtb. S. 46 f.)

Redegeld ist das bereite, baare Geld.[680]) Erfgut bezeichnet hier, wie in der Ueberschrift des zweiten Capitels im dritten Buche

678) In der Augsb. Ausg. fehlen hier die den Bürger betreffenden Bestimmungen.

679) Vergl. überhaupt v. Sydow S. Sp. S. 183—188; Gaupp Schles. Landr. S. 98 ff, Thüringer S. 401 f; Eichh. R. G. §. 359; Grimm R. A. S. 95—97.

680) Oben Anm. 470.

„vmme erue vnd erbgud“[681]) und im §. 1. S. Sp. I. 15,[682]) fahrende Habe, im Gegensatze zu den Immobilien, welche namentlich aufgeführt werden, als Haus, Hufen, Garten und alles Land. Bescheiden wird recht eigentlich für Testiren gebraucht.[683]) Sonach wird hier, auffallend genug, in Ansehung der Verfügungen von Todes Wegen der Unterschied zwischen Mobilien und Immobilien hervorgehoben, den unser Stadtbuch sonst in so allgemeiner und entschiedener Weise beseitigt hat. Andererseits aber ist wenigstens für die Immobilien der Grundsatz festgehalten, daß man bei Leibes Unkraft („in seinem letzten Ende“) keine Vergebungen mehr vornehmen dürfe. Auch hat unser Stadtbuch an einem anderen Orte die Stelle des Sachsenspiegels wiedergegeben, welche der Frau das Recht des Widerspruches selbst gegen diejenigen Veräußerungen abschneidet, die der Mann auf dem Siechbette gemacht hat.[684])

§. 3. Märkische Erbrechte von gemischter Natur.

Ein gemischtes System des Erbrechtes hat sich in den Gegenden der Neumark entwickelt, welche im Ganzen das Sachsenrecht bewahrt haben.[685]) Dort sind die Singularsuccessionen in Heergewäte und Gerade im Lehenrechte beibehalten, übrigens aber abgeschafft worden.[686]) Dies tritt klar und entschieden in den noch jetzt geltenden[685]) Particularrechten von Kottbuß, Züllichau und Krossen hervor, die eine Theilung der

---

681) Oben S. 170 f.

682) Homeyer Reg. Erbe (das) Nr. 1. d.

683) Unten Cap. III §. 2. Nr. II.

684) Oben Anm. 616 f.

685) Oben Anm. 95 ff; v. Kunow Mot. S. 116 ff.

686) In der Neum. K. G. O. v. 1561 heißt es: „Eß soll aber auch den Frawen ihre gerahde mußtheill vnd morgengabe folgen, so viel nach Sächsischem Rechtem breüchlich und recht ist.“ Dasselbe wiederholt die Neum. K. G. O. v. 1646. (Cap. 36.) Die v. 1700 (Cap. 35.) fügt nach dem Worte „Morgengabe“ hinzu: „wie auch dem nechsten Agnato das Hergewette folgen, so viel nach denen alten Sächsischen-Rechten u. s. w.“ In der Neum. Lehnsconst. v. 1724 (§§. 37 ff und 104 f) werden auch die einzelnen, zu Heergewäte u. Gerade gehörigen Objecte namentlich aufgezählt. Vgl. v. Kunow Entw. §§. 144—147, 189, 239—241, 393 d. e; Mot. S. 123—129.

gesammten Erbmassen nach bestimmten Rechnungstheilen (Quoten) anordnen.

I. Das Kottbuß'sche Recht.

Mit ihrem Herren Hans vereinigten sich die Mannen des Landes und die Bürger der Stadt Kottbuß zu schriftlicher Aufzeichnung ihres hergebrachten Rechtes. In der unterm 20. Januar („am Tage Fabian Sebastian") 1409 von dem gedachten Herren Hans, und unterm 9. Februar („am Dinstag Apolonie Virginis") 1501 von unserem Kurfürsten Joachim dem Ersten, in Gemeinschaft mit seinem Bruder Albrecht, bestätigten Willkür[687]) wird zuvörderst das Sachsenrecht und insbesondere das Magdeburgische Recht als erkoren und maaßgebend anerkannt; demnächst aber das davon abweichende, eigenthümliche Kottbuß'sche Erbrecht festgestellt:

---

687) Die Urkunde v. 1409 findet sich gedruckt: zuerst bei Steyer (diss. S. 20 f), jedoch ohne die Eingangs- u. Ausgangs-Worte; dann bei Mylius (C. C. M. Th. VI. Abth. I. Nr. III. Sp. 3—6), aber sehr incorrect und nicht einmal vollständig (wie denn überhaupt die Mylius'schen Abdrücke an Ungenauigkeit leiden: Riedel Mag. I. S. 61); ferner, und zwar vollständig, bei Eisenberg u. Stengel (Beitr. V. S. 4—6) und bei Hoffmann (Repert. Forts. I. Anhg. S. 197 f). Der Eisenberg-Stengelsche Abdruck stimmt nicht ganz mit dem Hoffmannschen, obgleich beide Abdrücke nach dem in dem Kottbusser Magistrats-Archive befindlichen Exemplare gemacht sein sollen. (Eisenb. u. Stengel a. a. O. S. 3; Hoffm. a. a. O. S. 64.) In der That aber scheinen sich Eisenberg u. Stengel nur nach einer, von jenem Exemplare zu gerichtlichen Acten genommenen Abschrift, Hoffmann dagegen nach jenem Exemplare selbst gerichtet zu haben. Der Abdruck in der Sammlung der Pr. u. stat. Ges. nach v. Kamptz (Bd. III. S. 276 f. Nr. 240) ist nach dem Hoffmannschen Texte genommen. Ich allegire den Eisenberg-Stengelschen Text und erwähne der abweichenden Lesearten, wo sie von einiger Erheblichkeit sind. Wie übrigens Steyer (a. a. O.) dazu gekommen ist, die von dem Herren Hans im Jahre 1409 ausgestellte Urkunde ins Jahr 1407 zu setzen, läßt sich nicht ermessen. Eben so beruht die Anführung eines Kottbußschen Privilegii v. J. 1425 (v. Kamptz in Mathis XI. S. 58. Note 7) wohl bloß auf einem Versehen. — Die Confirmation der Kottbusser Willkür („nach besage etwa" [oben Anm. 472] „des Edlen Hansen . . . Brieffe") durch unseren Kurfürsten Joachim und dessen Bruder Albrecht (oben Anm. 55) ist abgedruckt bei Hoffmann (Repert. Forts. I. Anhg. S. 198—200) und bei Zimmermann (Märk. Städteverf. II. S. 302 f). Das Datum habe ich nach der augenscheinlich richtigeren Zimmermannschen Leseart angegeben. (Bei Hoffmann steht: „am Dienstage Apollenis.")

Wir Hanß, Herr zu Cotbus, bekennen . . ., daß wir durch Nutz und Frommen Unser Herrschaft des Landes und der Stadt Cotbus, mit Unsern lieben getreuen, beide Mannen des Landes gemeiniglich, und Bürger Rathmannen und der ganzen Gemein[688]) zur Cotbus eintrechtiglich zu rathe worden sein, und haben die Wilkühr[689]) des Rechten der unser Eltern und Wir darnach mit den unsern biß an diese Zeit gebraucht haben und gehalten, lassen abgehen. Und haben mit wohl bedachten[690]) zeitlichen Rathe und mit gutem Willen der vorgenannten unsern lieben getreuen Mannen, Rathmannen und der ganzen Gemein[688]) des Landes und der Stadt Cotbus gewilkührt und gekohren und uns einträchtiglichen gegeben zur Sachsen Recht, Nemlich khysen[691]) wir und geben uns zur Magdeburgischen Recht[692]) fürbaß mehr zu halten und zu gebrauchen, jedermann zu seinem Rechte, sonder diese nachgeschriebene Artikel und Stück.[693])

Die Eigenthümlichkeit dieser erbrechtlichen Articel besteht wesentlich in Folgendem. Aus dem beiderseitigen Vermögen der Ehegatten wird nach dem Tode des Einen von ihnen eine Gesammterbmasse constituirt. Ist der Ehemann der überlebende Theil, so fallen ihm von dieser Gesammtmasse zwei Drittheil, ist die Ehefrau der überlebende Theil, so fällt ihr nur ein Drittheil zu:

Stirbet einem Manne sein Weib, so nimbt der alleine einsame Mann zwei Theil des Guttes. Stirbet aber ein Mann, so nimbt die Hausfrauw den dritten Theil des Guttes.

Was dann nach erfolgter Abtheilung des überlebenden Ehegatten übrig bleibt, das erhalten die Kinder, oder, in deren Ermangelung, die nächsten Verwandten des zuerst verstorbenen Ehegatten. Nur werden sowohl dem überlebenden Ehegatten, als den Kin-

688) Oben Anm. 340.

689) Oben Anm. 74.

690) Nach „wohl bedachten" folgt bei Steyer, Mylius u. Hoffmann noch: „Muthe", wodurch der Satz offenbar an Concinnität gewinnt.

691) Statt „khysen" hat Steyer: „lösen" und Mylius gar: „Kunsten", was ohne Sinn ist.

692) Vollständiger scheint der Text bei Myl. u. Hoffm. durch die hier noch folgenden Worte: „mit allen Unsern, dasselbe Magdeburgische Recht fürbas" u. s. w.

693) Nachdrucksvoller durch den Zusatz: „allein ausgenommen", bei Steyer, Myl. u. Hoffm.

dern gewisse Präcipua zugestanden. Es bekommt nämlich der überlebende Ehegatte das Ehebett, der Sohn des Vaters Kleider, die Tochter der Mutter Kleider zum Voraus:

Stirbet ein Mann und läßt einen Sohn, der Sohn nimmet des Vaters Kleider, lest aber Er nicht einen Sohn,[694]) so soll man die Kleider theilen gleich anderm Gutte.

Stirbet aber eine Frauw und lest eine Tochter, die Tochter nimmet der Mutter Kleider, lest sie aber nicht eine Tochter, so fallen die Kleider an die nechsten Freunde, gleich anderm Gutte.[695])

Und wenn man dem Manne oder der Frauwen ihr Bette[696]) Geräthe abgereicht, so soll das übrige alles, waß da ist, in die Theilunge kommen, gleich anderm Gutte.

Für unbedenklich möchte ich es nun erachten, das Drittheilsrecht der überlebenden Kottbuß'schen Ehefrau von demjenigen Rechte abzuleiten, welches der vermehrte Sachsenspiegel „dritte teil nemen" nennt. Dieses Rechtsbuch (auch Sächsische Distinctionen, und früher fälschlich Schlesisches Landrecht betitelt) hat den Sachsenspiegel und das s. g. Sächsische (Magdeburgische) Weichbild zu seinen Grundlagen, und wird mit vieler Wahrscheinlichkeit für unmittelbar Meißnischen Ursprunges gehalten. Jedenfalls war es in der zweiten Hälfte des 14ten Jahrhunderts und im 15ten Jahrhundert in Ländern Sächsischen Rechtes sehr verbreitet und angesehen.[697]) Das diesem Rechtsbuche so eigenthümliche Drittentheilrecht aber besteht im Wesentlichen darin, daß die überlebende Ehefrau, wenn nicht specielle Vergabungen stattgefunden haben, weder Gerade noch Mustheil, noch Leibgedinge oder Morgengabe, sondern lediglich den dritten Theil aller vom Manne nachgelas-

---

694) Dieser ganze Satz erscheint bei Steyer folgendermaaßen verstümmelt: „stirbet ein Mann, und er aber nicht einen Sohn hat, so soll man u. s. w."

695) Der ganze Satz von dem Vorrechte der Tochter an den Kleidern der Mutter fehlt bei Mylius!

696) Unrichtig bei Myl. „Lade" statt: „Bette."

697) Vgl. v. Sydow S. Sp. Note 19; Gaupp Schles. Ldr. S. 17 f, 26—29, 32, 34—40; Eichh. R. G. §. 443. Note kk ff; Homeyer Verzeichniß Deutscher Rechtsbücher S. 18 f.

senen Güter, diesen dritten Theil jedoch zu vollem und ausschließlichem Eigenthum erhält, wie sich dies zumal bei Eingehung einer neuen Ehe offenbart.[698])

Die durch unser Kottbuß'sches Recht dem überlebenden Ehemanne zugestandenen zwei Drittheil erinnern an das alte Recht, nach welchem der überlebende Ehemann fast die ganze Habe der Frau an sich behielt.[699]) Uebrigens gibt es noch manche andere Localrechte, welche der Wittwe nur ein Drittheil, dem Wittwer dagegen zwei Drittheil der Güter zuweisen.[700]) Und umgekehrt fehlt es auch nicht an Rechten, in denen die Wittwe besser bedacht wird, als die Kinder.[701])

Was endlich die in der Kottbusser Willkür v. 1409 aufgeführten Präcipua betrifft, welchen freilich der Gebrauch und die Gewohnheit noch einige hinzugefügt hat,[702]) so sind dieselben an sich vereinzelt und geringfügig genug, um den Character der Erbtheilung überhaupt, als einer reinen Ratentheilung, nicht aufzuheben.

---

698) Buch I. Cap. V. im Eingange; Cap. VIII. Dist. II—VI; Cap. IX. Dist. X; Cap. XII. Dist. I; Cap. XVI. Dist. I; Cap. XVIII. im Eingange und Dist. I. (Böhme Dipl. Beitr. IV. S. 7 ff.)

699) Oben S. 53 f und 61 f.

700) So gewährt das Wittenberger Stadtrecht der Wittwe $\frac{1}{3}$, dem Wittwer $\frac{2}{3}$ der Güter; doch muß der Wittwer den Kindern noch die Gerade herausgeben: v. Kamptz Prov. und stat. R. I. S. 407. Nr. 10. Note (*) I. — Mannichfaltige Modificationen des Rechtes der Drittelung zeigen sich besonders in Schlesien: v. Kamptz a. a. O. S. 553. Note (*); S. 570. Hirschberg. Nr. 5 (*); S. 577 ff.; Wentzel in v. Kamptz Jahrb. LII. S. 379 ff. — Das Hennenbergische Recht gibt dem Wittwer $\frac{2}{3}$, der Wittwe $\frac{1}{3}$ der Errungenschaft: Pinder Sächs. Prov. Recht. Th. I. S. 390 f; vgl. Th. II. S. 503 ff. — Auch in den Niederlausitzschen Localrechten zeigen sich Spuren des alten Drittentheilrechtes: Riedel Mag. III. S. 182 ff. Besonders aber erhielt nach Sorauer Stadtrecht die Wittwe $\frac{1}{3}$, der Wittwer $\frac{2}{3}$ aller Güter; gerade wie noch jetzt in Kottbuß: Riedel a. a. O. S. 187.

701) Das alte Weidenau'sche Recht (Tzsch. u. Stzl Urk. Nr. LXXXIV. v. J. 1291) gibt der überlebenden Ehefrau $\frac{2}{3}$, den Kindern nur $\frac{1}{3}$ der Güter. (Tzsch. u. Stzl a. a. O. S. 413. Note 8.) Das Hamburgische Statut von 1270 ertheilt der Wittwe in Concurrenz mit Einem Kinde die Hälfte, in Concurrenz mit zwei oder mehreren Kindern ein Drittheil der Güter. (v. Sydow S. Sp. Note 853.)

702) Eisenberg u. Stengel a. a. O. S. 6—10.

II. Das Züllichau'sche Recht.

Die von den Mannen des Weichbildes und den Bürgern der Stadt Züllichau gemachte Willkür bestätigte Herzog Heinrich IX. von Glogau[703]) in einer zu Freystadt „am Drauschcken Tage"

703) Von den Glogau'schen und Saganschen Herzögen in Schlesien, so weit sie uns hier angehen, habe ich, zu leichterer Uebersicht, nach Stenzels scriptt. rer. Sil. folgenden Stammbaum zusammengestellt:

Heinrich V. (d. Eiserne: vgl. Grimm R. A. S. 712) Herz. v. Glogau u. Sagan [† 1369].

Heinrich VI (d. Aeltere) [† 1393] — Heinrich VII (d. Mittlere od. Rumpold) [† 1394] — Heinrich VIII (d. Jüngere od. Sperling gen.) [† 1397]

Johann I. Herzog von Sagan [† 1439] — Heinrich IX. [† 1468] Heinrich X. (Rumpold) Herzöge von Glogau u. s. w. — Wenzeslaus

Johann II. [† 1504, schon 1489 entsetzt] — Heinrich XI. [† 1476]

(d. i. wohl am Drausiustage, 5. März) 1425 ausgestellten Urkunde, der er jene Willkür selbst einverleibte.[704]). Der Eingang lautet:

Wir Heinrich v. G. G. Herzog in Schlesien, und Herr zu Grossen Glogow . . . Bekennen mit diesem Briefe . . . daß vor uns kommen seyn unsere getreue lieben Manne unsers Weichbildes Züllchow, deren Burgermeister und Rathmanne, und die gantze Gemeine[705]) der ehgenandten unser Stadt Züllichow, und haben uns vorgelegt wie sie . . . einträchtiglich sich vortragen, und eine freie Willkühr[706]) gemacht haben . . . nehmlich also:

Hierauf folgt dann die Züllichau'sche Willkür von Wort zu Wort. Dieselbe ist späterhin von Neuem, und zwar mit einigen Veränderungen, in eine von Herzog Johann II. von Sagan „zur Freyenstadt am Dinstage nach Aller Gottes Heiligen Tage" (3. November) 1478 ertheilte Confirmation eingerückt, und in der damals erlangten Gestalt durch unsere Landesherren in den Jahren 1543 und 1719 speciell bestätigt worden.[707]). Im Eingange der Confirmation Herzog Johann des Zweiten heißt es namentlich:

Heinrich IX., der fast 30 Jahre länger lebte, als seine kinderlos verstorbenen Brüder Rumpold und Wenzel, erbte von diesen die früher mit ihnen gemeinsam besessenen Städte und Länder, namentlich Glogau, Freystadt, Grünberg, Züllichau, Krossen u. s. w., und hinterließ dieselben wieder seinem Sohne. Dieser starb ohne Nachkommen, und so vermochte Johann II. von Sagan alle jene Gebiete an sich zu reißen. (Stenzel a. a. O. I. S. 151, 195, 241, 275 f, 304 f, 350, 379 ff, 396 f.)

704) Die Urkunde von 1425 findet sich vollständig bei Mylius. (C. C. M. Th. VI. Abth. I. Nr. V, Sp. 5 ff.) Bei Steyer (diss. S. 25) fehlt Eingang und Schluß.

705) Oben Anm. 340.

706) Oben Anm. 74.

707) In Hoffmanns Repertorium (Forts. I. Anhg. S. 200—206) findet sich König Friedrich Wilhelm des Ersten Confirmation der Züllichau'schen Rechte und Gewohnheiten vom 21. Februar 1719, der Markgraf Johanns Confirmation von 1543 eingeschaltet ist, welche wieder den Brief Herzog Johann des Zweiten von 1478 von Wort zu Wort in sich schließt. Dieser Brief aber enthält neben mancherlei anderen althergebrachten Züllichau'schen Rechten und Gewohnheiten auch „die Wilkore, ob Mann und Weib Todes halber abginge" (Hoffm. a. a. O. S. 203), d. i. die erbrechtliche Willkür von 1425, jedoch — wie schon im Texte bemerkt — mit einigen Abweichungen. Es läßt sich deshalb nicht eigentlich sagen (v. Kamptz Pr. u. stat. R. I. S. 55. Nr. XXII. 3 u. 4), daß in den Jahren 1543 und 1719 das alte Privilegium v. 1425 bestätigt worden. — Uebrigens ist die im Jahre 1478 gemachte Re-

... Wir v. G. G. Johanns, Herzog in Schlesien von Sagan und zu Großen Glogau, Freienstadt [708]) ꝛc. Bekennen ..., daß vor Uns kommen sein, Unsere liebe Getreuen, Burgermeister und Rathmanne, Eltesten, Gewerken und ganze Gemeine [705]) Unserer Stadt Züllichow ...; Alß haben Wir ... Ihnen ... confirmiret, alle Ihre Briefe, Privilegia, Ihre Gerechtigkeit, löblich alt Herkommen und Wilckore, u. s. w.

Das in der Willkür v. 1425 fixirte Erbrecht besteht wesentlich in **Aufhebung der Singularsuccessionen** in Heergewäte, Gerade, Mustheil und Morgengabe, und in völliger **Gleichstellung der Ehegatten und Erben**, ohne Unterschied des Geschlechtes. Der überlebende Ehegatte theilt **alle Güter**, bewegliche wie unbewegliche, mit den Kindern, oder, falls solche nicht vorhanden sind, mit den nächstgesippten Verwandten, **nach Hälften**. Nur wegen der besonderen Rechte an **Lehngütern** wird ein Vorbehalt gemacht:

Ob Mann oder Weib von Todes wegen abgienge, daß beide Mannes und Weibes Geschlechte [709]), sie dazu ihre Kinder oder ob sie nicht Kinder haben, andere ihre Erben und ihre Nächsten, es sey Mannes oder Weibes Geschlechte [709]), die sich zur rechten Magenschafft näher gesippen [710]) mögen kein Vortheil eines vor dem andern haben solle, sondern am solchen Guthe daß sich also verstorben [711]), es sey fahrend oder unfahrend, beweglich oder unbeweglich, zu **gleichen Theilen** gehen sollen, und sollen damit verscheiden seyn von aller anderer Gerechtigkeit, die sie **sonsten nach Rechte** fordern möchten, als von **Morgengabe**, **Mußtheil**, **Hergewette** und **Gerade**, sie ihre Erben unschädlich, doch von ehegenandten unser Männer an ihren Gerechtigkeiten ihrer **Lehn=Güther**.

So lautet der Text buchstäblich bei **Mylius**. Etwas klarer tritt

---

daction der erbrechtlichen Willkür auch schon bei **Eisenberg** und **Stengel** (Beitr. VI. S. 5 f) abgedruckt. Dagegen scheint die Anführung Züllichau'scher Privilegien aus den Jahren 1407, 1501 und 1588 (v. **Kamptz** in Mathis XI. S. 58. Note 6) auf einem Versehen zu beruhen.

708) Johann II., ursprünglich nur Herzog von Sagan, hatte zu der Zeit, als er diese Urkunde ausstellte, auch die Länder der Glogau'schen Linie bereits an sich gerissen. (Oben Anm. 703 g. E.)

709) Oben Anm. 516.

710) Oben S. 72 g. E. und Anm. 635.

711) Oben Anm. 287.

bei Steyer, dessen Text im Uebrigen nicht abweicht,[712]) der Schluß hervor:

. . . Morgengabe, Mußtheil, Heergewette und Geräth, die ihrem Erben. Unschädlich doch vor ehe genannten unsern Mannen, ihren Gerechtigkeiten, ihrer Lehngütter halben.

Die Worte: „die ihrem Erben" wollen freilich nicht in den Zusammenhang passen; vielmehr schließt es richtig ab: „sie ihre Erben," d. i.: „sie und ihre Erben." Immer aber bleibt es unangemessen, wenn bei Mylius die Schlußworte der von den Mannen und Bürgern gemachten Willkür mit dem von dem Fürsten zu Gunsten der lehnrechtlichen Verhältnisse ausgesprochenen Vorbehalte[713]) in einander laufen.

Das: „sonsten nach Rechte" scheint mir dahin zu deuten, daß hier dem gemeinen Sachsenrechte gerade in Ansehung der demselben so eigenen Singularsuccessionen derogirt werde.[714])

Was nun die Redaction der erbrechtlichen Willkür v. 1478 betrifft, so stimmt diese in der Halbtheilung der Erbschaft zwischen dem überlebenden Ehegatten und den Verwandten, mit der Willkür v. 1425 im Wesentlichen überein; doch werden dem überlebenden Ehegatten seine Kleider, so weit er sich solche zu der Zeit anfertigen lassen, als er sammt dem zuerst Verstorbenen noch bei gesundem Leibe gewesen, zum Voraus eingeräumt. Der Vorbehalt wegen der Lehnrechte wird wiederholt, und zwar in klareren und umfassenderen Worten:

„die Wilkore, ob Mann und Weib Todes halber abginge, daß beide Mannes- und Weibes-Geschlechte[709]), die sich darzu bekennen, und ob Sie nicht Kinder haben, ander Ihre Erben und Nechsten, es sei Mannes oder Weibes Geschlecht[709]), die sich zu rechter Magenschafft gesippen[710]) mögen, kein Vorteil eines mit dem andern zu haben, zu gleichen Theil gehen sollen, alles das da ist, ausgenommen was Kleider, der Mann oder die Frau bei ihren beiden gesunden Leib an sich haben lassen schneiden und kleiden, die sollen dem Manne oder

---

712) Die Abweichungen in der Orthographie sind gleichgültig. Zu bemerken wäre etwa noch bei Steyer: „verschnitten" statt „verscheiden."

713) Oben Anm. 686.

714) Eine unmittelbare Bewidmung Züllichau's mit Magdeburgischem Rechte (v. Kamptz in Mathis XI. S. 57 f) möchte ich wenigstens in dieser Urkunde nicht suchen, so gewiß es übrigens ist, daß sich auch Züllichau in Magdeburg Rechtens erholt hat. (Oben S. 21 f.)

Weibe, welches eines das andere überlebet, zu voraus vor allen Theilungen folgen,

also sie solche Willkore vor langen Zeiten gleich den von Grünberg gehabt haben, unschädlich, doch Unsern Fürstlichen Herrschafften und Gerechtigkeiten, und nemlich, daß keines Mannes Weib, die von Uns belehnet sein, keine Gerechtigkeit an Unserm Lehn haben soll, noch mag, mehr denn Ihr Ihr Mann hat lassen leihen, und die Jungfrau nicht mehr haben soll an solchem Guth, denn Ihr Gerade und Bestettigung."

Hier sondern sich die von dem Fürsten der Willkür selbst angefügten Worte leicht ab, und stellt sich namentlich die Bedeutung des lehnrechtlichen Vorbehaltes mit Bestimmtheit dahin heraus, daß zwar die den Frauen und Töchtern der Vasallen an den Lehngütern verliehenen und zustehenden Gerechtigkeiten bewahrt bleiben [713]), jedoch den Lehnsherrlichen Gerechtsamen nicht zur Schmälerung gereichen sollen.

Auf den ersten Blick aber muß es auffallen, daß in dieser Confirmation v. 1478 nicht auf die alte und ursprüngliche Bestätigung der Züllichau'schen Willkür von 1425, sondern auf das Grünberger Recht Rücksicht genommen wird. In der That findet sich auch von dem Präcipuum des überlebenden Ehegatten, dessen die Confirmation v. 1478 gedenkt, in der Willkür v. 1425 noch keine Spur. Doch möchte ich annehmen, daß dasselbe in der Willkür von 1425 nur übergangen, und nicht etwa erst später aus Grünbergscher Gewohnheit herübergenommen worden sei; zumal da sowohl die im Jahre 1418 durch die Herzöge Heinrich den Aelteren und Heinrich den Jüngeren (d. i. Heinrich IX. und X., nicht aber Heinrich X. und XI., wie es in Zimmermanns Beiträgen zur Beschreibung von Schlesien Bd. 10. S. 316. heißt; vgl. oben Anm. 703) bestätigte Grünberger Willkür [715]), der im Uebrigen unsere Züllichau'sche Willkür v. 1425 augenscheinlich

715) In der Grünberger Willkür v. 1418 (abgedruckt in Suarez Sammlung Schles. Gesetze Th. I. S. 338—340; vgl. v. Kamptz Pr. u. stat. R. I. S. 580; Jahrb. LII. S. 373) findet sich schon der Zusatz: „welches unter den zweyen es wäre Mann oder Weib, daß das andere Theil überlebete, demselben sollen seine Kleider, die ihme zu seinem Leibe geschnitten seynd, bey ihrer beyden gesunden Leibe, bevoraus vor allen andern Theilungen gerichtlichen folgen."

nachgeschrieben ist, als auch die im Jahre 1428 durch den Herzog Wenzeslaus (oben Anm. 703) bestätigte Schwiebusser Willkür, welche sonst mit unserer Züllichau'schen Willkür v. 1425 genau übereinstimmt, jenes Präcipuum gerade so gewährt, wie es sich nachher in unserer Confirmation v. 1478 findet.[716])

Ganz singulär erscheint überhaupt die Bezugnahme auf beider Ehegatten gesunde Zeit, da sonst nur darauf gesehen zu werden pflegt, ob der Erblasser zur Zeit gewisser Verfügungen von Todes Wegen noch bei gesundem Leibe gewesen; wiewohl davon öfters die Rede ist, ob die Kleider bereits zum Gebrauche zugerichtet worden, oder nicht.[717]) Um so merkwürdiger aber ist es, wie die noch jetzt herrschende Züllichau'sche Gewohnheit jenes Präcipuum in dem Sinne aufgefaßt oder umgestaltet hat, daß dem überlebenden Ehegatten diejenigen Kleidungsstücke, welche er bei der Inventur des Nachlasses auf dem Leibe hat, zum Voraus gelassen werden.[718]) Freilich möchte wohl in dieser Gewohnheit weniger eine eigentliche Begünstigung des Ueberlebenden durch ein Präcipuum, als vielmehr eine sehr natürliche Rücksicht auf Anstand und Schaamgefühl zu suchen sein. Pflegen wir doch auch an solchen Orten, deren Localrecht dem überlebenden Ehegatten ganz und gar kein Voraus gewährt, die Kleider, mit welchen der Wittwer oder die Wittwe gerade angethan ist, bei Aufnahme der Taxe und des Inventarii nicht zu berücksichtigen.

Jedenfalls läßt sich die enge Verwandtschaft des Züllichau'schen Rechtes der Halbtheilung mit unserer alten, ächt Märkischen Gewohnheit durchaus nicht verkennen; wie wir denn auch gleich im Krossenschen Rechte dasselbe Märkische Element wieder-

---

716) In der Schwiebusser Willkür v. 1428 (v. Kamptz Pr. u. stat. R. I. S. 582 Note (*); vgl. Jahrb. LII. S. 377) lautet die betreffende Stelle: „welchir vndir den tzwey is were man adir weip daz das andere abirlebete dem sullen seine cledere dy Im zu seinem Leibe gesnetten sind, bey erer beidir gesundem leibe imir zu vor allir andir teilungen folgin."

717) Vgl. oben S. 78. Nr. 7; S. 80. Nr. 1; S. 98 ff, 118 u. 126 f.

718) Und zwar darf es gute, reinliche Hauskleidung, aber nicht gerade die beste Kleidung sein, die er überhaupt hat. Außerdem bekommt er unter allen Umständen das Ehebett nebst Zubehör zum Voraus. Eisenberg und Stengel Beitr. VI. S. 7; v. Kamptz Jahrb. L. S. 65.

finden werden. **Urkundlich** nachzuweisen ist es von der Niederlausitzschen Stadt Fürstenberg, daß die Bürger derselben schon im dreizehnten Jahrhunderte dem bei ihnen althergebrachten Magdeburgischen Rechte durch frei gewillkürte Aufnahme des Rechtes der Wittwen auf die Hälfte der vorhandenen Güter derogirt haben. In der Confirmation, welche Johannes, Abt von Neu Zelle, seiner Stadt Fürstenberg unterm 6. April (8. Idus Aprilis) 1281 ertheilt hat,[719]) spricht sich derselbe dahin aus:

... nostri Cives in Fürstenberg ab antiquo secundum Jus Magdeburgicum in Judiciis suis processerunt, Tamen quia eisdem etiam ab antiquo Communi omnium electione[720]) Concorditer placuit. Vt Vxores post mortem maritorum suorum, rerum, que superessent medietatem perciperent et haberent, Nos qui... nostrorum fidelium ... supplicationibus inclinati promemorata electione[720]) ad jam in longam consuetudinem sit porrecta ipsis Quare pro Jure et secundum ipsam sententionare in Judiciis suis per presentes literas indulgemus.

Also schon im Jahre 1281 hatte in einer Stadt der Niederlausitz[721]) durch langen Gebrauch ein Recht feste Wurzel gefaßt, welches, ächt Märkischer Herkunft, durch freie und einträchtige Wahl der Bürger, dem sonst geltenden Magdeburgischen Rechte entgegen, aufgenommen worden war!

III. Das Krossensche Recht.

Unterm 7. März („am Dienstage nach Oculi") 1469 bestätigte Herzog Heinrich XI. von Glogau seinen Bürgern zu Krossen neben allen anderen Rechten insbesondere die Willkür und Gewohnheit, welche dieselben in Betreff des Erbrechtes schon von Alters her gehabt hatten.[722]). Das in der Bestätigungs-

719) Neumann Niederlaus. Landvögte I. S. 60 f.

720) Oben Anm. 74.

721) Vgl. Riedel M. Br. II. S. 389 oben; v. Kamptz Pr. u. stat. R. I. S. 60. Nr. IV.

722) Die Urkunde von 1469 ist vollständig abgedruckt bei Mylius (C. C. M. Th. VI. Abth. I. Nr. VII, Sp. 7—10), und, genau nach Mylius, in der Sammlung der Pr. und stat. Ges. nach v. Kamptz (Bd. III. S. 312 ff, Nr. 248). Bei Steyer (diss. S. 25) fehlt wieder Eingang und Schluß.

urkunde selbst gleich vollständig dargestellte Krossensche Recht enthält nicht nur genaue Bestimmungen über die nach Hälften vorzunehmende Theilung der Erbschaften, sondern auch über die Zulässigkeit gerichtlicher Vergabungen unter Eheleuten.

A. Mit der Beschreitung des Ehebettes erlangt Jeder von beiden Ehegatten das Recht, nach dem Tode des Anderen die Hälfte aller Güter, der vorzugsweise s. g. erblichen, wie des Heergewätes und der Gerade, an sich zu nehmen:

„alß sie in deme von Alters nach solcher ihrer Willkühr[723]) in erblichen Gütern zu halb und zu halb gesessen haben, das sollen sie noch haben. Desselbigengleichen sollen sie mit Hergewette und Gerade zu halb und zu halb setzen, ingleichen Theile mit andern ihren erblichen Gütern,[724]) . . .

und darum wenn sich Mann und Weib zur Ehe nehmen, wieviel sie Güter zusammen bringen, oder jegl.[725]) bringet, so schiere ein Weib Nahm[726]) des Mannes Bette beschreitet, so soll das Guth des Mannes die Helffte und auch der Frauen die Helffte seyn."

B. Sind Kinder aus der Ehe entsprossen, so fällt die eine

(Vgl. oben Anm. 704.) Sowohl bei Mylius, als in der angeführten Sammlung nennt sich der Aussteller der Urkunde: „Heinrich v G. G. Hertzog in Schlesien, und Herr zu Grossen, Glogow ꝛc. ꝛc." Das Comma zwischen „Grossen" und „Glogow" scheint nun anzudeuten, als wäre hier „Grossen" statt „Crossen" geschrieben. Allein, abgesehen davon, daß diese Schreibart sonst wohl nicht vorkommt, so ist das Comma schon um deswillen zu streichen, und „Grossen Glogow" zu lesen, weil sich Heinrich XI., wenn gleich auch im Besitze von Krossen (oben Anm. 703), doch ohne Zweifel, wie die anderen Herzöge v. Glogau (vgl. oben S. 211 f), gerade nach Großglogau (im Gegensatze von Ober- oder Klein-Glogau: oben S. 48 u. Tzsch. u. Stzl Urk. S. 593 ff) benannt haben wird. Herzog von Sagan (v. Kamptz Pr. u. stat. R. I. S. 18. §. 9. Nr. 1) ist jedoch Heinrich XI. nicht gewesen.

723) Oben Anm. 74.

724) Augenscheinlich corrupt ist diese ganze Stelle bei Steyer: „als sie denn von Alters her nach solcher ihrer Willkühr in erblichen Güttern zu halb und halb zu setzen in gleiche Theile mit allen ihren erblichen Gütern." Statt „setzen" ist übrigens auch bei Mylius wohl besser: „sitzen" zu lesen.

725) Steyer: „jedes."

726) Oben Anm. 516. — Steyer liest: „so schier das Weib des Mannes Bette beschritten."

Hälfte aller Güter an den überlebenden Ehegatten, die andere an die Kinder:

„gewinnen sie Kinder mit einander, stirbt der Mann, das Weib soll nehmen zuvor die Helffte des Guths, und die Kinder die andere Helffte, . . . desgleichen soll es auch zugehen und gehalten werden, ob das Weib stirbet.“

C. Kinderlose Ehegatten dürfen einander wechselseitig vor Gericht alle Güter von Todes Wegen zuwenden:

„auch ob eines dem andern als Mann und Weib, die nicht Kinder mit einander hätten, seines Theils an erbl. Gütern Hergewette oder Gerade gönnen wolte und aufgeben vor gehegter Bank,[727]) daß sollen sie ganz[728]) haben von sonderlichen unsern Fürstlichen Gnaden,[729]) so daß solche Aufgabe[730]) unbezwungen soll zugehen, keines dem andern in keine Weise dazu soll zwingen mit Worten noch mit Wercken rc.“

Die Blutsverwandten des zuerst verstorbenen Ehegatten haben also, auch in Ermangelung von Kindern, nur in so weit ein Recht zur Erbfolge, als die Ehegatten unter einander keine Vergabung von Todes Wegen vorgenommen:

„haben sie aber nicht Kinder mit einander, und hätte der Mann seinem Weibe sein Theil nicht aufgegeben,[727]) so soll die Frau ihre Helffte zuvor behalten, und des Mannes Erben oder Nächsten die Helffte seiner Güther geben und folgen lassen, (desgleichen soll es auch zugehen und gehalten werden, ob das Weib stirbet.[731]))“

Sonach ist das Erbrecht der weiteren Verwandten, in Ermangelung von Kindern, an sich nicht von geringerem Umfange, als das der Kinder: es umfaßt gleichmäßig die Hälfte des beiderseitigen Vermögens der Ehegatten. Allein dieses Recht der weiteren Verwandten ruht auf einer sehr unsicheren Grundlage. Sie können durch die Vergabungen der Eheleute gar leicht um ihre erbrechtlichen Hoffnungen gebracht werden, oder vielmehr sie genießen eines Erbrechtes über-

727) Vom Aufgeben vor gehegter Bank u. dgl. m.: unten Cap. III. §. 2. I. B. und §. 3. I. C. a.

728) Steyer: „genehm“ statt „ganz.“

729) Ob diese „sonderliche Fürstliche Gnade“ von Ausschließung des eventuellen fiscalischen Rechtes auf erblose Verlassenschaften zu verstehen? S. unten Cap. III. §. 1. g. E. (Anm. 896.)

730) Steyers Leseart: „Ausgabe“ beruht wohl nur auf einem Druckfehler.

731) Diese eingeklammerte Stelle ist dieselbe, welche oben das Allegat unter B. schließt, auf welches sie unbedenklich mit zu beziehen ist.

haupt nur dann, wenn die Ehegatten verabsäumt haben, sich ihre gesammten Güter gegenseitig von Todes Wegen zuzuwenden. Wie viel fester stand das Erbrecht der Verwandten im Wittstockschen Rechte, welches den Eheleuten gar keine Verkürzung der Blutsfreunde gestattete,[732]) oder selbst im Brandenburgischen Rechte, welches kinderlosen Eheleuten doch nur die Vermachung des vierten Pfennigs zum Nachtheile ihrer Verwandten erlaubte![733])

Eine wahre Gütergemeinschaft läßt sich freilich im Krossenschen Ehegattenrechte so wenig suchen und finden, wie im Treuenbriezenschen, Wittstockschen und Brandenburgischen Rechte, wenn nur das „Halb und Halb" wieder richtig aufgefaßt und ausgelegt wird.[734]) Geschieht dies, so vermögen auch die Ausdrücke, deren sich das Krossensche Recht in Beziehung auf das gegenseitige Erbrecht der Ehegatten bedient, als: „seines Theils an erblichen Gütern; das Guth des Mannes die Helffte und auch der Frauen die Helffte; sein Theil, ... ihre Helffte", keine Täuschung weiter zu erregen.

Mit Aufnahme der reinen Halbtheilung aller Güter aber sind zugleich die Singularsuccessionen in Heergewäte und Gerade aus dem Krossenschen Rechte geschieden. Doch gewährt noch heute eine alte Gewohnheit dem überlebenden Gatten das Ehebett als Präcipuum.[735])

Drittes Capitel.

Das durch die Joachimische Constitution aufgenommene und bestätigte Deutsche Recht.

Die alten Magdeburgischen und Märkischen Rechte haben wir in den beiden ersten Capiteln näher untersucht, um die unmittelbaren Grundlagen des einheimischen Rechtes aufzudecken und festzustellen, welches in der Joachimischen Constitution Anerkennung

732) Oben S. 148.

733) Oben S. 198.

734) Vgl. oben S. 142 f, 148 u. 177.

735) Eisenberg u. Stengel Beitr. VI. S. 4 g. E; v. Kamptz Jahrb. L. S. 55. Nr. 7.

und Bestätigung gefunden hat. Wie aber die Einzelnheiten und Particularitäten unserer alten Rechte durch die verallgemeinernden Bestimmungen der Joachimischen Constitution zu einem Ganzen verschlungen werden, so haben wir nunmehr das Wesen und die Bedeutung dieses Ganzen gleichfalls zusammenzufassen, und die gemeinsame Herkunft und Natur unseres Rechtes zu entwickeln.

§. 1. Erbrecht der Familie.

Die Vertheilung des vorhandenen gesammten Vermögens nach Hälften, zwischen dem überlebenden Ehegatten auf der einen, und den Kindern oder anderweitigen nächsten Blutsverwandten auf der anderen Seite, ist nicht etwa einer Erfindung des Märkischen Rechts zuzuschreiben, sondern steht ohne Zweifel im innigsten Zusammenhange mit einer uralten Spaltung Deutscher Rechte überhaupt. Denn bei aller Gleichförmigkeit der Grundsätze in Ansehung des Mundiums, welches der Ehemann über die Person und das Vermögen der Frau hatte[736]), zeigt sich doch von Alters her eine höchst merkwürdige und durchgreifende Verschiedenheit in der Behandlung der überlebenden Ehefrau.

Nach dem Tode des Ehemannes wurde nämlich entweder das vorhandene beiderseitige, bis dahin unter dem Schutze des Mannes zusammengehaltene Vermögen wieder in seine verschiedenen Bestandtheile aufgelöst, und die überlebende Ehefrau namentlich auf einzelne bestimmte Sachen und Rechte oder vielmehr auf gewisse Inbegriffe von Sachen und Rechten angewiesen; oder es wurde aus dem Gesammtvermögen, zumal aus der Errungenschaft, der überlebenden Ehefrau eine Quote zugetheilt. Und so lassen sich denn wohl von dem Ostfälischen Rechte die Elemente des Sachsenspiegels und des Magdeburgischen Rechtes ableiten, wonach die überlebende Ehefrau Gerade und Leibzucht erhält; von dem Westfälischen Rechte dagegen jene Elemente, aus denen nach und nach die wahre, besonders im neueren Lübischen Rechte entwickelte Gütergemeinschaft hervorgegangen ist.[737])

---

736) Grimm R.A. S. 447—449; Eichh. Pr.R. §. 296.

737) Lex Saxonum Tit. IX. De acquisitis: De eo, quod vir et mulier simul conquisierint, mulier mediam portionem accipiat: hoc apud Westfalaos. Apud Ostfalaos et Angrarios nihil accipiat, sed contenta sit dote sua. Vergl. oben S. 51. g. E.; Hasse in v. Sav. Zeitschr. IV. S.

Freilich hat gerade die Erbtheilung nach gewissen Quoten die verschiedensten Stadien durchlaufen. Anfangs war wohl bloß für die überlebende Ehefrau Sorge zu tragen. Späterhin aber, zumal in den Städten, wo das bewegliche Vermögen der Handel treibenden Bürger den überwiegenden Bestandtheil der Güter ausmachte und gemeiniglich durch die beiderseitigen Bemühungen der Ehegatten erworben wurde, mußte man fast von selbst dazu kommen, dem überlebenden Ehegatten als solchem, mochte es nun die Frau oder der Mann sein, eine gewisse Quote des Gesammtvermögens zu überlassen. Auf diese Art entstand zuerst eine **Gütergemeinschaft**, so zu sagen, **von Todes Wegen**, und erst ganz zuletzt die eigentliche Gütergemeinschaft, welche den wahren Gipfel des ganzen Germanischen Ehegattenrechtes bildet.

Die Mark Brandenburg hat nun allein jene gleichsam von Todes Wegen eröffnete Gemeinschaft aufgenommen, und ist nie dahin gelangt, dieselbe bis zu der, das gesammte Leben der Ehegatten durchdringenden Gütergemeinschaft zu entwickeln. Daß es aber niemals zur wahren Gütergemeinschaft in unserer Mark gekommen ist, dazu hat ohne Zweifel gerade die Joachimische Constitution selbst den letzten Grund gelegt, indem sie die „alte Gewohnheit" fixirte; wogegen die Märkische Ehegattenerbfolge in dem, bereits im vierzehnten Jahrhunderte aus Brandenburgischer in Mecklenburgische Herrschaft übergegangenen Stargardischen Kreise sich allmählig zu vollständiger Gütergemeinschaft durchbildete.[738])

Ruhen also die einzelnen Märkischen Stadtrechte, welche schon um das Jahr 1200 dem überlebenden Ehegatten **die Hälfte des gesammten Vermögens** einräumen, auf derselben allgemeinen Grundlage, so ist diese Grundlage wesentlich als **nicht Magdeburgisch** zu characterisiren, in wie weit es sich eben um jene **Halbtheilung** handelt. Allerdings läßt sich speciell dem

---

64—72; **Grimm** R. A. S. 449. Nr. 8; **Eichh.** R. G. §. 62. b. Nr. 4; **Gaupp** Sächs. S. 170—190.

738) Vgl. v. **Kamptz** Civilrecht der Herzogthümer Mecklenburg Th. I. Abth. I. (Schwerin und Wismar. 1805.) S. 47 ff (§. 38), S. 218 f (§. 144), S. 290—292 (§. 191 f); Handbuch des Mecklenburgschen Civilrechts (Rostock und Schwerin. 1824.) S. 58—61 (§. 35 f), S. 662—670 (§. 199); **Eichh.** R. G. §. 456. Note m; §. 561. Note g.

Salzwedelschen Rechte mehr eine Lübische, dem Seehausischen eine Niederländische Basis unterlegen[739]); immer aber bleibt den Märkischen Stadtrechten überhaupt jene alte, ächt städtische Weise, die Erbschaften nach Quoten zu theilen, gemeinsam. Und wenn wir das hohe Alter der Märkischen portio statutaria berücksichtigen, welche ja schon in vollem Gange war, als das Magdeburgische Recht von irgend einer Erbtheilung nach Quoten noch nichts wußte[739]), so werden wir wohl die Ansicht aufgeben müssen, als sei von dem Magdeburgischen Rechte auch die Märkische statutarische Portion herzuleiten.[740]) Uebrigens geht schon aus der oben näher erörterten Niederlausitzschen Urkunde v. J. 1281 deutlich hervor, wie man im dreizehnten Jahrhunderte weit davon entfernt gewesen, das Antimagdeburgische in der Märkischen Halbtheilung zu verkennen.[741]) Auch im Jerichowschen erhielt sich, nach der in der Mitte des vierzehnten Jahrhunderts erfolgten Abtrennung von der Mark, unsere alte Halbtheilung im Gegensatze zu dem Magdeburgischen Rechte, welches sonst volle Geltung hatte.[742])

Die Joachimische Constitution selbst bestätigt die alte Märkische Gewohnheit gleich im Tit. I. §. 1:

„Setzen vnnd ordnen welches von Ehleuten des andern Todt erlebt,

---

739) Oben Cap. I. u. II; besonders S. 164 f; auch Anm. 489.

740) v. Kamptz Jahrb. VII. S. 213 u. 225. Nr. I.

741) Oben S. 216. — Welche Aufnahme aber, neben der sonstigen Drittelung (oben S. 208 f), die Märkische Halbtheilung in der Niederlausitz gefunden, dafür sprechen — von particulären Abweichungen oder Auslegungen abgesehen — noch die in Riebels Mag. Bd. III. mitgetheilten, bis auf neuere Zeiten gültig gewesenen statutarischen Rechte der Städte Lübben (a. a. O. S. 200 f. §. 44. u. 48. vgl. mit S. 220), Guben (S. 227), Luckau (S. 237) und Spremberg (S. 240 ff). — Die Bestimmungen der Luckauer Statuten v. J. 1593 u. der Spremberger Statuten v. 1673 (letztere in aller Ausführlichkeit) sind geradezu unserer Constitutio Joachimica entlehnt, oder an dieselbe angeschlossen.

742) Vgl. Riebel M. Br. II. S. 385 u. 389; Götze Mot. II. S. 28. — Im Jahre 1336 verbot Ludwig der Baier der Stadt Jerichow, die gewiß von jeher Magdeburgisches Recht gehabt, ferner nach Burg zu appelliren, und verwies sie dafür auf Brandenburg. (v. Ludewig rel. manuscr. VII. L. I. No. XL.) Bald nachher (i. J. 1354) kam Jerichow unter das Erzstift Magdeburg. (Von dem Gebrauche Märkischen Rechtes in der Stadt Burg: v. Kamptz Jahrb. XLIX. S. 406—422.)

behelt nach alter gewonheit, das halbe Gut, an liegenden Gründen vnnd farender habe."

In diesen Worten ist

I) das gesammte beiderseitige Vermögen der Ehegatten **als von Todes Wegen** gemeinsam in der Art aufgefaßt, daß dasselbe unter den Ueberlebenden und die anderweitigen Erben vertheilt werde. Dem entspricht §. 3:

„Das ander halb theil sollen haben die Ehliche Leibs Erben" u. s. w.

Es ist hier nicht etwa von dem Nachlasse eines zuerst verstorbenen Gatten die Rede, den der Ueberlebende mit den Verwandten zu theilen hätte, während er daneben im ungestörten Besitze seines eigenthümlichen Vermögens bliebe. Nein! Die gesammten beiderseitigen, beweglichen wie unbeweglichen Güter[743]) sollen getheilt werden. Zu diesem Zwecke sind sie gemeinsam geworden. Die §§. 2. u. 8. sprechen geradezu vom „gemeinen Gut", freilich mehr in Betreff der daraus zu bezahlenden Schulden.[744]) Wie aber selbst das alte Sächsische und Magdeburgische Recht, dem die eheliche Gütergemeinschaft gewiß fremd war, die Güter der Ehegatten als von Beiden besessen bezeichnet[745]), und doch nach

743) Der §. 5. C. J. Tit. I., welcher den Eheleuten gestattet, sich den vierten Pfennig gegenseitig zum Voraus zuzuwenden, bezeichnet ausdrücklich die ganze Masse des beiderseitigen Vermögens, aus welchem derselbe zu entnehmen: „mag eins dem andern . . . vbergeben . . . den vierden Pfenning aller Güter ligender Gründen, Reitschaff vnd farender-Hab." Auch in einem wechselseitigen Testamente aus dem Jahre 1523 (v. Raumer cod. dipl. II. S. 290. Nr. LXXIII.) vermachen zwei Brandenburgische Ehegatten einander den Gebrauch „aller gutther so sy habenn und besitzenn."

744) Vgl. Eichh. R. G. §. 370 Note k; §. 568 zu Anf.; Pr. R. §. 298 Note c, d. — Scharf tritt die Gemeinsamkeit der Güter von Todes Wegen in folgenden Worten des Wenceslausschen Kirchenrechts v. 1415 (Tzsch. u. Stzl Urk. S. 633. §. 3) hervor: „so sal denne die Helfte des Gutis halpp bleiben bey dem, das lebende bleben ist" (d. i. bei dem überlebenden Ehegatten) „wenn is von der Vorerbunge gmeyne worden ist." Vgl. Wentzel Schles. Prov. Recht. Breslau 1839. S. 529. — Die unserem §. 2. C. J. Tit. I. entsprechenden Stellen der Luckauer und Spremberger Statuten (oben Anm. 741 g. E.) haben auch unsere Worte: „aus dem gemeinen Gut" verwandelt in: „von der gemeinen Erbschaft." (Vgl. unten Anm. 764.)

745) Sachs. Sp. (Latein. Uebers.) I. 31: Maritus et uxor bona inter se possident indivisa; 45: ipsa ea cum uxore noscitur possidere; M. R. v. 1235 §§. 25, 26: bona ipsorum, que possident. (Oben S. 53 f.)

dem Tode des Einen von Beiden wieder in gewisse einzelne Bestandtheile auflöst: so verwandelt gerade umgekehrt unser Märkisches Recht bei dem Tode des Einen der Ehegatten das ganze beiderseitige Vermögen gleichsam in Eine, an sich gemeinsame und ungetheilte, aber in bestimmte Theile zu zerlegende Erbmasse.

Dahin deuten denn auch die Worte unserer Urkunden von frühester Zeit her; wie die folgende Zusammenstellung leicht übersehen lassen wird.

Das Kyrizsche Recht v. 1237 nennt das beiderseitige Vermögen der Ehegatten, nach des Einen oder des Anderen Tode: hereditates mortis iure peruente.[746])

Das Wittstocksche Recht von 1248: tota hereditaria possessio; auch bloß: tota possessio; oder: tota substantia haereditaria.[747])

Das Prizwalksche Recht v. 1256 wiederholentlich: hereditas.[748])

Das Fürstenbergsche Recht von 1281: res que supersunt.[749])

Eine Frankfurter Urkunde v. 1308: bona hereditaria (equa porcione) oder hereditas.[750])

Das Treuenbriezensche Schöppenbuch seit 1324: omnia bona oder aldat gut (half vnd half).[751])

Das Wittstocksche Recht v. 1374: erfgut (halff unde halff).[752])

Das Berliner Stadtbuch v. 1397: alle ding (half vnd half), weme dat af vnd tu steruet.[753])

Das Kottbuß'sche Recht v. 1409: das Gutt.[754])

Das Züllichau'sche Recht v. 1425: Guth, daß sich also verstorben, es sey fahrend oder unfahrend, beweglich oder unbeweglich.[755])

746) Oben S. 144.
747) Oben S. 146 u. 147.
748) Oben S. 157 ff.
749) Oben S. 216.
750) S. das Allegat in Anm. 610.
751) Oben S. 137 f u. 135.
752) Oben S. 148.
753) Oben S. 176 f.
754) Oben S. 207 f.
755) Oben S. 212.

Das Krossensche Recht v. 1469: erbliche Güter; auch das Guth.[756])

Das Züllichau'sche Recht v. 1478: alles das da ist.[757])

Das Salzwedelsche Recht v. 1527: das Gut, so sie samptlich gehabt und besessen haben.[758])

Der Ausspruch der Joachimischen Constitution, daß der überlebende Ehegatte nach alter Gewohnheit das halbe Gut behalte (oben S. 223 Z. 1.), ist mithin eben so wenig auf Gütergemeinschaft zu deuten, wie der Ausdruck des M. R. v. 1304. §. 130: beheldet (vom überlebenden Manne),[759]) oder des Treuenbriezenschen Schöppenbuches: behalden (vom überlebenden Manne, wie von der überlebenden Frau),[760]) oder der Satz des Berliner Stadtbuches: In den Brandenborgschen rechte behold sy half vnd half.[761]) Schließlich müßte auch jeder Schein von Zweifel vor den ausdrücklichen Worten der Johann Georg'schen Constitutionen schwinden, welche wiederholentlich von dem überlebenden Ehegatten, der die Hälfte der gesammten Güter nimmt oder behält, und von dem gemeinen Gute in dem Sinne handeln, daß entweder die Errungenschaft der Ehegatten oder der Haussöhne, oder die, beiden Gatten gewissermaaßen gemeinschaftliche Vermögensverwaltung, oder die Ausstattung der Kinder, oder die noch nicht erfolgte Theilung berücksichtigt, nimmermehr aber eine wahre Gütergemeinschaft vorausgesetzt wird. So heißt es in C. J. G. 1574. Tit. I:

„Vormuge unser Landesconstitution[762]) behaltenn die Eheleute, welche der andern Todt erleben, das halbe Guet" u. s. w.

Ebendaselbst wird zugleich den Wittwen freigestellt:

„ob sie . . . ihr Einbringen wieder fordern, oder den halben theil der Gueter behaltenn wollenn."

Der Tit. IX. bestimmt in Ansehung der bei Lebzeiten beider Al-

756) Oben S. 217 f.
757) Oben S. 213.
758) Oben S. 113.
759) Oben S. 62.
760) Treuenbr. Schöppenb. Nr. 53, 70, 79, 119. (Oben S. 137 f.)
761) Oben S. 176 f.
762) Oben S. 35.

tern ausgestatteten Kinder, welche mit dem Ueberlebenden Erbtheilung halten wollen: es solle Alles,

„was auff der Kinder ausstattung gewandt, dieweil dasselbe aus den gemeinen Guete genhommen, auch wiederumb vor[763]) der theilung oder außmachung ins gemeine Guet conferirett . . . werden."

Im Tit. XIII. wird es als Verordnung der Joachimica angeführt:

„daß nach Absterbenn eines von Eheleuten das ander den halben theil seiner Erbschaft" (d. i. offenbar des gesammten beiderseitigen Vermögens[764])) „behaltenn . . . sol."

Und im Tit. XIV. werden gegen den überlebenden Ehegatten, der auf Grund eines wechselseitigen Testamentes zum lebenslänglichen freien Genuß des gesammten beiderseitigen Vermögens gelangt ist, welches aber nach seinem Tode unter seine und des Vorverstorbenen Verwandten gleich getheilt werden soll, für den Fall beschränkende Maaßregeln angeordnet:

„daß ehr des Abgestorbenen Freunden zue Vorfangk[765]) seinen freunden, von den gemeinen Guetern, alles oder viel zuewendete."

In C. J. G. 1594. Th. II. c. XIII. heißt es von Verlobten oder Neuvermählten, die vor Beschreitung des Ehebettes gestorben:

„welche die Bürde des Ehestandes noch nicht ertragen, noch etwas in den gemeinen Guetern erwerben helffen."

In c. XXXIX. a. a. O., überschrieben: „Wann ein Sohn etwas von gemeinen Guetern erwirbet", wird von den Haussöhnen, welche der Aeltern Geschäfte geführt und das dabei Erworbene in die älterliche Erbmasse zu werfen haben, gesagt:

„zugemeiner theilunge bringen."

In Th. III. c. III. wird ausgesprochen, daß coniux superstes

„das halbe gut nimbt."

Die gleich darauf folgende const. IV., überschrieben: „Wie Eheleute in stehender Ehe der Gueter mechtigk," gibt beiden Gatten eine in gewisser Weise gemeinsame Vermögensverwaltung:

---

763) Ich habe keinen Anstand genommen, das Wort „von", welches sich hier bei Mylius findet, in „vor" zu verändern.

764) Vgl. oben Anm. 744. g. E.

765) D. i. verfänglich, in fraudem. Vgl. die Landtagsabschiede von 1534 ff. (unten Nr. III. B. a.): „zu Vorfang und Nachtheil der Erben"; Verordnung Kurfürst Joachim des Zweiten von 1540 (Fidicin Beitr. II. S. 354): „Inen zue forfang vnd nachtheill".

„Die Gueter sollen in stehender Ehe zu gemeiner administration gestalt werdenn, und also gemeinn seinn" u. s. w.

In c. VI. wird dem überlebenden Ehegatten unter gewissen Bedingungen ein verlängerter Aufenthalt auf den

„gemeinenn Guetern",

d. i. ein ferneres Verbleiben in der noch ungetheilten Erbschaft, gestattet. Auch in c. IX. heißt die zu theilende Erbschaft alls solche

„ein gemeinn gutt."

In c. XI. und XVII. heißt es wieder von der Collation der Kinder:

„in die gemeine Theilunge bringen;"

und in c. XVII. ist ferner vom Abschoß die Rede, der

„von den gemeinen Ungetheilten Erbstucken abzuziehen."

In c. XIX. wird von den überlebenden Ehefrauen gesagt, daß sie

„das halbe Gutt" oder „das halbe theill nehmenn."

Nach c. XXXVI. endlich sollen die Kinder durch den überlebenden, in ungetheilten Gütern verbliebenen Ehegatten

„aus dem gemeinen Gutt" oder „den gemeinen Guetern"

ausgestattet werden.

Ist es also ächt Märkisch, das gesammte beiderseitige Vermögen als Eine Erbmasse anzusehen, welche in reine Halbtheile zerlegt werden soll, so entspricht dem vollkommen, daß

II) jene Sächsischen und Magdeburgischen Singularsuccessionen schon durch die ältesten Märkischen Rechte selbst ausgeschlossen, oder doch endlich in Folge der Joachimischen Constitution beseitigt sind;[766]) woneben es freilich besteht, daß gewisse Präcipua aus den Erbtheilungen dem überlebenden Ehegatten oder den Kindern auch jetzt noch verabfolgt werden.

A. Von jenen singulären Erbfolgearten haben

a) die Successionen in Heergewäte, Gerade und Mustheil — dem Sächsischen Rechte überhaupt und dem Magdeburgischen insbesondere so eigenthümlich, daß sie in der That dem Erbe entgegengestellt werden — in unserer Mark, selbst da, wo sie nicht ganz über Seite geschafft wurden, doch ihren ursprünglichen Character verloren und mehr die Natur der Präcipum angenommen.[767]) Nur in der Hinsicht behaupteten vor der Joachi-

766) Oben S. 18 ff; Anm. 334; Anm. 361; Anm. 462; S. 134, Zeile 10 f; Anm. 686.

767) Vgl. oben Cap. I. vom Magdeburgischen Rechte u. Cap. II. von den einzelnen Märkischen Rechten. (In Anm. 566 g. E. eine sonst umgedruckte Urkunde.)

mischen Constitution Gerade und Heergewäte hier und da ihre Specialität, daß sie, in Ermangelung eines geeigneten Specialerben, als herrenloses Gut an den Fiscus fielen.[768])

b) Die Specialerbfolge ins Wergeld[769]) war auch in der Mark Brandenburg herkömmlich gewesen. Zum Beweise lassen sich ausdrückliche Stellen des alten Salzwedelschen Rechtes und des Berliner Stadtbuches anführen, und Beispiele finden sich in vielen Märkischen Urkunden.

Das Salzwedelsche Recht von 1273 verbannt den Todtschläger aus der Stadt: nisi judici prius satisfaciat atque leso[770]). Das Berliner Stadtbuch legt dem Todtschläger nicht bloß auf, den Erben des Erschlagenen das Sühngeld zu zahlen (sich mit denselben zu berichten) und Geldstrafen an die Stadt, den Schulzen und die Schöppen abzuführen, sondern verweist ihn überdies noch auf Jahr und Tag (56 Wochen!) aus der Stadt:

Wy den andern dot sleit, vnd berichte he sich met dem eruen, glike wol mut he vt der stad lvj weken wesen; dat is Jare vnd dagh.[771]) Ok so mût derseluc manslechtiger,[772])

---

768) Unten Nr. III. B. b. γ.

769) Vgl. Grimm R. A. S. 651, 662—664 (S. 663: „Den empfang des wergelds für den erschlagnen verwandten könnte man eine art erbrecht nennen“ u. s. w.), 878 f (Nr. 1), 882 (Nr. V.); Mittermaier Pr. R. §. 382. Note 15; v. Sydow S. Sp. §. 36 (S. 168 ff) u. S. 368 ff.

770) Oben S. 122.

771) Recht singulär ist diese Berechnung von Jahr und Tag mit 56 Wochen, statt der gewöhnlichen Zeit von 1 Jahr 6 Wochen und 3 Tagen. (Grimm R. A. S. 222 f. Nr. 6; Eichh. Pr. R. §. 176 Note g.) An einer anderen (dem Art. 29. S. Sp. I. entsprechenden) Stelle heißt es in unserem Stadtbuche (S. 118; unten Anm. 851): Jare vnd dag sint ses weken vnd eyn Jar; also, wie im Sächs. Lehnrecht Cap. XIII u. XVI, gerade 6 Wochen, ohne Hinzufügung einer Tageszahl. (Die Latein. Uebers. des S. Sp. gibt hier jar unde dage wieder, durch: unum annum diemque & sex septimanas.) Das Alte Kulmische Recht (V. 42. §§. 2, 3; 65. §. 5.) fügt den 6 Wochen Einen Tag bei. — Zeitweilige Verbannung aus dem städtischen Gebiete ist übrigens nichts Seltenes. Vgl. Grimm R. A. S. 737. Nr. 8. g. E. u. Gardeleg. Stat. §. 14 („eyn jahr vth der stadt wesen“) und §§. 15, 16, 41, 57.

772) D. i. Todtschläger. Grimm R. A. S. 625: „Todschlag. man unterschied offenen und heimlichen, jener, das eigentliche homicidium, bloss ahd. slahta, manslahta;“ S. 626: „im rigischen recht wird

wen he sich het met den negsten bericht, dler stad geuen jj marg siluers, vnd deme schulten jjj gewedde, dlen schepen vij schillinge penninge, vnd men sal en vt der vestunge mach schepen ordel laten alse recht is. (Berl. Stadtb. S. 48, im ersten Buche, von den Einkünften der Stadt.[773]))

Insonderheit gehen noch folgende Stellen des Berliner Stadtbuches auf die Eigenthümlichkeiten des Brandenburgischen Wergeldes (Manngeldes):

„Jowelk man het bute na syner bord . . . Doch in deme brandenborgeschen rechte geft man eynen alse den anderen bute . . . Sleit eyner den andern dot, . . . di geft eyn gantz mangeld, dat syn xvjjj punt." (Berl. Stadtb. S. 135, im Capitel von der handhaften That.)[774])

„. . . So vint man syn wergeld, dat des doden negeste nemen scolen . . . Eyn wergeld, . . . dat gaf man eyn isliken na syner bord; nů auer geft man in der marke mangeld, dat sint xvjjj punt wonliker penninge, di betalet man in xjj weken von der tyd alse sy gewunnen werden." (Berl. Stadtb. S. 159, im Nachtragscapitel.)[775])

Unter den hierher gehörigen Beispielen, welche unsere Urkunden darbieten, hebe ich einige heraus. Wegen des um 1327 in Berlin erschlagenen Probstes Nicolaus von Bernau geben die Städte Berlin und Cöln, neben anderen mehrfachen Bußen und Leistungen, namentlich auch dem Bruder des Erschlagenen ein Sühngeld.[776]) Im Jahre 1341 vergleicht sich das Bertolzlevensche (Bartenslebensche) Geschlecht mit dem Knesebeckschen wegen Tödtung des Paridam v. Knesebeck.[777]) Im Jahre 1400 sühnt die Stadt Bahn dem Johanniterorden den an dem Ordensmeister Dietrich verübten Todtschlag.[778]) Im Jahre 1428 gibt Mark-

---

der morder vom slachtigen man unterschieden." — Im Schwäb. Landr. (v. Laßberg's Ausg. §. 375. Zusatz VI.) findet sich die Ueberschrift: Manslaht, wo vom parricidium die Rede ist.

773) Vgl. Fidicin Beitr. III. S. 72.

774) S. Sp. III. 45.

775) S. Sp. I. 65. §. 4; vgl. Gaupp Schles. Ldr. S. 116 f.

776) Gercken cod. dipl. III. Nr. XXII–XXIV; Fidicin Beitr. II. Nr XXIII (S. 30: „. . . Berychtynghe, vmme den mort hern Nicolaus") und Nr. XXXIV; vgl. III. S. 96 Note 4 u. S. 105—107.

777) Lenz Uhrk. Nr. CCCXCV.

778) Buchholz Br. Gesch. V. Anhg. S. 167 f. Nr. 28; vgl. II. S. 602 f.

graf Johann einigen Todtschlägern ein sicheres Geleit, nach gehörig entrichteter Sühne an die Verwandten (Freunde) des Erschlagenen.[779]) Derselbe Markgraf entscheidet im Jahre 1432 einen Streit zwischen dem Todtschläger auf der einen, und dem Vater und Bruder des Getödteten auf der anderen Seite, dahin, daß 18 Pfund zur Sühne zu zahlen.[780]) Kurfürst Joachim genehmigt im Jahre 1503 ein Abkommen wegen Todtschlages.[781]) Vorzüglich beachtenswerth aber erscheint ein Fall vom Jahre 1502, den v. Raumer aus dem Seehausenschen Gerichtsbuche mittheilt:[782])

„im mydddelsten Dinge[783]) sind de irrige saken zwischen N. und NN. frundliken bygelecht, so N. des NN. Sone leyder vom levende vom[784]) dode brachte, soll er tor sone geven 3. stend. mark, schal dar tho 3 menne to Sterneberge sendenn[785]) un de hanth myt 6 mennen to grave brengen[786]) om ock eyn cruce na setten laten."

Hier wird also nicht bloß die Sühne in Gelde an den Vater des Erschlagenen gegeben, eine Wallfahrt und die Errichtung eines Kreuzes angeordnet, sondern auch noch die alte Sitte des Begrabens der Hand beobachtet.[787])

---

779) v. Raumer cod. dipl. I. S. 111 f. Nr. LXXV.

780) Gercken cod. dipl. VII. S. 233 f. Nr. CII. (Anderweitige Urtel in Todtschlagssachen, aus den Jahren 1481 u. 1482, finden sich in v. Raumer cod. dipl. II. S. 155, Nr. LXVII. u. S. 177, Nr. CIX.)

781) v. Raumer cod. dipl. II. S. 232, Nr. XVIII.

782) In v. Led. Archiv XIII. S. 176.

783) D. i. im zweiten ordentlichen Gerichte des Jahres 1502.

784) Zu lesen: „tom."

785) v. Raumer a. a. O. Note 7: „Nämlich zur Erlösung der Seele des Getödteten aus dem Fegfeuer an den bekannten Wallfahrtsort im Mecklenburgischen."

786) Die Hand des Erschlagenen spielte ehemals eine große Rolle. Vgl. Grimm R. A. S. 627: „Die verwandten des erschlagenen pflegten den leichnam solange nicht zu begraben, bis sie rache oder sühne erhalten hatten, . . . Später wurde die blosse abgeschnittene hand symbolisch gebraucht und nach erlangung des wergeldes zu dem leib beerdigt (die todte hand, das leibzeichen);" S. 879—881 (Nr. 2), 931 („scheingehen"), 956 (zu S. 856). — Vgl. oben Anm. 515.

787) Ueber das Wergeld vgl. noch in anderen Beziehungen: Gercken cod. dipl. IV. S. 456 Note b und S. 510, No. CCLIX (v. J. 1364) g. E.; v. Raumer cod. dipl. II. S. 197 f (Nr. CLV, v. J. 1494: „sunder mann oder wehr gelt") und S. 246 f (Nr. XXXIV, v. J. 1514: „Sunder man und whergelt").

Da jedoch in der Mark von Alters her, dem Sächsischen Rechte entgegen, wie wir dies aus einer gleich näher anzuführenden Stelle der C. J. G. von 1594 erfahren, nicht nur die Schwertmagen, sondern auch die überlebenden Ehefrauen (ohne Zweifel im Zusammenhange mit ihrem so bedeutenden Erbrechte) und die Spillmagen die Rachepflicht hatten und das Sühngeld bekamen, so konnte es um so weniger ausbleiben, daß nach Erlaß der Joachimischen Constitution auch das Wergeld zur gemeinen Masse gezogen werden mußte. Die Stellen der Johann Georg'schen Constitutionen, welche darüber Aufschluß geben, sind merkwürdig genug, um hier in ihrem ganzen Umfange mitgetheilt zu werden, zumal da sie, trotz dem Anscheine einer neuen gesetzgeberischen Bestimmung, doch in der That nur aussprechen, was nach dem Entwickelungsgange, den unser Recht genommen, eigentlich ohne Weiteres für geltendes Recht zu halten gewesen wäre:

C. J. G. 1574. Tit. XLVIII.

Das Shungeldt gebüret des entleibten Witwen vnd Tochtern, oder andern nehesten Blutsfreunden, von[788]) den weitern Agnaten,

Es muegen wol hiebeuor, wann einer entleibet worden, vnd der Thetter zur Absuene gelassen, dem Sechsischen Rechte vnd gebrauch nach, die negsten Agnaten das Suengeldt genommen, vnd des entleibten Witwen vnd Vater, oder Andere mehre Bluetsfreunde ausgeschlossenn habenn,[789]) Dieweil Aber dieselben Rechte vnd Breuche, Inn vnserm lande aufgehobenn, vnd die gemeine Keyser Rechte ein Anders ordnen,[790]) Auch des entleibten Witwe vnd Kinder, oder andere Negstbluetfreunde mit Ihres Mannes Vaters oder Freundes entleibunge vielmehr Dan die weitern Agnaten beleidigt worden, So sol das Shuengelt hinfuro des entleibten Witwenn vnd Kinder, wan die vorhanden Alleine, wo Der Aber keines Im lebenn, **sonsten denn negsten Erbenn zugleich folgenn**, Sie sollen Aber auch den todtschleger gebuerlichen zuuerfolgen, vnd wan der entleibte schuld vor-

---

788) Zu lesen: „vor".

789) Ueber die Analogie zwischen der Erbfolge der Schwertmagen ins Heergewäte und ihrem Rechte aufs Wergeld, nach Sächsischem Rechte, vgl. v. Sydow, am oben Anm. 769 angef. Orte.

790) Oben Anm. 141.

lassenn, Dieselbe von den Shungelde, so wol als von Ander seiner Erbschafft zuebetzhalen schuldigk sein.[791])

C. J. G. 1594. Th. IV. c. IX.

Wer des erschlagenen Todt zu rechen und das Suhn Geltt zu nehmenn befugtt.

Wann ein thodtschlagk geschicht, wirdt woll nach Sächsischen Rechte auch in den benachtbahrtten orttenn dafur gehalttenn, da sie[792]) alleine die Agnatenn desselbenn todtschlages und Suhne Geldes annehmenn, und die Freunde der Spielseit außgeschlossenn werdenn sollenn.[789]) Dieweill aber in unserm lande von alters hero, die nechstenn Erbenn und freunde Mennlichs oder Weiblichs Geschlechts, auch die Wittwenn sich der sachenn angenommen, beklagt und das Suhne Geltt genommenn, Solchs auch denn gemeinen beschriebenen Rechtenn, welchs in unserm Lande gehaltten wirdt[790]) gemeß. So sollenn auch zur Peinnlichen Verfolgung und dem Suhne Gelde des erschlagenen Wittwenn nechste Erbenn und freunde, sie seindt Mennlichs oder Weiblichs Geschlechts, forthinn zugleich verstattet werdenn, sich auch darin, wie in der andern Verlassenschafft, vermuge unser Landes Constitution[793]) theilenn.

Demgemäß hat denn auch die spätere Märkische Praxis ganz consequent das Sühngeld zur gemeinen Erbschaft gezogen. Namentlich ist uns ein Responsum der Frankfurter Facultät vom 27. August 1610 aufbewahrt, welches den Vater des Erschlagenen für schuldig erklärt, die Hälfte des vom Todtschläger empfangenen Sühngeldes der Wittwe des Erschlagenen, „wofern . . . des Entleibten Widwe nebest dem Vater den Thäter hat verfolgen helffen," gleich dem „andern halben theil der gantzen vorlassenschaft vnweigerlich folgen zu lassen."[794])

c) Ein ganz eigenthümliches Beispiel einer Specialerbmasse findet sich in dem, den Frankfurter Fleischern im Jahre 1308 ertheilten Privilegium, welches die Fleischerscharrn den jedesmaligen Erben eines Fleischers, der Ehefrau und den Kindern oder anderweitigen Verwandten, ohne Unterschied des Geschlechts, zu-

791) Vgl. Abegg in Hitzig's Zeitschrift für die Crim. Rechtspflege in den Preuß. Staaten. Suppl. Bd. I. S. 35.

792) Statt „da sie" scheint mir gelesen werden zu müssen: „daß sich."

793) Oben Anm. 762.

794) Vgl. Scheplitz Cons. Brand. S. 484—487 u. 613 num. 6. (Das angeführte Responsum steht S. 487 num. 5.)

spricht, und zwar ganz in Märkischer Weise der Theilung nach Hälften, so jedoch, daß die Scharrn selbst immer ungetheilt Einem der Erben, gegen eine verhältnißmäßige, den Uebrigen in Gelde zu gewährende Abfindung, zugeschlagen werde.

Die Urkunde vom 22. Juli („in die Marie Magdalene") 1308, welche in dem oben (S. 24) angeführten Frankfurter Stadtbuche unter der Ueberschrift „Knochenhaver" vorkommt,[795]) und schon gelegentlich in Bezug genommen ist,[796]) hat für unsere erbrechtlichen Verhältnisse einige Bedeutung, und wird unten noch mehrfach in Erwägung gezogen werden. Ich lasse deshalb ihren Inhalt hier folgen, so weit derselbe für uns überhaupt von Wichtigkeit ist:

. . . nos consules ciuitatis Franckfordensis . . . nostris conciuibus providere cupientes, . . . Cum . . . nostre ciuitatis carnifices se suaque pro necessitatibus nostre communitati ingruentibus exponere non recusant provida deliberacione nostrorum super eo conciuium prehabita ipsis eorumque heredibus eis in hereditate succedentibus nostre ciuitatis maccella contulimus hereditarie possidenda[797]) . . . . . . Si quis ex dictis carnificibus absque heredibus viam persoluerit carnis vniuerse, maccellum ejus ad ciuitatis emolumentum diuoluetur.[798]) Relictis vero post se heredibus scilicet filiis, filiabus et uxori. Hic velut alia bona hereditaria ipsis derelictis idem maccellum equa diuidet porcione, dummodo vno ex eisdem heredibus filio siue filie aut uxori cedat ex integro et non diuisim data ab illo aut ab illa qui vel que ipsum macellum possidebit secundum valorem sew proborum et discretorum virorum taxacionem vnicuique alterj heredj secum in hereditate participant[799]) debita denariorum, que ex eo poterit deuenire. Et hoc volumus per tales heredes infra spacium vnius mensis post obitum ipsius defunctj discutj et terminari; possunt autem

795) Zimmermann Märk. Städteverf. II. S. 129—132.

796) Oben Anm. 610 u. 750.

797) Vgl. Berliner Statut v. 1311 (Fidicin Beitr. I. S. 63 f): „. . . den inwonenden knokenhouwers vnd oren eruen di vleisch tzarnen der stad tu Berlin erfliken tu hebbene vnd tu besittene."

798) Divolvi ist anfallen. So bedeutet auch porcio deuolucionis oder diuoluciaria (Urk. König Johanns v. Böhmen v. J. 1339, in Gaupp Schles. Ldr. S. 94 f): das angefallene Erbtheil. Vgl. Urk. v. 1352 (Gercken cod. dipl. V. No. VII. S. 11): „bona . . . ad eam devoluta."

799) Zu lesen: „participantibus."

idem heredes dictum maccellum vendere alicui solj non pluribus, si intra se de hoc[800]) vendicione fuerint concordatj. Volumus etiam istud ab aliis heredibus videlicet cognatis, nepotibus, neptibus aut quibuscunque et quocumque in tali hereditate succedentibus firmissime obseruarj . . . Si vero mulier defuncto viro maccellum ex hereditate retinens vel ad se ab aliis heredibus secum participantibus redimens alicuj viro nupserit etc. etc.

Daß endlich

d) die Erbfolge ins Lehen ihre Specialität auch durch die allgemeine Märkische Halbtheilung des gesammten Vermögens nicht eingebüßt hat, versteht sich von selbst, und wird zum Ueberfluß durch statutarische und gesetzliche Bestimmungen anerkannt. Wie nämlich das M. R. v. 1304 das Recht der Söhne aufs Lehngut als unabhängig davon characterisirt, ob sie des Anspruches auf den anderweitigen väterlichen Nachlaß durch Abschichtung verlustig gegangen seien,[801]) so macht auch schon unser altes Salzwedelsches Recht von 1273 in Betreff der abgefundenen Kinder einen Vorbehalt wegen der Lehngüter.[802]) Der lehnrechtlichen Vorbehalte des Züllichau'schen Rechts von 1425 und 1478 haben wir in anderem Zusammenhange erwähnt.[803]) Auch noch die Verordnung vom 30. April 1765 hebt es aufs Entschiedenste hervor, daß die Lehngüter nicht in die Gemeinschaft fallen, welche zwischen dem gesammten beiderseitigen Vermögen von Todes Wegen eröffnet wird.[804])

B. Die Verabfolgung gewisser Präcipua an den überlebenden Ehegatten oder an die Kinder scheint, streng genommen, mit der Märkischen Halbtheilung des ganzen Vermögens nicht in Einklang zu stehen. Allein dergleichen einzelne Vermögensstücke werden nicht sowohl zur Bereicherung des Einen oder Anderen

---

800) Zu lesen: „hac."

801) M. R. v. 1304 §. 129: Daz (die) Sune Lehngut vor uz nemen. (Lehn zu vor n.) . . . . . . Ist joch der Sune einer geradet, her nimet doch glichen Teil an deme Lehne.

802) Oben S. 110: „exceptis bonis feodalibus, in quibus filii jus habebunt."

803) Oben S. 212 ff.

804) V. v. 30. April 1765 Abth. II. §. 4: „. . . ausgenommen die Güter, welche, wegen ihrer Lehns- . . . Qualität, . . . davon eximiret sind."

der Erben vor den Uebrigen gegeben, als vielmehr zum Andenken an den Vorverstorbenen, oder zum Privatgebrauche, mit Rücksicht auf den früher bestandenen vertrauten Umgang zwischen dem Verstorbenen und den Hinterbliebenen. Derlei Voraus war ja nicht einmal solchen Rechten fremd, welche ganz eigentlich die Specialerbfolge in Gerade und Heergewäte anerkannten: Die Niftel gab dem überlebenden Ehemanne Bett, Tisch und Sessel aus der Gerade zurück; der älteste Schwertmag nahm aus dem Heergewäte das Schwert zum Voraus.[805]) In unserer Mark aber, wo sogar Heergewäte und Gerade in den Rechten, die Beides nicht ganz ausstießen, den Character bloßer Präcipua annahmen, haben umgekehrt die zum Voraus gegebenen Stücke einen gewissen Anklang an das alte Heergewäte und an die Gerade bewahrt.[806]) Mit Recht wird in dieser Beziehung auch an „dat beste Perd mit Sadel unde Tome, dartho Sweert unde Sparen" der Altmärkischen Bauern erinnert.[807]) Und das Vorbild der Mittelmärkischen Stadtrechte, das Brandenburgische Recht, welches Heergewäte und Gerade ausdrücklich abschafft, gibt doch dem überlebenden Ehegatten das Ehebett und die festlichen Kleider mit dem Schmucke zum Voraus.[808]) Selbst in der Prignitz blieb zwar nicht den Ehegatten, aber doch den Kindern ein Präcipuum: die Kleider der Aeltern.[809])

Mehr von materiellem Werthe sind die Präcipua, welche der beleibgedingten adlichen Wittwe durch die Neum. K. G. O. von 1561 bestätigt werden:

„. . . zue dem Leibgedinge zimbliche ausweisung zue thuen, nach gelegenheit der guether alß Pferdt vnd wagen, schwarze Engelisch

---

805) M. R. 1235 §. 46; 1261 §. 56; 1304 §. 40: oben S. 57, 70 u. 63. Vgl. S. 100 f. u. Grimm R. A. S. 580 f.

806) Oben Anm. 767.

807) Hübbe in v. Kamptz Jahrb. XLV. S. 172 f. Vgl. oben S. 89.

808) Oben S. 176.

809) Oben Anm. 496 und v. Kamptz Jahrb. L. S. 29 f. — Genaue Verzeichnisse der Märkischen Präcipua überhaupt finden sich in: Mathis III. S. 155—161; Gesetzl. Erbfolge zw. Ehel. S. 30—39; Samml. der Pr. u. stat. Ges. nach v. Kamptz Th. III. S. 638—644; Scholtz Entw. S. 224 bis 231; v. Kamptz Jahrb. L. S. 3—65.

tuch, wellisch, Speck, Rogken, Gerste vndt anders sambt ihren eingebrachten Leinen vndt andern geräthe auch gefatterstücke."[810])

Gleichfalls auf die beleibgedingte adliche Wittwe bezieht sich C. J. G. 1574. Tit. II:

„... soll sie auch ... mit einen ehrlichen trawer Kleide, auch einen bedeckten Wagen, vnd zum weinigsten zweyen gueten Pferdenn vorsehen ... werdenn, ... soll auch ... eines vom Adels verlassener Wittwenn, ihre kleider vnd geschmuek, ketten vnd kleinodt, vnd was sie ihrem Junckern an kistenn vnd kistengerethe zuebracht, volgenn;"

und C. J. G. 1594. Th. III. c. X (wo zugleich Morgengabe und Heergewäte als ächt adliche Präcipua behandelt werden):

„Do Frauen von Ritters artt[811]) verhandenn, ... sollen sie ... sich an ihren Leibgedinge, eingebrachtenn Guetern, auch habenden Kleidern und Weiblichen Geschmuck benugen laßenn, Doch soll zwischen Adelichen Persohnen ... das frauliche Geschenck[812]) Weibes Persohnen alleine voraus bleibenn ... Do entgegen sollen die Lehns Erbenn des Verstorbenen Mannes Kleider, Schwerdt und alle harnisch wieder voraus behalten."[813])

Sogar einer Jüdischen, mit Kurfürst Joachim des Zweiten Genehmigung im Jahre 1544 beleibgedingten Ehefrau werden Kleider und Schmuck zum Voraus verschrieben:

„... wo sie seinen" **(des Ehemannes)** „todtlichen Abgangk erle-

---

810) Wiederholt in der Neum. K. G. O. v. 1646 cap. 33. und v. 1700 cap. 32, nur unter Weglassung des Wortes „anders."

811) So ist der alte Ausdruck des Sachsenspiegels „von ridderes art" (oben S. 180) noch in lebhaftem Gebrauch. Auch in einem Privil. vom Kaiser Rudolph II. aus d. J. 1600 (Wentzel Schles. Prov. Recht S. 374) kommt vor: „eine Frau von Rittersart."

812) D. i. das munus virginitatis, die Morgengabe: Grimm R. A. S. 442 Note *.

813) Gerade umgekehrt wird in der Fortsetzung dieser Stelle, so wie in c. XI, XVII u. XXVI ebendaselbst, den Feierkleidern („Ehrkleidern") und der Aussteuer („Ehesteuer" oder „Mittgifft") der Kinder die Natur der Präcipua ausdrücklich abgesprochen. (In c. XXVI scheint mir, nach dem ganzen Zusammenhange, statt: „auch die Kinder" gelesen werden zu müssen: „auch die Kleider.") Wenn dagegen in c. IX. g. E. gewisse einzelne Sachen, wie Bücher oder Kleider, dem einen oder anderen Erben, als am Besten für ihn passend, vorzugsweise angewiesen werden, so wird damit lediglich eine bequemere Erbtheilung bezweckt, aber kein eigentliches Voraus gewährt, da diejenigen, welche solche „bequeme stucke" erhalten, ihre Miterben dafür in Gelde oder auf andere Art abzufinden haben.

ben wurde, so solte sie alsdan vor vns" (offenbar zu lesen: voraus) „haben jre weibliche Kleider vnd Schmuck zu jrem Leibe gehorigk."[814])

III. Die zur Erbschaft berufenen Personen sind in der Art mit einander verknüpft, daß sich dem überlebenden Ehegatten die Qualität eines Erben zwar nicht in Römischem Sinne beilegen, aber doch auch nicht auf Altmagdeburgische Weise ganz absprechen läßt. Denn das alte Magdeburgische Recht gibt dem Verstorbenen nicht seinen hinterlassenen Ehegatten, sondern seine Verwandten zu Erben.[815]) Und nach Römischem Rechte succedirt jeglicher Erbe als solcher, „in universum ius quod defunctus habuit;"[816]) dergestalt, daß, wenn einmal ein Erbe, sei es auch zu einem noch so geringen Theile, vorhanden ist, neben ihm eine partielle Erblosigkeit nicht gedacht werden kann, er vielmehr in die unvertheilten oder erledigten Portionen (abgesehen von der s. g. Caducität) nothwendiger Weise einrückt. Die Märkischen Rechte aber (das Salzwedelsche ausgenommen) berufen den überlebenden Ehegatten zur Erbschaft, neben den Kindern oder anderweitigen Verwandten;

---

814) „Michell Judens Weibs Leipgedingsbrieff" in Zimmermann Märk. Städteverf. II. S. 319 bis 321. — Es ist freilich eine besondere Begünstigung, daß hier einer Jüdischen Frau das Leibgedingsrecht zugestanden wird („wie Leipgedings Recht vnd Gewonheit ist"). Die Glosse zum S. Sp. III. 7. (Augsb. Ausg. v. 1516. Bl. CXXXI. Sp. 1) sagt ausdrücklich: „Dat twelfte is dat yoden . . . aller keyserliken gnade sunderlikē nicht bruken mogen, vnde sunderliken by name ore wyf hebben nicht lyffgedinges recht. C. de hereti. l. priuilegiū. & in autē. d' priuile. dotis here. §. j. coll. vjjj." (D. i. 1. C. de haereticis. I. 5. u. nov. CIX. cap. I. [Cod. l. c. auth. Item privilegium dotis]. Vgl. Eichh. Pr. R. §. 81. Nr. III. 1.) Doch ist Kurfürst Joachim II. als ein großer Gönner der Juden bekannt. Gleich im Eingange unserer Urkunde wird der „Michell Jude von Derneburgk", welcher die Bestätigung des Leibgedinges für seine Frau nachsucht, „lieber getrewer" genannt. In ähnlicher Weise waren im vierzehnten Jahrhunderte die Bairischen Markgrafen den Juden gewogen. So heißen diese in einer Urkunde v. 1341 (Gercken cod. dipl. III. No. CXX[illegible]III, S. 230), nach Art der Rathmannen (oben Anm. 340): „die wisen bescheiden lude alle Juden." Ja im Jahre 1356 wird ein Jude Vasall des Markgrafen. (Gercken a. a. O. VI. No. CXXIII, S. 532.)

815) Oben S. 52 ff u. 61 ff. — In diesem Sinne setzt auch der Sachsenspiegel (z. B. I. 31. §. 2: vgl. oben S. 198 f) des einen Ehegatten rechte Erben dem anderen Ehegatten entgegen.

816) Oben S. 54 f. (Nr. II.)

gewähren ihm jedoch nie mehr, als die Hälfte des Vermögens, so daß die andere Hälfte, in Ermangelung von Kindern oder Verwandten, erblos wird.[817])

A. Nicht erst die Joachimische Constitution beruft den überlebenden Ehegatten in Gemeinschaft mit den Kindern oder anderweitigen Verwandten:

Tit. I. §. 1: „welches von Ehleuten des andern Todt erlebt, behelt . . . das halbe Gut;" §. 3: „Das ander halb theil sollen haben die Ehliche Leibs Erben, so die vorhanden sein, oder so die nicht weren, die nechsten Freunde;"

sondern von Alters her findet sich in den Märkischen Rechten Verknüpfung und beziehungsweise Entgegensetzung des überlebenden Ehegatten, der Kinder und der weiteren Verwandten.[817])

So stellt das Wittstocksche Recht von 1248 einander gegenüber: den vivus superstes und die heredes filii vel filiae; den vivus und die viciniores consanguinitate.[818])

Das Pritzwalksche Recht von 1256: den Vivens und die Heredes.[819])

Das Frankfurter Privilegium v. 1308 spricht in einer Verbindung ausdrücklich von: heredibus sc. filiis, filiabus et uxori; und in einer weiteren Zusammenstellung von: aliis heredibus videl. cognatis, nepotibus, neptibus.[820])

Im Treuenbriezenschen Schöppenbuche von 1324 ff werden dem überlebenden Ehegatten gegenüber die Kinder vorzugsweise heredes oder eruen, die weiteren Verwandten aber proximi oder frunt oder negesten benannt.[821])

Im Berliner Stadtbuche von 1397 heißen, im Gegensatze des überlebenden Gatten, die miterbenden Verwandten überhaupt

---

817) Auf das Salzwedelsche Recht ist, trotz seiner innigen Verknüpfung des Erbrechtes der Ehegatten und der Kinder (oben S. 105 ff), hier um deswillen nicht näher einzugehen, weil der überlebende Ehegatte, in Ermangelung von Kindern, die Verwandten gänzlich ausschließt, Erblosigkeit des einen Halbtheils der Güter also niemals eintreten kann. (Unten Anm. 897.)

818) Oben S. 146 f.

819) Oben S. 157 ff.

820) Oben S. 233 f.

821) Treuenbr. Schöppenb. Nr. 8, 11, 37, 42, 45, 53 u. s. w. (Oben S. 134 ff. f.)

eruen, zur Unterscheidung von den Kindern aber die weitern Verwandten insbesondere buten eruen.[822])

Im Kottbuß'schen Rechte von 1409 werden geschieden: der alleine einsame Mann, die Hausfraw; Sohn, Tochter; die nechsten Freunde.[823])

Im Züllichau'schen Rechte von 1425 und 1478: Mann oder Weib; Kinder; andere ihre Erben und Nechsten, die sich zu rechter Magenschafft näher gesippen.[824])

Im Krossenschen Rechte von 1469: Mann und Weib; Kinder; Erben oder Nächsten.[825])

Aehnliches läßt sich endlich auch noch in den Constitutionen Johann Georgs verfolgen. C. J. G. 1574. Tit. III. und 1594. Th. III. c. XXI. erklärt den überlebenden Ehegatten, welcher den Verstorbenen böslich verlassen, ohne daß Wiederaussöhnung oder Ehescheidung erfolgt wäre, seines Halbtheils zu Gunsten der „Kinder" oder „nächsten Freunde" des Verstorbenen für verlustig. C. J. G. 1574. Tit. XIV. stellt in Ansehung letztwilliger Verordnungen der Ehegatten mehrfach einander entgegen: den „vberbleibenden Ehegatten oder Ehegenossen," die „leibs erbenn," und die „negsten freunde." Eben so Tit. XLVIII (vom Wergelde: oben S. 231): die Wittwe, die Kinder, und „andere Negstbluetfreunde." C. J. G. 1594. Th. III. c. IX. unterscheidet in der Lehre von der eigentlichen Erbtheilung: „die lebendige Persohn" (so heißt auch in c. III. und VI. gar schön der überlebende Ehegatte, gleich als setzte er nur das Eine Leben fort, welches beide Gatten gehabt[826])), die Kinder, und „weiter freunde." Und c. XI. hält in Betreff der Intestaterbfolge auseinander: Kinder; „Eltern, Brueder, Schwestern und Freunde;" Eheleute.

Hierbei darf nicht unbeachtet bleiben, daß auch in unserer

---

822) Oben S. 176 (A. g. E.) und S. 193 f.

823) Oben S. 207 u. 208.

824) Oben S. 212 f.

825) Oben S. 217 f.

826) Es entspricht dem vivus oder vivens älterer Rechte (vgl. oben Anm. 818 f. und Treuenbriz. Schöppenb. Nr. 11). Unter den mannichfaltigen Benennungen des überlebenden Ehegatten, an welchen die Deutschen Rechte reich sind, möchte sich aber kaum eine rührendere finden lassen, als die des Kottbusschen Rechts von 1409: „der alleine einsame Mann."

Mark ursprünglich die Ehegattenerbfolge nach ächt Germanischer Weise[827]) an die Beschreitung des Ehebettes geknüpft war, und daß die alte Sitte erst dem Römischen Rechte gewichen ist. Unsere Praktiker gedenken dieser Sitte freilich nicht mehr, oder haben auch wohl das Bestehen derselben verkannt.[828]) Es finden sich aber — der zahlreichen Urkunden nicht zu gedenken, welche der Beschreitung des Ehebettes, zumal unter vornehmen Personen, erwähnen[829]) — Beläge dafür in einzelnen Stellen des Pritzwalkschen Rechtes von 1256, des Wittstockschen von 1374, des Berlinischen von 1397, des Krossenschen von 1469.[830]) Ja noch C. J. G. 1594. Th. II. c. XIII. will, bei dem Schweigen der C. J., den Conflict zwischen dem gemeinen und dem Märkischen Rechte ausdrücklich zu Gunsten der alten Sitte entschieden wissen:[831])

„Ob auch woll zu rechte ein grosser Zweiffel, was bey den gemeinen rechten oder in Statuten den Eheleuten verordnet ist, ob dasselbe auch auf Brauth und Brautigam, welche das Ehebette noch nicht beschrittenn, zu verstehen sey, und sonderlich in unser Landes-Constitution[832]) zweiffelhafftigk, ob die Theilunge des halben Guets auch geschehen solle, wenn eines von Braut oder Brautigamb, vor, oder in der Hochzeit[833]) verstirbet, auch viel der Meinunge seyn, daß Braut und Brautigamb noch vor den ehelichen Beylager des rechtens nicht weniger als Eheleute geniessen sollen. Dieweill aber solchs in unserm Lande allerley Gezenck und unrichtigkeit veruhrsachet, darneben auch unbillig, daß dieselben des Vortheils des halben Guts geniessen sollen, welche die Bürde des Ehestandes noch nicht ertragen, noch etwas in den gemeinen Guetern erwerben helffen[834]), als setzen und ordnen

---

827) Grimm R. A. S. 440 f (Nr. 1), vgl. S. 447 f; Eichh. R. G. §. 54. Note k; v. Sydow S. Sp. Note 761.

828) Vgl. Steyer diss. S. 29—34. (Quaest. III.)

829) Vergl. z. B. Gercken cod. dipl. I. S. 217 f; v. Raumer cod. dipl. I. S. 53 ff u. 95; II. S. 7, 205; Fidicin Beitr. II. S. 229. (Grimm R. A. S. 434—436.)

830) Oben S. 158 („si . . . plaga mortis intervenerit prima nocte copule ipsorum“), S. 147 f („Wan ock mann unde wiff echtlicken tosamen kamen an eyn bedde“), S. 178 („wen sy in syn bedde gat“) u. S. 217 („so schiere ein Weib Nahm des Mannes Bette beschreitet“).

831) Oben Anm. 184.

832) Oben Anm. 762.

833) Das „in der Hochzeit“ entspricht jenem „prima nocte“ (Anm. 830).

834) Oben S. 226.

wir, daß unsere Landes Constitutio[832]), so woll auch daß gemeine Rechtt, so von Vorteil der Eheleute redet, disfalß auf Braut und Brautigamb nicht solle verstanden werden, es sey dann daß vor tödlichen Abgange das Ehebette beschritten und die Hochzeit vollzogen worden."

Eben dahin deutet auch Th. III. c. XXV., indem die Ehe, welche ein adeliches Frauenzimmer ohne Consens ihrer Angehörigen mit einem Unebenbürtigen geschlossen, folgendergestalt für nichtig erklärt wird:

„So soll derselbe Ehestandt auch nach der Vertrauung und Beilager nichtigk seinn."

B. Die Succession des Fiscus in verfallene oder erblose Güter ist schon früh aus dem Römischen Rechte in Deutschland aufgenommen, jedoch mit gewissen eigenthümlich Deutschen Modificationen ausgestattet worden.[835]) Was insonderheit unsere Mark betrifft, so ist wohl zu unterscheiden, ob Jemand durch irgend eine That Vermögensconfiscation verwirkt, oder Vermögen ohne Erben hinterlassen habe.

a) Das Vermögen des Selbstmörders oder des zum Tode Verurtheilten wird weder nach dem Sachsenspiegel noch nach dem Magdeburgischen Rechte confiscirt: nur diejenigen Sachen behält der Richter an sich, deren sich der Todte durch Diebstahl oder Raub bemächtigt hatte. Mit dem S. Sp. II. 31. §§. 1. und 2.[836]) stimmt unser Berliner Stadtbuch (S. 121, im Capitel vom Erbrechte) im Wesentlichen überein:

Wi von gerichtes haluen synen lif vorliset oder dut he em seluen den dot, syn negeste gedelung[837]) nemmet syn erue. Dufte oder rof di man vnder em vindet, dat sol di richter beholden vnder em Jare vnd dach; ofte sich darbynnen nymant genzlich tů tid met rechte, sodan kerent di heren vnd di richter in orer nůd.

(Von der Veränderung des Schlußsatzes, der im S. Sp. lautet:

---

835) Vgl. Grimm R. A. S. 483—485; Eichh. R. G. §§. 66, 18 Anm. g. E., 51 Note k, o, 53 Note e g. E., 55 Note e g. E., 62 a. Note i, 88. B., 90 Note a, 119 Note e, 134 Note hh, 171 Nr. 6, 203 Note c, 206 Note d, o, p, 207 Note d, 362 Note f, 374 Note g, h, 534 Note k; Pr. R. §. 339; Mittermaier Pr. R. §. 394; v. Sydow S. Sp. §. 52 (S. 295 ff).

836) v. Sydow S. Sp. Note 919—921 und 1142.

837) Oben S. 113 zu Anf.

of sik dar binnen nieman to ne tüt na rechte, di richtere kere't in sine nut, unten b. γ. ein Mehreres.) Auch in der alten Justitia Lubecensis von 1243 heißt es: [838])

De eo qui se ipsum interficit. Si aliquis sui ipsius homicida fuerit, quod Deus avertat, vel per justam sententiam decollatus aut suspensus fuerit, heredes ipsius omnem hereditatem suam integraliter obtinebunt. [839])

Das M. R. von 1261 sagt im §. 47:

Unde wirdet ein Man vorvestet oder wirdet ůber in gerichtet, sin Gůt ne mach nieman nemen wante sine rechten Erben.

Dieser Satz, der zwar nicht den Worten nach dem S. Sp. entnommen ist, dessen Princip sich aber im S. Sp. III. 63. §. 3. finden läßt, ist wiederum wörtlich nur ins Alte Kulm. Recht (IV. 98.) übergegangen; doch kommt in der Sache selbst damit überein das M. R. von 1304 §. 135: [840])

Ob ein sinen Lieb (Lip) vorwirket (mit Dube). Uwirt ouch einem Manne sin Gesunt oder sin Lip [841]) vorteilet, umme welcherhande Ungerichte ez sie, sine Erben nemen sin Gut unde der Richter en hat an sime Gute nicht, wanne der Man mac sinen Lip wol vorwirken unde nicht sin Gut.

Eben so bewahrt das alte Salzwedelsche Recht von 1273 die Güter des flüchtig gewordenen Todtschlägers der Frau und den Kindern desselben (oben S. 122), und ich habe in den früheren Märkischen Quellen nirgends abweichende Grundsätze ausgesprochen gefunden. Unser Kurfürst Joachim der Erste aber nimmt den Nachlaß der Selbstmörder, gleich anderem als erblos erledigtem Gute, in Anspruch. (Die betr. Urkunden von 1514 und 1522 folgen, ihrem wesentlichen Inhalte und Zusammenhange nach, un-

---

838) Westphalen mon. ined. III. S. 630 f.

839) Damit stimmt die von Gaupp (Magd. R. S. 189) allegirte Stelle aus einer Breslauer Handschrift. — Eigenthümlich ist die Behandlung des Nachlasses eines Verurtheilten, welche sich in einem sehr alten Leobschützer Privilegium findet. Tzsch. u. Stzl Urk. Nr. LXII a. §. 34: „Item, in quacunque honesta causa vir aliquis vita vel rebus meruerit condempnari, tercia pars omnium bonorum suorum legitime cedet sue uxori, IV. criminibus exceptis, preda, seu incendio, homicidio et crimine falsi.“ (Vgl. a. a. O. S. 378. Note 2.)

840) Vgl. oben Anm. 437.

841) Mit Gesunt und Lip wird hier, wie im S. Sp., der Gegensatz von Gliedern und Leben bezeichnet. Homeyer Reg. „Leib und Leben.“

ten b. γ.[841 a]) Sonst pflegt den Selbstmördern, welche sich weiterer Verbrechen nicht schuldig gemacht haben, wohl ein ehrliches Begräbniß versagt, das Vermögen derselben aber nicht confiscirt zu werden.[842]) Jedenfalls haben späterhin unsere Landesherren jenem Rechte auf den Nachlaß der Selbstmörder wiederholentlich entsagt. Schon in dem Landtags-Abschiede von 1534, welchen Kürfürst Joachim der Erste noch selbst gegeben, obwohl nicht publicirt hat,[843]) heißt es:

„Ob auch geschehe, daß jemand sich selbsten den Todt thäte (daß GOtt gnediglig verhüte[844])) so wollen Wir Uns desselben nachgelas-

---

841a) Anm. 884 und 891.

842) Vgl. Grimm R. A. S. 484 β., S. 726—728, S. 792 Nr. 15, S. 876 Note*; Klenze Lehrbuch des gemeinen Strafrechts (Berlin. 1833.) S. 226—228; Heffter Lehrbuch des gemeinen deutschen Criminalrechts §. 253 bis 255. — Beispiele von gänzlicher oder partieller Vermögensconfiscation bei Grimm S. 727: „Wann einer aus unsinnigkeit oder krankheit des haupts oder verzweiflung sich ums leben bringet, alsdenn fallen seine güter zum halben theile an die herren . . . Neumünster. gebr.", und bei Klenze S. 227 Note*: „Rügian. Landgebr. . . . Wo einer sick mothwilligen vam Leven thom Dode brachte, und nicht uth Unschick edder Krankheit des Hövedes . . . wo he neene Lives-Erven hedde, so villen sine Güder an de Herschop."

843) Oben S. 17 f. (C. C. M. Th. VI. Abth. I. Sp. 30.)

844) In unzähligen Gesetzen und Urkunden jener Zeit finden sich solche fromme Wendungen, gleichsam zur Abwehr gegen böse Omina. Schon in der oben (Anm. 839) allegirten Just. Lub. von 1243 heißt es, in Beziehung auf Selbstmord: „quod Deus avertat." — In unseren Recessen von 1472, 1540, 1572, 1592 lesen wir verschiedentlich: „das GOtt wende" oder „gnädiglich abwende" oder „verhüte" oder „verhüten wolle." (C. C. M. Th. VI. Abth. I. Sp. 9, 63, 98, 130.) In vielen Urkunden: „quod absit" (Buchholtz Br. Gesch. IV. Urk. S. 138, 168 [Nr. 147]; V. Urk. S. 6, 38: aus den Jahren 1298, 1309, 1312, 1322); „[tres casus] qui absint" (Gercken cod. dipl. III. S. 101: v. J. 1338); „daz Gott nichten wolle" (Buchholtz V. Urk. S. 12: v. J. 1317; wie: „des Got nich envelle" bei Tzsch. u. Stzl Urk. S. 502: v. J. 1319); „de Gott nicht en geue" (Gercken cod. dipl. VII. S. 49: v. J. 1350); „God geue dat herue lude des dartu nicht laten komen" (Berlin. Stadtb. v. 1397 S. 136); „des wir zu Gotte nicht hoffen" (Fidicin Beitr. II. S. 144: v. J. 1423); „dar Gott vor sy" (Zimmermann Märk. Städteverf. II. S. 248 [vgl. I. S. 266]: v. J. 1486; auch in Fidicin Beitr. II. S. 221: v. J. 1449); „die doch Gott der Allmechtige zu verhüten" u. s. w. (Gercken dipl. vet. March. I. S. 712: v. J. 1610.) Auf ähnliche Weise verhält es sich mit den Ausdrücken, welche bei Erwähnung von Calamitäten

sene Haab und Güter zu Vorfang und Nachtheil[845]) der Erben nicht unterstehen, ausgenommen der Fälle, so in Rechten ausgedrucket seyn." Wörtliche Wiederholungen dieses Verzichts finden sich in den Recessen von 1536, 1538, 1539, 1572, 1602 und 1611.[846]) Der Vorbehalt in Ansehung der Fälle „so in Rechten ausgedrucket seyn" läßt sich wohl ungesucht beziehen auf C. C. C. Art. 135 (Bambergensis Art. 160):

„wann jemandt beklagt vnd inn recht erfordert oder bracht würde, von sachen wegen, so er der überwunden sein leib vnd gut verwürckt hett, vnd auß forcht solcher verschuldter straff sich selbs ertödt, des erben sollen inn disem fall seins guts nit vehig oder empfengklich, sonder solch erb vnd gütter der oberkeyt der die peinlichen straff, buß, vnd fell zustehn, heymgefallen sein. Wo sich aber eyn person ausserhalb obgemelter offenbaren vrsachen auch inn fellen da er sein leib alleyn verwirckt, oder sunst auß kranckheyten des leibs melancolei, gebrechlicheyt jrer sinn oder ander dergleichen blödigkeyten selbst tödtet, der selben erben sollen deßhalb an jrer erbschafft nit verhindert werden, vnnd darwider keyn alter gebrauch, gewonheyt oder satzung statt haben, sonder hiemit reuocirt, cassirt vnd abgethan sein, vnd inn disem vnd andern dergleichen fellen, vnser Keyserlich geschriben recht gehalten werden."

Auch C. J. G. 1594. Th. III. c. XXIV. berücksichtigt gelegentlich die gesetzliche Einziehung von Gütern. Bei Erörterung der Streitfrage, ob die Früchte eines Grundstückes „des verstorbenen Erbenn oder dem Successori des grundes vollgenn sollenn," wird namentlich folgende Entscheidung getroffen:

„Wann aber die Erledigung der Gueter nicht aus Contracten, Todesfellen, oder Succession, besondern aus Vorwirckunge des Besizers Jure privationis geschicht. So sollen die stehende Früchte mit dem Grunde alsobaldt der Obrigkeit und Successori nicht aber des Besitzers Erbenn folgenn."[847])

---

gebraucht werden, wie: „Gottes Schickung, oder Verhängnis" (Revers von 1540: C. C. M. Th. VI. Abth. I. Sp. 63); „Gottes straf vnd vorhengnus" (C. J. G. 1574. Tit. XIV. und XXIV).

845) Oben Anm. 765.

846) Oben S. 18 f und 22. (C. C. M. a. a. O. Sp. 36, 50, 57, 112, 163 f, 229.) Vgl. Scheplitz Cons. Brand. S. 193, 250 f, 605 f.

847) In C. J. G. 1594. Th. IV. c. XI. findet sich ein Beispiel von Confiscation der Güter zu Gunsten einer Privatperson, indem das Vermögen des zu enthauptenden Nothzüchtigers der Genothzüchtigten zugesprochen wird.

b) Erbloses Vermögen im eigentlichen Sinne des Wortes ist:

α) was unehelich Geborene hinterlassen;

β) Heergewäte und Gerade, wozu der geeignete Specialerbe fehlt; endlich überhaupt

γ) alles ohne Erben, oder zunächst doch ohne bekannte Erben hinterlassene Vermögen.

Von dem Nachlaß der unehelich Geborenen soll, des besseren Zusammenhanges wegen, erst unten in der zweiten Abtheilung gehandelt werden.[848])

Erbloses Heergewäte und Gerade aber, so wie erbloses Vermögen überhaupt, wird zuvörderst Jahr und Tag sorgfältig bewahrt, und demnächst, wenn sich der rechte Erbe inzwischen nicht gemeldet, demjenigen zugesprochen, welcher die obere Gerichtsbarkeit hat. Dies ist aus dem Sächsischen Rechte[848a]) ins Märkische übergegangen.

Unser Berliner Stadtbuch von 1397 sagt:

Steruet ymande erue an vnd werd he von den richter vorbodet dat he kome in dryn virteyn nachten[849]) vnd fordere syn angestoruen erue vnd wert id em witliken vnd kommet nicht, derselue vorsûmet sich an synen eruen vnd lidet willens dri gewedde, he wert dar af gedeilet, id en sy, ofte di erue sy geuangen oder in des rikes dinst sy getogen oder in godes dinst buten lande, so mût man syner warden met der klagen. Wer he ok gar vmmechtich synes liues, so dut man datselue bet he wert gesunt. Vnd were eyn erfnåm[850]) buten landes deme dat nicht worde witlike gedan, di vorswege vnd vorsumede syn erue vnd varende haue an eygen vnd an houen er nicht wen bynnen drittich Jaren vnd Jare vnd dag darbouen. Jare vnd dag sint ses weken vnd eyn Jar.[851]) (Berl. Stadtb. S. 117 f, im Capitel vom Erbrechte.)

848) Abth. II. Cap. I. §. 2. Nr. I. B.

848a) Vgl. v. Sydow S. Sp. S. 300 f, 314—316; Eichh. Pr. R. §. 176 Note h, i; Unterholzner Verjährung I. S. 93 und 113.

849) D. i. in 6 Wochen und 3 Tagen. Grimm R. A. S. 222 Nr. 4.

850) Erfnåm ist hier in der allgemeinen Bedeutung eines Erben überhaupt zu fassen. (Unten Anm. 1020.)

851) Oben Anm. 771.

Diese Stelle hat den zweiten Theil des Art. 28.[852]) und den ersten Theil des Art. 29. S. Sp. I. nicht bloß den Worten nach umgebildet, sondern weicht in wesentlichen Momenten davon ab. Die eben in Bezug genommenen Sätze des S. Sp. lauten:

(Sint kere't de richter in sinen nut;) it ne si of de erve gevangen si, oder in des rikes denist gevaren, oder in godes denst buten lande. So mut he sin warden mit dem erve, wente he weder kome, wande he ne kan sik an sinem erve de wile nicht versumen; dit is geredet von varender have.

An egene unde an huven mach sik die sasse versvigen binnen drittich jaren unde jar unde dage unde er nicht.— Der Sachsenspiegel unterscheidet also Mobilien und Immobilien, und spricht die Mobilien, zu denen sich der Erbe binnen Jahr und Tag nicht gemeldet, dem Richter zu, es sei denn der Erbe durch gesetzliche Hindernisse ferngehalten worden; wogegen sich der Erbe an Immobilien überhaupt erst binnen 30 Jahren und Jahr und Tag verschweigen soll. Unser Stadtbuch aber sieht lediglich darauf, ob der Erbe von dem ihn betreffenden Erbanfalle durch den Richter Kunde erhalten, oder nicht. Hat er Kunde erhalten, und versäumt er den Termin, welchen ihm der Richter zur Forderung der Erbschaft gestellt, so geht er seines Rechtes verlustig, er habe denn gesetzliche Hindernisse[853]) für sich anzuführen. Hat er dagegen von dem Erbanfalle selbst keine Kenntniß erhalten, weil er außer Landes gewesen, so verschweigt er sich — an Mobilien, wie an Immobilien — jedenfalls erst in 30 Jahren und in Jahr und Tag. So schließt sich unser Stadtbuch mehr der Doctrin an, welche sich in der Glosse zum S. Sp. I. 28. u. 29. findet:

„Kumpt dar nymand na binnen jare vñ dage, so kerdet dy richter in syne nūt. vt C. de iur. & facti igno. l. ſt emācipata. Wo oft des-

852) In Ansehung der ersten Hälfte des Art. 28. vgl. oben S. 176 und unten Anm. 862.

853) Unser Stadtbuch zählt hier die vier Fälle der ächten Noth auf, welche der S. Sp. an einer anderen Stelle (II. 7., gleichfalls in unser Stadtbuch — S. 94 — übergegangen) anerkennt: Gefangenschaft, Reichsdienst, Wallfahrt und Siechthum; während der S. Sp. an der entsprechenden Stelle (I. 28.) nur der drei ersten, mit Ausnahme des Siechthums, erwähnt. — Vgl. Grimm R. A. S. 847 ff.

ses dy erue nicht en wyste, hindert yd eme nicht denne. Underscheide desse unwitschap, wedder wiste he der geschicht nicht, edder wiste he des rechtes nicht. Wiste he der geschicht nicht dat yene dot was so en hindert eme nicht vt C. de iur. & fac. igno. l. error. Wiste he auer synes rechtes nicht, dat vntschuldiget en nicht, wen en yslick schal syn recht weten. vt C. eo. ti. l. constitutiones.[854])" (Augsb. Ausg. v. 1516. Bl. XXXI. Sp. 1 f.)

„Vñ nicht er. Id sy dēne dat he dar er van deme gerichte to vorbodet wert vñ an echte not tho deme erffrechte nicht ne kumpt secundum quosdā. Itlike vornemē ock dessen artikel van den vnyegenwardigen dy nicht by lande, by huße vnde houe ys, vnde de des eruen vorgeuen edder vorlaten heft." (A. a. O. Sp. 3.)

Auch die alte Justitia Lubecensis von 1243 läßt, wie der Sachsenspiegel, erbloses Gut Jahr und Tag bewahren, danach aber zwischen der Stadt und der Königlichen Gewalt theilen:

Et si intra annum & diem nemo venit qui eas de jure habere debeat Civitati debet medietas et Regie Potestati alia medietas.[855])

Das Magdeburgische Recht stimmt gleichfalls im Grundprincip mit dem S. Sp. überein, wenngleich seine Bestimmungen nicht unmittelbar aus dem S. Sp. hergenommen sind. Der §. 41. M. R. 1261:

Of ein Erbe vorstirbet, daz sich nieman dar zu ne zucket[856]) mit Rechte binnen Jare unde Tage, daz nimet die kûninglîche Gewalt,

ist übergegangen in M. R. 1304 §. 67:

Ob ein Erbe vorstirbet, daz sich niemant zu entzubet[856]) binnen Jare unde Tage, daz nimet die koneugliche Gewalt.[857])

In den Urkunden Märkischen Rechtes, abgesehen von der bereits erwogenen Abweichung des Berl. Stadtb. vom S. Sp., tritt uns folgende, im Wesentlichen gleichmäßige und dem Sächsischen Rechte entsprechende Behandlung dieser Verhältnisse entgegen.

Das Pritzwalksche Recht von 1256 bestimmt:

---

854) Die citirten Codexstellen sind 3, 7 und 12 C. I. 18.

855) Westphalen mon. ined. III. S. 624.

856) Das Wort zücken gibt hier denselben Sinn, wie ziehen (oben S. 72 f). Grimm R. A. S. 479: „daz erbe zocchôn... (wie das besthaupt zucken, oben s. 371.)"

857) Auch in das Alte Kulm. Recht IV. 70. und in das Sächs. Weichbild Art. LIX. ist dieser §. übergegangen.

Si aliquis advena moriatur absque heredibus,[858]) Civitas debet bona sua conservare per diem & Annum, & si nemo veniet requirens bona tempore intermedio, bona ipsius tradentur Potestati.[859])

Das s. g. ius albinagii[860]) wird hier also nicht zugelassen, da ja die Güter des Fremdlings den Erben desselben vorbehalten bleiben.

Nach dem Frankfurter Privilegium von 1308 fällt die Scharrn eines ohne Erben verstorbenen Fleischers an die Stadt.[861])

Das Berl. Stadtb. von 1397 spricht in der oben (S. 241) mitgetheilten Stelle gestohlenes oder geraubtes Gut, nachdem die Aufbewahrung während Jahr und Tag erfolglos geblieben, den Herren und den Richtern zu: „sodan kerent di heren vnd di richter in orer nüd;" während der S. Sp. sowohl in der entsprechenden, als in der, vom erblosen Gute überhaupt handelnden Stelle (I. 28: oben S. 246) nur des Richters im Allgemeinen gedenkt: „di richtere kere't in sine nut;" „Sint kere't de richter in sinen nut." Für gleichgültig läßt sich der Zusatz des Berl. Stadtb. in Ansehung der „Herren" um so weniger halten, als auch die, der ersten Hälfte des Art. 28. S. Sp. I. entsprechende Stelle unseres Stadtbuches wegen des erblosen Gutes überhaupt auf die Vorschrift über gestohlenes oder geraubtes Gut zurückweist.[862]) Vielleicht ist diese Zusammenstellung der Herren und der Richter auch auf die Theilung der erblosen Güter zwischen unseren Landesherren und den Räthen der Städte zu beziehen, wo die Gerichte selbst zwischen Beiden getheilt waren. Davon werden sich Beispiele in den bald näher zu erwähnenden Urkunden finden.

Im Salzwedelschen, Treuenbriezenschen und Stendalschen

858) Oben Anm. 538.

859) Die Varianten, welche sich hier finden (oben Anm. 533) sind ohne Erheblichkeit. Statt moriatur: „moritur" bei Gercken und Buchholtz; statt absque: „sine" bei Buchholtz; statt veniet: „venerit" bei Gn und Bz; statt tradentur: „tradantur" bei Gn.

860) Eichh. R. G. §. 373. Note f; Pr. R. §. 75; Mittermaier Pr. R. §. 99.

861) Oben Anm. 798.

862) Oben Anm. 852.

Rechte konnte auch Heergewäte und Gerade speciell erblos werden, d. h. in Ermangelung eines geeigneten Specialerben dem Richter anheimfallen. Wie die Stadt Salzwedel noch in neueren Zeiten dergleichen Heergewäte und Gerade an sich genommen, ist bereits erörtert worden.[863]) Aus dem Treuenbriezenschen Schöppenbuche haben wir einen Fall v. J. 1346 kennen gelernt, in welchem auf die von einer Frau nachgelassene Gerade nicht dem Wittwer, sondern dem Richter ein, freilich noch Jahr und Tag zu Gunsten des besser Berechtigten (d. i. des sich etwa noch einfindenden Specialerben) bedingtes Recht eingeräumt wird.[864]) Im Jahre 1515 erkennt Kurfürst Joachim der Erste, daß der Rath zu Treuenbriezen, wegen des demselben zustehenden Obergerichtes, das Recht auf erbloses Heergewäte und Gerade habe, jedoch den dritten Pfennig davon an den Schulzen verabfolgen lassen müsse.[865]) Im Jahre 1517 concedirt derselbe Kurfürst, während er sich die erblosen Güter überhaupt vorbehält, dem Rathe zu Stendal das Recht auf erblos verstorbenes Heergewäte und Gerade insbesondere: „dieweil das gerichte bei sie ist."[866])

Bürgermeister und Rathmannen der Stadt Müncheberg, welcher der Markgraf Jobst im Jahre 1388 das Obergericht zugestanden,[867]) erklären in einer Urkunde vom 19. November („deme taghe der hyligen Frawen S. Elisabeth") 1440, über die Gebührnisse und Einkünfte des Gerichtes, unter Anderem:

„ob es also queme, daz ymant störue in dyssem Gerichte, der nicht Erben hette, edder nymant were der is forderde mit rechte, so sal der vorgenante Richter haben daran daz dritte Theil."[868])

---

863) Oben S. 102 f.

864) Oben S. 130. (Nr. 35.)

865) Oben S. 133 f.

866) Die bereits oben (Anm. 335) allegirte Urkunde wird gleich ausführlicher betrachtet werden.

867) Gercken cod. dipl. IV. No. CCCVI. („. . . wir yn sunderliche Genade getan haben . . . mit dem obersten Gerichte der . . . Stat Muncheberg, das . . . gehört hat in unser Kammer bis daher.")

868) Die Urkunde steht in Gerckens cod. dipl. IV. No. CCCIX. — Es ist bekannt, wie in jenen Zeiten die Gerichtsbarkeit gleich einer fruchtbringenden Sache behandelt wurde, so daß selbst die Ausdrücke Judicium supremum et in-

In dem Privilegium des Edlen Herrn zu Putlitz für die Stadt Putlitz v. J. 1492 heißt es:

„Wäre aber ob jemand zu Putlitz verstürbe, die eigen oder fremde wären, stirbet den eigen, das stehet zu unsern Gnaden und Gunsten seiner Kinder; stirbt aber der fremde, sonder Erben und freünde, so soll man solhanes Gut legen auf unser Rathhauss zu Putlitz Jahr und Tag; kann das nicht in der Zeit niemand mit Recht gewinnen, soll man das Guth zu unser stadt besten und Frommen gebrauchen.“[869])

Also auch hier kein ius albinagii.[870])

Besonderen Aufschluß gewähren einige Urkunden aus Kurfürst Joachim des Ersten Regierungszeit.

Im Jahre 1508 überläßt unser Kurfürst (in Gemeinschaft mit seinem Bruder Albrecht[871])) den Städten Berlin und Cöln vertragsweise die oberen und niederen Gerichte, und somit auch implicite das Recht auf erblose Verlassenschaften, als einen Ausfluß der oberen Gerichtsbarkeit. Ausdrückliche Erwähnung geschieht dieses Rechtes nicht; die Anerkennung desselben folgt aber wesentlich aus dem Vorbehalte, den der Kurfürst für sich bloß in Ansehung der ohne Erben verstorbenen unächten (oben Anm. 848) und fremden Leute macht:[872])

---

rimum die bloße Bedeutung der zwei dem Landesherren zukommenden Drittheile und des einen dem Schulzen gebührenden Drittheils der Gerichtsgefälle annahmen. (Riedel M. Br. II. S. 516—521; vgl. oben Anm. 477 u. v. Hymmen Beitr. I. S. 194 ff; auch Zimmerm. Märk. Städt. III. S. 177.) Darauf bezieht sich denn auch sowohl unsere Müncheberg'sche Urkunde von 1440, als diejenigen Urkunden von 1485 und 1501, welche bei Gercken a. a. O. folgen. (No. CCCXI bis CCCXIII.) Denn die Münchebergischen Gerichte, i. J. 1485 von einem Schapelow auf einen Brackow, und i. J. 1501 von diesem wieder auf einen Jacob von Czieser übertragen, sind dieselben, welche in unserer Urkunde von 1440 als den dritten Theil der Gerichtseinkünfte umfassend gemustert werden. (Uebrigens fehlt es auch nicht an Beispielen von Theilung der Gerichte nach anderen Quoten, z. B. nach Hälften oder Vierteln, bei Buchholtz Br. Gesch. V. Anhg. S. 49 u. 155; Fidicin Beitr. III. Regest. Nr. 425.)

869) Riedel nov. cod. dipl. I. S. 324. (Vgl. oben Anm. 358.)

870) Oben Anm. 860.

871) Oben Anm. 55.

872) Die Urkunde, ausgestellt „am tag Johannis Evangeliste“ (27. December) 1508, findet sich in v. Raumers cod. dipl. II. S. 241 f, Nr. XXVIII.

„. . . Bekennen . . . das wir uns . . . mit unnsern lieben getrewen Burgermeistern unnd Ratmannen unnser Stette Berlin und Coln unnser obern und nydern gericht halben In gemelten unsern Stetten zu erhaltung gehorsam und forcht bey Iren mitburgern gutlich vereynigt vertragen und die bevolhen haben und wir vereynigen vertragen unns mit Inen und bevelhen yenen unnser ober und nyder gericht . . ., also das Sy . . solliche unsser ober und nydern gerichte, mit allen und ygllichen gerichtsfellen, Bussen, straff und sunst allenn andern nutzungen und gerechtigkeyten . . . bestellen, gebrauchen und genissen mogen, , . . sie sollen sich aber . . . sollicher gericht nicht weyter antziehen noch gebrauchen dann so weyt sich die erstrecken, als nemlich In beyden Stetten unnd ausserhalb der Stat, So weit beyde feltmarcken Reichen.[873]) . . . In diessem vertrag wollen wir vor unns unnd unnser herrschafft volgende artickell ausgenomen und vorbehalden haben,[874]) . . . Alle erbfelle von unechten[875]) oder frombden lewten, die one erben vorsterben soll uns und unser herschafft zusteen und volgen,[876]) . . .“

Im Jahre 1509 überläßt Kurfürst Joachim der Stadt Frankfurt die oberen und niederen, im Jahre 1513 der Neustadt Brandenburg die oberen Gerichte, jedoch mit Vorbehalt des Rechtes auf erblose Güter von unächten oder anderen Leuten. Die darüber ausgestellten Urkunden[877]) entsprechem im

Vgl. Scholtz Mot. II. S. 602; Fidicin Beitr. III. S. 394 f. (Regest. Nr. 608.)

873) Ueber die Gränzen der städtischen Gerichtsbarkeit vgl. unten Anm. 888.

874) Den Vorbehalt wegen Einsetzung und Absetzung des Richters, wegen des Rechtes über Leben und Tod, und wegen des Gerichtes über das Hofgesinde und die Münzer („Fürstlich Oberkeyt“: vgl. v. Raumer im cod. dipl. II. S. 202 f; Fidicin Beitr. III. Regest. Nr. 526, 608, 610) habe ich hier bei Seite gelassen.

875) Auch im Berl. Stadtb. heißen die unehelich Geborenen: vnnechte lude (oben Anm. 655), wie im S. Sp. I. 50. §. 1 („unechtes mannes ervc“).

876) Zum Schluß wird für diesen Vertrag die Zahlung von jährlich 90 Gulden an den Fürsten ausbedungen, beiden Theilen aber frei gestellt, den Vertrag je ein Vierteljahr vor Weihnachten aufzukündigen.

877) Die erste ist ausgestellt „Dinstags nach Circumcisionis domini“ (2. Januar) 1509; die zweite „am abent thome apostoli“ (20. December) 1513. Sie sind abgedruckt in v. Raumers cod. dipl. II. S. 234 f (Nr. XXII) und S. 240 (Nr. XXVII). — Der Neustadt Brandenburg hatte übrigens schon Markgraf Johann im Jahre 1478 das Obergericht verkauft: v. Raumer a. a. O. S. 73 f, Nr. LXXIV. (Vgl. auch den Ankauf des Obergerichts durch die Stadt Wriezen i. J. 1497, in Zimmermann Märk. Städteverf. II. S. 277 f:

Wesentlichen der eben angeführten Urkunde für Berlin und Cöln. Die hier entscheidenden Stellen aber lauten:

(Urk. v. 1509) „. . . sollen sich auch solcher Gericht nicht weyter antziehen noch gebrauchen, dann so weyt sich die erstrecken, als nemlich in der Stat unnd awsserhalb der Stat, so weit derselben unser statveltmarcken reichen[873]) . . . In disem vertrag wollen wir vor unns und unser herschaft volgende Artickell außgenohmen und vorbehalten haben,[878]) . . . Alle Erbfelle von unechten[875]) oder Andern leuthen, die one erben versterben, sollen unns und unser herschaft zusteen und volgen.[879]) . . .“

(Urk. v. 1513) „. . . Sollen sich auch solcher gericht nicht weitter anzyhen noch gebrauchen, dann so veit sich die Inwendig der Rinckmawer der Stat erstrecken,[873]) . . . In disem vertrag wollen wir fur uns und unser herschafft volgende artickel außgenomen und vorbehalten haben,[878]) . . . Alle erbfell von unechten[875]) oder andern leutten, die on erben versterben, sollen unns und unser herschafft zusteen und volgen,[880]) . . .“

Im Jahre 1514 entscheidet unser Kurfürst einen Streit zwischen seinem Richter und dem Rathe zu Lenzen gütlich dahin, daß je zwei Drittheil erbloser Güter aller Art dem Landesherren, ein Drittheil aber dem Rathe zukomme, nach Maaßgabe der zwischen Beiden getheilten Gerichtsbarkeit:[881])

„. . . als zwischen unnsern lieben getrewen Johannsen wolff unnserm Richter zu Lentzen eins und Burgermeister unnd Ratmann unn-

---

„vff gescheen Vertrag, den wir mit seinen fürstlichen Gnaden deß obersten Gerichts halben . . . gethan, das mit seiner Oberkeit Fellen vnnd Nutzbarkeiten eingegeben vnnd zu uerwesen beuolhn hat.“)

878) Auch hier wird das Recht über Leben und Tod und das Gericht über Hofgesinde und Münzer, jedoch nicht die Ein- und Absetzung des Richters (oben Anm. 874), vorbehalten.

879) Schließlich wird der Stadt die Zahlung von 130 Gulden jährlich zur Last gelegt, beiden Theilen aber frei gestellt, den Vertrag je ein Vierteljahr vor Reminiscere aufzukündigen.

880) Die Stadt übernimmt die Zahlung von 30 Gulden jährlich; beiden Theilen steht es frei, je ein Vierteljahr vor Johannis Baptistä zu kündigen.

881) Die Urkunde, ausgestellt „am Mitwochen nach octavas omnium sanctorum“ (15. November) 1514, findet sich in v. Raumers cod. dipl. II. S. 210 (Nr. VI), und in Zimmermanns Märk. Städteverf. II. S. 300 f. Zimmermann theilt auch die alte Ueberschrift mit: „Entscheid zwischen Hannsen Wolff Richter zu Lentzen eins vnd dem Rath doselbst anders Teyls, auch wie die Gericht vnd Bruch sollen genomen vnd gehalten werden.“

ser Stat Lentzen anders teyls die gericht unnd ander sach Belangen, Darumb sie vor unnser Rethen zu verhorung komen sein, das wir nach Übersehung ydes teils gerechtigkeit einen gutlichen entscheid gemacht und sie vertragen haben,[882]) volgender meynung also Erstlich der gericht halben Als wir befunden, das unns an dem gericht zu lentzen zwej teill und dem Rath das drietteyll zustendig[883]) soll es mit den Bruchen und fellen also gehalten werden Nemlich der erbgütter halben, so loß sterben und erbloß verledigenn, auch so durch selbs entleibung an die obrickeit fallen,[884]) soll unnser herrschafft zwei teill und dem Rath den drytten teill zukomen, doch das soliche erbgutter ein Zeit lang wie gewonnlich bey einander bleiben ob sich die Rechten erben anzeigen wurden, die alsdann darzu sollen gelassen werden wie gewonnlich und Recht ist.[885])"

Im Jahre 1517 gewährt der Kurfürst der Stadt Stendal die oberen und niederen Gerichte, jedoch wieder mit Vorbehalt des Rechtes auf erblose Güter von unächten oder anderen Leuten; nur erbloses Heergewäte und Gerade soll der Stadt bleiben. Die Urkunde, deren wir schon gelegentlich gedacht haben,[886]) entspricht in den wesentlichen Beziehungen den i. J. 1509 und 1513 für Frankfurt und Brandenburg ausgestellten Urkunden.[887]) Die hierher gehörigen Stellen lauten:

„. . . Sollen sich auch sollicher gericht nicht weytter anzyehen noch gebrauchen dann so weit sich die erstrecken. Als nemlichen in der Stat mure vnd nicht weiter.[888]) . . . In diesem vertrag wollen

---

882) Ein anderes Beispiel solcher vertragsmäßigen Entscheidung eines Rechtsstreites durch unseren Kurfürsten: oben S. 133 f.

883) Vgl. oben Anm. 868.

884) Oben Anm. 841ᵃ.

885) Was noch folgt, in Betreff der Theilung von Bußen und Brüchen zwischen Herrschaft und Rath, geht die Verhältnisse nicht näher an, welche hier untersucht werden.

886) Oben Anm. 335 und 866.

887) Auch hier wieder Vorbehalt gewisser Landesherrlicher Rechte, Bedingung einer jährlichen Zahlung von Seiten der Stadt (im Betrage von 60 Gulden), und beiden Theilen frei gestellte Aufkündigung des Vertrages. (Ob. Anm. 878—880.)

888) Unter den mannichfaltigen Streitigkeiten mit der Stadt Stendal, welche zu heftig ausbrechenden Unruhen und zu deren gewaltsamer Unterdrückung führten (vgl. Gercken cod. dipl. IV. No. CCCXXVII. und Zimmermann Märk. Städteverf. II. S. 249 ff), hatten die Differenzen wegen mißbräuchlicher

wir ffur uns und unser herschafft volgende artickel auffgenomen und vorbehalten haben. . . . Alle Erbfelle von unechten[875]) oder andern lewten die one erbenn versterben sollen uns und unser herschafft zu steen. (Aber wes hergewedes oder Radeleues vorsterb one erben soll dem Rate dieweil das gerichte bey sie ist zukomen.[886]))"

Im Jahre 1522 endlich wird in einem Receß zwischen unserem Kurfürsten und dem Rathe zu Perleberg von den Gerichts-Strafen und Bußen die eine Hälfte dem Landesherren, die andere dem Rathe zu Perleberg, von den Verlassenschaften unehelich Geborener (oben Anm. 848) und überhaupt erblos Verstorbener, altem Gebrauche gemäß, ein Theil den beiden Kirchen zu Perleberg, der zweite Theil dem Landesherren, der dritte dem Rathe zugesichert, und nur der Nachlaß von Selbstmördern dem Landesherren ausschließlich vorbehalten:[889])

Ueberschreitung der Gränzen ihrer Gerichtsbarkeit eine nicht geringe Rolle gespielt. Daher auch hier die ausdrückliche Begränzung auf den Raum innerhalb der Stadtmauer. (Vgl. oben Anm. 873 in den Urkk. v. 1508, 1509 u. 1513; Zimmermann a. a. O. I. S. 64 f.) Ueber die früheren Streitpuncte gewähren die Urkunden aus dem Jahre 1480 in v. Raumers cod. dipl. II. S. 56 ff besonderen Aufschluß. Namentlich in der schon oben (Anm. 25.) erwähnten Urkunde lautet der zweite Beschwerdepunct: „das sie willenn das die gebaure unnd gebewrynnen Hergewede unnd frouwen gerade nhemen schalen das bynnen Stendal gefelt, das doch seinen gnaden zu nach ijßt in seiner furstligenn gnaden uberichelt, unnd der Saxenspigel seinen gneden doch gentzligenn zuteilt zu nhemen desglick sperren sie seiner gnaden gerichte unnd willen nicht daruber sprechenn lassen wes seinen gnaden daran zu nhemen geburet." Ferner heißt es in der Klageschrift des Kurfürsten wider die Altmärkischen Städte (a. a. O. Nr. LXIII, S. 59): „Item uff keiserlich gesetz und Innhalt der gulden Bullen der pfalburger halben, das kein Stat pfalburger uff soll nehmen, schuldigt mein gnediger Herr dy von Sternndall, das sy daruber pfalburger und Burgerin uffnehmen, seiner gnaden und der Herschafft tzu schaden dy hergewett und Gerad, das der Herschafft von rechts wegen tzu nehmen geburt, damit abtzubrechen und tzu entwenden" u. s. w. Die Anführung des S. Sp. in der ersten Stelle geht also wohl darauf, daß erbloses Heergewäte und Gerade nach I. 28 dem Richter zusteht, der Stadt Stendal aber das Gericht nicht außerhalb ihrer Mauern gebührte. Wegen der Pfalbürger vgl. Eichh. R. G. §. 396 Note f, 402 Note g, 424 Note c.

889)) Die „am Dornnstag nach dem Suntag Misericordia domini" (8. Mai) 1522 vom Kurfürsten ausgestellte Urkunde ist bei Zimmermann (Märk. Städteverf. II. S. 306 f) abgedruckt, mit der Ueberschrift: „Receß zwischen

„Wir Joachim . . Kurfurst . . bekennen . . Alsdann Irrnus zcwischen vnns vnd vnsern lieben getrewen Burgermeistern vnd Rathmann vnser Stod Perleberge der Gericht halben daselbs jn vnser Stad entstanden, das wir vns mit jnen, vnd sie sich mit vnns derselben Irrung gutlich vortragen vnd vorehnigt haben . . .

Was aber vor Gerichts Straffen vnd Bußenn zu igclicher Zeit vorrechent, vnd vnns vnd vnser Herschafft ein Teyl, vnd dem Rath zu Pesserung der Stadt[890]) der ander Teyl vnuerrucklich zu kommenn vnd vbirantwortet werden.

Aber die Erbfell, so von den, so in vnelichen Stant gepo-ren, vnd andern, die nicht angeborne Freundt vnd Erben haben oder vorlaßen, vorledigt werden, den mann doch das Erbe Jar vnd Tag zu gut halten soll, sollen nach altem Geprauch den beyden Kirchen zu Perleberg ein Teyl, vnns der ander Teyll, vnd dem Rath der dritte Teyll zu Pesserung der Stadt[890]) one Weigerung zukommen.

Wo sich aber ymants in demselben Gericht selbs aus Verzcweiffelung entleyben wurde, soll sein Hab vnd Gutt nach Ordnunge der Recht vnd aus furstlicher Obrigkeit vnns vnd vnser Herschafft allein zu steen,[891]) . . .

wie sie vnns des ein Reuerßbriue dagegen vberantwortet haben."

Werfen wir noch einen vergleichenden Blick auf diese sechs Urkunden Joachim des Ersten, so zeigt sich darin das Recht auf erblose Verlassenschaften als ein Ausfluß der oberen Gerichtsbarkeit. Daher Theilung der Vortheile, welche dasselbe gewährt, bei vorhandener Theilung der Gerichtsbarkeit; daher die Nothwendigkeit besonderer Vorbehalte, wenn sich der Landesherr bei Abtretung der oberen Gerichtsbarkeit jenes Recht in größerem oder geringerem Umfange reserviren will. Den unbekannten Erben wird zwar ihr Recht nur in der Lenzenschen und in der Perlebergschen Urkunde während der „gewöhnlichen Zeit" oder auf „Jahr und Tag" ausdrücklich bewahrt; doch läßt sich wohl nicht bezweifeln,

---

kurfurstlichen Gnaden vnd dem Rath zw Perleberge der Gericht halbenn." Der g. E. in Bezug genommene Reversbrief des Perleberger Rathes findet sich in v. Raumers cod. dipl. II. S. 256 f. (Nr. XLVIII.) Bekmann aber (M. Br. Th. V. B. II. Cap. II. Sp. 56 f) erzählt nur summarisch den Inhalt des Vorganges.

890) Oben Anm. 358.

891) Oben Anm. 841[a].

daß diese Frist allgemein beobachtet worden. Und deshalb möchte ich auch in jenem Vorbehalte der Berliner Urkunde: „oder frombden lewten" nicht geradezu das ius albinagii[892]) finden, sondern annehmen, daß zuvörderst Jahr und Tag habe abgewartet werden müssen, ob sich nicht die rechten Erben melden würden. Daß aber in den übrigen Urkunden der Fremden nicht wieder besondere Erwähnung geschieht, scheint mir damit zusammenzuhängen, daß in denselben ganz allgemein und ohne weitere Unterscheidung die Verlassenschaften aller ohne Erben verstorbenen, der unehelich geborenen oder anderen, d. i. sowohl der einheimischen, als der fremden Personen dem Fiscus vorbehalten werden.

Wenn also unsere Joachimische Constitution den überlebenden Ehegatten, in Ermangelung von Kindern oder anderweitigen Verwandten, das gesammte Vermögen mit dem Fiscus theilen läßt:

Tit. I. §. 3: „. . . So aber kein angesypter freund da were denn nimpt das halb theil die Herrschafft;"[893])

so offenbart sich darin, wie in solchem Falle die eine Hälfte des Vermögens als erbloses Gut angesehen wird, der überlebende Ehegatte also nimmermehr als Erbe des Vorverstorbenen im Römischen Sinne betrachtet werden kann. Denn er succedirt ja nicht eigentlich „in universum ius quod defunctus habuit," sondern er nimmt von einer Gesammtmasse, in der freilich neben seinem eigenen Vermögen auch das universum ius quod defunctus habuit enthalten ist, die eine Hälfte an sich, ohne jemals in die andere Hälfte einrücken zu können, so daß neben seinem Rechte, in Ermangelung von erbberechtigten Verwandten, eine partielle Erblosigkeit eintritt, welche sich zugleich auf die Hälfte seines eigenen Vermögens mit erstreckt.[894]) Die früheren Märkischen Stadtrechte verbreiten sich zwar hierüber nicht besonders. Doch wird namentlich durch das Wittstocksche, wie durch das Pritzwalksche Recht dem überlebenden Ehegatten in keinem Falle mehr als die Hälfte der Güter zugesprochen; und daraus läßt sich wohl folgern, daß die andere Hälfte, in Ermangelung von Verwandten, an die

---

892) Oben Anm. 860 und 870.

893) Fortsetzung der oben (S. 238) angeführten Stelle.

894) Vgl. oben S. 237 f.

Herrschaft gekommen sein müsse.[895]) Auch scheint die „von sonderlichen Fürstlichen Gnaden" den kinderlosen Krossenschen Ehegatten von Todes Wegen erlaubte gegenseitige Vermachung aller Güter dahin zu deuten, daß eigentlich die eine Hälfte der Güter (freilich nur sofern es überhaupt an erbberechtigten Verwandten gefehlt) als erblos an den Fürsten hätte fallen müssen, der sich hier zu Gunsten der Ehegatten seines eventuellen Rechtes begab.[896]) Anders verhielt sich natürlich die Sache nach Salzwedelschem Rechte, da der überlebende Ehegatte, wenn keine Kinder concurrirten, sogar die Verwandten, wie viel mehr also den Fiscus, von der Erbschaft gänzlich ausschloß.[897])

Dem Fiscus selbst ist jedenfalls nach den Worten der Joachimica: „nimpt das halb theil die Herrschafft" die Qualität eines eigentlichen Erben nicht beizulegen. Er nimmt, was als erblos aus der von Todes Wegen gemeinsamen Masse scheidet, weil das Erbrecht der Familie nicht so weit reicht. Doch wird die Frage wegen der Erbesqualität des überlebenden Ehegatten, in Verbindung mit dem Rechte des Fiscus auf erblose Güter, noch in diesem Capitel im Laufe weiterer Untersuchungen berührt werden.[898])

Uebrigens ist das Recht des Fiscus auf die erblose Hälfte der Güter, neben dem Rechte des überlebenden Ehegatten auf die andere Hälfte, bis auf den heutigen Tag unerschüttert geblieben;[899]) obgleich Kurfürst Johann Georg beabsichtigt hatte, den Römischen Grundsätzen auch in diesem Theile des Rechtes den Sieg zu verschaffen, und das Vermögen überhaupt erst dann als erblos dem Fiscus zuzutheilen, wenn der Verstorbene weder einen Ehegatten, noch Verwandte hinterlassen hätte:

---

895) Oben S. 147 und 158 z. Anf.

896) Oben Anm. 729.

897) Oben Anm. 817.

898) Unten §. 3. Nr. II. g. E.

899) Vgl. v. Kamptz Jahrb. VII. S. 225 f (Nr. IV und Anm. 18); Scholtz Mot. II. S. 303 und 597—602; v. Kunow Mot. S. 264; Ständische Verhandlungen in Riedels Mag. II. S. 133 f. und 153. Nur in Ansehung erblosen Heergewätes und erbloser Gerade ist in neuerer Zeit (durch die Verordnung v. 21. Juni 1805: Neues Archiv der Preuß. Gesetzgebung Bd. IV. S. 125—127) das fiscalische Recht aufgegeben worden.

C. J. G. 1594. Th. III. c. XVI: [900])

„Erbnehmenn der Eheleut und Obrigkeit.

Nach gemeinem Rechte wann keine Freunde auf, und nieder-steigenden oder aber auch der Seitenlinien verhandenn, vererbet die Verstorbene Persohn sein Erbe auf den überbliebenen Ehegattenn, dabey lassen wir es auch bleibenn. **Wann aber auch kein Ehe Gatte verhandenn**, obwohl die Herrschafft des Hauses Brandenburg von alters hero sich des erledigtenn Erbes, auch mitt außschliessung der Unterherschafft und Gerichte angenommen, solchs auch den Rechten nicht ungemeß. So seinndt wir doch auf Undertheinigst ersuchen unserer Underthanen, genediglich zufriedenn, Wann sich uffm Lande oder Stedte in den Undergerichten dergleichen felle zutragenn, daß eine jedere Underherschafft, die Erbschafft so in Ihrenn Gerichte fellig wirdt, erben undt fur sich behalten muge. Doch sollen Uns die Felle der Underthanen, so ohne Mittel unter uns gesessenn, [901]) hiedurch unbegeben bleibenn."

Den Worten nach tritt hier zwar die beabsichtigte Einschränkung des Landesherrlichen Rechtes auf erblose Güter zu Gunsten der Unterherrschaften schärfer hervor, als die beabsichtigte Ausschließung des Fiscus und jeder Herrschaft überhaupt durch den überlebenden Ehegatten. In der That aber bleibt kein Zweifel über die Tendenz, den überlebenden Ehegatten, in Ermangelung von Verwandten, zum alleinigen und ausschließlichen Erben der Güter zu erheben. Zur Ausführung dieser Absicht Kurfürst Johann Georgs ist es allerdings auch in der Folgezeit nicht gekommen. Selbst die Beschränkung des Landesherrlichen Rechtes auf die von den Immediateinsassen erblos verlassenen Güter, zu Gunsten der Unterherrschaften, ist nie ins Werk gesetzt worden. Das alte Recht des Berliner Magistrats auf erblose Verlassenschaften (oben S. 250 u. 256) ist immer einer der einzeln stehenden Ausnahmefälle geblieben.

Nur die Bestimmungen der Luckauer Statuten von 1593 und der Spremberger von 1673, welche sich an die entsprechende Stelle unserer Joachimischen Constitution (oben Anm. 893) an-

---

900) Oben Anm. 151. Unten Anm. 1095.

901) So werden die der Gerichtsbarkeit des Landesherren unmittelbar Unterworfenen bezeichnet. Auch in dem Frankfurter Stadtbuche heißt es (in einem Vermerk v. 1528: oben Anm. 118): „die welle C. f. G. zu Brandenborg die Gericht zu Franckford ane Mittel zustendig" (vgl. Urk. v. 1509: oben S. 252). Vgl. unten Anm. 904.

schließen, sind hier noch zu beachten.[902]) In den Luckauer Statuten heißt es:

„So aber kein angesipter freunde biß Inn den zehenden Gradum der Siepschaft[903]) vorhandenn, Sol daßelbige theill dem vberlebendenn Ehegattenn auch wider zufallenn. Do aber auch Ein fall gescheh, daß der keinnß vorhandenn, So sol daß halbe theil oder deß Verstorbenen ganze Erbschaft, der herrschaft vnnd gerichtenn ohne mittell[904]) zufallenn."

In den Spremberger Statuten lautet diese Stelle:

„So aber angesipter Freund bis in den zehenden Gradum der Sippschafft[903]) nicht verhanden, soll daßelbe dem vberlebten Ehegatten auch wieder zu fallen; Da aber auch im Falle geschehe, daß der Keines uf den andern Theile verhanden; So soll das halbe Theil oder des verstorbenen gantzen Erbschafft an den Rath und gemeine Stadt zufallen."

Es leuchtet ein, wie in beiden Statuten die Bestimmungen der Joachimischen Constitution im Sinne des Johann Georg'schen Entwurfes umgewandelt sind. In beiden Statuten ist die singuläre Beschränkung des Verwandtenerbrechts auf den zehnten Grad[903]) und der Vorzug des überlebenden Ehegatten vor der Obrigkeit practisch, und überdies in den Spremberger Statuten das sonst fiscalische Recht auf erblose Verlassenschaften, der Stadt zu Theil geworden!

§. 2. Verfügungen von Todes Wegen.

Im §. 1. habe ich von dem Erbrechte der Familie gehandelt und dabei den Ausdruck Intestaterbrecht vermieden, weil unser Märkisches Recht die Familie nicht erst ab intestato, d. h. in secundärer Weise, wenn kein Testament errichtet ist, sondern von Hause aus, als positiv und selbstständig berechtigt, unter ächt Deutscher Verschmelzung und gleichmäßiger Berücksichtigung des Rechtes der Ehegatten und der Verwandten, zur Erbfolge ruft.

Eben so habe ich für diesen §. 2. zur Bezeichnung des Inhaltes eine Ueberschrift von allgemeinerer Bedeutung gewählt, und

---

902) Riedel Mag. III. S. 237 und 240. (Oben Anm. 741.)

903) Vgl. C. J. G. 1594. Th. III. c. XV. g. E. u. unten Abth. II. Cap. III. §. 1.

904) Oben Anm. 901.

den Ausdruck Testamentserbrecht vermieden, weil hier zwar auch auf die Zulassung der Römischen Testamentsform durch unsere Joachimische Constitution einzugehen, hauptsächlich aber an die Deutschrechtlichen Weisen der Verfügung von Todes Wegen anzuknüpfen ist.

Die Untersuchung über die Art, in welcher unsere C. J. Verfügungen von Todes Wegen, im weitesten Umfange des Wortes, gestattet, hat nun zunächst auf die gegenseitigen Verhältnisse der Ehegatten Rücksicht zu nehmen, und dann auf Testamente im Allgemeinen überzugehen.

I. In Ansehung der Ehegatten unter einander wird

A) die ächt Deutsche Weise der Ehestiftungen[905]) in der Art bewahrt, daß, welcherlei Vortheil oder Voraus ein Theil dem anderen, unter Zustimmung der beiderseitigen Verwandten, von Todes Wegen darin zuwenden möge, solches Kraft und Gültigkeit haben solle:

C. J. Tit. I. §. 4: „Was in der Ehstifftung von beyderseits Freundschafft bedingt, verbriefet vnd beschlossen, das eins dem andern vbergibt nach seinem Todt, an Gelt, farender Habe, oder vortheil an den liegenden Gründen, zuuoraus zu haben, sol bey macht (vnd) krefftig bleiben."

Auch das Salzwedelsche Recht, welches Kurfürst Joachim I. wenige Wochen nach Erlaß der C. J. bestätigt hat, läßt der Ehestiftung die Kraft einer lex specialis. Unmittelbar an die Bestimmung über die Absonderung der Kinder durch den zur neuen Ehe schreitenden überlebenden Ehegatten[906]) schließen sich die Worte:

---

905) Eichh. R. G. §. 455; Pr. R. §. 347; Beseler Erbv. Th. II. Bd. 1. S. 188 ff; Bd. 2. Cap. 2 („Der Erbeinsetzungs-Vertrag in Ehestiftungen") S. 107 ff (besonders S. 130. Note 12). — Unsere Juristen haben die Ehestiftungen zumal von der Seite aufgefaßt, daß sich dieselben zur Milderung Römischer Härten benützen ließen. Kohl de pact. dotal. S. 71.: „Quod si maxime successioni juris communis adversentur . . . liberisque vel cognatis praejudicent, . . . non tamen absque ratione per consuetudinem sustinentur, non modo, quia rigor juris communis quoad successionem inter conjuges . . . mitigatur; verum etiam, quia cognati conscriptioni tabularum dotalium plerumque adhiberi solent: tacitumque vel expressum consensum accommodant."

906) Oben S. 109.

„es wehre denn, daß es in der Ehestiftung gebeispracher, oder anders berett wehre worden.“

Und selbst die durchgreifende Anordnung, welche die abgeschichteten Kinder erster Ehe von jeglicher späteren Concurrenz mit den Kindern zweiter Ehe ausschließt, [907]) wird folgendermaaßen restringirt:

„es were denn sach, das es von beyder Teil Freundschaften in der Ehestiftung also anders beredt und verwart [908]) were worden.“

Uebrigens ist die Anerkennung, welche schon der S. Sp. den Verträgen unter Ehegatten zu Theil werden läßt, auch in unser Berl. Stadtb. übergegangen:

Man sol or ok weder laten vnd geuen, wat sy tu orme manne brachte, oder also uele des mannes gůdes alse or met gelouet wart, do sy tusamen quemen. (Berl. Stadtb. S. 147, im Cap. v. Frauenrechte.) [909])

Ein Beispiel specieller Einwilligung der Verwandten in die von einem Ehepaare gemachten Vergabungen von Todes Wegen haben wir oben aus dem Treuenbriezenschen Schöppenbuche beigebracht. (Nr. 53, v. J. 1373: „met orer twier nehesten vrunde wille vnd vulbort.) [910])

Besonders merkwürdig aber sind einige Fälle von Ehestiftungen und Vermachungen unter Eheleuten, welche sich in einem Berliner Gerichtsbuche vom Jahre 1503 ff finden, aus dem bisher noch keine Mittheilung zur Oeffentlichkeit gelangt ist. Es sind folgende: [911])

V. J. 1504.

Quinta feria post octavas trium regum [912]) anno etc. quarto.

Kersten Schonebecke ist erschenen vor Richter und schepen jn gehegeder bank vnd het Annen Clawes Schulten dochter, syner bruth die he tor Ehe nemmen werth, gemakt vnd in der Ehestiftinge so bereth: war sy synen dott erlewede, sall sy

907) Oben S. 107 f.

908) Steyer liest: „vermachet“, was hier weniger passend ist.

909) Wörtlich entnommen aus S. Sp. III. 74. (Oben S. 181. g. E.) Vgl. v. Sydow S. Sp. S. 257 f.

910) Oben S. 140.

911) Ich verdanke dieselben Fidicins Mittheilung. — Aus demselben Gerichtsbuche ist die überaus lehrreiche Verhandlung v. 1522, die unten im §. 3. vorkommen wird. (Vgl. oben Anm. 115 und 227.)

912) D. w. 18. Januar.

all or cleider vnnd sulwerwerk, wes to orem lywe gehortt vnnd geschmide, he hebbe erwen efft nicht, ... alles-to vorvth hebben . . .

Quarta feria ante purificat. Marie,[913]) anno etc. quarto.

Merten Hildebranth jst gekomen vor Richtere vnde schepen jn volgehegeder bank vnd het gemaket siner eheliken Gertrud alle ere kledere, suluerwerk vnd wes sy alzo to ehm gebracht het; dargegen szal Merten Hildebranth to vorne syne cledere darjegen nemen. Welger eyn des andern doth leweth, he hebbe kinder edder nicht, sal sulk tuuorne uthnemen. Sulkt ist bededungt[914]) jn der ehestiftunge . . .

Quinta feria post vndecim millium virg.[915]) anno quarto.

Borchart Scrywer jst gekamen jn fulgehegeder banck vor Richtere vnde schepen vnnd met syner eliken huszfruwen, vnd hebben eyn den andern begifftiget[916]) alzo nemlich: de fruwen XX gulden vnd ore cledere; weddervmb sy oren eliken manhe nemlich: XX gulden, eyn perd van V. schocken, harnys, eyn swerth vnnd alle menlike were; alzo bededinget[914]) jst jn de estiftunge.

B. J. 1505.

Quarta feria post trium regum[917]) anno quinto.

Laurentz Woldenberch vnnd seine elige husfruwe Cecilia sein gekamen jn vulgehegender bank vnnd hebben bekannt, dat eyn den andern eyn sulchs gemaket jsz jn der eystifftinge, wu hir nha volgeth vnd alzo: dat sy nha synem dode tu uorne hebben sal alle kleder vnd alle or suluerwerk vnnd alles wes or gehoret, to eyner tzeringe eyner framen frouwen, vnd in bedden vnd j hefftpoll ij kussen vnd ein gut pol laken vnd den groten ketell vnd darto syne kleyder; vnd weddervmbe ehm ein sulkes gemaketh . . .

Noch Johann Georgs Constitution von 1594 bestätigt den

913) D. w. 31. Januar.

914) D. i. „bedungen". Homeyer Reg. Degedingen und dedingen.

915) D. w. 23. October.

916) Oben Anm. 289 und unten Anm. 942.

917) D. w. 8. Januar.

einheimischen Character der Ehestiftungen, bezieht aber das, was die Joachimische Constitution von Zustimmung der beiderseitigen Verwandten erwähnt: „von beyderseits Freundschafft", schon recht modern und nüchtern nicht bloß auf „Blutsfreunde", sondern auch auf andere „darzu gebethene Freunde" — d. h. zur feierlichen Eheberedung eingeladene gute Freunde und Bekannte! C. J. G. 1594. Th. III. c. I:

„Constitution erklerung im Tittel von Erbfellen.

Unsere Landes Constitution im Tittell von Erbfellenn in Vers:[918]) Was in der Ehestifftunge von beiderseits freundschafft bedinget, vorbrieffet, und beschlossenn, das eines dem andern übergiebet, nach seinem Thode an Gelde, fahrende Haab, oder Vorteill an den liegenden Gründen zuvoraus zuhaben, soll bey macht und krefftig bleibenn, Soll nicht allein vom Artickell der Vorausmachung, besondernn sonst ingemeinn verstandenn werdenn auf alle puncte welche in der Ehestifftunge behandelt und beschlossenn wordenn, nemblich daß dieselbenn alle krefftigk und bundigk seinn sollenn, unangesehenn was hiewieder die gemeinen Rechte von denn pactis dotalibus verordnet habenn, Auch wenn schon beyderseits Freunde nicht Bluetfreunde, besondern andere darzu gebethene Freunde seyn."

Auch in Ansehung der Ehestiftungen, welche Adliche bei Verheirathung ihrer Töchter zu errichten pflegen, um denselben „eine Ehe-Geltt, und darzu nach eines jedenn vermugen noch etwas vor Vater oder Mutter-Erbe" zuzuwenden, wird in C. J. G. 1594. Th. III. c. X. hierauf Bezug genommen:

„So soll es auch bey solcher Ehestifftunge, dieweill dieselbe durch den allerlengesten Gebrauch also eingeführet und in unser Landes-Constitution bekrefftiget, nachmahlen billig bleiben."

Und in der Lehre von der Intestaterbfolge der Descendenten wird a. a. O. c. XI. rücksichtlich der Collationspflicht der Vorbehalt gemacht:

„so fern Ihnen in der Ehestifftunge oder sonst die Successio nicht abgeschnitten;"

mithin nochmals die durchgreifende Kraft der Ehestiftungen anerkannt.[918 a])

Die uralte Sitte der öffentlichen Verlobung im Kreise der

---

918) Oben S. 35.

918 a) Vgl. noch C. J. G. 1594. Th. III. c. VIII. (Unten Anm. 951.)

Angehörigen[919]) spiegelt sich in lange bewahrten Gewohnheiten. So lesen wir in S. L. Fortges. Anweis. zu einer Stendalschen Chronik[920]) S. 33:

„No. X. anno 1571. Verlobungen in der Kirchen.

Gedencket auch Herr Salomon Frisch des Gebrauches in der Alten-Marck, daß nehmlich die Eheberedungen in den Kirchen zu geschehen pflegen, da denn der Bräutigam mit etlichen Personen auf einer Seiten, der Braut Vater aber, oder nächster Anverwandter auf der andern Seiten gestanden ꝛc. Nach geschehener Zusage, haben denn solche eine Mahlzeit mit einander gehalten."

Die Gardelegenschen Statuten haben einen eigenen Abschnitt, mit der Ueberschrift: Dermaten wo folget, schullen alhir to Gardelege Ehestiftinge vnnd werthschoppe (d. i. Hochzeitsfeste) vorhanden vnd geholden werden. Der erste §. dieses Abschnittes (Stat. §. 136.) lautet:

Ehestiftinge schal me vp dem kerckhaue, edder in andern ehrliken steden fullentheen vnd derhaluen kein grot gastboth edder vpslach anrichten, by eyner stendelschen marck.

Und im §. 105. der Gardeleg. Stat. werden Geldstrafen auf den Bruch eines Ehegelöbnisses gesetzt:

Szo eyn persohn dem andern worde to geseecht jhn ehestiftinge vor synen frunden u. s. w.

Wie aber der alte Gebrauch, die Verwandten bei Ehestiftungen zuzuziehen, auch bei uns allmählig abgekommen, ist bekannt.[921])

B. Kinderlosen Ehegatten gestattet die Joachimische Constitution, sich den vierten Theil aller Güter („den vierden Pfenning") vor Gericht von Todes Wegen gegenseitig zum Voraus zu vermachen; so jedoch, daß dergleichen Vergabungen durch nachgeborene Kinder unkräftig werden, auch liegende Gründe ohne Consens der Erben dem Einen oder Anderen der Ehegatten nicht in Natur zugetheilt werden sollen:

C. J. Tit. I. §. 5. Dergleichen so zwey Ehleut bey einander in der Ehe sein, vnd keinen leiblichen ehlichen Erben haben, mag eins dem andern vor Gericht vbergeben vnnd vermachen zuuor-

---

919) Grimm R. A. S. 433. b.

920) Oben Anm. 317 g. E.

921) Vgl. Scholtz Mot. II. S. 56 f.

921 a) Wegen der unter kinderlosen Ehegatten sehr gebräuchlichen wechselseitigen Vergabungen vgl. Beseler Erbv. Th. II. Bd. I. S. 239. Note 14.

aus, den vierden Pfenning aller Güter ligender Gründen, Reitschaff,[922]) vnd farender-Hab, Welcher geschehen soll vor gehegtem

---

922) Daß hier überhaupt der Umfang „aller Güter" beschrieben werden soll, leuchtet ein. (Vgl. oben Anm. 743.) Die specielle Bedeutung des Wortes „Reitschaff" oder (Ausg. der C. J. von 1549) „Reitschafft" aber könnte zweifelhaft sein. Kohl (decl. const. March. S. 157) gibt dasselbe wieder durch: „nomina". Dies scheint mir nicht richtig. Das Wort Reitschaft läßt sich hier gewiß nicht auf ausstehende Forderungen beschränken, sondern vielmehr in der allgemeinen Bedeutung von Geld auffassen, welches, zugleich mit dem übrigen beweglichen Gute (wie in Tit. I. §. 4: oben S. 260), dem unbeweglichen Gute entgegengesetzt wird. Denn an die sonstige Bedeutung von Geräthschaften (Grimm R. A. S. 574: „... bilen, dar dei reischap mede gemakt wert ... item ... treckreischap [ziehgeräthe]") ist hier nicht zu denken. Eben so würde die ganz allgemeine Bedeutung von Mobilien, in der (z. B. im M. R. 1304 §§. 123, 129: oben S. 68) gereites Gut den Immobilien gegenübersteht, nicht passen. Es wird aber auch das Adjectivum rede, bereyt, gereyt, wie unser bereit oder das Lateinische paratus (Kraut Grundriß S. 285. Nr. 15. Jura Tremon.: „... nec dare paratos denarios" ...), sehr häufig vom baaren Gelde gebraucht. (Vgl. Homeyer Reg. „Rede [Adj.]"; Gercken cod. dipl. VII. S. 292 [v. J. 1436]: „reyde" von einem fertigen Werke; Pufendorf obs. III. S. 459 f; Eichh. P. R. §. 153 Note 1; Leman Kulm. Recht S. 283 u. d. W. gereyt u. gereytschaft, S. 219: bereyt [baar], S. 208: reytene [baar bezahlen].) So findet sich in einem Magdeburger Schöppenurtel (v. Sydow S. Sp. Note 327): „Mit gereitem Gelde und mit varnder Habe"; im Nürnberger Recht (Grimm in v. Savigny Zeitschr. II. S. 70): „mit sinem varnden gut u. mit siner beraitschaft"; in einem Liegnitzschen Privilegium von 1513 (Wentzel Schles. Prov. Recht S. 421): „Gerade u. fahrende Habe, es wäre an bereitem Gelde, außenständigen Schuld, Kleinothen u. s. w." Auch an Märkischen Beispielen, welche hierher gehören, ist kein Mangel. Vgl. oben Anm. 470: „bona promciora, redeste oder reiste guder;" Anm. 680: „redegeld;" Fidicin Beitr. I S. 188 (v. J. 1399): „cleyder, geld vnd ander gherede"; v. Raumer cod. dipl. I. S. 163. Nr. VII. (v. J. 1447): „von etlichs Jargelts bereits geldes und ander bereytschaft wegen," ... „anderen gelte, bereyten golde, an Jargelde oder an ander bereitschafft;" Gercken cod. dipl. VIII. S. 573 (v. J. 1473): „beredeste, bereydeste Güter" (in allgemeiner Bedeutung); Lentz Uhrk. Nr. CCXCIV. (Albr. Achilles Dispos. v. J. 1473; vgl. Gercken cod. dipl. VIII. S. 513—516), S. 690: „Bereitschaften, Gold und Silber gemünzt u. ungemünzt"; Fidicin Beitr. II. S. 323 (v. J. 1514): „omnia et singula bona, mobilia et immobilia, ... pecuniarum summas ac res quascumque;" Neum. Pol. O. v. 1540. Cap. 11: „liegend ... Eigen ..., Baarschafft und Waaren, ... an Gelde oder andere fahrende Haabe"; Leibgedingsbrief v. 1544 (oben Anm. 814): „allerbereittesten Barschafft vnd Habe;" Neum. K. G. O. v. 1561 (Myl. Sp. 44): „an gelde oder andern fahrendem Haabe;" C. J. G. 1574. Tit. XXIII. „gereitesten guetern."

ding,[923]) Vnd solches sol krafft haben, dieweil sie nicht Leibliche Ehliche Erben gewinnen. §. 6. So baldt aber sie eheliche Leibs Erben bekommen, sol solche vbergabe vnd vermächtnuß kein krafft haben. So aber die Ehliche Leibs Erben wieder verstürben, mögen sie einander wiederümb auffs new den vierden Pfennig zuvoraus vermachen vor Gericht, wie oben. §. 7. Hiemit alle andere Mißbreuch durch die Krancken im Haus, oder an der schwelle etc. Auch höher Vermachung vber den vierden Pfennig, wie oben, sollen abgethan, auffgehaben vñ vnkrefftig sein. §. 10. In solcher vermachung vnd vbergabe zwischen Ehleuten, die ohne Ehliche Leibs Erben sein vnnd bleiben, sol kein liegend Grund anders, dann auf ein Summa Gelds angeschlagen, vermacht oder vbergeben werden, Es geschehe dann mit der Erbnehmen[924]) willen.

Die hier im §. 10. den gegenseitigen Vergabungen der Eheleute in Ansehung der Immobilien gezogene Schranke wird im Titel von Testamenten ganz allgemein für letztwillige Dispositionen überhaupt aufgestellt:[925])

C. J. Tit. II. §. 2. Aber doch sol an liegenden gründen allein ein summa oder wirderung, vnd nicht das Gut bescheiden[926]) werden, Es geschehe dann mit der Erben vnd der Herrschafft willen.

Was aber im §. 7. von Beseitigung der „Mißbreuch durch die Krancken u. s. w." in einer ziemlich aphoristischen und dunkelen Weise gesagt ist, läßt sich wohl ungezwungen auf jene alten Gesundheitsproben beziehen, die nunmehr bereits für unpassend und veraltet gelten mochten.[927]) Doch liegt vielleicht noch etwas Anderes im Hintergrunde, nämlich eine Mißbilligung der in jener Zeit fast unmäßigen Sitte des Herzudrängens der Bettler und Kranken zu feierlichen Handlungen aller Art. Bestimmten Aufschluß hierüber habe ich nirgends gefunden. Auch die Spremberger Statuten v. 1673 gewähren einen solchen nicht, deuten vielmehr in dem Satze, welcher die entsprechende Stelle unserer C. J. Tit. I. §§. 5—7) paraphrasirt, auf Mißbräuche von Seiten der Beamten wider Wissen und Willen des Magistrates:[928])

---

923) Vom gehegten Ding unten mehr. (Anm. 1062.)

924) Unten Anm. 1020.

925) Unten §. 3. Nr. I. B. g. E.

926) Unten Anm. 964.

927) Vgl. oben S. 113 f., 141, 199 ff und Steyer diss. S. 89—91.

928) Riedel Mag. III. S. 241.

„Da auch zwey Eheleuthe in stehender Ehe mit einander nicht leibliche Kinder erzeigeten noch hätten, soll ihnen frey stehen eines dem andern durch ein ordentlich Testament, Codicill oder Mortis causae Donation oder auch vorm Rathe reciproce gegen einander in gesambt habendes Guth auch was ein oder das ander Theil noch ererben möchte, an liegenden und fahrenden, so nicht ind der ersten Ehe, sondern weiter Erben vorhanden, Beständiglich zu verordnen und zu übergeben, doch sobaldt leibliche eheliche Erben hernach von Ihnen erzeiget und lebeten, wiederum gäntzlich getödtet und auffgehoben seyn sollen und müßen; und sollen hiemit und in krafft dieser Statuten und Policey-Ordnung alle andere Mißbräuche, so durch die Beambten in Hauße oder sonsten außerhalb ohne Vorbewust und einconsentirung des Raths und also nicht ordentlicher weise geschehen an den höhern vermachung uber den vierdten Pfennig wo Kinder erster Ehe gefunden ganz und gar abgethan, auffgehoben und unkräfftig seyn."

Um nun das Wesen der von der Joachimischen Constitution gebilligten Vergabungen unter Eheleuten richtig anzufassen, bedarf es zuvörderst eines Rückblickes auf die früheren Rechte.

Wie nämlich schon die ältesten Formen des Magdeburgischen Rechtes den gerichtlichen Vergabungen, zumal unter Eheleuten, eine große Wirksamkeit einräumen, ohne jedoch die Rechte der nächsten Erben dadurch ungebührlich beeinträchtigen zu lassen, [929]) so finden wir auch in den Märkischen Stadtrechten von Alters her eine vielseitige Berücksichtigung der gerichtlichen Verhandlungen überhaupt und der Vergabungen unter Ehegatten insbesondere, so wie der zu gewissen Veräußerungen erforderten Zustimmung der nächsten Erben.

Die alten Salzwedelschen Statuten v. 1273 und 1278 bestätigen ausdrücklich die Kraft der gerichtlichen Verhandlungen überhaupt, beschränken das Widerspruchsrecht der Erben auf Jahr und Tag, und machen eine Ausnahme von der Nothwendigkeit des Consenses der Erben für den Fall ächter Noth. [930])

929) Oben S. 54, 64 f, 73 ff.

930) Oben S. 113 bis 116 und S. 121. — Ein eigenthümlicher Anklang an die alte Veräußerungsbefugniß wegen ächter Noth findet sich in C. J. G. 1574. Tit. XIV, in Betreff des überlebenden Ehegatten, dem die gesammten Güter unter der Bedingung auf Lebenslang zugetheilt sind, daß er die Hälfte davon den Verwandten des Erstverstorbenen unverkürzt zurücklasse. (Oben S. 226.) Ihm wird

Das Stendalsche Recht v. 1297 läßt die zur Gerade gehörigen Stücke vor den Schöppen ausgeben.[931])

Die Treuenbriezensche Gewohnheit, wie solche in dem Schöppenbuche v. J. 1324 ff hervortritt, ordnet sogar die ächt Märkische Ehegattenerbfolge ausschließlich durch gegenseitige Vergabungen vor Gericht.[932])

Das Witistocksche Recht v. 1374 verbietet den Ehegatten ausdrücklich, ihre Verwandten durch gegenseitige Vergabungen zu verkürzen: eine Bestimmung, die gewiß auf die Hälfte der gesammten beiderseitigen Güter,[933]) und nicht etwa bloß auf angeerbtes Eigen[934]) zu beziehen ist.

Das Brandenburgische Recht endlich, wie uns solches im Berliner Stadtbuche v. 1397 vorliegt, hat zwar die Nothwendigkeit des Consenses der nächsten Erben Behufs vorzunehmender Veräußerungen fast ganz beseitigt, gewährt aber doch den Ehegatten von Todes Wegen nur die Befugniß, sich gegenseitig den vierten Pfennig zuzuwenden, und verlangt dazu aufs Entschiedenste die Genehmigung der Kinder des Einen oder des Anderen der Ehegatten, d. h. also nicht bloß der gemeinschaftlichen Kinder.[935])

Umfangreicher ist die Befugniß, welche das Krossensche Recht v. 1469 kinderlosen Ehegatten ertheilt, sich gegenseitig ihr gesammtes Vermögen von Todes Wegen vor Gericht aufzugeben, sofern nur dabei weder Zwang noch Arglist stattfindet.[936])

---

nämlich für den Nothfall folgende freiere Befugniß ertheilt: „Wann aber auch der verbleibende Ehegnosse nicht durch seine verursachung, Sondernn aus Gottes straf vnd vorhengnus" (oben Anm. 844) „In solch vnuermuegenn geriete, daß ehr zue auffhaltung seins lebens, vnd nach gelegenheit seines standes, notturftigenn Allimentenn, nicht alleine seinen, sondern auch den halben theil der Gueter, welcher nach seinem abebleibenn des verstorbenen freunden zuekommen soltte, antzuegreiffen gedrungen wurde, Sol ihme dasselb zu thuen vnbenohmmen sein."

931) Oben S. 91: „Dis sal man vor den Scepenen utgeven."

932) Oben S. 134 ff.

933) Oben S. 148 u. S. 154. c.

934) Wie z. B. die Bestimmung des Schlesischen Landrechtes v. 1356 Cap. 77. (Gaupp Schles. Ldr. S. 98—115; Eichh. R. G. §. 443 Note bb.)

935) Oben S. 198 ff.

936) Oben S. 218. — Beiläufig erinnere ich hier an das Wenceslaussche

Die in der C. J. generalisirte Anordnung wegen des vierten Pfennigs ist sonach ganz eigentlich Brandenburgischer Natur. Eigenthümlich aber ist unserer Constitution die Auffassung des Verhältnisses, daß nicht sowohl der Consens der Kinder zur Vermachung des vierten Pfennigs erfordert, als vielmehr der Bruch der unter kinderlosen Ehegatten erfolgten Vermachung durch nachgeborene Kinder festgesetzt wird; was an jenes alte: „Kinderzeugen bricht Ehestiftung“[937]) erinnert.

Als ein Ueberbleibsel des alten Erfordernisses der Einwilligung der nächsten Erben in vorzunehmende Veräußerungen erscheint in der, nicht lange nach der C. J. erlassenen Neumärkischen Policeiordnung das Vorkaufsrecht der nächsten Erben.[938])

„Wo auch jemands sein anverstorben Guht oder Erbe verkauffen wolte, das soll er seinem negsten Verwandten, Erben oder Erbnehmen[939]) erstlich anzubieten schuldig seyn, könten sie sich aber des Kauffs nicht vereinigen, würde es alßdann einem andern Verkaufft sollen nicht weniger die Anwarter solches Guhts, an den Kauff, wie der getroffen were, zu treten, und die Bezahlung zu thun, macht haben.“

Uebrigens sondert noch Johann Georgs Constitution v. 1594 die Vermachung des vierten Pfennigs unter Ehegatten und die gewöhnlichen Schenkungen ganz scharf von einander. Auf die gewöhnlichen Schenkungen werden Römische Grundsätze angewendet:

C. J. G. 1594. Th. I. c. VIII.[940])

„Geschencke über 500 fl. Reinisch werth wie es damit zuhalten.

Als auch zu rechte versehen, Wann sich ein Geschenck über 500 Solidos erstrecket, weill wieder solche Geschencke allerlei Unrichtigkeiten vermuthet werden, daß daßelbe vor Gericht geschehen, undt daselbst ver-

---

Kirchenrecht v. 1415 (oben Anm. 744), welches kinderlosen Eheleuten gleichfalls gestattet, sich gegenseitig alle Güter von Todes Wegen vor Gericht zuzuwenden (Tzsch. u. Stzl Urk. S. 633 §. 2): „eyns dem andern seynen Teyl . . . uffgebe adir vorreichte an der Stad, do is Bunt und Kraft hette.“ Vgl. Gaupp Schles. Ldr. S. 135.

937) Eichh. Pr. R. §. 347. Note i; vgl. R. G. §. 57. Note o, w. u. §. 59 a. Note m; Beseler Erbv. Th. II. Bd. 2. S. 143 f.

938) Neum. Pol. O. v. 1540. Cap. 12. g. E.

939) Unten Anm. 1020.

940) Oben Anm. 148.

zeichnet und insinuiret werden müsse, So laßen wir es auch dabey bleiben Und wollen daß der **Solidus oder Aureus**, in Rechten benanndt, in Unsern Churfürstenthumb dißfals für ein Reinisch Golttfl. verstanden werden solle"

Die Vermachungen des vierten Pfennigs aber werden in ihrer Märkischen Eigenthümlichkeit aufgefaßt:

C. J. G. 1574. Tit. XIV „Von Testamentenn der Eheleute.

Also beschiehett in vnserer landes Constitution,[941]) auch der Vbergabenn halben wie weit sich die Eheleute mit einander begifftigenn[942]) konnen, vnd wie man liegende Grunde vertestiren muege, allerhandt versehung, darneben aber ist durch einen langen gebrauch eingefuret, daß die Eheleute, wan sie nicht leibs erbenn miteinandern zeugen, ordentliche testament aufrichten, vnd darzue einander reciprocè auch wol in dem gantzen Guett zue Erben einsetzenn vnnd ihrenn negsten freundenn nach Gelegenheit ihres vormuegens alleine eine Summa geldes legieren,

Wan nun solches an sich selbst nicht vnbillich, vnd in vnser landes Constitutionn alleine die vbergaben, vnd vormachungenn vor gericht uber den vierdenn Pfennigk, die testament aber ghar nicht verbottenn, sondern vielmehr approbiret, Einen Jeden auch in seinen letzten willen, von seinen guetern zue disponiren billig freygelassen werden sol," u. s. w.

C. J. G. 1594. Th. III. c. II.

„Landes Constitutio hebt nicht auf die Verordnung des letzten Willens.

Unsere Landes Constitution[941]) im punct, do von Vermachung des Viertenn Pfennigs zwischen Eheleuten geredet wirdt soll dahinn nicht verstandenn werdenn, daß einem oder dem andern Theill durch solche Vermachung verbottenn, ein Testament oder andern lezten Willenn aufzurichten und darinn ihren Ehegattenn oder einem andern ein anders oder mehres zuvermachen."

Allerdings nehmen diese beiden Stellen eine eigene Wendung von der Vermachung des vierten Pfennigs zu förmlichen wechselseitigen Testamenten, wodurch materiell das ganze Verbot der Vermachung über den vierten Pfennig umgangen und beseitigt wird. Darüber bald ein Näheres.[943])

---

941) Oben S. 35.

942) Oben Anm. 289 u. 916.

943) In Verbindung mit der Fortsetzung dieser beiden Stellen: unten Nr. II. zu Anfang.

So viel ist gewiß, daß die Lehre vom vierten Pfennig nach Erlaß der Joachimischen Constitution noch lange practisch blieb. Unter den im 34sten Bande der v. Kamptzschen Jahrbücher abgedruckten Urteln und Rechtsbelehrungen des Brandenburger Schöppenstuhles aus dem sechszehnten Jahrhunderte berühren zwei den vierten Pfennig.[944]) Das erste Responsum, ohne Jahr und Datum, auf eine Anfrage der Berliner Schöppen („wat deß Manneß effte Fruwenn vorbete iß inn der Erbschichtunge") ergangen, gewährt dem überlebenden Ehegatten ein ungemein reichliches Voraus („vorbate, vorbete, vordell" geheißen), welches in der That fast die Stelle von Gerade und Heergewäte ausfüllt;[945]) zeigt jedoch zugleich, wie dieses Voraus durch Vermachung des vierten Pfennigs (so wie durch Bestellung von Leibzucht) gleichsam absorbirt wurde:

„Item hebbenn sick auer Mann efft Wieff an denn 4ten Pfennig (edte mit Liffgude) besorget, So mögenn sie so donn vorgeschreven vordell nicht nehmenn."

Das zweite Responsum, im Jahre 1579 auf zweier Vettern Anfrage ergangen, welche die zwischen einem Kyritzschen Ehepaare von Todes Wegen erfolgte gerichtliche Uebergabe aller Immobilien[946]) anfechten, erklärt „die angezogene Donation oder Vbergabe vermöge der Landes Constitution von Unkrefften."[947]) Zu diesem Urtel findet sich im Schöppenbuche eine Anmerkung über die verschiedenen, bei der Berathung des Falles laut gewordenen Ansichten der Richter. Und darin wird unter Anderem das Verhältniß der Vermachung des vierten Pfennigs zu einem förmlichen wechselseitigen Testamente gerade so aufgefaßt, wie in

---

944) Das erste der hier in Bezug genommenen Responsa steht a. a. O. S. 231 (D); das zweite S. 232 f (E).

945) Dies ist, bei der Abschaffung von Heergewäte und Gerade durch das Brandenburgische Recht, auffallend genug. Doch haben wir ja auch aus dem Berliner Gerichtsbuche von 1504 u. 1505 Vermachungen unter Eheleuten kennen gelernt, welche etwa die Stelle von Gerade und Heergewäte vertraten. (Oben S. 262.)

946) Aufgeführt werden: „daß Wohnhauß mit allen eigenthümblichen Güternn, Ekernn, Garttenn vnd stehendes Hab." Vgl. oben Anm. 382.

947) Ich habe keinen Anstand genommen, „von Urkrefften" (a. a O. S. 232) für einen bloßen Druckfehler zu halten.

den eben mitgetheilten Stellen der Johann Georg'schen Constitutionen:

„. . . Diese libera facultas testandi wirdt durch Märckische Constitution nicht aufgehobenn, besonderenn dieselbe Constitution redet allein von Vermachunge deß vierdten Pfennigeß vnnd in waß form dieselbe geschehen soll, nemblich für gericht. Wo nun die Eheleuthe sich einander Reciproce oder auch Simpliciter vor Gericht vermachen wollen, kann solches über den 4 Pfenningk nicht geschehenen vnd das darüber vermacht wird, ist nichtigk.

Durch ein förnblicheß Testament aber Ist solches vermöge der Rechte offen vnd auf eine[948]) der Landes Constitution nicht verbottenn, So darinne auf obgesagte falle der Legitim inn acht genommen wirdt."[948a])

Unsere Praktiker aber haben in der Folge ungeschickt genug auf die Vermachung des vierten Pfennigs Römische Principien angewendet.[949]) Dennoch läßt sich der Untergang dieses einheimischen Institutes weder ihnen, noch etwa ausdrücklich abschaffenden Gesetzen beimessen, sondern es machte sich vielmehr ganz von selbst, daß dergleichen gerichtliche Vergabungen in der Mark außer Gebrauch kamen. Ja gerade die Joachimische Constitution war es, welche augenscheinlich am Meisten dazu beigetragen, indem sie

II) ganz allgemein Testamente nach Römischer Weise zu machen erlaubt hat:

Tit. II. §. 1. ORdnen, setzen vnd wöllen, das ein jeglicher (dem solches zu recht gebürt) mag nach Rechts Form, ein Testament machen von seinen Gütern, liegenden Gründen vnd farender hab, vnd also seiner Seelen Seligkeit, vnnd gegen seinem Nechsten die gerechtigkeit bestellen vñ befehlen, welchs auch mit fleiß sol gehalten vnd vollbracht werden. §. 5. Vnd so in Testament sachen ein jrrung erwüchse, sol die vor jhrem gebürlichen Richter gesucht vnd ausgetragen werden.

Sonach mußten auch wechselseitige Testamente unter Ehegatten zulässig erscheinen, dadurch aber eben jene Vermachungen des vier-

---

948) Es scheint wohl „auch in" statt „auf eine" gelesen werden zu müssen.

948a) In dem hier nicht mit aufgenommenen Eingange dieser Erklärung ist nämlich Rücksicht auf die legitima der Kinder oder Aeltern eingeschärft.

949) Das Nähere bei Scholtz Mot. II. S. 50—59, 146, 192 (in der ersten Anmerkung), 234.

ten Pfennigs thatsächlich absorbirt werden. Denn wenn kinderlose Ehegatten fortan durch Testament einander das ganze Vermögen zuzuwenden vermochten (etwa mit Vorbehalt des Pflichttheils der Ascendenten), wozu sollten sie sich da ferner noch der Vergabungen vor Gericht bedienen, bei denen ihnen die Schranke des vierten Pfennigs gezogen war? Vor Emanation der C. J. haben sich Eheleute gewiß nicht ohne Landesherrliche Bestätigung ihr gesammtes Vermögen gegenseitig von Todes Wegen zuwenden können.[950]) Die Kraft und Bedeutung aber, zu welcher die wechselseitigen Testamente der Ehegatten seit der C. J. gelangten, tritt recht eigentlich in den Joh. Georg'schen Constitutionen hervor, welche sich auch sonst noch über das Testamentswesen verbreiten.[951]) Hierher gehört namentlich die Fortsetzung der beiden, oben (S. 270) mitgetheilten Stellen, welche folgendermaßen lautet:

C. J. G. 1574. Tit. XIV: „(. . . freygelassen werden sol,) So ordnen vnd setzen wir, daß solche testament, darInnen die Ehe-

950) In v. Raumer's cod. dipl. S. 290, Nr. LXXIII. findet sich ein wechselseitiges Testament oder vielmehr eine wechselseitige gerichtliche Vergabung von Todes Wegen, durch welche sich ein Brandenburgisches Elepaar die gesammten Güter zuwendet (der Ueberlebende soll sich „aller guther so sy habenn und besitzenn*), beweglich und unbeweglich by Zeyth Lebends vor Alle erbenehmen**) ungehindert gebrauchen"), mit ausdrücklicher Kurfürstlicher Bestätigung. Die Vergabung selbst ist „am Montag nach petri und pauli", d. w. d. 6. Juli, und die Kurfürstliche Bestätigung „am tag Nativitetis Merie', d. w. d. 8. September, des Jahres 1523, also 4 Jahre vor Erlaß der C. J, erfolgt.

*) Oben Anm. 743.

**) Unten Anm. 1020.

951) Der hier im Texte nicht weiter berücksichtigte Theil des Tit. XIV. C. J. G. 1574. beschäftigt sich mit genauer Abwägung der Rechtsverhältnisse zwischen dem auf Lebenszeit instituirten überlebenden Ehegatten und den Verwandten des Vorverstorbenen (vgl. oben S. 226), so wie zum Schluß mit der legitima der Kinder oder Aeltern. (Vgl. unten Abth. II. Cap. I. §. 2. Nr. II. E.) Die const. VIII. C. J. G. 1594. Th. III. behandelt im Erbrecht überhaupt „Testament, Ehestifftung oder andere bestendige vermachung", dem ius commune gegenüber, als lex specialis. (Vgl. oben Anm. 201. u. 918a.) Und c. XXXVII. ebendas. löst die wegen Errichtung von letztwilligen Verordnungen erwachsenen Zweifel dahin, daß dergleichen nach eines jeden Orts Gewohnheit u. Statuten sollen gemacht werden können, approbirt auch insbesondere noch die Form der Testamente vor dem Landesherren, vor Gerichten, vor Pfarrer und Zeugen, so wie die unförmlicheren Testamente der Aeltern unter den Kindern, und in Pestilenz-Zeiten.

leute einander reciproce zue erben einsetzenn, vnd ihrenn Negsten Freundenn alleine ein stuek guets oder ein benandte Summa geldes, welche Ihnen nach Ihrer eins Absterbenn, sol herauß geben werden, bescheiden[952]) vnd legirenn, Wan sie sonsten Ordentlich ohne Zwang vnd bei gueter vornunfft auffgerichtet sein, wan gleich der liegenden grunde halben, die Erben vndt Herschafft nicht darein gewilliget[953]), vor kreffrig erkandt, vnd der vberbleibende ehegaten bei dehme, darinne ehr zum Erben gesatz, wieder des verstorbenen Negste Freunde geschutzt vnd erhalten werdenn sol."

C. J. G. 1594. Th. III. c. II: „(. . . ein anders oder mehres zuvermachen.) Besonders soll einem ieden Theill frey und offenn stehenn, neben solcher vermachnus des Virdten Pfennigs, sonstenn nach seiner Gelegenheit über seinen halben Theill der Gueter, seinen letztenn Willen zuverordnen, und darin sofern die leiblichen Kinder oder Eltern an Ihren Zustandt oder legitimam nicht verlezt werdenn, seinen Ehegattenn oder andere zubeschencken."

Bezieht sich nun C. J. G. 1574. Tit. XIV. zur Bestärkung der wechselseitigen Testamente unter Ehegatten bereits auf den „langen Gebrauch", sogar unter Beseitigung des Consenses der Erben zur Vermachung von Immobilien, so stellt sich das Verhältniß der Vermachungen des vierten Pfennigs zu den wechselseitigen Testamenten der Ehegatten, wie solches gegen Ende des sechszehnten Jahrhunderts aufgefaßt wurde,[954]) klar heraus. Die Vermachungen des vierten Pfennigs geschahen nach alteinheimischer Weise vor Gericht, und hatten ihre Schranke in sich selbst: sie durften sich eben nicht über den vierten Pfennig erstrecken. Die wechselseitigen Testamente dagegen bedurften nicht der gerichtlichen, sondern nur der Römischrechtlichen Form, und hatten ihre Schranke lediglich an der legitima der Descendenten, oder vielmehr, bei kinderlosen Ehegatten, der Ascendenten, boten mithin dem täglichen Gebrauche größere Bequemlichkeit und weiteren Spielraum, und mußten thatsächlich zur gänzlichen Verdrängung der unbequemeren und beschränkteren Vermachungen des vierten Pfennigs führen.[955])

---

952) Unten Anm. 964.

953) D. i. der Bestimmung der C. J. Tit. II. §. 2. (oben S. 266) entgegen.

954) Vgl. auch oben Anm. 948a.

955) Ueber die Stellung der Testamente zu den Deutschrechtlichen Verga-

Abgesehen von der allgemeinen Billigung der Römischrechtlichen Testamentsform aber hat unsere Joachimische Constitution in der Behandlung der Testamente einen gewissen kirchlichen oder vielmehr katholischen Anstrich, indem sie gleichsam als Princip aufstellt, daß Testamente zum Heile der Seele errichtet würden; weshalb sie denn auch die Priester, welche den Sterbenden die Sacramente reichen, auffordert, die Kranken zu frommer und Gottgefälliger Errichtung von Testamenten zu ermahnen, ohne jedoch in ihrem heiligen Eifer zu weit zu gehen:

Tit. II. §. 1. (Oben S. 272.) §. 3. Vnd mögen die Geistlichen Beichtväter, so in Todes nöten die Krancken mit Sacramenten versorgen, dieselbigen in gegenwart der Erben, Freunde oder Frembden wol anreden, vnd erinnern, Ob sie in Gottes Ehre, zur Seligkeit ihrer Seelen oder sonst jemandes etwas bescheiden,[956]) oder Testament machen wollen, das sie solches von sich sagen oder anzeigen. §. 4. Aber die Krancken, ohne der Erben Freunde, oder ander gezeugnüß beywesen, weiter anzuhalten vnd zu bewegen, etwas zubescheiden,[956]) oder zu vbergeben, soll sich ein jeglicher, Geistlichs vnd Weltlichs Stands enthalten.[957])

Uebrigens läßt sich leicht nachweisen, daß auch in der Mark die Testamente zumeist durch die Geistlichen in Aufnahme gekommen sind.[958]) Nicht allein haben diese von Alters her sich persönlich der testamentarischen Form bedient, um ihren letzten Wil-

---

bungen von Todes Wegen im Allgemeinen, vgl. Beseler Erbv. Th. I. S. 242—260, und über die wechselseitigen Testamente insbesondere: Th. II. Bd. 1. S. 325—343. — Eins der ältesten Testamente einer Privatperson findet sich in Tzsch. u. Stzl Urk. Nr. XCVIII., v. J. 1298.

956) Unten Anm. 964.

957) Der dritte Titel der Spremberger Statuten v. 1673, überschrieben: „Von Testamenten und allerhand andern letzten Willen" (a. a. O. [oben Anm. 741.] S. 242), beginnt mit einer Approbation des Testamentes der Aeltern unter Kindern, und paraphrasirt demnächst den zweiten Titel der C. J. — Statt „in Gottes Ehre, zur Seligkeit ihrer Seelen", heißt es directer: „ad pias causas der Kirchen-Gebäude, gemeinen Kasten, Hospitalien und Gottes Ehre."

958) Vgl. überh. Grimm R. A. S. 482 f.; Eichh. R. G. §§. 19. Note f, 184, 198, 202; Pr. R. §. 350.; R. G. §§. 28. g. E., 57. Note p, r ff, 85 Note a, 117 Note c; Mittermaier Pr. R. §. 407; Kraut Grundriß §. 296.; Beseler Erbv. Th. I. S. 247 ff.; Walter Kirchenrecht. Ausg. 7. v. 1836. §. 343.

len zu erklären, sondern es liegen uns auch unzählige Beispiele von Testamenten zum Heile der Seelen, d. i. zu Gunsten der Kirchen oder Geistlichen, vor Augen.

Schon in den Jahren 1244 und 1310 hatten unsere Markgrafen dem ius exuviarum entsagt und die Testirfreiheit der Geistlichen anerkannt;[959]) wie denn ein Testament von Herrmann, dem Probste zu Osterwolde, aus dem Jahre 1315, bekannt geworden ist.[960])

Die Testamente selbst aber wurden gar häufig, ihrem eigentlichen Römischen Character entgegen, zu unwiderruflichen Schenkungen gestempelt. So heißt es in einer Urkunde Bischof Johanns v. Lebus aus dem Jahre 1446:

„nomine veri et legittimi testamenti in perpetuum valituri donatione irreuocabili".[961])

Ferner in dem Testamente des Nicolaus Badingk, Pfarrers und Canonicus der Schloßkirche zu Cöln, aus d. J. 1503:

„. . . ego dudum dedi et assignavi, do, lego et assigno testamentaliter . . . quatuor sexagenas annuorum censuum meorum . . . salvo tamen, quod ego habere possim et habeam usum eorundem censuum ad meam vitam duntaxat."[962])

Und im Jahre 1514 wählt ein Berlinisches Ehepaar den Weg einer, in der Bischöflich Brandenburgischen Cancellei zu Berlin niedergeschriebenen Schenkung, um der Berliner Nicolaikirche ihr ganzes Vermögen von Todes Wegen (post obitum eorum, oder: postquam decesserint) zuzuwenden.

„. . . donacione pura, libera, valida simplici et irreuocabili inter viuos facta."[963])

In den alten Märkischen Stadtrechten selbst habe ich das Wort Testament, außer in jener Stelle des Berliner Stadt-

---

959) Buchholtz Br. Gesch. IV. Anhg. v. Urk. Nr. 57 (v. J. 1244); Fidicin Beitr. III. S. 186 (Regest. Nr. 7); Gercken dipl. vet. March. I. No. CCXLVI. (v. J. 1310); Riedel M. Br. II. S. 597, 615—617.

960) Gercken a. a. O. No. CXXII.

961) Gercken cod. dipl. IV. No. CCCX, S. 610.

962) Fidicin Beitr. II. Nr. CXCIII, S. 310. (III. Regest. Nr. 600.)

963) Fidicin Beitr. II. Nr. CC, S. 323; vgl. III. S. 104 Zeile 3 ff, 148 Nr. IV. (In den Regesten Nr. 619 geschieht auch noch der Kurfürstlichen Bestätigung dieses s. g. Testaments, welche im Jahre 1517 erfolgt sei, Erwähnung.)

buches,[964]) nicht gefunden. Aber schon im fünfzehnten Jahrhunderte pflegen wohl die eigentlich unwiderruflichen Schenkungen von Todes Wegen, welche die Märkischen Bürger vor Gericht machten, den Namen von Testamenten zu führen. In dem Schreiben eines Perleberger Bürgers aus dem Jahre 1400, betreffend eine Schenkung zur Stiftung einer Commende in der St. Marien-Capelle, findet sich unter Anderem Folgendes:[965])

„Szo denne nach rechter der rechten ordeninge siner gnanten husfrowen na sineme dode die helffte sines gudes to kumpt,[966]) heft hie ere dar geuen jn truwen gu-den geloffen sin husz, husz gerade, kleder, suluersmyde, kannen, ketel, grapen, vate, bedden, deken vnde suszt alle sin gud, wo me dat nomen mag voreygent, vorpandet vnd jngegeuen vor ere rechticheit, jn mathen dat sin testament von worden to worden vormeldet etc."

Gewisse Vermächtnisse, vor den Berliner Gerichten in den Jahren 1425 und 1426 bestellt, werden ausdrücklich durch den Zusatz bekräftigt:

„testamentum condidit irreuocabiliter."[967])

Aus dem s. g. Rothen Buche von Perleberg, welches Verhandlungen vor dem Rathe und im Gerichte seit 1480 bis spät ins sechszehnte Jahrhundert hinein enthält, ist uns folgende Vergabung eines Ehepaares v. J. 1494 mitgetheilt:[968])

„Wy nascreuen nicolaus weger borgere tho perleberge hauelbergschen stiftes vnde alheyt myne elike frowe hebben vns na vnser twigen selen salicheit boghistiget[969]) vnde boghistigen vns ieghenwardich zu sulker wyse alse hir na gescreuen steyt, so wy edder vnser eyner ane vnser twiger lifes eruen nach dem willen godes von dodes weghen afghinge vnd jck nicolaus

964) Berl. Stadtb. S. 46. (Oben S. 204) Dort, wie im Berl. Stadtb. S. 118 (in der dem §. 1. S. Sp. I. 22. entsprechenden Stelle [oben S. 183], welche noch den eigenen Zusatz enthält: „ick wer dan vor von den doden bescheiden"), und in der C. J. Tit. II. §§. 2—4 und C. J. G. 1574. Tit. XIV. (oben Anm. 926, 952, 956) steht das Wort bescheiden in der technischen Bedeutung des Testirens. (Oben Anm. 683.) Vgl. Grimm R. A. S. 483.

965) Riedel nov. cod. dipl. I. S. 103 f. Note †.

966) Unten Anm. 970.

967) Fidicin Beitr. I. S. 250.

968) Riedel nov. cod. dipl. I. S. 122.

969) Oben Anm. 289.

de erste were also denne schal alheyt myne husfrowe na stat rechte de helfte aller myner guder var sick beholden[970]) vnde de ander helffte sulker gudere schullen myne testamentarien[971]) tho gelde maken vnde dar myt dorch wantliken handel eynen jerliken tyns kopen etc.“[972])

Von Schenkungen zum Heile der Seelen[973]) endlich sind unsere Märkischen Urkunden-Sammlungen voll, und kaum dürften sich über irgend etwas Anderes mannichfaltigere Wendungen und Ausdrücke finden lassen. So z. B.: In remedium (ob remedium, pro remedio) oder in salutem (ad salutem, pro salute) animarum; ob memoriam animarum; pro animabus; pro salute; ut salutem animae suae inde constituant; pro peccatis; pro peccatorum remedio, zur Arzney unserer Seelen; zur Vergebung unserer Sünden und zur Seelen Seeligkeit; ob spem (obtentu) divinae remunerationis; ut, cum res mundi deficiant, nos in aeterna tabernacula recipiant u. s. w.[974])

---

970) Das alte Märkische Halbtheil tritt hier, wie in der Perleberger Urkunde v. 1400 (oben Anm. 966) und in der Fortsetzung der oben (Anm. 626) angeführten Urkunde v. 1353 („dimidietate sepedicta“) als ächtes Stadtrecht hervor.

971) Unten Anm. 1020 g. E.

972) Vgl. noch v. Ledebur Archiv XIII. S. 177 f (v. J. 1495) und oben Anm. 950 (v. J. 1523).

973) Im Zusammenhange damit steht die Bezeichnung letztwilliger Verfügungen durch das Wort Seelgeräthe. Vgl. Grimm Deutsche Sagen II. S. 331; Beseler Erbv. Th. I. S. 248; Tzsch. und Stzl Urk. S. 240 Note 4 und S. 507 f. (Urk. Nr. CXXV. v. J. 1324. §§. 22, 23: „Selegerete“.) In der Glosse zum S. Sp. I. 23, wo von der Testamentsmündigkeit die Rede ist (unten Anm. 1044), werden die Testamente überhaupt „sylgerede“ genannt.

974) Vgl. z. B. v. Ludewig rel. man. tom. VII. im diplomatarium Ludovicianum No. CVI, CXVII, CXXVIII, CLXXIV; Lentz Uhrk. Nr. XXX (v. J. 1272, S. 62: „si ad nos et nostram Ecclesiam ex ordinatione testamentorum ... hereditates alique intra civitatem ... fuerint devolute;“ vgl. Gercken dipl vet. March. I. S. 13 f Note a und Tzsch. u. Stzl Urk. S. 240 Note 5); Nr. LXXXIII (v. J. 1309, S. 182 ff — die Mönche trinken Bier zum Gedächtniß der Seelen —); Buchholtz Br. Gesch. I. S. 425 (Urk. Nr. 26), IV. Anhg. v. Urk. No. 5—7, 11, 12, 34—36, 38, 42, 46, 58, 83, 117, 120, 122, 135, 149; V. Anhg. v. Urk. S. 1 (Nr. 151), S. 17 (Nr. 165); v. Raumer cod. dipl. II. S. 11 (Nr. X, v. J. 1472: „ummb gots, seiner eldern und seiner selen selikeit willen zu einem ewigen Testament“); S. 56 (in dem dritten der Beschwerdepuncte gegen

Mit Kurfürst Joachim des Ersten Tode trat auch bei uns eine Aenderung in den Verhältnissen ein, welche hier zu Grunde gelegen. Um dieselbe Zeit, als die Magdeburgischen Schöppen solche Bestimmungen eines Testamentes, welche katholische Gesinnungen verriethen, für unkräftig und ungesetzlich erklärten,[975] hatte Joachim noch ein strenges Edict gegen die „Lutherischen Ketzereyen" erlassen.[976] Nach seinem Tode aber drang auch in der Mark die Reformation der Kirche unaufhaltsam vorwärts.[977] Und so wenig auch die evangelischen Geistlichen aufhörten, sich der Kranken und Sterbenden anzunehmen,[978] so wurde doch der Character des Testamentswesens mehr ein weltlicher; wozu kam, daß die Erbverhältnisse der Geistlichen selbst, die ja Frauen

---

Stendal — oben Anm. 888 — : „Szo vergunnen sie an ore stad wes sinen gnaden ansterbt ..., das sie das an die kirchenn schaffen wor sie willen dorch orer sielen salicheyt u. s. w."); Perleberger Urk. v. 1494 (oben S. 277): „na vnser ewigen selen salicheit"; Fidicin Beitr. III. Regest. Nr. 18, 38 (vgl. 62), 68, 74, 79, 81, 83, 89, 120, 165, 186, 309, 389, 490, 601. — In gewisser Beziehung gehören hierher auch die Testamentsregister in den Klöstern (Stenzel scriptt. rer. Siles. I. S. 204) und die s. g. Seelbäder. (Zimmermann Märk. Städteverf. I. S. 131; Stenzel a. a. O. S. 424.)

975) Magd. Schöppenurtel v. 1532, in Neumann Niederlaus. Landv. II. S. 202 f: „das solch Testament an sich selbst so viel die 3 Punct als nemblich den Wendischen Prediger, der Kappellen und was den armen Leuten beschieden, belanget Im Rechten bestendigk und krefftig ist, was aber sunst die Vigilien, seelmessen begengnuß, venien und dergleichen betrift, die weil sie dem Evangelio und göttlichem Wort entgegen, hat kein krafft noch macht, und kann darauf kein execution erfolgen." Vgl. oben Anm. 106.

976) Lentz Uhrk. Nr. CCCXXIII.

977) Fidicin Beitr. III. S. 160—163.

978) Sie werden vielmehr auch später noch angewiesen, die Kranken zu frommen Schenkungen zu ermahnen. Vgl. Visitationsabschied vom Jahre 1540, in Fidicin's Beitr. II. Nr. CCX, S. 349: „Hieruber sollen die Kastenhern bei dem Probst vnd Predigern mit Fleisz anhaltten, das sie das Volck, in den Predigten, vnd wan sie kranck ligen, vormhanen, zum gemeinen Kasten zu geben, auch Testament darein zu machen"; Kirchenordnung v. J. 1540 (C. C. M. Th. I. Abth. I. Nr. II, Sp. 223 ff): „Von besuchung vnd communion der krancken"; Vis. u. Consist. Ordnung v. 1573 (a. a. O. Nr. VII. Sp. 285 f, 295 f): „durch Testamenta, Gott zu ehren" u. s. w.

und Kinder hinterlassen konnten, dem weltlichen Rechte unterworfen wurden.[979])

§. 3. Constituirung und Theilung der Erbmasse.

Unsere Joachimica berücksichtigt

I) nur das Verhältniß, wenn der überlebende Ehegatte mit Kindern, anderweitigen Verwandten oder Fiscus theilt, nicht aber, wenn der überlebende Ehegatte der Erbschaft entsagt.

A. Die Hälfte des vorhandenen Vermögens wird dem überlebenden Ehegatten in der Weise zugesprochen, daß vor aller Theilung mit den Erben zuvörderst Gesindelohn und Schulden von dem gesammten Vermögen abgezogen werden:

---

979) Noch die Landtagsabschiede v. 1534, 1538 u. 1572 nehmen wegen des Nachlasses der Geistlichen aufs Canonische Recht Bezug: „Es soll . . . mit allen nachgelassenen Güthern der Geistligen nach Ordenung und Einsetzung geistlicher Rechte gehalten werden.“ (C. C. M. Th. VI. Abth. I. Sp. 27, 47, 108.) Erst der Revers von 1602 erklärt, daß Römisches Recht darauf anzuwenden: „Es soll auch mit den nachgelassenen Güttern der Geistlichen, hinfüro wie herkommen, in unsern Landen, nach Ordnung und aussetzung der Kayser Rechte, gehalten werden, weil unsere Stiffte reformiret seyn.“ (A. a. O. Sp. 158. Vgl. Gercken cod. dipl. VII. S. 90—94; Neum. Landt. Abschied v. 1611, C. C. M. a. a. O. Sp. 211: „auß dem abschewlichen Finsternuß des Pabstumbs wiederumb repurgiret.“) Uebrigens sorgt schon im Jahre 1540 ein Kurfürstlicher Revers für Zulassung der Kinder von Geistlichen zur Erbschaft ihrer Väter (am oben Anm. 77. angef. Orte S. 55 Sp. 1 f: „Es sollen auch aller . . . Geistlichen Kinder u. s. w.“); und die Consist. Ordnung v. 1573 beruft ausdrücklich die hinterlassenen Frauen und Kinder der Geistlichen zur Erbschaft in Gemäßheit der Joachimischen Constitution (C. C. M. Th. I. Abth. I. Nr. II, Sp. 302: „. . . sollen der Geistlichen . . . Eheliche Weiber vnd Kinder, sich vnser Landes Constitution in Erbschafften . . . zugebrauchen haben“), gerade wie ein Jahrhundert später die Anwendbarkeit des Salzwedelschen Statuts auf die Kinder der Geistlichen declarirt wird. (Rescript v. 31. December 1684: Götze Mot. II. S. 9.) Der Neum. Landt. Abschied v. 1611 aber will nur den Mißbrauch abschaffen, daß die Wittwen und Kinder der Geistlichen die Pfarre selbst zu einer Art von Erbstück machen. (C. C. M. Th. VI. Abth. I. Sp. 212.) — Endlich ist auch das Gnadenjahr und die Befreiung von der Quindena zu Gunsten der von den Geistlichen hinterlassenen Wittwen und Kinder eingeführt worden. (Consist. Ordnung v. 1573, a. a. O. Sp. 304; C. J. G. 1594. Th. III. c. XXIV. g. E.)

C. J. Tit. I. §. 2: „Jedoch sol erstlich[980]) Dienstlohn vnnd Schulde zuvor aus dem gemeinen Gut[981]) bezahlt werden.“

Eine gleiche Art der Berechnung wird bei Vermachung des vierten Pfennigs vorgeschrieben:

A. a. O. §. 8: „Doch sol erstlich Dienstlohn vnd schulde, ehe der vierde Pfennig angelegt, gerechent, vnd von dem gemeinen Gut[981]) bezahlt werden.“

Auch die mehrmals erwähnten Luckauer und Spremberger Statuten wiederholen die Bestimmung unseres §. 2. an der entsprechenden Stelle[982]); und zwar die Luckauer Statuten fast wörtlich:

„Eß soll aber vor Allenn Dingenn vonn der Gemeinenn Erbschafft Dienstlohne vnnd Schulde Abgezogenn vnnd zufor bezalt . . . werdenn;“

die Spremb. Stat. aber in weiterer Umschreibung:

„Es soll aber für allen Dingen von der gemeinen Erbschafft der gnädigen Herrschafft Jhro Gnaden, E. E. Raths und Kirchen Schulden, der Dienstbothen und andere beweißliche Schulden, wie in allen andern Erbschichtungen, abgezogen und zuvor bezahlet ... werden.“

a) Das Privilegium des Gesindelohnes ist ächt Deutsch. Schon im Sachsenspiegel und im alten Magdeburgischen Rechte anerkannt, ist es ins Brandenburgische Recht übergegangen, und auch nach der Joachimischen Constitution bei Kraft geblieben.

Der §. 2. S. Sp. I. 22. sagt:

Van dem erve sal man aller irst gelden[983]) dem inge-

---

980) Diesem „erstlich“ entspricht das „nachfolgig“ in Ansehung der Legate. (Unten Anm. 1018.)

981) Eichh. Pr. R. §. 298. Nr. II. „... daher wurde an vielen Orten dem überlebenden Ehegatten überhaupt ein quoter Theil des ungetheilten Gutes zugesprochen . . . Bei einem solchen Verhältniß wurden die Schulden nothwendig von dem zu theilenden Gute zuerst abgezogen, welches darum gemeines Gut hieß.“ Vgl. oben Anm. 744.

982) Riebel Mag. III. S. 237 und 240.

983) Gelden im allgemeinen Sinne bedeutet: „die pflicht des eingegangenen vertrages erfüllen.“ (Grimm R. A. S. 602 z. Anf.; vgl. M. R. 1261 §. 52.) Insbesondere aber bezeichnet dieses Wort, so wie vergelden, die Abtragung einer Geldschuld, d. h. die eigentliche Zahlung: „gelten und wider geben für bezahlen, schuld abtragen . . .; oft auch vergelten“. (Grimm R. A. S. 611; Homeyer Reg. Gelden und Vergelden; M. R. v. 1304 §§. 108 und 123.) Vgl. unten Anm. 1000 und 1019.

sinde ir verdenede lon, ... Besact[984]) man in ok irs lones von eme jare oder von eme halven, dat muten se wol uppen hilgen behalden.[985])

Der §. 77. M. R. v. 1261 (oder vielmehr von 1283[986])) bestimmt, daß der Herr den Lohn, welchen der Knecht vor Gericht gegen ihn (durch seinen Eid) erstritten, binnen Tagesfrist auszahlen solle:

Beheldet[985]) ein Knecht sin vordienete Lôn uf sinen Herren vor Gerichte, dar ne ist der Herre deme Richtere nechein Gewette umbe schuldich unde daz sal her ime gelden[983]) binnen deme Tage.[987])

Das M. R. v. 1304 aber verstattet im §. 74. den Knecht wegen seines verdienten Lohnes nur dann zum Eide, wenn weder der Lohn die Summe von 5 Schillingen übersteigt, noch der Herr seinerseits den Gegenbeweis (der bereits erfolgten Zahlung) selbdritt, d. i. durch seinen und zweier Zeugen Eid, übernimmt:

Daz ein sin ve(o)rdienete Lon beheldet. Ein Man mac sin verdienete Lon behalden, vunf Shillinge, uffe den Heiligen.[985]) Wil der Herre abir daz volbrengen uffe den Heiligen selbe dritte,[988]) daz her vorgolden[983]) habbe, her ist naher im zu untgenge,[989]) dan jener zu behaldene.[990])

Unser Berliner Stadtbuch v. 1397 hat den §. 2. S. Sp. I. 22, nur mit einigen Wortveränderungen, aufgenommen, und

984) Besaken ist läugnen, bestreiten: Homeyer Reg. u. d. W.

985) „Behalten" oder „auf den Heiligen behalten" (oben Anm. 260 und 621; unten Anm. 1009) ist so viel als erstreiten („durch Beweis behaupten"): Homeyer Reg. Behalden. — Zum §. 2. S. Sp. I. 22. vgl. Glosse z. Sächs. Weichb. Art. XXVI (Bl. LIV. Nr. 6); v. Sydow S. Sp. S. 357 f und Note 868 und 1036; Eichh. R. G. §. 382 Note q.

986) Denn der §. 77. gehört zu den erst im Jahre 1283 bestätigten Breslauer Additionalarticeln: oben Anm. 275.

987) Der §. 77. ist ins Kulm. Recht III. 81. übergegangen. (Die Variante einer Handschrift des Kulm. R. „Beschuldiget" für „Beheldet" bewirkt im Wesentlichen keine Veränderung des Sinnes: Leman Kulm. Recht. S. 78 u. 257.)

988) Vgl. Homeyer Reg. „Vulbringen" (Beweis vollführen) und „Zeugniss von drei Personen" (S. 404: „geleistete und angebotene Zahlung"). Unten Anm. 1006.

989) Oben Anm. 259.

990) Der §. 74. M. R. v. 1304 ist ins Sächs. Weichb. Art. LXXVIII. und in den v. Mühler herausg. Naumb. Codex Art. 31, 32 übergegangen, im Kulm. Recht aber (III. 82 f) nicht unwesentlich verändert.

stimmt mit dem alten M. R. in Ansehung der Zahlung des Lohnes binnen Tagesfrist überein. Der gedachte §. 2. findet sich im Capitel vom Erbrechte, Berl. Stadtb. S. 118 f: Von deme erue sal man allerirst gelden u. s. w. Die Veränderungen laufen darauf hinaus, daß nach „von eynem Iare,“ folgt: „haluen oder virdel“, und daß die Worte des S. Sp.: „dat muten se wol uppen hilgen behalden“ folgendergestalt weiter ausgesponnen sind: „dat muten sy bat vp den hilgen beholden or vordynede lon, wen id is ymand em tu entfurene.“ Die verwandten Articel 32. u. 33. S. Sp. II. sind in das Capitel von der Schuld (oben Anm. 582) aufgenommen. (Berl. Stadtb. S. 101: Nymand en is u. s. w. und Welk knecht u. s. w.) Dort steht auch der Satz, dessen Uebereinstimmung mit dem M. R. ich bereits angedeutet habe:

Vordẙnct lon, gare koste, kutyns vnd ander vhetins vnd desglikes sal man gelden[991]) bi des dages licht. (Berl. Stadtb. S. 94.)

„Bi des dages licht“ ist nichts Anderes, als jenes: binnen deme Tage; gerade wie: „bi sunnen schine“ im S. Sp. II. 5. §. 2. g. E., oder: „wente di sünne under gat“ im S. Sp. III. 40. §. 1.[991])

Nach Erlaß der Joachimischen Constitution hat das Privilegium des Gesindelohnes noch in den Johann Georg'schen Entwürfen seine besondere Bestätigung gefunden:

C. J. G. 1574. Tit. XXIII. „Von der Prioritet[992]) der Gleubiger. . . ., So sol erstlich das gesinde, vnd artzlohn, auch was auff des verstorbenenn begrebnus gewanndt, . . . betzalt werdenn.“

C. J. G. 1594. Th. II. c. XIX. „Der Gleubiger Erstigkeit[992]) in Ihrer Schuldner Gueter. . . . Es ist aber alhier in acht zuhabenn, do unter diesen Pfandts Creditoren etliche sonderliche Privilegia habenn, daß dieselbenn den eltern in nachfolgender Ordnung vorgezogen werdenn. Als erstlich weill in unser allen Landes-Constitutionen verordnet, daß dienstlohn vor allen Dingen bezahlet werden muß, so soll auch dasselbe von der Erbschafft zum voraus er-

---

991) Vgl. Grimm R. A. S. 319 Nr. 32; S. 813 ff u. 846; unten Anm. 1065.

992) Der Ausdruck Erstigkeit statt Priorität ist dem gegenwärtigen Sprachgebrauche fremder, als er es sein sollte. Im Allgem. Preuß. Landr. findet er sich im §. 590. Th. I. Tit. 20.

leget werdenn. Zum andern was zu des Verstorbenen Begräbnis und Arzlohn aufgewandt u. s. w."[993])

b) Nicht bloß das Privilegium des Gesindelohnes, welches die C. J. anerkennt, sondern auch die ausdrückliche Vorschrift, vor aller Theilung erst die Schulden zu bezahlen, steht mit altem Deutschem Rechte in Beziehung, aber gerade in umgekehrter Weise.

Denn nach dem Sachsenspiegel und nach Magdeburgischem Rechte war weder der Erbe verpflichtet, jegliche Schuld zu bezahlen, noch der Beweis der Schuld selbst gegen den Erben leicht zu führen. Vielmehr haftete der Erbe bloß aus der fahrenden Habe, und nicht für die Schulden, welche aus Delicten entsprungen waren oder nichts in die Erbmasse gebracht hatten[994]); und die Schulden, welche nicht vor Gericht eingegangen waren, mußten gegen den Erben mit 72 Zeugen dargethan werden: eine Beweistheorie, welche nur nach und nach modificirt wurde.[995])

Auch in der Mark galten ursprünglich diese Grundsätze. Das Salzwedelsche Recht v. 1273 läßt namentlich Wittwe und Erben nur für gerichtlich eingegangene Darlehen und Bürgschaften des Erblassers haften.[996]) Und das Berliner Stadtbuch von 1397 stimmt noch in wesentlichen Beziehungen mit dem Sachsenspiegel und dem Magdeburgischen Rechte überein; mit letzterem zumal in Ansehung des Beweises bezahlter Erbschaftsschuld. Insbesondere ist das Capitel von der Schuld (oben Anm. 582) reich an hier einschlagenden Bestimmungen. Gleich der erste Absatz: Dy icht borget oder louet u. s. w. (Berl. Stadtb. S. 93; vgl.

---

993) C. J. G. 1574. Tit. XXIII, und ausführlicher C. J. G. 1594. Th. II. c. XIX. enthält eine Prioritätsordnung nach gemeinem Rechte (oben Anm. 147); vgl. Thibaut Pandekten Ausg. 6. §§. 1236 ff.

994) Vgl. M. R. v. 1261 §§. 52, 59. u. v. 1304 §§. 108, 123; Eichh. Pr. R. §. 332; v. Sydow S. Sp. S. 330 ff, S. 365 f, Note 1126, 1117, 777; Hasse in v. Savigny Zeitschr. IV. S. 85 f; Kraut Grundriß §. 287. Nr. 25 f.

995) Vgl. Eichh. Pr. R. §. 91; v. Sydow S. Sp. S. 337—342; Hasse in v. Savigny Zeitschr. I. S. 25 ff; M. R. v. 1295 §. 8. und v. 1304 §. 25. (Mühler C. N. Art. 27; Sächs. Weichb. Art. LXVII. mit der Glosse [Bl. LXXXVIII. Sp. 4. Nr. 6] und Art. CI. z. Anf.) Unten Anm. 1003.

996) Oben S. 121: „Item quicumque aliquorum hominum u. s. w."

unten Anm. 1011) entspricht dem Art. 7. S. Sp. I., von der verschiedenen Wirkung des außergerichtlichen und gerichtlichen Versprechens. Nur die Veränderung des Wortes „gelent" in „gesonet" möchte dabei zu beachten sein.[997]) Der zweite Absatz: Welk man vor gerichte geld vorderet u. s. w. gibt den §. 4. S. Sp. III. 41. wieder. In dem dritten Absatze: Wi auer deme anderen louet u. s. w. sind vor „don er ym di gaue bestediget werde" gerade die entscheidenden Worte des entsprechenden §. 1. S. Sp. I. 9: „stirft jene," ausgefallen; aber augenscheinlich nur aus Versehen, da eine spätere Stelle (Berl. Stadtb. S. 96 f: Wi auer dem anderen louet u. s. w. bis: darvor můt he antwerden ane vnschuld) den Art. 9., unter Hinzufügung des Art. 15. S. Sp. I., vollständig aufgenommen hat. Der folgende Satz: „Ouer virteynnacht sal man schuld gelden di man vor gerichte het gewunnen" (Berl. Stadtb. S. 94) ist dem §. 2. S. Sp. II. 5. entlehnt.[998]) An ihn schließt sich die Bestimmung wegen des Gesindelohnes, deren wir oben (S. 283) gedacht haben, und auf diese folgt eine Vorschrift über prompte Zahlung von Erbgeld (Wi auer vor gerichte bekennet ersgeld u. s. w.), die wir unten (C. a. g. E.) in weiterem Zusammenhange berücksichtigen werden. Der nächste Absatz: Wi tu dinge nicht en kommet u. s. w. (Berl. Stadtb. S. 94) stimmt im Wesentlichen mit §. 3. S. Sp. II. 6. und bildet die Einleitung zur Lehre von der ächten Noth. Einer weiteren vergleichenden Uebersicht des Capitels von der Schuld, die sich mit Leichtigkeit anstellen ließe, glaube ich mich hier entheben zu dürfen, um noch auf einige Stellen des Capitels vom Erbrechte aufmerksam zu machen, welche den Art. 6. S. Sp. I. und den Art. 31. S. Sp. III. wiedergeben: beide von der äußersten Wichtigkeit für die Lehre vom Uebergange der Forderungen und der

997) Das Wort gelent bedeutet: „abgeschlossen" (Homeyer in den Berl. Jahrb. f. wiss. Kritik 1827. S. 1319 f; Hom. Reg. Lenden); gesonet aber bedeutet: „zugestanden" (Fidicin Beitr. III. S. 557 u. d. W. Sonen).

998) Denselben Termin von 14 Nächten („post quindenam" in der Lat. Uebers. des S. Sp.) finden wir in den Quellen des Magdeburgischen Rechtes: M. R. v. 1261 §. 25 u. v. 1304 §. 64; Sächs. Weichb. Art. XCI; Mühler C. N. Art. 30; Alt. Kulm. Recht III. 71. Vgl. Grimm R. A. S. 217 f, 221 Nr. 2.

Schulden des Erblassers auf den Erben.[999] Alle 5 §§. des gedachten Articels 6. finden sich der Reihe nach im Berl. Stadtb. S. 115 f, in den beiden Absätzen: Met welkeme gude di man vorsteruet u. s. w. und: Man sol ok deme eruen gelden u. s. w. (Von dem merkwürdigen Einschiebsel in dem ersten, und der Veränderung der zwei Schlußworte in dem zweiten Absatze unten ein Mehreres.) Die beiden ersten §§. des Articels 31. S. Sp. III. sind im Berl. Stadtb. S. 121, in dem Absatze: Wat eyn man den anderen u. s. w., wiedergegeben; der §. 3. aber ist noch ins Capitel von der Schuld aufgenommen. (Berl. Stadtb. S. 110, Absatz: Dy den andern veit u. s. w.) Die vorher angedeutete Uebereinstimmung mit dem M. R. endlich zeigt sich in folgender Stelle des Nachtrags-Capitels (oben S. 170 f):

Veste tuch dat eyn islich man syne vorguldene[1000] schuld mach betugen vnd vulbringen selfdridde, di dat segen vnd och horeden; auer na doder hand selfsouende. (Berl. Stadtb. S. 171.)[1001]

---

999) Wegen des Ueberganges der Forderungen insbesondere vgl. noch v. Sydow S. Sp. S. 328 f; S. 368 u. Note 1142 g. E.

1000) Oben Anm. 983.

1001) Der Zusammenhang, in welchem sich diese Stelle findet, ist folgender. Ein großer Absatz des Berliner Stadtbuches (S. 170—172), der sich unmittelbar an die oben (S. 201 f) mitgetheilte Stelle von der Gesundheitsprobe für Bürger und Bauern anschließt, und durch die Worte: „Eyn vrie Sasse wil vor deme gerichte nicht ouertuget syn. Doch so is mangerleige tůch vor dem rechte in deme lande tu Sassen“ eingeleitet wird, enthält eilf specielle Arten der vollgültigen Beweisführung. Zu den angeführten Einleitungsworten vgl. S. Sp. I. 18. §. 2. nebst der Glosse, so wie die Glosse zum S. Sp. I. 15. g. E. Auch die Glosse zum §. 2. S. Sp. II. 6. deutet dahin: „Dith is auer dar wedder, dy dar spreken, dat men den Sassen nicht ouertügen mach“. (Augsb. Ausg. v. 1516. Bl. LXVII. Sp. 1.) Die erste der aufgeführten Beweisungen (dat irste tugh) ist das Zeugniß von Richter und Schöppen. (Vgl. S. Sp. I. 7. g. E. u. 8. §. 3; Sächs. Weichb. Art. LII. und Glosse z. Sächs. Weichb. Art. XI, Bl. XXVII. Sp. 3. Nr. 10.) Die zweite und dritte Art der Beweisführungen geht auf verübte Verbrechen. Die vierte haben wir oben S. 191 kennen gelernt. (Virde tuch is dat vier erlike frouwen u. s. w.) Die fünfte ist es, mit der wir es eben hier zu thun haben. Die sechste ist aus dem §. 1, die siebente aus dem §. 2, die achte aus dem §. 3. S. Sp. II. 22. aufgenommen. (Zur siebenten vgl. noch S. Sp. III. 25. §. 1.) Die neunte ist das s. g. penninghtůch. (Fidicin Beitr. III. S. 552 u. d. W.) Die zehnte bezieht sich auf Mäkler. (Eich-

Der Anfang dieser Stelle entspricht freilich dem §. 2. S. Sp. II. 6:

Alle verguldene[1000]) scult sal de man vulbringen selve dridde, die it sagen unde horden;[1002])

der Schluß aber von dem Beweise „selbsiebent nach todter Hand“ ist augenscheinlich Magdeburgischen Ursprunges:[1003])

M. R. v. 1295 §. 8: Beclaget ein Man den anderen umbe Gelt nach toter Hant unde wil in des inneren nach Rechte, daz mac he tůn mit sin eines Hant uf den Heiligen[1004]), ob iz ime jener gestaten wil. Sprich aber jener, he in wizze umbe daz Gelt nicht, he si is unschuldich, oder he hab iz ime verguldcn[1000]), daz můz he sweren uffe den Heiligen selbe sebende.

M. R. v. 1304 §. 25: Von des Vater Shult. Beclaget ein Man den anderen umme Shult, die her ime shuldic sie von sinen Vater, en innert hes en nicht, als Recht ist, her entget im mit siner Unshult.[1005]) Beclaget her in abir mit Gezuge unde seget jener, her habbe im vorgolden,[1000]) daz muz her volbrengen[1006]) selbe siebende nach totir Hant.

Der Ausdruck „todte Hand“ wird zur Bezeichnung des Erblassers gebraucht, von dessen Schuldverhältniß die Rede ist. Directer heißt es im §. 4. S. Sp. I. 24. (übergegangen in M. R. 1261 §. 29): „Svat . . . ute stunt bi des toden mannes live“, und im Kulm. Recht IV. 105: „Von des toden mannes schulden.“ In unseren beiden Stellen ist also Gelt nach toter Hant und Shult von sinen Vater gleichbedeutend. „Tote hand heiset das eime mane sin vater adir sin bruder adir sine mage wer der sei irstorbin ist des erbe her nemen mog.“[1007]) Demnach ist es das Magdeburgische Recht, aus wel-

Pr. R. §. 387. Nr. IV.) Wegen der eilften verweise ich auf den Text einer der nächstfolgenden Seiten.

1002) Vgl. S. Sp. I. 65. §. 4. g. E.

1003) Oben Anm. 995.

1004) Oben Anm. 260.

1005) Oben Anm. 259.

1006) Oben Anm. 988.

1007) So wird in den Magd. Schöppenurteln bei Böhme (Dipl. Beitr. VI. S. 91) die Frage beantwortet: Was tote hand heiset. (Vgl. Kulm. Recht III. 67.) Die Bezeichnung des Erschlagenen durch die „todte Hand“ haben wir oben kennen gelernt (Anm. 786); eben so den anderweitigen Gebrauch dieses Ausdruckes in erbrechtlicher Hinsicht. (Anm. 515, 524, 590a.)

chem unser Stadtbuch die Satzung von dem Erweise bezahlter Schuld durch den Eid des Erben und 6 Zeugen entlehnt hat. Daß aber auch umgekehrt nach Bewandniß der Umstände der Kläger zum Eide selbsiebent verstattet werden konnte, dafür zeugt eine Entscheidung unseres Kurfürsten Friedrich aus der Zeit v. 1420,[1008]) welche dem als Kläger aufgetretenen angeblichen Cessionarius den Beweis der noch bei Lebzeiten des inzwischen verstorbenen angeblichen Cedenten wirklich erfolgten Cession dahin auflegt und gestattet:

„das der genante Fritze" (d. i. der Kläger) „das bewisen moge mit des gerichtes und scheffen brive und bewerten Ingesigel do das gescheen ist, das der genante Puchelberger" (d. i. der angebliche Cedent) „Im den Brieff und schulde bye synem lebendigen libe mit guten willen vor gerichte vorlassen habe, Muchte her der Bewisunge nicht gehaben, So mag her das nach toder hant selb sybende fromer unvorsprochenn lute in den heiligen behalden."[1009])

Neben diesen wesentlichen Momenten der Uebereinstimmung

Umgekehrt wird auch „lebendige Hand" gesagt. (Z. B. Kraut Grundriß S. 281 Nr. 2.)

1008) Sie steht in v. Raumers cod. dipl. I. S. 83 f, Nr. XLVI. (Vgl. II. S. 123 Note ***.)

1009) „In den heiligen behalden" oben Anm. 985. — Abweichend vom Magdeburgischen Rechte gestatten jene Kottbusser Articel von 1409 (oben S. 206 f) dem Gläubiger, selbdritt eine Schuld von weniger als 10 Schock gegen den Erben zu beweisen: „Wehre es auch Sache, daß jemandt den andern beschuldiget, nach Todter Handt was da ist, unter zehen Schokken kann er gehoben zweine unversprochene Männer, mit denen Er das beweisen kann magt, damit soll er verfahren." Bei Mylius fehlt diese Stelle gänzlich, bei Hoffmann ist sie defect: „Wäre es auch Sache, daß was da ist, unter zehen Schokken, kann er gehaben zwene unversprochene Menner, mit denen Er verfahre." Vollständig, und deutlicher noch, als in der Eisenberg-Stengelschen Leseart, findet sie sich bei Steyer: „wäre es auch Sach und trüge sich zu, daß jemand des andern beschuldigt nach todter Hand, was da ist unter 10 Schock kan er haben zwey unversprochene Mann, mit denen er beweisen kan, damit soll er verfahren." Unversprochene Leute sind hier unbescholtene, glaubwürdige Zeugen. Vgl. Grimm R. A. S. 29: „erbar, biderbe, unbesprochen man"; S. Sp. I. 6. §. 2 (Homeyer Note c): „umbesprochene lute" (S. Sp. I. 51. §. 3: umbesculden an sime rechte); Glosse z. Sächs. Weichb. Art. LXVII (Bl. LXXXVIII. Sp. 4. Nr. 6): „vnbesprochen ... an jhrem rechten". Auch in unserem alten Salzw. Priv. v. 1273 kommt einmal vor: „cum juramento suo ipse tercius, dummodo sint fide digni, se defendet". (Lenz Uhrk. S. 73.)

des Berliner Stadtbuches mit dem Sachsenspiegel und dem Magdeburgischen Rechte finden sich aber auch schon abweichende Principien, welche in unser Stadtbuch eingedrungen sind. Unter diesen ragt am Meisten hervor, daß, wer der Erbschaft nicht entsagt hat, alle Schulden, und zwar nicht bloß aus der fahrenden Habe, bezahlen muß:

Doch di sich vnderwindet eynes eruen met rechte, di mut nů alle schulde gelden; vnderwindet he sich nicht des gudes vnd let dat dorch ouerge schulde, di kleger di tu dem gude eyn na den anderen dan klagen, islike der volget syn andeil an deme gude met rechte, di vor is met der klage di geit vor.

Diese Stelle ist recht absichtlich gerade zwischen die beiden Sätze eingeschoben, welche den §. 2. S. Sp. I. 6. wiedergeben. (Oben S. 286) Sie unterscheidet, ob man sich einer Erbschaft unterwinde oder nicht, augenscheinlich im Gegensatze gegen das alte Sächsische Recht. Uebernimmt man nämlich die Erbschaft, so muß man jetzt, (nů, dem S. Sp. entgegen) für alle Schulden aufkommen. Uebernimmt man aber die Erbschaft nicht, läßt man dieselbe um ihrer überwiegenden Schulden willen im Stich, so werden die Gläubiger der Reihe nach, wie sie ihre Klagen anbringen, daraus befriedigt.

Einfluß Römischer Grundsätze ist hier so wenig zu verkennen, wie in dem, was noch von der plus pelilio tempore gegen den Erben, und von der Beweiskraft schriftlicher Urkunden überhaupt gesagt wird. In ersterer Beziehung heißt es in einem besonderen Nachsatze zu jener umfangreichen Stelle von der Beweisführung (oben Anm. 1001):

Nymand sal tu eynes andern angeual clagen noch met rechte laten vorbiden, id sy dan an den komen na doder hand, di em schuldich sy. Clagede der er, di wile id nicht tů em komen is, he vorlust vorgebord vnd clage, also verne alse eyn ander na claget, alse schire der kranke vorsteruet. (Berl. Stadtb. S. 172.)

Vorgebord bezeichnet das Vorrecht, zuerst zu klagen. (Fidicin Beitr. III. S. 564 u. d. W.) In ähnlichem Sinne steht erklage an einer Stelle unseres Stadtbuches (S. 89: Biddet twe man u. s. w.), welche aus dem S. Sp. I. 61. §. 2. entnommen ist, wo „die erenklage getügen" in der Latein. Uebers.

wiedergegeben wird durch: „priorem actionis propositionem comprobare.“[1010])

In Ansehung der Beweiskraft schriftlicher Urkunden lautet der Schluß jener Stelle von der Beweisführung selbst (Anm. 1001 g. E.):

Dat elftende tûch is eyn openbar besegeld briff, dar eyn man in schuldich is oder borget, loued vnd vulbord, dar man eynen met ouerlughet. Isset dat he sich nicht vorredet, dat di brif ane synen weten vnd vulbord geschreuen vnd besegeld sy, dat muste di eden bouen synen brif, dat were ok alse mere meynede. Darvmme sprecht he in dat anbegin des bukes[1011]): „wi icht borget oder louet, di sal gelden, vnd wat he dut, dat sal he stede holden“; dat is dat du nicht vorsaken salt.

Gewiß liegt hier der Zusammenhang mit der Glosse sehr nahe, wenn wir folgende Stellen vergleichen:

Glosse z. S. Sp. I. 7 (Augsb. Ausg. v. 1516 Bl. XII. Sp. 2): „To dem drudden wert eyn schuldich van breuen by hegifft, edder dar he wat ynne louet. vt insti. de litterar. obliga. §. 1. & ff de proba. l. si pactum & l. sequēti.“[1012])

Glosse z. S. Sp. III. 37 (a. a. O. Bl. CLI. Sp. 1): „Dit selue segge wy van den bewisingen . . . met briuē. Dy het men ock nicht gentzlick vorwar wen na wane.“[1013])

Glosse z. Sächs. Lehnrecht c. XIX (Ausg. v. Zobel 1589. Bl. LIII. Sp. 4): „Also, ob er jemandt ichts gelobet mit brieffen, da er sein insigel anhenget . . . vnd solcher sachen mag er nicht vnschüldig werden, er schwüre denn selb siebend, daß das Insigel nicht sein were, noch sein nicht were gewesen. Vnd ob es aber sein were, das es ohn sein wissen were auffgedrücket.“[1014])

Endlich erscheint auch noch die Befugniß der eidlichen Ab=

1010) In anderem Sinne dagegen geht Vorklage auf die Entscheidung der Frage, wer die Rolle des Klägers zu übernehmen habe: v. Raumer cod. dipl. II. S. 121.

1011) Es wird auf den Anfang des Capitels von der Schuld zurückgewiesen. (Oben S. 284.)

1012) D. i. §. un. J. de litt. obl. (III. 21.) und l. 9 sq. D. de prob. et praes. (XXII. 3.)

1013) „Na wane“: d. i. die Präsumtion der Richtigkeit und Wahrheit streitet für schriftliche Urkunden.

1014) Vgl. Eichh. R. G. §. 382 Note p; v. Raumer im cod. dipl. II. S. 122 Nr. 2.

läugnung einer außergerichtlich übernommenen Verbindlichkeit im Berl. Stadtb. beschränkt. Denn während der §. 3. S. Sp. I. 6.[1015]) ohne Abweichung aufgenommen ist, findet sich eine Veränderung der zwei Schlußworte des §. 5.[1016]), deren Absichtlichkeit einleuchtet. Statt: „he sal ir bekennen oder versaken" heißt es nämlich in unserem Stadtbuche: „he sal sy bekennen vnd betalen." (Oben S. 286.)

Durch diesen Rückblick auf das alte einheimische Recht und dessen Umwandelung wird es denn wohl ganz erklärlich, weshalb unsere Joachimische Constitution, gerade im Gegensatze zum ehemaligen Rechte, das Princip an die Spitze gestellt hat, vor der Theilung der Erbschaft zuvörderst die Schulden aus derselben zu bezahlen.

Ebendahin deuten auch neuere Gesetze. So die Neum. K. G. O. v. 1561: „Erb und Schuld nicht zu trennen" (C. C. M. Th. II. Abth. I. Nr. VII, Sp. 44); C. J. G. 1574. Tit. XLVIII: „schuld . . . von den Shungelde, so wol als von Ander . . . . Erbschafft zuebezhalen" (oben S. 232 z. Anf.); Flecken-, Dorf- u. Acker-Ordnung v. 16. Decbr. 1702 §. 28: „den halben Theil der Güter, wenn die Schulden erst abgezogen" (C. C. M. Th. V. Abth. III. Cap. I. Nr. XXXII, Sp. 235); Neum. Lehnsconst. v. 1724 §. 63: „Zuforderst aus der gemeinen Massa[1017]) . . . Schulden, so . . . beyde Theile gehabt, bezahlet werden."

B. Legate sind nach der Joachimischen Constitution nicht aus der Hälfte des überlebenden Ehegatten, sondern von den anderweitigen Erben zu entrichten:

C. J. Tit. I §. 2: „. . . vnnd nachfolgig[1018]) Testament, so etwas vbrig, von des verstorben Erbnemen gegülden[1019]) vnnd bezahlt werden." (Forts. der oben S. 281 angeführten Stelle.)

In dem Worte „Erbnemen" möchte man hier, wie im §. 10 (oben S. 266), einen speciellen Gegensatz gegen die ehelichen Leibeserben zu suchen geneigt sein. Allein in unserem §. 2. sind unter „Erbnemen" wohl alle Arten von Erben, außer dem über-

1015) v. Sydow S. Sp. Note 1051; Eichh. R. G. §. 382 Note r.

1016) v. Sydow S. Sp. Note 1050.

1017) Vgl. oben Anm. 744.

1018) Oben Anm. 980.

1019) Vgl. oben Anm. 983 über den Gebrauch des Wortes „gelden."

lebenden Ehegatten, zu verstehen, obgleich der Zusammenhang zunächst auf Testamentserben hinzuweisen scheint.[1020]) Denn der Erblasser kann ja auch in codicillis ab intestato Vermächtnisse angeordnet haben, welche dann die Intestaterben außer dem überlebenden Ehegatten binden würden. Auf milde Stiftungen deuten insbesondere die entsprechenden Stellen der Luckauer u. Spremberger Statuten:

„vnnd nachfolgigs so Etwaß bestenndigest vortestiret oder zu Mildenn sachen geschaft."[1021])

Auch der Johann Georg'sche Entwurf von 1574 und die Neumärkische Lehnsconstitution von 1724 dienen zur Erläuterung unserer Stelle:

C. J. G. 1574. Tit. XIV (Fortsetzung der oben Anm. 930 mit-

1020) Ueber die Bedeutung des Wortes „Erbnemen" vgl. Grimm R. A. S. 467: „Heres heisst bei Ulf. sowohl arbja als arbinumja, letzteres übersetzt ihm κληρονόμος . . . beiden gothischen wörtern stehen zur seite die ahd. arpjo, erpo und arpinomo . . . ; ags . . . yrfenuma . . . ;" (auch S. 479 Nr. II. 1); Mittermaier Pr. R. §. 382 Nr. II: „. . . daher bedeutet auch der Ausdruck: Erbe, nur die Intestaterben, während Erfgenamen (auch Erbnemer) jede Art von Nachfolger bezeichnet"; Kraut Grundriß S. 281 Nr. 4 (Lübisch R. II. 2, 1: „ . . . Hierinnen seynd beschlossen alle Erben und Erbnehmen"); Magd. Schöppenurtel v. 1539 (oben S. 166: „auf seinen nächsten Erbnehmen"). — Auch in Märkischen Urkunden wird das Wort „Erbnemen" bald alleinstehend in seiner allgemeinen und umfassenden Bedeutung gebraucht, bald noch mit dem Worte „Erben" in Verbindung gesetzt: Berl. Stadtb. S. 118: Vnd were eyn erfnåm buten landes (oben Anm. 850: vgl. Glosse z. S. Sp. Augsb. Ausg. von 1516 Bl. XLII. Sp. 4); Gercken cod. dipl. III. S. 89 (v. J. 1319): „sinen rechten Erfnamen" (vgl. unten Anm. 1051); Wechsels. Ehegattentestament von 1523: „vor Alle erbenehmen" (oben Anm. 950.**); v. Raumer cod. dipl. I. S. 163 f, Nr. VII. u. VIII. (v. J. 1447 u. 1448): „erben und erbnemen"; Fidicin Beitr. II. S. 258 f (v. J. 1468): „vor vns vnd vnser twier rechten eruen vnd erffnhemen"; Gercken dipl. vet. March. II. S. 564 (v. J. 1509): „unse Inghesegel vor uns unse eruen und erfnehmen;" Neum. Pol. O. v. 1540 Cap. 11: „die Erben und Erbnehmen derselbigen Güter", und Cap. 12: „seinem negsten Verwandten, Erben oder Erbnehmen" (oben Anm. 939). — Zum §. 2. C. J. Tit. I. vgl. übrigens noch Steyer diss. S. 64—66 (Nr. 5) und Scholtz Mot. II. S. 152 und 232 (Kohl qu. 11. Nr. 2); auch die Bezeichnung der testamentarien, im Gegensatze der überlebenden Ehefrau, in der Perleberger Urk. v. 1494 (oben Anm. 971).

1021) Riedel Mag. S. 237 und 240.

getheilten Stelle): „So stehet Ihme auch frey, von seiner helffte des guets anderweit zue testiren, vnd zue milden, oder andern sachen etwas zuebescheidenn. Es sollen aber wan ehr verstirbt, solche legata alleine seine freunde von der helfte des Guets die auf sie felt, ausrichtenn, vnd der erst verstorbenen Freunde, von Ihrem zukommenden theil etwas dartzu contribuiren nicht schuldigk sein."

Neum. Lehnsconst. v. 1724. §. 64: „. . . es müssen, falls er" (der verstorbene Ehemann, der eine Wittwe und andere Erben hinterlassen) „ein Testamentum gemachet, und darinnen legiret, die Erben solche Legata von ihrer Portion bezahlen."

In der Beschränkung der Vermächtnisse aus den unbeweglichen Gütern stimmt endlich die Joachimica (oben S. 266) noch mit den Vorschriften des Berliner Stadtbuches (oben S. 204 f) im Wesentlichen überein.

C. Besondere Rücksicht wird auf das Vermögen älternloser Kinder genommen.

a. Für das Vermögen der minderjährigen Kinder, welche beide Aeltern verloren haben, Sorge zu tragen, werden die städtischen und die ländlichen Gerichtsbehörden gleichmäßig angewiesen:

C. J. Tit. IV. §. 1: „ORdnen, setzen vnd wöllen, So nach abgang beider Eltern, vnmündige Kinder verhanden bleiben, Sol in Stedten ein Rath, aber in Dörffern Richter vnnd Schöppen,[1022]) auff derselbigen Güter vnd Habe, fleissige achtung haben, damit die den Kindern zu gut Inventiret, beschrieben, erhalten vnd gebraucht werden." Auch in der Neum. Pol. O. von 1540 heißt es am Ende des zwölften Capitels („Von unmündigen Kinder-Erbfällen oder nachgelassenen Erbe und Guhte"):

„So dann unmündige Kinder gelassen würden, ohne Vater und Mutter, so soll E. Raht sich derselbigen zum fleißigsten anmassen, und fleiß ankehren, wie sie mit Vormunden versehen, und mit dem Erbe und Guhte, wie obstehet, gehandelt werde."

Und die bereits gelegentlich (oben S. 291) angeführte Dorfordnung von 1702 schreibt in den §§. 27 ff das Verfahren vor, welches „der Richter, Schultzen und Schöppen" bei Regulirung von Erbschaften zu beobachten haben, besonders in Betreff der „Kinder und Unmündigen."

1022) Oben Anm. 210.

Mit Unrecht aber sucht man darin, daß die Obrigkeit erst nach beider Aeltern Tode berufen wird,[1023]) das Anerkenntniß „gleicher Rechte beider Aeltern über die Kinder.“[1024]) Mir scheint dieser Umstand vielmehr auf den, nach des Vaters Tode zwischen Mutter und Kindern fortgesetzten Beisitz[1025]) zu deuten, zumal da auch in der Mark Geschlechtsvormundschaft galt. Daß übrigens weder nach Magdeburgischem, noch nach Brandenburgischem Rechte die Mutter Vormünderin ihrer Kinder gewesen, läßt sich leicht ermessen. Fälle, in denen etwa der Landesherr aus besonderer Gnade einer Mutter die Vormundschaft über ihre Kinder aufgetragen, haben gewiß zu den Ausnahmen gehört.[1026](Die Regel aber ergibt sich aus den §§. 133 und 134 M. R. v. 1304 und einer Stelle des Berliner Stadtbuches (S. 116), welche den Art. 11. S. Sp. I. wiedergibt. (Oben S. 195.) Danach hatte die Mutter, so lange der Beisitz nach des Vaters Tode währte, zwar das Recht einer ziemlich freien Verwaltung über das Vermögen, aber keineswegs die Vormundschaft über die Kinder.[1027]) Wenn die Neum. Pol. O. v. 1540 im Cap. 12. sagt:

„. . . und wiewohl die Mutter biß sie sich wiederümb vermannet, ihre Kinder billich Vormündin ist, so soll doch ihr und ihren Kindern ein Vormund zugeordnet . . . werden. Da sich aber die Mutter wiederum bemannte, so soll die Mutter solcher Vormundschafft verlassen seyn, . . .“

1023) Allerdings beginnt noch in den Spremberger Statuten von 1673 der vierte Titel („Von Kinder-Geldern, Erbe-Geldern und unmündiger Kinder Grund und Güthern“), welcher dem Tit. IV. der C. J. entspricht, folgendergestalt: „Statuiren und ordnen wir, da Beyderseits Eltern abgehen, und unmündige Kinder verbleiben, Soll Ein Rath auff derselben Güthlerlein fleißige Aufsehung haben, damit wie obstehet, den armen Kinderlein zu gute richtig inventiret beschrieben und erhalten auch wohl gebraucht werden“ u. s. w. (Riedel Mag. III. S. 242 f.) Vgl. auch die unten allegirte Schöppenordnung von Osterburg v. J. 1536. (Anm. 1061.)

1024) Steyer diss. S. 97 Nr. 1: „. . . quod lex nostra ad mores Germanorum respiciens, inter patrem et matrem non distinguat, sed aequalia parentum circa liberos agnoscat iura.“

1025) Unten Nr. III. B. Vgl. Eichh. R. G. §§ 55, 352, 369 Note l; Pr. R. §§. 313 Nr. 1, 314, 297 g. E., 318 g. E.

1026) Ein solcher Fall aus dem Jahre 1353 findet sich in Gerckens cod. dipl. V. Nr. XXIII.

1027) Vgl. oben Anm. 293 und v. Sydow S. Sp. S. 87 u. 278 f.

so ist darin formell schon die Auffassung der Mutter als Vormünderin ihrer Kinder nach Römischen Grundsätzen[1028]) zu erkennen, materiell aber doch das alte Recht bewahrt, da ja die Mutter durch den „ihr und ihren Kindern" zugeordneten Vormund controllirt wird. Die Geschlechtsvormundschaft aber herrschte in der Mark, dem Sachsenrechte gemäß. Der Satz des §. 2. S. Sp. I. 23, welcher den nächsten Schwertmagen der Kinder zugleich zum Geschlechtsvormunde der Wittwe bestellt, sofern der verstorbene Mann seiner Frau ebenbürtig gewesen, [1029]) ist nicht bloß in das M. R. v. 1261 (§. 57 g. E.)[1030]), sondern auch in das Berliner Stadtbuch übergegangen:

He is ok der wedewen vormunder bet dat sy man nemet, ofte he or euenbordich is. (Berl. Stadtbuch S. 122, im Capitel v. Erbrechte.)

Und im Capitel vom Frauenrechte hat das Berl. Stadtb. die Bestimmungen über die Geschlechtsvormundschaft wesentlich dem S. Sp. entlehnt. Von der Behandlung des Articels 45. S. Sp. I. ist schon oben (Anm. 622) die Rede gewesen. An die Stelle, welche denselben aufgenommen, schließen sich zwei Absätze: Magel vnd wif u. s. w. und: War id den frouwen u. s. w. (Berl. Stadtb. S. 143), in denen die Articel 46. und 47. S. Sp. I. wiedergegeben werden.[1031]) Unserem Stadtbuche eigen ist folgender Satz, welcher dem bereits oben (S. 178 f) berücksichtigten; Wol is or man nicht plichtich u. s. w., unmittelbar vorangeht:

1028) Oben Anm. 125.

1029) Vgl. v. Sydow S. Sp. Note 601.

1030) Vgl. Homeyer S. Sp. Einleitung S. XLI. Nr. 5. b.

1031) Nur Folgendes ist dabei zu bemerken. Die Schlußworte des Art. 46 (vgl. M. R. v. 1304 §. 131): spreket oder düt, sind verändert in: sprecken oder nicht. (Gleichgültig ist die Veränderung des Wortes vertügen in ouertugen, da das eine wie das andere bedeutet: „durch Zeugniß überführen." Homeyer Reg. Vertügen.) In der Stelle, welche den Art. 47. wiedergibt, lautet der Schluß des §. 1. in Verbindung mit dem Anfange des §. 2: Or rechte vormunder sal och gewere vor sy louen vnd entfan vnd leisten, vnd seden en geyne nod darvmme liden, also gerade wie in der Mainzer Handschrift, welche in Homeyers Ausg. des S. Sp. mit J bezeichnet ist. (Vgl. Homeyer Note a, b, c z. Art. 47.) Außerdem heißt es in den unmittelbar darauf folgenden Worten: wente dat sy di warheit bekenne, statt: wenne dat he d. w. b. Endlich ist der Schlußsatz des Art. 47: To jewelkeme dinge u. s. w. weggelassen.

Eyne vrouwe sal ane ores vormunders wille vor nymande louen; worde sy darbouen ymandes borge, vnd bekende des vor gerichte, sy mut betalen. (S. 145.)[1032])
Beispiele der Bestellung von Vormündern für Frauen, welche vor Gericht auftreten, finden sich namentlich in der mehrgedachten Berliner Verhandlung aus dem Jahre 1522, welche unten vollständig mitgetheilt wird[1033]), so wie in der gleichfalls schon in Bezug genommenen Brandenburger Vergabung von 1523.[1034]) Erst mit dem Zurücktreten des Sachsenrechtes überhaupt ist auch die Geschlechtsvormundschaft in unserer Mark außer Gebrauch gekommen[1035]); weshalb es denn besondere Beachtung verdient, daß der Johann Georg'sche Entwurf eigentlich auf Festhaltung und Bestätigung derselben hinaus wollte:

C. J. G. 1594. Th. II. c. XVII.[1036]) „Frauen sollen bey ihren Contracten und Handelungenn Vormundenn haben, und welchergestalt.

Wiewoll in den gemeinen beschriebenen rechten und Gewohnheit,[1037]) denn unmundigen[1038]) Frauwes Persohnen nachgelaßenn wirdt, für sich zu hantiren zu keuffen auch handelung und Verträge aufzurichtenn. Dieweill aber vor altershero gebrauchlich gewesen und gehalten worden, daß man den Weibes Persohnen zu ihren sachenn und handelungen Vormunden geordnet, . . . So wollen wir auch, daß alle Sachen und handelungen Weibes-Persohnen betreffend, wenn sie schon mundig seyn, dennoch durch und mit Consens und Bewilligunge Ihrer Vormunden furgenommen und geschlossen werden sollenn."[1038a])

So viel zur Erläuterung des Umstandes, daß unsere C. J.

1032) Vgl. unten Anm. 1092.

1033) Oben Anm. 911.

1034) (Oben Anm. 950) „unnd hat Fraw Margaretha zu solcher vormachunge Erwelth, gekoren, auch nebin sich gehat zu Iren vormundenn und Tutorn den Ersamen Bartholomeus Schultzee" u. s. w.

1035) v. Kamptz Pr. u. stat. R. I. S. 75 f; Scholtz Entw. §. 1. und Mot. I. S. 90 f; v. Kunow Mot. S. 5.

1036) Oben Anm. 185.

1037) Vgl. Eichh. R. G. §. 440.

1038) Falls hier das Wort „unmundigen" nicht etwa aus einem bloßen Druckfehler statt „mundigen" steht, so läßt sich die Anwendung desselben wohl in dem Sinne erklären, daß eben alle Frauen als solche einer Vormundschaft unterworfen seien.

1038a) Vgl. Eichh. Pr. R. §. 324 ff.

a. a. O. die Obrigkeit zur Sorge für die „unmündigen Kinder" erst „nach Abgang beider Aeltern" anweist. Zu bemerken ist nur noch, daß unter „unmündigen Kindern" hier augenscheinlich minderjährige Kinder überhaupt zu verstehen sind: ein Sprachgebrauch, der auch sonst, und namentlich in der C. J. G. von 1594, herrscht.[1039]) Jene Sächsischen Termine von 12 und 21 Jahren (Homeyer in den Berl. Jahrb. f. wiss. Kritik 1827. S. 1316—1319, und im Register zum S. Sp. u. d. W. Mündigkeit; Grimm R. A. S. 412 ff) hatten ursprünglich auch in der Mark gegolten. Aber schon das Berliner Stadtbuch v. 1397 hat da, wo es den Art. 42. S. Sp. I. wiedergibt, einerseits solche Lesearten aufgenommen, welche den Unterschied zwischen binnen sinen jaren und binnen sinen dagen nicht genau festhalten, andererseits obenein die Römischen Pubertätstermine von 14 und 12 Jahren geradezu recipirt:

Ouer eyn vnd twintich Jare is dat kind tu synen Jaren komen, dat et vor wesen mach lehn vnd erue, wif vnd kind, ofte he id het. Ouer sestich Jare is he bouen synen dagen komen, alse he vormunder sal hebben, vnd krenket darmede nicht syne bute noch syn wergeld, ofte he eynen vormunder hebben wil. Ok wen eyn knecht is bi synen virteyn jaren, so mach he seluen kysen eynen vormunder, vnd syn gud laten vorstan, wil he id seluen nicht vorwesen. Datselue deit eyne maget von twelf iaren, di erfgud hed.

Welkes mannes older man nicht en weit, het he har in dem barde vnd beneden vnd vnder isliken arme, so mach man weten dat he tu synen dagen komen is. Wen eyn kint tu synen iaren komen is, so můt id wol vormunder synes wiues syn, vnd dartu wes id wil; wente alse he sich seluen můt vorstan, alse můt

1039) In C. J. G. 1594. Th. I. c. XXII. u. XXIII. heißen die minderjährigen Kinder, mit Rücksicht auf die väterliche Gewalt und den väterlichen Nießbrauch, „unmündigk", und wird, wie auch im Th. III. c. X., die Volljährigkeit durch „mündige Jahre" bezeichnet. Im diplomatarium Ludovicianum bei v. Ludewig (rel. manuscr. tom. VII) findet sich eine Urkunde v. J. 1339 (No. LXVII), in welcher dem „impuberi Joanni de Buch" die venia aetatis gegeben wird. Vgl. Buchholtz Br. Gesch. V. Anhg. S. 27 (Nr. 173, v. J. 1320), S. 57 (Nr. 25, v. J. 1333); v. Raumer cod. dipl. II. S. 152 (Nr. LXIII, v. J. 1481: „In iren vormundigen jarn"); Neum. Pol. O. v. 1540 Cap. 12 und Dorfordnung v. 1702 §. 29 („zu ihren mündigen Jahren"); Eichh. Pr. R. §. 319 Note c.

richtung des Inventarii, Vormünder bestellen, oder auch, nach Umständen, den gesetzlichen oder testamentarischen Vormündern noch andere beiordnen:

C. J. Tit. IV. §. 2: „Vnd so nicht Natürliche oder in Testament gesatzte vormünder da weren, denen die Vormundtschafft zu vertrawen sein möcht, denn sol ein Rath oder die Gericht, mit einem volkomenen Inuentario Vormünder ordnen, oder so von nöthen, einen oder mehr, zu den Natürlichen, oder im Testament gesatzten Vormünden darneben ordnen.“

Die gesetzlichen Vormünder heißen hier „natürliche“, als die durch die Natur, durch die Bande des Blutes mit den Kindern verbundenen. In der Anerkennung testamentarisch bestellter Vormünder tritt der Einfluß des Römischen Rechtes deutlich hervor.[1048]) Das Recht der nächsten Verwandten auf die Führung der Vormundschaft aber war schon unserem alteinheimischen Rechte geläufig. Das Berliner Stadtbuch von 1397 ertheilt dieses Recht zwar nicht mehr dem „nächsten ebenbürtigen Schwertmagen“ als solchem, wie der Sachsenspiegel und das Magdeburgische Recht[1049]), aber doch den „nächsten Erben und Freunden“ überhaupt[1050]):

Dat vnmundige kint, id hebbe erue oder lehn, dat sal man syner negesten eruen und frunde eynen vormunder kysen vnd hebben, di dat an synen gude vorstat tu synen bederue vnd

1048) Vgl. Eichh. Pr. R. §. 319 ff.

1049) Nach dem §. 1. S. Sp. I. 23, der in das M. R. v. 1261 §. 57. übergegangen, ist der Söhne Vormund „ir eldeste evenburdige svert mach“, und zwar nicht bloß in Ansehung des Heergewätes (oben S. 69 a.), sondern auch des anderweitigen Vermögens: „dar to all ir gut“ (M. R. a. a. O.: „dar zů al ir Gůt“). Das M. R. v. 1295 §. 21, übergegangen in M. R. v. 1304 §. 60, bezieht sich auf die Pflicht des „rechten Vormunden“ zur Vertheidigung der Kinder vor Gericht. (Ueber die Bedeutung des Wortes Degedungen oder Tedingen: Grimm R. A. S. 747 g. E. u. S. 814 z. Anf.) Auch nach M. R. v. 1304 §. 37. (Parallelstellen: in Mühler Naumb. Rchtshdschr. S. 27) ist der Kinder Vormund: „ir nehste ebenburtic Swertmag;“ und §. 134 (oben Anm. 293) nennt gleichfalls den „rechten Vormund“. Vgl. v. Sydow S. Sp. Note 482 u. 728.

1050) Eichh. Pr. R. §. 318: „Das Vermögen und die Person eines Unmündigen, der keinem väterlichen Mundium unterworfen war, stand unter der Vormundschaft, ursprünglich seines nächsten Verwandten von der Schwertseite, späterhin auch des nächsten Erben.“

nod, wente id seluen syn beste kan bedenken. (S. 121 f, im Cap. v. Erbr.)[1051])

Der §. 1. S. Sp. I. 23. (Anm. 1049) ist also in unserem Stadtbuche recht absichtlich in jene Episode vom Sächsischen Rechte verwiesen. (Oben S. 174.)

Dem §. 2. der C. J. Tit. IV. entsprechen die Bestimmungen der Neum. Pol. O. v. 1540, wenn auch nicht den Worten, doch der Sache nach, und die Spremberger Statuten v. 1673 in ziemlich treuer Umschreibung.

Neum. Pol. O. von 1540 Cap. 12:[1052]) „(. . . so soll die Mutter solcher Vormundschafft verlassen seyn,) und den Kindern, wo nicht Schwertmagen, durch die Räthe Vormunden verordnet werden, . . . Wo befunden, daß die Legitimi tutores alß Schwertmagen, und so sonsten im Rechten der Gebuhrt halben dazu versehen, den Mündlin nicht würden mit Fleiß vorstehen, oder sonsten ihre Guht von abhanden wolten kommen lassen, wasserley Gestalt das geschehe; So soll E. Raht mit Ernst darzu thun, solches zuvor kommen und nicht zugestatten, und ob ihnen dißfalls bey Uns alß dem Landes-Fürsten einiger Erholung vonnöhten, da sollen sie sich solcher muhtwilligen Vormunden halben, in alle Wege unterthänigliches zu beleren haben, wie gegen demselben zu Verhütung armer Kinder Schaden und Verderb zu gebahren seyn möge."

Spremb. Stat. v. 1673:[1053]) „und da dieselbe nicht natürliche oder Bludts Vormunden oder auch die Ihnen ein Testament, Codicill oder Väterlichen Disposition und letzten Willen verordnet hätten oder auch der Kinder Tauff Pathen beym Leben, denen die Vormundschafft zu vertrauen, denen soll durch

1051) Vgl. Gercken cod. dipl. III. S. 89 (Nr. XX, v. J. 1319): „Were dat ennich Man lethe unmundige Erfnamen," (oben Anm. 1020) „de nhegesten Bründe scolen Vormunder sin, wente se mundig werden." In unseren Urkundensammlungen finden sich viele Fälle, in denen der Landesherr selbst den nächsten Agnaten, zumal den Brüdern, oder auch anderen Personen die Führung der Vormundschaft überträgt. Z. B. v. Ludewig rel. manuscr. tom. VII. im diplomatarium Ludovicianum No. CXI (v. J. 1343) u. CXXXV (v. J. 1344); Gercken cod. dipl. III. No. LXIX (v. J. 1334), LXXIII (v. J. 1336), LXXIX (v. J. 1337), XCIII (v. J. 1338); V. No. XXVI (v. J. 1351); VI. No. CXXIX (v. J. 1356); VII. No. LXIV (v. J. 1428) und LXXXII (v. J. 1430).

1052) Fortsetzung der oben (S. 294) angef. Stelle.

1053) Riedel Mag. III. S. 243 (Forts. der oben Anm. 1023 angef. Stelle).

E. Rath mit einem vollkommenen Inventario Vormünder verordnet, oder so von nöthen einem oder mehr zu den Natürlichen oder im Testament gesetzten Vormundern daneben zugeordnet werden, damit die Kinder durch Sie zur Nothdurfft Beydes ihrer Persohn und Gütherlein halber versehen und versorget werden mögen."

Die Kindergelder selbst aber sollen entweder gerichtlich niedergelegt und verwaltet, oder zum Unterhalte der Kinder nützlich verwendet, und nach beendigter Tutel soll den Kindern Rechenschaft gegeben werden:

C. J. Tit. IV: „(sol ein Rath oder die Gericht ...) §. 3. auch die barschafft an Gelt, so der viel verhanden weren, vnder[1054]) einen offen Recognition, welche Recognition der Kinder Freunden oder Vormünden sol verreicht werden, auffs Rathaus, oder in Gericht in verwarung nehmen, oder zu nutz anlegen, den Kindern zu gut mit wissen der Vormünder oder Freunde. §. 4. Oder aber, so solche Barschafft aus der erhaltung der Vnmündigen Kinder nicht zuentberen were, durch die Vormünder oder Freund, mit wissen des Raths oder der Gerichte, angelegt werden, den Kindern zu gut, damit denen solche Summa nicht verkomme, vnd zu jhrer Mündschafft daruon rechenschafft geschehe, vnd vngefere wider zugestelt werde, Daruon Rhat oder die Gericht nicht nemen noch behalten sollen."[1055])

Schon aus dem Jahre 1345 findet sich ein Beispiel solcher Recognition über aufbewahrte Mündelgelder, in Gercken's dipl. vet. March. II. No. VI:

„Nos Judex et Schabini in Osterborch in presentibus recognoscimus[1056]) et protestamur quod Thiderico filio Thiderici

1054) In unseren gedruckten Ausgaben der C. J. steht hier, nach Mylius Vorgange: „und er", was natürlich keinen Sinn gibt. Doch findet sich schon in der Ausgabe von 1540 an einer anderen Stelle (Tit. VI. Sect. III. §. 5.) ein gleicher Druckfehler: „Vnnd er denselben", den aber schon die Ausg. von 1549 vermieden hat, welche dort liest: „Vnder denselben."

1055) Vgl. auch die Fortsetzungen der auf der vor. S. angef. Stellen aus der Neum. Pol. O. u. den Spremb. Stat., worin besonders noch die Veräußerung der Mündelgüter durch den Vormund nur nach vorgängigem obrigkeitlichem Decrete gestattet wird. — Ueber die Anfänge unseres Depositalwesens s. Odebrecht in Hinschius Jurist. Wochenschr. Jahrg. 1840. S. 830 ff.

1056) Recognoscere oder bekennen wird von Alters her gebraucht, um die Bescheinigung des Richters über das vor Gericht Geschehene oder Kundgethane zu bezeichnen. Vgl. Lüb. R. v. 1243 und Salzw. R. v. 1278 (oben Anm. 434 f); v. Sydow S. Sp. Note 1015[a] und 1029 (Richtst. Landr. c. 23 u. 19: bekennen, Bekantenisse; vgl die oben S. 181 angef. Glosse z. S. Sp. „bekantnisse dicti de Krusemarck et ejus veris heredibus tres Marcas cum III. lotis promisimus conseruare, pro ista pecunia nobis cautio sufficiens cum hereditatibus jacentibus est facta. Et dum ipse . . . ad annos discretionis peruenerit, tunc predicta pecunia debet ipsi . . . coram judice et Scabinis presentari, cum qua tunc temporis ad tutorem ad quem voluerit se diuertere potest."

Die Pflicht des Vormundes, nach beendigter Verwaltung Rechnung abzulegen, ist nicht erst aus dem Römischen Rechte aufgenommen, sondern, wie schon dem Sachsenspiegel und dem Magdeburgischen Rechte, so auch unserem alten Brandenburgischen Rechte geläufig. Im M. R. von 1261 §. 49. heißt es:

unde swer Vormunde ist der můz rechenen zů Rechte der Můter unde den Kinden, waz mit deme Gůte getan si. (Forts. der oben Anm. 1040 angef. Stelle.)

Der §. 57. M. R. v. 1261, entlehnt dem §. 1. S. Sp. I. 23 (oben Anm. 1049), gebietet dem Vormunde, den zu ihren Jahren gekommenen Söhnen ihr Gut herauszugeben,

her ne kunne sie bereiten, war her iz in ir Nutz gekeret habe oder iz ime mit Roube oder van Ungelucke vnde ane sine Scult gelosit si.

Auch das M. R. von 1304 geht in den §§. 37 und 134 auf die Verbindlichkeit des Vormundes zur Rechnungslegung näher ein. Und in unserem Berliner Stadtbuche folgen auf die oben (S. 300) mitgetheilte Stelle, von dem Rechte der nächsten Erben und Freunde auf die Führung der Vormundschaft, einige Sätze, welche dem §. 2. S. Sp. I. 23. entsprechen:

(1) Vnd di vormunder sal den negsten eruen des vnmundiges kindes von iare tu iare von deme gude bereken, dat he is in vnplicht nicht vordu; wente id is dicke cyn der kinder vormunder, vnd cyn ander or erue. (2) Al sy dat kint tu synen Jaren komen, vnd kan doch von dorheit oder kindheit oder von vnkrefte synes liues sich seluen nicht vorwesen, so sal di vormunder dat vorstan an deme dinste tu synen heren, vnd war em des nod sy, wente id seluen sich kan bedenken, diwile di negesten eruen dat gunnen willen, dat mut di vormunder vorwissen.

---

ores inwiser"); Berl. Stadtb. S. 214 (Buch V, oben Anm. 578): „Hyr heuen an die Recongniciones, dat sint openbar Bekemtnissen dy man den luden geft vp lifgud, vp cynen wederkop oder vp gelegen geld, di dat der stad Berlin ligen oder auekopen. Alle di Recongniciones dy de stat von sich geft, dy sal man hir naschriuen . . . "

(3) War auer di vormunder ok is erue, der en derf nymande bereken des kindes gud, noch borgen setten.

Um die hier vorgenommene Umkehrung der einzelnen Sätze des §. 2. S. Sp. I. 23. anschaulich zu machen, habe ich die Zahlen 1 bis 3 in Parenthese gestellt. Unser Satz 1 gibt die Stelle des S. Sp.: Sve aver des kindes erve is bis unde ein ander ir erve, etwas verkürzt wieder. Unser Satz 3, in Verbindung mit der sich ihm anschließenden, oben (S. 295) angeführten Stelle, von der Vormundschaft über die Wittwe, stimmt mit dem Schlusse der S. Sp. Stelle: Svar aver die vormünde u. s. w. Unser Satz 2 endlich entspricht dem ersten Satze dieser Stelle: Al si en kind to lenrechte bis unkraft sines lives, jedoch mit einigen Veränderungen, die sich dem ersten Blicke darbieten. So sind gleich im Anfange die Worte „to lenrechte" ausgelassen; die Endworte „di wile it sik selve nicht bedenken kan, van siner dorheit, oder kinheit, oder van unkraft sines lives" sind zum Anfange gezogen; statt „to sineme bederve" heißt es: war em des nod sÿ; und der neu gebildete Schluß unseres Satzes 2 hat das Moment von der Cautionsbestellung (vorwissen) aus der Stelle des S. Sp. herübergenommen, welche unser Satz 1 mit Auslassungen wiedergegeben.[1057]) Allerdings möchte hierbei die Festhaltung des Princips auffallen, daß der Vormund, welcher nicht zugleich Erbe ist, jährlich Rechnung ablegen solle (v. Sydow S. Sp. S. 238 Nr. 2), da doch unser Stadtbuch unmittelbar vorher die Erwählung des Vormundes gerade aus den nächsten Erben und Freunden des Kindes anordnet. Dennoch aber würde ich, zumal mit Rücksicht auf die so absichtlich

1057) Im S. Sp. heißt es, der Vormund solle es den Erben des Kindes gewis maken (eine Breslauer Handschrift fügt hinzu: und burgen seczen: Homeyer Note q zu I. 23), dat he is in unplicht nicht ne verdu u. s. w. Das Wort vorwissen wird häufig von der Sicherheitsbestellung durch Immobilien gebraucht. So im M. R. v. 1304 §. 134: mit Eigene vorwizzen; im Alten Kulm. Recht IV. 87: vorgewyssen das erbe myt steendem eygen; im Magd. Schöppenurtel bei Böhme (Dipl. Beitr. VI. S. 91, 129): daz erbe vorgewissen (vorwissen) mit stendem eigene (stenden eygen); in den Magd. Quästionen, Leipz. Ausg. des S. Sp. v. 1528 Bl. XX. Sp. 3: „das farend gutt mit stehendem eygen vorweyszen." (Oben Anm. 382.) Vgl. auch die oben (S. 303) angef. Osterburger Recognition v. 1345: cautio sufficiens cum hereditatibus jacentibus.

durchgeführte Umwandelung des §. 2. S. Sp. I. 23, nicht etwa ein Versehen von Seiten des Schreibers unseres Stadtbuches voraussetzen. Ist ja bei der Auswahl des Vormundes immerhin der Möglichkeit Spielraum geblieben, daß die Wahl einen solchen nahen Erben träfe, dem noch nähere Erben zur Seite stünden. [1058])

Für das Vermögen der Waisen zu sorgen, Erbschaftsirrungen zu schlichten, und die Gerichtsbücher in gehöriger Ordnung zu führen: dieses Amt war von Alters her bei den Räthen der Märkischen Städte, und hing aufs Innigste mit dem Stadtrechte selbst zusammen, zumal da die Erbfolge in Immobilien nur denen gestattet wurde, welche das Bürgerrecht hatten. So schreibt noch Kurfürst Joachim der Erste einzelnen Städten vor, daß die Veräußerungen von Grundstücken vor Gericht geschehen und im Schöppenbuche verzeichnet werden sollen; namentlich im Jahre 1502 der Stadt Soldin und 1511 der Stadt Landsberg a. d. Warthe:

„damit solche erbguter In Burgerrechten bleiben und nicht verbiestert werden"; [1059])

und im Jahre 1525 der Stadt Treuenbriezen:

„Sol der Rath . . . keinem Frembden . . . liggende grunde . . . gestatten . . . Sunder die dergleichen gutter haben . . . wollenn, sollen Burger sein . . . " [1060])

Joachim der Zweite aber bestätiget in der Schöppenordnung für die Stadt Osterburg v. J. 1536 ausdrücklich folgende alte Gewohnheiten:

„Item den Scheppen lecht up . . . bescherment und vorsorgendt der erbarmlichen personen und unmundigen kinder so de vader und moder loß vorsterven . . . Item wan erringe nha dotlichem affgange In erffgudern edder sust . . . entstan, werden de scheppen

---

1058) Von den durch v. Raumer bekannt gewordenen Rechtssprüchen der Markgrafen Albrecht und Johann (oben Anm. 27) gehen mehrere auf Vormundschaftsverhältnisse, namentlich auf Rechnungslegung: Cod. dipl. II. S. 133 (Nr. XXII, v. J. 1479), S. 174 (Nr. CIII, v. J. 1482), S. 178 f (Nr. CXIV, v. J. 1483), S. 190 f (Nr. CXLI, v. J. 1485). — Wegen der s. g. tutela fructuaria vgl. Gercken cod. dipl. III. S. 153 z. Anf., S. 178 f Note a; VII. S. 182 Note a, S. 218 Note a; v. Sydow S. Sp. S. 237; Eichh. R. G. §. 372 Note a.

1059) v. Raumer cod. dipl. II. S. 221 und 217. — In Ansehung des auch sonst bekannten Wortes „verbiestern" vgl. Fidicin Beitr. I. S. XIX: byster, bysterheit.

1060) v. Raumer a. a. O. S. 288 f.

... tho Middeleren In fruntliger underhandelunge derselbigen geheischet und angeropen.“ [1061])

Der auf das Bürgerrecht gelegte Werth bei Erwerbung von Immobilien und Erbschaften tritt zu allen Zeiten und in den verschiedenartigsten Beziehungen hervor. Im Treuenbriezenschen Schöppenbuche (oben Anm. 466) steht unter dem Jahre 1330 eine Verhandlung (Nr. 21) des Inhaltes:

Henricus karowe resignauit quinque iugera aggeris dicta waschepul ad manus Johannis stanlach, qui idem Johannes non debet alicui vendere nisi quicunque fuerit civis in brisna aut spectat ad jus civile.

Im Berliner Stadtbuche findet sich im ersten Buche (oben Anm. 574) eine Marginalbemerkung:

Welk man odder frouwe dy nicht het dy Borgerschapp in beyden steden, vnde Erue nemen wil jn beyden steden, dy schal irsten wynnen dy Borgerschapp u. s. w. (S. 44.)

Ebendaselbst wird an einer anderen Stelle als Grund für die Anordnungen beim Verkaufe von Grundstücken angegeben:

vp dat id gud weder in der stad registrum kome. (S. 47.)

In den Gardelegenschen Statuten heißt es §. 26:

Furder, welchem borger alhir erue vorsteruet, de schal dat nemande van butwendich van sick langen, he do dat denne mit des Rades fulbort vnd willen, by twintich marck.

Und die Neum. Pol. O. v. 1540 trifft im Cap. 11 gleichfalls ihre Anordnungen:

„damit .. die Erb-Gühter bei dem einwohnenden Bürgern unverrück bleiben.“

Die enge Verknüpfung solcher Momente, wie der alten feierlichen Hegung der Gerichte und des Friedens, den das Gericht gewährte, mit den anderweitigen Thätigkeiten der Stadtobrigkeit, zeigt sich namentlich in der Bedeutung und dem hohen Werthe, welcher den Gerichts-, oder Erb-, Stadt-, Schöppen-, Friede-Büchern, oder wie sie sonst genannt werden mochten, beigelegt wurde. [1062])

1061) v. Raumer a. a. O. S. 297. Vgl. Zimmermann Märk. Städteverf. I. S. 74 f Note 15; Tzsch. u. Stzl. Urk. S. 243 f; auch das oben Anm. 23. angezogene Privilegium für die Tangermünder Schöppen v. J. 1466: „dat die Scheppen ..., umme erffschichtungen unnd Dellinge erfguder, sovel des In gericht an sy gelangen werdet edder buthen gerichts, ... vor recht darover deylen unnd sprecken scholen“ u. s. w.

1062) In Ansehung der verschiedenen Benennungen dieser Bücher vgl. Le-

Sie waren es denn auch, in denen die Kindergelder zu größerer Sicherheit verzeichnet wurden. Eine merkwürdige Anwendung da=

---

man Kulm. Recht S. 247 („Erbbuch"); Gercken dipl. vet. March. I. No. XXVIII. (v. J. 1345: Stendals „Stad buck" nach Magdeburgischer Gewohnheit eingerichtet); Gercken a. a. O. S. 353 Anm.; II. S. 135 f Anm. b; v. Raumer in v. Led. Arch. XIII. S. 167—179 (Seehausens „Freede boock"); Frankfurter Reformation v. 1516 in Teymlers Stadtbuch (am oben Anm. 117 ang. Orte S. 63 f): „Es sollen auch alwege tzwene ader drej Scheppen vf das wenigst zu dem Scheppnbuch gheen, vnd nicht eyner alleyn mit dem Schreiber; auch sal des Gerichtes Buch teglich noch Vfhebung des Gerichts den Sal zu irem Schepfen Buch geschlossen werden, vnd nicht in der Scheppen Havs getragen wie vorhyn geschehn"; Fidicin Beitr. I. S. XVII—XX (Kölns Stadtb. v. 1443). Eine höchst vollständige Beschreibung von einem Stadtbuche findet sich in der Schweidnitzer Urkunde v. 1321 bei Tzsch. u. Stzl. (Urk. Nr. CXXIV; vgl. S. 219 Note 2 u. S. XII f.) — Ueber des Gerichtes Frieden (Grimm R. A. S. 745 u. 853), Sicherheit und Zeugniß vgl. M. R. v. 1261 §. 23 (v. 1304 §. 15. g. E.): „einen Schilling zů Vriede bůze"; M. R. v. 1304 §§ 21, 76, 83: „Vride ubir geworcht"; Sächs. Weichb. Art. LXXIII: „einen schilling zu fride buß" und Art. CIII: „einen schilling zu fridbuß vnd wissenschafft"; Müncheberger Urk. v. 1440 (oben Anm. 868): „wer eyn Erbe uf nymmet, der gibbit em" (dem Richter) „eynen Freyde Pfennigk" (in den Urkk. v. 1485 und 1501 folgt noch: „dath iß eyn groschen"); „wer dar Erbe ist nemende in unser Stat, der do nicht eyn Bürger ist, . . . eyn izlicher sal gebin eyn Schilling Groschen czu Czuchnisse" (Urkk. v. 1485 und 1501: „itzlicher vor dy person gefft twelff groschen to tuchniß"); Berliner Urk. von 1522 (oben Anm. 911): „eyn fryden gewunnen"; Fidicin Beitr. II. S. 373 (v. J. 1544): „Do auch einer ein friden erlanget" (vgl. v. Raumer im cod. dipl. II. S. 124: vom immittirten Gläubiger); Berl. Stadtb. S. 117: „eyn tuch geld" (oben Anm. 662); S. 170: „Dat irste tugh dat geit von dem richter vnd schepen" u. s. w. (oben Anm. 1001); Glosse z. S. Sp. (oben S. 181): „von gerichte to tucht". — Von der feierlichen Haltung oder Hegung des Gerichts (Grimm R. A. S. 791 f Nr. 14, S. 812, S. 851 c) finden sich viele Spuren auch in den Märkischen Rechten und Urkunden. Z. B. Berl. Stadtb. S. 91: „Also kyset man noch souen berue lude, di in der gehegeden bank met ordel vnd met rechte klegers vnd schuldigers scholen entscheiden" (vgl. S. 120: „vor eme echten dinge" [oben S. 199] und S. 170: „vor deme richter vnd vir schepen" [oben S. 202]); Fidicin Beitr. I. S. 39 Anm.: „Upp demsuluen Radhuse scholen Richtere vnde Schepen beyder Stede dingk hegen" (Vereinigung der Rathleute von Berlin und Cöln v. J. 1432); Müncheberger Urk. v. 1440 (oben Anm. 868): „wer dar wedded vor der geheygden Bancg, do hat der Richter den dritten Pfennigk an"; Krossensches Recht v. 1469: „aufgeben vor gehegter Bank" (oben Anm. 727); Berliner Verhandlungen v. 1504 f: „zu (vol) von, in Betreff des mehreren Kindern in einer Gesammtsumme verschriebenen Erbtheiles, habe ich schon oben (S. 187) aus dem Berl. Stadtb. beigebracht. („Maket man in der schepen buk twen kinderen u. s. w.") Auch ein mit dem Jahre 1453 angefangenes Berlinisches Bürgerbuch enthält einen Vermerk, nach welchem

„In deme andern deyle des bukes stan geschreuen wedderkope dy vp husen, ackern, wesen etc. gekofft syn, vnde ok, offt vnmundigen kynder oder anders ymande vp buden, wesen, ackern etc. gelt vorschreuen vnde gemaket is." (Fidicin Beitr. I. S. XIV in der Anm.)

In v. Raumer's cod. dipl. II. S. 130 findet sich ein Beweiserkenntniß vom Jahre 1480 (Nr. XIII), in einer Streitsache zweier Geschwister gegen ihren Stiefvater, „Irrnus Ires veterlichen erbs halben", welches die Entscheidung davon abhängig macht, ob die von den klagenden Geschwistern beanspruchten Gelder und Sachen in das Stadtbuch geschrieben worden seien:

„Breng Gores Gisicken von sein unnd seiner Swester wegen" (d. s. die Kläger) „fur mit dem Statbuch zu Coppeneck unnd den Rat doselbst, das Anna hubnerin Ire muter mit willen Teves Ires mannes" (d. i. der verklagte Stiefvater) „dem obgenanten Gores gisicken tzwentzig schok unnd anna seiner Swester tzweuntzwentzig schok, unnd ein bette uff ettlichen acker unnd were vermacht unnd in das statbuch hab zu scriben laßßen, Inhalt ein tzedel durch Gores Im rechten forbracht, ßo betzal Teves huben billich unnd vonn rechts wegen den obgnanten gores unnd anna Gisiken solchs obgenant gelts, gebe Anna das Bette."

Die Neum. Pol. O. v. 1540 geht in ihrem schon öfters erwähnten 12ten Capitel besonders sorgfältig auf die Behandlung der Mündelgüter und Kindergelder überhaupt ein, und ordnet Verschreibung derselben „ins Rahts- oder Gerichts-Buch" an. Die

---

gehegeder bank" (oben S. 261 f); Bewidmungsurk. für Wilsnack v. 1513 (oben Anm. 527): „daß die 6 Rahtmänner . . . mit unsern Richter das Gerichte Schöppen Weise verhegen" (von der Siebenzahl: Berl. Stadtb. S. 90 f); C. J. Tit. I. §. 5: „vor gehegtem ding" (Vermachung des vierten Pfennigs); Neum. Pol. O. v. 1540 Cap. 12: „vor Richter und Schöppen vor gehegtem Dinge" (Auflassung von Grundstücken). Wegen der, unserer Mark noch im 16ten J. h. sehr geläufigen Tradition durch das Reis (Grimm R. A. S. 123 ff) vgl. Gercken fr. March. I. S. 161—180; Riedel M. Br. II. S. 405 v. Raumer in v. Led. Archiv XIII. S. 167 ff.

Joh. Georg'schen Entwürfe v. 1574. Tit. VIII. g. E. und v. 1594. Th. III. c. XXXVI. g. E. enthalten die Anweisung, über die von dem überlebenden Ehegatten vor Eingehung einer neuen Ehe mit den Kindern gehaltene Abschichtung eine genaue Verzeichnung „ins Rathsbuch" vorzunehmen oder sonst glaubwürdige Urkunden aufzurichten. Und die Dorfordnung von 1702 (oben S. 291) bestimmt im §. 29:

„Das Inventarium soll . . in dem Schöppen-Buche, und folgends alsobald mit Vermachung der Kinder verzeichnet werden, . . ."

Die spätere Umgestaltung unseres ganzen Vormundschaftswesens durch die Vormundschaftsordnung für die Kur- und Neu-Mark v. 23. Sept. 1718, und durch das Allg. Preuß. Landrecht, habe ich hier nicht näher zu erörtern.[1063])

Nur einen Umstand will ich noch schließlich berühren, der mir mit der Lehre von den Kindergeldern in einer gewissen Beziehung zu stehen scheint. Das Berl. Stadtb. gebietet nämlich an zwei verschiedenen Stellen, Erbgeld schleunig, d. i. schon des anderen Tages nach dem gerichtlichen Anerkenntnisse, zu bezahlen:

(1) Wi auer vor gerichte bekennet ersgeld, di sal betalen ouer twersnacht[1064]), dat is des andern dages. Geldet he dan des nicht, des drudden dages[1065]) sal man dat panden. (S. 94, im Capitel von der Schuld: vgl. oben S. 285.)

(2) Wy ersgeld bekennet vor gerichte, so he darvmme wert beklaget, he sal betalen ouer tweres nacht[1064]) von rechte; dat is des anderen dages. Betalet he des also nicht, in den dridden sunneschin[1065]) sal man dar vor panden. (S. 117, im Cap. vom Erbrechte.)

Die zweite Stelle führt bei Fidicin die Ueberschrift: „Anerkannte Erbschaftsschulden sollen bei Vermeidung der Pfändung spätstens im dritten Sonnenschein bezahlt werden." Mit

1063) Vgl. Scholtz Mot. II. S. 641 ff; v. Kunow Mot. S. 272.

1064) Vgl. Grimm R. A. S. 224 Note*: „der begriff von natürlichem und technischem tag ist unbestimmt, wie der von dweernacht, queernacht, welches bald 24 stunden, bald drei tage, bald 14 tage ausdrückt"; Homeyer Reg. „Tver nacht"; Alt. Kulmr. Recht II. 9; M. R. v. 1304 §. 140 g. E.

1065) Die Ausdrücke „des drudden dages" und „in den dridden sunneschin" sind ganz gleichbedeutend. (Oben Anm. 991.)

dieser Auffassung des: „Wy- erfgeld bekennet", möchte ich mich nicht einverstanden erklären. Ich glaube vielmehr, das Wort erfgeld müsse hier in demselben Sinne genommen werden, welchen es kurz zuvor (Berl. Stadtb. S. 116), in der dem §. 1. S. Sp. I. 13. entsprechenden Stelle (oben S. 196: „an or erfgelt vnd deil"), unstreitig hat, nämlich: Erbtheil in Gelde. In diesem Sinne nennt auch C. J. Tit. IV., sowohl in der Ueberschrift, als in den §§. 7. u. 8. „Kindergelt" und „Erbgelt" neben einander. Eben so gibt C. J. G. 1574. Tit. XXIII. (vgl. oben Anm. 992 f) den Erbgeldern ein Vorzugsrecht, gleich nach dem Gesinde- und Arzt-Lohn und den Begräbnißkosten:

„Zum Andern die Erbgelde, die auff denn guetern stehenn."[1066])

Mit besonderer Ausführlichkeit spricht C. J. G. 1594. Th. III. c. XX. (oben Anm. 187) von den „Erbgeldern" in Betreff des davon zu entrichtenden Abschosses. Die Märk. Hyp. u. Concurs-Ordnung v. 1722 §. 151 begünstigt

„Das Erbe-Geld, welches ein Erbe dem andern auf ihm übernommenen Hause, Acker und andern unbeweglichen Güthern, zu gewissen Zeiten zu bezahlen schuldig" u. s. w.

durch einen Platz in der ersten Classe. Das Corpus Juris Fridericianum (Buch I, von der Proceßordnung, v. J. 1781) Th. IV. Tit. 12. §. 95. stellt

„Erbegelder, welche ein Erbe dem andern, gegen Übernahme der zur Erbschaft gehörigen Immobilien, oder Mobilien zu zahlen verbunden ist, in so fern deshalb keine bessere Sicherheit bestellt worden",

in die sechste Classe. Und diese Bestimmung ist noch in unsere Allg. Gerichtsordnung Th. I. Tit. 50. §. 459. wörtlich übergegangen.

Sonach läßt sich wohl annehmen, daß schon in jenen beiden fast gleichlautenden Stellen des Berliner Stadtbuches das Wort erfgeld, dem auch in der Folgezeit so constanten Sprachgebrauche gemäß, nicht auf Erbschaftsschulden, sondern auf Erbtheil in Gelde zu deuten sei. Für solche Deutung möchte auch noch der ganze Zusammenhang sprechen, in dem namentlich die zweite Stelle mitten in der Lehre von der Erbtheilung auftritt. Die Begünstigung

---

1066) Thibaut Pandekten Ausg. 6. §. 1236. Note c.

aber, welche den Erbgeldern durch das Gebot der prompten Bezahlung nach einmal erfolgtem Anerkenntnisse zu Theil geworden, muß insbesondere den s. g. Kindergeldern zu Statten gekommen sein.

b. Wie nun die Obrigkeiten für das Erbgut Sorge zu tragen haben, so gewährt ihnen auch die Joachimische Constitution für die Erbgüter, besonders die Kindergelder, welche aus ihrem Gerichtssprengel ausgeführt werden, den Abschoß mit vier Groschen vom Schock, d. i. die s. g. Quindena, nebst einer Abgabe von zwölf Groschen für jede Person, welche dergleichen ausführt:

Tit. IV. §. 5. Wer aber kindergelt, oder erbgut von dem Rhat, oder aus dem Gericht, darinnen es ligt, in frembde gericht weg bringen wil, sol geben dem Rhat in Stetten oder der herrschafft in Dörffern, von jeglichem Merckischen schock vier Merckisch groschen, vnd dem Richter von jeglicher person, welche solch kindergelt, oder erbgut aus dem Gericht nimpt vnd weg bringt, zwölff Merckisch groschen. §. 8. Wen̄ aber kindergelt, oder erbgelt aus denselben Gerichten, da es gefallen, oder ligt, nicht gebracht, die erben auch solchs in denselben Gerichten, zur narung wider anlegen, vnd bleiben lassen, sol nichts daruon gegeben noch genommen werden.

Auch dies war altes Märkisches Recht und ist von der Joachimica nicht erfunden, sondern nur bestätigt worden.

Aus Müncheberger Urkunden von 1440, 1485 und 1501 ist schon oben (Anm. 1062) die Satzung beigebracht worden, daß jeder auswärtige Erbe dem Gerichte „eyn Schilling Groschen (twelff groschen) czu Czuchnisse (to tuchniß)“ geben müsse. Im Berl. Stadtb. findet sich ein Vermerk v. J. 1461 (Fidicin Beitr. I. S. 267):

„. . . dat eyn islich rad . . . nemen schal afschot von den erffguderen der Borger di von buten komen, von islikem schocke jjjj gr.[1067]) . . .“

Unterm 5ten December („am Middeweke na Barbara“) 1481 ertheilte Markgraf Johann[1068]) der Stadt Spandow ein Pri-

1067) Vgl. Fidicin Beitr. III. S. 74 Nr. 5, und die Note zum Berl. Bürgerbuche bei dem Jahre 1497 (ebendas. S. 174 Note 1): „dedit 4 Schock pro conciuio vnd affschott, nachdem dat sin vader von buten her ingetagenn was.“

1068) Albrecht Achilles, Friedrich des Zweiten (unten Anm. 1070) Bruder, war Kurfürst von Brandenburg in den Jahren 1470—1486. Mehr vilegium, welches über die ächt Brandenburgische Quindena besonderen Aufschluß gibt:

„Wy Johanns v. G. G. Marggraue to Brandemborg . . . bekennen . . ., das vor vnns gekomen sein Borgemeister vnd Ratmanne vnser Statt Spandow, vnd hebbenn vnns bericht, wu sick to Tyden bogefft, dat etlicke drepelickesten vnd mercklickesten ore Medeborger, die die Borden vnd Vnplicht der Stat tom meystenn scholdenn helpen dragenn, so sie ore Fordal erkennenn, sich mit orer Haue vnd Gut in ander Stede vnd Lant wendenn vnd tyhenn, vnd en ouerall nichts to Affschote geuen, dadorch die Stat von den bewegesten vnnd rikesten ok anderen redeliken Borgeren vast wuste vnd geswecket wert, auch dodurch an oren Mauern, Grauen, Wickhuser[1069]) vnd jnwendigen Gebeude sere affnemen, deßhaluen sie vnns . . ersucht hebben sie to . . priuilegieren, dat sie von allen vnd iglichenn oren Inwoneren hinfurder to ewigenn Tyden, die sick orer Hab vnd Gut vth der gnantenn Statt Spandow in ander vnnser Stede oder Dorper in vnnsen Landen oder butenn Landes wendenn oder tyhen werden, von all erem Gude, nemlich von einem igliche Schock merckischer Grosschenn vier Grosschenn nehmen mochtenn, inmatenn dat die Rede vnnser olden vnd nyen Stadt Brandemborg von erenn Inwoneren, die von en tyhen nehmenn. Deß hebbenn wy . . . den Rat, Gemeine vnd ore Nakomen der gnanten vnser Stat Spandow darmet begnadet vnd priuilegiert, dat sie vier Groschenn von dem Schocke merckischer Groschen alles Gudes bewechlich vnd unbewechlich von den, die also wu vorberurt uth der Stat . . . tyhenn werdenn nehmenn mogenn . . .“

Im Teymlerschen Stadtbuche von Frankfurt (am oben Anm. 117 angef. Orte S. 40 und 60) heißt es:

„Von Erbschichtung.

Dis Capitel hat dise Meynung, wen eyn Borger ane Erben verstirbet, also das er alhir in der Stat nicht Erben hat besunder auserhalb der Stat in eynem ander Gerichte, der mus von iglichem

---

mit den Angelegenheiten des Reiches beschäftigt, ließ er seinen Sohn, den Markgrafen Johann (nachmals Kurfürst Johannes Cicero von 1486 [oben S. 125] bis 1499), in der Mark seine Stelle vertreten. (Buchholtz Br. Gesch. III. S. 151, 178 ff.) Die hier angeführte Urkunde Markgraf Johanns von 1481 steht in Zimmermanns Märk. Städteverf. II. S. 230—232.

1069) Wickhuser (oder Weichhuser: Frankfurter Reformation v. 1502 in Zimmerm. Märk. Städt. II. S. 284) sind Vertheidigungsthürme zum Schutze der Stadt. Vgl. Scherz Glossar. u. d. W. Wighus und Tzschoppe-Stzl Urk. S. 239 Note 2.

Ssoc, das er zur Teilung krieget, dem Rate geben vir merkisch Groschn, das wirt genant Abeschos; ist Landes Recht vnnd Gewonheit, dartzu mus igliche Persone so vil Erbfal nemen deme Gericht geben tzwelff merkisch Groschn."

„Wer Erbschichtung nymmet aus der Stat, gibt dem Richter von iglicher Person XII gr."

Die Neum. Pol. O. v. 1540 bestimmt im Cap. 11:

„Und wer also in andern Gerichten, darinnen er nicht gesessen, Erbe nehmen würde, soll, vermöge dem alten Landes-Gebrauch und Ordnung als 12 Gr. den Gerichten vom Häupt, und dem Rahte von jedem Schock 4. Argl. so hoch sich das Erbe an fahrender und unfahrender Haabe erstrecken wirdt, zum Abschoß geben.

Wo auch iemands in Städten verkauffen, und sich an andere Oerter begeben würde, soll dem Rahte derselben Stadt von jedem Märckl. Schocke der Gühter, so er aus der Stadt entwendet, an Gelde aber oder andere fahrende Haabe 4. M. Gr. zum Abzug geben."

Dem entspricht die Add. Const. v. 1561 Art. 11:

„E. Raht einer ieden Stadt folget der Abzug, als von einem ieden Schock 4 Argr. und von Haubt 12. gr. in Erbschichtung, auch wenn ein Bürger verkaufft und hinweg zeucht, auch der Abschoß vom Schock, welcher alßbald E. Rahte, ehe der Bürger weg zeucht, soll erleget werden;"

so wie die Krossen- und Züllichau'sche Landesordnung von 1561 (oben Anm. 212) und die Sternbergsche Landesordnung v. 1562 (oben Anm. 213):

„ . . . so soll erstlich von einer jeden Person so viel dero stendt, die da Erbe nehmen wollen der Herrschaft 12. Schwerd Gr. alsbald erleget werden, vnd so viel er an Erb-Gerechtigkeit aus solchen Gerichten, es sey auch woran es wolle, zu erwarten, soll er abermahl der Herrschafft von jederer Marck 4. Schwerd Gr. (Zusatz der Sternb. L. O.: „„oder von einem Merck. Schock 4. Merck. gl."") des Wehrts . . . zue Abzuge zue geben . . . schuldigk seyn."

In einer Urkunde von 1544, über den Verkauf des Untergerichts in beiden Städten Berlin und Cöln an den Rath und die Gemeine beider Städte (Fidicin Beitr. II. Nr. CCXVII; vgl. Regesten Nr. 659 f), wird namentlich angerechnet (a. a. O. S. 372):

„ob einer Erbschafft inn den gerichtenn . . . nehmen . . . wurde, gebůrt den Rethenn . . . von ieder Person, souil deren sein, zwelf groschenn fur die einweysung; do aber eyner oder mehr ausserhalbenn des Churfurstenthumbs .. besessenn, gibt iede Person . . . vier vnnd zweyntzig groschen."

Nur nach Kottbußschem Rechte wurde statt der Quindena die Decima gegeben. Dies zeigt sich in Kurfürst Friedrich des Zweiten Privilegium für die Stadt Kottbuß vom „Dinstage nach Johannis Babtistä Tages" (26. Juni) 1464:[1070])

„Wir Friedrich v. G. G. . . . bekennen . . . , daß . . . Unsere l. g. Burgermeister und Rathmannen Unserer Stadt Cottbus . . . etzliche Gebrechen der genannten Unserer Stadt erzehlet, wie fast sie abnehmen verstorbener Erbgüter wegen die von fremden auswerdigen Leuten aus dieser Stadt weggebracht worden; Als haben wir solches für uns genommen, . . . und . . . bestätigen Ihnen . . . , daß der Stadt zu Cottbus von allen Erbgütern bei ihnen in der Stadt und aus dem Weichbilde bringet, der darinnen nicht besessen ist, von demselben Erbe alle Wege den zehenden Pfenning oder das zehende Schock jeder Stadt behalten und in der genannten Unser Stadt Bestes wenden und kehren sollen[1071]) . . . ; Wäre aber Jemand im Weichbilde und Lande zu Cottbus in ihre Willkühr gesessene, der angestorben Erbe in der genannten Unser Stadt forderte und der solches aus dem Weichbilde nicht bringen wollte, demselben sie solches folgen lassen, ohne Beschwerung des Abzuges des zehenden Pfennings doch so bescheiden, daß man unsern Bürgern zu Cottbus, wem Erbe anstirbet auf dem Lande im genannten Unsern Weichbilde wider in die Stadt folgen lassen ohne Beschwerung[1072]), und sie sollen sie fürder mehr also halten und gebrauchen[1073]), als dieser unser Brief ausweiset."

1070) Friedrich der Zweite, in den Jahren 1440—1470 Kurfürst v. Brandenburg (vgl. oben S. 4), erwarb Kottbuß im Jahre 1462 (oben Anm. 95), also nicht lange vor Ertheilung dieses Privilegii, welches sich in Hoffmanns Repert. Forts. I. Anh. S. 184 f findet. — Eine diesem Privilegium gemäß noch im Jahre 1768 gefällte Sentenz wird ebendas. S. 2 beigebracht. Vgl. Rescr. v. 23. November 1720 u. v. 4. October 1732 in C. C. M. Th. VI. Abth. II. Nr. CXXXII und CCXXXIII. (Sp. 215 f u. 439 ff.)

1071) Trotz der nicht recht zusammenhängenden Construction dieses Satzes ist doch der Sinn klar: daß nämlich von allen aus dem Kottbußschen Gebiete durch Fremde auszuführenden Erbschaften (vgl. oben Anm. 287) der Stadt Kottbuß die Decima zu entrichten.

1072) Auch in diesem Satze ist die Wortfügung etwas breit und schwerfällig, der Sinn aber nicht zu verkennen: daß von den Eingesessenen der Stadt und des Weichbildes gegenseitig jene Decima nicht zu entrichten.

1073) Zu lesen: „und sie sollen sich fürder mehr" (d. i. fortan) „also

Die s. g. ratio legis für diese alte Quindena oder Decima ist in der Ansicht jener Zeiten zu suchen, als möchten die Städte sonst durch Exportation des Bürgervermögens unbilligen Schaden nehmen. Deutlich und ausführlich erklären sich darüber die Einleitungen der eben beigebrachten Privilegien für Spandow und Kottbuß. Auch die Worte unserer C. J. Tit. IV. §. 8: „zur narung wider anlegen" (oben S. 311) und die oben (S. 306) angeführten Worte der Neum. Pol. O. v. 1540 deuten ebendahin.

Genauer verbreitet sich noch C. J. G. 1594. Th. III. c. XVII, XIX, XX, XXIII g. E. über die Natur und das Wesen unserer Quindena[1074]), welche gegenwärtig untergegangen ist.[1075])

halten und gebrauchen." (Vgl. oben S. 207: Proöm. des Kottbusser Priv. von 1409.)

1074) In c. XVII. (oben S. 227 und Anm. 813) wird entschieden, daß der Abschoß nicht bloß von Kindergeld oder Erbgütern, deren die C. J. ausdrücklich erwähne, sondern auch „von der Kinder oder Erben Mittgifft und ehrkleidern", als welche „vermuge gemeiner Rechte auch dieser unser Constitution" (dies geht auf c. XI. a. a. O.) gleichfalls in die „gemeine theilung" zu bringen, genommen werden solle. Nach c. XIX. (oben S. 227) sollen die Wittwen, welche „das halbe theill" nehmen und ausführen, „die Ubermaß Ihres einbringens" (d. i. das s. g. augmentum dotis) in den Gerichten verabschossen, unter welchen dies augmentum erworben worden, „Jre Mitgifft und einbringen" aber „am ortte, do sie herkommen Jure collationis" verabschossen. Die c. XX. spricht den Abschoß von der Erbschaft „eines von Adels", welche außer Landes geführt wird, dem Landesherren zu, und entscheidet verschiedene Zweifel in Ansehung des Abschosses von Erbgeldern der Bauernkinder (oben S. 310), so wie vom Nachlasse solcher Personen, die zufällig „auf einer Reise in frömbde Gerichte" sterben. Der letzte Punct wird namentlich zu Gunsten der Herrschaft entschieden, unter welcher der Reisende geboren ist oder seine „wesentliche Wohnung oder Haußhaltung" (d. i. sein eigentliches domicilium: 7. C. de incolis. X. 39.) hat, und selbst in Betreff der „aussenstehenden Gelt summen" nicht etwa zu Gunsten der Herrschaft, „darunter das Gelt stehet", sondern gleichfalls zu Gunsten der Herrschaft, „darunter er gebohren oder gewohnet." (Ein Princip, welches auch unser Allg. Preuß. Landrecht Th. II. Tit. 17. §. 181. angenommen.) In c. XXIII. endlich wird die alte Streitfrage über die Anwendbarkeit der statuta personalia auf die Mobilien und der statuta loci auf die Immobilien bei Erbtheilungen, ganz in Gemäßheit der sonst herrschenden Ansicht (Bornemann Preuß. Civilrecht Bd. I. S. 204 Note **) entschieden, und schließlich eine Application dieser Entscheidung auf den Abschoß gemacht, der von „Auslendischenn beweglichen" Gütern an dem Orte „do die verstorbene Persohn sonsten gesessen und gestorbenn" entrichtet werden soll.

1075) Vgl. Scholtz Mot. II. S. 640; Götze Entw. §. 612 und Mot. II. S. 339—342.

Unsere Joachimische Constitution aber befreiet auch die Hintersassen der Prälaten und der Ritterschaft nicht vom Abschoß, sondern spricht nur aus, daß dieselben nicht etwa verpflichtet seien, zuvörderst noch das Bürgerrecht der Stadt zu gewinnen, aus welcher sie Erbgut ausführen wollen. In Ansehung der ausländischen und anderen Bürger dagegen verweist sie lediglich auf Herkommen und Gewohnheit:

Tit. IV. §. 6. Vber das sol niemands von den vnderthenigen vnser Prelaten vnd der Ritterschafft in vnsern landen gesessen, die erb fordern schuldig sein, sonderlich Burgerschafft oder Burgerrecht zu bezwingen.[1076]) §. 7. Was aber von auslendischen oder andern Bürgern, so erbgelt oder kindergelt nemen würden, sol gehalten werden, wie hieuor, vnd von alters geschehen vnd herkommen ist.

Hierauf beziehen sich noch spätere gesetzliche Urkunden. In Kurfürst Joachim des Zweiten mehrerwähntem Reverse von 1540 (oben Anm. 77 und 979) heißt es:

„Nachdem auch hievor und mit Bewilligung gemeiner Landtschafft beredet und beschlossen, daß diejenigen, so von einer Stadt zur andern ziehen, und doch innerhalb Landes bleiben, kein Abzug gefordert oder genommen werden soll, wollen wir, daß derselbige Articul dermassen auch gehalten werde, und keiner von Praelaten oder des Adels jemands darum beschweren, oder solchen Abzug nehmen noch fordern soll, welches Wir auch insonderheit bei denjenigen so es gethan, oder noch thun werden, abhelffen wollen."

In Kurfürst Joachim Friedrichs Revers v. 11. März 1602 (oben Anm. 88 und 979) findet sich folgende Stelle:

„Zum Achten, alß sich auch die Unsrigen wegen des Abschusses von derer von Adell Erbschafften, so ausserhalb Landes genommen werden, beschweret, So haben wir uns dahin erklehret, soll auch dabey verbleiben, den Abschoß nicht zu nehmen, von denjenigen die der Oerter kommen, da es von denen Unserigen nicht gefordert wird, von denen aber die der Oerther wohnhafftig, da es die Unsrigen geben müssen, gebrauchen wir uns des juris retorsionis nicht unbillig. So sollen auch die von Adell von den Erbschafften Ausserhalb der Stadt-Gütter, und so der Städte Jurisdiction unterworffen, von den Städten mit keinen Abschoß beschweret werden."

1076) Die Leseart „gewinnen" statt „bezwingen" habe ich nirgends gefunden, außer bei Kohl (declar. const. March. S. 330).

Mit dieser Stelle stimmt auch der Neum. Landt. Abschied von 1611 (oben Anm. 108) „Zum Achtzehenden" fast wörtlich überein, indem nur der Schlußsatz ein wenig ausgeführt ist:

„... ausserhalb der Stadt Guter, Alß nehmlichen Hauß, Hoff, vndt liegender gründe, so der Räthe Jurisdiction vnterworffen" u. s. w.

Endlich sagt noch die Kurfürstliche Resolution vom 1. Mai 1652, auf die gravamina der Kurmärkischen Stände (C. C. M. Th. VI. Abth. I. Nr. CXV, Sp. 411):

„37."

„Die vom Adel haben sich der Churfl. Alten reversen so weit billich zuerfrewen, daß in den Städten nur blos ihre Stadtgüeter, keineswegs aber dieienige, so extra jurisdictionem des Rahts gelegen, mit dem onere des Abschosses zugraviren sein, und hatt dieser punct fürlängst, durch die alte reverse seine richtige maas erlanget, dawieder dan keine newerung eingeführet noch gestattet werden soll."

II. Ob und in welcher Weise der überlebende Ehegatte der Erbschaft entsagen könne, davon schweigt die Joachimische Constitution. Aus diesem Schweigen aber sind unsägliche Zweifel und Controversen erwachsen, zumal da die Praxis seit dem sechszehnten Jahrhunderte unser Recht ganz romanisirte, und der Deutschen Elemente desselben fast uneingedenk oder gar unkundig war. Berücksichtigt man dagegen die alte Deutsche Natur unseres Rechtes, so wird man geneigt, die Sache an sich für ganz einfach zu halten. Denn wenn das Wesen der Theilung des Vermögens nach gewissen Raten, zwischen dem überlebenden Ehegatten auf der einen, und den Kindern oder anderweitigen Erben auf der anderen Seite, besonders darin begründet war, daß für den überlebenden Ehegatten, zumal für die Ehefrau[1077]), gesorgt werden sollte: so konnte wohl an sich nichts im Wege stehen, wenn der überlebende Gatte dem Vortheile, welchen ihm Gesetz oder Sitte aus der Erbschaft zufließen ließ, entsagen, und lieber

---

1077) Oben S. 221; unten Anm. 1087. — Wenn nach Magdeburgischem Rechte der überlebende Ehemann fast die ganzen Güter gleichsam zurückbehielt (oben S. 53 und 61 f), so tritt in dem Antimagdeburgischem Elemente des Fürstenbergschen Rechtes v. 1281 (oben S. 216 und 222) die Sorge für die überlebenden Ehefrauen („Vt Vxores post mortem maritorum" u. s. w.) deutlich hervor!

sein eigenes Vermögen, insbesondere die Wittwe ihr Eingebrachtes[1078]), zurücknehmen mochte. Daß aber auch in der Mark, und zwar ehe man noch an die Joachimische Constitution dachte, überlebende Ehefrauen, die den Schulden des Mannes nicht erliegen wollten, wirklich der Erbschaft entsagt und ihr Eingebrachtes zurückgenommen haben, wird durch eine Verhandlung v. J. 1522 aus dem Berliner Gerichtsbuche, welche bisher noch nicht durch den Druck zur öffentlichen Kenntniß gebracht, von mir aber schon mehrfach in Bezug genommen ist[1079]), über allen Zweifel erhoben. Dieselbe lautet, nach Fidicins getreuer Mittheilung:

Quinta feria post Simonis et Jude.[1080])

Fraw Kerschyn, Hans Nygendorps nachgelassen wydwe yst huͤth vor rychter vnd Scheppen erschynen vnd demuͤtlych gebeden, yr eynen vormunder, esz were tzu recht edder sunsth, tzu geben, vnd martino Schultzen gebeden, den yr rychter vnd Scheppen gegeben, vnd er och dy vormunderschap angenhommen, getrwelich der frawen tzu syn in ihre sache: Martinus Schultze alsz eynen vormunder frawen Kerschynnen, Hans Nygendorps nachgelassen wythwe, vnd sageth abe, dasz syͤ sych jres mannes erb edder guͤther nycht wyll sych anmassen noch antzyn edder vndersthen, szünder wasz syͤ tzu ym gebrocht vnd van yren vorygen eman Peter Stenkop behalten vnd ire kyndere ausz kynthlyger lÿbe von iren vetterlygen erbdheil tzugekerth, sych da myth desthe lychlyger tzu erneren, das yr vnuorrucklÿch ausz keserlychen, gestlichen vnd Sachschen rechtpryvelegien fryͤ vnd precipue blyben vnd dabÿ gehanthhabeth werden szoͤl; vnd ob ymantz van den gelobygern Hans Nygendorps szelyger ober Hans Nygendorp edder syner guther eyn fryden gewunnen edder sunsth dar tzu myth clagen bestürmen wolth, dasz dy an synen guthern vnd nycht an der frawen gewyseth ader myth execucion vervolgeth werden vnd sunsth dy fraw oder yre guther tzu molestyren, tzu beklagen vnd tzu vorhafften, von schulde wegen Hans Nygendorps, nymantz gestathen,

---

1078) Nahm sie doch überhaupt nach Deutschem Rechte ihr Eingebrachtes zurück, wenn nicht besser für sie gesorgt war. (Eichh. Pr. R. §. 297 f.)

1079) Oben Anm. 115, 227, 911, 1033, 1062.

1080) D. w. 30. October 1522.

trostlich vorhoffen, rychter vnd scheppen werden sych hyryn thu rechticheit wyssen tzu halthen, dy wyll dy fraw dorch yren vormunder yres mannes abegesagen vnd renuncyret vnd . . . [1081]) tzu haben, darvon sy hyrmyth protestyrth.

Aus dieser Verhandlung ist mit unwiderleglicher Bestimmtheit zu entnehmen, wie geläufig die Erbschaftsentsagung und Zurücknahme des Eingebrachten von Seiten der Wittwen dem täglichen Gebrauche gewesen sein muß, bevor eine romanisirende Praxis die Natur des alteinheimischen Ehegattenerbrechtes verkannte oder doch zweifelhaft machte und umgestaltete. Daß übrigens auch schon das Berliner Stadtbuch der Entsagung insufficienter Erbschaften im Allgemeinen gedenkt, ist in anderem Zusammenhange berührt worden. [1082])

Nachdem aber einmal das Römische Recht zu überwiegendem Einflusse gelangt war, wurden auch rein Deutsche Verhältnisse nach Römischen Grundsätzen behandelt und auf Römische Institute zurückgeführt.

Die Behandlung unserer statutarischen Portion als einer portio legitima in Römischem Sinne war wenigstens nicht inconsequent. [1083]) Am Klarsten tritt diese Behandlung in den Johann Georg'schen Constitutionen hervor:

C. J. G. 1574. Tit. XIV (Forts. der oben S. 293 z. Anf. angef. Stelle): „Verliessenn aber Eheleute nach Ihres eines absterbenn leibs Erben, oder in auffsteigenden linien Ihre Eltern, so sol denselbenn durch testamendt oder vbergabenn an ihrer gebuerendenn helffte der Gueter, welche in vnserm lande anstadt der legitima zueachten [1084]), nichts endtzogen werdenn, wie auch vnter burgerlichen Persohnen die Eheleute

1081) Diese drei Puncte bezeichnen ein unleserliches Wort, dessen Sinn unzweifelhaft ist: genug.

1082) Oben S. 289. — Auch von Rückgabe des Eingebrachten an die Frau nach geschiedener Ehe findet sich ein Beispiel in einem Erkenntniß v. 1483: „ . . . Nach dem Mann und frow durch Iren bischove geschlden sind, das der frawen billich und von rechts wegen tzu widerstatung Irs eingebrachten Eegelts dy funfftzig Schock . . . volgen sollen" u. s. w. (v. Raumer cod. dipl. II. S. 183, Nr. CXXV.)

1083) Vgl. Scholtz Mot. II. S. 152, 223—233, 263—265; v. Kunow Mot. S. 152—156, 187 f; Eichh. Pr. R. §. 338 Nr. II.

1084) Unten Abth. II. Cap. I. §. 2. Nr. II. E; Cap. II. §. 2. Nr. III.

einander selbst, wan es nicht mit beider willen geschicht, die helfte der gueter durch donationen, oder testamendt, nicht sollen endtwendenn, es wehren dan gnuehsame Vhrsachenn der endterbunge[1085]) vorhandenn."

C. I. G. 1594. Th. III. c. IV (Forts. der oben S. 227 Z. 1 f angef. Stelle): „. . . das gleichwoll der Mann seines halben Theills mechtigk bleibet, doch soll er in veraufferung derselben, sein Ehe-Weib in fraudem constitutionis erwentenn halben theils, nicht verkurzenn."

Auch die Neum. Lehnsconst. v. 1724 spricht im §. 64, unmittelbar vor der oben S. 293 angef. Stelle, den Grundsatz aus:

„und kan der Wittiben diese Helffte auch per Testamentum des Ehe-Mannes weder gemindert, noch genommen werden."

Seltsam aber, ja fast ungereimt erscheint es, wenn die Märkischen Juristen das vollkräftige, ächt Deutsche und ehrenhafte Erbrecht der überlebenden Ehefrau dem Römischen Erbtheile der armen, gleichsam aus Mitleiden berücksichtigten Wittwe substituirten![1086])

Indem man nun die alte Eigenthümlichkeit des Märkischen Erbrechtes verkannte, kam man dahin, das durch den Tod des einen Gatten gemeinschaftlich gewordene beiderseitige Vermögen (oben S. 221 ff) nach Römischer Weise als zwei verschiedene, und erst, wenn der Ueberlebende die statutarische Portion erwählte, zu conferirende Massen anzusehen, und an die Stelle des ganz einfachen und natürlichen Rechtes des Ueberlebenden auf Entsagung seines erbrechtlichen Halbtheiles und Rücknahme seines Vermögens, ein absonderliches ius optionis, namentlich zu Gunsten der überlebenden Ehefrau, gesetzlich einzuführen und zu bestätigen, — gerade als ob die Natur der statutarischen Portion erst aus dem Römischen Dotal- und Illaten-Rechte herzuleiten und zu erklären gewesen wäre!

Die Ansicht, als würde das beiderseitige Vermögen nicht

1085) Vgl. C. I. G. 1574. Tit. III. u. 1594. Th. III. c. XXI. von dem Verluste des Ehegattenerbrechtes durch bösliche Verlassung.

1086) Vor Allen führt Kohl in seiner declar. const. March. diese unangemessene Auffassung durch. Freilich entsprach dies ganz der Weise der damaligen Rechtsgelehrten. Vgl. Eichh. R. G. §. 455. Note 1; Pr. R. §. 338. Note c.

schon durch den Tod des einen Gatten, sondern erst durch eine förmliche Collation gemeinsam, offenbart sich bereits in der oben Anm. 1074 angef. c. XIX. C. J. G. 1594. Th. III. („Jure collationis".) Dieselbe wird mit großer Vollständigkeit in der Neum. Lehnsconst. v. 1724 entwickelt und liegt auch dem Erbschaftsedicte von 1765 zu Grunde. Nach §. 58. der angef. Lehnsconst. soll

„Die Wittibe, wan sie Erbe nehmen will, alle ihre Bona ... conferiren."

Und im §. 63. ebendas. heißt es (Forts. der oben S. 291 in Bezug genommenen Stelle):

„Gleichwie nun aber denen Wittiben, wann des Mannes Schulden zu groß seyn, nicht zugemuthet werden kan, das ihrige zu conferiren, und zu ihrem Schaden des Mannes Schulden bezahlen zu helffen, sondern derselben freystehet, Illata zu repetiren und das ihrige zu behalten, hiernechst auch die collatio bonorum in Favorem der Erben des verstorbenen Ehe-Mannes introduciret ist; Also mögen auch die Erben des verstorbenen Mariti sich auf dem Fall, wann der Wittiben Schulden ihr Vermögen absorbiren, oder gar übersteigen solten, sich derselben entziehen & sine collatione der Wittiben, mit ihr des verstorbenen Ehe-Mannes Haeredität theilen, weilen einem jeden frey stehet, favori pro se introducto zu renunciiren."

Hier wird es also geradezu so angesehen, als habe es erst einer besonderen Einführung der collatio bonorum, und zwar zu Gunsten der Blutsverwandten, bedurft, um aus dem beiderseitigen Vermögen der Ehegatten eine gemeine Masse zu machen. — Von dem noch hierher gehörigen §. 4. des Erbsch.-Edictes v. 1765 Abth. II. unten in weiterem Zusammenhange.

Auch die förmliche Einführung und Bestätigung des ius optionis, als ob dies etwas ganz Singuläres wäre, zeugt von dem Verkennen des einfachen Verhältnisses, welches, wie wir gesehen, schon früher von selbst bestanden hatte. Zuerst bestimmt die Neum. K. G. O. v. 1561 am oben (S. 291) angef. Orte:

„So soll es der frawen frey stehen erbe zunehmen vnd dagegen schulde zu bezahlen, oder aber sich der Schulde genzlich beneben dem erbe zue eüssern."

Demnächst herrscht auch in C. J. G. 1574. die Auffassung, als müßte die Befugniß des überlebenden Ehegatten, der Erbschaft zu entsagen, erst besonders festgestellt werden. So lautet gleich Tit. I. (oben S. 225), überschrieben: „Daß in der Frawen Wilkur stehet, dz halbe Guet zubehalten, oder ihr Einbringen wieder zuforderun“:

„Vormuge unser Landesconstitution, behaltenn die Eheleute, welche der andern Todt erleben, das halbe Guet, dieweil aber, wann solches durchaus also gehaltenn werden sol, sich vielfaltigkeit zuetregt, daß die Frawen ihres eingebrachtenn Guets, bei welchem die gemeine Rechte sie aus vornunftigen vrsachenn, ihn allwege erhalten haben wollenn, dadurch gar beraubett, oder doch merklich daran vorkurtzt werden; So sol denselben freystehen, ob sie nach Absterben ihrer Ehemänner ihr Einbringen wieder fordern, oder den halben theil der Gueter behaltenn wollenn.“

Wie hier der überlebenden Ehefrau, so wird im Tit. XIII. dem überlebenden Ehemanne unter gewissen Umständen die Befugniß eingeräumt, statt der ihm etwa unvortheilhaften Halbtheilung die Zurückbehaltung seines eigenthümlichen Vermögens zu wählen. (Unten Anm. 1111.) In C. J. G. 1594. dagegen erscheint das Recht der überlebenden Ehefrau zur Entsagung der Erbschaft mehr als sich von selbst verstehend:

Th. III. c. V. „Dieweill auch diese unsere Constitutio“ (d. i. die Joachimica) „der Teilung des halben guts vornehmlich den Frauen zum besten[1087]) geordnet. Ist kein Zweiffel, daß sie nach ihres Mannes Absterbenn dieser unser Constitution renunciiren und zu ihren eingebrachtenn Guetern und fraulichen Gerechtigkeit, so woll als zu ihren paraphernalien greiffen muge.“

Die Neum. K. G. O. v. 1646 aber, deren Tendenz im Proömium namentlich dahin angegeben wird, die, zumal in dem Laufe der Kriegeszeiten, der alten K. G. O. v. 1561 zuwider, eingerissenen Mißbräuche und Verwirrungen zu beseitigen, hebt im Cap. 34. („Von der option der Frauen, Erbe zunehmen oder sich dessen zu eussern“) wieder mit den Worten der K. G. O. v. 1561 an: „So soll es der Frauen frey stehen“ u. s. w. Und die Neum. K. G. O. v. 1700, welche im Wesentlichen die beiden früheren K. G. Ordnungen v. 1561 und 1646 in revidirter, „denen gemeinen Rechten“ und „dem bisherigen stylo Dicasterii“ angepaßter Gestalt enthält, beginnt im entsprechenden Cap. 33. aber:

1087) Oben Anm. 1077.

mals mit den Worten: „Es soll auch denen Frauen freystehen" u. s. w. Die Neum. Lehnsconst. v. 1724 endlich bestimmt im §. 57. ausdrücklich, daß es

„Weder der Frauen, noch dem Mann . . . nach des Chur-Fürsten Joachimi I. glorwürdigsten Andenckens Constitution de Anno 1527. Tit. von Erb-Fällen zwischen Ehe-Leuten, ꝛc. Erbe zu nehmen, oder sich dessen zu äussern"

benommen sein solle.

Die Herleitung und Erklärung unseres alteinheimischen Ehegattenerbrechtes aus dem Römischen Dotal- und Illaten-Rechte zeigt sich nur allzu deutlich in den Johann Georg'schen Entwürfen, und zwar sowohl in dem bereits auf der vor. S. angeführten Tit. I. C. J. G. 1574., als in folgenden Stellen der C. J. G. 1594. Th. III.:

c. III. „Das halbe Gutt folget nicht als ein Erbe: besondern als ein lucrum dotis.

Die Landes-Constitutio im Tittell von Erbfallenn zwischenn Eheleutenn, darin nach Thode eines von Eheleuten, das überbliebende Theill, vermuge alter gewohnheit, das halbe gut nimbt, bedarf dieser erklehrunge, daß nemlich das halbe theill der lebendigen Persohnen der gewesenen Eheleute" (oben Anm. 826) „nicht als ein Erbe, besondern als ein statutarium lucrum dotis volge."

c. IV. (Forts. der oben S. 320 mitgetheilten Stelle): „Doentgegen soll auch eine Ehefrau ihre eingebrachte Gueter in stehender Ehe, so weit mechtigk bleibenn, daß der Mann dieselbenn ohne Ihren Willenn nicht verkauffenn oder abalieniren könne. Geschehe aber die alienatio mit der Frauen guten wissenn, als mit renunciation immassen unten[1088]) davon verordnet. So soll die Frau sich dawieder Ihres privilegii dotis nicht zugebrauchenn habenn."

c. XIX: „Es ist ein Zweiffell, weill vermuge unserer Constitution, die Weiber nach Absterben Ihrer Menner das halbe Gutt nehmenn. Ob sie davon auch Abschoß zugeben schuldigk, wann sie nach der theilunge aus den Gerichten ziehenn. Ob nun woll die Frauen das halbe theill nicht als ein Erbe nehmenn, besondernn als ein lucrum dotis wie oben in der 3ten Constitution zubefindenn. (Dieweill sie aber die Ubermaß Ihres einbringens" u. s. w.: oben Anm. 1074.)

1088) D. i. in der darauf folgenden c. V. (Unten Anm. 1091.)

Hiermit steht denn freilich in consequentem Zusammenhange, was über die Entsagung der „fräulichen Gerechtigkeit", bald in Beziehung auf dies s. g. ius optionis, bald in Beziehung auf das privilegium dotis, oder auch auf die exceptio S. C. Velleiani, festgesetzt wird. So geht C. J. G. 1574. im Tit. XXIV, der die Ueberschrift führt: „Von der Weiber Gerechtigkeit in Ihrer beschuldigen[1089]) menner guetern, vnd wie sie sich der bestendiglich vortzeihen konnen", näher darauf ein, welcher Mißbrauch mit der Rechtswohlthat getrieben werde, wonach den Frauen freistehe, ihr Eingebrachtes aus den Händen ihrer in Schulden versinkenden Männer zurückzufordern, oder nach deren Tode die Priorität gegen andere Gläubiger in Anspruch zu nehmen. Deshalb wird zuvörderst den verschwenderischen Ehefrauen der Genuß jener Rechtswohlthat gänzlich abgesprochen, demnächst den Wittwen überhaupt zur Errichtung eines Inventarii und zur Entsagung der Erbschaft eine durchgreifende Frist gestellt (unten S. 326), und endlich mit folgenden Worten des gerichtlich zu leistenden Verzichtes einer Ehefrau auf die exceptio S. C. Velleiani gedacht:

„Hette dan auch ein Weib, sich neben Ihrem Manne, vor eine schuldt vor dem Richter, vnd einen Scheppen vorpflichtet, vnd ihrer Frewelichen gerechtigkeit, der sie in solchen fellenn, durch den Richter Notturftigk sol berichtet werden, abgesagett, vnd solche ihre Vorpflichtunge vnd Renunciation welhre dem Gerichtsbuch einverleibett, so sol dieselbe vor Creftigk geachtt vnd dem Gleubiger in Ihre so wol alß in des Mannes gueter vnweigerlich geholffen werdenn, vngeacht daß sie die nicht eidtlich, noch durch einen sonderlichen Vormunden gethann."

Die C. J. G. 1594. Th. II. c. XXXII. gestattet der Frau, zur Rettung des „privilegium praelationis", den Nachweis ihrer dos durch die bloße Handschrift oder Quittung ihres Mannes, den Gläubigern desselben gegenüber, unbedingt für den Fall, daß auch die Gläubiger zum Erweise ihrer Forderungen bloß des Mannes Handschrift produciren.[1090]) In der, durch den Schluß

1089) D. i. „verschuldeten" oder „überschuldeten"; wie im Landt. Absch. von 1572 (unten Anm. 1112): „keines beschuldigten von Adel Weib."

1090) Auch der §. 7. der Königl. Constitution v. 25. August 1718, so wie der Declarirten Const. v. 1. Juni 1723 (C. C. M. Th. II. Abth. V. Sp. 101 f u. 129), beschäftigt sich mit der Beweiskraft der Quittung des Mannes über die Illaten, jedoch resp. den Kindern oder den Agnaten gegenüber.

der c. IV.[1091]) eingeleiteten c. V. C. J. G. 1594. Th. III., welche die Ueberschrift trägt: „Eine Frau kan der Constitution renunciiren, und welchergestalt sie ihrer freulichen Gerechtigkeit gebrauchenn muge", werden im Verfolge des zu Anfang gethanen Ausspruches über die Befugniß der Wittwen zur Erbschaftsentsagung (oben S. 322), gegen die dabei eingerissenen Mißbräuche folgende Vorschriften erlassen:

„Erstlich sollen die Frauen alleine ihre Mittgifft, Kleider, und Weiblichen Geschmuck, den sie in Zeit der Hochzeit gehabt, auch was sie in stehender Ehe ererbet, und nicht was sie in stehender Ehe von ihrem Manne erlanget, wieder abzufordern Macht habenn. Zum andern wann ein Weib in stehender Ehe unrathsamb haußhelt, und schulde machenn helffet, oder zu des Mannes verderb und schadenn durch übermeßige Zehrung, Kleidung und sonst selbst ursach giebt. Auf dem fall soll sie ihr einbringen halb zubezahlunge der Schulde wendenn. Zum dritten kan eine Frau Ihre Freuliche Gerechtigkeit, in Ihren eigengemachten schulden und Contracten wieder die Gleubiger nicht gebrauchen noch auf den Fall wann Ir Ehemann die schulde mit Ihrer Bewilligunge gemacht, undt sie nach genugsamer Erinnerunge ihrer freulichen Gerechtigkeit vor Gerichte oder dem Richter und zweyen Schöppen oder ausserhalb Gerichts mit Ihren Cörperlichen Eyde außdrücklich renunciiret, wie davon oben im andern theill Const. 17.[1092]) weiter meldunge geschehenn. Zum Vierdtenn[1093]) . . ."

Ferner heißt es im §. 8. der Königlichen Constitution vom 25. August 1718, so wie der Declarirten Const. vom 1. Juni 1723 (am oben Anm. 1090 angef. Orte Sp. 102 u. 129 f):

„Wann in den Ehe-Pacten eine Frau der optioni portio-

1091) Oben Anm. 1089.

1092) In Th. II. c. XVII. ist in der Fortsetzung der oben (S. 296) angeführten Stelle auf diese Renunciation näher eingegangen. — Merkwürdig ist es aber, daß schon unser Berl. Stadtb. die Gültigkeit der gerichtlich bekannten Weiberbürgschaften annimmt. (Oben Anm. 1032.) Auch in einer gerichtlichen Urkunde von 1451 verspricht eine Frau Festhaltung des vorgenommenen Geschäftes „sunder behelpunge aller rechten, fryheyden vnde priuilegien dy or dartu dynen muchten", wegen deren sogar der Kaiser „Valleyanus" (!) in Bezug genommen wird. (Fidicin Beitr. II. S. 228 f.)

1093) Zum Vierten ist von dem privilegium dotis in Concurrenz mit anderen Pfandrechten und zum Fünften vom Schutze des Leibgedinges gegen die Creditoren die Rede.

nis statutariae, mittelst Eydes, oder sonst renunciiret, muß sie schlechterdings bey der Ehe=Stifftung bleiben, und kan weiter zur Wahl nicht zugelassen werden, und dieses ohne Unterscheid, es sey die Ehe=Stifftung vor oder nach Vollziehung der Ehe gemachet. Jedoch sollen auf diesen letztern Fall von Seiten der Frau wenigstens zwey ihrer Anverwandten oder Beyständе adhibiret werden."

Eine Satzung, der endlich noch §. 67. der Neum. Lehnsconst. v. 1724 fast wörtlich entspricht.

Hatte man nun aber überhaupt einmal mit der Romanisirung unseres Ehegattenerbrechtes den Anfang gemacht, so mußte sich bald die Nothwendigkeit aufdrängen, nicht bloß die Römischen Fristen für das beneficium inventarii zu beachten, sondern auch jenes ius optionis in gewisse Zeitgränzen zu bannen. In dem bereits erörterten Tit. XXIV. C. J. G. 1574. (oben S. 324) erfolgt zum ersten Male eine nähere Bestimmung hierüber:

„Nachdem sich auch offte zuetregt das die Weiber nach Absterben der Menner, eine lange Zeit in den guetern sitzen bleiben, schlemmen vnd zehrenn, auch wol andere Menner nehmen, vnd sich dan erst, wann die Gleubiger wollen bezalt sein, auf Ihre frewliche Gerechtigkeitt beruefen, So sol hinfuro ein Jedes Weib, das nach absterben ihres Mannes der Frewlichen gerechtigkeit geniessen wil, alßbaldt nach demselben ableibenn ein bestendigk Inuentarium das sie im fal der Nodt, midt ihrem leiblichen Eide beteuren kan auffrichten, vnd durch die Gerichte beschreiben lassen, sich auch nach außgange der vier wochen[1094]), In denn nachfolgenden viertzen tagen kegen dem Erbenn, oder wo sich niemandt vmb die Erbschafft annehmen wolte, kegenn dem Rathe derselben Stadt, oder der Erbherrschafft auffm Lande[1095]), ercleren, daß sie nach Inhalt vnserer Landesconstitution[1096]), die helffte der gueter nicht behaltten, Sondern alleine was sie Ihrem Ehemanne an Gelde vnd andern zuebracht, wieder heraus nehmen wil, wurde sie aber dasselbe nicht thuen, Sol sie hernacher midt der Frewlichen gerechtigkeit nicht zuebehelfen habenn."

Eben so verordnet C. J. G. 1594. Th. III. c. VII („Inventirung der Erbschafft welchergestalt dieselbe geschehen solle"):

1094) Vgl. unten Nr. III. A. vom Dreißigsten.

1095) Hierin liegt zugleich eine Beziehung auf das fiscalische Erbrecht. (Vgl. oben Anm. 900.) Die unrichtige Mylius'sche Leseart: „Erbschafft" habe ich gleich in „Erbherrschafft" verändert. (Oben Anm. 210.)

1096) D. i. wieder der Const. Joachimica.

„Wann nun nach Ausgang der 4 Wochenn[1094]) oder schierst hernach, zur theilung geschritten wirdt. Sollenn die Erbenn und überbliebenen Persohnen[1097]) vor allen Dingenn ein Inventarium aller (vorsiegelten und unvorsiegelten)[1098]) kundtbahren Gueter machenn. Darzu soll das überbliebene theill[1097]) aller stück zur Erbschafft gehörigk, davonn es Wissenschafft treget, mittelst ihres Cörperlichen Eydes, so ferne solches von dem Erben nicht gutwilligk erlassen wirdt, eine richtige Vorzeichnus übergebenn. Dergleichen sollen auch die Erbenn, welche mitt in den Guetern gesessenn, oder sonstenn von den stucken wissenschafft habenn, zuthun schuldig seyn. Und wann nun also das vermugen der Erbschafft, erkundigt und zusammen gebracht, soll zur theilunge geschritten werden. Die Wittfrau aber soll nach Ausgang der Vier wochen[1094]), sich wo nicht alßbaldt, doch Innerhalb Acht tagenn darnach erklehren, ob sie bey ihrer freulichen Gerechtigkeit bleibenn, oder vermuge der Constitution[1096]) theilen wolle. Also, do sie solchs nicht thun wurde, daß sie darnach weiter nicht mit solcher Execution[1099]) solle gehöret werdenn."

Demnächst ist es dann die Neum. K. G. O. v. 1646, welche im Cap. 34, das ius optionis der Wittwen zum Ausgangspuncte nehmend (oben S. 322), auf den Mißbrauch übergeht, daß die Wittwen, ohne Aufrichtung eines Inventarii, Jahre lang in ungetheilten Gütern sitzen bleiben, das Vermögen durchbringen, und schließlich „in praejudicium creditorum das privilegium dotis undt jus optionis ergreiffen." Gegen diesen Mißbrauch wird nun die Vorkehrung getroffen:

„daß alßbaldt nach aufrichtung des Inventarii, welches zum lengsten in Sechs wochen nach des Mannes tode legitimè confirmiret[1100]) werden soll, die Frau in den nachfolgenden Sechs Monahten sich judicialiter angeben und cathegoricè erklähren soll, ob Sie Erbe nehmen oder dotem repetiren wolle, uf

---

1097) D. i coniux superstes (oben Anm. 826).

1098) Die hier eingeklammerten Worte beziehen sich auf die in der vorangehenden c. VI. ertheilte Vorschrift, daß, bei der Trennung einer kinderlosen Ehe durch den Tod des einen Gatten, auf Verlangen der Erben gerichtliche Versiegelung erfolgen, und dem überlebenden Ehegatten nur so viel unversiegelt herausgelassen werden solle, als zum nothdürftigen Unterhalte desselben während der vier Wochen hinreichen würde.

1099) Augenscheinlich ist statt Execution zu lesen: Exception.

1100) Richtiger: „conficiret", wie es in der Neum. K. G. O. v. 1700 heißt.

nathen gerichtlich erklären, ob sie die Erbschafft annehmen, oder sich derselben enthalten wollen. Massen, wann binnen solcher Zeit . . . keine Erklärung folget, der überbleibende Theil purè pro Haerede zu achten, auch demselben das Beneficium Legis & Inventarii nicht zu gestatten."

Auf diese Art entwickelte sich jene zwiefache optio des überlebenden Ehegatten: die erste, ob er überhaupt des vorverstorbenen Gatten statutarischer Erbe werden wolle oder nicht; die zweite, ob er vom beneficium inventarii Gebrauch machen wolle oder nicht. Und hieraus erwuchs eine solche Verwirrung der Verhältnisse und eine solche Divergenz der Ansichten, daß weder die früheren Gesetze[1103]), noch auch schließlich das Erbschaftsedict von 1765, welches doch gerade die Joachimische Constitution erklären und ergänzen sollte[1104]), zur Beseitigung der Zweifel und Controversen zu gelangen im Stande waren.

1103) Vgl. zu den oben mitgetheilten Stellen aus den Gesetzen v. J. 1646 bis z. J. 1724 die Allegate in v. Kamptz Jahrb. VII. S. 224 und Scholtz Mot. II. S. 356 ff. (Die in v. Kamptz Jahrb. a. a. O. Note 12 erwähnte Ordnung „wie bei allen französischen Gerichten zu procediren", vom 14. April 1699, findet sich im C. C. M. Th. II. Abth. I. Nr. XCVI, Sp. 275—334. Der sechste Titel, a. a. O. Sp. 281 f, handelt: „Von dem Spatio deliberandi".)

1104) Es steht im Nov. C. C. M. Bd. III. v. J. 1765 Nr. 42, Sp. 689—718, unter dem Titel: „Allgemeine Verordnung, wie es bey Erbschafts-Anfällen, mit der Erbes-Erklärung, Versiegelung, Inventur, Zahlung und Vorladung der Erbschaftlichen Gläubiger zu halten; worin zugleich in Ansehung der Erbfolge zwischen Eheleuten, in der Mark, einige bisher zweifelhaft gewesene Rechtsfragen entschieden, und in so ferne die Constitutio Joachimica von 1527. vorläufig erklärt und supplirt wird. De dato Berlin den 30. April 1765." Die zweite Abtheilung, a. a. O. Sp. 711—718, welche wieder die besondere Ueberschrift führt: „Von der Erb-Folge zwischen Eheleuten, in der Chur- und Neu-Marck, und einigen dabey vorkommenden bisher zweifelhaft gewesenen Rechts-Fragen", besteht aus einem Proömium, in welchem die fünf Hauptstreitfragen aufgeworfen werden, und einer Reihe von 15 Paragraphen, deren letzter in Betreff der Lehnssuccession bloß auf die desfalls ergangenen Specialverordnungen verweist. Dem §. 1—14 aber läßt sich, zur Erleichterung der Uebersicht, folgendes Schema zu Grunde legen:

I. Vom überlebenden Ehegatten, der die Erbschaft
  1) ausschlägt: §§. 1. u. 2;
  2) antritt,
    a) cum beneficio inventarii: §. 3;
    b) pure als statutarischer Erbe: §. 4.

Dieses Edict besteht aus zwei Abtheilungen, deren erste mehr die Bedeutung eines allgemeinen Gesetzes hat[1105]), wogegen die zweite ganz in unser Provincialrecht einschlägt. In derselben ist nämlich die durch das Berliner Stadtgericht im Jahre 1758 nachgesuchte, in Gemäßheit des Kammergerichtlichen Gutachtens vom 30. September 1763 erlassene authentische Declaration in Ansehung des Märkischen Ehegattenerbrechtes enthalten.[1106])

Den von dem damaligen Präsidenten von Fürst selbst entworfenen Bericht des Kammergerichts vom 30. September 1763 hat Scholtz (Mot. II. S. 649—683) aus den Acten des Kammergerichts: „Vota die Constitutionem Joachimicam de 1527. betreffend, 1758—1763. J. 24." (fol. 8—31) veröffentlicht, und damit dem practischen Bedürfniß der Auslegung vollständig genügt. Für die wissenschaftliche Auffassung des Standpunctes jener Zeit wird es aber erforderlich sein, auf den Geist der dem Berichte zu Grunde liegenden einzelnen Vota und Ansichten näher einzugehen.[1107])

II. Von des vorverstorbenen Ehegatten Erben, welche die Erbschaft
1) ausschlagen: §. 5;
2) antreten,
a) cum beneficio inventarii: §. 6;
b) pure: §. 7.
c) Von der Collation, welche die Kinder des Verstorbenen zu machen haben: §. 8.
d) Von dem ius optionis der Erben gegen den überlebenden Ehegatten: §§. 9. u. 10.

III. Von dem Rechte der Erben des überlebenden, demnächst gleichfalls verstorbenen Ehegatten: §§. 11—14.

1105) Doch ist diese erste Abtheilung auch jetzt noch für das Märkische Recht von einiger Erheblichkeit: Scholtz Mot. II. S. 355 ff; v. Kunow Mot. S. 197, 216 ff; Mathis XI. S. 121 f.

1106) Vgl. v. Hymmen Beitr. VII. S. 213 f; Scholtz a. a. O. S. 305—307.

1107) Die Zahl der Votanten betrug achtzehn, wie schon in v. Hymmen a. a. O. mitgetheilt ist. Es haben nämlich in der Zeit vom 27. Januar 1759 bis zum 3. Februar 1763 folgende Räthe: v. Rebeur, Schlichting, Heidenreich, Lamprecht, Eickstedt, Kahle, Rudolphi, v. Blücher, Mentzel, Schach v. Wittenau, Koenen, Scherer, de Milzonneau, Behmer, Friedel, Reuter, v. Clermont (vgl. das Verzeichniß der K. G. Räthe in v. Hymmen Beitr. IV. von S. 257—264), und schließlich der Präsident v. Fürst, ihre Vota schriftlich zu den Acten gegeben (woselbst sie sich

Das erste Votum adoptirt die Ansicht von Kohl und Müller, daß des erstverstorbenen Ehegatten Erben, gleich viel, ob dessen Kinder, oder nicht, die Hälfte von dessen nachgelassenem Vermögen rein und ungeschmälert verlangen könnten, aus folgenden Gründen. Erstens sei das Herkommen und der Gerichtsgebrauch dafür, welche gegen Stryk's bloß in Schlüssen aus allgemeinen Principien gegründete Meinung für durchgreifend erachtet werden müßten, gesetzt auch die Stryk'sche Meinung wäre sogar der Theorie und den allgemeinen Folgerungen, die sich aus der Constitutio Joachimica ziehen ließen, gemäßer. Zweitens sei die Joachimische Constitution, als welche sich selbst auf die alte Gewohnheit beziehe, im Zweifel auch aus dem Gewohnheitsrechte zu erklären. Die von der Constitution dem überlebenden Ehegatten zugestandene Hälfte aber sei von der Hälfte des von dem Vorverstorbenen nachgelassenen Vermögens zu verstehen; mithin die Einwerfung des Vermögens (einschließlich der Schulden) von Seiten des Ueberlebenden nicht sowohl aus dem wahren Sinne der Constitution, als vielmehr aus einem nachherigen Gebrauche entstanden, um die Erben des Vorverstorbenen zu begünstigen. Werde denselben also die Collation schädlich, so müßte solche auch wegfallen. Drittens entspreche das von Kohl und Müller bezeugte Herkommen nicht bloß der C. J. an und für sich, sondern stimme auch mit der Analogie der gemeinen Rechte. Denn da nach der Märkischen Observanz und der K. G. Ordnung v. 1709 dem überlebenden Ehegatten das ius optionis zustehe, so müßten die dem Vater und der Mutter nach gemeinen Rechten gleichgestellten Abkömmlinge dasselbe Recht haben. Wenn aber dieser Grund eigentlich nur auf Descendenten Anwendung finde, so sei doch viertens die Neum. Lehnsconst. §. 63, welche keinen Unterschied zwischen Descendenten und anderen Erben mache (oben S. 321), hier für eine authentische Erklärung zu halten: „wie das dem Ueberlebenden in den vorigen Gesetzen ertheilte ius optionis in dem Fall, er ex sua parte nichts zu conferiren hat, zu limitiren sei.“ Fünf-

---

fol. 35—66 und fol. 32 in der angegebenen, nicht immer chronologischen Reihenfolge befinden), bevor der Präsident den darauf gegründeten Bericht vom 30. September 1763 redigirte.

tens seien die neueren Präjudicate des Kammergerichts für die Kohl'sche Meinung.

Das zweite Votum schließt sich dem ersten lediglich an.

Das dritte dagegen, obwohl es wegen der Observanz und des §. 63. der Neum. Lehnsconst. gleichfalls im Resultate dem ersten beitritt, spricht sich doch theoretisch für die Ansicht aus, daß diese Observanz den Principien des Märkischen Statutarrechtes zuwider laufe. Denn es sei von sämmtlichen Märkischen Rechtslehrern angenommen und durch die nachherigen Gesetze bestätigt, mithin an sich unzweifelhaft, daß unter dem Ausdrucke der C. J.: „das halbe Gut" nichts Anderes verstanden werde, als das gemeinschaftliche Gut beider Eheleute. Mithin lasse sich der folgende Satz von der Zuvorbezahlung der Schulden „aus dem gemeinen Gute" folgerichtig und ungezwungen nur dahin auslegen, daß sämmtliche Schulden beider Theile zuvor aus dem gemeinschaftlichen Vermögen zu bezahlen seien, und das sodann übrig Bleibende unter den überlebenden Ehegatten und die Erben des Vorverstorbenen gleich zu vertheilen sei.

Das vierte Votum hält diese Ansicht nicht bloß theoretisch, sondern auch practisch für die richtige. In der ausführlichen Entwickelung derselben wird noch als ein besonderer Grund dafür die Behauptung aufgestellt, daß das ius conferendi nicht zu Gunsten der Erben, sondern zu Gunsten des überlebenden Ehegatten eingeführt worden wäre. Stehe es aber nur dem Ueberlebenden als solchem zu, so habe es der zuerst Verstorbene, eben wegen seines früheren Todes, noch nicht gehabt, und könne es also auch nicht auf seine Kinder transferiren.

Das fünfte Votum schließt sich wieder dem ersten an, und will es in der C. J. selbst begründet finden, daß der Ueberlebende nie mehr als die Hälfte bekommen könne. Derselbe würde aber möglicher Weise das Ganze an sich reißen, wenn er seine Schulden ganz in Abzug bringen dürfte. Als Grundsatz wird namentlich hingestellt, daß „Communio bonorum durante matrimonio nicht obliniret, sondern erst durch den Tod eines derer Ehegatten gleichsam erwächset."

Das sechste Votum dagegen begründet in sehr umfänglicher Darstellung die Ansicht, daß alle Schulden beider Ehegatten aus dem beiderseitigen Vermögen vorabzuziehen seien, ehe portio statutaria ausgemacht und verabfolgt werden könne. Besonderes Gewicht wird hier auf das Argument gelegt: bona non intelligi nisi deducto aere alieno. Ueberdies wird darauf hingewiesen, daß auch in Kursächsischen Ländern der überlebende Ehegatte collationem omnium bonorum, seine Schulden mit eingerechnet, vornehme, wonach man sich in der Mark Brandenburg, in einem Lande Sächsischen Vicariates, um so mehr richten müsse, als das Sächsische Recht ohnehin die Hauptquelle des Deutschen Rechtes ausmache, und die Observanz desselben eher zu vermuthen sei, als die Reception des Römischen oder Canonischen Rechtes. Ferner sei es bekannt, daß „bei uns, sobald ein Ehegatte sterbe, eine communio bonorum zwischen den von ihm hinterlassenen und den Gütern des superstitis coniugis ipso iure entstehe"; zur Rechtfertigung der Annahme, daß die Schulden des Ueberlebenden nicht mit einzuwerfen, würde es also einer ausdrücklichen Festsetzung des Gesetzgebers bedurft haben. Sonst möchte es leicht zum Betruge der Gläubiger ausschlagen, wenn diese dem einen Gatten Geld borgten, und nachmals von der Hälfte des zuerst Verstorbenen nichts bekämen. Auch wolle die C. J. mehr den Vortheil des überlebenden Ehegatten, als das Interesse der anderen Erben befördern: jener behalte die eine Hälfte, diese sollten die andere Hälfte haben. Uebrigens habe man sogar in der Mark kaum hundert Jahre nach der C. J. angenommen, daß communio bonorum schon inter vivos vorhanden sei, weshalb das Kammergericht denn auch dem überlebenden Ehegatten das beneficium abstinendi durch Urtel und Recht, namentlich in den Jahren 1606, 1612 und 1617, geradezu abgesprochen. (Scholtz a. a. O. S. 657.) Dazu komme, daß die Gläubiger des überlebenden Gatten de damno vitando, die Erben des Verstorbenen aber de lucro captando stritten, mithin causa creditorum potior sei. Selbst die legitima eines Kindes, welche doch summum favorem iuris genieße, könne durch Schulden geschmälert werden; die portio statutaria des überlebenden Ehegatten aber sei auch nichts Anderes, als legitima quota totius substantiae, da durch den Tod sofort communio bonorum entstehe. Gegen die aus der Meinung einiger Rechtslehrer hergeleitete Observanz ließen sich wiederum entgegengesetzte Meinungen von Rechtslehrern, und namentlich noch ein (handschriftlich im Besitze des Votanten vorhandenes) Responsum der Frankfurter Juristenfacultät vom 24. December 1670 anführen. Die Neum. Lehnsconst. von 1724 endlich, deren §. 63. in Bezug genommen worden, sei lex specialis für ein bestimmtes Territorium, und nur für den Adel gegeben.

Das siebente Votum findet in dem sechsten Alles erschöpfend und überzeugend dargelegt, stellt aber anheim: „ob diese Const. Joach. ein gutes und billiges Gesetz sei, und ob es nicht rathsam, im qu. Falle die Aenderung derselben zu veranlassen?"

Das achte Votum tritt wieder dem ersten bei, nimmt jedoch den Ausspruch der Johann Georg'schen Const. v. 1594 in Bezug, daß die Halbtheilung der Güter vornehmlich den Frauen zum Besten geordnet sei (oben Anm. 1087), und folgert aus der Bestimmung gegen die verschwenderische Ehefrau, welche ihr Einbringen halb zur Bezahlung der Schulden verwenden solle (oben S. 325), daß man um 1594 das „halbe Gut" der C. J. lediglich von der Hälfte der Güter des einen Ehegatten verstanden habe.

Das neunte Votum conformirt sich gleichfalls dem ersten.

Das zehnte aber geht von der Richtigkeit des in praxi stets festgehaltenen Gesichtspunctes aus, daß das „halbe Gut" der C. J. vom gemeinschaftlichen Vermögen zu verstehen sei, ganz der im 33sten Cap. der Neum. K. G. O. v. 1700 herrschenden Auffassung gemäß. (Oben S. 328.) So lasse sich denn auch consequenter Weise aus der C. J. das ius optionis nur für den überlebenden Ehegatten, aber nicht für die Erben des Vorverstorbenen ableiten, denen höchstens der Billigkeit wegen erlaubt werden dürfe, dem superstes obaeratus die Hälfte des Vermögens herauszugeben und ihn damit abzufinden, weil er sich sonst durch übermäßiges Schuldenmachen gleichsam im Voraus selbst zum Erben des ganzen Vermögens würde machen können. Vielleicht verstehe aber die C. J. unter dem vorabzuziehenden „Dienstlohn und Schulden" nur solche Schulden, die beide Eheleute gemeinschaftlich verbänden. Von einer eigentlichen Gütergemeinschaft will auch dieses Votum nichts wissen, weil es „mehr als zu bekannt sei, und sowohl ex praxi, als auch aus allen Märkischen Autoribus constire, daß in Marchia Wärender Ehe keine communio bonorum existire, sondern allererst per mortem unius coniugis entstehe, und zwar dergestalt, daß dem superstiti dabei freistehe, sich des iuris optionis zu bedienen."

Das eilfte Votum schließt sich wieder dem ersten an, der Observanz und der Billigkeit halber. Sonst würde z. B. ein Stiefvater durch die ohne Theilnehmung der Frau contrahirten Schulden die Kinder um ihr ganzes mütterliches Erbtheil und sogar um ihre legitima bringen können.

Das zwölfte Votum glaubt die entgegengesetzte Ansicht vorziehen, und die Kohl'sche Meinung theils wegen der Worte der C. J., theils um deswillen verwerfen zu müssen, weil „die ehemals fast überall inter coniuges übliche communio bonorum ius commune Germaniae sei, wovon die portio statutaria in Marchia und anderen Deutschen Ländern ein ungezweifeltes Ueberbleibsel."

Das dreizehnte Votum hält wieder Kohl's Ansicht für billig und dem wahren Sinne der C. J. gemäß, und stimmt gegen die Stryk'sche Theorie. Sei unter Lebendigen keine Gemeinschaft der Schulden, so könne solche auch nicht durch den Tod entstehen.

Das vierzehnte Votum will unterscheiden. De iure constituto sei die Befugniß des überlebenden Ehegatten, seine Schulden unbedingt vorabzuziehen, vollkommen begründet; de iure constituendo dagegen, der Billigkeit wegen und der Neum. Lehnsconst. gemäß, verwerflich.

Auch das fünfzehnte Votum spricht sich, im Sinne des zwölften, für die Stryk'sche Meinung aus, welche nach eigener Kenntniß des Votanten seit dem Jahre 1728 bis zur Einrichtung des neuen Collegii im Jahre 1748 in den Erkenntnissen des Kammergerichts stets gleichförmig festgehalten worden (Scholtz a. a. O. S. 662); will jedoch gleichfalls de lege ferenda der Kohl'schen Ansicht, als der billigeren, den Vorzug geben.

Das sechszehnte Votum sucht durch eine rechtsgeschichtliche Deduction die Richtigkeit der Kohl'schen Ansicht selbstständig zu begründen. Zum Ausgangspuncte dient die Annahme, daß die Joachimische Constitution auf der Existenz einer wahren Gütergemeinschaft schon während der Ehe beruhe. Eine solche Gütergemeinschaft sei zu jener Zeit noch fast überall in Deutschland vorhanden, und den ehemals in der Mark üblichen

Sächsischen und Lübischen Rechten gemäß gewesen. Darauf beziehe sich die Satzung der C. J., daß der Ueberlebende das halbe Gut nach alter Gewohnheit behalte; dahin deute noch entschiedener der §. 8 (von der Bezahlung des Dienstlohnes und der Schulden aus dem gemeinen Gute, vor Anlegung des vierten Pfennigs). Aus dieser Gütergemeinschaft habe sich dann die Gemeinschaft der Schulden, und deren Bezahlung aus dem gemeinen Gute und Nachlaß von selbst ergeben. Ein ius optionis lasse sich dabei weder von Seiten des überlebenden Ehegatten, noch von Seiten der Blutsfreunde denken. Allein nach Abschaffung der Sächsischen und Lübischen Rechte, also in der Zeit nach Erlaß der C. J., habe die Gütergemeinschaft in der Mark wieder aufgehört zu existiren. Die Sache sei somit in einen anderen Stand gekommen, und die Worte der Constitution könnten nicht mehr in ihrem eigentlichen Verstande allegirt werden. Erst in den Zeiten nach der C. J. sei das ius optionis eingeführt worden, und die Collationspflicht des überlebenden Ehegatten entstanden. Der Ausdruck: „post mortem incipit communio bonorum inter coniuges" enthalte nur eine in der Weise einer Vergleichung angebrachte Rede. Die Erben des vorverstorbenen Ehegatten brauchten sich also, bei der veränderten Lage der Sache, ihr Erbrecht nicht ferner unbillig schmälern zu lassen.

Das siebzehnte Votum läßt den Werth dieser historischen Deduction auf sich beruhen, und entscheidet sich im Sinne des vierzehnten und fünfzehnten Voti dafür, daß Stryk's Meinung an sich die richtigere sei, daß aber de lege ferenda die Kohl'sche Ansicht zu Grunde zu legen.

Das achtzehnte Votum endlich erinnert an die Klage, welche der Vicecanzler Kohl schon vor alten Zeiten (in der decl. const. March. qu. VII. No. 1.) darüber geführt, daß auf das bloße Wort eines Collegen: „die Vorfahren hätten etliche Male dergestalt erkannt", das Collegium in seinen Erkenntnissen gebaut hätte. Als Ergebniß der Uebersicht sämmtlicher Vota aber wird herausgestellt, daß die Sache wegen der Ungewißheit der Gesetze in der That zweifelhaft, und nur durch authentische Interpretation, der in den Votis anerkannten Billigkeit gemäß, zu lösen sei.

Die Sorgfalt und der practische Tact, mit welchem hier

unser Gerichtshof die Hauptfragen zur Vorbereitung der authentischen Declaration ins Auge gefaßt, ist noch heute anzuerkennen. Gehen wir aber von den Grundlagen aus, welche wir durch unsere Voruntersuchungen gewonnen haben, so dürfen wir nicht übersehen, welchen Einfluß auf die beiden in den Votis einander entgegenstehenden Hauptansichten der schiefe Standpunct ausgeübt, den eine romanisirende Praxis und Gesetzgebung in den zwei Jahrhunderten nach Erlaß der Joachimischen Constitution unserem alteinheimischen Erbrechte bereits gegeben hatte. Auf beiden Seiten fehlt es nicht an historisch unhaltbaren Voraussetzungen und Auslegungen. Soll die Kohl'sche Ansicht dadurch gestützt werden, daß die C. J. unter dem „halben Gute" die Hälfte des von dem vorverstorbenen Ehegatten hinterlassenen Vermögens begreife, so können wir dies durch einen Rückblick auf die der C. J. vorangegangenen und zu Grunde liegenden Stadtrechte leicht widerlegen, nach welchen unbedingt die Hälfte des beiderseitigen Vermögens an den überlebenden Ehegatten fiel. Besonders gezwungen ist in dieser Beziehung die im fünften Votum versuchte Auslegung der C. J., welche ich deshalb nicht weiter mitgetheilt habe. Und eben so wenig durchgreifend erscheint die Anwendung, welche in gleicher Tendenz das achte Votum von der C. J. G. macht. Die irrige Voraussetzung, als habe die Einwerfung der Güter des überlebenden Ehegatten erst einer besonderen Einführung bedurft, findet sich auf beiden Seiten, freilich gerade in entgegengesetztem Sinne. Auf der einen wird angenommen, daß die Einführung zu Gunsten der Erben, auf der anderen, daß dieselbe zu Gunsten des überlebenden Ehegatten erfolgt sei. Eins so richtig oder unrichtig, wie das Andere, — wenn man überhaupt einmal rationes legis unterlegen will, wo nach dem ganzen Gange, den die Rechtsbildung genommen, alle Veranlassung dazu fehlt. Nur ist es dann auch nicht zu verwundern, wenn auf Grund derselben Annahme die entgegengesetztesten Consequenzen gezogen werden. Allerdings ist es recht fein, wenn z. B. im vierten Votum aus jener petitio principii zu Gunsten des überlebenden Ehegatten, der Satz hergeleitet wird, daß den Kindern des zuerst Verstorbenen das ius conferendi nicht zustehe. Denn sonst möchte man leicht fragen, warum solches nicht eben so gut in der Person der Kinder seinen Ursprung nehmen könnte? — Auch die Ansicht von dem erst gesetzlich ertheilten ius optionis des überlebenden Ehegatten waltet vor; doch wird gelegentlich wohl erkannt, daß dasselbe schon aus der C. J. zu folgern sei. Die richtige Auffassung der gleichsam von Todes Wegen eintretenden Gütergemeinschaft wird in verschiedenen Votis getroffen, obgleich von keiner Seite zu schlagender Durchführung benützt. Dagegen zeigt sich wieder der alte Irrthum in sehr entschiedener Gestalt, als wäre die Gütergemeinschaft unter Eheleuten Urdeutsches Recht gewesen, und nur hier und da allmählig in andere Rechtsformen übergegangen. Die aus diesem Irrthum entsprungene Umkehrung des wahren Sachverhältnisses erscheint besonders vollständig in dem sechszehnten Votum, welches in Mißverständnisse und Verwirrung geräth, indem es den endlichen Erfolg als den Anfangspunct setzt, und das ungeschichtliche Ergebniß der Billigkeit auf rechtsgeschichtlichem Wege zu entwickeln sucht. Die Schlußfolgerung des dreizehnten Voti, daß Gemeinschaft der Schulden, wenn nicht schon unter Lebendigen vorhanden, auch nicht von Todes Wegen entstehen könnte, ist freilich auch nicht durchgreifend. Der allzu entscheidende Werth, welcher von der einen Seite auf die Observanz gelegt wird, erleidet von der anderen mit Recht den Angriff, daß diese Observanz gegen die wahren Principien des Märkischen Rechtes sei, und daß Meinungen durch Meinungen aufzuwägen. — Doch begründen wiederum auch die Angreifenden ihre Meinung nicht hinlänglich. Abgesehen nämlich von dogmatischen Abstractionen, wie der causa potior des de damno vitando Certirenden u. dgl. m., welche hier keinen Ausschlag zu geben vermögen, ist weder in der Bezugnahme auf das Kursächsische Recht das Verhältniß richtig aufgefaßt, welches zwischen dem Sächsischen und Römischen Rechte in der Mark eingetreten war, noch auch der Joachimischen Constitution mit Glück die ratio legis untergelegt, den Vortheil des überlebenden Ehegatten befördern zu wollen, da die Joachimica in der That nur die alte Gewohnheit fixiren wollte. Treffender, obgleich nicht immer ohne Willkühr, sind die Gesichtspuncte der Zweckmäßigkeit und Billigkeit festgehalten, welche zu Gunsten der Erben im Gegensatze des überschuldeten coniux superstes aufgestellt werden. Namentlich ist hier das im eilften Votum gebrauchte argumentum ad hominem von Kraft, obgleich sich dagegen noch einwenden ließe, daß die Kinder eben durch die Auseinandersetzung mit ihrer Mutter, bevor diese die zweite Ehe eingegangen, ein für alle Mal abgefunden sein sollten.

Allein ungeachtet so mancher historisch unhaltbarer Ansichten und des daraus hervorgegangenen Verkennens der alteinheimischen Weise, ist doch der Mitte des achtzehnten Jahrhunderts nicht zur Last zu legen, was auf einer zweihundertjährigen Praxis und Gewohnheit weiter gebaut wurde. Ja es läßt sich sogar behaupten, daß damals der gesetzgeberische Gesichtspunct der Billigkeit mit Recht den Sieg davon getragen. Denn wenngleich wir mit einiger Sicherheit als Resultat unserer historischen Voruntersuchungen hinstellen dürfen, daß allerdings mit dem Tode des einen Ehegatten die quasi communio bonorum ipso iure eintrat, daß es mithin lediglich in der Gewalt des überlebenden Ehegatten stehen mußte, ob er, selbst überschuldet, zum Nachtheil der anderweitigen Erben von dieser communio Gebrauch machen, oder, wegen Ueberschuldung des Vorverstorbenen, zu seinen eigenen Gunsten von der communio zurücktreten wollte; wenngleich also Stryk's (obschon nicht historisch begründete) Meinung historisch die richtigere und consequentere war: so läßt sich doch nicht läugnen, daß die hinterher auf die Erben genommene Rücksicht alle Billigkeit und das Bedürfniß der Praxis für sich hatte!

Freilich hätte auch auf gesetzgeberischem Wege das alteinheimische Princip folgendergestalt festgehalten werden können: „Die Gütergemeinschaft von Todes Wegen tritt ipso iure ein, die beiderseitigen, wenn nur überhaupt an sich bindenden, Schulden sind zu computiren, doch hängt es vom überlebenden Ehegatten ab, in einer bestimmten (durch den Gesetzgeber zu fixirenden) Frist mittelst Entsagung der Erbschaft die Folgen jener Gemeinschaft abzuwenden." Daß es aber dazu nicht gekommen ist, darin offenbart sich gerade die still wirkende Macht der Umstände, welche oft auf unbewußte Weise einen größeren Einfluß erlangt, als die laut hervortretenden positiven Bestimmungen der Gesetzgebung. War nämlich, wie wir früher gesehen, unser einheimisches Recht in derselben Entwickelung begriffen, welche später oder früher zur wahren lebendigen Gütergemeinschaft geführt haben würde, so hat eben der Buchstaben der Joachimischen Constitution diese Entwickelung gleichsam in ihrem letzten Stadium unterbrochen, und einen Zustand fixirt, der in sich selbst noch keine Abgeschlossenheit und Vollendung hatte. Darum eben ließ sich dieser Zustand auch in der Folge nicht bannen, sondern es trat an die Stelle der eigentlich vorbereiteten natürlichen Entwickelung, welche einmal unterbrochen war, eine andere, künstliche, die wieder nur durch das Abweichen von der ursprünglichen Grundlage auf eine, wenigstens in sich billige und consequente Weise gefördert und fixirt werden konnte.

Die Aufgabe der Wissenschaft aber muß es zu allen Zeiten bleiben, die ursprünglichen einfachen Grundlagen des Rechtes wieder zu entdecken, und auf ihnen weiter zu bauen. Dabei kann selbst die Gesetzgebung nur gewinnen, sogar wenn dieselbe nicht mehr unmittelbar dahin zurückkehren darf. Hängt doch noch heute die Beantwortung der practisch so überaus wichtigen Frage, ob dem überlebenden Ehegatten die Qualität eines wahren Erben beizulegen (oben S. 256 f), aufs Innigste damit zusammen, wie das s. g. ius optionis und die unter den Erben insgesammt entstehende Gemeinschaft überhaupt aufgefaßt wird.[1108]) Daß der Märkische überlebende Ehegatte die Erbesqualität, wenngleich nicht in streng Römischem Sinne (denn alsdann würde die partielle Erblosigkeit zu Gunsten des Fiscus nicht daneben bestehen können), wirklich von jeher gehabt, und nicht erst in Folge neuerer positiver Bestimmungen erlangt habe, ist uns schon in anderweitigem Zusammenhange klar geworden. Es ist im Gegentheil eine erst in der romanisirenden Zeit aufgetauchte Ansicht, daß der Ueberlebende eigentlich keine Erbschaft, sondern nur ein statularium lucrum dotis an sich nehme. So ist C. J. G. 1594. Th. III. c. III. und Neum. Lehnsconst. v. 1724 §. 63. (oben S. 323 u. 321) zu verstehen. Und so ist es auch zu fassen, wenn C. J. G. a. a. O. c. VII. (oben S. 326 f) die überbliebene Person den anderweitigen Erben entgegensetzt, während dort zugleich die Anschauung vorherrscht, daß der überlebende Ehegatte dem beiderseitigen Vermögen viel näher stehe, als die vorzugsweise s. g. Erben. Dagegen faßt das Erbschaftsedict von 1765 wieder mit voller Bestimmtheit den überlebenden Ehegatten als Erben auf. Zwar

1108) Vgl. v. Kamptz Jahrb. XXI. S. 335—342 (Bericht des Kurm. Pupillencoll. v. 25. April 1823); Scholtz Mot. II. S. 139 ff, 228, 231, 242, 250, 252, 318, 389 f, 393—401; Ständ. Verhandl. in Riedels Mag. II. S. 133, 174 Nr. 19, 179—184.

spricht dasselbe auch von der Collation, aber nicht mehr in dem Sinne, als ob dadurch erst aus zwei getrennten Massen Eine würde. Vielmehr liegt eigentlich der Begriff der Gütergemeinschaft von Todes Wegen zum Grunde, wenn es im §. 4. Abth. II. heißt, der überlebende Ehegatte, welcher unbedingt statutarischer Erbe geworden, habe sein ganzes Vermögen „mit einzuwerffen und zur Gemeinschaft zu bringen", und erhalte

„von seinem und des Verstorbenen Ehegatten Vermögen, wie beydes, am Tage des Todes des Erstverstorbenen, beschaffen gewesen, wenn davon zuförderst beyderseitige Schulden abgezogen, die Hälfte."

Imgleichen wird im §. 8. ebendas., nachdem zuvörderst die irrige Auslegung der Joachimischen Constitution ausdrücklich verworfen worden,

„daß nemlich nach selbiger unter Eheleuten, eine vollkommene Gemeinschaft der Güter, bey ihrem Leben statt finde",

schließlich anerkannt, daß alles am Todestage des Erstverstorbenen zum Vermögen des Ueberlebenden Gehörige von selbst in jene Gemeinschaft falle:

„Denn ist es vorhanden gewesen, so gehöret es zum gemeinschaftlichen Vermögen beyder Eheleute, welches nach dem §§. 4. und 7. zu theilen ist, und es bedarf eigentlicher Weise, weder des Begrifs, noch des Ausdrucks der Collation, um es zur Theilung zu bringen."

Wie verschieden aber die theoretischen Resultate sind, zu denen wir gelangen, je nachdem wir auf die der Joachimischen Constitution vorangegangenen und zu Grunde liegenden Quellen zurückgehen, oder auf den Anschauungen weiter bauen, welche in den Zeiten nach der C. J. die Wissenschaft und Praxis durchdrungen haben, das tritt wohl am Entschiedensten hervor, wenn wir die Ausbeute unserer Forschungen aus den Vorjoachimischen Quellen mit der von Scholtz aufgestellten Theorie über die Entstehung und ursprüngliche Natur unseres alteinheimischen Ehegattenerbrechtes vergleichen. Ganz in dem practisch-dogmatischen Geiste, der ihm mit Recht ein Ansehen in den Gerichtshöfen verschafft hat, dessen sich vor ihm kein anderer Märkischer Schriftsteller so ausschließlich erfreuen durfte, ist Scholtz auch in das Wesen des Märkischen statutarischen Erbrechts der Ehegatten eingedrungen. Er entwickelt die Natur desselben aus einem Anschmiegen der statutarischen Rechte an das alte lehnrechtliche Herkommen des Adels, nach welchem die dos der Frau die Grundlage des adeligen Ehegattenerbrechtes bildete, dergestalt, daß der überlebenden Ehefrau das Recht zustand, entweder ein anständiges lebenslängliches Leibgedinge aus dem Lehn zu fordern, oder ihre dos, nebst der Hälfte von deren Betrage als augmentum dotis, zurückzunehmen, dem überlebenden Ehemanne dagegen das Recht auf die Hälfte der ihm eingebrachten dos gebührte.[1109]) Es läßt sich nicht verkennen, mit wie großem Scharfsinne hier ein Grundprincip aufgestellt wird, welches der Anschauungsweise aufs Vollkommenste entspricht, die sich in den Zeiten nach Erlaß der Joachimischen Constitution ausgebildet hat. Nehmen wir die Wissenschaft und Praxis der Nachjoachimischen Zeit als ein in sich geschlossenes Ganzes, und erwägen wir, daß es nicht in Scholtz's Plane lag, auf die Vorjoachimischen Quellen genauer einzugehen, so können wir gegen seine Theorie um so weniger einwenden, als sie für den in den letzten Jahrhunderten herausgebildeten Standpunct der Praxis und Gesetzgebung die geeignetste und zweckdienlichste ist, um den Zweifeln und Bedürfnissen der Gegenwart zu genügen. Gehen wir aber darauf zurück, daß es in der That Märkische Stadtrechte waren, welche die von der C. J. fixirte „alte Gewohnheit" aufgenommen und verarbeitet hatten, und daß überhaupt die Elemente des Privatrechts, besonders in familien- und erbrechtlicher Beziehung, beim Adel, Bürger- und Bauern-Stande an sich verschieden gewesen, und verschiedenartig und selbstständig entwickelt worden sein müssen[1110]), so werden wir die Ableitung des Wesens der Märkischen Stadtrechte von den Rechten und Gewohnheiten des Adels dem uralten und eigenthümlichen Dasein der bürgerlichen statutarischen Erbfolge nicht ganz gemäß finden, die sich gewiß weniger an halb Römische Dotalverhältnisse, als an die bürgerliche Thätigkeit und Errungenschaft in Handel und Wan-

1109) Scholtz Mot. II. S. 130—139.

1110) Vgl. Eichh. Pr. R. §§. 297 ff; R. G. §§. 568 f; Gaupp am oben Anm. 422 angef. Orte (bäuerl. Erbrecht im Schles. Ldr. Cap. 353); Riedel M. Br. II. S. 358 ff; Mag. I. S. 12 ff; v. Raumer in v. Led. Arch. V. S. 320 f; Götze Mot. II. S. 27 ff; Hübbe in v. Kamptz Jahrb. XLV. S. 87 ff; Beseler Erbv. Th. II. Bd. 2.

del anschließen läßt.[1111]) Nicht ohne Vorbedacht scheint mir die Joachimische Constitution selbst das Leibgedinge aus Lehngütern von der statutarischen Erbfolge der Ehegatten zu sondern:

C. J. Tit. I. §. 9: „So auch ein Ehman Lehngüter hat, vnd sein Fraw damit oder daraus, nach der Frawen einbringen Beleibgedingen wil, sol jhm mit Consens vnd verwilligung der Herrschafft, zugelassen werden.“[1112])

1111) Noch C. J. G. 1574. Tit. XIII (oben S. 322 in Bezug genommen): „Was nach eins vom Adels Hausfrawen absterbenn Ihre Negste Freund Erben sollenn“, läßt den grundsätzlichen Unterschied zwischen der adlichen und der bürgerlichen Ehegattenerbfolge durchblicken, indem die überlebenden adlichen Ehemänner, dem besonderen Wunsche der Landstände gemäß, davon frei gesprochen werden sollen, den durch Kriegszüge und Herrendienst gemachten Erwerb, d. i. gleichsam ihre ritterliche Errungenschaft, mit den Erben der Frau, in Ermangelung von Kindern, zu theilen. Sie sollen dann nicht gehalten sein, solchen Erben „die halbe Erbschaft“, sondern bloß das eigenthümliche Vermögen der Frauen herauszugeben. Als Grund wird namentlich angegeben, daß ihr mühseliger Erwerb sonst in ein fremdes Geschlecht kommen würde, die Männer auch umgekehrt von Seiten der Frauen dergleichen Vortheile nicht zu gewärtigen hätten. In anderer Beziehung deutet der Tit. XIV. derselben Const. (oben S. 319) durch Bezeichnung der „burgerlichen Persohnen“ gleichfalls auf die eigenthümlichen Bedingungen des bürgerlichen Erbrechts. Und C. J. G. 1594. Th. III. c. X. (oben S. 236) faßt wiederum die besonderen Momente der adlichen Erbfolge, im Gegensatze zu dem gewöhnlichen Halbtheilsrechte aus der C. J., ins Auge.

1112) Für die Lehre vom Leibgedinge, welches freilich auch bei bürgerlichen Ehegatten vorkommt (vgl. oben S. 180—182, vom Berl. Stadtb.), so wie von dem eigenthümlichen adlichen Erbrechte überhaupt, habe ich viele Stellen aus gedruckten Urkunden (vgl. v. Sydow S. Sp. Note 833) und Märkischen Gesetzen gesammelt, von denen ich hier einige aushebe. In „Henningk von Badendik Ermgarde siner Elikin Hussfrowen lifgedinges Brieff“, ausgestellt durch den Kurfürsten Friedrich II. „am dinstage sunte Kilians dage“ (8. Juli) 1466 (Gercken dipl. vet. March. I. No. CCXVIII), wird der Frau ein v. Knesebeck zum Einweiser gegeben. (Vgl. Urkunde von 1451 bei Fidicin Beitr. II. S. 228, von dem Leibgedinge einer Bürgersfrau: „ . . . van orem inwÿsere noch solde ingewesen werden.“) Der Leibgedingsbrief für Gebhard von Alvensleben's Frau vom „mandaghe na Judica“ (d. w. 26. März) 1509, in Gercken's dipl. vet. March. II. No. CCVIII, enthält eine sehr lehrreiche vollständige Berechnung auf Grundlage des Eingebrachten. Von dem Leibgedingsbriefe für eine Jüdische Frau aus dem Jahre 1544 ist schon in anderem Zusammenhange (oben Anm. 814) die Rede gewesen. Auf die Beleihung der Vasallenfrauen durch den Landesherren oder im Namen desselben, bezieht sich die Züllichau'sche Confirmation v. 1478 (oben S. 214), ferner die Nachschrift zu Kurf. Joachim's I. Verordnung an den Hauptmann zu Krossen und Züllichau

Als ein Hauptmoment der Abweichung unserer Resultate von der Scholtz'schen Theorie möchte ich namentlich noch hinstellen, daß wir nicht mit Scholtz (a. a. O. S. 137) schon aus der ursprünglichen Natur unseres statutarischen Erbrechtes das Recht der Erben des erstverstorbenen Ehegatten auf die reine Hälfte von dem wirklichen Vermögen desselben ableiten können. Vielmehr liegt dem ganzen Entwickelungsgange und dem ausdrücklichen Inhalte unserer alten Stadtrechte gleichsam stillschweigend die von Todes Wegen zu Gunsten des überlebenden Ehegatten ipso iure eintretende Gemeinschaft des beiderseitigen Vermögens zu Grunde, deren Vortheile der Ueberlebende sich auf keine Weise schmälern zu lassen brauchte, deren etwaigen Nachtheilen derselbe aber durch Erbschaftsentsagung leicht zu entgehen vermochte. Dabei ist jedoch durchaus nicht zu verkennen, daß ein solcher Rechtszustand vom Gesichtspuncte der Angemessenheit und Zweckmäßigkeit

---

vom 23. October („Dienstags nach Gallj") 1515 (C. C. M. Th. II. Abth. V. Nr. II), die Neum. K. G. O. v. 1561 in den Stellen: „Illata nicht höher anzuzeigen" und „Wittib ohne Leibgeding ausm Erbe zu befriedigen" (Myl. Sp. 44), der Landt. Absch. v. 1572 am oben Anm. 86. a. O. Sp. 111: „Wir wollen auch keines beschuldigten" (oben Anm. 1089) „von Adel Weib" u. s. w. (vgl. Ldt. Absch. v. 1550 a. a. O. Sp. 89: „Zum Neunden"), der Revers v. 1602 am oben Anm. 89. a. O. Sp. 162 („Zum Siebenzehenden"), der Neum. Ldt. Absch. v. 1611 am oben Anm. 108. a. O. Sp. 224: „Solte sich dan aber, ie ein fall also begeben" u. s. w., u. die Neum. K. G. O. v. 1646 Cap. 37 und v. 1700 Cap. 36. Für die Rechtsverhältnisse der adlichen Frauen, namentlich in Ansehung des Leibgedinges, sind von Wichtigkeit: Neum. K. G. O. v. 1561 in den Stellen: „Vom Leibgedinge und dessen unterschiedener Art; Cossäthen-Hoff einer Wittib einzugeben ꝛc; Schmuck; Eingebrachtes Gold; Leibgeding in Cotbuß-Crossen-Züllichauschen" (Myl. Sp. 43 f); C. J. G. 1574. Tit. II. u. XIII. g. E.; C. J. G. 1594. Th. III. c. V. „Zum fünfften" (oben Anm. 1093), X. z. Anf., XXXI; Neum. K. G. O. v. 1646 Cap. 33, 35, 36 und v. 1700 Cap. 32, 34, 35; Königl. Const. v. 25. August 1718 (oben Anm. 1090) §§. 1, 7—9; Neum. Lehnsconst. v. 1724 §§. 12—29, 56, 68. Die adlichen Jungfrauen endlich (vgl. auch den bereits z. Anf. dieser Anm. in Bezug genommenen Leibgedingsbrief von 1466) werden berücksichtigt in der Züllich. Confirm. v. 1478 (oben S. 214); im Neum. Ldt. Absch. v. 1572 a. a. O. Sp. 100: „Nachdem wir auch wissen", u. s. w.; in C. J. G. 1574. Tit. V. u. VI. und 1594. Th. III. c. X. u. XXV (vgl. C. C. M. Th. VI. Abth. I. Sp. 228 [v. J. 1611]); in der Neum. Lehnsconst. §§. 69—99. Auch die Responsa des Brandenburger Schöppenstuhles in v. Kamptz Jahrb. XXXIV. S. 228. b. und S. 230. B. sind hier noch zu beachten.

betrachtet, nur für das normale Verhältniß, daß jeder Ehegatte wenigstens Etwas im Activvermögen hatte, ausreichend befunden werden konnte!

III. Von der Verwirklichung der Erbschaftstheilung handelt die Joachimische Constitution nicht ausdrücklich. Doch hat sie auch in dieser Beziehung nicht gleich alle Deutschen Elemente beseitigt. Denn

A) davon, daß noch nach der C. J. der Dreißigste abgewartet wurde, bevor die Erben zur wirklichen Theilung schritten,[1113]) legt unser Pruckmann für den Anfang des siebzehnten Jahrhunderts das zuverlässigste Zeugniß ab: „secundum Nostratium mores, divisiones hereditatum, ultra tricesimum diem, à morte ejus de cujus hereditate res est, computandum, differri non solere.“[1114])

Folgende Spuren des Dreißigsten sind mir in Märkischen Urkunden und Rechten aufgefallen.

In dem Privilegium der Frankfurter Fleischer v. 1308 werden die Erben angewiesen, sich wegen des Rechtes an der Fleischerscharrn infra spacium vnius mensis post obitum ipsius defunctj auseinanderzusetzen. (Oben S. 233.)

In dem Berliner Stadtbuche v. 1397 stimmen verschiedene Stellen in Ansehung des Dreißigsten mit dem Sachsenspiegel überein. Namentlich S. 118: Eyn erue mut wol varen bis des en doruen sy nicht weder geuen (oben S. 183 und 282 f);

1113) Vgl. Grimm R. A. S. 218: „Dreissig tage scheint mir die blosse monatsfrist, sie wurde bei rechtsverhältnissen als entscheidend nach dem sterbtag angenommen;“ Mittermaier Pr. R. §. 133; Homeyer Reg. Dreissigster Tag; v. Sydow E. Sp. S. 316—318, Note 846, 923, 975, 1008, S. 333 Zeile 1, Note 1059, 1110; M. R. v. 1235 §. 43. g. E. („tricesimo peracto“: oben S. 57) und v. 1304 §§. 34 (oben S. 79), 85, 120; Pinder Sächs. Prov. Recht Th. II. S. 97 (§. 414). — Nur aus Versehen scheint Leman (Kulm. Recht S. 311 u. d. W. mantzyt) das Wort man tzyt im Alten Kulm. Rcht. IV. 45. in dem Sinne unseres Wortes „Mahnzeit“ aufzufassen.

1114) Pruckmann (geboren 1562, gestorben 1630: v. Hymmen Beitr. III. S. 213 f; v. Kamptz Jahrb. XIII. S. 138 Nr. 7; Pr. u. stat. R. I. S. 64 Nr. 3; Riedel Mag. I. S. 44) in seinen Opp. iur. pract. s. Responsa Juris Electoralis (Ausg. 1. v. J. 1603, Ausg. 2. v. 1610, Ausg. 3. v. 1671: v. Hymmen a. a. O. VII. S. 170; v. Kamptz a. a. O.) vol. I. consil. XXXIV. quaest. VI. §. 115.

S. 123: Wen eyn man vorsteruet u. s. w. (oben S. 173); S. 125: Wat so sulkedanes dinges oruelos vorsteruet u. s. w. (oben S. 176 z. Anf.); S. 147: War der frouwen di stede bis: di erde weder euene. (S. Sp. I. 20. §. 2.)

In einer Berl. Urk. aus der Zeit um das Jahr 1420 (Fidicin Beitr. I. S. 256) werden, neben anderen Feierlichkeiten, auch die Tricesimalia aufgeführt:

„Sic eciam . . . cum introduxionalibus et sponsis et tricesimalibus et aniuersariis, est obseruandum."[1115])

In den hierher gehörenden Gesetzesurkunden aus der Zeit nach Erlaß der Joach. Const. habe ich nur in den Statuten von Lübben und Spremberg, so wie in der Neum. Lehnsconst. von 1724 des Dreißigsten mit ausdrücklichen Worten erwähnt gefunden.[1116]) Uebrigens scheint eine Frist von vier Wochen nach des Erblassers Tode an die Stelle des Dreißigsten getreten zu sein. So handelt die Neum. Pol. O. v. 1540 im Cap. 12. von der Erbschichtung „nach Außgang der vier Wochen"; C. J. G. 1574. im Tit. XXIV. von der Erbschaftsentsagung der überlebenden Ehefrau in den nächsten 14 Tagen „nach außgange der vier wochen" (oben Anm. 1094); C. J. G. 1594. Th. III. in der c. VI. (nach Art des vom Sachsenspiegel I. 22. der Wittwe gestatteten 30tägigen Aufenthaltes auf dem Gute) von dem vierwöchigen Verbleiben des überlebenden Ehegatten in den gemeinen Gütern (oben S. 227 und Anm. 1098); in der c. VII. von der Erbschaftsentsagung der Wittwe innerhalb 8 Tagen „nach Ausgang der Vier wochen" (oben S. 327); in der c. XXXVI. g. E. von der Vollstreckung des Testamentes „baldt nach Absterben des Testatoris, ausgangk der vier Wochenn"; die Neum. K. G. O. v. 1700 im Cap. 33. von Aufrichtung eines Inventarii „binnen 4 Wochen nach der Frauen Tode" (oben S. 328); die Constt. wegen Abkürzung der Processe in der Kurmark und in der Neumark aus dem Jahre 1718 von der Inventur „binnen 4. Wochen

1115) Vgl. Fidicin Beitr. II. S. 342 (v. J. 1540): „Mit den Processionen, Gesengen vndt Ceremonien bey den begrebnussen, einleitung der Breutte, der Sechswecherin vnd dergleichen" u. s. w. (Regest. Nr. 650.)

1116) Lübb. Stat. in Riedels Mag. III. S. 201 (§§. 46, 47) und S. 220 fz Spremb. Stat. ebendas. S. 239 f (Tit. I); Neum. Lehnsconst. von 1724 §. 40.

a tempore mortis" überhaupt (oben S. 329); die Märkische Vormundschaftsordnung v. 1718 in den §§. 19, 24, 26, 29 von Bevormundung der Kinder binnen 4 Wochen nach der Aeltern Tode. Auch die Sorauer Statuten verordnen die Nachsuchung eines Vormundes innerhalb derselben Frist. (Riedel Mag. III. S. 187 g. E.)

B) Die Fortsetzung einer gewissen Gemeinschaft zwischen dem überlebenden Ehegatten und den Kindern, so lange jener sich nicht wieder verheirathet (oben S. 67, 111, 158, 195, 294), imgleichen das Recht des Vaters am Vermögen der Kinder, ist in Deutscher Weise bewahrt worden.

Die Neum. Pol. O. v. 1540 Cap. 12. läßt die Wittwe im Beisitz mit den Kindern, „biß sie sich wiederümb vermannet." (Oben S. 294.)

C. J. G. 1574. Tit. VIII. fordert von dem überlebenden Ehegatten erst für den Fall anderweitiger Verehelichung die Ausmachung des den Kindern gebührenden Vater- oder Mutter-Theiles.

C. J. G. 1594. Th. III. c. XXXVI. legt gleichfalls dem Ueberlebenden die Pflicht zur reellen Theilung und Auseinandersetzung mit den Kindern erst dann auf, wenn derselbe den „Wittwenstandt verrücken und zur andern ehe schreitten würde."

Die Gardeleg. Stat. bestimmen im §. 137:

Wan von ehelüden eyner in got vorsteruet vnd kinder hinder sick leth, schal de auer gebleuen sick in ehestandt nicht wedder vorandern, he hebbe den den gelaten kindern ohre vaderlike edder moderlike erue mit willen ohrer frunde vormaket vnnd vorwisset vnd in des Rades boeck laten vortecken, by V stendelsch marck.

Die Spremberger Statuten v. 1673 gebieten im Tit. V. (Riedel Mag. III. S. 244) dem überlebenden Ehegatten, der sich wieder verehelichen will, „mit seinen Kindern erster Ehe . . . gebührende Theilung der Güther . . . zu halten."

Auch ein Königliches Rescript an die Neumärkische Regierung v. 10. April 1730 verordnet die Auseinandersetzung des Conjux superstes mit den Kindern erster Ehe, bevor derselbe ad secunda vota schreiten dürfe. (C. C. M. Th. II. Abth. I. Nr. CCLVIII, Sp. 803 f.)

Der väterliche Nießbrauch am Muttergute der Kinder, obwohl an sich nach Römischrechtlichen Grundsätzen beurtheilt, soll doch mit eintretender Volljährigkeit der Kinder, oder mit Errichtung einer besonderen Wirthschaft von Seiten derselben, sein Ende erreichen: Neum. Pol. O. v. 1540 Cap. 12. z. Anf.; C. J. G. 1574. Tit. VIII; C. J. G. 1594. Th. I. c. XXII u. XXIII, Th. III. c. XIV („Zum virdtenn“ [1117])); Neum. K. G. O. v. 1700 Cap. 33 („bleibet es ratione ususfructus bey denen Landüblichen Rechten“).

C. In Ansehung dessen aber, was die Kinder in die Erbmasse einzuwerfen haben (oben S. 196 f), hat das Römische Recht den Sieg davon getragen: C. J. G. 1574. Tit. IX; C. J. G. 1594. Th. II. c. XXXIX; Th. III. c. XI g. E., c. XXVI u. XXXVI („so sollenn die Kinder was sie zuvor aus den gemeinen Guetern bekommenn vor allen Dingen conferiren und wiedereinbringenn“); Neum. Lehnsconst. von 1724 §. 59; Erbsch.-Ed. v. 1765 Abth. II. §. 8.

Auch sonstige Anwendungen Römischer Principien in Betreff der actio familiae erciscundae finden sich in C. J. G. 1594. Th. III. c. XXII („So ein Erbe der theilung verkurzt wirdt“ [1118])) und c. XXXVI („zu rechte versehenn, daß keiner wieder seinen Willen in unvertheileten Guetern zu stehenn schuldigk“); doch unter vorwiegender ächt Deutscher Rücksicht auf das Zusammenhalten der Familiengüter: C. J. G. 1574. Tit. X („zue erhaltung der Geschlechte“); C. J. G. 1594. Th. III. c. IX („In der teilung sollen die vornembsten Guetere bey einander bleiben“).[1119])

1117) In dieser Stelle halte ich die Leseart „nichtt“, welche mit der Nov. CXVIII. cap. 2. übereinstimmt, für vorzüglicher, als die andere, von Mylius angemerkte, nach welcher das Wort „nicht“ fehlt.

1118) Vgl. ebendas. Th. II. c. L.

1119) Aus der Vorjoachimischen Zeit vermerke ich einige Urtel in Erbtheilungssachen: v. Raumer cod. dipl. II. S. 130, Nr. XIII (v. J. 1480); S. 174, Nr. CV (v. 1482); S. 182, Nr. CXXII (v. 1482); S. 185, Nr. CXXIX (v. 1483); Brand. Schöppenurtel in v. Kamptz Jahrb. XXXIV. S. 230 f. C.

Zweite Abtheilung.

Die Römischen Elemente der Joachimischen Constitution.

Zur unbeschränkten Herrschaft hat die Joachimische Constitution dem Römischen Rechte in Ansehung des Erbrechtes der Blutsverwandten verholfen.[1120] Nur hätte sie, um die beiden Geschlechter in der Erbfolge einander gleichzustellen, ihre Zuflucht nicht erst zum Römischen Rechte zu nehmen brauchen:

„Wann die Käyser Recht nun fürder zwischen Mänlein vnd Fräwlein, des Geschlechts halben, in Erbfällen kein vnterscheid machen" (Tit. VI. Sect. III. §. 6);[1121]

da, wie im Magdeburgischen Rechte, so auch in den Märkischen Stadtrechten die ursprüngliche Prärogative des männlichen Geschlechtes in der That bereits geschwunden war.[1122]

Erstes Capitel.

Die absteigende Linie.

§. 1. Intestaterbfolge der ehelichen Kinder.

Vor Allen werden die ehelichen Kinder zur Erbschaft gerufen, als schon von Natur dazu berechtigt. Und zwar die Kin-

1120) Oben S. 14, 16, 37—40. — Vgl. Eichh. R. G. §§. 454 u. 571 z. Anf.

1121) Vgl. C. J. G. 1594. Th. III. c. XI („Kinder menlichs oder weibliches Geschlechts") und c. XIV („unangesehen alles Unterscheits, Menlichs oder Weiblichs Geschlechts").

1122) Vgl. M. R. v. 1261 §. 48. u. v. 1304 §§. 129. u. 34. (oben S. 67 f u. 73); Wittst. Rcht v. 1248 u. 1374 (oben S. 149 ff), Pritzw. Seehaus. Rcht v. 1256 (oben S. 157 ff), Salzw. R. v. 1273 u. 1278 (oben der ersten Grades nach Köpfen, die Kindeskinder nach Stämmen. Den weiteren Abkömmlingen wird das s. g. Repräsentationsrecht ausdrücklich versagt, und die Erbschaft, in Ermangelung von Kindern und Enkeln, absolut nach der Nähe des Grades zugesprochen.

C. J. Tit. VI. Sect. I. §. 1. NIchts billichers ist, dann das der Son des vaters Erbe sey, Dieweil die güter des vaters dem kind auch aus natürlichem Rechten zustendig, So ist die erst betrachtung der Erbfelle billich auff die ehelichen kinder gerichtet. §. 2. Derhalben dieweil eheliche kinder des ersten grads in absteigenden geraden linien verhandē, so nemen sie das Erbe jrer eltern, vor allen andern in der auffsteigenden, oder seithalb Linien der angesipten freunden, nach den heuptern. §. 3. Doch werden des verstorben kinds kinder im andern grade mit den kindern des ersten grades, an die stette jrer eltern, nach dem stammen, aus gnaden der Recht gleich zum Erbe gelassen. §. 4. In den andern absteigenden Erben, nach dem kind vnd kindes kindern, nimpt das Erbe der nechst im grade vnd hat bey denselben fürder die gnade des rechten, Als das die Kinder in jhrer Eltern stette tretten solten, kein stadt.

Daß hiernach den Urenkeln und weiteren Abkömmlingen das s. g. Repräsentationsrecht geradezu abgesprochen sei, läßt sich nicht in Abrede stellen, ohne den klaren Worten des Gesetzes Gewalt anzuthun. Dennoch hat die Gewohnheit und der Gerichtsgebrauch, im Einklange mit den rechtsgelehrten Schriftstellern, von jeher sich darüber hinweggesetzt, und, dem klaren Buchstaben der niemals aufgehobenen oder auch nur authentisch interpretirten gesetzlichen Bestimmung entgegen, den Descendenten in infinitum das Repräsentationsrecht zugestanden.[1123]) Die Billigkeit spricht allerdings wider die Ausschließung der Urenkel durch die Enkel. Darum wäre es Sache des Gesetzgebers, den Urenkeln zu Hülfe zu kom-

S. 106 ff), Frankf. Urk. v. 1308 (oben S. 233 f), Treuenbr. Schöppenb. v. 1324 (Nr. 11: oben S. 136), Berl. Stadtb. v. 1397 (oben S. 183 C, 184 ff), Jülich. R. v. 1425 u. 1478 (oben S. 212 f, Anm. 709), Kross. R. v. 1469 (oben S. 218), Urk. v. 1483: „eruen menlicks oder freulicks geschlechts" (unten §. 2. Nr. I. B. g. E.). — Wegen des ursprünglichen Deutschen Rechtes s. Grimm R. A. S. 407, 472 f, 478.

1123) Vgl. Scheplitz Cons. Brand. Lib. I. P. III. qu. I. (S. 213 f) und die Suppl. dazu (S. 597—601: ein Gutachten Pruckmanns aus d. J. 1625); Stryk succ. ab. intest. diss. I. c. 4. §. 20 (S. 122 f); Schartow Centur. Tit. XXXIII. §. 2 (S. 157—159); Steyer diss. S. 101 f. Note 1, 2; v. Kamptz Jahrb. XIV. S. 81—106; Scholtz Mot. II. S. 159—171; v. Kunow Mot. S. 134 f.

men. Was aber hat unsere Praxis und Doctrin gethan, um der Billigkeit Eingang zu verschaffen? Sie hat den unzweifelhaften Ausspruch des Gesetzes zweifelhaft gemacht, um aufs gemeine Recht zurückgehen zu können. Der Gesetzgeber, heißt es, habe nicht die Absicht gehabt, das Römische Recht zu ändern oder zu bessern; er habe dasselbe vielleicht mißverstanden, jedenfalls aber nicht dispositive, sondern nur enunciative oder relative vom Römischen Rechte gesprochen. Allein wo sich das Gesetz so speciell erklärt, da läßt es sich auch nicht beseitigen, selbst wenn wirklich ein Irrthum zum Grunde liegen sollte. Und die Unhaltbarkeit der Schlußfolgerung aus der Annahme einer nicht dispositiven Fassung des Gesetzes ist schon früher durch Hinweisung auf die Worte unserer Constitution dargethan worden, in denen sie sich zu ihrer eigenen Norm erhebt.[1124]) Die Seltenheit des Falles, daß Jemand seine Enkel überlebt, die schon selbst wieder Kinder hinterlassen, darf nicht zur Gleichgültigkeit gegen den Buchstaben und Sinn des Gesetzes verführen.[1125]) Lex dura, sed ita scripta est. Uebrigens ist die Härte unserer gesetzlichen Vorschrift keine zufällige oder beliebige, sondern aus dem Zusammenhange derselben mit dem alteinheimischen Rechte hervorgegangen.

Es ist bekannt, wie das Germanische Erbrecht von Hause aus, ganz seinem eigenthümlichen Geiste gemäß, die Enkel erst in Ermangelung von Söhnen, die Urenkel erst in Ermangelung von Enkeln zur Erbfolge rief, und zwar die Enkel wie die Urenkel nicht nach Stämmen, sondern nach Häuptern.[1126]) So heißt es namentlich in der Lex Salica (Tit. LXII. §. VI):

1124) Oben S. 39 f.

1125) Ein solcher Fall, schon im Jahre 1632 zu Gunsten der Urenkel entschieden, findet sich bei Scheplitz a. a. O. S. 601. Ein anderer, im Jahre 1819 nach denselben Grundsätzen rechtskräftig entschieden, in den Jahrb. a. a. O. S. 100—103. Ein dritter Fall ist in den Jahren 1816 und 1817 bloß Gegenstand vormundschaftlicher Regulirung geworden: Jahrb. a. a. O. S. 103—106.

1126) Ueber die Entwickelung dieser Lehre nach Germanischem Rechte überhaupt vgl. Grimm R. A. S. 471 f, 770 z. Anf., 865 Nr. 6; Eichh. R. G. §§. 19, 36. a. Note y, 65 Note q, 122 Note e, 148 Note e, 202 Note c, 258 Note d, 373 Nr. II, 442 Note b, c, 443 Note cc; Pr. R. §§. 331, 333 Note a—c, 335 Nr. III; Mittermaier Pr. R. §. 386 Nr. III. und

„Filii in ipsa hereditate succedunt. Sed ubi inter nepotes aut pronepotes . . . contentio suscitatur, non per stirpes sed per capita dividantur";

und in der Lex Visigothorum (Lib. IV. Tit. II. 2. Antiqua):

„In hereditate illius qui moritur, si intestatus decesserit, filii primi sunt. Si filii desunt, nepotibus debetur hereditas. Si nec nepotes fuerint, pronepotes ad hereditatem vocentur."

Vergeblich war der Versuch König Childeberts, das Römische Repräsentationsrecht der Enkel einzuführen.[1127]) Und wenn auch Longobardisches Recht die Kinder zugleich mit ihrer verstorbenen Väter Brüdern zur großväterlichen Erbschaft zuließ[1128]), so bedurfte es doch lange fortgesetzter Bemühungen der Geistlichen, um das Repräsentationsrecht der Enkel allmählig in eine gewisse allgemeinere Aufnahme zu bringen.[1129]) Selbst der unter Kaiser Otto dem Ersten zu Gunsten der Enkel ausgefochtene gerichtliche Zweikampf[1130]) vermochte nicht das bessere Recht derselben practisch durchzusetzen. Nur in sehr beschränkter Weise sorgte das Sächsische Recht für die Enkel[1131]), und es vergingen Jahr-

Alleg. in den Noten 13—20, §. 387 (Note 3, 6); Gaupp Schles. Ldr. §. 9 (S. 83—98); Sachs. S. 161 ff; Gans Erbr. III. S. 191, 354; IV. S. 65, 85, 181, 215 f, 512, 576, 619 f, 622, 650, 691 f.

1127) Decretio Childeberti Regis (um 595) Cap. I: „. . . ut nepotes ex filio vel ex filia ad aviaticas res cum avunculos vel amitas sic venirent in hereditatem tanquam si pater aut mater vivi fuissent."

1128) Grimoaldi Leges (ins Jahr 674 zu setzen, da nach dem Prologe Grimoald im sechsten Jahre seiner Herrschaft, die er im J. 668 angetreten, als legum corrector aufstand) Cap. V: De successione nepotum, qui post mortem patris in sinu Avi remanserint.

1129) Zur Ertheilung desselben wurden besonders letztwillige Verfügungen benützt. Vgl. z. B. Marculf. formul. II. 10: Epistola cum in loco filiorum nepotes instituuntur ab avo.

1130) A. J. 942. (Wittichind Corbei. annal. de rebus Saxonum gestis L. II, bei Meibom. scriptt. rer. Germ. I. S. 644; Sigebert. Gembl. chron. z. J. 942.)

1131) Der §. 1. S. Sp. I. 5. verstattet diejenigen Enkel, deren vorverstorbener Vater von dem Erbe des Großvaters noch nicht abgetheilt worden, zugleich mit ihren Oheimen zur großväterlichen Erbschaft, versagt aber dieses Recht den Enkelinnen, so wie den von der Tochter geborenen Enkeln. (Vgl. v. Sydow S. Sp. S. 78 f, 85.) Fest hielt das Magdeburgische Recht an der alten strengen Gewohnheit. In Schlesien fand dagegen das mildere Recht Eingang. Vgl. des Königs Johann von Böhmen Privil. für Breslau v. 9. Auhunderte, bis das mildere Römische Princip durch die Reichsgesetzgebung vom Jahre 1498 zum vollständigen Siege über die alte harte Gewohnheit geführt wurde.[1132])

Auch in unserer Mark herrschte ursprünglich diese harte Gewohnheit. Wie im alten Wittstockschen Rechte (oben Anm. 514), so prägt sie sich noch im Berl. Stadtb. v. 1397 aufs Entschiedenste aus (oben S. 185 f). Und eben so werden in der Frankf. Urk. v. 1308 die Söhne und Töchter und die Wittwe, als ein besonderer Complex von Erben, den Verwandten, Enkeln und Enkelinnen (aliis heredibus videlicet cognatis, nepotibus, neptibus u. s. w.) gegenüber, aufgefaßt (oben S. 233 f u. Anm. 820).[1133]) Doch finden sich auch schon im vierzehnten Jahrhunderte einzelne sichere Spuren des milderen, den Enkeln günstigen Rechtes. Ludwig der Baier spricht sich in seinem Pri-

---

gust („in vigilia beati Laurencii Martiris") 1339: „Quod quamuis dilecti nostri Consules et Ciues Wratisslauienses pro Jure Maydeburgensi quo utuntur habeant, quod pueri puerorum*) mortuis parentibus ab Auis et Auabus nullam sumpserunt deuolucionis porcionem**), hoc erronium Jus et deuiam consweludinem, precibus eorum . . . moti . . . concedimus . . ., ut pueri puerorum vtriusque sexus*) mortuis parentibus equam et consimilem quantum parentes eorum contingere posset, ab Auis et Auabus diuoluciariam**) sumere debeant porcionem." (Gaupp Schles. Ldr. S. 94 f, 240.) Das Schles. Ldr. v. 1356 Cap. 9. hat den Schluß des §. 1. S. Sp. I. 5. folgendermaaßen geändert: „Alle nemen sy abir eynes uatir teil. Gleycher weyze nemen der töchtir kinder teil in ires eldir uatir gut in erbe vnd in eigen. als des sones kinder. do ir uatir vnd ir muttir nicht abe gesundirt werdin". (Gaupp a. a. O. S. 144; Eichh. R. G. §. 443 Note cc.)

*) Oben S. 106 z. Anf.

**) Oben Anm. 798.

1132) Reichsabschied v. 1498 §. 37, v. 1500 §. 19, v. 1521 §. 18. (v. Sydow S. Sp. Note 254.)

1133) Unverkennbar ist die besondere Bedeutung, welche die so häufig vorkommende Entgegenstellung der Kinder und der übrigen Verwandten gewinnt, wenn wir dieselbe hiermit in Verbindung setzen. Denn die Kinder ersten Grades stehen danach den Aeltern so unmittelbar nahe, daß die Enkel nicht zugleich neben ihnen erwähnt werden, sondern stillschweigend in den Kreis der weiteren erbberechtigten Verwandten fallen. Vgl. zu den oben S. 238 f gemachten Allegaten noch Salzw. R. v. 1273: „nec pueri nec heredes" (oben Anm. 438 und 439); Urk. v. 1483 (oben Anm. 1122): „kinder . . . edder . . . nechste eruen".

vilegium für die Stadt Jerichow v. J. 1336 sehr energisch dahin aus:

Pronuncians ... pronuncianda non secundum antiquum modum nec secundum antiquam et reprobatam terre consweludinem[1134]), quam presentibus cassamus, reuocamus et irritamus et singulariter pro eo, quod proles mortui patruelis hereditate aui, uiuente patruo vel matertera sint exhereditandi, quod iure Imperiali et priuilegio Saxonico, contrarium et etiam inualidum, dicimus et censemus.

Augenscheinlich wird hier das Repräsentationsrecht der Enkel in Schutz genommen. In den Worten: „iure Imperiali u. s. w." möchte ich sogar eine Hindeutung auf das unter Kaiser Otto ausgefochtene Recht (oben Anm. 1130) finden[1135]). Nicht minder begünstigt das neuere Wittstocksche Recht die Enkel. (Oben S. 150 ff.) Nur die sonst geläufige Annahme von einem Repräsentationsrechte der Enkel auch nach Prizwalkschem Rechte hat sich als irrthümlich erwiesen. (Oben S. 167 f.)

Schließlich aber ist Kurfürst Joachim der Erste in die Fußstapfen der Reichsgesetzgebung getreten, und hat das Repräsentationsrecht der Enkel auch in der Mark zu allgemeiner Geltung gebracht. Zuerst durch das Ausschreiben v. 18. December 1511 (oben S. 10 f), dem die Kaiserliche Ordnung wörtlich eingerückt ist, wonach „töchter[1136]) oder ennigklein, das ist Sonns oder

1134) Bei v. Ludewig (am oben Anm. 742. ang. O.) fehlen die Worte: „antiquum modum nec secundum", welche sich bei Gercken finden. (Vgl. zu der Sammlung von Urkunden Ludwig des Baiern v. 1330—1345, im 7ten Theile der reliqu. manuscr. S. 1—148, die Emendationen in Gercken's dipl. vet. March. II. No. IX, S. 693 ff.) Der scharfe Tadel, welcher an dieser Stelle über die alte Gewohnheit ausgesprochen wird, tritt auch in der oben Anm. 1131 angef. Urkunde König Johanns v. J. 1339 hervor: „hoc erronium Jus et deuiam conswetudinem".

1135) Allerdings darf man nicht übersehen, daß in dem unmittelbar auf die mitgetheilte Stelle folgenden Satze: „Volentes etiam et mandantes, ut universa iura terre prenotate tam nobilium quam rusticorum, secundum curie nostre et privilegii Saxonie iura per omnia in antea perpetuis temporibus obseruentur", das privilegium Saxonie (so, und nicht Saxonici, steht bei v. Ludewig, und Gercken hat keine Abweichung angemerkt) einen anderen Sinn hat und auf den Sachsenspiegel und die alte Tradition von Karl dem Großen (Grimm R. A. S. 830) zu beziehen ist. Vgl. Riedel M. Br. II. S. 368 Note 1; Mag. I. S. 17 Note 13, S. 22 Note 7.

1136) Sonst: „tichter" oder „diechter". (Eichh. Pr. R. §. 335 Note i.)

tochter kinder" zur großälterlichen Erbschaft an ihrer vorverstorbenen Aeltern Stelle, zugleich mit ihren Oheimen oder Tanten, zugelassen werden sollen. Demnächst durch die Kurfürstliche Kammergerichtsordnung v. 1516 (oben S. 12 f):

„Von Großväterlichen Erbfall. Zu mercken daß Sohn und Tochter Kind mit ihrer Vater und Mutter Bruder und Schwester zu dem Erb ihres GroßVaters oder GroßMutter an ihren Eltern statt unverhindert sollen gestatt und zugelassen werden, nach laut gemeiner geschriebenen Recht, unangesehn das Sächsische Recht und die Gewohnheit, so bisher, in dem Lande dawieder gehalten, die auch Käyserl. Majestät u. s. w." (Forts. oben S. 11.)

Endlich durch diejenige Stelle der C. J., welche zu dieser ganzen Untersuchung Veranlassung gegeben hat. Wenn also in derselben das reichsgesetzliche Repräsentationsrecht der Descendenten (buchstäblich ist in jenen Reichsabschieden freilich auch nur von Enkeln die Rede) ausdrücklich auf die Enkel beschränkt und den Urenkeln versagt wird, so mag darin vielleicht ein Mißverständniß liegen. Jedenfalls aber ist diese Beschränkung des Repräsentationsrechtes auf die eigentlichen Enkel für uns einmal specielles Gesetz geworden und bis auf den heutigen Tag geblieben. Die Entwürfe Johann Georgs, welche in der That das Repräsentationsrecht allen Descendenten in infinitum einräumen, lassen sich eher für, als gegen die noch bestehende Gesetzeskraft jener Joachimischen Beschränkung anführen. Und zwar nicht bloß, weil sie selbst niemals zur Gesetzeskraft gelangt sind, sondern mehr noch um deswillen, weil gerade durch ihre Bestimmungen vollkommen anerkannt ist, daß ohne gesetzgeberische Neuerung die Joachimische Beschränkung des Repräsentationsrechtes auf die Enkel sich nicht über Seite schaffen läßt. Berücksichtigen wir freilich bloß die Stelle der C. J. G. 1594. Th. III. c. XI:

„Zum drittenn stirbt eine Persohn und lesset nach sich keine

Vgl. Grimm R. A. S. 468: „Man rechnete nach . . . gliedern (geniculum, glied u. knie). In dem alten recht hat die gliederung des menschlichen leibs sogar einfluss auf abstufung und benennung der verwandtschaften gehabt"; S. 470: „Das altnord. knêrunnr, eigentlich knieabstammung, bedeutet progenies, stirps, und unser enkel (nepos) erinnert an enchilo, enkel (talus), grade wie ein andrer name für nepos, das oberdeutsche diechter aus diech (femur) abgeleitet sein mag"; S. 472 Note *: „dietherrn (enkeln)".

Kinder besondern allein Kindes Kinder, dieselben nehmenn der Groß=Elternn Erbschafft und theilen dieselbe in Stirpes. Lebeten auch unter Ihnen Kindes Kindes Kinder, welche pronepotes genennet werdenn, dieselben gehen an statt ihrer Eltern in Stirpes mit den anderen zur theilunge. Also gehen doch auch in Stirpes zu gleicher theilunge die Kindes Kinder, mit den Kindes Kindes Kindes Kindern, welche man abnepotes nennet. Dann in der niedersteigenden Linien, wirdt die praerogativa gradus bey rechte durch aus nicht gehaltenn;"

so möchten wir leicht geneigt sein, mit Scholtz (Mot. II. S. 171) hierin einen Beweis dafür zu finden, daß der Landesherr selbst die Meinung ausgesprochen, die Joachimica habe das gemeine Recht nicht abändern wollen. Allein wir dürfen nicht übersehen, wie der Tit. IV. C. J. G. 1574., überschrieben: „Das Jus repraesentationis hat in absteigenden Linien in infinitum statt", das Sachverhältniß auffaßt:

„Vnnser landes Constitution ordnet, vnter andern, daß in absteigenden Linien die Begnadung der Rechte, dz die Kinder an Ihre Eltern stadt tretten, nicht weiter, den in Kindern, vnd Kindes Kindern stadt habe, vnd hernacher der Negste im grade das Erbe nehme. Dieweil aber dasselbe, wan sich solche weitere felle zuegetragen, zum oftern disputirt, vnd aus grundt der Rechte, in der absteigenden Linien, auch in den weitern graden, alß in nepoten & pronepoten vnd in infinitum stadt habe, so sol hinfuro in vnserm lande, vngeachtet der Constitution, also erkandt werdenn."

Hier erkennt der Gesetzgeber die entgegenstehende Vorschrift der C. J. in ihrer vollen Klarheit, — eine Vorschrift, die er nur für die Zukunft beseitigen will. Zu diesem Behufe muß er aber den legislativen Weg einschlagen. Und in der That verfolgt er denselben auch später in der angeführten c. XI. C. J. G. 1594. Th. III., die sich demgemäß gleich in ihrem Eingange (oben Anm. 188) als authentische Interpretation der C. J. ankündigt.[1137])

Ist sonach die Bestimmung der C. J., welche das Repräsentationsrecht der Descendenten auf die Enkel beschränkt, noch

1137) Die Bezugnahme auf die K. G. O. v. 1643 in v. Kamptz Jahrb. XIV. S. 93 f scheint mir auf einem Irrthume und einer Verwechselung mit der oben angef. Stelle aus der c. XI. C. J. G. 1594. Th. III. zu beruhen. In der K. G. O. v. 1643 (C. C. M. Th. VI. Abth. III. Nr. IV, Sp. 167—208), welche übrigens gleichfalls nicht zur Publication gelangt ist, habe ich nichts hierher Gehöriges zu entdecken vermocht.

heute in ihrer vollen gesetzlichen Kraft, so glaube ich selbst gegen die constante Praxis[1138]) behaupten zu dürfen, daß sich hier ein Ueberbleibsel alteinheimischen Rechtes, im Widerspruche mit dem sonst geltenden gemeinen Rechte, vollgültig bewahrt hat. Mag immerhin das Gesetz diesen Anklang an das alte historische Recht gleichsam aus Versehen beibehalten haben: die Praxis war doch nicht das Organ, dem es zustand, das Gesetz zu untergraben, dessen positive Härte nur dazu dienen kann, die Gesetzgebung zur Geltendmachung eines milderen Principes zu veranlassen. Selbst unser höchster Gerichtshof, der noch im Jahre 1819 diese unsere Praxis bestätigt hat (oben Anm. 1125), dürfte sich jetzt vielleicht veranlaßt finden, derselben seine Bestätigung zu versagen, falls etwa die Frage im Wege einer Nichtigkeitsbeschwerde „wegen Verletzung eines auf einer ausdrücklichen Vorschrift des Gesetzes beruhenden Rechtsgrundsatzes“[1139]) seiner Entscheidung vorgelegt werden sollte!

§. 2. Die unehelichen Kinder und die Enterbung der ehelichen Kinder.

Mit dürren Worten verweist unsere Joachimische Constitution in dieser Beziehung aufs Römische Recht:

„Was aber die vnehliche Kinder, dergleichen auch enterbung der Ehlichen Kinder belanget, sol vermüge Käyser Recht, gehalten werden.“ (Tit. VI. Sect. I. §. 5.)

Doch sind hier manche geschichtliche Eigenthümlichkeiten zu beachten, und dogmatische Schwierigkeiten zu beseitigen.

I. In Ansehung der unehelichen Kinder ist die Frage zu beantworten, in wie weit denselben erbrechtliche Befugnisse zustehen, und wie es sich umgekehrt mit der Erbfolge in ihren Nachlaß verhalte.

A. Was zuvörderst das Erbrecht der unehelichen, d. i.

1138) Nicht einmal in den Gegenden der Neumark, welchen das Sachsenrecht vorbehalten worden, hat man jemals Anstand genommen, das Repräsentationsrecht den Descendenten in infinitum einzuräumen. Steyer diss. S. 114 f Note 2; Eisenberg u. Stengel Beitr. V. S. 10 Nr. 16; v. Kunow Mot. S. 135.

1139) Verordnung über das Rechtsmittel der Revision und der Nichtigkeitsbeschwerde v. 14. December 1833. §. 4. Nr. 1. (Ges. Samml. S. 303.)

überhaupt außerhalb einer rechtmäßigen Ehe erzeugten Kinder selbst betrifft[1140]), so genießen

a) die aus nichtigen und ungültigen Ehen entsprossenen Kinder die Rechte der ehelichen, wenn sich wenigstens Einer der Ehegatten in gutem Glauben befunden.[1141]) Waren dagegen beide Ehegatten in bösem Glauben, so wird an den s. g. incestuosen Kindern die Sünde der Aeltern heimgesucht, indem diese Kinder, von aller Familienverbindung ausgeschlossen, nicht einmal ihrer Mutter Erben werden.[1142]) Sie allein entbehren noch der Behandlung nach den milden und menschenfreundlichen Grundsätzen des Allgemeinen Preußischen Landrechtes, welche anderweitig den in verbotenen Ehen erzeugten Kindern auch in der Mark zu Statten kommen.[1143])

1140) Vgl. Scholtz Entw. §§. 350—353, 357 f, 376—386; Mot. II. S. 71—79, 99, 171—181; v. Kunow Entw. §§. 372—375, 377 f, 406—417; Mot. S. 112—114, 135—145; Ständ. Verhandl. in Riedel's Mag. II. S. 131 (171 Nr. 2, 196), 137. — Von älteren Märkischen Rechten: oben Anm. 536 u. S. 188—190.

1141) Auch schon der S. Sp. III. 27, übergegangen ins M. R. v. 1304. §. 121 und ins Berl. Stadtb. (oben S. 190 g. E.), berücksichtigt hier die bona fides.

1142) Daran hat die Märkische Praxis von jeher festgehalten. Vgl. C. J. G. 1594. Th. III. c. XII. g. E.: „Dieselben uneheliche Kinder aber welche zu rechte „nefarii incestuosi oder inutiles genandt, können nach Besage der weltlichen und geistlichen Rechte, weder die Mutter noch Vater Erbe nehmenn, auch nach weltlichen Rechtenn aus des Vatern Guter nicht alimentiret werdenn, wiewoll die geistl. Rechte solchs nachgebenn."

1143) Unser A. L. R. (Th. II. Tit. 1. §§. 935—940, Tit. 2. §§. 50—57) will es nicht erst auf die bona fides der Ehegatten ankommen lassen, um den unschuldigen Kindern unverschuldete Leiden zu ersparen. (Suarez bei Bornemann Preuß. Civilr. Bd. V. S. 294—296.) Den unmittelbaren Aeltern gegenüber haben deshalb die Kinder aus solchen Ehen, welche wegen zu naher Verwandtschaft, oder früher getriebenen Ehebruches, oder wegen Bigamie oder Religionsverschiedenheit nichtig sind, alle Rechte der ehelichen. Ihnen sind die aus ungültigen, in der Folge aufgehobenen Ehen entsprossenen Kinder gleichgestellt. Die unconsentirten Ehen der Militärpersonen aber, so wie die wegen Standesungleichheit*) verbotenen Ehen, gehören zwar zu den nichtigen, werden jedoch darin eigenthümlich behandelt, daß die in denselben erzeugten Kinder die Rechte der Kinder aus einer Ehe zur linken Hand erlangen. — Ueber den Sinn, in welchem unsere Gesetzgebung die milderen Ansichten befolgt hat, vgl. Suarez Amtl. Vortr. bei der Schluß-Revision des A. L. R. in v. Kamptz Jahrb. XLI. S. 134.

*) C. J. G. 1594. Th. III. c. XXV: oben S. 241.

b) Die vorzugsweise s. g. unehelichen Kinder, d. s. die außer aller Ehe erzeugten, und zwar sowohl die eigentlichen naturales, als die vulgo quaesili oder spurii, ja selbst die s. g. adulterini [1144]), haben

α) in Ansehung ihrer Mutter und mütterlichen Ascendenten und Collateralen [1145]) die Rechte der ehelichen Kinder. Hierin ist unser Allg. Landrecht strenger, welches die unehelichen Kinder nicht einmal in die Familie der Mutter eintreten läßt, und demgemäß auch von der Intestaterbfolge in den Nachlaß der mütterlichen Ascendenten ausschließt. (Th. II. Tit. 2. §§. 639, 660, 661.) In der Mark aber hat selbst die im Römischen Rechte zu Ehren der mater illustris gemachte Ausnahme keine practische Gültigkeit. Zwar scheint sich Steyer (diss. S. 102 Note 3: „nisi sit persona illustris") zur entgegengesetzten Ansicht hinzuneigen, für welche man auch die c. XII. C. J. G. 1594. Th. III. anführen möchte:

„Erstlich habenn die uneheliche Kinder, welche von gemeinen unzüchtigen Weibernn gebohrenn werdenn, von des angegebenen Vaters, weill derselbe ungewisse, Erbschafft, nichts zugewartten. Der Mutter-Erbe aber nehmen sie neben den andern ehelichen Kindern, woferne die Mutter nicht vornehmes Adeliches herkommens ist und (keine) [1146]) eheliche Kinder hatt."

Allein mit Recht beruft sich Scholtz (a. a. O. S. 175 f.) darauf, daß die Römische Ausnahme zu Ehren der mater illustris

---

1144) Und zwar die adulterini auf Grund der §§. 11—13. A. L. R. II. 2: Scholtz a. a. O. S. 175.

1145) Das wechselseitige Erbrecht zwischen den unehelich Geborenen und deren mütterlichen Seitenverwandten unterliegt keinem Bedenken: Scholtz Entw. §. 421, Mot. II. S. 221; v. Kunow Entw. §. 460; Ständ. Verhandl. in Riedel's Mag. II. S. 139. Nur hat das von Scholtz in Bezug genommene Conclusum der Gesetzcommission v. 9. December 1794 (Klein Annal. XIII. S. 340—342) nicht eigentlich zunächst die Mark, sondern vielmehr Pommern betroffen.

1146) Das Wort „keine" habe ich in Parenthese gestellt, weil es den grammatischen Zusammenhang stört. Gemeint ist offenbar, daß die unehelichen Kinder der vornehmen Mutter nur dann succediren, wenn dieselbe keine ehelichen Kinder neben ihnen verläßt. Vgl. 5. C. ad S. C. Orfit. (VI. 57.): „. . . Sancimus . . . ut neque ex testamento, neque ab intestato . . . justis liberis existentibus, aliquid penitus ab illustribus matribus ad spurios perveniat."

in Deutschland überhaupt keine Anwendung finden könne, weil bei uns eine solche mater illustris gar nicht existirt. Ist es doch überhaupt ein Deutscher Rechtssatz: dat nen kint siner muder keves kint ne si. [1147])

β) Vom Nachlasse des Vaters bekommen die unehelichen Kinder den sextans, in derselben Weise, wie nach Römischem Rechte die eigentlichen liberi naturales. Schon die c. XII. C. J. G. 1594. Th. III. spricht sich in der Fortsetzung der so eben (unter α) angeführten Stelle, und im Gegensatze zu dem Inhalte derselben, dahin aus:

„Welche uneheliche Kinder aber, von einem gewissen Vater in concubinatu gebohren werdenn, dieselbenn nehmenn ihrer Mutter Erbe, wann schon eheliche Kinder verhanden seinn, von dem Vater aber den sechsten Pfennigk der Erbschafft. Wann aber eheliche Kinder und Eltern, oder des Vatern eheliche Weib, welche der unehelichen Kinder Stieffmutter [1148]), verhandenn, so habenn sie an des Vatern Erbschafft nichtes zu gewarttenn." [1149])

Nur muß die Vaterschaft nach den Grundsätzen des Preußischen Rechtes (A. L. R. II. 2. §. 654.) festgestellt sein, d. h. entweder durch ein freiwilliges Anerkenntniß des Vaters, oder durch ein rechtskräftiges Urtel.

Uebrigens wird bei uns der den unehelichen Kindern zustehende sextans nicht durch die Mutter derselben geschmälert, obgleich nach Römischem Rechte die Concubine mit den natürlichen Kindern concurrirt. Mit Recht entwickelt dies Scholtz (a. a. O. S. 181) aus der mangelnden Gleichheit des Grundes. Wer etwa folgende Deduction für einfacher halten möchte: „die Joachimi-

---

1147) Vgl. S. Sp. I. 51. §. 2. u. Berl. Stadtb. S. 144 (oben S. 189). Freilich war dieser Satz nicht von Anfang an so gültig, daß man denselben als allgemeine und unzweifelhafte Regel auffassen dürfte (wie es Grimm R. A. S. 475 f zu thun scheint); allein allmählig ist er in Aufnahme gekommen: v. Sydow S. Sp. S. 48; Mittermaier Pr. R. §. 385 Note 11. Dennoch gibt es Statuten, welche die unehelichen Kinder selbst von der mütterlichen Erbschaft ausschließen: Mitterm. a. a. O. Note 17.

1148) Auffallend genug ist es, daß hier die Ehefrau Stiefmutter der unehelichen Kinder ihres Mannes genannt wird! Jedenfalls ist diese Benennung nicht für technisch zu halten.

1149) Vgl. Steyer diss. S. 102 Note 3 z. Anf.; v. Hymmen Beitr. II. S. 97—106; Scholtz a. a. O. S. 176 ff.

sche Constitution verweise wegen der unehelichen Kinder aufs Römische Recht, schweige aber von deren Mutter, mithin sei der favor des Römischen Rechtes auch nicht auf die Mutter zu erstrecken"; dem ließe sich leicht entgegnen, daß ja die C. J. selbst (Tit. VII. §. 1.) in Ansehung der von ihr nicht berührten Fälle ausdrücklich aufs Kaiserrecht verwiesen hat. (Oben S. 39.)

Solche Modificationen des Römischen Rechtes in unserer Mark sind der Beachtung um so würdiger, als das Römische Recht sonst gerade in dieser Lehre zur allgemeinen Herrschaft in Deutschland gelangt ist.[1150]) Denn nach ächtem Deutschem Rechte mußten ursprünglich die natürlichen Kinder der Familie und dem Nachlasse des Vaters ganz fremd bleiben.[1151])

γ) Die durch nachfolgende Ehe legitimirten Kinder erfreuen sich der vollen Rechte der ehelichen, mit alleiniger Ausnahme der Lehnsfolge. So hat es sich in der Mark von jeher verhalten, und so verhält es sich noch jetzt.[1152]) Im Uebrigen

---

1150) Eichh. Pr. R. §. 334. Note a. — Doch variiren die Particularrechte: Mittermaier Pr. R. §. 385. Note 14—16.

1151) Freilich fehlt es auch nicht an Germanischen Rechten, welche den natürlichen Kindern, zumal des Adels, gewisse Erbrechte auf das väterliche Vermögen einräumten. Vgl. Grimm R. A. S. 475 f; Mitterm. a. a. O. Note 8—10, 13; Gans Erbrecht III. S. 186, 468, 473.

1152) Im Titel XV. C. J. G. 1574. wird, den Ansichten der Rechtsgelehrten entgegen, die Entscheidung getroffen, daß außer der Ehe erzeugte Söhne von der Lehnssuccession ausgeschlossen bleiben sollen, selbst wenn dieselben „durch folgende eheliche vertrawung oder in andere wege legitimiret wurdenn." Die c. XIII. C. J. G. 1594. Th. III. geht speciell auf die ganze Lehre von der Legitimation ein, und erkennt die Gültigkeit der gemeinrechtlichen Grundsätze durchweg an, jedoch mit Ausnahme der Succession in die Ritterlehen, welche nur den eigentlich s. g. Brautkindern vorbehalten wird. Da jedoch die Joh. Georg'schen Entwürfe nicht Gesetzeskraft erlangten, so fehlte es an der gehörigen Rechtssicherheit, worüber noch Scheplitz klagt. (Cons. Brand. S. 224 No. 51 g. E., S. 223 No. 48.) Diese wurde endlich durch das Patent vom 15. December 1687 (oben Anm. 135 u. 175) dahin herbeigeführt, daß „keine Legitimati per subsequens matrimonium in die Lehen succediren und in diesem Fall dem Juri Feudali communi derogiret seyn solle." Vgl. Neum. Lehnsconst. v. 1724 §. 101 und Rescr. v. 21. Novbr. 1738 (C. C. M. Contin. I. 1738. Nr. XLVIII); Steyer diss. S. 102 Note 3 u. S. 177—180 (Urtel XVI—XVIII); Scholtz Mot. I. S. 307 f; Götze Mot. I. S. 260 f; v. Kunow Mot. S. 51; Provinzialrecht des Herzogthums Alt- Vor- und Hinter-Pommern, aus amtl. Quellen, Stettin 1835, S.

sind die Principien des Preußischen Rechtes in Ansehung aller auf die Legitimation unehelicher Kinder bezüglichen Fragen maaßgebend.[1153]) Namentlich erlangen also die Brautkinder durch gerichtliche Erklärung des Vaters (A. L. R. II. 2. §. 597.), und die aus unehelichem Beischlafe überhaupt erzeugten Kinder durch Urtel und Recht (ebendas. §§. 592. und 595.) auch in der Mark dieselben Rechte, wie die durch nachfolgende Ehe legitimirten Kinder.[1154])

B. Das Erbrecht am Nachlaß unehelich Geborener ist auch noch eine Zeit lang nach Erlaß der C. J., dem Römischen Rechte zuwider, einer alten eingewurzelten Gewohnheit unterworfen geblieben. Es wurden nämlich von der Erbfolge in den Nachlaß unehelich Geborener die eigenen, selbst ehelichen Kinder derselben, so wie die anderweitigen Verwandten ausgeschlossen, dergestalt, daß die von unehelich Geborenen hinterlassenen Güter wie bona vacantia dem Fiscus und sogar den unteren Herrschaften und Obrigkeiten anheim fielen. Ein bloßer Mißbrauch lag hier keinesweges zu Grunde. Vielmehr war es altes Deutsches Gewohnheitsrecht, welches allerdings dem Römischen Rechte, sobald dasselbe einmal vollständig aufgenommen worden, weichen mußte, zu dessen wirklicher Aufhebung aber es wiederholentlich der Sanction des Gesetzgebers bedurfte. Solche ist denn freilich nicht erst im Jahre 1572 erfolgt, wie Steyer (diss. S. 103 z. Anf.) anzunehmen scheint, sondern bereits mehrere Jahre nach Erlaß der C. J. durch den Landtagsabschied von 1534. (Oben S. 25.) Gewiß aber läßt sich die Hartnäckigkeit, mit welcher die

---

47 (§. 207). — Das gemeine Preußische Recht schließt die durch nachfolgende Ehe Legitimirten nicht einmal von der Lehnssuccession aus: A. L. R. I. 18. §. 361 und Declaration, die Succession der Mantelkinder im Lehn betreffend, v. 30. September 1820 (Ges. Samml. S. 201 f).

1153) Scholtz Mot. II. S. 101—105, 171 f; v. Kunow Mot. S. 135 f.

1154) Selbst dem ältesten Deutschen Rechte war die Legitimation der natürlichen Kinder nicht ganz fremd. Ordalien, symbolische Handlungen verschiedener Art, und feierliche öffentliche Anerkennung durch den Vater dienten zur Legitimation. Doch hat das Römische Recht auch in dieser Lehre das Uebergewicht erlangt, obwohl sich nicht gerade sagen läßt, daß die Legitimation erst durch das Römische Recht bekannt geworden sei. Vgl. Eichh. Pr. R. §. 315 Note a und Grimm R. A. S. 463; Mittermaier Pr. R. §. 320; Gans Erbrecht IV. S. 570 f.

alte Gewohnheit festgehalten wurde, daraus entnehmen, daß diese Sanction in die Landtagsabschiede v. 1536, 1538, 1539, 1572, 1602 u. 1611 immer von Neuem wieder aufgenommen wurde.[1155]) Wir werden sonach wohl thun, den Ursprung jener Gewohnheit genauer zu erforschen, welche von Scheplitz (Cons. Brand. S. 192 f) mit Unrecht als ein bloßer Mißbrauch bezeichnet, von Scholtz dagegen (Mot. II. S. 603) einer falschen Auslegung des Sachsenspiegels zugeschrieben wird.

In der That lag aber weder ein Mißbrauch, noch eine falsche Auslegung des Sachsenspiegels zu Grunde. Es heißt im S. Sp. I. 51. §. 1. ganz deutlich: Echt man noch echt wif ne nimt ok unechtes mannes erve nicht.[1156]) Und diese Satzung hat durchaus nichts Abnormes, wenn man bedenkt, mit wie unauslöschlichem Makel einst die unehelich Geborenen behaftet waren[1157]), und wie dieselben ganz außerhalb aller Familienverbindung standen, so daß die Succession des Fiscus in ihren Nachlaß die einfachste und natürlichste Consequenz für sich hatte.[1158]) Nur nach und nach gelangten die Descendenten, so wie die Mutter der unehelich Geborenen und deren nächste Verwandte zum Vorrang vor dem Fiscus.[1159]) Waren aber ursprünglich die unehelich Ge-

---

1155) C. C. M. Th. VI. Abth. I. Sp. 36, 49, 56, 110 f, 161 u. 229. Auch die Joh. Georg'schen Entwürfe haben diese Sanction aufgenommen: C. J. G. 1574. Tit. VII. u. 1594. Th. III. c. XIII. z. Anf. — Für bloß zufällig oder gar gedankenlos kann man eine so häufig erneuete Wiederholung wohl nicht halten.

1156) Homeyer Reg. S. 382: „Der Uneheliche wird nicht von ehelichen Leuten beerbt." Ein Satz, der auch ins Berl. Stadtb. (S. 144) übergegangen ist: oben S. 189.

1157) Darauf bezogen sich schwere Schimpfreden: Grimm R. A. S. 643 f; Fidicin Beitr. I. S. 185 (VII), II. S. 104 f (Regesten Nr. 219). Auch wurden die unehelichen Kinder wohl gar den Leibeigenen beigerechnet: Grimm R. A. S. 410. (Eisenhauser Eigenbuch §. 16.)

1158) Vgl. v. Sydow S. Sp. S. 47, 18, 298. — Auch des Wergeldes entbehrten die unehelich Geborenen: S. Sp. III. 45. §. 11; Berl. Stadtb. S. 139. (Ane wergeld sin vnechte lude.) Rechtlos waren dieselben nach dem §. 1. S. Sp. I. 38, der gleichfalls ins Berl. Stadtb. übergegangen ist. (S. 136 alle di vnechte geboren syn ... di sint alle rechtelos.) Vgl. oben Anm. 641 u. Homeyer in den Berl. Jahrb. für wiss. Krit. 1827. Sp. 1315 f.

1159) M. R. v. 1304 §. 136: Ob eines Pfaffen Sun Wib nimet. Nimet eines Pfaffen Sun ein elich Wib ... unde gewinnet her Kinder mit ir, borenen, gleichsam aus der Familienverbindung ausgestoßen, dem Mundium des Königs unterworfen („Königskinder"), so ließen die Kaiser und die Fürsten des Reiches nicht davon ab, das Recht auf den Nachlaß derselben (den s. g. „Bastardenfall") für sich in Anspruch zu nehmen.[1160]) Und so hatte auch in unserer Mark diese alte Gewohnheit, welche selbst die ehelichen Kinder der unehelich Geborenen von der Erbfolge in deren Nachlaß ausschloß, feste Wurzel gefaßt.

Abgesehen von unserem älteren Rechte, auf welches ich oben Anm. 1140 zurückgewiesen habe, finden sich verschiedene Märkische Urkunden aus dem fünfzehnten und sechszehnten Jahrhunderte, die den vollständigsten Beweis hierüber führen.

Unterm 5ten Juni („des achten tages unsers Herren Hymmelfart") 1432 ertheilt Markgraf Johann (oben Anm. 1068) den Kindern einer unehelich geborenen Frau die Erbfähigkeit:

„Wir Johanns v. G. g. Marggraue zu Brandburg bekennen , das wir von Julianen Sacks wegen, dy Her Matheus Rodckyn Dienerin lange Zeit gewest und unechte geborn ist, haben Ir soliche freiheit gegeben und geben Ir die mit diesem briefe, Wenn und zu welcher Zyt sy von todes wegen abegeen und versterben wirdet, daß denn alles Ir Gut bewegelich und unbeweglich welcherley das sey auf ir Kinder, dy sy von dem gnanten Her Matheus hat gehabt oder hat, als auf ire rechten elichen Erben, und fürder von einem Kinde auf das ander, is sind Knechte oder Meyde" (oben Anm. 1047), „als recht Erbgut kommen und geuallen sol ungehindert eynes ydermanns. Vnd darauf gebieten wir allen Richtern und Schulzen das sie der gnanten Julianen und iren Kindern soliche unser freiheit in keiner weise verbrechen."[1161])

In einer Urkunde v. 21. August („freytag na unnser liven

---

daz sint echte Kindere; stirbet her sidere, sine Kindere nement sin Gut, stirbet aber her ane Kindere, so getritet sin Gut an die konicliche Gewalt. Vgl. v. Sydow S. Sp. Note 58 bis 60. — Auch schon in der alten Justitia Lubecensis v. 1243 (Westphalen mon. ined. III. S. 623) hieß es: De nato concubine. Qui natus est de Concubina nullam percipiet Hereditatem; suam tamen hereditatem propinquiores sui percipient.

1160) Marezoll Bürgerl. Ehre S. 303 Note 3; Mittermaier Pr. R. §. 385 Note 12.

1161) Gercken cod. dipl. VII. S. 238 f (No. CVII).

frawen tag Assumptionis") 1472 ertheilt Kurfürst Albrecht der unehelichen Tochter eines Bürgers von Stendal die Legitimation in folgender Weise:

„Wy Albrecht . . Bekennen . . dat uns unnse liver getrewer Gorges von Arnhym Borger In unnse Stat Stendal heft lathen underrichten von dat he heft eyne dochter Osche genant die an irer gebort nicht fullenkomen Sundern In unelikes levende geboren sy und doch umme togent und redelickeit willen So he an er erkennet wol geneyget were, er seins gudes med thu deylen Sy In eelich levendt thu bestedigen, Betrachtet doch darby So sy von dusser werlt scheyden und versterven, dat sulk gut Als he or geven an die overn hant und gerichte verfallen und em affhendich worde Als denne nicht umbillichin geschege und hefft uns darumb . . . bidden lathen, die genante sine dochter eelich thu maken und die sunderlike gnade thu donde efft sie eelike kinder gewunnen dat die er gut erven und eft sie one eelike kinder versterven worde dat ere nagelaten gudere an em und syne erven wedder komen und fallen mochten . . . So hebben wy des genanten Gorges . . . dochter eelich gemaket und sie mit der gnade und friheit begiftiget Also dat sie als elich geboren kint alle der Have und gudes die er de genante er Vater geven hedde edder noch geven worde entphengig sin und wat er also Have und guder von den sulven eren vader gegeven were edder worde, dat sie dat alles und yglichs up ere lifflicke eelike kinder efft sie dy gewunnen erven moge efft sie aver nicht lifflike eelike kinder gewunne, dat denne solike ere gudere an den genanten eren vader wedderkomen und fallen mogen."[1162])

Unterm 8ten Mai („am Donrestag Ascensionis domini") 1483 ertheilt wieder Markgraf Johann einem unehelich gebornen Manne die Rechte der ehelichen Geburt:

„dat wie uth Förstliker Overrickeit . . . unsen l. g. Diederick Tornou die dann syner geborde haluen gebreken lydet sunderlick Gonst und Gnade gegeuen und gedan hebben dat hie alle syne güder die he in unsen landen under uns hefft edder hinfur ymmer gewynnet beweglick edder unbeweglick up syne ehelick geborne kinder efft he dy gewinne edder efft hy die nicht gewinne up syne nechste eruen menlicks oder freulicks geschlechts" (oben Anm. 1133 u. 1122) „edder to testament edder süs nach synen willen geuen und verschaffen und in allewege erue nemen und geuen möghe in aller

1162) v. Raumer cod. dipl. II. S. 10 (Nr. IX).

mathe und an underscheide efft hy an stener geburd vollkommen und in ehelicken leuende geboren were." [1163])

Wie nun diesen Urkunden über die Ertheilung der Rechte ehelicher Geburt an unehelich Geborene immer der Umstand zu Grunde liegt, daß in bestimmten Fällen das Landesherrliche Recht auf den Nachlaß solcher Personen aus besonderer Gnade aufgegeben wird, so reservirt sich gerade umgekehrt Kurfürst Joachim I. in den Urkunden aus den Jahren 1508, 1509, 1513, 1517 u. 1522, die wir bereits in anderem Zusammenhange kennen gelernt haben (oben S. 250—255), ausdrücklich das Landesherrliche Recht am Nachlaß der „unächten" oder „in unehelichem Stande geborenen" Leute.

Und ungeachtet der in den späteren Landtagsabschieden immer wieder und wieder ausgesprochenen Aufhebung der alten harten Gewohnheit (oben Anm. 1155), blickt doch noch in einer Urkunde des Kurfürsten Johann Georg aus dem Jahre 1583 die ursprüngliche Ansicht von der Erblosigkeit des Nachlasses der unehelich Geborenen durch. Der Kurfürst ertheilt nämlich einem unehelich geborenen Manne die Rechte der ehelichen Geburt, und äußert sich dabei folgendermaaßen:

„Vnnd wollen das genannt Georgenn Jahn solch obgemelte seine vneheliche gebuerth von menniglich zu Keiner schmacht, Entgeltnus oder schaden kommen, noch furgeworffen, Sondern das ehr auch seine leibes erben vnd derselbigen erbes erben für vnd für sich einander erben, vntter sich erbe geben vnd nehmen . . . sollen vnd mogen, u. s. w." [1164])

In unseren Tagen ist allerdings jede Spur jener alten Strenge geschwunden. Es ist zweifellos, daß selbst im Incest erzeugte Personen ihrerseits eheliche Kinder erzeugen und als ihre Intestaterben hinterlassen können. Allein wenn solche im Incest erzeugte Personen ohne Descendenten und ohne Testament sterben, dann gilt von ihnen noch jetzt, was schon zum Schluß der c. XII. C. J. G. 1594. Th. III. ausgesprochen wurde:

„wann aber solche uneheliche Kinder versterbenn, und keine eheliche Kinder lassenn, wollen wir und die Herrschafft des Hauses Branden-

---

1163) Gercken dipl. vet. March. I. No. XCV.—Aus Versehen führt Gercken hier den Markgrafen Johann schon als Kurfürsten auf. Vgl. oben Anm. 1068.

1164) Riedel nov. cod. dipl. I. S. 225 f (Nr. CXLII).

burg uns, alter gebrachter Gewohnheit nach, derselben Erbschafft hiemit vorbehalten habenn." (Forts. der oben Anm. 1142 angef. Stelle.) D. h. ihr Nachlaß fällt, mit Vorbehalt der statutarischen Portion des etwa hinterbliebenen Ehegatten, als erblos an den Fiscus.[1165]) Denn Verwandte in der aufsteigenden oder in der Seiten-Linie können sie gar nicht haben.[1166])

II. In die Lehre von der Enterbung ehelicher Kinder sind neben den maaßgebenden Römischen Principien auch Grundsätze des gemeinen Preußischen Rechtes eingedrungen.

A. Die zur Enterbung ehelicher Kinder berechtigenden Gründe werden im Wesentlichen nach dem Allg. Landrecht beurtheilt, welches freilich die Grundsätze der Novelle CXV. nicht ohne Modificationen aufgenommen hat. In der Mark sind deshalb neben den vom A. L. R. Th. II. Tit. 2. §§. 399—409 anerkannten neun Enterbungsgründen, welche sämmtlich entweder auf einer schweren, den Aeltern zugefügten Beleidigung, oder auf einem hohen Grade sittlicher Verderbtheit beruhen, noch einige dem dritten Capitel der Novelle CXV. eigenthümliche Enterbungsgründe von practischer Gültigkeit, nämlich:

1) die versäumte Befreiung des Ascendenten aus dem Gefängnisse (§. 8. des angef. Cap. der Novelle),

2) die dem Ascendenten bereitete Hinderung, als derselbe ein Testament errichten oder ändern wollte (§. 9. ebendas.),

3) die Vernachlässigung des in Wahnsinn oder Raserei verfallen gewesenen Ascendenten (§. 12.),

4) die versäumte Auslösung des Ascendenten aus der Sclaverei unchristlicher Völker (§. 13.),

5) der Abfall vom christlichen Glauben (§. 14).[1167])

1165) Scholtz Mot. II. S. 174, 303, 597, 603.

1166) Versteht sich unter den Voraussetzungen, von denen zu Anf. dieses §. 2. Nr. I. A. a. die Rede gewesen ist.

1167) Es scheint mir consequent, sowohl mit v. Kunow die Gültigkeit des im §. 399. A. L. R. a. a. O. gegebenen Enterbungsgrundes (vgl. Simon u. v. Strampff Zeitschr. II. S. 412 Note 31 und Circulare vom 13. December 1773 im N. C. C. M. Bd. V. Th. II. 1773. Nr. LXIX, Sp. 2493 f), als mit Scholtz die Gültigkeit des im §. 408. A. L. R. a. a. O. bestimmten Grundes anzuerkennen, mit Beiden dagegen die fernere Anwendbarkeit des §. 14. Nov. CXV. cap. III. zu bestreiten. Vgl. Scholtz Entw. §. 454 und

Daß überdies ein Kind, welches die Einholung des älterlichen Consenses zu seiner Verheirathung verabsäumt hat, auch in der Mark nach §§. 412, 413. A. L. R. a. a. O. bis auf die Hälfte des Pflichttheils enterbt werden dürfe, ist um so weniger zu bezweifeln, als schon Kurfürst Friedrich der Dritte (nachmals König Friedrich der Erste) durch die Constitution vom 15. December 1694 („Renovirte Constitution, von Verlöbniß und Ehe-Sachen")[1168]) folgende Bestimmung getroffen:

„Woferne nun die Kinder . . . wider ihrer Eltern Willen . . . und unerwartet derselben gesuchten Consens, oder des Consistorii Verordnung, sich verloben, oder ihr heimliches Verlöbniß zu vollenziehen andere Gelegenheit suchen würden, so sollen die Eltern ihnen mit etwas zu der Ausstattung behülfflich zu seyn nicht verpflichtet, sondern vielmehr befuget und ihnen hiemit zugelassen seyn, solche ungehorsame Kinder, bis auf den halben Theil ihrer gebührenden Legitimae, zu enterben."

Die antikatholischen Principien, welche dieser Bestimmung zu Grunde lagen, reichen in die Anfänge unserer Kirchenreform hinauf. Namentlich findet sich schon in der Kursächsischen Kirchenordnung von 1580 eine fast wörtlich gleichlautende Vorschrift:

„. . . Und da sie hierüber, und über beschehene Vermahnung und Verwarnunge, wider ihrer Eltern Willen stark darauf verharren, und solch Ehegelöbniß zu vollziehen andere Gelegenheit suchen würden, sollen die Eltern ihnen mit etwas zu der Ausstattung behülflich zu seyn nicht verpflichtet, sondern vielmehr befugt und ihnen hiemit nachgelassen seyn, solche ungehorsame Kinder bis auf den halben Theil ihrer gebührenden Legitimae, und nach Gelegenheit der Ursachen ihres verweigerten Consens, gänzlich zu enterben."[1169])

Die s. g. Enterbung aus guter Absicht endlich gilt bei uns unbedenklich in Gemäßheit der §§. 419—430. A. L. R. a. a. O.[1170])

Mot. II. S. 265—267; v. Kunow Entw. §. 497 und Mot. S. 188—190; Ständ. Verhandl. in Riedels Mag. II. S. 144, 157, 173 Nr. 14.

1168) C. C. M. Th. I. Abth. II. Nr. LVIII. §. 14. (Sp. 121.)

1169) Eichh. R. G. §. 557 Note k. — Particularrechtlich war freilich auch früher schon solchen Kindern, die sich ohne der Aeltern Consens verheiratheten, der Verlust ihres Erbtheiles gedroht. Vgl. Tzsch. u. Stzl. Urk. Nr. LXXXIII (v. J. 1290), S. 410 Note 3; Nr. CXI (v. J. 1310), S. 486; Nr. CXXV (v. J. 1324) §. 19 (S. 507); Nr. CLXX (v. J. 1357), S. 576 Note 3; Nr. CLXXI (v. J. 1357), S. 577 g. E.

1170) Scholtz Entw. §. 441 und Mot. II. S. 257, 269 f; v. Ku-

B. Die Form der Enterbung ist lediglich nach Römischem Rechte zu beurtheilen. Es muß deshalb nicht bloß die Enterbung bestimmt ausgesprochen, der Enterbungsgrund beigefügt, der Enterbte klar benannt oder bezeichnet sein, sondern es hat auch eine bedingungsweise ausgesprochene Enterbung keine Kraft, wenn nicht für den entgegengesetzten Fall die Einsetzung erfolgt ist. Die Uebergehung aber wird der Enterbung, und die versagte Ehre der Einsetzung einer wirklichen Uebergehung gleichgeachtet.[1171])

C. Die Beweislast in Ansehung der Richtigkeit des angeführten Enterbungsgrundes liegt auf dem eingesetzten Erben. Zur Rechtfertigung dieses Grundsatzes bedarf es kaum der Bezugnahme auf den Buchstaben des Gesetzes (Nov. CXV. c. III. §. 14. g. E.: „[si] scripti heredes nominatam [caussam] . . . veram esse monstraverint"; c. IV. §. 8: „[si] scripti heredes [caussam] . . . probaverint"), sondern es genügt schon die Ableitung aus der allgemeinen Beweistheorie. Im Pandektentitel de probationibus et praesumtionibus lautet lex 2: „Ei incumbit probatio, qui dicit, non qui negat"; 5 pr.: „Ab ea parte, quae dicit, adversarium suum ab aliquo iure prohibitum esse, specialiter lege vel constitutione, id probari oportere"; 19 pr.: „In exceptionibus dicendum est, reum partibus actoris fungi oportere." Unbedenklich aber ist die Annahme, daß die eingesetzten Erben die Richtigkeit des Enterbungsgrundes gleichsam als Exception geltend machen.[1172])

Nur in Betreff der Enterbung bis auf die Hälfte des Pflichttheils wegen verabsäumter Einholung des älterlichen Consenses ist die Modification anzuerkennen, daß es den Kindern obliegen müsse, die Ertheilung oder richterliche Ergänzung des Consenses nachzuweisen.[1173])

---

now Entw. §. 484 u. Mot. S. 191; Ständ. Verhandl. in Riedels Mag. II. S. 144, 157 z. Anf., 159.

1171) Scholtz Entw. §. 455, 458 und Mot. II. S. 267—269, 270 f; v. Kunow Entw. §§. 498, 501. Nach den neueren Ständ. Verhandl. (Riedel Mag. II. S. 157 f, 159, 165) ist jedoch zu erwarten, daß künftig an die Stelle der Römischrechtlichen Grundsätze über die Form der Enterbung die Landrechtlichen treten werden.

1172) Vgl. Simon u. v. Strampff Zeitschr. II. S. 443.

1173) Vgl. Scholtz Entw. §. 456 u. Mot. II. S. 269; v. Kunow

Auch muß der im A. L. R. II. 2. §. 416. festgestellte Grundsatz durchgreifen: daß die bloße Versöhnung mit dem Enterbten oder die Wiederaufnahme eines enterbten Kindes in das väterliche Haus für einen Widerruf der Enterbung noch nicht zu achten.[1174])

D. Die Wirkungen der Uebergehung und der ungehörigen Enterbung werden zur Zeit noch aus dem Römischen Rechte abgeleitet, doch nicht ohne allen Einfluß des Allgem. Landrechtes.[1175]) So gilt, den Landrechtlichen Bestimmungen entgegen, der Grundsatz, daß, wenn die Kinder übergangen sind, die Erbeinsetzung rescindirt wird, wenn aber die Kinder wenigstens den Ehrennamen „Erben" erhalten haben, dieselben nur auf Ergänzung des Pflichttheils klagen können. Dagegen wird die Streitfrage, ob das Testament, in welchem der Vater sein Kind gänzlich mit Stillschweigen übergangen, mit eigentlicher Nullität bedrohet sei, theils nach der sonst schon recipirten Meinung, theils in Gemäßheit der Landrechtlichen Grundsätze dahin entschieden, daß solche Präterition ganz wie eine beabsichtigte Enterbung anzusehen.[1176])

Der Streit der drei Systeme, des s. g. Inofficiositäts-, des Nullitäts-, und des gemischten Systemes, hat in unserer Mark keine große Unruhe erregt. Wie wir nämlich bei Uebergehung von Descendenten überhaupt, die Principien der Novelle CXV. ausschließlich zur Anwendung bringen, so wird auch, wenn das Testament wegen ungerechter Enterbung siegreich angefochten worden, der heres scriptus ausgestoßen, die Erbfolge gleichsam ab intestato eröffnet, im Uebrigen aber das Testament bei Kräften gelassen, so weit keine Pflichttheilsverletzung stattfindet. Die Ei-

---

Entw. §. 499 und Mot. S. 191; Ständ. Verhandl. in Riedels Mag. II. S. 144, 173 f Nr. 15.

1174) Scholtz Entw. §. 457 u. Mot. II. S. 269; v. Kunow Entw. §. 500 u. Mot. S. 191 g. E.; Ständ. Verhandl. a. a. O. S. 144.

1175) Vgl. überhaupt Scholtz Entw. §§. 460—469 und Mot. II. S. 270—275, 282—291; v. Kunow Entw. §§. 503—512 und Mot. S. 192—194. — Doch ist auch hier zu erwarten, daß die Landrechtlichen Grundsätze bald an die Stelle der Römischen treten werden: Ständ. Verhandl. in Riedels Mag. II. S. 158 z. Anf., 159, 165, 174 Nr. 16 u. 17.

1176) Scholtz Entw. §. 458 u. Mot. II. S. 272—275; v. Kunow Entw. §. 501.

genthümlichkeiten der querela inofficiosi testamenti können bei uns, in Rücksicht auf Ascendenten und Descendenten, um so weniger Zweifel und Schwierigkeiten erregen, als dieselben im äußersten Falle durch die Landrechtlichen Grundsätze beseitigt sein würden. Höchstens die fünfjährige Verjährung könnte man noch geltend machen wollen, so lange die Suspension der drei ersten Titel des A. L. R. Th. II. dauert.[1177])

So viel steht fest, daß auch in der Mark der ungerecht Enterbte die unbeschränkte Freiheit hat, statt der Anfechtung des Testamentes die einfache Ergänzungsklage zu wählen.

Wem aber die Ehre der Einsetzung zu Theil geworden, der muß sich mit der bloßen Ergänzungsklage nach §§. 432—436 A. L. R. II. 2. begnügen.[1178])

E) Ueber die Größe und Berechnung des Pflichttheils der Kinder spricht sich die C. J. nicht besonders aus. Doch bietet sie zur Lösung aller der Fragen, welche sich hierauf beziehen, den Schlüssel, sofern sie theils im Allgemeinen wegen aller von ihr nicht berührten Fälle, theils insbesondere wegen der Enterbung ehelicher Kinder aufs Römische Recht verweist. (Tit. VII. §. 1. u. Tit. VI. Sect. I. §. 5.) Es herrscht aber zwischen den Lehren von der Enterbung und vom Pflichttheile eine so wesentliche und innige Verwandtschaft, daß, wenn das Römische Enterbungsrecht maaßgebend sein soll, auch das Römische Pflichttheilsrecht zur Anwendung kommen muß. Denn der Testator soll seiner Familie nicht gänzlich vergessen; deshalb zieht die Legitima seiner Willkühr gewisse Schranken. Und umgekehrt: die Testirfreiheit soll durch die Ansprüche der Familie nicht allzu sehr geschmälert werden; deshalb mag der Testator bis zu den

---

1177) Vgl. Scholtz a. a. O. S. 286—289 und C. J. G. 1594. Th. III. c. XXVII: „Wann eine Persohn an seiner naturlichen legitimen verkurzet, Stellen die Rechtsgelehrten einen Zweiffell, in wie viel Jahren einer das Supplementum solcher legitimen fordern könne. Wir lassens aber bey dem gemeinenn Schluß der Rechtslehrer" (oben Anm. 159) „bleibenn, daß man nemlich sich an solchen Supplemento Innerhalb 30 Jahrenn undt nicht ehe verschweigenn könne."

1178) Scholtz Entw. §. 464; v. Kunow Entw. §. 507. — Ueber die erheblichen Verschiedenheiten zwischen der Römischen und Preußischen Ergänzungsklage vgl. Simon u. v. Strampff Zeitschr. II. S. 422 ff.

gesteckten Gränzen ungehindert vorschreiten, indem die Legitima auf eine gewisse Quote vom Nachlaß beschränkt, und aus gerechten Gründen sogar das Enterbungsrecht zugelassen ist. Bei einer solchen Gränznachbarschaft[1179]) zwischen beiden Lehren kann sich also der unbefangenen Prüfung wohl kein natürlicherer Ausweg darbieten, als der Leitung des reinen Römischen Rechtes, welches von der C. J. zur Norm für die Enterbung gegeben wird, auch in der Berechnung des Pflichttheiles zu folgen.

Nun heißt es aber im Cap. I. der Nov. XVIII. mit klaren Worten: „si quidem unius est filii pater aut mater aut duorum vel trium vel quatuor: ... eis relinqui ... tertiam propriae substantiae partem: ... Si vero ultra quatuor habuerint filios, mediam eis totius substantiae relinqui partem.“[1180]) Die propria oder tota substantia, d. i. das ganze eigene Vermögen, welches der Testator hinterläßt, muß also überall, wo Kinder den Pflichttheil nach Römischem Rechte zu fordern haben, die Grundlage für die Berechnung desselben abgeben. Und wenn wir, der Joachimischen Constitution gemäß, auch in der Mark den Pflichttheil der Kinder nach Römischem Rechte berechnen müssen, so scheint von vorn herein folgende ganz einfache Rechnung sich gleichsam von selbst als unzweifelhaft hinstellen zu lassen. Eine mit Kindern gesegnete Ehe wird durch den Tod des einen Gatten getrennt. Von dem eigenthümlichen Vermögen, welches der Verstorbene im Augenblicke seines Todes besessen, gebührt beziehungsweise ein Drittheil oder die Hälfte den Kindern als Pflichttheil, weil dieselben ja den Pflichttheil nach Römischem Rechte nehmen. Und zwar von dem ganzen und alleinigen Vermögen, welches der Verstorbene nachgelassen, ohne Rücksicht auf die Person und das Vermögen des überlebenden Gatten, weil dessen Erbrecht nicht aus dem Römischen, sondern aus dem alteinheimischen Rechte entspringt.

So einfach und natürlich scheint sich auf diesem Wege Alles von selbst zu ergeben. Und doch haben in unserer Mark die

---

1179) Diese Affinität ist auch schon in dem Tit. XIV. C. J. G. 1574. (in der oben S. 319 f mitgetheilten Stelle), so wie in der Neum. K. G. O. v. 1700 Cap. 33. g. E. (unten S. 384) nicht verkannt worden.

1180) Die merkwürdige Anwendung, welche unser Berl. Stadtb. von diesen Pflichttheilsquoten macht, haben wir oben S. 193 f kennen gelernt.

erheblichsten Zweifel und Streitigkeiten über die Frage geherrscht: ob und inwiefern bei Berechnung des Pflichttheils der Kinder die Person und das Vermögen des überlebenden Ehegatten zu berücksichtigen?[1181])

Um den ganzen Umfang und die Bedeutung der hierüber erhobenen Streitfragen zu würdigen, müssen wir beachten, daß, wo überhaupt in Deutschland eine statutarische Portion des überlebenden Ehegatten mit dem Römischen Pflichttheile der Kinder zusammentrifft, eine von folgenden drei Meinungen den Ausschlag zu geben pflegt. Man behandelt nämlich die statutarische Portion entweder wie eine s. g. gesetzliche Schuld (aes alienum legis oder debitum ex lege), welche vor aller Berechnung des Pflichttheils der Kinder vom Nachlaß abzuziehen, oder man stellt die statutarische Portion einer s. g. gesetzlichen Erbportion (portio legitima), d. i. einem eigentlichen Pflichttheile, in allen Stücken gleich, oder man läßt endlich die statutarische Portion wie ein Legat (quasi legatum) in der Weise neben dem Pflichttheile der Kinder auftreten, daß die Römischen Grundsätze über die Berechnung des Pflichttheils der Kinder ganz und gar nicht alterirt werden. Dazu kommt nun in der Mark noch der Umstand, daß unsere statutarische Portion nicht vom alleinigen Nachlasse des zuerst verstorbenen Ehegatten, sondern von dem beiderseitigen Vermögen der Ehegatten, d. i. von dem Nachlasse des zuerst Verstorbenen und dem von Todes wegen mit jenem Nachlasse zu Einer Masse verschmolzenen Vermögen des Ueberlebenden, genommen wird.

Am Klarsten werden sich die Ergebnisse der hiernach möglichen verschiedenen Berechnungsarten durch arithmetische Formeln herausstellen lassen, in denen wir die statutarische Portion des

1181) So viel steht als unstreitig bei uns fest: daß bei Berechnung des numerus der Descendenten überhaupt, auf die stirpes gesehen wird, und daß sowohl die Enterbten, als auch diejenigen, welche noch bei Lebzeiten des Testators auf die Erbschaft im Voraus Verzicht gethan, ad augendam et minuendam legitimam mitzählen. Wäre dies an sich streitig, so würde es jedenfalls jetzt nach Landrechtlichen Grundsätzen nicht anders zu entscheiden sein. Scholtz Entw. §§. 434, 437 u. Mot. II. S. 238—240; v. Kunow Entw. §§. 476, 479; Stând. Verhandl. in Riedels Mag. II. S. 142.

überlebenden Ehegatten als ein Halbtheil annehmen[1182]), demnächst aber immer wieder unterscheiden wollen, ob solches Halbtheil von dem alleinigen Nachlasse des Erstverstorbenen, oder vom beiderseitigen Vermögen zu berechnen. Es mag also M (Masse) den Nachlaß des Erstverstorbenen, C (Conferendum) das Vermögen des Ueberlebenden, n (Numerus) die Anzahl von vier oder weniger, N die Anzahl von fünf oder mehr Kindern bezeichnen.

a. Gehen wir zunächst auf die Berechnungsart ein, nach welcher die statutarische Portion gleich einer gesetzlichen Schuld vor aller Berechnung des Pflichttheils der Kinder abgezogen wird, und unterscheiden wir hierbei:

α. **Die statutarische Portion des überlebenden Ehegatten wird aus dem alleinigen Nachlasse des zuerst Verstorbenen entnommen.** Hier erhält der überlebende Ehegatte $\frac{M}{2}$. Von dem anderen $\frac{M}{2}$ ist der Pflichttheil

$$\text{für n Kinder} = \frac{M}{2.3}, \text{für N Kinder} = \frac{M}{2.2},$$

$$\text{mithin für jedes einzelne Kind} = \frac{M}{6n}, \ldots\ldots = \frac{M}{4N}.$$

β. Die statutarische Portion wird, wie in unserer Mark, aus dem beiderseitigen Vermögen der Ehegatten entnommen. Hier erhält der überlebende Ehegatte $\frac{M+C}{2}$. Der Pflichttheil der Kinder aber ist:

a) wenn derselbe vom beiderseitigen Vermögen der Ehegatten berechnet wird,

$$\text{für n Kinder} = \frac{M+C}{2.3}, \text{für N Kinder} = \frac{M+C}{2.2},$$

$$\text{mithin für jedes einzelne Kind} = \frac{M+C}{6n}, \ldots\ldots = \frac{M+C}{4N};$$

b) wenn bloß vom eigentlichen Nachlasse des erstverstorbenen Ehegatten berechnet: ganz wie unter α.

1182) Es würde uns zu weit führen, und unsere Untersuchung nicht ein mal fördern, wenn wir auch solche Statuten berücksichtigen sollten, welche dem überlebenden Ehegatten ein Drittheil oder ein Viertheil oder eine portio virilis anweisen.

b. Legen wir die Berechnungsart zu Grunde, welche die statutarische Portion selbst einem eigentlichen Pflichttheile gleichstellt [1183]), und unterscheiden wir wieder:

α. Die statutarische Portion des Ueberlebenden, aus dem alleinigen Nachlasse des Erstverstorbenen entnommen, beträgt $\frac{M}{2}$. Von dem anderen $\frac{M}{2}$ bekommen die Kinder den Pflichttheil, jedoch so, daß auch die Person des überlebenden Ehegatten mitgezählt wird. Die Berechnung muß also in einem Falle von a. α. abweichen. Weil nämlich der überlebende Ehegatte mitgezählt wird, so ist, wenn gerade 4 Kinder vorhanden sind, der Pflichttheil schon für diese 4 Kinder $= \frac{M}{2.2}$, mithin für jedes einzelne Kind $= \frac{M}{16}$, während derselbe nach a. α. nur $= \frac{M}{24}$ sein würde. In allen anderen Fällen, welches auch die Anzahl der Kinder sein möge, gestaltet sich das Ergebniß der Berechnung, wie in a. α.

β. Eben so wird in unserer Mark für die Portion des überlebenden Ehegatten und für den Pflichttheil der Kinder das Resultat der Berechnung kein anderes sein, als in a. β. Nur wiederum mit der Ausnahme des Falles, wenn gerade 4 Kinder vorhanden sind. Dann nämlich ist der Pflichttheil für jedes einzelne Kind schon $= \frac{M+C}{16 \text{ (d. i. 4 n)}}$, während derselbe nach a. β. a. nur noch $= \frac{M+C}{24 \text{ (d. i. 6 n)}}$ sein würde. Will man freilich auf C bei Berechnung des Pflichttheils keine Rücksicht nehmen (a. β. b.), so ist der Pflichttheil jedes einzelnen unter den 4 Kindern wieder $= \frac{M}{16}$, wie in b. α.

c. Folgen wir endlich jener Art der Berechnung, welche dem

1183) Man pflegt diese Gleichstellung folgendermaaßen durchzuführen: Deutschen Statuten sei die volle Kraft Römischer Gesetze nicht abzusprechen; deshalb sei der zur statutarischen Portion berufene überlebende Ehegatte ein wahrer Erbe und müsse partem und numerum machen, und es lasse sich seine statutarische Portion in keiner Weise in die Masse hineinziehen, aus welcher den Kindern der Pflichttheil zu berechnen. Für diese Ansicht ist namentlich Thibaut. (Pand. Ausg. 6. §. 811. Note o.)

überlebenden Ehegatten die statutarische Portion gleich einem Legate, und den Kindern nach Römischer Weise den Pflichttheil von dem ganzen Vermögen des Erstverstorbenen gewährt.[1184])

α. Der Ueberlebende erhalte $\frac{M}{2}$: so ist der von dem ganzen M zu berechnende Pflichttheil

$$\text{für n Kinder}^{1185)} = \frac{M}{3}, \text{ für N Kinder} = \frac{M}{2},$$

$$\text{mithin für jedes einzelne Kind} = \frac{M}{3n}, \ldots\ldots = \frac{M}{2N}.$$

β. Der Ueberlebende erhalte, wie in der Mark, $\frac{M+C}{2}$: so ist doch der von M zu berechnende Pflichttheil der Kinder ganz derselbe, wie der so eben (c. α.) gefundene. Es wäre denn, daß man noch über die Römischen Gränzen hinausgehen, und von M+C den Pflichttheil

$$\text{für n Kinder} = \frac{M+C}{3}, \text{ für N Kinder} = \frac{M+C}{2},$$

$$\text{mithin für jedes einzelne Kind} = \frac{M+C}{3n}, \ldots\ldots = \frac{M+C}{2N}$$

berechnen wollte.

Bei so verschiedenen Ergebnissen, welche aus den möglichen Arten der Berechnung hervorgehen, kann es nicht auffallen, daß auch unsere Märkischen Juristen die Hauptfrage, um welche es hier zu thun ist, einigermaaßen hin und her geworfen haben.

Zuerst hat Brunnemann, zwar nur obenhin, aber die richtige Entscheidung auf unbefangene Weise treffend, unsere Frage berührt. (Centur. III. Decis. XXIII. No. 8—13.) Er gibt den mit ihrer Mutter oder Stiefmutter concurrirenden Kindern ein Drit-

1184) Zu Grunde liegt diese Auffassung: Die Erbfolge der Ehegatten sei eine außerordentliche, dem Römischen Rechte fremd; deshalb könne der überlebende Ehegatte weder partem noch numerum machen, und es sei sowohl die statutarische Portion vor dem Pflichttheile der Kinder, als dieser Pflichttheil vor der statutarischen Portion aus dem reinen Nachlasse des Erstverstorbenen zu berechnen. Vgl. Malblanc princip. iuris Rom. §. 701 Note i.

1185) Auch hier würde wieder, falls man die Person des überlebenden Ehegatten doch mitzählen lassen wollte, als bekäme er eine portio legitima, der Pflichttheil schon für gerade 4 Kinder $= \frac{M}{2}$ sein.

theil oder die Hälfte von dem reinen väterlichen Nachlasse zum Pflichttheil, ohne zu übersehen, daß der Vater gleichsam „intestabilis“ werde, wenn er 5 Kinder neben einer Frau ohne Vermögen („cum uxore indolata“) hinterlasse.

Demnächst hat Stryk die Sache genauer untersucht. (Succ. ab intest. diss. IV. cap. III. §§. 59—61, S. 323—326.) Er selbst hält zwar eine authentische Declaration für wünschenswerth und nothwendig, sucht aber vorläufig durch einen Mittelweg auszuhelfen, den er zwischen den extremen Meinungen einschlägt. Um nämlich gerade den mißlichsten Streitpunct zu beseitigen, der den Fall betrifft, wenn ein Mann eine Frau und 5 Kinder hinterläßt, vermeidet Stryk eben so die Ansicht, welche, nach Abzug der statutarischen Portion, von dem übrig bleibenden Halbtheile die Hälfte als Pflichttheil der 5 Kinder aufstellt[1186]), wie die Vertheilung, nach welcher von dem gesammten beiderseitigen Vermögen die eine Hälfte der Wittwe, die andere gleich ungeschmälerte Hälfte aber den 5 Kindern als Pflichttheil zufallen soll.[1187]) Ihm erscheint jene Ansicht zu unbillig gegen die Kinder, diese Vertheilung zu unbillig gegen den Testator, und so schlägt er sich aus Billigkeit zu der Mitteltheorie: den Pflichttheil der Kinder aus dem reinen Nachlasse des erstverstorbenen Ehegatten[1188]), nicht aber aus dem beiderseitigen Vermögen der Ehegatten zu berechnen, zumal da die Kinder keinen Anspruch darauf machen könnten, aus dem Vermögen des Ueberlebenden schon bei dessen Lebzeiten einen Pflichttheil zu erlangen. Diese Mitteltheorie fand auch bei der Frankfurter Facultät Eingang, welche dieselbe in einem an den Landesherren gerichteten Responsum v. 26. Juni 1685 (Stryk a. a. O. S. 324 f) noch durch folgende Gründe zu stärken suchte: Es sei zwar die statutarische Portion einer Schuld gleich zu achten, vor Berechnung

1186) So zeigt unsere Formel unter a. β. a. den Pflichttheil von N Kindern $= \frac{M + C}{2.\ 2.}$.

1187) So zeigt unsere Formel unter c. β. g. E. den Pflichttheil von N Kindern $= \frac{M + C}{2}$.

1188) D. i., wie in unserer Formel z. Anf. c. β., die legitima für n Kinder $= \frac{M}{3}$, für N Kinder $= \frac{M}{2}$.

des Pflichttheils aber seien nur solche Schulden abzuziehen, die der Testator selbst contrahirt habe; demnach sei durch jene, den Gesetzen gemäß zu entrichtende Schuld dem Pflichttheile der Kinder um so weniger Eintrag zu thun, als ja auch dieser Pflichttheil für ein „aes alienum legis" zu halten, und überdies noch mit größerem Wohlwollen und Schutze, als die statutarische Portion, zu umfangen, alle Statuten aber so auszulegen, daß solche so wenig als möglich vom gemeinen Rechte abwichen. Hiernach glaubt denn Stryk die Billigkeit für beide Theile, den Testator einerseits, und die Kinder und den überlebenden Ehegatten andererseits, vollkommen gleich bewahrt zu sehen: Eousque in Marchia pater plures quam quatuor liberos habens testari potest, quousque se extendit dimidia illatorum coniugis, si haec vel minora vel aequalia cum marito bona habeat.[1189]) Nam si plus intulerit uxor, nunquam expetet portionem statutariam, utpote sibi noxiam... Quodsi vero uxor penitus indotata et 5. liberi adessent, pater tandem erit intestabilis[1190]), quod facilius admittendum, quam ut vel viduae vel liberis hic quidquam detrahatur.

Nach Stryk hat Steyer unsere Frage ausführlich erörtert. (Diss. S. 66—72.) Er neigt eigentlich zu der äußersten Meinung hin, welche aus den Worten und dem Sinne der C. J. zu entwickeln sucht: daß unter allen Umständen die Hälfte des beiderseitigen Vermögens der Ehegatten den Kindern als Pflichttheil zukomme und durch keinerlei letztwillige Verfügung geschmälert werden dürfe.[1191]) Doch verkennt er keineswegen den Vor-

1189) Dies läßt sich durch unsere Formel z. Anf. c. β. ganz klar machen. Denn wenn wir von $M + C$ (dem beiderseitigen Vermögen) zuvörderst $\frac{M + C}{2}$ (die statut. Portion) und demnächst $\frac{M}{2}$ (die legitima für N Kinder) abziehen, so bleibt gerade $\frac{C}{2}$ („dimidia illatorum u. s. w.") übrig.

1190) D. h. er hat nichts, worüber er letztwillig verfügen könnte. Denn der Rest im Betrage von $\frac{C}{2}$ (s. d. vor. Anm.) wäre gleich Null!

1191) Auf die Anzahl der Kinder würde es hierbei niemals ankommen, sondern sogar schon n Kindern $\frac{M + C}{2}$. (vgl. unsere Formel c. β. g. E.) als Pflichttheil zustehen.

rang der in der Praxis bereits damals durchgedrungenen entgegengesetzten Ansicht, nach der das Erbrecht der Kinder überhaupt unter die Principien des Römischen Rechtes gestellt wird, dergestalt, daß die Aeltern nach Belieben testiren mögen, so lange sie nur den Römischen Pflichttheil der Kinder ungeschmälert lassen. Bei der Berechnung dieses Pflichttheiles selbst aber huldigt Steyer derjenigen Meinung, nach welcher der Pflichttheil aus dem beiderseitigen Vermögen zu entrichten.[1192]) Denn zur Beseitigung der alten Regel: „viventis nulla hereditas“[1193]) seien unsere einheimischen Gewohnheiten vollkommen ausreichend, die eine ganz eigenthümliche, vom gemeinen Rechte abweichende Art der Erbfolge hergebracht, der zufolge überhaupt erst nach Zusammenwerfung des beiderseitigen Vermögens der Ehegatten zur Erbtheilung geschritten werde. Vor solcher Zusammenwerfung aber werde sich der überlebende Ehegatte schon von selbst hüten, wenn er dabei nichts zu gewinnen fände. Im Uebrigen ehrt Steyer auch die gewichtigen Gegengründe des vorerwähnten Responsi aus dem Jahre 1685, denen er sogar noch einen neuen beifügt: daß es nämlich unstatthaft sei, die Kinder zu zweimaligem Genusse des Pflichttheils aus dem Vermögen des überlebenden Ehegatten gelangen zu lassen; was doch zutreffen würde, wenn der Pflichttheil zuerst aus den eingeworfenen Gütern des Ueberlebenden erhöhet, und schließlich, nach demnächst erfolgtem Ableben desselben, aus dem Nachlasse nochmals genommen werden sollte.

Merkwürdig ist es allerdings, daß jene extreme Meinung, zu der Steyer hauptsächlich hinneigt (oben Anm. 1191), bereits in den Johann Georg'schen Entwürfen Wurzel gefaßt hatte. Im Tit. XI. C. J. G. 1574. wird dem überlebenden Ehegatten, der sich wiederum verheirathet, ausdrücklich verboten, dem neuen Ehe-

---

1192) Dies ist eine der von Stryk verworfenen Meinungen. (Oben Anm. 1187.) Nach derselben wäre aber, in Gemäßheit unserer Formel c. β. g. E. der Pflichttheil für n Kinder $= \frac{M + C}{3}$, für N Kinder $= \frac{M + C}{2}$.

1193) In einer anderen Beziehung liegt diese alte Regel auch der c. XLVII. C. J. G. 1594. Th. II. zu Grunde, wonach der Vater nicht verpflichtet sein soll, des Sohnes Schulden etwa mit Rücksicht auf dessen künftige legitima zu bezahlen.

gatten zum Nachtheile der Kinder erster Ehe Vortheile aus den Gütern von Todes Wegen zuzuwenden:

„Dieweil aber dasselbe den Kindern der erster Ehe, vnd ihrer Annwartung vnd legitimen, zue Nachtheil gereichtt, Sol dasselbe hinfuro verbleiben" (d. i. unterbleiben), „oder wan es gleich beschehen, vonn Vncrefften sein."

Im Tit. XIV. wird die den Kindern oder Aeltern neben dem überlebenden Ehegatten gebührende Hälfte der Güter geradezu mit dem Pflichttheilscharacter ausgestattet („welche in vnserm lande anstadt der legitima zueachten": oben Anm. 1084). Und selbst im Tit. VIII., der es den Kindern als eine „Unart" verweist, gegen den überlebenden Theil ihrer Aeltern auf wirkliche Theilung zu dringen, bevor derselbe eine neue Ehe eingeht (oben S. 348 f), wird doch namentlich dem überlebenden Ehemanne auferlegt, er solle den Kindern

„was Ihnen vngefherlich zue ihrem theil, wann die Gueter nach Absterbenn der Mutter wehren voneinander getheilet, hette zukommen muegen, zue Ehegelde, vnnd Ausstattung mitgebenn."

Auch die c. II. C. J. G. 1594. Th. III. deutet auf die Pflichttheilsnatur des den Kindern zukommenden Halbtheiles:

„Do aber eine Vermachnis anderer Ehe fürfelt, und Kinder ersterer Ehe verhandtenn; Ob woll die Rechte den Kindern ersterer Ehe, ihre legitimam fürbehalten und das übrige den Eheleuten zu ihrer Vermachung woll frey seyn möchte. Dieweil aber unsere Landes-Constitutio auf den fall, wann Kinder erster Ehe verhandenn, auch die Vermachung dem Ehegattenn zum besten über das halbe Theil nicht nachgiebet. So wollen wir es auch dabey ruhen lassen. Doch sonsten was über der Kinder legitimam verhanden, frey zu vertesliren, als obgesaztt hiedurch unbegeben." (Forts. der oben S. 274 mitgetheilten Stelle).

Läßt sich nun aber auch nicht läugnen, daß vom Standpuncte unseres alteinheimischen Rechtes das ganze Halbtheil der Kinder gleichsam als legitima angesehen werden könnte[1194]), so ist doch eben so wenig zu verkennen, daß, wenn

1194) Man vergleiche nur die Bestimmungen des Wittstockschen Rechtes v. 1374 u. des Berl. Stadtb. v. 1397. (Oben S. 148, 154 c, 193 f.) Noch die Dorfordnung v. 1702 (oben S. 291) sieht im §. 28 f mit ängstlicher Sorgfalt darauf, daß die Kinder ja „nicht mehr noch weniger als den halben Theil der Güter" bekommen mögen.

einmal das Römische Recht in Ansehung der Erbfolge der Blutsverwandten überhaupt zur Geltung gekommen war, sowohl die Intestaterbfolge der Kinder, als die legitima derselben — diese portio portionis ab intestato —, nach reinem Römischem Rechte beurtheilt werden mußte, wenn man nicht aus einer Inconsequenz in die andere fallen wollte. Enthält ja schon die Joachimica (oben S. 291 f) in ganz allgemeiner Fassung die ausdrückliche Vorschrift: „Testament" aus der den anderweitigen Erben, im Gegensatze des überlebenden Ehegatten, zukommenden Hälfte der Güter zu berichtigen! Und so finden sich denn auch bereits in dem Pruckmann'schen Responsum aus dem Jahre 1625 (Scheplitz Consf. Brand. S. 600. No. 27) folgende Worte: Ubi de legitima filiis prospectum est, de reliquis bonis quid vult parens facere potest. Imgleichen lassen unsere Gesetze aus dem Anfange des achtzehnten Jahrhunderts der Testirfreiheit vollen Spielraum, sofern nur die (Römischrechtliche) legitima der Kinder unverletzt bleibt.[1195])

Nach Steyer hat sich zuerst Scholtz wieder einer gründlichen Erörterung unserer Streitfrage unterzogen.[1196]) Dieselbe von allen Seiten beleuchtend, hat Scholtz in der That neue Gesichtspuncte aufgestellt. (Mot. II. S. 241—254.) Er geht von dem wesentlichen Unterschiede aus, der zwischen solchen statutarischen Portionen, die aus dem reinen Nachlasse des erstverstorbenen Ehegatten genommen werden, und unserer Märkischen Portion obwaltet, welche nicht schlechthin wie eine Schuld, sondern erst dann jenen Nachlaß berührt, wenn sich der Ueberlebende der Einwerfung seines eigenen Vermögens nicht entziehen will. Auf dieser Grundlage ruht das Princip: bei Berechnung des Pflichttheils der Kinder müsse der Zustand des vom erstverstorbenen Ehegatten hinterlassenen Vermögens berücksichtigt werden, welcher gerade im Augenblicke des Todes stattgefunden, und es sei jede etwa später erfolgte Vermehrung oder Verringerung dieses Nachlasses völlig unbeachtet zu lassen, und der wahre Betrag des

1195) Vgl. §§. 11. u. 17. der Königl. Const. v. 25. August 1718, so wie der Declar. Const. vom 1. Juni 1723 (am oben Anm. 1090 angef. Orte Sp. 102 f und 130 f) und Neum. Lehnsconst. v. 1724 §§. 2, 86, 92.

1196) Paalzow (Handbuch II. S. 103 ff.) hat nur die practische Bedeutung der Frage kurz ins Auge gefaßt, und die Resultate anschaulich gemacht.

Pflichttheils weder durch des Erblassers noch durch der Miterben Willkühr zu verändern. Hierauf gestützt, kommt Scholtz zu dem Resultate, daß weder das Vermögen noch die Person des überlebenden Ehegatten bei Berechnung des Pflichttheils der Kinder in Betracht kommen könne, damit nicht nach dem bloßen Belieben des überlebenden Ehegatten, je nachdem derselbe die statutarische Portion erwähle oder ausschlage, die Legitima der Kinder Veränderungen zu erleiden habe.[1197])

Neuerlich hat v. Kunow unsere Frage behandelt. (Mot. S. 157—184.) Ihm lag ein noch weiteres Feld von Controversen zur Bearbeitung vor, deren wir bisher absichtlich nicht erwähnt haben. Es war nämlich die von Stryk ersehnte authentische Declaration (oben S. 378) in der That für die Neumark ergangen. Dieselbe hatte aber das nicht seltene Schicksal der Declarationen erfahren: es war damit nur der Grund zu neuen Schwierigkeiten und Zweifeln gelegt worden.

Die Neum. K. G. O. v. 1700 bestimmt im Cap. 33. g. E., zur Beseitigung der in den Untergerichten „ratione determinationis legitimae liberorum" vorgefallenen Zweifel:

„Als soll es künfftig also gehalten werden, daß wann ein Ehegatte und Fünff- oder mehr Kinder verhanden sein; unter welchen die Erbschafft zu theilen ist, den Kindern die Helffte der ganzen

1197) Zu den von Scholtz (a. a. O. S. 243—245) angelegten Berechnungen vgl. unsere Formeln:

Scholtz	Formel
Nr. 1 a)	a. β. a: $\frac{M + C}{6\ n}$.
" " b)	b. β: $\frac{M + C}{4\ n}$.
" " c)	c. β. z. Anf.: $\frac{M}{3\ n}$.
" 2 a)	c. β. z. Anf.: $\frac{M}{3}$.
" " b)	c. α. (Anm. 1185): $\frac{M}{2}$.
" " c)	b. β. (Es frägt sich, ob

den einzelnen Kindern $\frac{M + C}{16}$ oder $\frac{M + C}{24}$ als Pflichttheil zukomme?) Die übrigen Fälle, welche sich in unseren Formeln finden, hat Scholtz zu berechnen weiter keine Veranlassung gehabt.

Verlassenschafft loco legitimae verbleiben, und ihnen von dieser Helffte weder per Testamentum Parentum noch auff andere Art und Weise etwas entzogen und andern zugewendet werden müße, weil dem überbleibenden Ehegatten, die eine Helffte der Erbschafft vermöge der Märckischen Constitution de Anno 1527. Sub titulo: Erbfälle zwischen Eheleuten 2c. gebühret, und dahero billich Fünff- oder mehr Kindern die andere Helffte vor allen andern zu gönnen ist. Wann aber ein Ehegatte mit Vier- oder weniger Kindern die Erbschafft zu theilen hat, alsdann soll die legitima liberorum auff zwo tertias partis dimidiae totius haereditatis sich erstrecken, und nur ratione residui denen Eltern freystehen nach ihrem Belieben zu testiren.

Wäre nun der Vater oder Mutter im Wittibenstande, und verstürben in demselben, auff solchen Fall soll es wegen der Kinder legitimae bey der Disposition der gemeinen Käyserlichen Rechte verbleiben. Wie es dann auch im übrigen ratione exhaeredationis liberorum ingratorum dabey gelassen wird."

Schon Steyer (diss. S. 72) findet einen Anstoß in den Worten dieses Gesetzes selbst. Er bemerkt, daß der Ausdruck „Erbschaft" oder „Verlassenschaft" streng genommen den Nachlaß des erstverstorbenen Ehegatten bezeichne. Dieser Auslegung stehe aber die Gleichstellung der den Kindern zugesprochenen Hälfte mit der dem überlebenden Ehegatten nach der C. J. gebührenden Hälfte entgegen, welche letztere gewohnheitsrechtlich als die Hälfte des beiderseitigen Vermögens der Ehegatten aufgefaßt, von der Neum. K. G. O. aber gleichmäßig als „die eine Helffte der Erbschafft" bezeichnet werde. Nun hat zwar später im Jahre 1784 die Gesetzcommission sich gutachtlich dahin geäußert, daß auch in der Neumark die Legitima der Kinder bloß vom Nachlasse des erstverstorbenen Ehegatten zu berechnen.[1198]) Doch ist die Neumärkische Praxis bis auf neuere Zeiten in stetem Schwanken geblieben. Und in der That, es läßt sich nicht verkennen, daß die Ansicht, der Pflichttheil der Kinder müsse aus dem beiderseitigen Vermögen der Aeltern berechnet werden, eigentlich durch die Worte des Neumärkischen Gesetzes hervorgerufen worden ist. Denn die dem überlebenden Ehegatten nach der C. J.

1198) Gutachten der Gesetzcommission v. 15. October 1784, ergangen auf die Anfrage der Neumärkischen Regierung vom 23. August und bestätigt durch das Rescript v. 28. Octbr. dess. J.: Klein Annalen Bd. VI. S. 242—249.

gebührende Hälfte wird der anderen Hälfte, welche den Kindern als Pflichttheil zufallen soll, offen gegenüber gestellt, und auf das Römische Recht über den Pflichttheil der Kinder wird schließlich erst bei Berücksichtigung des besonderen Falles verwiesen, wenn der überlebende Ehegatte nachmals im Wittwenstande versterben sollte. Gründlich und mit Eifer vertheidigt ist diese Ansicht durch Graffunder, dem es hauptsächlich auf Erörterung der Frage ankam: ob eine Neumärkische Wittwe durch ein Testament von der Einwerfung ihres Eingebrachten bei Berechnung des Pflichttheils der Kinder befreit werden könne? [1199]) Freilich irrt Graffunder in seiner Voraussetzung, daß in unserer Mark ursprünglich eine wahre Gütergemeinschaft unter Ehegatten geherrscht [1200]) und bei der Erbfolge der Ehegatten das s. g. ius optionis nicht gegolten habe, daß Gatten in einer mit Kindern gesegneten Ehe gar nicht hätten testiren dürfen, und daß endlich die Römischen Grundsätze in Ansehung des Pflichttheils der Kinder überhaupt keinen Eingang gefunden. Mit Recht aber hat schon Graffunder die Bedeutsamkeit jenes oft gebrauchten Argumentes: „viventis nulla hereditas" für unsere Frage abgewiesen (a. a. O. S. 40 f). Denn wenn sonst die Legitima der Kinder aus dem beiderseitigen Vermögen der Ehegatten zu berechnen wäre, so würde solche doch immer nicht aus dem Vermögen des Ueberlebenden gegeben, sondern nur aus dem Nachlasse des Erstverstorbenen, in Folge der hinzugekommenen Güter des Ueberlebenden, reichlicher ertheilt werden. (v. Kunow Mot. S. 160, 166 g. E., 177 f; Scholtz Mot. II. S. 245, 248 f.)

1199) Versuch einer richtigen Erklärung der Neumärkischen Cammergerichtsordnung vom 11. December 1700. bey Erörterung der Frage: ob eine Neumärkische Wittwe durch ein Testament von der Einwerfung ihres Eingebrachten bey Berechnung des Pflichttheils der Kinder befreyt werden kann? von F. H. L. Graffunder, Königl. Neumärk. Criminalrath. Cüstrin 1796. 56 S. 4.

1200) Nur möchte ich zur Widerlegung der Annahme von der ursprünglich herrschenden Gütergemeinschaft nicht mit v. Kunow (a. a. O. S. 178) das entscheidende Gewicht darauf legen, daß das Erbsch.-Edict v. 1765 Abth. II. §. 8. jene Annahme als eine irrige „authentisch beseitigt" habe. Denn die Entscheidung der Frage, ob ursprünglich Gütergemeinschaft geherrscht habe oder nicht, ist rein doctrinell, und kann durch keine authentische Declaration abgethan werden;

Dessen ungeachtet werden wir nicht umhin können, mit v. Kunow (a. a. O. S. 167 ff) aus historischen und dogmatischen Gründen zu der entgegengesetzten, schon von der Gesetzcommission gebilligten Ansicht zurückzukehren.[1201]) Halten wir an derselben fest, so ist auch die ganze Märkische Praxis in Einklang gebracht. Denn unser Kammergericht und das Geheime Ober-Tribunal haben in ihren Erkenntnissen stets den Grundsatz befolgt, daß die Legitima der Kinder aus dem ganzen und alleinigen Nachlasse des erstverstorbenen Ehegatten zu berechnen.[1202])

So sind wir auf einigen Umwegen wieder zu der einfachen und natürlichen Anschauung gelangt, die wir gleich von vorn herein durch unbefangene Auffassung des Verhältnisses gewonnen hatten. Bei der eigenthümlichen Verschmelzung und Vermischung der Deutschen und Römischen Elemente in unserer Erbfolge der Ehegatten und der Descendenten, ließ sich gewiß zur Lösung der Frage, ob bei Berechnung des Pflichttheils der Kinder die Person und das Vermögen des überlebenden Ehegatten zu berücksichtigen, kein einfacherer Weg einschlagen, als der einer Auseinandersetzung zwischen dem Römischen Pflichttheilsrechte und der alteinheimischen Ehegattenerbfolge, deren unwillkührlich eingegangene Gemeinschaft, um mich dieses juristischen Gleichnisses zu bedienen, sich hier wie-

---

1201) Höchst singulär kommt freilich die Rechnung im Kottbuß'schen zu stehen, wo der überlebende Ehemann zwei Drittheile des beiderseitigen Vermögens als statutarische Portion erhält. Denn wenn dort ein solcher Mann etwa kein eigenes Vermögen besitzt, so ist die Legitima der Kinder de facto größer, als ihre ganze Intestatportion! Vgl. v. Kunow Mot. S. 183 f, Entw. §. 483; Ständ. Verhdl. in Riedels Mag. II. S. 168 g. E.

1202) Erkenntnisse der Art finden sich: aus dem Jahre 1760, in den Supplementen zur Steyer'schen diss. Nr. XIV, XV (S. 172—177) *); aus dem Jahre 1777, in v. Hymmen's Beitr. III. S. 61 f; aus dem Jahre 1812, in v. Kamptz Jahrb. I. S. 139 f. Noch ein hier einschlagendes Erkenntniß des G. O. Trib. nimmt v. Kunow a. a. O. S. 181 in Bezug. — Meistentheils sind zwar die mit unserer Streitfrage verbundenen Schwierigkeiten durch die Vormundschaftsgerichte im Wege der Güte beigelegt worden, und gar nicht zur gerichtlichen Contestation gekommen.

*) Diese Supplemente rühren von Müller her, der die neue Ausgabe v. 1761 besorgt hat. Auch die Note zur quaestio VI (diss. S. 68) ist Müller zuzuschreiben, um so mehr, als sie eigentlich gegen die Ansicht des (bereits im Jahre 1735 verstorbenen) Hoffmann (v. Hymmen Beitr. V. S. 218) gerichtet ist. (Bei Scholtz a. a. O. S. 247 g. E. waltet hier ein kleines Versehen ob.)

der als eine ächte mater rixarum bewährt hatte! Alle sonst aufgesuchten Gesichtspuncte der Billigkeit, der größeren oder geringeren „Testabilität“ des Erblassers einerseits[1203]), oder der größeren oder geringeren Verletzung der zum Pflichttheile berechtigten Kinder andererseits, alle abstracten Folgerungen aus der Natur des Pflichttheiles, als einer portio portionis ab intestato, oder als einer den Einwirkungen fremder Willkühr zu entziehenden Quote eines gewissen Gütercomplexes, alle solche Gesichtspuncte und Folgerungen sind mehr oder weniger einseitig, und, alles darin anzuerkennenden Scharfsinnes ungeachtet, für die Herausstellung des geltenden Rechtes unzureichend. De lege ferenda dagegen darf keine solcher practischen Rücksichten, keins solcher argumenta ad hominem unbenützt bleiben. Denn sie sind sämmtlich aus dem Conflicte zwischen dem in thesi geltenden Rechte und den Anforderungen der Wirklichkeit hervorgegangen.[1204])

Im Uebrigen verursacht uns die Lehre vom Pflichttheile der Kinder keine besonderen Schwierigkeiten. So viel ist gewiß, daß Descendenten überhaupt nur dann aus dem Nachlasse der Ascendenten einen Pflichttheil zu fordern haben, wenn sie selbst unmittelbar an der Erbfolge stehen, und kein Näherer die Erbschaft nimmt. Wenn dagegen Descendenten nur um deswillen die Nächstberechtigten sind, weil ihre, zwischen ihnen und dem Testa-

1203) Seltsam genug, und sonst schon gerügt (Graffunder a. a. O. S. 44) ist es, wenn unsere früheren Autoren von der „Intestabililät“ dessen sprechen, der eine Frau ohne Vermögen und 5 oder mehr Kinder hinterläßt, da einem solchen nicht sowohl die facultas testandi, als vielmehr ein Object zur Disposition fehlt. (Oben Anm. 1190.) Umgekehrt ist freilich auch nicht zu behaupten, daß der Testator in dem oben Anm. 1189 angef. Falle über fremdes Gut (die Hälfte des Vermögens seiner Frau) verfüge. Denn so wenig dort die Kinder den Pflichttheil aus dem Vermögen der überlebenden Ehefrau bekommen (oben S. 385 g. E.), eben so wenig testirt der Erblasser über das Vermögen seiner Frau. Er hat vielmehr durch die vorauszusehende Einwerfung desselben nur die factische Möglichkeit gewonnen, über den Betrag von $\frac{C}{2}$ aus seinem eigenen Vermögen zu disponiren.

1204) In der That gehen auch unsere neueren Stånd. Verhandl. auf die Ansprüche der Billigkeit de lege ferenda ein. (Riedel Mag. II. S. 154, 164 f. 197.)

tor in der Mitte stehenden Ascendenten durch rechtsgültige Enterbung oder Entsagung ausfallen, so haben sie keinen Anspruch auf den Pflichttheil, es sei denn, daß sie, falls kein Testament errichtet worden wäre, doch die Nächstberechtigten gewesen sein würden.[1205])

Eben so waltet darüber kein Zweifel ob, daß bei Berechnung der Legitima die Erbtheilung[1206]) auch in Ansehung der Collation nach denselben Grundsätzen vorzunehmen, welche für die Intestaterbfolge gelten. Nur kommt den auf den Pflichttheil gesetzten Descendenten eine gewisse Begünstigung zu Statten, wenn dieselben entweder mit anderen Descendenten, die nichts einzuwerfen haben, oder mit solchen Erben concurriren, hinsichtlich deren überhaupt keine Collation gesetzlich vorgeschrieben ist.[1207])

Zweites Capitel.

Die aufsteigende Linie.

§. 1. Intestaterbfolge der Ascendenten.

Wenn Descendenten entweder nicht vorhanden sind, oder der Erbschaft entsagt haben, so succediren die Ascendenten in Gemeinschaft mit den Vollgeschwistern resp. deren Kindern ersten Grades, ganz nach Römischen Grundsätzen:

C. J. Tit. VI. Sect. II. §. 1. SO aus der Linien der absteigenden niemandts befunden, als denn vnnd nicht ehe kommen die auff-

1205) So ist die sonst streitige Frage auf Grund des A. L. R. II. 2. §§. 504, 437, 354. zu entscheiden. Vgl. Scholtz Entw. §. 433. und Mot. II. S. 235—238; v. Kunow Entw. §§. 473—475; Ständ. Verhandl. in Riedels Mag. II. S. 141 („ad §. 433").

1206) Hier greift noch die Entscheidung der Gesetzcommission vom 13ten März (bestätigt unterm 26sten März) 1798 ein, nach welcher die Kinder sich nicht beschweren dürfen, wenn ihnen der Pflichttheil nach Maaßgabe der Taxe in baarem Gelde ergänzt, und nicht in natura verabfolgt wird: Stengel Beitr. VII. S. 260—280.

1207) Scholtz Entw. §. 438. und Mot. II. S. 254—256; v. Kunow Entw. §. 480; Ständ. Verhandl. a. a. O. S. 142 g. E.

steigenden in der geraden Linien zum Erbe, Also das der nechst im grade der auffsteigenden Linien mit sampt des verstorbenen Bruders, von voller Geburt, in die Häupter, oder auch mit des verstorbenen Bruderskindern von voller Geburt, welche in die Stammen tretten, aus gnade der recht, gleich zum Erbe gelassen werden. §. 2. Wo aber des verstorbenen Bruders, oder Bruderskinder, alle von voller Geburt, nicht verhanden, So wird der nechst im grade der auffsteigenden Linien allein zum Erbe gelassen.[1208])

Hiernach gestalten sich die Abstufungen folgendermaaßen:

1. Dem Erblasser, welchen weder Vollgeschwister noch deren Kinder ersten Grades überlebt haben, folgen die Ascendenten allein, und zwar in der Weise, daß der im Grade Nächste den absoluten Vorzug hat[1209]), mehrere Ascendenten gleichen Grades aber die Erbschaft nach Linien unter sich theilen, indem eine Hälfte den väterlichen, die andere Hälfte den mütterlichen Ascendenten anfällt. Die innerhalb einer jeden dieser beiden Linien Concurrirenden theilen in capita, gesetzt auch die Linie wäre wieder in sich gespalten. Woher die im Nachlasse befindlichen Güter ihren Ursprung genommen, bleibt unberücksichtigt: das „Paterna paternis, materna maternis“ hat in der Mark keine Geltung.[1210])

2. Ascendenten in Concurrenz mit vollbürtigen Geschwistern theilen in capita.

3. Ascendenten in Concurrenz mit Vollgeschwistern **und** vorverstorbener Vollgeschwister Kindern ersten Grades theilen gleichfalls in capita, indem solche Kinder an die Stelle ihrer vorverstorbenen Aeltern treten.

4. Ascendenten endlich, die bloß mit vorverstorbener Vollgeschwister Kindern ersten Grades concurriren, müssen auch diese Kinder zur Repräsentation ihrer Aeltern lassen. So hat die C. J. selbst (im mitgetheilten §. 1. g. E.) die s. g. sententia receptior in Ansehung der Nov. CXXVII. cap. I. aufgenommen.[1211])

1208) Vgl. C. J. G. 1574. Tit. XII; 1594. Th. III. c. XIV; Stryk succ. ab int. diss. II. cap. III. §. VI. (S. 181) und cap. I. (S. 147 ff); Steyer diss. S. 103 f Note 1—3; Scholtz Mot. II. S. 217—219.

1209) Responsum aus dem Jahre 1614 bei Steyer a. a. O. Note 3.

1210) C. J. G. 1594. Th. III. c. XIV. z. Anf.: „unangesehen ob des Verstorbenen Guetere vom Vater oder der Mutter herkommenn“. Vgl. Stryk a. a. O. cap. I. §. XXI (S. 158 f); Mittermaier Pr. R. §. 386 Note 27.

1211) Stryk a. a. O. cap. I. §. XXXI (S. 164).

Doch ist nicht in allen Gegenden der Mark das alte Schoosfallsrecht erloschen.[1212]) Dem ohne Descendenten Verstorbenen pflegten ursprünglich Vater und Mutter vor Bruder und Schwester zu succediren.[1213]) Schon in den Leges Barbarorum findet sich diese Erbfolge.[1214]) Und die Grundsätze des Sachsenspiegels lassen sich ohne Wagniß vom uralten Sächsischen Rechte herleiten.[1215]) Auch in der Mark blühete vor dem Eindringen des Römischen Rechtes dieses Element des Sächsisch-Magdeburgischen Rechtes.[1216]) Wie aber das Schoosfallsrecht ächt Sächsischer Natur war und blieb[1217]), so hat es sich denn auch bis auf den heutigen Tag in denjenigen Gegenden der Neumark lebendig erhalten, denen der Gebrauch des Sachsenrechtes bewahrt geblieben ist. (Oben S. 20 ff u. 205.) Eigentlich hat nun zwar das alte Recht den Geschwistern nur die unmittelbaren Aeltern, aber keine weiteren Ascendenten vorgezogen, und dies ganz in der Weise und im Geiste der Erbfolge nach Parentelen.[1218]) Auch der Sachsenspiegel ist in der That davon nicht abgewichen.[1219])

1212) Wie Stryk (a. a. O. diss. II. c. III. §. VI.) vorauszusetzen scheint.

1213) Eigentlich ist das Wort „Schoosfall" nicht bloß auf die Mutter, sondern auch auf den Vater und die anderweitigen Ascendenten zu beziehen: Grimm R. A. S. 476 Note **. — Vgl. Grimm a. a. O. S. 470: „schoss bezeichnet ascendenz, seite die lateralität. Die altschwed. gesetze haben brystarf (brusterbe) für hereditas descendentium", (oben Anm. 631) bakarf (rückerbe) für hereditas ascendentium". S. 476: „Erbrecht der vorfahren . . . nach sachs. sprachgebrauch schossfall; das erbe geht von der brust wieder nach dem rucken, es fällt wieder in den schoss.

1214) Grimm R. A. S. 477; Eichh. R. G. §. 65. Nott. n, o, d.

1215) Vgl. S. Sp. I. §. 1. und die Lex Saxonum, deren Tit. VII freilich einige Bedenken erregt; v. Sydow S. Sp. S. 98—101; Eichh. R. G. §. 373. Note 1; Grimm a. a. O. S. 477; Gaupp Thür. S. 352, Sachs. S. 154, 160, 163.

1216) Vgl. M. R. v. 1235 §. 27, 1261 §. 48 und 1304 §. 85 (oben S. 57 f u. 71), Sächs. Weichb. Art. LVII, Schles. Ldrcht v. 1356. cap. 30 (Gaupp S. 146); Wittst. Rcht v. 1248 (oben S. 150), Pritzw. Seehaus. Rcht v. 1256 (oben S. 162 f), Salzw. R. v. 1273 (oben S. 112 g. E.), Berl. Stadtb. v. 1397 (oben S. 186 f).

1217) Eichh. R. G. §. 454 Note c; Mittermaier Pr. R. §. 389. Not. 3. u. 4.

1218) Eichh. Pr. R. §. 335. Note a — c; Mitterm. Pr. R. §. 386. Note 8; §. 389. Note 5; v. Sydow S. Sp. S. 135 f.

1219) Wenn v. Kunow (Mot. S. 150 f) annimmt, die Ausschließung

Allein durch das neuere Sächsische Recht sind, in Folge einer unrichtigen Auslegung des Sachsenspiegels, die Geschwister nicht bloß den unmittelbaren Aeltern, sondern allen Ascendenten überhaupt nachgesetzt worden.[1220]) Und so gilt noch heute im Kottbuß'schen, wie im Züllichau'schen und Krossenschen, das ausgedehnte Schoosfallsrecht, nach welchem alle Ascendenten als solche vor den Geschwistern zur Erbfolge gelangen.[1221])

§. 2. Enterbung und Pflichttheil der Ascendenten.

Hier lassen sich die im §. 2. des ersten Capitels in Ansehung der Descendenten entwickelten Grundsätze mit Leichtigkeit analogisch anwenden.

I. Den im Allg. Landr. II. 2. §§. 506—513 anerkannten Enterbungsursachen treten aus dem Cap. IV. der Nov. CXV. noch folgende hinzu:

1) die dem Descendenten bereitete Hinderung, als derselbe ein Testament errichten oder ändern wollte (§. 4. des angef. Cap. der Nov.),

---

der Geschwister durch die Ascendenten überhaupt lasse sich schon aus dem S. Sp. herleiten, so ist dem wohl nicht beizupflichten. Denn daß der S. Sp. I. 17. gerade Vater und Mutter zur Erbschaft ruft, ist in dem exclusiven Sinne der alten Parentelenordnung zu fassen, und nicht so auszulegen, als wäre Vater und Mutter gleichsam instar omnium genannt. Vgl. noch v. Sydow S. Sp. S. 103 f.

1220) v. Sydow a. a. O. Note 338. — Wie übrigens schon das Magdb. Schöppenurtel, an welches v. Sydow a. a. O. Note 337 erinnert, die Großmutter den Geschwistern vorzog, so gaben auch die Leipziger Schöppen, an welche namentlich der Zug aus Krossen, Züllichau und Kottbuß ging (oben S. 22), den Großältern die Erbschaft vor den Geschwistern (v. Kunow a. a. O. S. 151).

1221) v. Kunow a. a. O. S. 147 — 151; Ständ. Verhandl. in Riedels Mag. II. S. 155 f, 167 f, 177 f. — In den Eisenberg-Stengelschen Beiträgen (V. S. 12 Nr. 19 u. VI. S. 3 u. 6) heißt es, daß das Kottbuß'sche Recht jedem Ascendenten, jedoch unter Ausschließung des entfernteren durch den näheren, das Krossensche und Züllichau'sche Recht aber nur den unmittelbaren Aeltern die Erbschaft vor den Geschwistern zuspräche. Nun hat zwar v. Kunow nachgewiesen, daß eine solche Differenz unter diesen Rechten in der That nicht existire. Doch möchte ich darauf hindeuten, daß auch schon in dem unterm 3. Decbr. 1725 ausgestellten Atteste des Königl. Verweseramtes zu Krossen in Ansehung des Schoosfalles nur der „Eltern" gedacht wird. (Toll Diss.: an maritus nobilis sit heres uxoris mobiliaris in Silesia. 1736. §. XL: v. Kamptz Jahrb. I. S. 148 f; Pr. u. stat. R. I. S. 655. LL. 2.)

2) die Giftmischerei von Seiten des Vaters gegen die Mutter, oder der Mutter gegen den Vater des Testators (§. 5.),

3) die Vernachlässigung des in Wahnsinn oder Raserei verfallen gewesenen Descendenten (§. 6.),

4) die versäumte Auslösung des Descendenten aus der Sclaverei unchristlicher Völker (§. 7.),

5) der Abfall vom christlichen Glauben (§. 8).[1222])

II. In Ansehung der Form der Enterbung, so wie der Wirkungen der Präterition und der ungehörigen Exheredation greift das Römische Recht durch. Es ist hier lediglich auf die im Capitel vom Erbrechte der Descendenten entwickelte Lehre zu verweisen.

III. Auch wegen der Größe und Berechnung des Pflichttheils der Ascendenten ist das Römische Recht zu befolgen.[1223]) Dieses gibt nun zwar keine speciellen Regeln über die Berechnung des Pflichttheils der Ascendenten, sondern erklärt nur im Allgemeinen die in Betreff des Pflichttheils sonst ertheilten Vorschriften für anwendbar:

Nov. XVIII. cap. I. g. E.: hoc observando in omnibus personis, in quibus ab initio antiquae quartae ratio de inofficioso lege decreta est. Nov. LXXXIX. cap. XII. §. 3: Si vero habuerint hi . . . aliquos ascendentium: legitimam eis relinquant partem, quam Lex et nos constituimus.

Allein es kann keinem Bedenken unterliegen, den Pflichttheil der Ascendenten, als eine portio portionis ab intestato, so zu berechnen, daß derselbe, je nach der Anzahl der Erben, die ab intestato concurriren würden, auf ein Drittheil oder auf die Hälfte angesetzt werde. Wenn also

1) Ascendenten, in Ermangelung von Vollgeschwistern oder deren Kindern, allein auftreten, so können solche nie einen größeren Pflichttheil, als ein Drittheil der Intestatportion, erlangen, weil in diesem Falle nie mehr als zwei Linien concurriren.[1224])

1222) Vgl. Scholtz Entw. §. 454. u. Mot. II. S. 265 f; v. Kunow Entw. §. 497. u. Mot. S. 188—190; Ständ. Verhandl. in Riedels Mag. II. S. 144, 157, 173 Nr. 14.

1223) Daß C. J. G. 1574. Tit. XIV. eigentlich eine andere Wendung nehmen wollte, ist schon oben beachtet. (S. 381.)

1224) Vgl. oben §. 1. Nr. 1. — Eine gewisse Analogie zeigt sich in der

2) Wenn dagegen neben den Ascendenten noch Vollgeschwister resp. vorverstorbener Vollgeschwister Kinder ersten Grades vorhanden sind, so stellt sich, wegen der in capita stattfindenden Erbfolge[1225]), die Rechnung anders. Der Pflichttheil der Ascendenten beträgt alsdann ein Drittheil der Intestatportion, wenn höchstens vier, die Hälfte, wenn fünf oder mehr capita concurriren.

Zweifel, welche man hier aufgeworfen, lassen sich leicht beseitigen. Wer nämlich von der Ansicht ausgeht, daß überhaupt nur solche Erben, die selbst zum Pflichttheil berechtigt wären, „ad augendam legitimam" mitzählen dürften, der bewilligt den Ascendenten einen Pflichttheil im Betrage der Hälfte ihrer Intestatportion nur in dem einen Falle, wenn dieselben mit Vollgeschwistern, denen eine persona turpis vorgezogen worden, fünf oder mehr Häupter ausmachen. Doch kann der in dieser Beziehung erhobene Streit unser Märkisches Recht nicht beunruhigen, da die so eben unter Nr. 2. aufgestellte Berechnung nicht nur bei den Lehrern des gemeinen Rechtes und in der Märkischen Praxis vorwiegt[1226]), sondern auch der Landrechtlichen Doctrin, wenn es darauf noch ankommen könnte, näher stehen würde, indem das A. L. R. II. 2. §. 502. den Ascendenten durchweg die Hälfte der Intestatportion als Pflichttheil anweist.[1227])

Berechnen wir nun den Pflichttheil der Ascendenten verschie-

Berücksichtigung der stirpes bei Berechnung des Pflichttheils der Descendenten. (Anm. 1181.)

1225) Oben §. 1. Nr. 2—4.

1226) Wir haben Präjudicate aus verschiedenen Jahren. In v. Hymmen's Beitr. VIII. S. 16 f: drei gleichlautende Erkenntnisse aus den Jahren 1764, 1765; in Stengel's Beitr. XVIII. S. 56—65: drei gleichl. Erk. aus d. J. 1798, 1799*); in Mathis Jur. Mon. Schr. VIII. S. 113—119: zwei gleichl. Erk. der höheren Instanzen aus d. J. 1807 f. Auf ein viertes Präjudicat aus d. J. 1786 und 1787 wird in Stengel a. a. O. S. 62 Bezug genommen.

*) Die drei Sentenzen werden hier zwar S. 63 u. 65 als in den Jahren 1789, 1799, 1791 ergangen aufgeführt. Doch kann dies nur die Folge eines Druckfehlers sein. Denn das testamentum ex quo war erst im J. 1796 errichtet. (S. 56.)

1227) Schon die Gründe des Kammergerichtlichen Erkenntnisses von 1799 (bei Stengel a. a. O. S. 64) gehen hierauf ein. Vgl. Scholtz Mot. II. S. 257 f; v. Kunow Mot. S. 185 f.

den, je nach der Anzahl der mit ihnen concurrirenden Erben, so taucht wiederum die Frage auf, ob dabei auch auf den überlebenden Ehegatten des Erblassers Rücksicht zu nehmen? Doch ergibt es sich gleichsam von selbst, hier dieselben Grundsätze durchgreifen zu lassen, welche sich bei Berechnung des Pflichttheils der Descendenten bewährt haben. Wir müssen deshalb auch den Pflichttheil der Ascendenten aus dem ganzen und alleinigen Nachlasse des Testators berechnen.[1228])

Eben so wenig kann es zweifelhaft sein, auch in Rücksicht des Pflichttheils der Ascendenten sowohl die Enterbten, als diejenigen, welche noch bei Lebzeiten des Testators auf die Erbschaft im Voraus Verzicht gethan, ad augendam et minuendam legitimam mitzählen zu lassen. (Vgl. oben Anm. 1181.) Ueberhaupt aber haben Ascendenten nur dann einen Pflichttheil in Anspruch zu nehmen, wenn sie selbst an der gesetzlichen Erbfolge stehen, und Descendenten entweder gar nicht vorhanden oder doch sämmtlich gültig enterbt sind. Endlich gebührt entfernteren Ascendenten, falls die näheren enterbt sind, kein Pflichttheil, wenn sie nicht, in Ermangelung jener näheren, selbst zur Intestaterbfolge berufen gewesen sein würden.[1229])

1228) Mit Recht begnügt sich Scholtz, bei Erörterung dieser Frage auf die über den Pflichttheil der Descendenten entwickelten Grundsätze zu verweisen. (Scholtz Mot. II. S. 257 g. E., Entw. §. 443; v. Kunow Entw. §. 486.) Steyer findet freilich auch hier die alten Zweifel wieder: „Caeterum quae de quantitate Legitimae liberis praestandae disputari solent, non cessant in computatione legitimae parentibus relinquendae, cum paritas rationis adsit.“ (Diss. S. 72.) Stryk aber, auf dessen diss. VII. cap. I. §. 33. (S. 516 f) Steyer Bezug nimmt, sagt nichts hierher Gehöriges, indem er bloß davon spricht, daß der Pflichttheil der Aeltern nicht mit Fideicommissen zu belasten, — woran ohnehin Niemand gezweifelt haben würde.

1229) Vgl. oben Cap. I. (von der absteigenden Linie) g. E. u. Scholtz Mot. II. S. 258—260.

Drittes Capitel.

Die Seitenlinie.

§. 1. Intestaterbfolge der Collateralen.

Ueber die Erbfolge der Collateralen hat die Joachimische Constitution das Römische Recht nicht bloß in Bezug genommen, sondern mit einer gewissen Ausführlichkeit dargelegt. Sie unterscheidet wesentlich drei Classen von Seitenverwandten, deren zweite durch die erste, so wie die dritte durch die zweite gänzlich ausgeschlossen wird.

In der ersten Classe succediren die Vollgeschwister in capita, die Kinder vorverstorbener Vollgeschwister in stirpes:

C. J. Tit. VI. Sect. III. §. 1: SO in der Geraden absteigenden vnd auffsteigenden Linien niemandes befunden, als denn vnnd nicht ehe kommen zum Erbe, allein Brüder vnd Brüderkinder von voller Geburt, die Brüder in die Heupter, Aber die Brüder kinder, in bedeutung jhrer Eltern, aus gnad der recht, an jhrer Eltern Stedte im Stammen.

Geschwister „von voller Geburt" sind hier die in der Nov. CXVIII. cap. III. pr. gerufenen fratres et sorores ex eodem patre et eadem matre nati, gewöhnlich bilaterales benannt. Die Kinder derselben berechtigt die Nov. a. a. O. gleichfalls zur Erbfolge: quanticunque fuerint, tantam ex hereditate percipient portionem, quantam eorum parens futurus esset accipere, si superstes esset. Vgl. Auth. Cessante C. de leg. her. (VI. 58.): vocantur primo fratres fratrisque praemortui filii in stirpes. — Der Concurrenz, in welche die Vollgeschwister resp. deren Kinder mit den Ascendenten treten, will unser §. 1. nicht gedenken, da derselben schon in Sect. II. §. 1. Erwähnung geschehen. (Oben S. 389.) Die Wortstellung könnte freilich Zweifel erregen, wenn man übersehen wollte, daß die Worte „als denn vnnd nicht ehe . . . allein" wesentlich zu einander gehören. (Scholtz Mot. II. S. 218.) Es wird aber durch diese Worte zugleich dahin gedeutet, daß, in Ermangelung von Descendenten und Ascendenten, allein die Vollgeschwister resp. deren Kinder, mit Ausschluß der Halbgeschwister, zur Erbfolge gelangen; wie es auch in der Auth. Itaque C. comm. de succ. (VI. 59.) heißt: relictis fratribus & sororibus, aliis consanguineis, aliis uterinis et quibusdam ex utroque parente coniunctis: in eos solos transmitti hereditatem, qui ex utroque latere connexi sunt.

In der zweiten Classe succediren die Halbgeschwister in capita, die Kinder vorverstorbener Halbgeschwister in stirpes:

C. J. Tit. VI. Sect. III. §. 3: So Brüder vnd Brüderkinder von voller Geburt nicht vorhanden weren, als denn, vnnd nicht ehe werden zum Erbe gelassen, Brüder vnd Brüderkinder von halber Geburt, Als nemlich, die Brüder halber Geburt, in die Heupter, Aber Brüderkinder halber Geburt in bedeutung jhrer Eltern, in die Stammen.

Eben so ruft die Nov. CXVIII. cap. III. pr.: in secundo ordine illos fratres . . . qui ex uno parente coniuncti sunt defuncto, sive per patrem solum, sive per matrem, d. i. die sonst s. g. unilaterales (consanguinei und uterini). Vgl. Auth. I. Post fratres C. de leg. her. (VI. 58.): ex uno latere fratres sororesve: cum quibus et filii eorum, si qui ex eis iam decesserint.

In der dritten Classe succediren die übrigen Seitenverwandten, ohne Repräsentationsrecht, dergestalt, daß der im Grade Nächste den unbedingten Vorzug genießt, Mehrere gleichen Grades aber in capita theilen:

C. J. Tit. VI. Sect. III. §. 5: Nach Brüder vnd Brüderkinder, von voller oder halber Geburt, so die nicht verhanden sein, Als denn, vnd nicht ehe, kommen die Vettern vnd Seiten halb Gesipten, also das der nechst im Grade, den andern allen vorgezogen werde, Vnnd er[1230]) denselben auch fürder kein Grad[1231]) des Rechten, als den Kindern, an jhren Eltern stette zu treten, gegönnet wird, Besonder der nechst im Grade, nimpt das Erbe allein, oder wo jhr mehr dann einer in gleichem Grad sein, nemen sie das Erbe mit einander zugleich nach den Häuptern.

Diese Bestimmung entspricht genau dem §. 1. Nov. CXVIII. cap. III:

1230) So steht in der Ausg. v. 1540. Richtiger in der v. 1549: „Vnder". (Oben Anm. 1054.)

1231) Auch hier liest die Ausg. v. 1549 statt „Grad" richtiger: „gnade".

Si vero neque fratres neque filios fratrum (sicut diximus) defunctus reliquerit, omnes deinceps a latere cognatos ad hereditatem vocamus, secundum uniuscuiusque gradus praerogativam, ut viciniores gradu ipsi reliquis praeponantur. si autem plurimi eiusdem gradus inveniantur, secundum personarum numerum inter eos hereditas dividatur: quod in capita nostrae leges appellant.
Vgl. Auth. II. Post fratres C. de leg. her. (VI. 58.): quicunque gradu sunt proximiores: ut pares in gradu pariter admittantur, . . . Fiet autem divisio in capita et non in stirpes. Das s. g. Repräsentationsrecht beschränkt auch die Nov. CXVIII. cap. III. pr. ausdrücklich auf die Geschwisterkinder: Huiusmodi vero privilegium in hoc ordine cognationis solis praebemus fratrum masculorum et feminarum filiis aut filiabus, ut in suorum parentum iura succedant. Nulli enim alii omnino personae ex hoc ordine venienti hoc ius largimur.

Das exclusive Verhältniß, welches unter den angeführten drei Classen herrscht, bezeichnet unsere Joach. Const. folgendergestalt:

C. J. a. a. O. §. 2. Brüder von voller geburt, schliessen gar aus die Brüder von halber Geburt. §. 4. Brüder vnd Brüderkinder von halber Geburt, schliessen aus des verstorbenen Vaters Brüder vnd Vettern von aller[1232]) Geburt.

So viel ist von selbst klar, daß die Halbgeschwister auch durch die Kinder der Vollgeschwister ausgeschlossen werden. (Resp. der Frankf. Fac. v. 21. Octbr. 1681 bei Stryk succ. ab int. diss. III. c. I. §. XVII, S. 202.) Vgl. Auth. I. Post fratres C. a. a. O.: praeferuntur . . . patruis et aliis similibus.

Von den Joh. Georg'schen Entwürfen geht C. J. G. 1574. Tit. XII. nur auf das Erbrecht der Ascendenten und der Geschwister resp. deren Kinder (oben Anm. 1208); wogegen C. J. G. 1594. Th. III. c. XV. die ganze Lehre von der „Erbnehmung der Seitlinien" mit großer Breite entwickelt. Dabei ist denn besonders merkwürdig, daß gegen Ende dieser c. XV. die Absicht ausgesprochen wird: „die Successiones der Seitlinien" (mit Ausnahme der Lehnsfolge: vgl. c. XXIX. ebendas. u. C.

1232) So liest die Ausg. v. 1540. Die v. 1549 hat statt aller: „voller", was sich auch sonst in unseren gedruckten Ausgaben findet.

J. G. 1574. Tit. XVII.) „forthin ohne Unterscheidt biß uff den Zehenden Grad inclusive" zu beschränken.[1233]) Eine Beschränkung, welche die Luckauer Statuten v. 1593, so wie die Spremberger Stat. v. 1673 in der That als practisch gültig aufführen![1234])

Schließlich ist hier noch zu erwähnen, daß jene alte Streitfrage, ob vorverstorbener Geschwister Kinder, die allein (d. i. weder mit Ascendenten noch Geschwistern des Erblassers zusammen[1235])) zur Succession gelangen, in capita oder in stirpes zu theilen haben, durch die C. J. ganz im Geiste des Justinianeischen Rechtes, nach der Meinung des Accursius[1236]), entschieden wurde:

Tit. VI. Sect. III. §. 7 (oben S. 41. Nr. 7. c): Dieweil die beschrieben Käyser recht diesen fall nicht klerlich ausdrucken, derhalb der Doctorn vnnd rechtverstendigen opinion vñ Ratschlege offtmals in diesem falle gegen einander vnd wiederwertig gespüret, So ordnen, setzen vnnd wollen wir, das Brüder oder Schwester kinder, von voller Geburt, vngleicher zall, wo sie vnter sich selbst allein, vnd nicht mit jhren Vettern Basen oder Mumen, als mit des verstorbenen Bruder oder Schwester Erbnemen, das solch Erbe hinfür, nach dem Stammen an stat jhrer Eltern, vnd nicht in die Heupter sol genommen, gegeben, vnd zugelassen werden: Würde aber durch Röm: Käy: May: vnsern aller Gnedigsten Herrn, vnd die Stende des H. Reichs in diesem falle ein andere auffsatzung vnd Constitution gemacht, geordnet vnd beschlossen.

1233) Vermuthlich ist die Quelle für diese Bestimmung in der Glosse zu suchen, welche auf Grund des §. 4. J. de succ. cogn. (III. 5.) den zehnten Grad als die Gränze der Cognaten-, wie der Agnaten-Succession aufstellen zu müssen glaubte. Vgl. Gloss. z. Nov. CXVIII. cap. III. §. 1. ad voc.: „a latere cognatos" und z. Auth. In successione C. de suis. (VI. 54.) ad voc.: „inspecta".

1234) Riedel Mag. III. S. 237 u. 240: „So aber kein angesipter freunde biß Inn den zehenden Gradum der Siepschaft vorhandenn u. s. w." (Oben Anm. 903.)

1235) Denn wegen der Succession der Geschwisterkinder mit den Geschwistern des Erblassers hatte Joachim I. den Beschluß des Wormser Reichstages schon im J. 1522 publicirt (oben S. 13 f), und auf die Concurrenz der Geschwisterkinder mit den Ascendenten geht C. J. Tit. VI. Sect. II. §. 1. (Oben Cap. II. §. 1. Nr. 4.)

1236) Vgl. Gloss. z. Nov. CXVIII. cap. III. pr. ad voc.: „fratres fuerint."

Als denn sol es nach vermöge vnd aussatzung der Kay: Constitution, in vnsern Landen der Marck zu Brandenburgk förder gehalten werden. Bald darauf trug aber die Meinung des Azo in der Reichsgesetzgebung den Sieg davon, und so versäumte denn auch unser Kurfürst nicht, dem Vorbehalte getreulich nachzukommen, welchen er in dem eben mitgetheilten §. 7. ausgesprochen. Unterm 15ten Juni 1529 publicirte er seinen Landen die Kaiserliche Constitution vom 23sten April deſſ. J., nach welcher, dem Beschlusse des zu Speyer gehaltenen Reichstages gemäß, die unter einander allein succedirenden Kinder der Geschwister des Erblassers in capita zu theilen angewiesen wurden.[1237]) Später wollte nun zwar Kurfürst Johann Georg die ursprüngliche Bestimmung der C. J. wiederherstellen. (C. J. G. 1594. Th. III. c. XV. „Zum vierdten."[1238]) Da jedoch der Joh. Georg'sche Entwurf nicht zu gesetzlichem Ansehen gelangt ist, so gilt in unserer Mark noch heute die reichsgesetzliche Erbfolge der Geschwisterkinder in capita. Uebrigens ist es, bei der generellen Fassung der reichsgesetzlichen Worte, die auf Geschwister überhaupt gehen, von keiner Erheblichkeit, daß der angeführte §. 7. unserer C. J. gerade nur von den Kindern der Vollgeschwister spricht. Einer „ungleichen Zahl" der Kinder geschieht aber immer um deswillen Erwähnung, weil, wenn sich zufällig in jedem Stamme eine gleiche Anzahl von Personen befände, das Resultat der Theilung dasselbe sein würde, man möchte nun in capita oder in stirpes theilen wollen.

Die vielfach untersuchte Frage, ob vorverstorbener Vollgeschwister Kinder, im Falle der Existenz von Halbgeschwistern, in

---

1237) Die Entscheidung dieser Frage hatte der Reichsabschied v. 1521 §. 20. noch weiterer Erwägung vorbehalten. Sie findet sich demnach erst in dem Reichsabschiede v. 1529 §. 31. — Die Publication unseres Kurfürsten Joachim I. v. 15. Juni 1529 ist bereits in der Ausg. der C. J. v. 1540 als Anhang mit abgedruckt. (Oben S. 41 Nr. 8.)

1238) „. . . Seind sie aber vngleicher Zahl. Ordnen und wollen wir vngeachtet daß dieser punct zurechte disputirlich auch derhalbenn ao. 29. d. 23ten Aprilis zu Speyr eine sonderliche Verordnung gemacht, daß in vnserm Lande die Brueder kinder eine jede Partey an Ihrer Eltern stadt vnserer vorigen Constitution nach in stirpes succediren sollenn."

capita oder in stirpes succediren müßten, hätte eigentlich niemals aufgeworfen werden sollen![1239])

Wie sich aber in der Ascendentenerbfolge der Schoosfall in gewissen Gegenden der Neumark erhalten hat (oben S. 390 f), so sind dort auch einige Ueberbleibsel der Deutschrechtlichen Collateralenerbfolge noch heute in Kraft.[1240]) Das reichsgesetzliche Repräsentationsrecht der von vorverstorbenen Geschwistern hinterlassenen Kinder ersten Grades ist natürlich in der Neumark, wie in der Kurmark, zur unbedingten Geltung gelangt.[1241]) Dagegen wird sowohl im Kottbuß'schen, als im Züllichau'schen und Krossenschen die Deutsche Regel: „Halbe Geburt tritt einen Grad weiter" in der ganzen Collateralenerbfolge, und nicht etwa bloß in Ansebung der Geschwister und deren Kinder, fortwährend befolgt.[1242]) Ein solcher durchgehender Vorzug der

1239) Auch bei uns hat man sich mit der Entscheidung dieser Frage zu thun gemacht. Vgl. Köppen Qu. VI. No. 44, 54; Stryk succ. ab intest. diss. III. c. I. §. XII (S. 198 f); v. Hymmen Beitr. III. S. 93 — 109 und VIII. S. 74—76; Scholtz Mot. II. S. 220. — Zum Ueberfluß haben wir im Jahre 1782 eine authentische Entscheidung erhalten: v. Hymmen a. a. O. S. 76.

1240) Wegen des früheren Märkischen Rechtes, zumal in Ansehung des Verhältnisses der Aeltern und Geschwister zu einander, vgl. die oben in Anm. 1216 gemachten Allegate und Treuenbr. Schöppenb. v. 1406. Nr. 81 (oben S. 136): „ . . . vnd sal steruen von einem kinde op det ander"; Urk. v. 1432 (oben S. 365): „von einem Kinde auf das ander . . . als recht Erbgut kommen"; Altmärk. Landtagsprot. v. 1531 (am oben Anm. 92 u. 637 angef. O. S. 95): „Der boleken vthghelauede gelth steruet van eyn thom anderen, kosth vnde kledinge schall Ifft we er he beraden worde vorfelle, In den hoff loeß steruen vnde nicht van eyn thom Anderen wo van olders ghewesen"; C. J. G. 1594. Th. III. c. XXVI. („Wann ein Kindt welches ausgemachte Gueter hat vorstirbet weme sein Antheill zufalle.") Vgl. auch v. Sydow S. Sp. Note 317 und 330.

1241) Die Ausschließung der von vorverstorbenen Geschwistern hinterlassenen Kinder durch die überlebenden Geschwister war ächt Deutsch. (v. Sydow S. Sp. S. 113 u. 141.) Die Reichsgesetze aber, welche das entgegengesetzte Römische Princip zur Geltung brachten (Eichh. R. G. §. 442 Note c und 454 Note d; Pr. R. §. 335 Nr. III; Mitterm. Pr. R. §. 387 Note 4—6 und §. 389 Nr. VII; v. Sydow S. Sp. Note 360 a), mußten auch in der Neumark, des speciell vorbehaltenen Sachsenrechtes ungeachtet, für durchgreifend gehalten werden. (Oben S. 21 und Eisenberg u. Stengel Beitr. V. S. 12 f, Nr. 20 u. 21.)

1242) Stryk succ. ab int. diss. III. c. III. §§. XIII — XVI (S. 245

vollbürtigen vor den halbbürtigen Verwandten läßt sich nun wohl nicht mit Sicherheit schon im ältesten Deutschen Rechte suchen. Selbst über das Sächsische Landrecht herrschen Zweifel, da der S. Sp. nur die Vollgeschwister den Halbgeschwistern, und die Kinder der Vollgeschwister (welche mit den Halbgeschwistern zusammen succediren) den Kindern der Halbgeschwister vorzieht. (Vgl. oben S. 187 f.) Doch ist so viel gewiß, daß sich in neueren Zeiten an vielen Orten Deutschlands die Regel festgesetzt: der vollen Geburt durchweg einen Vorzug vor der halben einzuräumen.[1243])

§. 2. Enterbung und Pflichttheil der Collateralen.

In dieser Lehre gilt noch jetzt das reine Römische Recht; nur daß zur Entscheidung von Streitfragen das Allg. Landrecht zu benützen ist.[1244]) In der That läßt sich hier aber weiter keine gegründete Zweifelsfrage mehr aufwerfen, als die: was denn eigentlich eine persona turpis sei? Die Lösung oder Abschneidung derselben haben wir von der Gesetzgebung zu erwarten. Denn die Römischen Begriffe von einer persona turpis passen nicht zu unseren Verhältnissen, und unsere Begriffe passen nicht zu den Römischrechtlichen Bestimmungen über die Legitima der Geschwister.

Hiervon abgesehen, haben unter allen Collateralen nur die Vollgeschwister und die Halbgeschwister von väterlicher Seite, vorausgesetzt, daß sie nicht selbst personae turpes sind, einen Pflichttheil zu fordern, falls ihnen eine persona turpis vorgezogen worden. Dieser Pflichttheil besteht (je nach der Anzahl der concurrirenden Erben) in einem Drittheil oder in der Hälfte derjenigen Portion, welche sie ab intestato wirklich zu fordern gehabt haben würden. Doch kann auch die eingesetzte persona

—248); Steyer diss. S. 114; Stengel Beitr. VII. S. 232 (Präjudicat aus d. J. 1789); v. Kunow Mot. S. 152; Ständ. Verhandl. in Riedels Mag. II. S. 168 g. E.

1243) Vgl. Eichh. R. G. §. 373 u. 454 Note e; Pr. R. §. 333. A. 1. ß. u. §. 335 Nr. II; Mitterm. Pr. R. §. 386 Nr. V u. Note 23—26, §. 387 Note 7 u. §. 390; v. Sydow S. Sp. S. 106, 108, 111, 142—144.

1244) Vgl. Scholtz Mot. II. S. 260—262, 275—281, 291—293; v. Kunow Mot. S. 186 f, 194; Ständ. Verhandl. in Riedels Mag. II. S. 144, 157, 159, 173 Nr. 13.

turpis jeden Angriff der verletzten Geschwister abwehren, wenn sie nachweist, daß eine, wenngleich im Testamente nicht einmal vorgeschützte Ursache vorhanden gewesen, welche zur Enterbung der Geschwister nach richterlichem Ermessen für genügend zu erachten.

Auf den honor institutionis haben Geschwister jedenfalls keinen Anspruch. Sie müssen sich vielmehr mit der materiellen Ergänzung des Pflichttheils begnügen, sobald der Testator ihnen irgend eine Zuwendung zu machen nicht verabsäumt hat.

Haben sie aber mit ihrer Querel gegen die persona turpis gesiegt, so fällt das Testament in Ansehung der Einsetzung dieser persona turpis und der davon abhängigen Vermächtnisse.

Anhang.

Vom Brandenburgischen Schöppenstuhle.

Der fünfte Titel der Joachimischen Constitution (oben S. 41) ist der feierlichen Bestätigung des alten Brandenburgischen Schöppenstuhles gewidmet:

DIeweil wir auch betrachten, das vnsere beide stette, Alt vnd Newe statt Brandenburg, eins alten löblichen gerüchts, mit einem sonderlichen Gerichtsstul samptlich begnadet, vnd von vil vnsern vorfaren löblicher vnd seliger gedechtnus, Churfürsten vnd Fürsten, damit priuilegirt vñ befreiet worden sein, Welches sie auch als hauptstette vnsers Churfürstenthumbs, bis anhere in löblicher gewonheit vnd gebrauch, also hergebracht vnd erhalten, das auch vil andere vmbligende Stette vnd flecken jr Recht in allen jren sachen, auch in Erbfellen[1245]) bey jnen gesucht vnd erholet, Haben wir aus sonderlichen gnaden, auch mit aller gestendte vnserer land rhat, vnd jrem selbst wissen vnd willen, jnen gegünnet vnd zugelassen, Das die beide vnser Stette Alt vnd Newe stat Brandenburg, hinfürder nochmals einen gemeinen Gerichts stull sambtlich, wie vor alters, haben vnd behalten sollen, von den auch die vmbligende Stette, flecken, vnd sonst jedermeniglich in allen jren sachen, auch in Erbfellen[1245]) Recht, vrteil, vnd belerung suchen vnd holen mögen, wie von alters. Doch sollen sie nicht anders, dann nach diser satzung vnd wilkür in den ausgedrückten Artickeln[1246]), vnd sonst in allen andern sachen nach beschribenem Keiser Recht[1245]), belerung vñ vrteil geben vñ sprechẽ, von den auch das beschwerte part, so das solchs

1245) Oben S. 16 u. 17.
1246) Oben S. 39 z. Anf

appelliren̄s fuge haben möchte, an vns vnser Camergericht Rechtlicher weis zu Appelliren macht haben soll.[1247])

Nun hat von dem alten Kleeblatte der für die Entwickelung und Bearbeitung des Märkischen Rechtes so wichtigen Institute des Brandenburgischen Schöppenstuhles, des Kammergerichts und der Frankfurter Universität, welches uns in dem Vorworte zu Kurfürst Johann Georg's Landesordnung v. 1594 noch in voller Blüthe entgegentritt, der Sturm der Zeiten nur das Kammergericht unversehrt gelassen. Die Frankfurter Universität ist in die Berliner Hochschule übergegangen und so gleichsam zu einem schöneren Leben wiedererstanden. Der Brandenburger Schöppenstuhl aber ist im Anfange unseres Jahrhunderts untergegangen, und mit ihm eins der ehrwürdigsten Denkmale unseres höchsten Alterthums erloschen. Vielleicht darf also ein Rückblick auf die Vergangenheit desselben einige Theilnahme in Anspruch nehmen, zumal da es mir vergönnt war, bisher noch nicht zur öffentlichen Kenntniß gekommene Aufschlüsse aus reponirten Acten des Kammergerichts und des Justizministerii zu schöpfen.[1248])

Der Brandenburgische Schöppenstuhl, dessen Ursprung v. Raumer gewiß mit Recht aus den ehemaligen Landgerichten herleitet[1249]), hatte im Jahre 1315 durch den Markgrafen Johann V. (bei Buchholz: Johann VI.), des Markgrafen Hermanns Sohn und des Markgrafen Otto V. (des Langen: vgl. oben S. 96) Enkel, eine Bestätigungsurkunde empfangen, in welcher zugleich das graue Alterthum des Schöppenstuhls anerkannt und mit einer gewissen Vorliebe berücksichtigt wird.[1250]) Die in unseren K. G.

1247) Auch das Krossensche Privilegium von 1551 (oben Anm. 78 und 100 und S. 22) macht einen besonderen Vorbehalt zu Gunsten der Berufung an den Kurfürsten und sein Kammergericht.

1248) K. G. Acten betr. die Justizbedienungen beim Schöppenstuhl zu Brandenburg, angefangen im Jahre 1766, Nr. 17 des Bedienungs Repertorii. Acten des Justizministerii betr. die Aufhebung des Schöppenstuhls zu Brandenburg und Pensionirung der Mitglieder desselben.

1249) Cod. dipl. II. S. 117 Note ***.

1250) In der That hat Johann V. nur die Städte seines Antheils (d. i. der mit ihm im Jahre 1317 erloschenen Ottonischen Linie) an den Brandenburger Schöppenstuhl gewiesen. (Vgl. Riedel M. Br. II. S. 382 Note 1; Mag. S. 15 Note 8 u. 9; Buchholz Br. Gesch. II. S. 266, 270, 301 f.) Seine Bestätigungsurkunde v. 3. November („feria secunda post festum

Acten befindliche Abschrift der Urkunde v. 1315 enthält, neben einigen anderen, weniger bedeutenden Varianten, eine beachtenswerthe Abweichung vom Gerckenschen Texte. Bei Gercken lesen wir nämlich eine Formel der Bestätigung für die iura que Scabini et consules seu iura predicte ciuitatis prouido et maturo diffinierint consilio et dederint. Dagegen steht in unserer Abschrift statt des zweiten Wortes iura das Wort Jurati, welches nicht bloß in die Construction des Satzes besser paßt, sondern auch die an der Findung des Rechtes Theil nehmenden Personen treffender bezeichnet.[1251])

In einem Berichte vom 31. März 1783 meldet der Brandenburgische Schöppenstuhl dem Kammergerichte, daß Johann des Fünften Privilegium von 1315 nicht bloß durch den Markgrafen Ludwig im Jahre 1324, sondern auch durch alle späteren Landesherren in ununterbrochener Reihe, meistens gleich beim Antritte ihrer Regierungen, ausdrücklich bestätiget worden.[1252])

In demselben Berichte wiederholt auch der Schöppenstuhl eine Notiz, die er bereits im Jahre 1747 gegeben: daß sich nämlich unter den im Magistrats-Archive befindlichen alten Briefen Spuren fänden, wie schon zu Carl des Großen Zeiten die Städte

---

omnium sanctorum") findet sich in Gercken's fr. March. III. No. XV. (S. 34—37.) Eine im Jahre 1783 nach der Originalurkunde angefertigte Abschrift, so wie eine Abschrift von der Bestätigungsurkunde des Markgrafen Ludwig aus dem J. 1324, ist zu unseren vorerwähnten K. G. Acten gekommen. — Der besondere Werth, welcher auf die alte Stadt Brandenburg gelegt wird, tritt in der ganzen Urkunde v. 1315 deutlich hervor. Auch in Otto des Ersten Privilegium von 1170, welches der Stadt Brandenburg die Zollfreiheit gewährt (Gercken fr. March. III. No. I), heißt es schon: Prae coeteris castris totius Marchiae Brandeburg gloriosum eius nomen est et famosum regale castrum, camera imperialis, sedes episcopalis.

1251) Auch in v. Hymmen's Beitr. I. S. 211 Note 8 findet sich die bessere Leseart Jurati.

1252) Nämlich im Jahre 1378 durch Sigismund, i. J. 1388 durch Jodocus, 1395 durch Wilhelm v. Meißen, 1411 durch Sigismund v. Ungarn, 1440 durch Friedrich I., 1460 durch Friedrich II., 1471 durch Albrecht Achilles, 1486 durch Johannes Cicero, 1499 durch Joachim u. Albrecht, danach insbesondere nochmals durch die Const. Joach., 1541 durch Joachim II., 1571 durch Johann Georg, 1598 durch Joachim Friedrich, 1610 u. 1613 durch Johann Sigismund, 1620 durch George Wilhelm, 1643 durch Friedrich Wilhelm, 1676 und 1705 durch den König Friedrich I., endlich noch durch die Generaldeclarationen der Könige Friedrich Wilhelm I. und Friedrich des Großen.

Brandenburg mit dem Schöppenstuhle als einer besonderen Prärogative versehen gewesen.

Müssen wir nun freilich den Werth dieser Notiz auf sich beruhen lassen, so steht doch so viel fest, daß das Ansehen unseres Schöppenstuhles in allen Civil- und Criminal-Sachen, nicht bloß in den Gebieten unserer Landesherren, sondern auch im Auslande, im Laufe der Jahrhunderte mehr und mehr zunahm und sich befestigte.[1253])

Vor der im Jahre 1715 erfolgten Vereinigung der beiden Städte Brandenburg[1254]) bestand das Schöppencollegium aus sechs Mitgliedern, von denen je drei aus den gelehrten Mitgliedern des Altstädtischen und des Neustädtischen Magistratscollegii „unter vielen Solennitäten", wie ein Bericht des Schöppencollegii v. 27. Juni 1768 sich ausläßt, „zu Scabinis erwählt wurden", namentlich unter Abhaltung öffentlicher Gebete in den Kirchen: „daß die Wahl solche getroffen haben möge, die unparteiische Justiz ausübten."[1255])

Bis zur Zeit der Vereinigung beider Städte waren die Schöppen in einem zwischen beiden Städten mitten in der Havel isolirt stehenden Gebäude zusammengekommen: eine Einrichtung, welche an das graue Alterthum erinnert, dem das Element des Wassers heilig war.[1256]) Recht nüchtern und modern wird dieser

---

1253) Vgl. v. Hymmen Beitr. I. S. 180 ff, 211—213; v. Kamptz in Mathis XI. S. 66 f Note 6; Pr. u. stat. R. I. S. 33 f; Abegg in Hitzig's Zeitschr. f. d. Crim. Rechts-Pflege in den Preuß. Staaten, Suppl. Bd. I. S. 41; Zimmermann Märk. Städteverf. I. S. 164 f. Doch fehlt es auch schon im siebzehnten Jahrhunderte nicht an Klagen des Brandenburgischen Schöppenstuhles, daß man ihn umgehe und sich mehr an die Universitäten wende: Zimmerm. a. a. O. III. S. 186 u. 187.

1254) Das Reglement v. 27. Mai 1715, nach welchem die Städte Alt- u. Neu-Brandenburg combinirt worden, fehlt in der Mylius'schen Sammlung. Es wird in v. Hymmen's Beitr. III. S. 376 Nr. 31 allegirt.

1255) Auch Zimmermann (a. a. O. III. S. 187) macht aus einem, im Jahre 1691 dem Kurfürsten durch die Schöppen erstatteten Berichte die Mittheilung, daß seit 30 Jahren stets drei Schöppen in der Altstadt, und eben so viele in der Neustadt gewesen wären, deren ganze Remuneration, in Ermangelung einer festen Besoldung, in den unter die Schöppen beider Städte vertheilten Sporteln bestanden.

1256) Vgl. Grimm R. A. S. 800 z. Anf. u. S. 831 („brückengerichte"). Fidicin hat dies wohl beachtet. (Beitr. I. S. 40 in d. Anm.)

Umstand in einem neueren Berichte des Schöppenstuhles dahin aufgefaßt, als hätten die, zwei verschiedenen Städten angehörigen Richter an einem dritten Orte zusammenkommen müssen! — Noch ein Rescript des Kurfürsten Johann Georg v. J. 1581 (v. Kamptz Jahrb. XXXIV. S. 234) ist gerichtet an den „Schöppen Stuel Zwischen beyden Städtenn Brandenburgk.“ Auch soll von jenem Hause in der Havel, dessen Eingang doppelte Thüren oder Fallgatter gehabt, eine gemalte runde Fensterscheibe übrig sein, „worauf, so wie auf dem Scabinatssiegel der Churfürst auf einer Mauer zwischen zweyen Thürmen im Churhut mit Scepter und Schwert, unter ihm eine Kavität in Form eines Gewölbes mit einem Fallgatter, und unter diesem der Churfürstliche Adler vorgestellt wird“, mit der Unterschrift: Scheppen Beeder stet Bran. 1568. (v. Hymmen Beitr. I. S. 181. Note 2.)

Zu König Friedrich Wilhelm des Ersten Zeiten befand sich nun das alte in der Havel stehende Gebäude in ganz baufälligem Zustande. Dazu kam, daß es einem an der Havel belegenen Gartenhause die Aussicht benahm, in welchem der König gern verweilte. So ließ denn der König das alte Schöppenhaus völlig einreißen, dafür aber dem Schöppencollegium das obere Stockwerk eines gleichzeitig zum Acciseamt eingerichteten, zwischen beiden Städten gelegenen Bürgerhauses einräumen und ausrüsten.

Die Vereinigung beider Städte scheint endlich Veranlassung gegeben zu haben, daß die Anzahl der Mitglieder des Schöppenstuhles ungleichmäßig wurde und zwischen 6 bis 3 zu schwanken anfing. In neueren Zeiten betrug die Anzahl derselben gewöhnlich nur drei. Es waren eigentlich: ein Senior, ein Subsenior und mehrere Assessoren, letztere aber selten vollzählig.

Die einkommenden Sachen vertheilte der Senior nach dem Turnus an die einzelnen Mitglieder. Die Responsa und Sentenzen aber wurden von allen Mitgliedern durch Unterschrift des Concepts genehmigt. Solche Unterschrift lautete dann: Senior und Assessores des Schöppenstuhls beider Städte Brandenburg. Doch finden sich in den K. G. Acten auch unterschrieben: Senior, erster Assessor und zweiter Assessor. An einem bestimmten Gesetze oder Herkommen über die Zahl der Schöppen fehlte es gänzlich.

Auch versichert der Schöppenstuhl im Jahre 1783, daß sich eine Scabinatsordnung nicht auffinden lassen.

Gleich anderen Landescollegien und Facultäten, war der Brandenburgische Schöppenstuhl dem Geheimen Etatsrath subordinirt. Eine Zeit lang machte das Kammergericht unmittelbare Aufsichtsrechte geltend, obgleich es einräumte, seine Justizvisitationen nicht auf den Scabinat erstreckt zu haben. Dagegen wurde durch ein Hofrescript vom 29. März 1783 erklärt, daß dem Kammergerichte eine eigentliche Justizaufsicht, mit Unterordnung des Scabinates, nicht zustehe, der Hof aber die nöthige Vigilanz auf den Scabinat per Cameram vornehmen lasse, und in so weit der Scabinat Cameram zu respectiren habe.

Das Recht, seine Mitglieder zu wählen oder vielmehr zu präsentiren, blieb dem Schöppencollegium stets eigen.[1257] Dem von dem Collegium Erwählten nämlich wurden currente Acten zur Anfertigung einer Relation pro statu überantwortet, und zwar früher durch das Collegium selbst, später durch das Kammergericht. Die Relation wurde demnächst censirt. Fiel die Beurtheilung günstig aus, so erfolgte die Präsentation des Erwählten, welche unmittelbar an den Hof gerichtet wurde. Nach eingegangener Königlicher Confirmation hatte dann das neue Mitglied noch den Schöppeneid abzulegen, bevor es in das Collegium eintrat. Uebrigens pflegte das Collegium seine Wahlen lediglich auf solche Personen zu richten, welche bereits dem Magistrate angehörten, weil, wie es einmal heißt, das Assessorat allein „seinen Mann nicht nährte."

Der Umfang der Gerichtsbarkeit unseres Schöppenstuhles schmolz seit dem Jahre 1747 sehr zusammen. Vor der Justizreform von 1747 waren fast aus allen Königlichen Provinzen, auch von Seiten der hohen Justizcollegien in Berlin selbst, häufig Acten zur Abfassung rechtlicher Urtel und Gutachten an den Brandenburger Schöppenstuhl eingelaufen. Nachdem aber Friedrich der Große die Actenversendung untersagt hatte, blieb dem Schöppenstuhle nur noch die Befugniß, in zweiter und resp. dritter In-

---

1257) In Ansehung der Zeit vor Vereinigung beider Städte vgl. die von Zimmermann a. a. O. III. S. 188 beigebrachten Notizen aus dem siebzehnten Jahrhundert.

stanz über Sachen zu erkennen, welche bei den Regiments-Gerichten anhängig waren, oder juristische Bedenken und Responsa zu ertheilen, wie solche namentlich die Kurmärkische Kriegs- und Domänen-Kammer und das Ober-General-Auditoriat zu extrahiren pflegte. Aber auch jene Competenz in den regimentsgerichtlichen Sachen ging im Jahre 1800 auf den Ober-Appellations-Senat des Kammergerichts über. Nur von auswärtigen, besonders Anhalt'schen (Zerbst-, Bernburg- u. Köthenschen) Regierungen, Gerichten und Aemtern, von der Quedlinburger Stiftscanzlei und von Fürstlichen weltlichen Gerichten, imgleichen von verschiedenen einzelnen Aemtern und adlichen Gerichten wurden auch nach dem Jahre 1747 alljährlich Acten in Civil- und Criminal-Sachen zur Abfassung der Urtel eingesandt. Allein die Sächsischen Länder schickten ihre Sachen mehr und mehr ausschließlich an die Leipziger, Wittenberger und Hallischen Spruchcollegia. Und so geschah es, daß gegen Anfang dieses Jahrhunderts kaum zwei oder drei Spruchsachen jährlich, und zwar fast nur aus dem Anhaltschen, an den Schöppenstuhl gelangten. Endlich im Jahre 1806 erfolgte die letzte Actenzusendung an denselben. Es liefen nämlich im August gedachten Jahres zwei Sachen zur Entscheidung aus Köln ein, in welchen die Erkenntnisse am 8. Octbr. 1806 und am 29. März 1807 abgingen.[1258])

Seitdem ruhete die Thätigkeit des Schöppenstuhles. Im Jahre 1810 aber beschworen die städtischen Behörden den „Zeitgeist" gegen den alten Schöppenstuhl. Man begehrte die Aufhebung des Schöppenstuhles, oder doch die Befreiung der Cämmereicasse von Zahlungen zu dem Etat desselben.[1259]) Der Schöppenstuhl wäre zur Zeit nichts weiter, als eine Antiquität und ein Beweis der unzweckmäßigen und sonderbaren Justizver-

---

1258) Diese Notiz ist aus einem seit dem Jahre 1741 geführten Buche über die Urtelsgebühren, welches zugleich ein Verzeichniß der bearbeiteten Relationen enthielt, zu den K. G. Acten gekommen. Mit dem Abgange jener beiden Urtel schließt das Buch. In den Justiz-Min.-Acten findet sich aber ein Bericht der Schöppen aus dem Jahre 1812, nach welchem in den Jahren 1806 und 1807 überhaupt noch sechs Sachen zur Abfassung von Urteln eingegangen. Doch erklärt auch dieser Bericht, daß dieses die letzten Zusendungen gewesen.

1259) Der jährliche Etat des Schöppenstuhles betrug:

fassung früherer Zeiten, die Mitglieder bekämen gleichsam Pensionen für das Schreiben ihrer Quittungen u. dgl. m.

Vergebens erklärte sich das Kammergericht, im Einklange mit dem Justizministerium, vorläufig für Bewahrung des ältesten Gerichtes im Lande, welches ja doch nicht für ganz unnütz zu halten, da noch in neueren Zeiten Anhalt'sche Sachen eingekommen seien, auch Privatpersonen sich zu ihrer Belehrung fortwährend Responsa geben lassen könnten. Die entgegengesetzte Ansicht fand bei den höchsten Verwaltungsbehörden Eingang; wobei besonders in Anschlag gebracht wurde, daß bei der in den Königlichen Landen veränderten Gerichtsverfassung, so wie bei der im benachbarten Auslande mehr oder weniger erfolgten Aufnahme der Französischen Gesetzgebung, die Fälle der Actenzusendung an den Brandenburgischen Schöppenstuhl doch nur höchst selten würden eintreten können, eine „nutzlose Antiquität" aber der jährlichen Ausgabe von mehreren hundert Thalern nicht werth sei.

Zur Zeit existirten nur zwei Mitglieder des Schöppenstuhles Zierhold und Steinbock; das dritte Mitglied (Uhde) war noch im Jahre 1810 gestorben. Zwar setzte demnächst ein rechtsgelehrter Beamter seine Qualification zum dritten Mitgliede durch, gelangte aber nicht mehr zur wirklichen Anstellung. Die Aufhebung des Schöppenstuhles war inzwischen fest beschlossen worden, und es handelte sich nur noch um die Pensionirung der vorhandenen Mitglieder. In amtlichen Erlassen aus der Zeit nach dem Jahre 1812 heißt der Brandenburger Schöppenstuhl bereits „aufgehoben." Doch verfügt erst ein Rescript vom 22. März 1817 definitiv, daß die beiden letzten Mitglieder des Schöppenstuhles eine Pension von je 50 Rthlr. vom 1. Juni 1812 ab erhalten, das Publicum von Aufhebung des Schöppenstuhles benachrichtiget, und Acten, Bibliothek und Bibliothekscasse des Schöppenstuhles vom Land- und Stadt-Gerichte zu Brandenburg übernommen werden sollten. Die Amtsblätter

---

1) 100 Rthlr.
2) 100 Rthlr. } Besoldungen der drei Mitglieder,
3) 90 Rthlr.
4) 37 Rthlr. 1 Gr. zur Verbesserung der Bibliothek,

z. welcher Summe d. 327 Rthlr. 1 Gr. aus der Kurmärkischen Städtecasse 100 Rthlr. entnommen, das Uebrige von der Cämmereicasse getragen wurde.

vom 31. März 1817 enthalten die entsprechende öffentliche Bekanntmachung.

Hiernach läßt sich der Untergang des Brandenburger Schöppenstuhles, dieses ehrwürdigen Denkmals unserer Vorzeit, auf den 1. Juni 1812 bestimmen, weil jedenfalls mit diesem Tage die Befugniß der Mitglieder, Schöppensprüche zu ertheilen, völlig erloschen war.

Vielleicht hätte man unserem Schöppenstuhle ein längeres Dasein gönnen mögen. In unseren Tagen wenigstens würde es nicht an Anknüpfungspuncten gefehlt haben, um seine Wirksamkeit wieder zu beleben!

Druckfehler, Verbesserungen und Zusätze.

S. 3. Z. 3. Statt: nnd lies: und.
S. 5. Zu Anm. 23. vgl. Anm. 1061.
" " 25. " " 888.
" " 26. " " 525.
" " 27. " " 1058 und 1119.
S. 9. Anm. 45. Lies: v. Raumer.
S. 12. Zu Anm. 61. vgl. S. 356.
S. 13. Z. 4 z. Anf. lies: im.
" 11 lies: Publication.
" 14 lies: ans Licht getreten.
" 15 f. Statt: übergegangen lies: übergangen.
S. 16. Z. 17 z. Anf. lies: in.
Zu Anm. 74. vgl. Anm. 689, 706, 720, 723.
Anm. 76. Z. 7 zu Ende lies: M.
S. 17. Zu Anm. 77. vgl. Anm. 979.
S. 22. Zu Anm. 106. vgl. Anm. 975.
S. 24. Zu Anm. 115. vgl. Anm. 227, 911, 1033, 1062, 1079 ff.
Zu Anm. 118. vgl. Anm. 901.
S. 25. Zu Anm. 119. vgl. Anm. 1155.
S. 26. Zu Anm. 125. vgl. z. B. Anm. 1028.
S. 27. Z. 10. Statt zn lies: zu.
S. 28. Z. 3. Nach Ihare ist ein Punct zu setzen.
Zu Anm. 135. vgl. Anm. 175 u. 1152.
S. 29. Z. 6. v. u. lies: Verordnung.
S. 30. Z. 16. Nach vermehrt ist ein Komma zu setzen.
S. 31. Zu Anm. 141. vgl. Anm. 790.
S. 32. Zu Anm. 147. vgl. Anm. 993.
" " 148. " " 940.
" " 151. " " 900.
S. 34. " " 177. " " 1152.
S. 35. " " 184. " " 831.
" " 185. " " 1036.
S. 38. Anm. 200. Vgl. noch die Verse im Eingange der Statuten von Wilsnack aus dem Jahre 1589: Riedel nov. cod. dipl. II. S. 176 f.
S. 39. Zu Anm. 201. vgl. Anm. 951.
S. 41. Z. 2 v. u. Statt: nach Anm. 71. lies: S. 15 f.

S. 42. Z. 8. Statt: nach Anm. 200. lies: S. 39.
S. 43. Z. 7. Statt: Unterschied lies Unterschied.
Zu Z. 12 vgl. Anm. 1022.
Zu Anm. 210. vgl. Anm. 1095.
In Anm. 211. lies statt untrn: unten.
S. 46. Z. 3. Auch Tit. I. §. 7: abgethan, auffgehaben vñ vnkrefftig.
Z. 5. Auch: genommen, gegeben, vnd zugelassen.
Z. 6. Statt geschlossen lies: beschlossen.
S. 50. Z. 17. Statt: nnd lies: und.
Zu Anm. 235. vgl. S. 129.
In Anm. 241. Zeile 6. lies statt utari: lutari.
S. 51. Brandenburgisches Recht ist auch der Stadt Freienstein im J. 1287 ertheilt worden. (Urk. in Riedel's nov. cod. dipl. II. S. 262 f. Nr. II. Vgl. Riedel a. a. O. S. 245 und 255.) Salzwedelsches Recht ist schon im Jahre 1239 an Perleberg gekommen. (Urk. in Riedel's nov. cod. dipl. I. S. 122 f. Nr. I. Vgl. Riedel a. a. O. S. 15 u. 68.) Wegen des Salzwedelschen Rechts in Lenzen vgl. noch Riedel nov. cod. dipl. II. S. 61 und 69.
S. 56. Zu Anm. 257. vgl. Anm. 555.
" " 259. " " 989 und 1005.
" " 260. " " 621, 985, 1004.
S. 57. Zum §. 46. M. R. 1235. vgl. Anm. 805.
S. 62. Zum §. 130. M. R. 1304. vgl. Anm. 553.
" §. 84. " " " " " 663.
S. 63. " §. 40. " " " " " 805.
In Anm. 286. Z. 2. ist statt des Semikolon ein Kolon zu setzen.
S. 64. Zu Anm. 287. vgl. Anm. 383, 482, 609, 617, 633, 711, 1071.
S. 65. Zu Anm. 289. vgl. Anm. 916, 942, 969.
S. 67. " " 293. " " 661, 1027, 1049.
S. 70. Zum §. 56. M. R. 1261. vgl. Anm. 805.
Anm. 297. Z. 2. Statt: Sp. 317 lies: Sp. 1317.
Zu Anm. 298. vgl. Anm. 652.
S. 71. " " 302. " " 512 und 544.
" " 304. " " 508.
S. 72. Z. 4 und 5. Vgl. Anm. 656.
Z. 2. v. u. Vgl. Anm. 635 und 710.
S. 75. Zu Anm. 306. vgl. Anm. 401.
S. 87. Zu Anm. 317. vgl. Riedel nov. cod. dipl. I. S. 14 Note *.
S. 89. Z. 21. Vgl. Anm. 807.
S. 91. Z. 20. Vgl. Anm. 931.
Z. 23: „behalven" d. i. ausgenommen.
S. 95. Zu Anm. 332. vgl. auch die Worte des Bischöfl. Privil. für Wilsnack v. J. 1471. (Unten Zus. z. S. 155.)
S. 96. Z. 10. Statt: zukommen lies: zukomen.
Zu Anm. 335. vgl. S. 253 f.
S. 103. Zu Anm. 358. vgl. Anm. 869 und 890.

S. 105. Zu Anm. 367. vgl. Anm. 433.
S. 106. Z. 4. Vgl. Anm. 1131. *.
S. 108. Z. 2. Vgl. Anm. 907.
S. 109. Z. 23. Vgl. Anm. 906.
Zu Anm. 382. vgl. Anm. 946 und 1057.
S. 112. Z. 13. Vgl. Anm. 513.
Wegen des Wortes hereditare vgl. noch Anm. 479 und Beseler Erbv. Th. I. S. 17. Nr. III.
S. 113. Z. 4. Vgl. Anm. 837.
S. 114. Anm. 398. Schon das Lübische Recht v. 1240 verlangt im Art. CLXI (Westphalen mon. ined. III. S. 657) zur Gültigkeit letztwilliger Verfügungen: dat he mechtich were siner sinne, unde en mark punt wegen mochte, do he sin testament makede.
S. 122. Zu Anm. 437. vgl. Anm. 840.
S. 125. Z. 4. Vgl. Anm. 1068.
S. 127. Zu Anm. 459 vgl. noch die Wittstockschen Articel v. J. 1523 Nr. 75: Der losen frauwen sollen keinen langen höken, vnd auch keine rothe Bareth tragen, auch keine rothe Paltze oder Silberwerck tragen. (Riedel nov. cod. dipl. I. S. 433.)
S. 131. Zu Anm. 470. vgl. Anm. 922.
S. 132. In der vorletzten Zeile der Anm. 472. lies: Brandenbůrgh.
Zu Anm. 472. vgl. noch Anm. 687. g. E.
S. 134. Z. 1. Vgl. Anm. 882.
S. 135. Zu Anm. 481. vgl. Anm. 821.
S. 138. Wegen des Ausdrucks von der hant vgl. noch Anm. 666.
S. 140. Z. 6. v. u. Vgl. Anm. 910.
S. 143. Zu Anm. 493. vgl. noch Riebel nov. cod. dipl. I. S. 16 u. 347 ff.
S. 144. Zu Anm. 496. vgl. Anm. 506 und 535.
S. 145 ff. Wegen des Wittstockschen Rechtes vgl. noch Riebel nov. cod. dipl. I. S. 389 ff, besonders S. 401 und 402.
Z. 2. Nach Havelberg ist ein Komma zu setzen.
Z. 15. Nach 1290) desgleichen.
S. 147. Z. 24. Vgl. Anm. 895.
S. 149. Anm. 506. Beachtenswerth ist, daß in Wilsnack (vgl. unten Zus. zu S. 155) noch die im Jahre 1589 errichteten „Statuta vndt Willkör" dem überlebenden Ehegatten folgende Präcipua bewilligen: §. 31. Dass auch hinfuro wan erbtheilung geschicht der nachpleibende beim hause behalten, vndt vorausnehmen oder haben solle: Erstlichen einen grossen Kessel, darinnen einer mitt stieffeln vndt sporen stehen kan. 2) ein löblich aufgemachtt bette, 3) ein brandeeisen, 4) einen Kesselhacken, 5) eine Axtt, 6) eine Mistfurcke. (Riedel nov. cod. dipl. II. S. 179.) Vgl. S. 89 f vom Stendalschen Rechte.
S. 151. Zu Anm. 515. vgl. noch Anm. 590 a, 786, 1007.
Zu Anm. 516. vgl. Anm. 1043.
S. 155. Die in Anm. 527 erwähnte Bewidmungsurkunde für Wilsnack v. J.

1513 steht jetzt vollständiger in Riedel's nov. cod. dipl. II. S. 166—168 (Nr. XXIX). Wegen des Wilsnackschen Rechtes überhaupt vgl. Riedel a. a. O. S. 135 f. — Sehr merkwürdig ist noch die durch Riedel a. a. O. S. 163 f (Nr. XXV) veröffentlichte Verordnung des Bischofs Wedego v. 1471, nach welcher schon damals das Wittstocksche Recht in Betreff der beseitigten Singularsuccessionen in Heergewäte und Gerade auf Wilsnack übertragen wurde, mit Berücksichtigung des Schadens, der „in erschichtinge, Hergeweden vnde Radeleue" erwachsen sei: „vann deme de naturlike eruenn von vaderes vnnde moder liue echte vnde rechte gebarenn, kleder, suluer ghesmyde, harnisch vnnde wes des mehr is, na bauen berurder erschichtinge hebben moten entberen."

S. 155. ff. Wegen des Pritzwalkschen Rechtes vgl. noch Riedel nov. cod. dipl. II. S. 1 ff, besonders S. 10—12.

S. 158. Z. 9. Vgl. Anm. 895.
Zu Anm. 538 vgl. Anm. 858.

S. 165. Anm. 552. Vgl. noch v. Kamptz Pr. u. stat. R. I. §. 69.

S. 168. Zu Anm. 566. g. E. vgl. Anm. 767.

S. 170. Z. 1. Vgl. Fidicin Beitr. III. S. 536. u. d. W. Bürgerrecht und Bûrscaph.

S. 174. Z. 1. Das letzte Wort soll heißen: dar.

S. 176. Zu Anm. 607. vgl. Anm. 852 u. 862.

S. 177. Zu Anm. 610. vgl. S. 233.

S. 180. Zu Anm. 619. vgl. Anm. 1112.

S. 181. g. E. Wegen des Art. 74. S. Sp. III. vgl. Anm. 909.

S. 183. Z. 3. Vgl. Anm. 964.
Anm. 626 (vgl. Anm. 970). Nach dem Gewerksprivil. der Schneider zu Wilsnack v. J. 1577 durfte eines Schneidermeisters Wittwe ein halbes Jahr lang nach ihres Mannes Tode dessen Handwerk forttreiben. (Riedel nov. cod. dipl. II. S. 170 Nr. 4.) Nach dem Gewerksprivil. der Schuster zu Wilsnack v. J. 1580 hatte eines Schuhmachermeisters Wittwe dieses Recht Jahr u. Tag. (A. a. O. S. 172 Nr. 9.)

S. 186. Zu Anm. 630. vgl. Anm. 1131.

S. 187. = = 635. = = 710.

S. 189. = = 641. = = 1158.

S. 191. Z. 16. Vgl. Anm. 1001.

S. 195. Zu Anm. 662. vgl. Anm. 1062.

S. 196. Zu §. 1. S. Sp. II. 19. vgl. Beseler Erbv. Th. II. Bd. 2. S. 316. Note 14.

S. 199. Z. 6. Vgl. Gardeleg. Stat. §. 76.

S. 200. Zu Anm. 673. vgl. Beseler Erbv. Th. I. S. 17. Nr. IV.

S. 204. Zu Anm. 680. vgl. noch Anm. 922.

S. 205. Z. 1. Vgl. Anm. 1041.
Zu Anm. 683. vgl. Anm. 964.

S. 218. Zu Anm. 727. vgl. S. 264 ff u. Anm. 1062.

S. 221. Z. 3. Vgl. Anm. 1077.
S. 223. Zu Anm. 744. vgl. noch Anm. 981 u. 1017.
S. 227. Z. 1. Statt: admini lies: admini —.
S. 233. Zu Anm. 798. vgl. Anm. 1131.**.
S. 234. Z. 24. Statt: 304 lies: 804.
S. 238. Z. 11—13. Vgl. Anm. 1133.
S. 241. Nach Z. 11: Vgl. auch noch die Zuführung der Braut ans Ehebett nach der Pritzw. Pol. Ordn. v. J. 1626. (Unten Zus. z. S. 264.)
S. 250. Z. 6. Statt: auf lies: auf.
S. 259. Zu Anm. 903. vgl. Anm. 1234.
S. 264. Nach Z. 22: Vgl. auch noch die Pritzwalksche Policei-Ordnung v. J. 1626 (Riedel nov. cod. dipl. II. S. 54): Sobaldt man auss der Kirchen ins hochzeithauss kompt soll der Brautt Negster dieselbe dem Breutigamb ans Ehebette zuführen u. s. w.
S. 267. Z. 6. Statt: ind lies: Kinder.
Anm. 930. Z. 5. Statt: Erstverstrbenen lies: Erstverstorbenen.
S. 272. Anm. 948 ". Z. 2. Statt: st lies: ist.
S. 274. Z. 13. Statt: leztenn lies: letztenn.
S. 278. Anm. 974. Z. 5. Nach dipl ist ein Punct zu setzen.
S. 286. Auf der letzten Zeile ist nach Eichh ein Punct zu setzen.
S. 287. Anm. 1001. Z. 2. Siehe S. 290.
S. 289. Z. 14. Nach 286 ist ein Punct zu setzen.
Auf der letzten Zeile ist statt erenklage zu lesen: eren klage.
S. 292. Zum Schluß der Anm. 1020. vgl. noch eine Urk. v. 1375 in Riedel's nov. cod. dipl. II. S. 32 (Nr. XVII): „testamentarii siue exequutores."
S. 294. Z. 11. Das Zeichen: (steht verkehrt.
Zu Anm. 1025. vgl. S. 348.
S. 301. Z. 23. Statt: uicht lies: nicht.
S. 307 f. Vgl. noch Stat. v. Wilsnack aus dem Jahre 1589 (alleg. im Zus. z. S. 149): §. 32. Dass auch Niemandt soll erbtheilung thun, oder seinen vnmundigen Kindern geldt aussagen oder vermachen, ohne beisein des Raths vndt beiderseits freundtschafft b. d. St. b. §. 33. Dass auch wan solchs geschehe, die verdrachtt den erbgenommen vndt vnmundigen Kinder zum besten in das Rathsbuch soll verzeichnet vndt beschrieben werden, b. d. St. b.
S. 307. Zu Anfang der 9ten Zeile der Anm. (1062) ist das Wort: in ausgefallen.
S. 312. Anm. 1069. Zu Ende der vorletzten Zeile ist zu lesen: Tzsch. u.
S. 372. Z. 26. Statt: seiuer lies: seiner.
S. 375. Anm. 1182. Am Ende der ersten Zeile ist das Verbindungszeichen (-) ausgefallen.

Kolibri 360 GmbH
Ferdinand-Jühlke-Straße 7
99095 Erfurt, Deutschland
produktsicherheit@kolibri360.de